日葡辞書提要

森田 武著

VOCABVLARIO
DA LINGOA DE IAPAM
com adeclaração em Portugues, feito por
ALGVNS PADRES, E IR-
MAÕS DA COMPANHIA
DE IESV.

清文堂

Y ANTES DO O.

Yotŏ. Yonusubito. *Ladrões de noite.*
Yottari. *Quatro homẽs.*
Yotte. *Por, porque, por quanto, assi q̃, &c.*
Youa. *Noite.*
Youague. *Fraqueza de animo, ou couardia.*
¶ Youagueuo misuru. *Mostrar fraqueza, ou couardia.*
Youagoxi. *Vazio acima dos quadris.*
Youagi. *Materia, ou sujeito fraco: como a materia que se a parelha pera Vruxar, ser leue, & fraca de maneira que fica mal vruxado.*
¶ Catagi. *He o contrario.*
Youai. *Cousa fraca.*
Youai. *Idade.* Vt, Youai caramuqu. *Ir, se fazendo velho.* ¶ Youai quiamaru. *Acabarse a idade, ou chegar a ponto de morrer.*
Youami. *Fraqueza de animo, ou couardia.*
¶ Youamiuo misuru. *Mostrar fraqueza.*
Youaracaxi, su, aita. *Fazer enfraquecer as forças, &c.*
Youaraxi, su, aita. *Idem.*
Youari, ru, atta. *Enfraquecer.* ¶ Item, *Apodrecer, ou danarse carne, peixe, &c.*
Youaritate, tçuru, eta. *Estar de todo debilitado.*
Youariyuqi, u. *Ir enfraquecendo.*
Youayouato. *Adu. Fracamente.* Vt, Youayouato naru. *Enfraquecer.*
Youchi. *O matar, ou saltear de noite, ou os mesmos salteadores.* ¶ Youchiga atta. i, *Ouue matar de noite.* ¶ Youchiga qita. *Vierão salteadores de noite dar na casa.*
Youŏ. *Sobejos de males.* i, *Males que ficão depois d'algum grande mal. He o contrario de Yoqei.* (*de noite.*
Youosamumi. P. Yorusamuxi. *O fazer frio.*
Yŏxa. *O remittir algũa cousa do rigor, ou castigo, &c. que ha merecia conforme a occasião, & discrição pede.* Vt, Yŏxa suru. *Perdoar a alguem parte do que deuia, ou auia de pagar pollo corpo, &c.*
Yoxe, suru, eta. *Chegar pera algũa parte.*
¶ Xironi minjuuo yosuru. *Chegar a gẽte á fortaleza.* ¶ Item, *Tomar por occasião, ou achaque ajuntandolhe* (Coto) Vt, Carini cotoyoxete deta. *Saio com achaque de ir a caça.* ¶ Cotouo sŏni yoxete. *He o mesmo que,* Cotoyoxete.

Y ANTES DO O.

Yoxe auaxe, suru, xeta. *Arremeter hum com outro.* (*parte.*
Yoxecaqe, uru, eta. *Encostar algũa cousa a algũa*
Yoxei. *Amaru iqiuoi. Efficacia, mouimento, & vigor que se mostra no exterior, & meneos.* ¶ Yoxeino yoi sito. *Homem de seuara, & viueza, ou vigor.* ¶ Yoxeino nai dangui. *Pregação que não tem neruo, nẽ vigor, nem meneos.*
Yŏxei. Atatacana iqi. *Exhalações quentes, baso, ou ar quente.*
Yoxejiqij. *Huns paos que poem entre Faxira, & Faxira pera estenderem, & justarem bem os Tatamis.* (*leza.*
Yoxete. *Soldados q̃ acomete, ou dão na fortaleza.*
Yŏxi. Fitçujino co. *Cordeiro.*
Yŏxi. Yaxmaigo. *Persilhado.*
Yoxi. *O como, ou maneira, &c.*
Yoxi. *Caminhos que estão ao longo dos esteiros: tambem se chamão* Axi.
Yoxiaxi. *Bem, & mal.*
Yoximi. *Parentesco.* ¶ Item, *Parente.*
Yoximitçu. *Catana assi chamada do official que a fez.*
Yoximai. *Cousa impertinente, não boa.*
Yoxitsuzume. *Hum passaro de cor verde que faz muita traquinada. O qual no reino de Vouari se chama tambem,* Voguera. l, tacaxi.
Yoxiyoxi. *Palaura que faz as vezes sentido de ainda que: as vezes de consentir, & aprouar como* Guenigueni: *as vezes não serue mais que de ornato.* (nice.
Yŏxŏ. Iroqenaqu vosanaxi. *Tempo da meninice.*
Yŏxocu. *Feição de rosto.* Vt, Yŏxocu xeqen. *Rosto bello, & fermoso.*
Yoxŭ. Bechi no monpa. *Outra seita.*
Yŏxu. *Senhor que não he excellente, nem tambem muito ruim assi nos custumes como no modo de gouerno.*
Yŏxun. *Primavera.*
Yŏyacu. *Idem, quod* Yŏyŏ.
Yŏye. *Fermosa figura de rosto, & todo corpo.*
Yŏyŏ. *Adu. Escasamente, ou a penas.*
Yŏyŏto. I, yŏyŏto xite. *Idem.*
Yŏyŏ. *Necessidade.*
Yoyo. *Idade, ou segres.*
Yoyomi nuno. *Pano de linho grosso,*

Yoza-

日葡辞書の現存諸本中ボドレイ本とパリ本との異同については石塚晴通氏の報告にくわしい．そのうち「開合を改めたもの」としてあげられているもののうち，エヴォラ本の形は，ボドレイ本と同形の１例をのぞいては，すべてパリ本に一致する．しかし，ここに掲げたエヴォラ本 325 オ右欄最上段の yoxe auaxe の区切りは，三本ともに異なる．

SVPPLEMENTO

Deſugui, uru, ita. Sair mais do que coué.
Dexiqiōdai. Condiſcipulo.

D ANTES DO O.

Dŏ. Michi. Caminho, ley: & não ſe vſa
per ſi ſoo.
Dŏ. Vt, Dŏuo vru. Vederſe a ſi meſmo. X.
¶ Item, Vender os ſubos.
Dŏ. Corpo de armas ſem as mais peças.
Do.Tabi. Vez. Mas não ſe vſa ſoo per ſi.
Vt, Ichido. Hũa vez.
Dŏ. Vt. Dŏnaritomo xeyo. Fazey de qual
quer maneira, que ſeja. ¶ Dŏnu narŏ-
zu. i. Tŏmo narŏzu. De qualquer ma-
neira poderá ſer.
Dŏ. Palaura de que vſam os almocreues quã-
do querem fazer eſtar quedo o cauallo.
Dŏ. Certo pao cuberto de ferro que anda no ei-
xo do carro.
Dŏato. Pombas que ſe criaõ nos telhados
das Varelas, & caſas dos homens.
Dŏbŏ. Vonaji facaricoto. O meſmo ardil.
Dŏ.ŏ. Companheiros do meſmo moſteiro.
Doconobŏ. Boniſrates, q̃ fazem tregeitos
por artificio.
Docufami. Bibera.
Docunagaxi. O lançar coc'ano rio pera em-
bebedar os peixes. ¶ Docunagaxini a-
uaſuru. Per met. Lançar de hũa vez fora
toda a gente mais inutil.
Docuxin. Meo coração. ¶ Docuxinna mo-
no. Home de ruim coração.
Dodai. Terra.
Dodu. Cauallo de ruim raça.
Dodan. Degrao feito de terra.
Dodat. O ſaluar, & libertar.
Dodei. Tçuchi, doro. Terra, & lama.
Dogui. Pao groſſo, ou cruzeiro cortado em pe-
daços. ¶ Item, Os meſmos pedaços.
Dŏguirimono. I, Dŏguitta fito. Homem
liure, & que naõ teme, nem deue.
Dŏgin. O meſmo exercito, ou arrayal.
Dŏgiŏ. Varela de 'ccŏxus. ¶ Item, Ter-
reiro, ou praça que eſtá diante da Varela.
Dŏgiŏ. Goxo no michi. Caminho da ſal-
uação.
Doi. Sitio, ou chão em que ſe edificaõ caſas.

DO VOCABVLARIO.

Dŏjei. Gente honrada que nos exercitos fica
por derradeiro pera acudir ao neceſſario.
Dejen. Certa erua que ſe come.
Domo. Particula que faz plural. ¶ Item,
ſignifica, Porem, com tudo, &c.
Dŏmŏ. Vonaji nozomi. O meſmo deſejo.
Dŏnai. Dentro do templo do Fotoque.
Dŏni. Vonaji mirai. It, Dŏnin qiqu.
Ouuir da meſma maneira.
Dono. Palaura com que ſe honra, algum. Vt
Quãbacudono. Senhor Quambacu, &c.
Dŏnoma. O mais largo lugar, em que a gẽ-
te eſtá na ẽbarcação q̃ he do maſto pera a proa.
Doncon. Donna nibui. Rude, & tardo.
Donqiacu. Engolir.
Donſa. Rudeza de entendimento.
Dŏro. Vt, Dŏrono tuxocu. Faſtio que tem
o cauallo do canſaço do caminho.
Dŏſan. O habitar no meſmo monte, ou mo-
ſteiro.
Doſocu. Axino vgocaſu. Mouer os pees.
Dŏſu. Os que ſeruem nos templos dos Fotoques.
Dŏxacu. Vonaji xacu. O meſmo comento,
ou expoſição.
Doxi, turu, ita. Saluar a alguem, ou li-
uralo de algum perizo.
Dŏxi. Vonaji cocoro zaxi. A meſma boa
vontade.
Doxi. Companheiros, parceiros. Vt, Chijn
doxi. Amigos, & companheiros.
Doxiicuſa. Peleja que fazem os do meſmo
bando entre ſi.
Dŏxiqi. Vonaji iro. A meſma cor.
Dŏxŏ. I. Tŏxŏ. Vide Tŏxŏ.
Dŏxocu. Vonaji yacu. O meſmo officio.
Dŏxũ. Prefeito, & official que tem cuidado
do templo.
Dŏxũ. Vonaji xũmon. A meſma ſeita,
ou ley.

DOS VOCABVLOS QVE COMEÇAM POLLA LETRA F.

F ANTES DO A.

FA. A parte da roda do carro que piſa
o chão.

石塚晴通氏によれば，ボドレイ本における 344 ウ右欄 Dŏro 中の cansacio（ｓは長いｓ）はマニラ本では cansaço（ｓは長いｓ）であるというが，ここに掲げるエヴォラ本のもマニラ本の形に一致する．なおパリ本は「補遺」をかくため，ここは存しない．また，ボドレイ本 402 ウ（「補遺」最終ページ）にある FINIS をエヴォラ本はかく．（大塚）

＊口絵の写真は，大塚光信氏がかの地から将来されたもの．氏のお言葉により本書の巻頭を飾ることとなった．ご厚意に対し感謝に堪えない．（森田）

日葡辞書提要

はしがき

　いまそのゆえんはそもそもどうであれ，というよりは，いっそ私(わたくし)一己(イッコ)にとってはたとえその縁由こそ現実においてどうにてもあれかし，とにかく「キリシタン語学」という，おそらくはこんにち現在も，"キリシタン"なり"語学"なりのタームズに属するいとなみを特に事とせぬかぎりの一般には どのみち聞きなれぬ，つまりは もしたまたま耳にしようともしょせんその中身はとうぜんながら——そのいろいろになぜかはまたべつとしてどのみちすなわち——ちんぷんかんぷんなるべき，かゝる言いまわしとしてのこのかたち，この用語の，しかし少なくともげんに一部の人びとのあいだにおいて，しかり，あいだにおいては他面すでに————じつは，もともとはたんにさしあたっての便宜にまで，したがってもし体系化をめざすとするならば これからむしろ体系化さるべきその"実"のために，あらかじめそのかぎりにおいて巧んでしつらえられたところのそのような旗印，幟にすぎなかった，と，そう見てこそ成心のない見方，受けとめ方としてことのすじなるべきさだめの命名にとゞまりつるものなりしにもせよ，別途ことのはこびの成りゆきのそのおのずからにそれなりに帰するところは，学問そのものの舞台をその背後の"権威"の方が——つまりは却って——先導する仕儀となって，もってそれなりの慣用として合言葉として，————いつか安易に一人歩きを遂げしめられ，そしてまたいまやこゝに久しきにおよんでいる，この，それ自体において 否みがたくも あからさまにあなたざまの事態，すなわちそのような流れの連続からの一つの所与としての共時態のその惰性のまにまにの持続，おのれこだわりをこゝにおぼえてこのこだわりのおぼえのまにまにをまにまにのいのちと凌いで生きるそのたましいは，もってひとえにおのれざまに"キリシタン語学"なるこの領域の保全(territorial integrity)それ自体のために，そのあるべきありざま(本質)への批判を既往にたいしていさゝかもないがしろにしているつもりこそ

なかりつれ，しょせん世俗の線になじみがたき無頼ひょうひょうの風狂として，初期日本イエズス会の残した遺産のそれ自体における価値にはつよくまず歴史的に心ひかれはしながら，ついに孤往，一介の門外漢にとどまるのみ．一貫してこゝ圏外に，この境涯に甘んずるのみ．

　すなわち，既成の"キリシタン語学"のそのアカデミックな体系化のごときはたえてわたくしの問うところに属さず，えらんでそれ自体のためにそれをこととするのこゝろざしなどさらに懐いたためしを知らぬ．その点，森田さんも，そのおしごと振りからうかゞいうるがごとくに，そういう"体系化"をそれ自体において自己目的とするのいとなみにはまたなんらの野心も有って来られなかったはず．ひたすらにたゞ即物の精神をむねとし考證に徹するの一すじを貫いてこゝに年あり，すなわち，もってそれ自体におけるそれ自体のための日ポ辞書攻究への没我献身のこころを吐露せられつることば（Glaubensbekenntnis）こそ，まさに一個の人格のそもそも学問そのものにたいする敬虔な帰依をさながらにわれわれに訴えて銘肝を禁じがたからしむるところ，（「あとがき」p.621参照）．おのずからにわたくしども二人(ふたり)がそれぞれめいめいにえらぶホドス（$\delta\delta\varsigma$＝途）を，すなわちメトドス（$\mu\varepsilon\theta o\delta o\varsigma$）を，まったく異にすること，これは言うまでもない．けれども，学問のいとなみとしておのがじしえらぶところの"方途"がたとえいかに異なろうとも，この現実は，ともに学問に生きんとする志操にいさゝかも係(かゝわ)らぬ．けだし，こゝにおいてはひとえに攻学の精神の倫理にことの帰すべきがゆえに．欣然すゝんで序文に執筆をおひきうけしたについては，根源において，これ，森田さんの学問のたましいとそれをさゝえる人格の純真とにたいする敬重の念に発し，こもごもまたそこに帰すべきを以てのゆえのみ．しかしながら，現実の経緯としてのそれなりの背景また，おなじくこゝになきにはあらぬ．すなわちあらためて，それにわたることどもは，しばらくまず，あとへ譲る．

　大学の卒業論文に，"排耶"の犠牲となってつとに日本からその姿を消した"吉利支丹"の資料をわたくしはあつかった．遠くそれは泝って，いわゆる戦

はしがき　iii

前もいまだ昭和一桁の頃のこと．すべてその頃としては，すなわちたとえば，まずL.パジェスの日仏版にあたって見出だした形をさらに日ポの原姿にやはり検（あらた）めたいと思うならば，いまや一々に東洋文庫に赴いて，海彼からはるばる舶載されたところのロートグラフとよぶ写真焼付の複本に就くのほかなかったのである．このような複本に就いてロドリーゲスの文典を書写した憶出は，なかんずくにいまにまざまざとなまなましく甦る．げにやなつかしくもおのれいかに稚（わか）かりしことか．当時としてはいまだ誰もふでにのぼせて觸れるところなかりし未知の境（さかい）に請（しょう）じ迎えられてひとり逍遥をほしいまゝにしたのであった．つぎつぎとくりひろげられる景観にまなこをうばわれて息をのんだ．せっかくこれもあえて書き添えるならば，当時における東洋文庫は，図書館としては非公開をむねとし特別の許可を得なければ一般には，特に学生は，書物の閲覧を許されなかった．むしろそういう研究機関であったのである．このことを知っている人もいまはしかし少ないであろう．往年の東洋学の泰斗，白鳥庫吉先生に親しくお声をかけていたゞいたのも，ここ東洋文庫であった．さいわいに東洋文庫を訪（おとな）うのまにまにパジェスが據って以て日仏版を編んだゝいに使用したのは，補遺の部を欠く『日ポ辞書』だったことを知り得たのもまた，いま憶出の一つ．

　こんにちでこそ『日ポ辞書』の その さながらの原姿に就くは まことに容易のわざとなったが，こゝにまでいたるの はこび(歴史)をも この期にわたくしとしてはいちおう回顧しておきたいと思う．これは，『日ポ辞書』そのもののために忘るべきでないとのみにとどめしむべきでなく，日本の学問文化の後進性，このありざまのために，もってその克服のためにひとつけつして記憶からむげに逸しさるべきにあらぬと思うからである．（すなわち，はなしの趣くところ，これ，もしふかくえぐってことのおぞましさの根をたぐるならば，森田さんが憤りをこめて嘆かれるゆえんの，いゝうべくんば無知の無恥へと，ついにこの一つ気質に帰せしむべきなれば．ことは"種"としての伝統を背負って抜きがたき文化のその歴史的個性，そしてその"風土的"特質，いゝかえれば文化の類型論のタームズにおける"ヱトノス"のいわばその idiosyncrasyに係わるであろうがゆえにひとごとならず切実に思われる．げにも畏るべきかな，慎しむべきかな．さまれ，畏れを知らぬ管蠡は，まこと卑しむべき厚顔無恥とこそいうべけれ．）

　二つの複製が『日ポ辞書』について刊行されているについては，森田さんの「あとがき」にある通りである。そのうち，はじめに世に送られた方は，わたくしが facdissimile edition（な似せそ版）とこれに銘を打ったできばえのしろものであった．そういう刻印をくだしたゆえんのその據んどころをそれ自体からあからさまならしめんがために，煩をいとうことなく，複製に添えられた一葉の紙片のその全文そのまゝをつぎに移す．

　　この辞典の原本は，活字印刷の技術がまだ十分に発達していない1603年に刊行されたものであり，印刷された紙質も今日のような辞典用紙を使用しておりませんから，印刷の不鮮明の個所も少くありません．複製にあたり，十分にこの点に留意し，諸先生よりは「原本より以上の出来」とのおほめの言葉をいただきましたが，原本そのものに読みにくいところもありますので，とくにその部分を抽出して，巻末にその全語形をかかげ読者の便宜をはかりました．しかし，なお読みにくい部分もあるかとも思われますが，右の事情を御諒承いただければ幸いと存じます．

　すでにわたくし自身，これについてこゝにコメントのことばを施すのこゝろは抱かない，動かない．（志ある方は，筆者の論文集第六巻『言語　諸言語　倭族語』p.536 ff. に参照をたまわらんことを．さらには，さいわいに勉誠社版の複製の解説を看せられんことを．）しかしながら，せっかく山田忠雄氏のことばを借用するならば，「いづくの曲学阿世かいひし —— 覆印本，原本以上によくできたりと —— ．」（『本邦辞書史論叢』p.80）

　かえりみるに，あっぱれおこがましくも原本以上の出来ばえを誇負する「な似せそ版」ではあったが，しかるべき再版をこれは世にまみえしめぬまゝ，ひとの弱目につけこむ誇大広告の，毒にならぬがせめてものくすりのそんな薬品とひとしくこっそり，つとに坊間から姿をひそめ，もってあえなくも忘れさられてしまって，もっぱらいまではいっそ語の本義にのっとってつゝまし

く身のほどをわきまえんとこゝに努めた，すなわち「似せよ版」(facsimile edition)が，まあ，さいわいにともかくも世に布かれておこなわれているが，じつはこの「似せよ版」刊行の企画をもちこまれてその相談にあずからしめられたわたくしは，そのとき，森田さんにしごとにたずさわっていたゞくようおねがいすべしと強く進言したことであった．しかるをわたくしに，東京に在住のゆえにそのせわをしてほしい，めんどうをみてもらいたいという，なんら"キリシタン語学"の専攻にはかゝわらぬところの，出版書肆に便宜の獨自の希望から，わたくしがやむなくもこの方の印行にあずからしめられたのであった．（ちなみにいう，まことにやむをえざりつるかな．そのときどきの学界の現況にうといわたくしではあったが，いまの丸山徹に劣らぬ適材をそのときの若い世代のうちにもとめることは，これは不可能であった．）

　いきおい，つゝましき「似せよ版」の印行のために，『日ポ辞書』なるこの偉大な遺産にたいする「解題」にわたくしは筆を執らしめられた次第である．もって『日ポ辞書』とはいかなる書なりやについての無知をこゝにいたくおぼえしめられ，これをみずからにひとえに愧じた．けれども，いかに愧じたとても，これは，ことのじっさいにはなんの役にも立たぬ．すなわちこの経験ゆえにわたくしは，森田さんとの交游が深まれば深まるほどにますますこのたびの『提要』のような一書の完成につよい期待をいだくようになった．このようなわたくしの心情とは，しかしながら別途，森田さんは森田さんで，既刊の論文集『室町時代語論攷』のつゞきを編みたいと次第に考えるようになっておられたものとおぼしく，たまたまさる折の歓談のまぎれにその希望について洩らされた．さしでがましくもわたくしは，いわゆる論文集の形のものは後廻しにして，日ポの一書を正面にすえた単刊（モノグラーフ）に力を傾けていたゞきたいむね，その寄与の測るべからざるゆえんを説いて要請した．この切なる要請に森田さんはじっくりと理解を示してくださり，わたくしは第一次の原稿に目を通さしめられるの幸せに浴した．森田さんはそのあと，最終的には第七次にまでおよぶ手直しに磨きの手をゆるめられなかった．この撓むことなき学的情熱をひしひしとそのたびごとに承知してきたわたくしは，

本書の出版をあたかもわがことにひとしく嬉しく思う．そして書名に ── い
まさらことさら斟酌せずして記すが ── その名づけ親とえらばれて誇らか
なこの感激，なににこれをたぐうべくもあらぬ．さながら代父として不肖の
父なるべきか．
　最後に，いまこの優れた労作をめぐまれてさらに蜀をのぞむの辞を敢えて
するならば，こんどは森田さんお一人の手で，ポルトガル語の原文を添えた，
そういう『日葡対訳辞書』をあらたに編んでいた ゞ きたい．このしごとの森田
さんお一人の手になるユニークネスのそれ自体におけるアカデミックな価
値，もっておのずからなるすなわちそれ自体からのシグニフィカンスについ
ては もはや展べぬ．ひとえに森田さんの寿康を祈るのみ．
　　　　　1993年 林鐘 初三

　　　　　　　　　　　　　"キリシタン語学"に圏外の
　　　　　　　　　　　　　　　かめい たかし謹誌

凡　例

　本書は，今日「日葡辞書」と呼びならわされている，キリシタン版の日本語辞書に国語学的見地から調査研究を加え、その結果を記述したものである．この辞書は，後に詳しく述べるように、所要の日本語を採録して，それにポルトガル語（まれにラテン語）をもって説明を加えたものである．従って，この研究にあたっては，原典を忠実に解読し，それに綿密な考察を加えることが強く要請されるところである．本書ではその点に注意を払い，考察結果の記述には，特に誤りなきように心を配ったつもりである．ただし，原典の本文，あるいは，その日本語訳を引用する場合には，便宜上その一部分を省略することがある．そのほか，本書を繙読するときの便と，紙幅の縮約，それに伴なう見易さとを考慮して，記述方法に変改を加えたところがある．その大要は次のごとくである．

1　日葡辞書原典にローマ字で印刷された原文、ならびに葡語による説明の日本語訳を引用するには，「邦訳日葡辞書」(岩波書店．1990　第2刷)に拠ることとする．ただし，その日本語訳には，必要に応じてそれに訂正を加えたところがある．なお，ローマ字原文については原典の他の複製本や写本の写真等を見合わせて誤りなきを期した．

2　「邦訳日葡辞書」において，見出し語の直後に，たとえば，'Michi.ミチ' 'Mangiŭ.マンヂュゥ'のように片仮名の小字で添えてある音注は，すべてこれを省く．

3　見出し語，引用の文例や語句等を本書に引用する場合には，それらに国字による翻字を添えることとするが，それは「邦訳日葡辞書」にあるのを襲用する．ただし，同書で漢字平仮名交りを以てした翻字は，本書では漢字片仮名交りに改め，その片仮名の表記は当時の発音に基づく表音式仮名づかいによることとする．

4 見出し語中，†Aca.のように左側にダガー印をつけたのは,「邦訳日葡辞書」に倣ったもので，原典では補遺の所収語であって，本篇に収められている同じ語に対する追補か訂正であことを示す．

5 動詞の見出し語は，原典も「邦訳日葡辞書」も，

  Caqi, u, aita.(書き，く，いた)

  Aqe, uru, eta,(明け，くる，けた)

のように，語根(連用形)，現在形(終止連体形)，過去形(連用形・音便形＋助動詞「た」)の3形を並べ掲げるのが基本原則であるけれども，本書では特に3形を示す必要がある場合のほかは，これを改めて，過去形を省略して，

  Caqi, u.(書キ，ク) Aqe, uru.(明ケ，クル)

のように2形を示すこととする．

6 ローマ字書きの原文を引用する場合は，その文中の，下線を施した語を見出し語とする条下に引用されていることを示す．

  Tagaini fumiuo <u>caqicauasu</u>.(互ニ文ヲ書キ交ワス)

  Fiŏxiuo <u>caye</u>te fayasu.(拍子ヲ換エテ囃ス)

  Vmaga <u>faxitta</u>.(馬ガ走ッタ)

7 原典に引用された日本語の文や語句をば，国字に翻字した形で示す場合には，それを含む条の見出し語だけをローマ字で示す．

  頭ヲ marumuru. 人ノ soba ヲ離ルル．

  城ヲ fitajeme ニ攻ムル．

8 原典から上のような形の引用をする場合，それに対して葡語で加えられた説明は，それを必要とするか否かにより，その一部あるいは全部を省略することがある．

9 原典中に現れる略号や注記の類は,「邦訳日葡辞書」と同じ方針のもとに，それぞれの原形に対する日本語訳をしたり，国字に翻字したりして示す．従って，原典のままの形が本書に現れることは少なくて，それらを列挙する要はないかもしれないけれども，原典と照合する場合を考え

て一応挙げておく．それらの中には，多少のコメントを要すると思われるものを含んでいる故，あとの「Ⅳ　略号と注記」の条にまとめてあげることとした．

10　本書の解説や説明などの中に引用したり，引証・言及したりした文献のうちには，便宜上略号を用いたものがある．次にキリシタン版並びに外国書関係に限り，漢字仮名書きのものは五十音順，ローマ字書きのものはアルファベット順によって示す．

　　天草版金句集　1593年天草版金句集(大英図書館蔵本写真，1938年吉田澄夫著'天草版金句集の研究')

　　アルヴァレスラテン文典　1594年天草版，マノエル・アルヴァレス著ラテン文典(ローマ，アンゼリカ図書館蔵本のロートグラフおよび写真，1974年雄松堂複製本)

　　ぎやどぺかどる　(昭和2．日本古典全集，長沼賢海「南蛮文集」昭和4．春陽堂・「天理図書館蔵きりしたん版集成3」昭和51．同図書館)

　　コンテムツス・ムンヂ　1596年版(ミラノ，アンブロシオ文庫蔵本昭和53年雄松堂複製本・ボードレイ文庫蔵本勉誠社複製本)

　　サントスの御作業　1591年加津佐版，サントスの御作業の内抜書(オックスフォード大学ボードレイ文庫蔵本写真，1978年勉誠社複製本)

　　信心録→ヒイデスの導師

　　ドチリナ・キリシタン　(東洋文庫蔵，橋本進吉「文禄元年天草版吉利支丹教義の研究」昭和3年東洋文庫)

　　日仏辞書　レオン・パジェスによる長崎版日葡辞書のフランス語訳．1862－68年

　　　パリ版日仏辞書(1953年一誠堂・1947年勉誠社複製本)

　　日西辞書　長崎版日葡辞書のスペイン語訳．1630年マニラ版日西辞書(マドリード国立図書館蔵本写真，東洋文庫蔵本写真，1972年雄松堂複製本)

　　日葡辞書　ボードレイ文庫本　オックスフォード大学ボードレイ文庫

蔵，長崎版日葡辞書(同文庫蔵本のロードグラフおよび写真，1960年岩波書店・1973年勉誠社複製本)

エヴォラ文庫本　ポルトガル国エヴォラ公共図書館蔵，長崎版日葡辞書(大塚光信氏蔵写真による)

パリ国立図書館本　パリ国立図書館蔵，長崎版日葡辞書(1976年勉誠社複製本)

アジュダ文庫写本　ポルトガル国アジュダ文庫蔵，1749年写本日葡辞書(三橋健氏将来のフィルムによる写真)

バレト写本　ヴァチカン図書館蔵，1591年筆，マノエル・バレト自筆写本集(同館蔵本写真，1962年'キリシタン研究'第7輯所収の複製ならびに翻字)

ヒィデスの導師(信心録)　1592年天草版，ヒィデスの導師(ライデン大学蔵本写真，1978年雄松堂複製本，鈴木博編1985清文堂)

羅西日　1632年ローマ版，ディエゴ・コリャード編，羅西日辞典(1966年臨川書店・1978年勉誠社複製本)

羅葡日　1595年天草版羅葡日対訳辞書(1953年東洋文庫複製本，ロンドン大学オリエントアフリカ研究学校蔵本写真，1979年勉誠社複製本)

ロドリゲス日本小文典　1620年版マカオ版，ジョアン・ロドリゲス著，簡約日本文典(ロンドン大学オリエントアフリカ研究学校蔵本のロートグラフ，アジュダ文庫蔵本写真，1972年ロンドン大学オリエントアフリカ研究学校蔵本複製本)

ロドリゲス日本大文典　1604-08年長崎版，ジョアン・ロドリゲス著，日本大文典(ボードレイ文庫蔵本のロートグラフ，1976年勉誠社複製本，1955年土井忠生訳注'ロドリゲス日本大文典'三省堂)

Dalgado　Dalgado, Sebàstião Rodolfo : Glossario Luso-Asiatico, 2vols, 1919-21, Coimbra.

Esopo.　1593年天草版伊曽保物語(大英図書館蔵本写真，1963年京都大学国文学会刊'文禄二年耶蘇会板伊曽保物語'，1979年勉誠社複製本)

Feiqe. 1592年天草版平家物語(大英図書館蔵本写真,1969年吉川弘文館複製本,1976年勉誠社複製本)

Feiqe の書入れ難語句解　(1592年刊 Feiqe 巻末,1976年拙著「天草版平家物語難語句解の研究,清文堂)

Figueiredo　Dicionário da Lingua Portuguesa de Cândido de Figueiredo, 10ª ed. 2 vols, 1949, Lisboa.

Lello　José Lello e Edgar Lello : Lello Universal, Dicionário Enciclopêdico Luso-Brasileiro, 2 vols, 1967, Porto.

Michaelis　H. Michaelis : A New Dictionary of the Portuguese and English Languages, 1959, New York.

Morais　Antônio de Morais Silva : Grande Dicionário da Lingua Portuguesa, 10ª ed. 12 vols, 1948, Lisboa.

目　次

口　　絵（エヴォラ公共図書館蔵　日葡辞書）
はしがき i
凡　　例 vii
第Ⅰ章　解　　説 1
　Ⅰ　伝本と形態 1
　　1　伝　　本 1
　　2　形態とその先蹤 4
　　3　使用活字 8
　　　(1) ローマン体とイタリック体(8)　(2) 大文字と小文字(13)
　Ⅱ　編　　者 14
　Ⅲ　翻　　訳 21
　　1　スペイン語訳　日西辞書 21
　　2　フランス語訳　日仏辞書 31
　　3　日本語訳 40
　　4　「邦訳日葡辞書」の補訂異見 42
　　　(1) ミラー教授の批判(43)　(2) 赤頭(46)
　　　(3) 一倍　請け負ふ　書き出す(50)　(4) 刀溜り　返し合はす
　　　聞き落とす(54)　(5) さいだづま　順会　接・摂する(59)
　　　(6) 天道　内徳　蠟色　餌脹れする　訴ゆる(63)　(7) 翻字の訂正若干(67)
　Ⅳ　略号と注記 70
　　1　説明中の略号と注記 70
　　2　略号 i. と l. とについて 72

3　略号 s. 並びに V.G について　　　　　　　　　　　75
　　　4　参照注記 Vide の用法　　　　　　　　　　　　　77

第II章　見出し語　　　　　　　　　　　　　　　　　　90

　Ｉ　見出し語の標出方針　　　　　　　　　　　　　　　90
　　　1　見出し語の形　　　　　　　　　　　　　　　　90
　　　2　動詞の標出形式と活用の種類　　　　　　　　　93
　　　　(1)　標出の基本形式(93)　　(2)　現在形に２形を並記した標出(96)
　　　補説　―段化形 negiru (捻ヂル) について　　　　　98
　　　3　形容詞・形容動詞の標出　　　　　　　　　　　99
　　　4　見出し語の配列　　　　　　　　　　　　　　102
　　　　(1)　G字に始まる語の配列(103)　　(2)　I字に始まる語の配列(108)
　　　　(3)　配列の乱れと異例(111)

第III章　日本語のローマ字表記と発音　(1) 短音節　115

　Ｉ　母　　音　　　　　　　　　　　　　　　　　　117
　　　1　i, j, y　　　　　　　　　　　　　　　　　　118
　　　2　v, u　　　　　　　　　　　　　　　　　　　122
　　　3　e, ye　　　　　　　　　　　　　　　　　　 123
　　　4　o, vo, uo　　　　　　　　　　　　　　　　　126
　　　5　鼻母音　　　　　　　　　　　　　　　　　　128
　II　カ行音　　　　　　　　　　　　　　　　　　　 130
　　　1　cu, qu(ク)　　　　　　　　　　　　　　　　130
　　　2　qui, qi(キ)と que, qe(ケ)　　　　　　　　　132
　III　サ・タ行音　　　　　　　　　　　　　　　　　136
　　　1　ス・ツの交替　　　　　　　　　　　　　　　137
　　　2　四つ仮名の表記とその混乱　　　　　　　　　139
　IV　ハ行音　　　　　　　　　　　　　　　　　　　142

V	ヤ行音	145
VI	ワ行音	148
VII	拗　音	152
1	開拗音	152
2	カ行合拗音の直音化	155
3	サ行拗音の直音化	156
VIII	子音二重字表記	157

第IV章　日本語のローマ字表記と発音　(2) 長音節 その他　163

I	ア段の長音　付 Ah	163
II	ウ段の長音	168
1	長音符号	168
2	ウ段長音の表記	170
III	オ段の直長音	171
1	開・合長音の別とその表記法	172
2	オ段音に続く uo の長音化	174
IV	オ段の拗長音	177
1	オ段拗長音の表記法	177
2	F 部と G, I 部の拗長音表記	179
3	例言の説明と〜ŏ, 〜eŏ 表記	180
4	teô, neô, deô の特異性	183
V	オ段長音の開合の混乱	184
VI	語の意味に対応する開合の別	189
VII	入声音と促音	196
1	入声音とその開音節化	196

2　促　　音　　　　　　　　　　　　　　　　204
　Ⅷ　連　　声　　　　　　　　　　　　　　　　　209
　Ⅸ　バ・マ行音の交替とその表記　　　　　　　　214

第Ⅴ章　成立の過程　　　　　　　　　　　　　　　222

　Ⅰ　日葡辞書の写本　　　　　　　　　　　　　　　222
　　1　先行写本　　　　　　　　　　　　　　　　222
　　2　原写本の表記・配列　　　　　　　　　　　　224
　　　(1)　母音音節イの表記(224)　(2)　オ段拗長音の表記(225)
　　　(3)　G部の配列方式(226)
　Ⅱ　本篇の成立過程　　　　　　　　　　　　　　　228
　　1　編纂の分担　　　　　　　　　　　　　　　　230
　　　(1)　オ段拗長音の表記(230)　(2)　四つ仮名の混乱(232)
　　　(3)　関連語・用例の提示(232)　(4)　葡語の説明(235)
　　2　編纂上の範例　　　　　　　　　　　　　　　238
　　3　原写本の修正増補　　　　　　　　　　　　　241
　　4　参照注記　　　　　　　　　　　　　　　　　245
　　5　方針の変更　　　　　　　　　　　　　　　　249
　　　(1)　ローマン体とイタリック体(250)　(2)　ウ段長音の表記(251)
　　　(3)　綴字記号cedilhaの用法(251)　(4)　葡語baxo, pexe等の綴字(252)
　Ⅲ　補遺の成立　　　　　　　　　　　　　　　　　257
　　1　補遺の体裁　　　　　　　　　　　　　　　　257
　　2　増補語彙の採録　　　　　　　　　　　　　　259
　　3　数詞の収録　　　　　　　　　　　　　　　　262

第Ⅵ章　載　録　語　　　　　　　　　　　　　　266

　Ⅰ　載録語の性格　　　　　　　　　　　　　　　　266
　　1　載録語数　　　　　　　　　　　　　　　　　266

2　載録語の種類と範囲 ... 269
Ⅱ　方言語彙 ... 278
　1　方言注記の方法 ... 278
　2　注意すべき方言注記 ... 284
　　(1)　(a)②類の見出し語(284)　(2)　(d)類の見出し語(288)
　3　採録語彙の量と範囲 ... 290
　4　採録の目的 ... 294
　5　「下」の語と九州方言 ... 298
　6　注記の混乱と誤謬 ... 306
Ⅲ　卑　　語 ... 314
　1　卑語とその注記 ... 314
　2　卑語の性格 ... 317
　　(1)　卑語と方言(317)　(2)　卑語の卑俗性(320)
　　(3)　卑語と罵詈語(322)
Ⅳ　文書語と詩歌語 ... 326
　1　文書語の注記とその性格 ... 326
　2　詩歌語の性格 ... 329
　3　文書語と詩歌語の関係 ... 331
Ⅴ　仏　法　語 ... 333
Ⅵ　教会用語 ... 336
　1　外来語(本語) ... 336
　2　日本語の教会通用語 ... 339
　補説　教会用語の変動 ... 345
Ⅶ　婦　人　語 ... 353
　1　収録の目的 ... 353
　2　婦人語と女房詞 ... 358
　3　婦人語の性格 ... 362

4　婦人語と幼児語　366
補説1．Fitomoji（一文字）　367
補説2．Mana（真魚）とVomana（御真魚）　376
Ⅷ　その他の特殊語　378

第Ⅶ章　載録語の説明　384
Ⅰ　漢語の訓釈　385
1　訓釈の方法　385
2　訓釈用語の性格　390
　　　(1)　漢字の定訓(390)　　(2)　訓読語系のもの(392)
　　　(3)　一般的な字訓によるもの(398)
3　訓釈の目的　403
4　誤　謬　406
Ⅱ　日本語による語注および同義語　408
1　同義語・語注の注記　408
2　同義語の性格　416
Ⅲ　葡語による語義の説明　419
1　慣用意味の重視　419
2　語義説明の方法と順序　427
3　転義と比喩の説明　434
4　説明上の困難と対策　437
　　　(1)　接続詞ouによる類義語の並示(437)　　(2)　類義語の流用(442)
　　　(3)　暦法上の月・時の説明(445)　　(4)　性愛関係語の説明(448)
5　説明上の欠陥・誤謬　452
6　葡語説明文中の日本語　457
Ⅳ　文法的説明　460
1　文法的範疇　460
　　　(1)　動詞——語尾変化(461)・欠如動詞(463)・能動動詞と受動動詞(465)

　　　　(2)　形容詞・形容動詞(467)　　(3)　前置詞・後置詞・プロポジサン(470)
　　　　(4)　助　　辞(478)
　　2　語の用法の説明　　　　　　　　　　　　　　　　　　　　　480
　　　　(1)　語構成関係(481)　　(2)　語の連接関係(486)
　　　　(3)　語の呼応関係(490)
　　3　敬　語　法　　　　　　　　　　　　　　　　　　　　　　　493
　　　　(1)　敬語の種別(493)　　(2)　尊敬語(494)
　　　　(3)　謙譲語(496)　　(4)　丁寧語(498)

第Ⅷ章　規範的説明と実用的説明　　　　　　　　　　　　　　501
Ⅰ　規範的説明　　　　　　　　　　　　　　　　　　　　　　501
　　1　説明の方法　　　　　　　　　　　　　　　　　　　　　　501
　　2　語形の規範的説明と基準　　　　　　　　　　　　　　　　508
　　3　意味用法の規範的説明と基準　　　　　　　　　　　　　　511
Ⅱ　関連的説明　　　　　　　　　　　　　　　　　　　　　　513
　　1　意味的関連のあるもの　　　　　　　　　　　　　　　　　514
　　2　語形上関連のあるもの　　　　　　　　　　　　　　　　　516
Ⅲ　実用的説明　　　　　　　　　　　　　　　　　　　　　　518
　　1　具体的説明　　　　　　　　　　　　　　　　　　　　　　518
　　2　外国人向の説明　　　　　　　　　　　　　　　　　　　　521

第Ⅸ章　資　　料　　　　　　　　　　　　　　　　　　　　　526
Ⅰ　引用文献　　　　　　　　　　　　　　　　　　　　　　　527
　　1　引用文献と引用方法　　　　　　　　　　　　　　　　　　527
　　2　引用文および葡語訳の欠陥　　　　　　　　　　　　　　　531
Ⅱ　引用文献各説　　　　　　　　　　　　　　　　　　　　　535
　　1　太　平　記　　　　　　　　　　　　　　　　　　　　　　535
　　　　(1)　ローマ字の誤植(535)　　(2)　巻数注記の誤り(539)
　　　　(3)　引例の原拠(544)

2　Feiqe.(天草版平家物語)　549
　　3　Esopo.(Esopono Fabulas.天草版伊曽保物語)　552
　　4　金句集　554
　　　(1)　金句・金言(554)　(2)　天草版金句集(556)
　　5　舞　563
　　6　物　　語　565
　　7　サントスの御作業　566
　　8　発心集　567
　　9　方丈記・式目・Chr.N.　570
　　10　その他　571
　　　(1)　謡(571)　(2)　庭訓往来(571)　(3)　実語教(572)
　　　(4)　論語(572)　(5)　下学集(572)　(6)　ヒイデスの導師(信心録)(572)
　　　(7)　ぎやどぺかどる(573)　(8)　詩・和歌(573)

Ⅲ　諺　574
　　1　諺とProverbio　574
　　2　日葡辞書収載の諺　577
　　3　諺の収載方針　580
　　4　諺に対する価値意識　585

Ⅳ　語彙採録の資料　587
　　1　下学集・節用集　588
　　2　落葉集　592
　　3　Feiqeの和らげ　595
　　4　サントスの御作業の和らげ　599
　　5　詩歌語の資料　606
　　　(1)　漢語の詩歌語(606)　(2)　和語の詩歌語(607)
　　　(3)　歌学書以外の資料(614)

あとがき　619

第Ⅰ章 解説

Ⅰ 伝本と形態

1 伝本

　長崎版日葡辞書の伝本として，今日現存することが確認されているのは，次の4部である．そのうち2部には，わが国で刊行された複製本がある．

(1) オックスフォード大学ボードレイ文庫蔵本　複製本に岩波書店の1960年版(原本の約5分の3大の縮刷)と，勉誠社の1973年版とがある．以下「ボードレイ文庫本」と略称する．

(2) パリ国立図書館蔵本　複製本に勉誠社の1976年版がある．以下「パリ本」と略称する．

(3) エヴォラ公共図書館蔵本　以下「エヴォラ本」と略称する．

(4) マニラ，ドミニコ会サント・ドミンゴ修道院文庫蔵本　以下「マニラ本」と略称する．但し，この本は現在消息不明．戦後多くの人々の探索にもかかわらず，まだ見出だされていない．あるいは，戦災のために失われたのではないかと疑われる．幸い戦前に撮影された全篇の写真が上智大学キリシタン文庫に蔵されているので，それによって原本の姿をうかがうことはできる．

　村山七郎氏によれば，モスクワのレーニン図書館にもかつて一本を蔵していたらしく，1945,6年ごろこれを実見し，利用した人があるとのことであるが，その存在はいまだに確認されていない[1]．

　なお，このほかに，リスボンのアジュダ文庫に写本1部が蔵せられていて，扉紙の下端に，ポルトガル語で，

この書は，マカオのコレジオ内の日本管区事務所にある版本から書写された．今日(heje) 1747年8月22日，ジョアン・アルヴァレス(João Alvares)と書かれており，認可状と允許状もボードレイ文庫本やエヴォラ本と同文であるから，長崎版の一本を写したことは明らかである．ただ，扉紙の下端に出版年を，ANNO de 1593 としてあるのは，版本に ANNO M. D. CIII. とあるのを誤写したものである．この写本にも三橋健氏将来のマイクロフィルムによって勉誠社が作製した写真がある．

　上記の諸伝本間には若干相違する部分がある．一つは巻頭の扉紙に続く序葉2枚の錯簡であり，一つは本文上の違いである．前者については後述するが，後者の本文上の相違については，勉誠社版「パリ本日葡辞書」に付けられた石塚晴通氏の解題に詳しい．

　まずパリ本は，巻頭の扉紙に続く序葉2葉のうち，認可状と允許状とを収めた1葉と補遺の全部とを欠き，さらに本篇の本文部分に7個所欠落があって，90, 91, 110, 111, 158, 159, 222, 223, 234, 235, 286, 287, 310, 311 の14丁がない．

　ローマ字活字印刷本では，製本の為に印刷した紙を順に重ねる，いわゆる丁拾いの際に順序を誤らないように印刷を了した紙の表の面の下端に折りじるしをつけるのが古くからの例である．日葡辞書は四折型の本であるから4丁を1組とする折りじるしを各丁の表の下端に付けるが，終りの4丁目には付けないきまりである．例えば，1丁表にはA，2丁表にはA_2，3丁表にはA_3の符号をつけるが，4丁には付けない．また，各丁の裏には符号を全く付けない．これを上掲の欠丁部分について，上述のきまりに照らし，一方ボードレイ文庫本の相当部分と対照しながら調べてみると，さきにあげた7か所の欠落は，すべて2丁ずつ連続していて，しかもその各丁の折りじるし記号は，例えば，90丁がZ_2，91丁がZ_3，110丁がEe_2，111丁がEe_3というぐあいに，7か所全部が〜$_2$，〜$_3$と続くものばかりであって，例外がない．これは4折の4枚重ねのうち，まん中の2丁が何らかの事情で欠落したことに

よるものと見て間違いはないであろう．

　パリ本とボードレイ文庫本とを比べると，本篇全体にわたって本文中に小異があり，特に165丁表から168丁裏に至る間には相違する個所が集中している．それはこの4丁がちょうど1折分であるから，この部分を印刷した後に，何らかの事情で組版が崩れるか乱れるかしたために，版を締め直したり組み直したりし，その際に改めた所があるのであろう．その相違の大部分は，語の切れ続きを改めたり，大小字と小文字，あるいは，ローマン体とイタリック体の入れ替え，鼻音符号のチル（〜）とnとの入れ替え，コンマやピリオドの加除など，印刷形式上の変更にとどまるものであって，それ以外では日本語および葡語の誤植訂正が若干あるに過ぎない．その他の所でも本文そのものの意図的改変と認められるものはほとんどない．僅かにパリ本に，

　　　　¶ Cocagueni tachiyoru. *Chegarse em pe à sombra da aruore.*
とある葡語説明中の *em pe* が，ボードレイ文庫本・エヴォラ本で除かれているのが目立つくらいである．これは *Chegarse em pe*（立って近寄る）は不適当で，Tachiyori, ru（立寄リ，ル）の条に単に *Chegar perto.*（近く寄る）とあるように *em pe* は除くべきものとして後から加えた意図的訂正である．これらの事でもわかるように，全般的にパリ本よりもボードレイ文庫本の方が改善された形をもっている．

　エヴォラ本は，組版の際の活字のずれなどを別にすれば，長音符号の開合の誤り4例がパリ本の形を残しているほかはボードレイ文庫本に一致すると言ってよく，やはりパリ本よりは後の刷りであるに違いない．

　マニラ本は，203，402の2丁を欠くほかに，393丁裏の Xiboxiboto（シボシボト）の条下で，ボードレイ文庫本とエヴォラ本には正しく *molhar* とあるのを *mohlar* に誤っている例がありはするけれども，石塚氏も言われるようにボードレイ文庫本にほとんど一致する[2]．

　上のように互いに出入りがありはするけれども，諸本に共通して存する本文上の誤りも稀ではない．殊に，版を改めたのであれば合致するとは考えにくい丁数標示の誤り（25, 26, 202, 284, 306, 356 の各丁）が諸本に共通しており，

139 が 13 9 と間が離れているのまで一致しているのを見ると，版を改めて組み直したものとは言えない．当時は印刷の中途でも改善すべき点に気づけば直ちに改めるのが例であり，それが可能でもあったから，それを行なった実例がある．従って，上述の相違点の存することを理由として全面的に改版したとするのは穏当でない．パリ本が他よりも早く刷られたことは間違いないとしても，それが初版本で，ボードレイ文庫本やエヴォラ本やマニラ本が改訂再版本とは言えない．小異はあってもみな同版で，印刷中に気付いた限りは随時誤りや欠陥の改善につとめたものと見るべきである．

アジュダ文庫蔵写本は，前述のように版本を書写したものであるが，その写し方は底本に忠実とは言い難い．石塚氏が前記の解題において，「パリ本とボードレイ文庫本とが一致してアジュダ文庫写本が異なる箇所」[3]に指摘されたところによれば，版本と違う点はかなり多数に上り，全く欠落しているのも 87 条もある．中には版本の葡語の誤植を訂しているものもないではないが，誤ったものの方がはるかに多い．これは書写に用いた底本の印刷が不鮮明なために見誤ったということもあろうが，それに加えて，筆写者の誤った判断で新たな誤りを加えたものがかなりあるらしい．さらには，日本語に対する理解不足のために犯した誤りも加わっている．従って，底本に用いた版本が現存版本よりも鮮明な部分があって，それを忠実に写した部分が現存版本の欠を補う点があるかとも考えられるけれども，総体的には誤写が少なくないので，資料としての価値は版本にはるかに劣ると言わざるを得ない．

これを要するに，長崎版日葡辞書の研究，あるいは，利用には，ボードレイ文庫本，あるいは，エヴォラ本を用い，他本を参照するのが妥当である．

2　形態とその先蹤

日葡辞書は四折型で，ボードレイ文庫本とパリ本とは 17×24 cm あり，エヴォラ本は改装の際に端を切り落としたために 16×22 cm であるが，四周単辺の匡郭はいずれも 13.7×19.5 cm である．マニラ本は詳しくはわからないけれども，ボードレイ文庫などとほぼ同じであったと推察される．

第 I 章 解 説

最初の扉紙の表に書名と刊記とが印刷されている

VOCABVLARIO／DA LINGOA DE IAPAM／com adeclaração em Portugues, feito por／ALGVNS PADRES, E IR-／*MAÕS DA COMPANHIA*／DE IESV.／〔marcas〕／COM LICENÇA DO ORDINARIO,／& Superiores em Nangasaqui no Collegio de Ia-／PAM DA COMPANHIA DE IESVS.／ANNO M. D. CIII.

（イエズス会のパアデレたち及びイルマンたちによって編纂され，ポルトガル語の説明を付したる日本語辞書．〔標章〕教区司教ならびに上長たちの許可のもとに，日本イエズス会の長崎コレジオにおいて．1603 年）

裏は空白で，この扉紙 1 葉の次に，序言と「この辞書を使用し理解するために必要な若干の例言」と題した例言とを表から裏へわたって収めた 1 葉があり，その次に，表に検閲者ニコラオ・デ・アヴィラ(Nicolao dauila)の 1602 年 8 月 4 日付の認可状，裏に副管区長フランシスコ・パジオ(Francisco Pasio)の 1603 年 1 月 2 日付の允許状を収めた 1 葉がある．第 1 葉の扉紙は，パリ本もエヴォラ本も上と全く同じであるが，マニラ本にはこれを欠く[4]．第 2，3 葉は本によって順序が違っている．

本来，イエズス会の出版については，厳密な検閲を要し，これに適格と認められると允許状が与えられ，それに基づいて印刷許可が下されるのであり，当該書の巻頭には允許状・認可状の順に印刷されるべきものである．しかるに，下の表に見られるように，

		ボードレイ文庫本	パリ本	エヴォラ本	マニラ本
①第 1 葉	扉紙 { 表 裏	書名・刊記 空　白	同 同	同 同	} 欠
②第 2 葉	表→裏	序言・例言	同	同	表　認可状 裏　允許状
③第 3 葉	表……認可状 裏……允許状		欠	允許状 認可状	表→裏　序言・例言

ボードレイ文庫本はその順序が逆になっており，エヴォラ本はそれらが第 3

葉に来ていて，いずれも正しくない．マニラ本は扉紙を欠くが，第2・3葉の順序は正しい．諸本巻頭の3葉が順序不同に綴じられているのは，その3葉が一折4丁に足らず，1枚ずつになっていたためである．それは第4葉以下が4折8丁ずつを1組として印刷したのに対して，巻頭の3葉は本文よりもずっとおくれて，1葉ずつ印刷されたために順序に狂いを生じたのである．ボードレイ文庫本・エヴォラ本で，允許状を印刷してある紙面の右上隅にIと印刷してあるのが，第1葉の表であることを示しているのであるが，製本の際に見逃されたのであろう[5]．

アジュダ文庫蔵写本は，扉紙に書名等を収めた1葉をあて，第2葉表から認可状，允許状，序言，例言の順に一続きになっていて，その順序は現存版本のいずれとも合わない．

本文は，上述の序葉3丁に続いて1丁表に始まり，下端にFINIS（終り）と印刷した330丁表に終る．扉紙以下全葉の紙面の四周に単線の匡郭を施し，本文を印刷したページには，さらに中央に縦に2線を入れて左右二欄に分ち，各丁表の右上隅にアラビア数字で丁数を示す一連番号を入れ，各丁の表にも裏にもその右下隅に次ページの最初の語，または，その語頭の一部を刷り入れて順序を示すしるしとしてある．

アルファベットの各部の始めには，

   DOS VOCABVLOS QVE COMEÇAM POLLA LETRA B.　（B字
   で始まる語）

のような標題があって，その下位項目として，

   B ANTES DO A.　（Aの前のB）

のような小見出しを置き，Ba, Ba〜以下の見出し語がこれに続く．これは見出し語の第2字目が変わるのに従って，B ANTES DO E, B ANTES DO I.のように変わって行く．これは全篇を通じて同じであるが，本文に合致しない標目を掲げて両者が一致していない誤りもある．例えば，Daに始まる見出し語を収めた欄の上端に，D ANTES DO B.（Bの前のD）なる標目を掲げた（70v左）如きがそれで，類例は稀ではない．その一部を拾ってみる．

標　　目	対応する見出し語
A ANTES DO O. （O の前の A）	Afŏna. Afŏni.……(4 左)
B ANTES DO V.	Caba. Cabacaxi, su.……(29 左)
C ANTES DO O.	Cùqio. Cùqiona, Cùqua.……(66 左)
F ANTES DO O.	Fuchú. Fucŏ.……(105 v.左)
G ANTES DO A.	Gueba, Guebu.……Guenqe, Gueô.(115 v～116 v)

中には，Ch に始まる見出し語を収めた欄に，正しく C ANTES DO H.(H の前の C)の標目を掲げる一方，C ANTES DO A.(A の前の C)としたものが 46 v.から 51 丁の間に 7 例も見える甚だしいものもある．この不一致は，パリ本，ボードレイ文庫本，エヴォラ本，マニラ本の版本すべてに共通している．ところでその合致しないものは，大部分が前の欄の標目を流用したために生じたものである．これは，1 折分(4 丁 8 ページ)，あるいは，数丁分を刷り終えて版を崩し，次の版を組む際に，匡郭や中央の界線，それに各欄上端の標目を元のまま用いたによるものと考えられる．そしてこの種の誤りは，本篇の F 部から G 部あたりまでに多くて，それ以下に少ないのは，この辺りから印刷工が欠陥に気づいて，版の組み直しにも細心の注意を払うようになったことを示すものであろう．

なお，各部の最初の見出し語の頭字，例えば B 部の BA(場)の B とか，C 部最初の CA(佳)の C とかは，四角な飾り模様で囲んだ大字を特別な意匠を加えて印刷してある．これは羅葡日と同じで，それに倣ったものであるが，特に注意をひくのは，A 部から F 部までは両者が全く同じ図柄であって，日葡辞書の印刷に羅葡日の銅版を襲用したことを示していることである．

さて，本篇に続いて，331 丁表に，

　　　SVPPLEMENTO DESTE VO- ／ cabulario impresso no mesmo Collegio da Cõ- ／ *PANHIA DE JESV COM* ／ *a sobredita licença, & approuação.* ／ ANNO. 1604.

　　　（イエズス会の同じコレジオにおいて前掲の允許ならびに認可によ

って印刷されたこの辞書の補遺．1604年）という書名と刊記を掲げ，その下に「読者へ」の一文が裏へかけて印刷してある．本文は332丁に始まり，402丁裏に終る．そのあとにこの辞書使用上の注意2か条を追記し，最後にLAVS DEO.（神に栄光あれ）とある．他書には見られるErrata（正誤表）は，どこにも付けてない．

　各葉の印刷形式は，補遺も本篇と同じであるが，アルファベット各部の最初に大文字を飾り模様で囲んだものがないこと，本文を印刷した欄の上端に小見出しと同じ語を入れる代わりに，各面の左欄にはSVPPLEMENTO,右欄にはDO VOCABVLARIO.とあって，双方で「この辞書の補遺」の意を表わしてあることが本篇とは異なる．

　羅葡日の存在については，巻頭の序言にも述べ，例言の第1項にも，見出し語の配列は「既刊のラテン語辞書に採られた方法に従い，ローマ字のアルファベット順によった」と述べているから，かれに範を取ったことは疑いなく，その証は形式上に現れているのである．

3　使用活字

(1)　ローマン体とイタリック体

　キリシタン版の印刷活字については先学の細密な研究があり，長崎版日葡辞書には，ローマン体に大文字4類と小文字3類，イタリック体に大文字3類と小文字2類，都合2種12類の活字が使われているという[6]．日葡辞書の本文にはこの2種の活字が使い分けられている[7]．先ず，全体に通ずる基本方針として，ローマン体は，見出し語を始め，漢語の見出し語に対する訓釈や類義語，日本語注，日本語の用例，日本語の文中で用いる略号(i., l., P., S.B.など)，さらには葡語の説明文中でも日本語を日本語として表記するのにはこれを用いる．これに対してイタリック体は，見出し語に対する葡語（稀にラテン語を含む）による説明文に用い，その中に含まれる略号(*i. l. ſ. V.G. Per met.*など)にも用いる．例えば，

　　　　Canjin. Qimo, cocoro. i. Canyôna coto. *Cousa necessaria, & de importancia.*（肝心．キモ，ココロ．すなわち，肝要ナコト．必要で，重要なこと）

Butmiŏ. Fotoqeno na. *Nome do* Fotoqe. ¶ *Item, Certa ceremonia que faz o* Dairi *no duodecimo mez inuocando os* Fotoqes. （仏名．ホトケノナ．ホトケの名前．¶また，〔陰暦〕十二月にダイリ（内裏）がホトケの名号を唱えながら執り行なうある儀式）

のように使い分けるのが基本方針である．しかし，全篇がこの方針で統一されているわけではない．本篇の始めでは基本方針が守られているけれども，それでもこれに反する例が見られる．例えば，Amazzura（天面・案摩面）の条の葡語説明文中にイタリック体の *chanoyu*（茶の湯）が見えるし，*Arima*（有馬．Catamichi の条）や *Bungo*（豊後．Chacufu）も同類であるが，

Chùmon（注文・註文）……¶ *Item, Rol das cousas que ſe mandão de prezente como peça, aguila,* &c. *porque ſe he cauallo, montante,* <u>*Tarus,* & *Sacanas*</u> *diz se* <u>Mocurocu</u>.（また，贈物として，織物や沈香などが贈られる時の品目表．なぜならば，贈物が馬，太刀，タル（樽），サカナ（肴）であれば，モクロク（目録）と呼ばれるからである）

のごときは，イタリック体を使いつつも日本語であることを明示する必要のある時はローマン体を用いている．

ともかく，AからC部あたりでは，上の如き例もあるけれどもなおローマン体の方が圧倒的に多くて，イタリック体は少ない．次のD部ではローマン体22，イタリック体28でほぼ匹敵しているが，F部になるとローマン体53に対してイタリック体はその4倍を超え，229に達している．次のG部になるとローマン体は僅か5で，イタリック体は119．次頁の表を見られたい．

それには全篇に亘って，no Cami（上の地方で），no Ximo（下の地方で）という方言注記のしかたを調べて類別した結果が示されている．

それによれば，F部とG部との間に，ローマン体とイタリック体とを使い分ける上での方針の変更があったことが認められるであろう．

字体	部別 地方別	A	B	C	D	F	G	I	M	N	Q	R	S	T	V	X	Y	Z	補遺	計
ローマン体	Cami	1			20	1	3	2												27
	Ximo	6	1		5		4													16
イタリック体	*Cami*			10	2	28	6	11	6	11	2	3	8	8	12	5	6	14	14	132
	Ximo	1		5	1	11	1	6	5	4	3	2	6	6	11	6	8	3	3	79

備考 1) 方言注記の内，X.(下)は字体の別が必ずしも判別し得るものばかりでなく，また誤植も生じやすかったと見て，これを除く．
　　 2) 1条中に方言注記が二つあるものもすべて数え上げた．

　その一方，葡語など外国語が日本語の例文や説明文の中に用いられることがある．その例は，さきの葡語の文中に日本語が含まれるのよりもはるかに少ないのであるが，この場合も最初の基本方針に従って，

　　　　Agari. *Fim dalgũa cousa.* ¶ *Quaresma* no agari. *Fim da Quaresma.* ¶ *Iejum* no agari. *Fim do Jejum.*

　　　　Cacari, u, atta.… ¶ *Item,* Cocoro, l, qi, l, *Conciencia* ni cacaru.

の文例中の *Quaresma*(四旬節), *Iejum*(断食), *Conciencia*(良心)なる語はイタリック体になっている．このようなのもローマン体にしたのがあり，

　　　　Atari, ru, atta.…… ¶ Natalno xŏnichini ataru. *Cair no proprio dia do Natal.*

のように文例中の Natal(キリスト降誕節)をローマン体にし，説明文中のイタリック体の同語とは字体を違えてある．これを初出例として，なお，次のような例が見られる．

　　　　Contas uo curu. （コンタスヲ繰ル）

　　　　Tentaçamuo fuxegu. （テンタサンヲ防グ）

　　　　Igrejani fitoga ippai maitta. （イゲレジヤニ人ガ一杯参ッタ）

これも G 部以下に多くなる．

　上述のように，葡語文中の日本語をイタリック体にし，日本語文中の葡語などをローマン体にするのは，互いに相表裏するものである．すなわち，日本語を主とする文例などはローマン体で，葡語を主とする説明などはイタリック体で統一することとし，それらの中にまじえ用いられる日本語と葡語と

第 I 章 解　説

の区別にはかかわらないというものである．イエズス会の出版物で，中途で方針を変えて改善した例はいくつもあるが，この場合はどのような点に改善の意義を認めたのであろうか．

　ここで注意すべきは，当初の方針によって葡語文中にローマン体で印刷された日本語には，実は日本語本来の形でないものが稀ではなかったことである．Biŏbus(屏風)，Fotoqes(仏)，Tabis(単皮)，Bõzos(坊主)などがそれであるが，これらは語末にsをつけた複数形で知られるように既に葡語化して外国人間に使い慣らされた語であった．上のBõzoに指小辞をつけたBonzinho(小法師)や，Quimono(着物)から変化した *qimão* やその複数形 *qimõis, quimoẽs* ともなれば，本来の日本語形と隔たりが大きいだけに，F部以前といえどもローマン体で印刷することはしなかった．「漆」をローマン体で Vruxi としても，これを葡語動詞化した *vruxar* やその変化形 *vruxado, vruxada* (Asaguigoqi, Biacudan migaqi, Cacuita, Canban 等々の条)などは，必ずイタリック体を以てしている．この点からすれば葡語化した Tabis, Fotoqes の如きをローマン体を以てしたのは借用語の扱いとして不統一である．そうした借用語として外国人間に通用するものはイタリック体を以て印刷した日本語がA部から見え，あとになるほど多くなっている．その反面，日本語文中の葡語などの外国語は，日葡辞書を利用する外国人には周知のことであって，特にイタリック体文中でローマン体にして特立させる要はなかったであろう．かくてF部からG部のあたりで改善したのは，実情に即した合理的なものであったとすべきである．

　上述の葡語文中の日本語におけるローマン体とイタリック体との使い分けは，キ・ケを写す qi, qe と qui, que との別に対応している．すなわち，ローマン体で印刷した部分では qi, qe を用い，イタリック体で印刷した部分になると葡語の綴字法に従って *qui, que* とする方針を取っているのである[8]．今C部以下の数部について，イタリック体で印刷されたキ・ケの数を調べてみると次頁の表の如くであって，大体G部あたりから *qui, que* が統一的になったことがわかる．これも方針変更の理由が，上のと同じように表記の合理化に

部\綴字	C	D	F	G	I	M
qi	1	1	10	3	1	1
qui	0	0	5	8	7	14
qe	2	1	0	2	0	0
que	0	2	16	15	11	23

あったことを示すものである．

　このように葡語文中の日本語を葡語なみにイタリック体に改め，日本語文中の葡語を日本語なみにローマン体に改めたのであるが，このことは，双方の表記のしかたが改まる変わり目が一致しており，本篇のG部以降において統一的になっている事実によっても明らかである．このような両面にわたる改変は，彼我言語間の借用関係は逆であっても，借用語であることには変わりがないので，それぞれ借用して用いる方の言語に準じて扱うべきであるとの考えに基づくものであろう．それだけ合理的な改変と見なければならない．

　そうは言うものの，葡語文中には *Bonzos*（坊主たち），*Cungues*（公家たち），*vruxar*（漆塗りする）等々，日本語の葡語化した形も用いたけれども，日本語文中では葡語の日本語化した形は用いないで，必ず原形を用いた．例えば，当時日本人の間に一般に通用し，キリシタン版国字本で「きりしたん」「ゑけれじや」などと書かれているものでも，ローマ字本では必ず Christão（Agizzuqi, u. Fitamono 等の条），Ecclesia（Tatoye, uru. Tocoxinaye 等の条）としてある．これは本書の利用者が外国人であり，大部分は聖職者であるために，日本語化した形は誤解を招くおそれもあり，またそれを日本語表記と同じようにローマ字で綴ることは表記の規範上認め難いものであったからであろう．ロドリゲスの大文典にも，葡語から日本語に入った外来語をローマ字で書く場合には，日本人の発音に従うのではなくて，原語の綴りによるべきことを注意している（f. 179 v）．

　表記の方針は定まっていても，印刷技術その他の事情できれいに統一することは困難であった．G部以降にあっても，新方針による行き過ぎもあって，ローマン体を以てすべき日本語をイタリック体にしたり，当然イタリック体であるべき葡語をローマン体にしたような例外もないではない．

(2) 大文字と小文字

　葡語説明文中の日本語は，ほとんどすべてが名詞であるが，ローマン体とイタリック体との別なく，語頭を大文字にするのが原則である．もちろん，そのいずれにも例外はあって，特にイタリック体で印刷したものの中に，*sacazzuqi*(Conon.献々)，*funes*(Cudo.埃)，*niuas*(Biacuxin.柏槇)など小文字を用いたものがあり，ローマン体のものに比して多い．けれども大文字使用の原則によっていることは動かない．それは，葡語文中にあっても，日本語に由来するものであることを示して誤解を避ける意図に因るのかと思われる．それというのは，葡語の中に，数は少ないにしても日本語のローマ字表記形と同じ形の語，例えば，casa(家)とcasa(笠)，tomo(巻，冊)とtomo(友，艫)，voto(願い)とvoto(音)などのようなのがあって，紛れる惧れもないではないからである．

　日本語文中の葡語やラテン語も，イタリック体とローマン体との別なく，やはり大文字を用いるのがたてまえである．

　　　Nangui idequredomo Fidesua tagirocanu.　(難儀出デ来レドモ，ヒイデスハタヂロカヌ)

　　　Yonenmo nŏ Oratiouo mŏsu.　(余念モナウオラシヨヲ申ス)

接頭辞 Go を冠した1語であるのに，goPassion(御受難)とし，語中にもかかわらずラテン語の語頭をことさら大文字にしたのも，大文字使用の方針を端的に示したものである．この類例は，1592年天草版ドチリナ・キリシタンを始め，その他の宗門書でも一般に行なわれているものである．宗門書以外でも，例えば Feiqe の和らげ中に，

　　　Xidenoyama. Xinde yuqu michini Gentio (異教徒) no arutoyŭ yama.

の例がある．原語を表記面に卓立させるためであり，カトリック教独自の観念を示す語であるだけに，それを重視する意識によるものである．

　そのような日本文に対する葡語説明文において，葡語文一般としては必ずしも大文字にする必要のない場合に，やはり頭を大文字にしているのは，互

いに対応するように意図したもののようである．

   Mangiŭ, l, Pãouo <u>fucuramuru</u>. *Fazer crecer os Mangiŭs, ou Pão*
    com vinho doce de Iapão, formento, &c.

いわゆるキリシタン用語の原語の頭を大文字にした例は，早くサントスの御作業の和らげに，

   Tçŭ-riqi. touoru chicara Forças peneratiuas, Spirituais.

   Afŏraxet. Algozes do Inferno.

のような例があり，Feiqe の和らげにも，Rocudŏ（六道）の条に，「地獄，餓鬼，畜生，修羅，人，天コレヲ六道ト言ウ」と日本語で説明したのに続けて，

   sinco Infernos que os gentios poem．（異教徒たちが有るとしている
    五つのインヘルノ）

とした例がある．このような慣用は日葡辞書以前からあったのである．

II　編　者

　日葡辞書は，さきにあげた書名中に「イエズス会のパアデレたち及びイルマンたちによって編纂され」たとあり，この書の允許状並びに印刷認可状にも同じように明記され，序言にも，日本語をよく知っている者のうち数名の者が，日本語に精通している本国人数名の援助を得て，数年の間精励してこれを完成したとある．編纂に関与した外国人宣教師も日本人信徒もともに複数であったことが明らかである．このことは，本書の内部に，所によって種々の相違が認められ，別人の手に成ったと見られる事実があることでも裏づけられる．ところが，ガブリエル・デ・マトス（Gabriel de Matos）は，1603年1月1日付長崎発のイエズス会年報において，日本語を豊富に収録してそれにポルトガル語で注解を加えた辞書が印刷を完了しようとしているが，この辞書は一人のパアデレが幾人もの日本人と共に4年以上かかって編纂したものであると報じているという[9]．

　かれとこれとを合せ考えると，編纂の業に携わった人は外国人も日本人も

それぞれ幾人もあったが，その中に編纂上の基本方針をたて，事を進める過程において生じたであろう種々の問題について適切な指示を与えて，全般的に指導監督の任にあたったパアデレが一人あったことが知られる．この書の序言や例言には編纂の経緯や方針などの大筋が述べられているが，本篇本文の印刷が終ったあとで書いて加えられたこの序言や例言の筆者が，編纂を主宰し統轄した人ではなかったかと思われる．しかし，それが誰であったかは，今のところまだ知られていない．

　日葡辞書の編纂主宰者は，かの大小二つの日本文典の著者として知られる通事伴天連ジョアン・ロドリゲス(João Rodriguez Tçŭzu)であるとする説がある．しかし，これは一つの推定説であり，日葡辞書の編纂主宰者たる伴天連は，当然日本語に精通したものでなければならないとの見地から，当時わが国に在留していたイエズス会士のうちで日本語に最も熟達していたと認められるロドリゲスを擬するものであって，積極的な根拠に基づくものではない．これについては，土井忠生先生の周密な論考がある．すなわち，日葡辞書がロドリゲスの編纂にかかると確言し得るためには，日葡辞書の中に日本文典と同一人の論述であることを示す証跡がなければならないとして，両者を綿密に比較検討された．即ち，ロドリゲスの日本文典と日葡辞書との特殊語の取扱い方，ローマ字綴，語詞の文法的説明及び品詞的取扱いなどにわたって細密周到に比較検討し，その結果同じ人の編纂に成るものとは認められない相違点13ヶ条をあげて，ロドリゲス説の成り立ち得ないことを論証された[10]．これは確実な根拠に基づいて周到な考究を尽くし，明快な論断を下したものとして注目され，内外学者の認めるところである．

　日葡辞書では，「取レ，ルル」「売レ，ルル」「植ワリ，ル」などの動詞をばそれぞれ能動動詞(Verbo activo)，「取ル」「売ル」「植ユル」の受動動詞(Verbo passivo)と説明しているが，これはロドリゲスが穏当でないとして批判し斥けたものである(第Ⅶ章Ⅳ-1-(1)-3)参照)．これは蛇足に過ぎないけれども，ロドリゲス説を認め得ない一証に加えることはできよう．ともかく，ロドリゲスが日葡辞書編纂の全体を統轄し，その実務を指導し推進したとは考えられ

ない．

　上述のロドリゲス否定説が公にされてから20年後，1957年になって，フランシスコ・ロドリゲス(Francisco Rodriguez)を編纂者だとする説が現われた．それは，ダニエロ・バルトリ(Daniello Bartori)の「アジアイエズス会史」(Dell Historia della Compagnia di Giesu l'Asia descritta dal P. Daniello Bartori)に見えるもので，ラウレス(Johannes Laures)師が紹介されたものである[11]．それによれば，フランシスコ・ロドリゲスは14年間日本語を学んで成績大いにあがり，数々の書物を日本語で書いたという．巡察使ヴァリニャノ(Alexandro Valignano)が第3回目に来朝しての帰途，ローマに派遣される会計係にあげられ，1603年にヴァリニャノに随行してマカオへ赴いたという．上記の書に日葡辞書のことが下のように書かれている．

　　彼〈P. Francisco Rodriguez を指す〉は，一冊の大部な日本語の辞書(vn copioso vocabolario)を作った．これは，それぞれの語に対して，それに相当するポルトガル語訳がつけてあった．彼は，自分がヨーロッパに向かって出発する時に，この辞書を出版した．それは翌年の1月18日のことであった[12]．

　この説によれば，本篇の完成時に日本を去ったので，補遺の完了時にそれを見届け得なかったはずであるが，ラウレス師は，全部完了するまで関与しなかったにしても，彼を編纂主宰者と考え得るかも知れないと述べられた．

　これを承けて，後にマイケル・クーパー(Michael Cooper)師もバルトリの記録に注目して編者の問題を考究し，1974年から1976年の間に3篇の論文を公にされた[13]．その始めの二つの論文においては，バルトリの記述によりながら，文典著者のジョアン・ロドリゲスが関与した可能性に言及してあるのが注目すべき点である．かの辞書の編纂主宰者は，バルトリの記述によれば，フランシスコ・ロドリゲスであったと考えられる．けれども，彼は巡察使ヴァリニャノに随って1603年1月18日には長崎港を後にして日本を去ったのであるから，当然全篇の完成を見届けることはできなかった．彼が編纂に関係したのは，本篇の270丁，V部の初めあたりまでであって，そのあと

は文典著者のジョアン・ロドリゲスが引き継いだであろうという注目すべき新説である．これはアルヴァレス・タラドリス(Alvarez Taladriz)氏の見解[14]に従われたものというが，その論拠はおおむね次のとおりである．

　長崎版日葡辞書には当時存していた口語の短編「物語」が引用されているけれども，それは270丁，V部の始めまでであって，それ以下には見えない．ところで文典著者のロドリゲスは，日本を去って後，1620年マカオにおいて日本小文典を編纂し刊行しているが，その中で日本語の学習にこの種の「物語」を使うのはよろしくないとして強く斥けている．従って，270丁以降に「物語」などが引用されていない事実は，これを適当でないとして斥けたロドリゲスの意見に基づくものであって，彼がそれ以後の編纂を主宰したからであるというのである．

　ロドリゲスの日本小文典に上述のようなことが記されているのは事実である．すなわち，小文典の上巻第2章において，日本語を学習する書物は文語体のものでなければならない，「物語」の名で印刷されている口語体の短編対話書や，日本の古典をイエズス会の日本人が口語体に改めた「舞」や「平家物語」のようなものは適当でないと述べている(f.4)．ところが，日葡辞書におくれて刊行されたロドリゲス自身の日本大文典(1604～1608)には，上に言う「物語」も「舞」も Feiqe も数多く引用されている．また，何らかの事情で大文典の印刷が中絶して，その間の時間的余裕を利用してかなりの補訂を加えたと見られる95丁以下にあっても，上掲のどの書もそれ以前と変わりなく数多く引用されている．それ故「物語」その他口語の諸書を日本語学習書から斥けたのは，日本を去ってマカオに赴いて以後，長年に亘る日本語教育の実情と，豊富な経験とに基づいて，将来の効果的な教育法を考えて導かれたものであって，当然日葡辞書以後に固まったものと見なければならない．日葡辞書自体について見ても，上述の論に「物語」の引用が270丁までに限られるとあるのは誤りで，実は272丁の Vchivouoi, uô.(打チ覆イ，ウ)の条に引かれたのを見落としている．それはともかく，「物語」の引用はそれ以後にはないけれども，日本小文典で「物語」と同列に斥けられた他書の引用例は272

丁以降にも見られるのである．出典注記のついているものだけを取ってみても，283丁，Voricaqe, uru.（折リ懸ケ，クル）の条に「八島」の舞の引用があり，Feiqeも273丁のVmeague, uru.（埋メ上ゲ，グル）の条を始め，なお他に6例(ff.281, 285, 288, 291, 297, 318 v)が見られる．さきの日本大文典に全篇に亘って存する事実からすれば，それ以前の刊行に係る日葡辞書にこのような事実があるのは当然としなくてはならない．従って，「物語」の引用のみを取り上げ，それがV部の中途以降に引用されていない事実をロドリゲスの独自の見解によるとするのは妥当でない．

また，さきにも触れたが，日葡辞書では「取ル，植ユル」などの他動詞をActivo（能動動詞），「取ルル，植ワル」などの自動詞をPassivo（受動動詞）として，互いに対応するものとして扱っているが，これはロドリゲスの採らないところである．然るに，Y部のYudari, u.（茹ダリ，ル）の条にもそれはYude, zzuru（茹デ，ヅル）のPassivoであるとしてあり(f.325 v)，V部以降にも見えている．これらの事実からして，ロドリゲスがV部以下を引き継いで編纂を主宰したとは考えられない．

クーパー師は，ロドリゲス通事が中途から仕事を引き継いだ可能性があると認めながらも，当時の印刷には多くの時間を要したことと，長崎版の巻頭に付けられている副管区長フランシスコ・パジオの允許状が1603年1月2日付であって，フランシスコ・ロドリゲスが日本を出発する直前であることとから察すれば，おそらくは長崎版の原稿は補遺までを含む全部が，彼の出発前に印刷所に回されていたであろうとの推定を加えて，結局はジョアン・ロドリゲス継承説にはこだわらない考えに傾いている．

師の第三論文では，さらに慎重な考慮の結果，「断言的なことは言えず，推測の域を出ないことが多い」として，結論的に，

> 現時点で言えるせいぜいのことは，フランシスコ・ロドリゲスは，1603年に長崎を出帆する少し前まで，この辞書の編纂作業を統轄していたという程度のことである．

と述べ，推論を一層控えめにしていられる．

第I章 解説

　フランシスコ・ロドリゲスは，1588年8月，始めて日本に来朝して後，肥前の大村に居たのであって，同年12月末日付のインド・日本イエズス会名簿には，大村の教会の条下にその名が見え[15]，次いで1592年11月現在の日本イエズス会名簿には，八良尾のセミナリヨの条に次のように記されている．

　　　138 ＋ P. Francisco Rodriguez.　ポルトガル人，日本語の懺悔を聞き，日本語で説教する[16]．

　その翌年，1593年1月1日付，ヴァリニャノの手に成る名簿にも，「日本語を非常によく知っていて，日本語で説教する」とある[17]．来朝後4年ばかりの間にこの程度にまで達していたのであるから，相当に語学の力に恵まれている人であったことが察せられる．ヴァリニャノは，第3回目に来朝した翌年の1599年，ルイス・セルケイラ司教(Luis Cerqueira)，ヴァレンティン・カルヴァリョ(Valentim Carvalho)，ポメリョ(Pomério)とともに，日本語を学ぶために天草に赴いたが，その時フランシスコ・ロドリゲスが教師として同行したという[18]．日本語にますます熟達し，そのことが認められていたのであろう．その彼が，1601年9月末日付長崎発の年報を書いているのであるから[19]，日葡辞書編纂の業が進みつつあるころ長崎に居たことは明らかで，日葡辞書の編纂に関与し得る環境にあったことも確かである．

　この人を日葡辞書の編纂主宰者とするダニエロ・バルトリ(1608〜1685)は，イタリア人のイエズス会士で，ローマのイエズス会修練院の教師を経てコレジオの院長を勤めた人であるが，日本に来朝したことはない．多くの伝記的，歴史的，文学的著作を発表したが，特に極東におけるイエズス会の布教事業を歴史的に記述した「アジアイエズス会史」6巻(1653〜75年ローマ刊)は高く評価され，幾たびか版を重ねている．この大著は，ヴァチカン文庫所蔵の資料に基づいて書かれたもので，そこに引用された珍しい事実と取扱いの慎重さで知られている[20]．しかし，上述のフランシスコ・ロドリゲス関係の条がどのような資料に拠ったものかは全く示されていない．

　ヴァリニャノが第3回目に来朝し，欧州へ向けて長崎港を出帆したのは1603年1月15日であると一般に認められているが[21]，前述のバルトリの記

述では1603年1月18日となっていて，その間に3日間のくい違いがある．一方，日葡辞書の允許状に名前があり，当時長崎に居たはずの日本司教ルイス・セルケイラがアルヴァレス(Johanna Álvarez)にあてて書いた1603年2月20日付書状には，次のように書かれているという．

> 1603年の去る1月18日にシナの船に乗ってここから出発したが，会計係としてローマに赴くフランシスコ・ロドリゲス神父もその船で出発した[22]．

これに記された出発の日は，通説とは違っているけれども，かのバルトリの記述にはぴたりと一致している．このことを以て，バルトリはこのセルケイラの書簡に基づいたのだと直ちに断定することはさし控えるべきであるけれども，少なくも何か確かな拠るべき資料を見て書いたことだけは推量し得るであろう．ここにバルトリの記述の信憑性をうかがい得るものとすれば，フランシスコ・ロドリゲス編纂に関する記述にも，同じように何か確実な根拠となる資料があったのではないかと考えられる．

フランシスコ・ロドリゲスは，文典著者のジョアン・ロドリゲスよりも3歳の年長であった．さきにも引いた1593年1月1日付のヴァリニャノの目録によれば，フランシスコは33才でパアデレ，ジョアンは30才のイルマンであった．日本語の力については，両者は全く同文で「非常によく日本語を知っていて，日本語で説教する」とスペイン語で書かれている[23]．後に日本語の文典編述の命を受けるほどに，当時のイエズス会士中最もすぐれた日本語学者と認められていたジョアン・ロドリゲスに比べれば，フランシスコの方が多少譲らなければならなかったのかも知れないけれども，フランシスコとてもかなり日本語に通じていたことは疑えない．そのような多少の差はあったにしても，先輩でもあり，ローマの会計係に抜擢されるほどの人物であるから，日葡辞書の大編纂事業に統轄者として選ばれるということも考えられないことではない．おそらくは，日葡辞書編纂の業と並行して進められたと推察される日本大文典編述の業が，ジョアン・ロドリゲスの担当する大業であったことを思えば，もう一方の大事業に余人をあてることもあり得であ

ろうことは容易に想察される．

　以上を要するに，バルトリは，日葡辞書の刊行から50年後にかの著書をあらわしたわけであるが，彼の著述態度から推しても，何らかの然るべき根拠に基づいて書いたものであろうから，それによってフランシスコ・ロドリゲスが長崎版日葡辞書の編纂に関与したことは，かなり信憑性のあるものとして考えることができるであろう．けれども，クーパー師も慎重に述べられたように，その拠りどころとなったオリジナルな文書が発見されて，それによって確かめられるまでは，有力な一説として尊重しつつも断定はさしひかえるべきであろう．よしんば，フランシスコ・ロドリゲスが編纂の業に携わったとしても，彼がどのような関与のしかたをしたのか，編纂のそもそもの初めから関与したのか，それとも中途からなのか，また，補遺の終わりまで原稿を手がけたのかどうかなど，細かな点になるとまだまだ研究を要する点が多いと言わなければならない．

III　翻　訳

　日葡辞書全篇の翻訳に，スペイン語訳とフランス語訳と，日本語訳とがある．前二者のうちフランス語訳は，日本語訳の出る以前には，原著の代わりによく用いられた．西・仏両訳書ともに，日葡辞書原文の葡語と同じロマンス語系統の言語に訳されたものであるだけに，葡語原文を解読する上に役立つ点が少なくない．しかしながら，それらを利用するについては，両書の翻訳の態度や方法などを検討してかかる必要がある．この観点からここではスペイン語訳とフランス語訳とについてやや詳しく検討し，日本語訳は訳されたもの自体が容易に見られるのであるから，読者の批判を仰ぐこととし，これまでに寄せられた批判などをあげることにする．

1　スペイン語訳　日西辞書

　長崎版日葡辞書は，刊行後20年余りにして，その全篇がスペイン語に翻訳

され，マニラで出版された．1630年マニラのドミニコ会サント・トマスコレヒオ刊の日西辞書がそれである．この本は，伝本が比較的多くて，大英図書館，マニラのドミニコ会修道院文庫その他にあり，わが国でも東洋文庫，上智大学キリシタン文庫，天理図書館などにあり，1972年には，その複製本が雄松堂から刊行されている．扉紙には，

> VOCABVLARIO ／ DE IAPON DECLARA- ／ DO PRIMERO EN PORTVGVES POR LOS PADRES DE LA COM- ／ pañia de IESVS de aquel reyno, y ago- ／ ra en Castellano en Colegio de ／ Santo Thomas de Manila. （最初日本イエズス会のパアデレたちによってポルトガル語で説明がつけられ，今マニラのサント・トマスコレヒオにおいてスペイン語で説明がつけられた日本語の辞書）

という書名があり，標章の図版をはさんで下に，1630年マニラで出版された旨の刊記がある．

　長崎版の原著と同じ四折型で，扉紙と序葉に続く本文は616丁であるが，丁数はM部の終る316丁（実は315の誤植）まで付けて，それ以下には付けてない．版式は原著に似て，1ページを左右二欄に分けてあるけれども，四周の匡郭と中央の縦二線の仕切りはない．原著にはローマン体とイタリック体と二種類の活字を用い，それを一定の方針で使い分けているけれども，西訳本ではすべてローマン体で統一してあるので，原著の形をとどめず，原著の編者がことさら二者を区別して用いた意図は生かされていない．

　日西辞書では，原著日葡辞書の本篇を土台として，補遺の所収語をアルファベット順配列の相当位置に繰り入れて，一系列のまとまった配列に直してある．原著の補遺において，見出し語の右肩に＊印をつけたものは，既に本篇に収められている同じ語に対して，必要な説明なり用例なりを追加し補訂するために，重複して収めたことを示すものであるが，日西辞書ではそれらを本篇の該当条下に併せ含めて1条とした結果，不必要となった＊印はすべて省いてある．原著の補遺には＊印を付すべくして付してないもの，すなわち＊印なしで重出している語があるが，その扱いも上と同様である．1条に

合わせる場合には，本篇の説明の末尾に補遺の説明を続けて加えるのを例としているけれども，意味用法などの似寄りを考えて本篇の本文の中間にさし加えたものもある．もっとも，中には，Agueuoqi, u.(上ゲ置キ，ク)や Curuxij (苦シイ)が前後に2条並んでいるように，当然1条に合わせるべきものが，元のまま別条になっているものがある．Arayuru. l, arŏru.(アラユル．または，アラゥル)の次に Arauo(粗芋)，Arayuru(アラユル)が並び，Arayuru が重複している上に，配列順まで狂っているのは，補遺に Arauo.と Arayuru.*との2条が並んでいるのを，そのまま本篇の Arayuru. l, arŏru.の次に移したためで，機械的に処置した結果である．また，Cusari(鎖)の次に，補遺の，

  Cusari.*（鎖）¶ Foneno cusari.（骨ノ鎖）骨の関節．

の1条を移して別条に立てているし，Cagami(鏡)の次の条に，補遺の，

  Cagami.*（鏡） 例，Cutçuua no cagami.（轡ノ鏡）馬のくつわの円形の一種の鏡，あるいは，鐶．¶ また，正月(*Xǒguachi*)に作られる *fogaças* に似た，一種の大きな *bollos*(餅)．

の1条を移して別条に立て，2条を並べ掲げている．これらは，日葡辞書の編者は本篇への追補として補遺で追加したのであるから，同語と認めたことは明らかであるが，日西辞書の編者は二者間に意味上の違いがあるので別語と判断し，その故に別条にしたものと思われる．日葡辞書には，同じ語が本篇と補遺とに重出しているのに，後者に*印をつけていないものも280語ばかりあるが，日西辞書では，それも上と同じく1条に合わせたり合わせなかったりで統一を欠き，それらの扱い方には穏当でないものが少なくない．

　見出し語の配列は，原著と同じくアルファベット順を基本方針としているけれども，きれいに整ったものにはなっていない．原著では，本篇と補遺とを問わずG部には特異な配列方式をとり，Ga, Gue, Gui, Go, Gu, Gua, Gi, Gio, Giu(ガ，ゲ，ギ，ゴ，グ，グヮ，ヂ，ヂョ，ヂュ)の順にしてあるが，日西辞書ではこれを Ga, Gi, Gio, Giu, Go, Gu, Gua, Gue, Gui の順とし，一般のアルファベット順に合わせて改めている．原著に特異な配列順序がとられている意図と理由は別として，上の順序に改めることは，検索の便を考

えての処置として，それはそれで一つの見識と認めてよいであろう．けれども，新方式による配列替えにあたって，原著において特異な配列方式がとられている理由を正しく解し得なかったのが因をなして，新方式に合わない配列の狂いを生じたのである．

　日葡辞書本篇のG部では，Gaは最初にあり，Gi, Gio, Giuは最後にあるから，新方式でGaの次にGi, Gio, Giuを移すのは当然で，事実そのように改めてある．ところで，原著ではGi類はGI, l, chi.(地)に始まってGizŏ(地蔵)に至り，それに続いてGiŏ(錠)以下Gio, Giu類が並べられているから，一般のアルファベット順には合わないのであるが，日西辞書は原著のままにGi……Gizŏ, Gio, Giuの順序を残している．次に補遺所収語を繰り入れるにあたっては，一般のアルファベット順に従ってその順当な位置にさし入れたので，補遺のGiŏ(定), Giŏcŏ*(定香), Giocuran.(濁乱), Giŏsŏ(定相), Gioxocu.(女色), Giŏzzuqeni(定ヅケニ)の6条はGinzô(陣僧)の次に配列され，その結果Gio〜形の語はGizŏ(地蔵)の次と，Ginzô(陣僧)の次と1丁以上も隔たった位置に分かれて並ぶ不都合な結果を招いている．その上に，上掲のGiŏcŏ*(定香)は，当然本篇のGiŏcŏの条に合わせて然るべきものであるのに，別条にされているという不具合をも生じ，Giŭ〜形の語についても同じ手順による狂いを見せている．

　ガ行音節が第2音節以下に含まれている場合には，日葡辞書本篇でGa, Gue, Gui, ……の特異な配列になっていても，日西辞書もそれに従い，新方針に改めないことが多い．たとえば，N部では，日葡辞書のNega〜, Negui〜, Nego〜, Negu〜, Negi〜の順を日西辞書もそのまま踏襲し，I部のIga以下やQ部のQiga〜以下などもまた同様である．そのような場合に，一部分だけを新方針によって改めたり，補遺の語を繰り入れるのに新方針によってアルファベット順の順当な位置に入れたりしたために，いずれの方針にも合わない混乱を来たしていることもある．

　日葡辞書本篇で配列位置の狂っているもの，たとえば，Aburagami(油紙), Abura ague(油揚)と並び，Acuxen(悪銭), Acuxei(悪星)と並んでいるよう

なのは正されないままに受けつがれ，補遺の Amabito(海士人)が本篇の Amabiyori(雨日和)の次にさし加えられるなどの不手際もある．

　一部配列順を改めるにしても，原著の配列をそのまま残すところが多いのであり，綴字は原著と全く同じなのであるから，見出し語を移しもらす危険性は少なかったはずである．実際に後述の日仏辞書に比べるとはるかに少ないのではあるが，脱落した例もないではない．たとえば，A部で本篇の Auogui, u.(煽ギ，グ)と補遺の Aqitçuxima(秋津島)，Aruqi(歩キ)とが脱落しているし，著しいのは本篇のT部に並んでいる，Tŏgue(峠)から Toguiya(研屋)まで，一連の8条がそろって脱落している．これはガ行の gue, gui を含む一群を新方針によってその相当位置に移そうとして一括して落してしまったものである．要するに，検索を便にするために，補遺を本篇に併せ，配列方式を改めた着想は合理化を図ったものとして認めるべきであるけれども，改善が改善になっていない欠陥を少なからず残している．

　見出し語その他の日本語を移すのは，一般に原著に忠実であると言ってよく，長音符号などまでできるだけもとの形をそのまま残そうとつとめた跡が著しい．一例をC部におけるウ段長音の表記にとってみよう．日葡辞書では，ウ段長音を示すのに，ǔ, û, ù の三つを併用している．本篇C部の Chù(中・宙)から Chùzon(中尊)に至る85条では，Chŭguen(中間)の1条を除いて ù を普通に用い，次の8語に限って û を用いている．

　　　Chûco.（中古）　Chûdan.（中段）　Chûdei.（鏽泥）
　　　Chûfai.（中輩）　Chûfan.（中半）　Chûfu.（忠否）
　　　Chûuǒ.（中央）　Chûxu.（中酒）

これを移した日西辞書では，原著の ù を ú にした15条と，印刷不分明のために ù を u にした3条とを例外として，その他はすべてもとの形のままに印刷されている．ことに，

　　　Chù.（誅）　切る．例，Chûsuru.（誅スル）
　　　Chùfan.（昼飯）　すなわち，Chûjiqi（昼食）
　　　Chùgue.（注解）　Chûxi toqu.（注シ解ク）　すなわち，Chû.（注）

など，同じ条に異なる符号を用いたのも，すべて原著のままに移してある。なおまた，補遺の Chŭbai(仲媒)以下の 15 条は，Chûjacu(チュウ雀)の 1 条を除いてすべて ŭ を用いた表記であるが，これらを本篇の 85 条の間に繰り入れるのにも，例外の û をも含めてすべて原著の形のままである。

　日葡辞書にも誤植や誤謬はまま見られるが，それを日西辞書でどのように扱ったかを見るに，日本語については原著のままを保ち，みだりに改めない方針をとっている。

　　　Acureô, l, acoriŭ〔acuriŭ〕. （悪龍）

　　　Vtçuçu.〔Vtçutçu〕. （現）

　　　Vmoimidare〔Vomoimidare〕, ruru, eta. （思イ乱レ，ルル，レタ）

　　† Tatagui〔Tategui〕. （立木）

　　　Megumi, ŭ, uda〔u, ŭda〕. （芽グミ，ム，ウダ）

のように，配列位置の関係や意味からして誤植と認められるものを〔　〕内の正しい形に訂正しているものもある。しかし，このような例はまれで，誤りといえども原形のままにしてあるのが大部分である。

　　　Iigio. （児女）　Chigio〔Chigo〕, vonago. （チゴ，女）　Vosonai〔Vosanai〕vonna. （幼イ女）

　　　Iucufu〔Iufucu〕（儒服）　Iuyana〔Iuxano〕qirumono. （儒者ノ着ル物）

　　　Iucufu〔Iufucu〕（寿福）　Inochi saiuai. （寿福）

　　　Misoqi〔Misogi〕（三十）　　　　Ranxi〔Raixi〕（礼紙）

　　　Vnxŏ. （雲上）　Cumono iye〔vye〕（雲ノ上）

　　　Xidaigoguiŏ. （四大五行）……例, Go〔Gi〕, sui, fŭ, qua, qi, fo〔fi〕, tçuchi, cane, mizzu〔地，水，風，火，木，火，土，金，水〕．

のごときは，〔　〕内の綴字の誤植に違いないけれども，いずれも訂正されないままもとの形に印刷されている。上掲諸例のうち，Iucufu, Iucufu, Ranxi の場合は，日葡辞書の配列状態をそのまま日西辞書も受けついでいる。このように原著の形のみならずその配列位置ももとのままにしてあるのが多いけ

れども，必ずしもそれときまってはいない．上掲の Misoqi は，原著ではその正しい形 Misogi のあるべき位置に並べられているが，日西辞書は Misoqi のあるべき位置，すなわち，Misonji, zuru.(見損ジ，ズル)の次に移し換えてある．類例はほかにもあって，本篇の Naguetçuqe は，Nadetçuqe, uru.(撫デ付ケ，クル)と Nadexico(撫子)の間にある位置関係と，その意味説明とから察して明らかに Nadetçuqe(撫デ付ケ)の誤植であるが，日西辞書は誤植と看破できないで，却って Naguetçuqe 形のあるべき位置に移している．補遺の Suyeda も実は Suda(スダ)の誤植であるけれども，日西辞書ではそれを見抜けないままに，Suyeba(末葉)と Suyefirogari(末広ガリ)との間に移し換えている．日葡辞書のままであれば，配列位置の関係から誤植と認める手がかりが得られるのに，日西辞書は位置を移したためにその方途を封じてしまった．なお，上の Suyeda は，

†Suyeda.(スエダ)　或る草．X.(下)の語．上(*Cami*)では Xida(羊歯)と言う．

とあり，本篇の Xida の条には「或る草．下(*Ximo*)では Suda(スダ)，または，moronuqi 〔moromuqi〕(諸向)と言う」とあるから，これを見合わせれば，Suyeda が Suda の誤植であることは，いとも容易に知られるのである．この1例に限らず，日西辞書の編者は，そのような手順を踏んで日葡辞書そのものの構造を理解し，その上で改編し翻訳するという慎重な用意には欠けていたようである．

日葡辞書を翻訳して日西辞書を編成したのは，スペイン生まれのドミニコ会の修道士エスキヴェル(Iacinto Esquivél del Rosario. 1595–1633)であるという[24]．

その葡語のスペイン語訳は，原著の原文に忠実に翻訳するにつとめた跡はきわやかである．一例をあげて対比してみよう．

　　　　Auaxe. *Vestido forrado sem estofo.*　¶ *Item, Composta esta palaura cõ outras significa estarem algũas cousas juntas. Vt,* Nimai auaxeni camiuo coxirayuru. *Fazer pasta de duas folhas, &c.*〔日葡

辞書〕

> Auaxe. Vestido aforrado sin estofar. ¶ Item, compuesta esta palabra con otras significa estar algunas cosas juntas. Vt, Nimai auaxeni camiuo coxirayuru. Hazer pasta dedos hojas, &c. 〔日西辞書〕

このように一々の語が同じ順序に対応して並ぶ等量の翻訳であって，全篇にわたってほとんどこの調子である．これはポルトガル語とスペイン語とが系統を同じくするばかりでなく，きわめて近い姉妹語の関係にあるから可能なのであり，それだけ翻訳もたやすかったはずである．日葡辞書の葡語原文中の誤植などをそれと見抜いて，スペイン語訳で訂正していることがある．たとえば，Mamegara(其)の条に *Casea* とあるのを *Casca* の誤植と見て Cas-cara(殻)と訳し，✝Mayebiqi(前挽キ)の条に *concerta laya de serra* とあるのは *com certa laya de serra* の誤りと見抜いて con cierto genero de sierra (ある種の鋸を使って)と訳しているなどはそれであるし，Nichiya(日夜)の条に *de di, a & de noite* とあるのを de dia, y noche と訳しているのも，原文を *de dia, & de noite*(昼と夜と)の誤植と見たからである．これなども葡・西両国語の親近性からすれば，当然容易に気づき得たはずである．

これと反対に，葡語原文の誤りに気づいていないこともある．たとえば，Machitçucuxi, su.(待チ尽シ，ス)の条に，*Esperar muito, & por muitas vias.* とあるのは，最後の *vias* が *dias* の誤りで，「懸命に何日もの間待つ」の意と見るべきもので，その条下に用例をあげて，

> 例，Cocorouo tçucuite sujit machitçucuita. (心ヲ尽イテ数日待チ尽イタ) Tog. (富樫) 私はひどく心配しながら何日もの間(*por muitas dias*)待っていた．

とあるのを見合わせれば容易に知られる．しかし，日西辞書には原文をそのままに por muchas vias とスペイン語訳している．これでは「多くの方法を講じて」あるいは「多くの径路にわたって」と解するほかはないので，いずれも日本語の意味には合わない．また，

†Ixxeqi.(一石)　Ichicocu(一石)に同じ．*Modo de com medidas.*
Nixeqi.(二石)　*Duzentas, &c.*

とある．この *com* は *cem*(百)の誤植であって，「一升枡の百回分を数える言い方．Nixeqi.(二石)二百升，など」と解すべきで，このことは Nixeqi に対して *Duzentas* とあるのによっても察せられるはずであるが，日西辞書はそのまま……contar con medidas.としているので解しがたい．見出し語に同義語としてあげてある Ichicocu を別条に求めて参照すれば，そこには正しく *cem medidas* とあるから，容易に誤りに気づいたはずであるが，そこまでの手順を踏むことはしてない．これらは，誤植によって生じた形がたまたま実在する別語と同形であるために疑わなかったのであろうが，それはまた見出し語の日本語をよくは知らなかったことにも原因がある．かかる点から察すれば，編訳者の日本語に対する知識は，日葡辞書の編者に遠く及ばなかったものと言わざるを得ない．

　日西辞書の編訳者は，日葡辞書の忠実な移植を意図したのであって，それは見出し語その他日本語の上に顕著に見られること前述のとおりであるが，葡語説明のスペイン語訳についても同じ態度が見て取れる．これが徹底した原テキスト尊重の明確な意識に基づくものかどうかは疑問であって，むしろ日本語に対する理解の不足ゆえに，さかしらを加えないで原著そのままを移す方が無難であるとの考えに立ち，上述の態度で終始したのではなかったろうか．そしてそれは，ポルトガル語とスペイン語とが同一言語の方言的相違とも見られるほどの親近性の故に可能であったのであり，それはそれで一つの態度として認められないではない．しかし，一面機械的な取扱い方を主とし，それ以上に多くは出なかったとも言えるのであって，編訳者の訂正，敷衍，増補などが新たに加えられたところはないので，日本語史料として日葡辞書に加えるところはほとんどなく，また，今日われわれが参照して日葡辞書を解読する上の助けとすべき点もあまり多く期待することはできない．

　日葡辞書の部分的なスペイン語訳は，日西辞書よりも前になされていた．1623年マニラ版の「ロザリオの経」の巻末に付せられた「熟語の和らげ」の

見出し語は，大部分が日葡辞書収載のものであって，その説明をスペイン語訳して収めたものである．やや長い説明のついている条を取ってみよう．

  Guigui. Cosa grande, y magnifica. Vt gugui tŏtŏni gozaru. Es cosa grande, y excelente, y de fausto, como donde ay mucha gente bien ornada por orden &c. 〔和らげ〕

  Guigui.(巍々)　*Cousa grande, & magnifica.*(壮大華麗なこと)　Vt, Guigui tŏtŏni gozaru.(例，巍々蕩々ニゴザル)　*He cousa grande, & excellente, & de fausto, como onde ha muita gente bem ornada por ordem, &c.*(それは壮大華麗である．たとえば，きらびやかに着飾った軍勢が整列している，など)　〔日葡〕

このように日葡辞書に密着したスペイン語訳である．「ロザリオの経」の本文は文語体で，その中には「巍々蕩々トシテ」(162/6)の形で現われているが，上に「巍々蕩々ニゴザル」の例をあげているのも，日葡辞書に拠ったことを示すもの．かような例はほかにも少なくないのであって，中に日葡辞書の或る条下の項目や用例を省いたり，用例を「ロザリオの経」の本文に合わせて改変したりしたものは，「和らげ」に必要な改変として問わないとすれば，日葡辞書と共通する見出し語のほとんど全部について，上のように緊密な関係にあると言ってもよいものである．

ただ，上掲の Guigui(巍々)の条は，日西辞書も上の「和らげ」と一致し，他の条でも同様である．Guengiû.(厳重)の条の長音符号 û も，Guentô. Melius Quentô.(厳冬．ケントウと言う方がまさる)の Melius もケントウのケに Que を用いていることもすべて日葡・日西辞書に一致するが，Melius とあるのだけは日葡辞書の Meliús と異なる．しかし，中には「和らげ」と日葡辞書の方がよく対応していて，日西辞書は少しくそれと異なるものもある．

  Iqiacu. Chigai fedataru. Discrepar, discordar la cosa, o ser diferente de lo que se cuida. 〔和らげ〕

  †Iqiacu.(違隔)　Chigai fedataru.(違イ隔タル)　*Discrepar, discordar a cousa, & ser differente do q̃ se cuida.*(物が相違して一致せ

ず，思うところと相違していること）〔日葡〕
これら二者はよく対応しているが，日西辞書は最後の se cuida のところが se pensaua となっている．

  Qiqei. Espejo, o exemplo bueno, paraque otros imiten.〔和らげ〕
  Qiqei.（亀鏡） *Espelho, ou exemplo bom pera os outros imitarem.*
  （他人が学び倣うべき良い鏡，すなわち，模範）〔日葡〕

これも上の二者は対応し，日西辞書は説明の最後が para ser imitado de otros.（他人から学び倣われるべき）とあって小異がある．

 これらの諸点から，「和らげ」の編者は，必要に応じて日葡辞書の条々をスペイン語訳して収めたものかと考えられる．しかしまた，大部分が「和らげ」と日葡と日西との三者間に共通し一致する状態を見せているのによれば，現存の日西辞書以前に日葡辞書をスペイン語訳した日西辞書の写本があって，「和らげ」を作るのに利用され，一方マニラ版日西辞書のもとにもなったのかと想像されないでもない．しかし，文法的にも語彙的にもきわめて近いポルトガル語とスペイン語とのことであれば，別々に翻訳しても相似たものになる可能性は高いのであって，その似寄りを以て共通の所拠本の存在を推定する確実な根拠とはなし難い．結局，確かにはいずれとも決めかねるが，「和らげ」の存在は，日葡辞書がマニラ版日西辞書の刊行以前からドミニコ会にも知られていて，部分的にでも利用された事実を示すものとして注意される．

2 フランス語訳 日仏辞書

 日葡辞書のフランス語訳は，レオン・パジェス（Léon Pagés）の日仏辞書（Dictionaire Japonais-Français）である．始め4分冊として 1862～1868 年の間に逐次刊行され，それらをまとめ，訂正を加えた合訂本が 1868 年パリで刊行された．この合訂本には 1953 年一誠堂刊と，1969 年白帝社刊の複製があり，おくれて 1974 年，分冊本を合綴した本の複製が勉誠社から刊行されている．それぞれ解題がついていて，特に一誠堂版に付せられた土井忠生先生の解題が詳しく，また勉誠社版に付けられた福島邦道氏の解題も親切である．

パジェスは現在のパリ国立図書館蔵の日葡辞書(補遺欠)をフランス語訳し，それに日西辞書によって語を補充したが，それには＊印をつけて示したという．当時パジェスは，パリ本以外に日葡辞書伝本の存在を知らず，補遺の刊行されたことも知らなかったので，パリ本になくて日西辞書に見える語や説明は，スペイン語訳する際に補足されたものと解したらしい．その増補分には＊印をつけて区別したのであるが，パリ本に欠落している前述の7個所14丁分の所収語は日西辞書によって補ったために，＊印を付すべき語の見分けがつかず，ために補遺所収の語に＊印がつけてない．その他でも，

　　　†ACA(赤)　　†Acaganezaicu(銅細工)　　†Fai iwo(ハイ魚)

　　　†Varabinaua(蕨縄)　　†Varabite(蕨手)　　†Varaidŏgu(笑イ道具)

　　　†Varazzuna(藁綱)　　†Vataritçuqi, qu.(渡リ着キ，ク)

のように補遺所収語で日西辞書に収めてあるのに＊印を脱したものがあり，＊印の有無で原書の補遺にある語か否かを知ることはできない．

　日葡・日西両辞書ともポルトガル語式ローマ字綴りによって日本語を写したが，日仏辞書はそれをフランス語式綴り方に改め，日西辞書と同じく一系列のアルファベット順に配列し直したので，原本の配列とは著しく違うものになった．この変改と同時にパリ本と日西辞書とを比較して＊印を付けたので，事が煩雑になり種々の手落ちも生じている．

　まず，日葡・日西辞書にあって日仏辞書では脱落しているものがある．

　　　Acadayen(阿伽陀円)　　Anagi(穴痔)　　†Acujit(悪実)　　†Acuteqi(悪敵)　　†Aqiye(空家)　　†VACA(若)　　†Vacaregi(別レ路)　　†Varabŏqi(藁箒)　　Vitenben(有爲転変)　　†Giûdana(重棚)からGiùyocu(重欲)までの7条脱．

　日西辞書にはあって日仏辞書にないのは，補遺所収の語に多いが，これはパジェスがパリ本日葡辞書を原著として尊重し，これを重視したのと，日西辞書と比較するのに慎重さを欠いたのによるであろう．補遺の所収語は日西辞書に拠る外はなかったのであるから，後者の含む誤謬を受けついだのは当然としても，本篇の語でも日西辞書に従ったものがある．原著本篇のAdanmuxiro は Andamuxiro(アンダ筵)の誤植であるが，日西辞書はこれを Andanmuxiro と誤り，日仏辞書もこれを受けて Andanmouchiro(アンダンムシロ)としている．

　しかしまた，日西辞書の誤りを正したものもある．日葡辞書は本篇の Airon を補遺で†Airen(哀憐)と訂正したが，日西辞書もそれを受けてそのまま Airen, Airon 2条を並べ掲げ，パジェスは Airen の形のみを採って掲げ，説明は2条のを取り合わせて付けている．

　また，日葡辞書本篇に収めた Fi(樋－懸樋と同じく，高く懸けた水の通る導管の意)に対して，補遺に，

　　†Fi.(樋)　地下を通して菜園や畑に水を引く木製の導管．
　　†Fi.(樋)　刀や剣などの溝〔血流し〕．

の2条を補っている．日西辞書は補遺の2条を前に，本篇の1条を後に回して3条を並べ掲げたが，この語の説明としては順序が妥当でない．パジェスは上の3条をまとめて1条とし，日葡辞書本篇の説明のあとに補遺の2条分を続けて，説明を適当な順序に直している．

　このほかに，日葡辞書の誤りを日西辞書が受けついだのを訂正したものもある．例えば，

　　(日葡) cocozaite〔Cocorozaxi, su.　志シ，スの条〕→ (日西) 同左
　　　→ (日仏) cocorozaite.
　　(日葡) Morino cado〔Fômon　法門の条〕→ (日西) 同左 → Norino cado (日仏)
　　(日葡) Teno　manaco〔Tenguen.　天眼の条〕→ (日西) 同左 → Tenno manaco (日仏　Tenghen の条)

これなどがそれである．しかし，かような例は少なくて，日西辞書で看過された誤りは，日仏辞書でもそのまま見逃がされている方が多い．前の日西辞書の条で，日葡辞書の誤りを温存している例にあげた，Iigio(児女), Iucufu (Iufucu 儒服), Misoqi(Misogi 三十), Vnxǒ(雲上), Xidaigoguiǒ(四大五行) などの諸条に見える誤りは，そのまま日仏辞書に残っている．

動詞の標出で，日葡・日西両辞書に，Aiuomoi, ôta.(相思イ，ウタ)とあるのは，原則に外れて現在形(終止形)を脱した異例であるが，日仏辞書では，Aiwomoi, mô, môta.(相思イ，ウ，ウタ)と正しく改められている．これはさすがだが，その一方には日葡・日西両辞書に一致して，

　　　Iboi, ô, ôta, 1, vmi, u.(イボイ，ウ，ウタ．または，膿ミ，ム)　灸の跡がただれ広がる．……

とあるのを，vmi, u.が別の活用語尾を示すものと誤解して，Iboumi, mou.(イブミ，ム)として，イブムという実際にはない幽霊語を造り出している．日本人学者でこれをそのまま引用し，これに誤られた事実もある．また，原本の補遺にあがっている†Yamameguri(山廻リ)という名詞を，*Yamamegouri, rou, goutta.(ヤマメグリ，ル，グツタ)と動詞化しているのも，誤解による行き過ぎである．そうかと思うと，原本補遺のCacuxi, su.(隠シ，ス)の条下に1項を立てて，

　　　¶また，どこかへ行って，行方がわからなくなる．

と説明してあるのを，本篇の同じ語の条下に取り込んでその1項としたのはよいとして，これを名詞としたのは行き過ぎである．このようなパジェスの誤った解釈による欠陥もまれではない．

　次に注意すべきは，日仏辞書では見出し語を始め，その類義語や日本語による説明や引用例など，日本語にはすべて片仮名が添えてあることである．これは，パジェスの創意によるものであるけれども，その片仮名表記法には一貫性がなく，原本のポルトガル語式ローマ字綴り方に対する理解不足に基づく誤りが少なくない．それを端的に示すのは，巻頭に掲げた原本のローマ字綴・フランス語式ローマ字綴・片仮名表記三者の対照表である．

　まず，原本にはない綴字，Bio, Boo, Chu, Riu, Yeôをあげた一方には，原本にある piŏ, piô, peô, Qeo, Reo などを脱している．入声のtを'T final ツ'としたのはよいが，これに準じて，

　　　C *final* ク　　　F *final* フ

を立てたのや，Bb, Gg, Rrを促音のツを示すとしたのなどは事実に合わな

い．'C final ク'というのは，

   Facca ハクカ（薄荷） Accô アクコウ（悪口）

など，入声 k の開音節化したクが促音化したのを示しているが，その一方には，

   Cocca コツカ（国家） Zoccan ゾツカン（俗漢）

のように一般の促音表記のツをあてたのもあって統一を欠く．

 殊に著しいのはオ段拗長音の表記である．日葡辞書は，カ・ガ・ハ・バ・マ・ラ各行のオ段拗長音を写すのに，当時一般的であった qiǒ, fiǒ, miǒ など 〜iǒ 形とともに，qeǒ, feǒ, meǒ など 〜eǒ 形をも用いた．後者〜eǒ 形は，オ段合拗長音を写すのに当時の仮名表記に則って〜eô 形を用いて qeô, feô, meô と綴る方式に準じたものであるが，パジェスは〜eǒ 形と〜eô 形とを同一視して，

beô		feô	ヘウ	gheô	ゲウ	meô	メウ	keô	ケウ
	ベウ								ケフ
beǒ		feǒ	ヘウ	gheǒ	ゲウ	meǒ	メウ	keǒ	ケウ
									ケフ
reô		tchô	テウ						
	レウ		チヤウ						
reǒ		tchǒ	テウ						
			チヤウ						

としている．このほか〜eo, 〜io 形を用いないものでも，

   tchǒ テウ チヤウ Chǒ qqf.シヤウ　シヤウ　qqf.ショウ　セウ

のように，開拗長音を写した chǒ, xǒ に対してフランス語及び片仮名の表記では合拗長音の表記をあてたものもある．

   cǒ カウ と cô コウ，dô ドウ と dǒ ダウ，mô モウ と mǒ マウ

など，開合の区別は書き分けられているけれども，

   ghiǒ ギヤウ ギウ　jǒ ジヤウ ジウ　riǒ リヤウ リウ

など，オ段拗長音とウ段長音と混同しているのを見ると，オ段長音，特に拗長音の開合について果たして明確な区別をしていたのかどうか疑われる．

 片仮名表記の不統一は，いわゆるハ行転呼音の場合にもあらわである．巻頭の綴字対照表に，

   ai アイ アヒ　　cai カイ カヒ　　i イ ヰ　　ye エ ヘ ヱ

　　　　ouo, wo ヲ ホ

のように並べ示してあるから，歴史的仮名づかいによる表記も考えられているようである．実際に本文を見ると，

　　　Ai, アイ, c-à-d. awai, アワイ, ou *ma*……

　　　Awai, アワヒ, espece de lieu……

のように同じ語が「アワイ」とも「アワヒ」とも書かれているし，同音異語の Awa が，「粟」には「アハ」で，「泡」には「アワ」とあるのは歴史的仮名づかいに合致するので，それを基準にするかに見える．しかし，「粟飯，粟餅」には「アワイヽ，アワモチ」とあって，上の基準に従ったものではない．この類の ua にワとハとを使い分けようとしたことは，綴字対照表に，

　　　Va　oua, wa ワ　　　　*Vai*　ouai, wai ワイ ワヒ
　　　　　va ハ　　　　　　　　　　vai ハイ

とあるので知れる．ここに原本の va(ua)に対して，フランス語式綴方としては不適当な va をことさらにあて，片仮名ハを添えているのは理解し難い．しかし，本文を見るに，日葡・日西辞書の原文に，

　　　Axiuara. l, yoxiuara.(葦原．または，葭原)　　　Catauara(傍)

　　　Cayauara(茅原)　　Facauara(墓原)　　Faguiuara(萩原・
　　　補遺 Faguivara)

など，すべて ua とあるのを日仏辞書では，Achivara, Yochivara, Catavara, Cayavara, Facavara, Faguivara のように，ことさら va に改めた上で，それに「アシハラ，ヨシハラ」のようにすべてに「ハ」をあてて，これを va と対応させている．これは，歴史的仮名づかいによる「ハ」に対応させて，ローマ字表記でも特に異例の va を用いたものと解される．それだけ歴史的仮名づかいへの関心が強かったようである．しかし，その一方には原文の Igueuara(イゲ原), Sasauara(篠原), Taqeuara(竹原)などは ua を改めて wa とし，それにワを対応させているから，特に意識した表記方針を以て一貫して整えているわけではない．

　また，原文の Vôqij(大キイ)を 'Wôkii ヲホキイ' とするほか，「大」の複合

語「大風，大雨，大手」などにはきまって「ヲホ」をあてているのに，「大合戦」には「ヲウガッセン」とし，却って「応命，謳歌」に「ヲホメイ，ヲホカ」として混乱の跡を残し，語頭の Vo に至ってはすべて 'wo ヲ' で統一してしまって，歴史的仮名づかいへの関心は全く認められない．

つまり，片仮名表記は全般的に表音的仮名づかいを主としながらも歴史的仮名づかいをまじえていて，表記方針の原理が定まっていない．すなわち，片仮名によって原文のローマ字綴の示す発音を示すか，語自体の伝統的表記形を示すかの態度が確立していなかったのである．

次にパジェスのフランス語訳のしかたを見てみよう．フランス語はポルトガル語と同じくロマンス語に属する．日葡辞書の成立が 260 余年前であるにしても，これをフランス語訳するのは，日本語に訳するよりははるかに容易であったはずである．それは原本のポルトガル語原文とフランス語訳文とを照合してみればわかる．それだけに大部分は穏当な訳と見るべきで，われわれが日葡辞書を解読する助けとなることが多い．しかし，やはり翻訳は困難な仕事である．翻訳にはポルトガル語やスペイン語に通じていることが第一の要件であることは言うまでもないが，それに加えて説明の対象となった中世日本語に対する理解の深さもまた強く要求されるからである．この点から日仏辞書の訳文を見るとき，その語学力はともかくとして，その日本語，特に中世日本語に対する知識は必ずしも十分ではなかったらしい．日葡辞書の感動詞 Ide (イデ) の条に次の 1 項がある．

> 例，Ide mono mixô. (イデモノ見セウ)　さあ，待っていろ，ちょっと痛い目にあわせてやるからな．(*Ora deixaime que eu vos darei hũas poucas, &c.*)

この dar (darei) なる動詞は，ここでは '殴る，打つ' の意であって，上のように解すべきものと思う．日西辞書は上掲の原文をスペイン語に逐語訳しただけで，問題の部分も 'yo os dare' とあるが，日仏辞書には次のようにある．

> attendez, et je vous donnerai quelque chose, etc. (待っていろ，お前に何かやるからな)

原文の hũas poucas を quelque chose(＝E. something)と訳したのは dar を「与える」意に解したからである．dar の最も普通の意味は「与える」であるから，誤解するのも無理ではないけれども，誤解の真因は，狂言などによく現われる上の日本語の言い方を知らなかった点にあるであろう．また，本篇の Caixei(皆済)の条下に，

  例，Caixeino vqe doriuo toru.(皆済ノ請取ヲ取ル)　借金の全額を支払ったという証文(*conhecimento*)を受取る．

という用例が示してある．これを日仏辞書は，

  être informé de la manière dont on a acquitté tout sa dette.(人が借金の全額を支払った仕方について知らせを受ける)

と訳している．ここに informer を用いたのは，原葡文の *conhecimento* を「通知」の意に取った証左であるが，これまた「請取」の意味をよく知らなかったのに因る誤りである．Vqedori は別条にあって，その説明には，*Conhecimento, ou asinado*(証左，あるいは，証書)とあるから，これを参照すれば上の誤訳はしなかったであろう．あるいはまた，日西辞書には問題の conhecimento が正しく conocimiento(証文)と訳してあるから，これを参照しても誤りは避け得たはずであるが，パリ本のみを見て日西辞書を参照することは必ずしもしなかったらしい．次も同類である．

  Cane.(鉄漿)　*pentes*(マヽ)を染める染料．¶Caneuo tçuquru.(鉄漿ヲ付クル)歯(*dentes*)を黒く染める．

 上の *pentes* は *dentes*(歯)の誤植で，それはその条の例文の説明中に正しい *dentes* が用いてあるのによって察せられる．ボードレイ文庫本では語頭の p を d に訂正した書入れがあるけれども，パリ本にはない．パジェスが peignes(櫛)と訳したのはパリ本のせいであるが，日西辞書には dientes(歯)と訂正して印刷してあるから，これによれば正しく訳せたはずである．

 しかし，日西辞書を見合わせればよいとのみも言えない．本篇の Cuyaxi, su.(崩ヤシ，ス)の条に，

  大きな *torrões*(土塊)とか土とかなどを掘り落とす，または，崩す．

とある *torrões* は日仏辞書に tours(塔)とあるが、これは日西辞書の torreones(塔)を受けた誤りである。また

> Vchimoraxi, su.(討チ漏ラシ，ス) 殺すことができなかったり，*aleãçar* することができなかったりして，人を取り逃がす，または，人に逃げられる。

の *aleançar* は、実は *alcançar*(追いつく)の誤植であるのに、日西辞書はこれを見抜けないで alancear(槍を突きさす)と西訳し、日仏辞書もこれに従って percer de la lance(槍で突き刺す)として誤りを受けついでいる。

> Toqiuo dotto aguru coye, macotoni tenni fibiqi, ricugi xindô xite vobitataxi.(鬨ヲドット揚グル声、マコトニ天ニ響キ、陸地震動シテ夥シ)

という幸若舞、高館の文例が引用されている中の「陸地」に対して、原文は terra(地)とある。日西辞書にも tierra(地)とあるのに、日仏辞書はことさら chemin de la terre(陸の路)と訳している。これはパジェスが ricugi を「陸路」と誤解したのによる。

> Cazafame, uru, eta.(風ハメ，ムル，メタ) 風にさらす。(*Asoalhar ao vento.*)

これに対して日西辞書は Destruyr el vento.(風がうちこわす)という不可解な訳を加えているが、パジェスはこれによらないで、原文をば、

> exposer au soleil et au vent.(日と風にさらす)

と仏訳している。別条 Fiyaxi, su(冷シ，ス)の条に、物を水の中につけて冷たくすることを言い、風にあてて冷やすのは Cazafame, uru.と言うと明記してある。これでも明らかなように風にあてる意であるのに、au soleil(日に)を補ったのはパジェスのさかしらと言わねばなるまい。

このようなパジェスの変改は語そのものの形にも及んでいて、例えば Amano madeguxi(海士ノ真手櫛)を Amano matecouchi(海士ノマテクシ)、Asagiga fara(浅茅ガ原)を Asadgigawara(浅茅ガワラ)と改めている。また、Yarixita(槍下)の条下に、

　　　　Yarixitade cubiuo toruua tegaradea.(槍下デ首ヲ取ルハ手柄デア)
とある文例中の tegaradea を tegarada(手柄ダ)としてしまったのは,当時の珍しい助動詞 dea の用例を抹殺したのが惜しまれる.

　以上を要するに,日仏辞書は 100 年以上も前の訳業として,その価値は高く認めなくてはならないし,従来日葡辞書以上に利用され,わが中近世語研究に寄与した功は没すべくもない.この点は福島氏の解題に強調されたとおりである.なおまた,今日日葡辞書の原文解読に役立つ点の少なくないことも言うまでもない.けれども,日葡辞書のもとの姿を伝える点では日西辞書に及ばず,中にパジェスの手による誤った変改もあることとて,原著の忠実な翻訳とはなし難く,原著に代えての利用には堪え難いものと言わざるを得ない.従来その例がなくはなかったが,日葡辞書の名のもとに日仏辞書を訳出引用するがごときは慎しむべく,複製本があって容易に利用し得る今日においては,原著の原文に引き比べて誤りなきを期すべきである.

3　日本語訳

　日葡辞書を日西・日仏辞書のように全篇日本語訳したものは,近年まで現われなかった.研究論文や古典の注釈などに,必要に応じて部分的に訳出引用されることはかなり早くからあったけれども,それらは別として,少しまとまったものでは,近藤国臣氏の方言語彙に関するものが早い[25].氏は日葡辞書の本篇と補遺に収められた方言語彙を克明に抜き出し,方言注記の加え方に従って類別し,これに日本語訳を加えて公表された.氏の訳は,おおむね原文に即した忠実な訳と言えるのであるが,必ずしも原文に拘泥せず,大意を取って簡約に訳出されたものも含まれている.原著では,

　　　　Chùjin.(中人)　知識や尊敬度などの中位の人,下(X.)の語.
と説明してあるのを大きく縮約して単に「凡庸な人」と訳し,

　　　　Fŏqigusa.(箒草)　箒を作る材料になるある種の草.上(*Cami*)では
　　　　Fŏqigui(箒木)と言うが,それは,成長してからは小さな木に似ているからである.

とある説明を割愛された如きはその例である．用例なども略されたものがあり，Codacodani（コダコダニ）の条下の Codacodani suru.（コダコダニスル）や，Fôbare（頰脹レ）の条下の Fôbareuo yamu（頰脹レヲ病ム）の用例も説明も割愛されている．それらを省いても方言としての意味はわかるからであろう．日葡辞書の方言語彙中にも誤謬を含んでいて訂正を要するものがあるけれども，それらについては触れず，原綴のままを認めて掲げてある．氏はまた方言語彙のみならず，付録として婦人語や卑語と注記された語も抽出して訳載されたが，方言に約10語，婦人語に約17語，卑語に約15語ほどの抽出漏れがある[26]．このように一部に補訂を要するものがあるにしても，早く500語近くを翻訳したものとして注意すべきものであり，それが方言研究上に便益を与えた功を忘れてはならない．この近藤氏の訳業は，後に東條操先生の「全国方言辞典」に資料の一つとして利用された．そこでは紙幅の関係上さらに縮約して収載されたので，日葡辞書原文との隔たりは一層大きくなった．

　昭和9年から11年にかけて刊行された平凡社の「大辞典」にも所々に日葡辞書が翻訳引用されていて，これも近藤氏の担当されたものと聞いている．この方は，方言語彙のみに限らず，注意すべき語を抜き出して訳載したものである．近藤氏の前述の翻訳を大辞典所載のものに比べると，例えば Xiuodoqi（潮時）の条に *Aguas viuas* とあるのを前には「流水」と訳してあったのが，大辞典では「大潮」と正しく改められているし，Nevozomi, u.（寝ヲゾミ，ム）の説明に，*Espertar do sono.* とあるのを，前には「物音に目をさます」と訳してあったのが，「目覚める」と改められている．前訳で sono を som（音，響）と考えた非を改めて somno（眠り）と解された結果である．このように大辞典の方が正しくなっているのが目につくが，訳文はおおむね簡略に切りつめられている．

　次いで昭和30年初版の「広辞苑」（岩波書店）にもかなり多く日葡辞書が引用されたが，それは該当の条下に用例を引くにとどまり，葡語の説明は訳載されなかった．その上もとのローマ字綴を片仮名に直した表記法に統一を欠き，また該当しない意味項目に引用された誤りもあったりして，折角引用し

ながら日葡辞書を生かしきれなかった憾みがある．その点「広辞苑」の第2版(昭和44)では全面的に改められ，引用項目も格段に多くなったけれども，紙面の関係上葡語説明の邦訳を添えない点は初版と変わりがない．

　小学館の「日本国語大辞典」(昭和47～51)には，さらに多く日葡辞書が引用されている．つとめて葡語の説明も邦訳して添える方針をとり，それの付いているものが少なくない．ともかく，それまでに出た辞書では，日葡辞書を最も多く引用したものとして注意すべきものである．しかし，ここでも説明の翻訳は全く省いたり，簡単につづめたりしたものが少なくない．山田忠雄氏は，ア～カ行の間の75条を取り上げて，そこに引かれた日葡辞書の引用状況を子細に検討された．その結果，原文に即していない欠陥が目立つところから，「この本の日ポ辞典の訳者は，日・ポ両国語に対する基礎的知識を欠く意味で類稀なる訳者の手になった者」[27]と手厳しい批判を加えていられる．氏の取り上げられたのと同類の事実はほかにも挙げることができるけれども，蛇足になるからここに付け加えることは差控えるが，総体的には氏の言われるところを認めざるを得ない．その翻訳担当者が誰であるのか，編集後記にもどこにも全く記してないから，不明というほかはない．山田氏は，「或は訳者は混質の複数であったか？」とされる．訳者は森田ではないかと疑われ，直接間接に尋ねられたことも一再ではないけれども，決して私ではないことをこのついでに明らかにしておきたい．

　日葡辞書全篇の日本語訳は，昭和55年になってようやく現われた．「土井忠生・森田武・長南実編　邦訳日葡辞書」(岩波書店．1980)がそれである．これに対して，今日までに多くの方々から御批判や御教示を頂いている．その御厚意にはただただ感謝のほかはない．近年それらをもとにして，些か自ら気付いたことをも加えて簡約にまとめたことがある．ここにそれを収めて補訂の一端としたい．

4　「邦訳日葡辞書」の補訂異見

　「邦訳日葡辞書」は，1980年5月の末に刊行された．公刊に至るまでの経緯

は，その書の「まえがき」にもあるように，その下地となったのは，昭和23年の春以来日葡辞書の研究に従い，傍ら翻訳をも試み，いくたびか手直しを加えて一応形を成していた私の粗稿であった．岩波書店から出版されることがきまってから，それをもう一度私が見直して所要の補正を加えた後長南実氏へ回し，ロマンス語学の立場から専門的に綿密な検討を加え，補正していただいた上で，全般にわたって土井先生の厳密な校閲を仰いで印刷に回すという手順を取ったのであった．その仕事を進める間には，いく度か三者が集まって協議を重ね，また，原稿や校正刷を頻繁にやり取りしながら度重なる修正を加えた．その上で印刷原稿を整えたわけであるが，その原稿を整理して浄書するのも，校正段階に入って校了直前の修正結果を取りまとめて印刷面に反映させることも筆者に課せられた仕事であった．従って，この取りきめによって一貫して事を運んだので，この書に存する欠陥や誤りは，その終局段階でもなお補訂し得なかった筆者の不明と非力の致すところであって，その責任の多くは筆者が負うべきものであり，その重さは今もって痛感しているところである．

「邦訳日葡」（以下「邦訳日葡辞書」をこう略称する）の刊行後，諸方から異見を寄せられ，ご教示にあずかったこともあり，またその後自ら気づいた事もあるので，その一部なりとも書き出して，せめてわが負う責めをいささかなりともふさぎたいと思う次第である．

以下それについて述べるわけであるが，それは筆者一人の私見に過ぎず，共著者土井先生と長南氏のご了解を得たものではないことをあらかじめおことわりしておきたい．

(1) ミラー教授の批判

上のようにして成った「邦訳日葡」の欠陥や誤謬について述べるにあたって，実はそのこと自体を無意味であるとしててんから退けるような，全く否定的な批判が公にされているので，最初にそれについて弁じておかなければならない．

その批判というのは，アメリカ，シアトルのワシントン大学のロイ・ミラ

ー(Roy Andrew Miller)教授が，アメリカの言語学雑誌に発表したものである[28]．これは極めて手厳しいもので，この「邦訳日葡」は一顧の価値もなく，それどころか却って利用者を誤らせるものだときめつけている．それを示す例証は何百か条(hundreds)もあげることができるけれども，その中でも典型的なもの2条をあげれば足りるとして，Dǒri(道理)とMimochi(身持)の2か条が俎上に上せられている．

　その第一，Dǒriは「邦訳日葡」に次のようになっている．

　　　Dǒri.(道理)　道理．¶Dǒriuo iy sodatçuru.(道理を言ひ育つる)　自分の道理を弁護する，あるいは，固執する．¶Dǒrini fazzururu, 1, moruru.道理に外るる，または，洩るる)　道理に違背する．¶Dǒrini xemeraruru, 1, tçumeraruru.(道理に責めらるる，または，詰めらるる)　道理で説き伏せられる．……

　上の一条の訳文中に「道理」とあるのは，すべて原文のrezãoに対するものである．このようにポルトガル語のrezãoを現代日本語の「道理」と訳してあるが，これはローマ字書きの中世日本語のdǒriを漢字書きに直しただけのもので，翻訳を回避したものである．そもそも中世日本語の「道理」という語は，中世日本の社会政治論における重要なkey wordであって，現代日本語の「道理」なる一語をもって表わしきれるものではないというのである．それは至極当然とも言えることであって，ミラー教授の言われる限りにおいては，私も教授に同じてそうだと考える．なぜならば，ミラー教授がkey wordと言うのは，実は鎌倉時代初期の史論書「愚管抄」をもとにして言ったものだからである．この書には「道理」という語が非常に多くいろいろな意味で用いられており，それらがまた著者慈円の特異なテクニカル・タームとして用いられていることは，周知の事実である．そのような多様で特異な用いざまをした「道理」が，ポルトガル語のrezão一語のみをもって，また，現代日本語の「道理」のみをもって説明し得るものでないことは，容易に理解されることと言わなければならない．

　日葡辞書は室町時代語の辞書であって，一時代前の特定の書物の，しかも，

第Ⅰ章 解 説

当時日本在住の外国人宣教師にとって必須であったとも思えない特殊な意味・用法までも採録し記述したものではないからである．日葡辞書の他の条中でも，用例などに含まれた「道理」に rezão をあてて説明した例は珍しくない．ともあれ，1595 年天草版羅葡日の Ratio, onis. の条に，ポルトガル語の Rezão と日本語の Dŏri とが対訳として並べあげてあるのを見れば，当時の一般的な意味は知られよう．抄物その他の同時代の資料に見られる用例も同様である．従って，我々は翻訳を回避したのでもなければ，的外れの誤りを犯したのでもないと考えるが，いかがであろうか．ミラー教授の言うところは無理な要求と言うほかはなく，日葡辞書の成立事情や性格を慎重に考慮しない，つまりはこの辞書の本質をよくは理解していない人の言としか受け取れない体のものである．

ミラー教授の取り上げる誤訳の第二の見本は，Mimochi である．「邦訳日葡」には，

  Mimochi.(身持)　行状，または，生活のしかた．¶Mimochiuo aratamuru.(身持を改むる)　生活を正しく直す．

とあり，その原文は，見出し語について，

  Obras, ou modo de viuer.

用例「身持ヲ改ムル」については，

  Emendar a vida.

とある．この「身持」なる語は，ミラー教授の言うところによれば，1592 年天草版ローマ字本「ドチリナ・キリシタン」の key word であるが，そのポルトガル語訳の Obras に現代日本語の「行状」をあてた翻訳は誤りである．「行状」は 'behavior, demeanor, (nice) manners' (行儀，品行，(よい)作法) を意味する語であるから，「身持」という語には相応しないのだという．特に指摘された「ドチリナ・キリシタン」の中の全用例(序 1/12, 序 2/1, 4/3, 16/5, 16/12, 93/4) 6 例を始め，「サントスの御作業」や「バレト自筆写本集」などの用例を調べてみるのに，ポルトガル語で obras と注したのも，それに現代日本語の「行状」をあてて翻訳したのも，必ずしも誤りと断ずることはで

きないように，私には思われる．「ドチリナ・キリシタン」の用例に特異性が認められるわけでもない．結局，ミラー教授が，現代日本語の「身持」をば，'good behavior, nice manner'(品行方正，行儀正しさ)と解して，良い方の意味に限定されるときめてかかっている点に的外れの批判に陥る因由があるものと考えられる．

　ポルトガル語の obras は，日葡辞書の Acuguiŏ(悪行)，Acugô(悪業)，Cŏxeqi(行跡)，Guiŏgui(行儀)，Iaguiô(邪行)，Ienguiô(善行)，Ienguiô(善業)，Iensa(善作)，Sagueô(作業)，Tocuguiŏ(徳行)，Xiuaza(業)など，多くの条に例があるが，それらを併せ考える一方，現代の国語辞書を参照するならば，上の翻訳が的外れでないことが知られよう．それが適訳でない理由を明らかにして，もっと工夫する余地があるとして代案でも示されるならばともかく，頭から全く誤っていると言われるのには従い難い．

　なるほど，「邦訳日葡」に欠陥や誤謬のあることはよく知っているつもりである．しかしながら，ミラー教授の峻烈な批判にも拘わらず，私には，言われる如く有害無益だとも存在意義なしとも，そこまでは思われないのである．さように考えるが故に，私は非力ながらも「邦訳日葡」の補訂に一層努力しなければならないと考えている次第である．

　　(2)　赤　　頭

　「邦訳日葡」の刊行後，最も早く異見を提起されたのは長南実氏で，次に掲げる条の訳に関するものである[29]．

　　　Acagaxira.(赤頭)　赤色，または，赤茶色の頭髪．¶また，冑の頂に付ける<u>赤色の牝牛</u>[1] の尻尾であって，*comballas* [2] と呼ばれるもの．¶また，水鳥の一種．※[1]原文は *vaca.* 当時のキリシタン文献の用例に徴すれば，牡・牝を合わせた牛の包括的な名としては boi(boy) を用いるのが普通である．よって vaca は牝牛をさすと見られる．[2]……(略)　「下線部分は再検討の上改めた(P.49参照)」

　それは上文中アンダーラインを施した部分と，それにかかわる注1)に対するものであって，vaca は牝牛とは限らず牛の総名を示すと見て「牛の尻尾」と

すべきであろうとされる意見である．

　長南氏は「邦訳日葡」の編訳者の一人であって，この一条の訳稿検討の際に上のように提案されたのであるが，再三協議の結果，上掲の訳者注に付記したように，当時の用例に即して考える時は，boi(牡牛)に対する「牝牛」とすべきであろうとしたのであった．しかし，なお問題は解決したわけではなかった．

　当時「牛」を表わすおもな語は，boi(boy), touro, vaca であって，それらが四様に使われた．まず boi は，

　　　Guiŭba.(牛馬)　Vxi, vma.(牛，馬)　*Bois* と馬．

の条に見られるように，牡・牝を包括した牛の総称として用いられたが，その一方，牡牛のみを意味することも多いのである．

　　　Vxi.(牛)　*Boy, ou vaca.*(牡牛，あるいは，牝牛)

　　　Boguiŭ.(牡牛)，すなわち，Cotoino vxi.(特牛の牛)　*Touro, ou boy.*
　　　　(特牛，または，牡牛)

のように，*vaca, touro* と並用したのは，明らかに牡牛を示す boi である．これに対して，牝牛は専ら *vaca* を用いるのである．

　　　†Meuji.(牝牛)　*Vaca.*(牝牛)

　　　Vname.(うなめ)　Mevji(牝牛)に同じ．*Vaca*(牝牛)

　　　Forda, ae. Lus.(葡語)　Vaca prenhe.(妊娠している牝牛)　Iap.(日
　　　　本語)　Faramitaru vxi.(孕みたる牛)〔羅葡日〕

このような例を日葡辞書と羅葡日とについてできる限り集めてみた結果，次のような状態が見られる．

原　語	boi(boy)		touro	vaca		総　計
意　味	牡　牛	牡・牝総　称	特　牛(牡牛)	牝　牛	牡・牝総称？	
羅葡日	4	47	7	15	0	73
日　葡	17	29	2	18	10	76
計	21	76	9	33	10	149

これによれば，boi が圧倒的に多くて，それも牡・牝を併せた総称として用いられたものが約80パーセントを占めており，これに対して vaca は牝牛に限られる傾向が著しい．この点からすると，vaca は何か特別の理由がない限りは牝牛と解するのが穏当だといえよう．かかる点からして Acagaxira の条の vaca は「牝牛」と訳したのである．しかし，それにはなお検討の余地が残されている．それは上の表中に牝牛の意とも牡・牝の総称の意とも明らかでない vaca の例が10例もあることである．まず，それらは，

　　　Bocuguiŭ.(牧牛)　すなわち，Maqino vxi.(牧の牛)　野原で飼育される vacas.

　　　Bocuji.(牧士)　Vxicŏ votoco.(牧ふ士)　vacas やその他の家畜の牧人．

や，Bocudô(牧童)，† Cai, ŏ.(飼ひ，ふ)，Fana(鼻，同条に2例)，Riguiŭ(犂牛)，Voro(檻)，† Vxicai(牛飼)などの条中のは，家畜として飼育される牛に偏しているが，それは，牝牛が子牛を産み，育て，牛乳を豊富に供するなど，人間の生活にとって牡牛よりはるかに有用なので，牡牛以上に大事に保護し飼育され，それだけ親しみ深いものである．そのために，牛といえば vaca と言い，この語を総称的に用いたのかとも想像される．それにしても，膠の原材料は牝牛に限ったことではあるまいに，Nicaua(膠)が「Vaca の皮を煮て作る」とあるのを見れば，vaca の意味は拡大して牡と牝を総括した牛の意にも用いられたように思われる．

そう言えば，フロイスの「日欧文化比較」[30]の中にも，またロドリゲスの「日本教会史」[31]の中にも，必ずしも牝牛とは限らない vaca の語が使われているのである．これに思い合わされるのは，さきの Acagaxira の条の，

　　　赤色の vaca の尻尾であって，comballas と呼ばれるもの．

という説明である．これはロドリゲス日本大文典の中に，

　　　シナから運ばれて来る vacas の或る尻尾で，comballa と呼ばれ，日本人が Xaguma(赤熊)と呼ぶもの[32]．

とあるのと一致する．comballas, combalas はなお日葡辞書の † Acaxaguma, Xaguma, Xirogaxira の諸条にも見え，さきのフロイスの「日欧文化比較」中に現われる cambalas も同じ語と見て間違いあるまい．この書を翻訳された岡田章雄氏は，cambalas に注して，梵語の cāmara(白犛)のこととされた[33]．さらには，Dalgado[34]も CHOURI の条にヤク(Bos grunniens)の尻尾を意味する梵語 chāmara の転としている．そしてその条下に，ペルシアその他東洋諸国を巡歴したペドロ・テシェイラ(Pedro Teixeira)の旅行報告書(スペイン語．1610)を引用していて，それに，大きさ，色の白さ，力の強さなどの点で普通の牛とは甚だしく違った domato という一段と大きな vacas があって，その尻尾で combalas が作られるが，それは蠅払いの代わりとして印度の南部でも北部でも土着の人々の間に珍重されると書かれている．さらに加えるならば，Morais[35]や Lello[36]には Vaca chinesa(シナの vaca)を収めて，チベット語の gyak の転，iaque(犛牛)を意味すると記している．

以上の諸資料を通じて見れば，vaca は牝牛を意味する原義が拡大して牡・牝を包括する牛の総称としても用いられるようになっていたらしい．それが早く異国の同類の動物ヤクにあてられ，comballa の説明に慣用され固定したものと考えられる．さすれば，かの Acagaxira(赤頭)の条の説明は，

> Acagaxira．……¶ また，胃の頂に付ける赤色のある種の牛〔ヤク〕の尻尾で comballas と呼ばれるもの……

と改め，訳者注の方もそれに伴って改めなければならない．それは上述のことを簡約にして付ければよいわけであるが，この場合 vaca は原義の牝牛に限らず，広く牛の総称として用いられ，ヤクの説明，殊に comballa の関係ではその意味の vaca が慣用され固定するに至ったことを注意しておくべきであろう．そして，comballa がヤクの尻尾の意味に用いられた事実に基づいて，comballa を含む † Acaxaguma(赤赤熊)，Xaguma(赤熊)，Xirogaxira(白頭)の3条も上に準じて改めなくてはならない．これら3条には comballas (combalas)が単独に用いられていて，vaca 云々の説明はないのだけれども，comballa の意味を汲んで，やはり「vaca の尻尾」と解すべく，また，その vaca は一般の牝牛・牛ではないので，「ある種の牛〔ヤク〕」としておく方が適当

な処置であろうと思う．

 (3) **一倍 請け負ふ 書き出す**

1) 一 倍

この語は，「邦訳日葡」に，

 †Ichibai.(一倍)　物を倍して，すなわち，倍数で数える言い方．……
とあり，その原文は次のとおりである．

  Ichibai. *Modo de contar cousas em dobro, ou outro tanto.*

これについては中口久夫氏の詳しい研究[37]があって，細密な資料の検討によってその語義を明らかにされ，教えられるところが多い．上記原文中の *outro tanto* は，Cardoso 以下，Barboso や Pereyra の羅葡対訳辞典に，

  Outro tanto. Tantundem.(斯くも多く)

と出ているが，Morais によれば，o dobro(二倍)の意としている．中口氏はこれらをも検討し，上記のポルトガル語の outro tanto はラテン語の altertum tantum(いま一度それだけ多くのもの)の系譜を引くものとし，そこから「一倍増し」と訳すべきものとされた．氏の示されたほかに，羅葡日の中に，

  Duplex, icis. Lus.(葡語)　Cousa dobrada.(二倍の物) Iap.(日本語)
   Futaye naru mono. l, ichibaino coto.(二重ナル物，または，一倍ノコト)

とあるのや，そのほかにも，

  二男トハ父子テマリ一家ニ二男アリテ別家セネハ年貢ヲ<u>一倍</u>タサスルソ(史記抄，十6オ)

  衒ンダ肉村(シシムラ)ノ影ガ水ノ底ニ映ッタヲ見レバ，己ガ衒ンダヨリモ，<u>一倍</u>大キナレバ(Esopo. p.445)

  理ノ昂ズルハ非ノ<u>一倍</u>．(同上，p.480)

のごとき例があって，これらも氏の説を支えるものである．従って，上掲の「邦訳日葡」の訳文は，

  †Ichibai.(一倍)物を倍にして，すなわち，一倍増しで数える言い方．……

と改めるべきである.

2) 請け負ふ

この動詞にはいろいろの意味がある．概括的に言えば，ある事を身に引き受けてそれを履行する責任をもつ，他から受けたことに対して報いる義務を負う，他から借りた金品を返済する義務を負うなどのほか，キリシタンの間では，なお特殊化した意味用法などもある．それらは「時代別国語大辞典，室町時代編，一」(三省堂，1985, 3)に詳しい．

さて，それらのもろもろの意味は，結局のところ，「……すべき義務を負う」ということに帰するが，むしろそれが原義であって，それから上述の意味が分化したものと考えられる．日葡辞書では，この動詞に対して，

　　　Vqevoi, ô, ôta. *Deuer, ou ficar deuendo.*

という簡単な説明が付いているだけであって，実際にはいろいろに使われる実例があるにも拘わらず，用例は1例もあげてないのである．そこでそれらのいろいろの意味を総括的に示そうとして，原文のポルトガル語動詞 Dever の原義と思われるところに基づいて，単に，

　　　義務を負う，または，責任をもって引受ける．

と訳した次第であった．

ところが，この Deuer(Dever) は，岡崎正継氏の研究[38]によれば，19世紀半ばごろまでの葡語関係の辞典では，「返済の義務がある」という語義を第一義として掲げているという．それを示すものとして，Morais のもの以下数種を引用し，なお葡英・葡仏辞典をも検して上の結論が導かれている．手許の Morais には「義務を負っている」の意味を最初に挙げ，「支払いの義務がある」の意味はその次におかれているが，これは岡崎氏の見られたのは第7版(1877)で，私が使っているのは第10版(1945)なので，第1義と第2義とを入れかえて，原義を先に出すことに改めたものである．

これに関連のある日葡辞書や羅葡日の Dever の用例にあたってみると，

　　　Pensionarius, ij. Lus.(葡語)　O que tem obrigação de fazer esta
　　　paga.(この支払いをする義務を負う者)　Iap.(日本語)　Miguino

chinou ⟨chinuo⟩ vequô mono.(右ノ質ヲ請ケ負ウ者)

のように，義務を負う意の例もあるけれども，金品を借用する意に用いた dever，およびその名詞形 divida, devedor などの例がはるかに多い．日葡辞書の Fenben(返弁)，Naxi, su.(済シ，ス)，Voi, ô.(負イ，ウ)，† Voime(負目)，† Voimono(負物)，Xacuxen(借銭)，Xacumot(借物)，羅葡日の Debeo, Debitio, Facio, Indebitus などの諸条の例がそれである．これらの事実からすれば，dever は金品を借用する，あるいは，それについての義務を負う意に解すべきであって，前掲の一条は，

金品を借りる，あるいは，金品を借りている．

という訳に改めるべきである．日葡辞書に dever の説明のみを付して，用例などを挙げない簡単な扱いをしたのも，当時一般には専ら上の意味で用いられていたので，それを示せば足りると考えたからであるかも知れない．

3) 書き出だす

Caqi idaxi, su, aita.(書出だし，す，いた)　日本の文字の或るすぐれた書体を公表する[1]，または，わがものとする．※[1]原文は *Tirar a lume*.……

この「邦訳日葡」の原文は，次のごとくである．

Tirar a lume, ou sair com algũa boa forma da letra de Iapão.

Morais によれば，初めの *Tirar a lume* は *trazer a lume* と同じく，公表する，発表するの意であるが，さらには *tomar patente*(特許認可証を得る)の意味もあるという．次に *sair com* には，獲得する，手に入れる，達成する等の意味を注し，さらに Sair の別の一項には Aulete(Francisco Julio Calaas. 1879 歿)の辞書，および Freire(Laudelino de Oliveira. 1937 歿)の辞書に引用された Rebelo(João da Silva. 1790 歿)の短い文章に基づいて，

新しい時代，あるいは，新しいエポックを開く，情況・形勢を変える．

という意味をあげている．これは例証として少し年代が下がる憾みはあるものの，さきの *Tirar a lume* の説明と相通ずる点がある．さればこそ日葡辞書の編者は *Tirar a lume*. と *sair* とを *ou* で結び合わせて説明したものと考

えられる．そうとすれば前掲の説明原文はたやすく解けるのであって，

　　　日本の文字の或るすぐれた独自の書体を公にする，あるいは，そのような一時期を画する書体を創始する．

と訳することができる．すなわち，このように改めるのがよいと思う．

　この語の用例は，明らかに「書キ出ダス」「カキイダス」と書いた確かな例をまだ見出ださないけれども，「書キ出ス」の例ならばいくつか挙げられる．

　　　義之カ書ハ竜跳天門虎臥鳳閣如ナソ，其ヲ学テアル顔真卿ハ雄秀独出ニシテ古法ヲ一変シテ新意ヲ出シテ筆法ヲ新<u>カキ出スソ</u>（四河入海，九ノ二　54オ）

　　　行成卿は道風が跡を学といへども，聊わが様を<u>書出せ</u>り．（入木抄．日本思想大系23「古代中世芸術論」p.259）

なお，次の「あそばし出す」も参考になろう．

　　　道風が末つかたに佐理出でき，佐理の末つかたに行成は出で来し也．伏見院は，道風・佐理が筆躰を写し給へり．仮名は一向に身づから<u>あそばし出</u>されたり．（正徹日記，下．「日本古典文学大系」65，「歌論集」p.200）

　これらの例を参考としつつ，原文の検討を一層細かく進めれば，その意味するところが判然として来て，さきにあげた補訂訳文が得られる．これをこの項の最初にあげた「邦訳日葡」の訳文に比べてみれば，両者の差は言わずして明らかであろう．よって後者を補訂訳文のように改めなければならない．

　「時代別国語大辞典，室町時代編，二」（三省堂，1989，7）の「かきいだ・す〔書出す〕」の条には，日葡辞書のこの条が引用されているが，それには，

　　　Caqi idaxi, su, aita.（カキイダシ，ス，イタ）．日本の文字の美しい姿で，公にする，すなわち，出される」（日葡）

とあって，この項の最初に引用して掲げておいた「邦訳日葡」の訳文とはかなり違ったものになっている．そしてこれは，上引の条の，

　　　③　書物などをきれいに書いて仕上げ，公の目にふれる状態にする．

という意味項目の下に組みこまれている．これは編者の考えるところを明らかには測りかねるけれども，明らかな誤りとせざるを得ない．この誤りを招

いた因由は,「邦訳日葡」の訳が不完全であって, それを不可として退け, 改めて独自の翻訳を施して, それを採って組み入れたということにあるであろう. この第一の責めは「邦訳日葡」にあるわけであるが, それにしても改めて原文に遡って見直された翻訳である筈なのに, それがこのような結果になっているのはどうしてなのか解せないところである.

　上に詳しく理由を具して述べた「邦訳日葡」の補訂案のように解すれば, かかる誤りは生じなかったであろうし, またそれを組み入れる意味項目も,

　　④　それまでにはなかった独特の書体や書き様を創始する.

の下に入れられて安定するし, 別条「かきだし・す〔書き出す〕」の条の③ともきれいに照応して, 望ましい結果におちついた筈である.

　上のような誤訳に基づく改変が加えられていようとは, かの辞典が刊行されて後, その紙面について自ら発見するまで, 私は全然知らなかったのである. 知っていたらこれほどの誤りは避け得たのではないかと惜しまれるけれども, 今にしては詮ないことである.

　⑷　刀溜　返し合はす　聞き落とす

1)　刀　溜

　ポルトガル語でも日本語でも一語にいくつもの意味があることは珍らしくない. 従って, 外国語を邦訳する場合, 日本語の意味がわからなければ, ポルトガル語による的確な翻訳はできない. 日葡辞書にあっても, 見出し語を掲げて簡単な説明を付けただけで, 用例も添えてない場合は, 判断に苦しむことが少なくない. 次もその一例で,「邦訳日葡」には,

　　Catanadamari.(刀騙り)　斬りかかる際に, 相手を混乱させたり, だましたりするような具合に, 刀(Catana)を構えること.

としてあるが, 原文は下のとおりなのである.

　　Catanadamari. *Ter a* Catana *em que empeça, ou em baça quando corta.*

　上掲の訳は,「刀だまり」の用例を見付けていなかったために, 〜damari を別条にある Damarimono(騙り者), Damari, ru, atta.(騙り, る, った),

Soradamari（空騙り）など，人を欺くとか，見せかけ偽るとかの意味をもつdamariに引きつけてみたことと，説明原文に *empeçar*（混乱させる），*embaçar*（欺きだます）という動詞が用いてあることとの間に関連ありと考えたことに囚われてしまったものである．ところが，幸若舞曲の中に，

> くろかねをあつさ五分にきたわせたるを桶かわとうと名付けて刀たまりにきたりけり（高館，大頭本「舞の本」，三 p.155. 文禄本「舞の本」上，p.247）

とある例を見付け，これに照らすときは，上に擬した訳は当たらない．そして *empeçar* に「妨げる」，*embaçar* に *amortecer o golpe*（打込みを鈍らせる）の意があるのによって解けば，意味の通る訳が得られ，「刀溜り」であろうことも推知される．そこで，下のように改めればよいであろう．

> Catanadamari.（刀溜り） 人が斬りかかる際に，それを防ぎ止めたり，勢を鈍らせたりするように，〔相手の〕刀（Catana）を支えとめること．

これが「時代別国語大辞典，室町時代編，二」の「かたなだまり（刀溜）」の条には，

> Catanadamari（カタナダマリ）．斬る際に，ぶつかって，力を失った「刀(カタナ)」を溜めること（日葡）

としてある．これは葡語原文に独自の解釈を加え大幅に改めたか，あるいはまた，「邦訳日葡」のを不満として，それとは別に原文について新訳をうち出すかしたものであろう．これら二者のうち，前者「邦訳日葡」の訳は，前述の曲解によるものであって，明らかに適訳ではない．それならば後者の室町時代編に見られる改訳の訳文はどうかというに，どう見ても葡語原文に忠実な訳とは言い難く，その故に訳文全体の意味もはっきりしないし，上引の幸若舞曲の用例にも合わない．ともかく，これでは適切な手直しとも言えず，妥当な改訳とも認め得ないのである．

2） 返し合はす

この動詞は，「邦訳日葡」に次のようになっている．

　　　　Cayexiauaxe, uru, eta.(返し合はせ，する，せた)　反転して敵に襲い
　　　かかる．例，Teqini cayexi auasuru.(敵に返し合はする)

　日葡辞書の説明原文には，'Voltar sobre os inimigos'とあるが，Moraisを見ると，

　　　　Voltar sobre alguém. loc. verb. Retroceder para atacar alguém.
とある．これは人を攻撃するために後返りするとか逆戻りするとかの意と解される．一方，この動詞の用例を国字文献に求めると，ある方向へ向かって進んでいる軍勢が反転し，後戻りして，追跡して来る敵の軍勢などに攻めかかる場合の例が多い．

　　　義貞朝臣，御方ノ軍勢ヲ落延サセン為ニ後陣ニ引サガリテ，返シ合セ返シ合セ戦レケル程ニ(太平記，十六，新田殿湊河合戦事．日本古典文学大系本，二 162/3)

　　　新田越後守義顕後陣ニ引ケルガ，三千余騎ニテ返合セ，相撲ガ辻ヲ陣ニ取テ，旗ヲ颯ト指揚タリケレ共(太平記，十四，将軍御進発大渡・山崎等合戦事．日本古典文学大系本，二 80/3)

　上掲のあとの例のように，ある方向に向かって進行中の軍勢などが，中途で反転して後戻りし，追跡して来る敵軍を迎え撃つのに都合のよい要害の地などに拠る場合の例もいくつも見られるので，この動詞の意味は，敵に「合うために返す」ことにあると見られる．このことを考え合わせて上掲の日葡辞書の原文を見れば，

　　　敵を討つために引き返す．
と解するのが穏当で，「邦訳日葡」の説明もこのように改めるべきものである．また，「時代別国語大辞典　室町時代編」の該当条には，日葡辞書を引いて，

　　　敵の方に向きなおる．
と改めてあるけれども，これは上述の日葡辞書の原文に照らせば明らかに不適当であって，よりよい改訳などと言えるものではない．

　3)　聞き落とす
　この語は「邦訳日葡」に次のようになっている．

第Ⅰ章 解　説　57

　　　Qiqivotoxi, su, oita.（聞き落し，す，いた）　ある事を聞きのがす，または，ある事を聞き漏らす．
　　†Qiqivotoxi, su, oita.（聞き落し，す，いた）　言われているいくつかの事のうちの，ある事を聞き漏らす．¶また，ある人が何事かをしたのにそれを否定する際に，その人にそのことを認めさせるようなある言葉をとらえる．

の2条があって，後者は補遺において前者を補ったものである．そのうち，本篇の説明と補遺の第1項とは，同じ意味を繰り返して説明したまでのものであるが，補遺で追加した第2項の方は，このままでは何ともわかりにくい説明である．この第2項の補遺の原文は下のように書かれている．

　　†Qiqivotoxi, su, oita.……¶ *Item, Tomar a alguem em algũa palaura, com que o conuencem quando nega ter feito algũa cousa.*

この葡語説明の始めの部分，*Tomar a alguem* の意味がわかりにくいために，「邦訳日葡」では，原文直訳的に上のような訳にしたものであるが，正直のところ，決してわかりやすい訳ではない．然るに，その後，Morais に Tomar a palavra a alguém. の句を収めていて，人の話を遮るとか，口をつぐませるとかの意味であるとし，Séguier, Iayme de の辞典にも同じような説明があるのを見出だした．これによって考えると，次のように邦訳することができ，この方が適当でもあろうと思う．

　　¶また，ある人が何事かをしたのに，しないと言ってあらがう時，その非を悟らせるようなことを言って，やりこめる．

「邦訳日葡」の該当部分も，このように改めるべきである．「時代別国語大辞典　室町時代編」の「ききおとす」の第2項にこの条を引いたのには，
　　ある人がしたことを否定するときに，そのことを論証するような言葉を用いて，その人に迫る．
とあり，「邦訳日葡」の訳を採らずに新訳を示してある．これでは否定するそのことを正当として論証する言葉と解されて，明らかに曲解である．「邦訳日葡」の訳が不適当で改むべきことは上述のとおりであるが，この訳に改める

ことが，それをよりよく直したものと言えるであろうか．第2項の説明に，
  相手の言うことの欠点や難点を指摘して，その立場を失墜させる．
とあるのに必ずしも恰当せず，その用例にあげられた，
  アヅサ弓イガキニ引ハ御シメ縄，此句，句組ニテ人ニキヽヲトサルヽ也……（長短抄，中）
というのとも合わない．これと同様の例は，上と同じ引用書の中に，
  アルマジキテニハ詞ヲシテ人ニキヽヲトサルヽ句ヲ一句ニ仕出ヌレハ（長短抄，上31ウ）
とあるが，これらは2例とも人に聞かれて価値なしと貶しめられる意であって，第2項の説明とも日葡の改訳説明とも全然合わないものである．
 上述の「聞キ落ス」は，日葡辞書の Vochi, tçuru（落チ，ツル）の条に，
  ¶また，Vochi, tçuru.（落チ，ツル）　被告・罪人が白状する．または，責苦を受ける人が真実を告白する．例，Tôniua vochiide, catarumi votçuru.（問ウニハ落チイデ，語ルニ落ツル）　尋ねられた時には黙っていたのに，自分が語る話の中で，手もなく打ち明けてしまった．
とある「落ツル」の他動詞形「落トス」が「聞ク」についた複合動詞の「聞キ落ス」なのであって，そう考えれば容易に理解される．すなわち，相手に尋ね聞くことによって，相手を自ら「語ルニ落ツル」結果に陥らせ，口をつぐませるという意味であろう．遺憾ながら未だ「聞キ落ス」の用例は見出さないけれども，類義の語と見られる「問イ落ス」の例はいくつかあって，すでに辞書にも登録されている．
  それは，状にて顕るゝも，問落されて〔平仮名本「とひおとされて」〕，顕るゝも道理は，ひとつ所へ参り候（甲陽軍鑑，品十三40ウ）
  吉内左衛門雑餉構へ，酒を湛へ，たばかり，義経がありどころを問ひ落とさんと巧みけれども，何となげなる事を言ひ，左衛門に腹を立てさせしかば（弁慶物語，下．新日本古典文学大系，室町物語集，下 p.283）
 これらを参考にすれば，自然「聞き落とす」の意味も察せられ，先述の日葡辞書の説明もこれと通ずるものとして無理なく了解されるであろう．

第I章 解　説　59

　これらと同様にいかがと思われる例はなおほかにもある．それらは相通ずる一類のものであるから，同じ手順を経て成ったものと想像されるけれども，その詳しい事情はわからない．それらの原稿の整えられるころは，筆者も前記辞典の編集委員の末席に連なっていたのであるけれども，上記の件については全く知らないままに刊行されたのであった．

　いくつもの類例を通じて想像するに，かの「室町時代編」の編集の最終段階で，決定稿を整える際に，その担当責任者が独自の見識によって改訳し書き改めて，それがそのまま印刷に付せられたものに違いない．

　「邦訳日葡」は，まだまだ不完全で，なお多くの誤りもあれば，欠陥も少なくない．それをよく知っていればこそ，筆者はその補正修訂に絶えず努力しているつもりである．かの「室町時代編」は，第二巻以下では，上述の事実に明らかなごとく，日葡辞書利用の当初の方針を改めて，新たに翻訳し利用することになっている．「邦訳日葡」に追随するのでなく，新たに検討し補正を加え，それを凌ぐような新訳を示そうとする意図に出たものであるが，それは実に有難く，歓迎すべきことである．しかしながら，上述のように正しいとは言えない原文解読に基づく訳文が示され，却って改悪する結果に陥るようなことは厳に慎むべきであると思う．

　(5)　さいだづま　順会　接・摂する

　1)　さいだづま

　「邦訳日葡」の中に歌語の†Saidazzuma（さいだづま）があって，それに，

　　　　夏に最初に生ずる草．　　詩歌語．

という説明がついている．その「夏」は原文中の *veram*（*verão*）にあてたものであるが，その訳語が問題なのである．それは，*verão* には「夏」の意味のほかに「春」の意味もあるが，「さいだづま」にも「夏の草」「春の草」両説があって，問題がその双方にからんでいるからである．

　まず，*verão* なる語は，Moraisによれば，曾て一年を半年ずつ二期に分けて *verão* と *inverno*（冬）と称していた時の前半を指し，三月の春分の日から九月の秋分の日までの間であり，あとの半分を *inverno* と称した．一方また

一年を四季に分けて, *primavera, estio, outono, inverno*(春, 夏, 秋, 冬)と呼ぶようになったが, その際第一の primavera を二分し, 前半にもとの primavera なる名を残して, 後半はもとの verão の呼び方のままとしたのである. そのために, verão は以前の呼び方で春の意味を示すが, primavera を二分した後半の verão は estio とともに夏を意味する語として共存したのである. これらの語の使用例を羅葡日や日葡辞書について調べてみると, どちらにも verão を春にあてたのも夏にあてたのもある. 日葡辞書では, Natçu (夏)を始め, Cajit(夏日), Canet(夏熱), Raica(来夏)など, 夏の意に用いた verão の例が多くある. その一方で,

  Xunca.(春夏)　Faru, natçu.(春, 夏)　春(*Verão*), 夏(*estio*). ¶ Xǔca xutô〈xŭtô〉. (春夏秋冬)　Faru, natçu, aqi, fuyu.(春, 夏, 秋, 冬)　春(*Verão*), 夏(*Estio*), 秋(*Outono*), 冬(*Inuerno*).

  † Rai.(来)　未来のこと. 例, Rai　faru.(来春)　次ぎに来る春 (*Verão*).

のごときは, verão が春の意を示している明かな例である. しかし, 春を表わすには primavera を用いた例が一般的ではるかに多く, verão の方は少ないのである. それ故, 前掲の「邦訳日葡」の訳で, 一般的な方によって verão を「夏」と訳したのにもそれだけの理由は, 一応あったのである.

しかし, なお問題は日本語の「さいだづま」の方にもある. それは, この歌語に「夏の草」と「春の草」との両説があるからである. 片桐洋一氏は, この語が「後拾遺集」春下に,

  三月ばかりに野の花をよみ侍りける

  野べ見ればやよひの月のはつかまでまだうら若き<u>さいたづま</u>かな　藤原義孝

という歌に基づく歌語であることを示した後,「俊頼髄脳」,「奥義抄」,「綺語抄」では夏の草の意とする説で, 日葡辞書に注するところと通ずるとしていられる[39]. しかし, その一方でこれを「春の若草」とする説があって,「和歌童蒙抄」,「袖中抄」,「八雲御抄」などがその説を取っていることも併せ示さ

れた．それより後のもので「夫木和歌集」を見ると，中に「万代和歌集」から，

　　　さいたつままたうら若きみよしのゝかすみかくれにきゝす鳴也　忠度朝臣

の歌を引き，「春歌中」との注記がある．なお下って，「梵灯庵袖下集」に，

　　　さいたつまと申は春の草の蒔〈萌〉出たるを申也（続群書類従，十七下）

と記され，江戸初期の「毛吹草」巻二の「連歌四季之詞」の「中春」の部に「さゐたつま」があがっている（岩波文庫本，p.70）．このほかにもあるであろうが，かように多くの歌学関係書に見える語であるから，日葡辞書の編者がどれに拠ったかは不明である．けれども，日葡辞書の成立年時に近いころには「春の草」とする説が通説になっていたのではないか，そして編者はその「春」にあてて verão の語を用いたのではなかったろうか．そう見られるとすれば，「邦訳日葡」の訳文は

　　春の最初に生ずる草．詩歌語．

と改める方がよいであろう．

　2）　順　会

日葡辞書に次の1条があるのを「邦訳日葡」は下のように訳している．

　　　Iunquai. i. Iunno quai. *O conuidar a muitos de diuerso grao, & dignidade correndo todos pouco a pouco por sua ordẽ, & por sua vez.*

　　　Iunquai.（順会）　すなわち，Iunno quai.（順の会）　階級や官位の違う大勢の人々を全員がそれ相当の序列に従い，順序を追って少しずつ引き続いて進むようにして招待すること．

この語の用例に下のようなのがある．

　　　卅六日，丁未，周超所へ向斎，舜（梵舜）・月（千秋月斎）・予茶湯順会也（兼見卿記，天正十一，五，廿六）

　　　卅八日，己酉，月斎先日之順会興行，罷向．（同上，天正十一，五，廿八）

　これによれば，特定の日時に定まった会場に人々を招待するのではなくて，

実は輪番に順次各人の邸に招待するのであることがわかる．これを見合わせながら上引の原文を検討すれば，*pouco a pouco* は「少しずつ」というよりは，「少しずつ間隔をおいて，逐次」の意に解すべく，*correndo* も *correr*（循環する，手から手へ渡る，巡回する）の現在分詞と解し得るとすれば，上掲の訳は次のように改められるべきであろう．

　　　　身分や官位の違う大勢の人々を招待する会であって，その人々が皆それ相応の順序に従って，日を隔てて順次回して〔輪番で〕行なうもの．

3)　接・摂する

　　　Xexxi, suru, xita.（節し，する，した）　節制する．例，Vagamiuo xessuru.（我が身を節する）．

この「邦訳日葡」の条中に「節制する」とあるのは，原文には *Mortificarse* とあるものである．サントスの御作業の中に，

　　　御主ヲ見ツケ奉リ，身ヲ xexxi テ光ヲ得ンコト，マコトニ楽シミテモ尚余リアリ．(I, 243/16)

のごとき例があり，全4例とも「身ヲ xexxi」の形ばかりであるが，巻末の「言葉の和らげ」の中にこれを取り上げて，

　　　Xexxi, suru.（接シ，スル）　すなわち，conasu（コナス）．*Mortificar*.

と注してある．このポルトガル語は，日葡辞書の Conaxi（コナシ），Conaxi, su, aita.（コナシ，ス，イタ）の説明にもあって，「責めさいなむ」の意で用いられている．

大塚光信氏[40)]は，これらキリシタン資料の用例のほか，漢籍や禅籍の抄物等に亘って博捜して多くの用例を検討されている．そして，

　　　賢トモ愚トモ不分ホトニ，学者ヲハマツ同ヤウニ接スルソ（百丈清規抄，四　81オ）

　　　周公旦ノ成王ノ幼ナルホトニ接相トシテ政ヲトラルヽ時ニ，……接ト摂トハ同字ソ（蕉窓夜話，鈴木博「室町時代語の研究」所収翻刻．p.260）

などの例を示し，「接・摂」が通用の文字であることを明らかにされた．この二者間では「摂」の用例が多いけれども，意味上からは「接」をとるべきか

とされ，始めそれを採られたが，あとの論文では通用の二文字を並べ「接・摂す」とする方をよしとされるようである．よって，「邦訳日葡」の方も，

　　　Xexxi, suru, xita.（接・摂し，する，した）〔修行のために〕　肉体を苦しめる．……

とすべきものである．*Mortificarse* もわが身を自ら苦しめる意であるから，上のように改めるべきだとされる大塚氏の異見によって訂したものである．

　(6)　天道　内徳　蠟色　餌脹れする　訴ゆる

　1)　天　道

　　　Tentŏ.（天道）　Tenno michi.（天の道）　天の道，すなわち，天の秩序と摂理と．すでに我々はデウス（Deos 神）をこの名で呼ぶのが普通であるけれども，ゼンチョ（gẽtios 異教徒）は上記の第一の意味〔天の道〕以上に考え及ぼしていたとは思われない．

　問題は，上の訳文中アンダーラインを施した部分にある．その原文は，

　　　Commummente chamamos ja a Deos por este nome. Posto que ……

とある．この中の *chamamos* は，このままであれば *chamar* の直説法現在一人称複数形であるが，実はその不完全過去形 *chamámos* のアクセント符号を脱したものと見るべきである．このことを指摘して下さったのは豊島正之氏で，氏によれば，上のような〜ar 語尾の動詞の過去形語尾にあっては，アクセント符号を付けないで省略されるのが当時の通例であって，ロドリゲスの大小両文典の刊本，ロドリゲス自筆本ではこの符号を付けたものは皆無であるという[41]．これと上掲原文の *chamamos* の直後に副詞 ja（既に，もはや）が続いていることも考え合わせると，これもまた *chamámos* と見なして解すべく，それならばさきのアンダーラインの部分は，

　　　以前は，この語で我々はデウス（Deos 神）を呼ぶのが普通であった．けれども……

と改めるべきもので，これでよく通ずるのである．

　2)　内　徳

　　　Naitoçu.（内得）人が何かの役職から，または，自分が管理する地代な

どから取るところの利得，すなわち，役得．¶Naitocuno fucai fito. (内徳の深い人)　このようにして多くの利得を取る人，あるいは，多く儲ける人．¶Naitocuuo toru.(内徳を取る)　利得，あるいは，私の利益を取る．

「邦訳日葡」のこの条の最初の原文は，

　　　Naitocu. *Proueitos, ou beneses que hum tira dalgum officio, ou renda que grangea, &c.*

とあるが，そのうちアンダーラインを引いた部分は，前掲の訳文のようにしても，理解しにくい所である．これにつき安良城盛昭氏のご教示[42]を得たのによれば，Naitocuは「内徳」を宛てるべきもので，大名から一定の年貢を上納すべき土地として認められた「名田」は，実は課税対象となる名目上の田積をかなり上廻る超過分を黙認されて含んでいることがあって，その超過分から上がる年貢が名主の取得する「内徳」である．大名の側からすれば「隠田」から名主が取得する私的利得なのである．

このことに基づいて上の原文を検するに，rendaは日葡辞書や羅葡日に多くの用例があるが，知行・領地・年貢などの意味に用いられている．それらの中でも，

　　　Census, us. ……¶Itẽ, Renda de cada anno.(また，その年その年の年貢)．Iap.(日本語)　Riǒchi, 1, riǒnai yori mainẽ vosamuru tocu, 1, nẽgu.(領地，または，領内ヨリ毎年納ムル徳，または，年貢)(羅葡日)

この例などは適例と言えよう．安良城氏の示された資料中に，

　　　定　　就令父織部佐死去，吾分成人之間，御恩地并駿州在城領之内半分，内田加賀守被下置候，為堪忍分，名田之内徳・駿州在城領之内半分被下候，……(『新編甲州古文書』218号文書)

の例その他がある．従って初めに掲げた「邦訳日葡」の見出し語並びに二つの文例中の「内得」はすべて「内徳」とすべきものであり，前掲訳文中アンダーラインを施した問題の部分も，

人が何かの役職から，または，自分が耕作している年貢地などから取

るところの利得，すなわち，役得．

と訂正しなくてはならない．

3） 蠟色

この語は，従来の国語辞典には「ろいろ」の見出し語を立てて収め，「らふいろ」の転としているものが多い．説明は大同小異であるが，小学館の「日本国語大辞典」では，「ろういろ（蠟色）」の条に他と似た説明を加えた上に日葡辞書の該当部分を翻訳して引用してある．用例はこの辞書にあげた虎明本狂言の例が今のところ最も早いものである．それは，「塗師」に，

むかしははなうるし，今はとしたけらういろのうるしのばちもあたりたる，しよくの有様さんげせよ．（「古本能狂言集」，二」p.550）

とあり，これと同文の例が「狂言六義」の「抜書」（86ウ）にも出ている．

さて，「邦訳日葡」には次のように説明してある．

†Rŏiro(蠟色)　日本のニス〔漆〕の色．ある物に何度もニスを塗り，その度ごとに *cuspinho*[1]でそれを十分によくこすった，そのあとに残る色をいう．¶Rŏirouo toru.(蠟色を取る)　上のようにして，ある物を上述の色にニス〔漆〕塗りする．※[1] cuspo に指小辞のついた形．cuspo は通常'唾'の意であるが，ここでは樹液，すなわち，'生漆'をさすか．

この条については，上の cuspinho に悩まされた．共著者三名が再三調べ，協議したけれども，cuspo およびそれに指小辞のついたとしか思えない cuspinho の解読ができない．そこで上のように「生漆」を指したものかと考えたのである．ところが，刊行後一か月余りたったころ，江口滋氏から鄭重な書信を寄せられ，それに関する専門書のコピーまで添えて，親切なお教えにあずかったのである．それによれば，黒漆を塗ってそれを研磨して光沢を出す技法を「蠟色塗」と言うが，中塗研ぎをして後に蠟色研ぎをするのであって，この時は朴炭または静岡炭で研ぎ，次に蠟色炭で一層平滑に研ぐ．これを蠟色研ぎと言う．そして蠟色研ぎした面を一層緻密にするためにさらに擦り磨くのであるが，これを胴擦りと称する．蠟色研ぎの直後に胴擦りを施す場合は，蠟色炭の最も細かな炭粉を水とともに布片につけて磨き，さらに

摺塗磨き，すなわち，蠟色磨きをする時には，薄く生漆を塗って乾かした後に，

> 種油の微量を附けながら軽く脱脂綿にて摩擦し時々角粉の微粉と唾液を適当に附けて摺漆を全部磨き取る[43]．

のだという．この事実がわかってみれば，日葡辞書の記述が正しく事実を伝えているのである．蠟色塗の過程で生漆が使われるのではあるけれども，そのこと自体を説明しているわけではない．やはり原文に忠実に cuspinho を「少量の唾」と訳しておけばよかったものを，いらぬさかしらをするものではないと痛感した次第である．

4) 餌脹れする　訴ゆる

Yebucure sure.(餌脹れする)　腹が一杯で満腹している．本来鳥について言う．

Vttaye, uru, eta.(訴へ，ゆる，へた)　訴える．本来は，他人との間のもめごととか交渉事とかについて，主君または裁判官の前で，自ら正当なことを主張しながら，ある事を申し立てることである．

上の「邦訳日葡」の二条中の「本来」および「本来は」を「とりわけ」と改める．このほか，Gigimeqi, u, eita.(ぢぢめき，く，いた)の条の末尾に，

et proprop.^{te} se diz pardal. Suzumega gigimequ.(そして本来は，雀について言う．「雀がぢぢめく」)〔*proprop.^{te}* は *propriamente* の誤ったものと見る〕

という書入れがあるが，この中の「本来は」も上と同じく「とりわけ」と訂正する．

理由は，三者とも propriamente を「本来」と解してそう訳したのが不適当だからである．propriamente は副詞で，「本来」という意味しかあげていない辞書もあるけれども，「特に，とりわけ」という意味も早くからあったのである．それは，羅葡日の，

Propriè. adu. Lus.(葡語)　Propriamente, particularmente.(とりわけ，特に)　Iap.(日本語)　Bexxite, toriuaqi.(別シテ，取リ分キ)

第Ⅰ章 解 説 67

　　　Peculiariter, adu. Lus.(葡語)　Propriamente, especialmente.(とり
　　　　わけ, 特別に)　Iap.(日本語)　Bexxite, daiichini.(別シテ, 第一ニ)
の二条における日本語対訳によって明らかに知られるであろう．同類は，な
お Baitocu(買得)，Chibi, uru.(禿ビ，ブル)，Quaxi(菓子)，†Tori (鳥)な
どの諸条にも見える．

　(7) 翻字の訂正若干

　「邦訳日葡」の見出し語の中には，正しい漢字をあてることができないで，
やむなく仮名書きにしてあるものや，漢字をあてても適切でないものである
ことも少なくない．その後知り得たところによって，その若干を補訂するこ
とにするが，新たに補訂したものを→印の右に掲げることとし，その根拠は
紙幅の都合上簡約を旨として添えるにとどめる．

　① Ifeqi.(萎躄)→痿躄
　　「痿躄　痿ハ手ナヘシビルヽナリ，躄ハアシナヘタヲルヽナリ」(「病名
　　彙解」，上)
　　「痿躄　テナヘアシナヘ」(「病論俗解集」)
　　「邦訳日葡」には「足の不自由なこと」とのみあるのは，同音の故に編
　　者が「萎躄」と誤り解したによるか．

　② Vôgami.(大がみ)→大上

別条の Vocatadono(お方殿)，Taifŏ. 1, vôcatadono(大方，または，大方
殿)と同義の語であるが，漆崎正人氏[44]のご指摘に従って「大上」と直す．

　　「大かた殿をば御たいはうと申されべく候,たゞしこなたかなたへの御
　　文には,大かたとのとやわらげ御かき候てよく候,心は一つにて候　ひ
　　くわんしゆのことは
　　大方　　こゑのよみ　これはひつきやうしておなじ事也
　　ほうかた　よみ
　　大上様とも申物也」(「北条幻庵覚書」続々群書類従，第十，p.13.「世田谷
　　区史料第二集」)

　③ Quitoçu.(きとく)→既得

「既得(キトク)」(易林節用)　「既得(キトク)全義」(明応・黒本・饅頭屋節用)
「苆ニ西収期ー　可レ願ニ苅穎春法ノ既得(キトク)ヲー〔左注：十分ニ出クルヲ云也〕(内閣文庫本「庭訓往来」三月往状)

④　Cūri.(空裡)→空理
「本来空理のさとりにかなひて，まよひの雲をはらひ，心にかゝるまうねんもなく……後の世のもとめをわすれて，ほしゐまゝにつみとかにしつみ，本来常住の空理をわきまへす．(「布袋物語」，「室町時代物語大成第十二」p.421)

⑤　Xixxi, suru, xita.(悉し，する，した)　Xixxite.(悉して)　二条とも悉→執
「只最後ノ死様ヲコソ執スル事ナルニ，蓬クモ見へ給ヒツル死場哉」(「太平記」巻廿七，上杉畠山流罪死刑事．―日本古典文学大系本，三 p.80)
「曲を色どり，声色を嗜みて，わが心にも，今程に執することなしと，大事にしてこの態をすれば，見聞く人，常よりも猶面白きなど，批判に合ふことあり．(「風姿花伝」七―日本古典文学大系本，p.389)

⑥　Iŏbita.(じやうびた)→上びた
「次関白内弁西面妻戸西カヒ出,キタハシヲ一計下靴陣官被取，其マゝ南ノ妻戸ヲ入御後ニ被候，近比上ヒタル御進退也(「言国卿記」明応二，正，十六)
「堂上ノ部ト云ハ琴ヂヤ瑟ヂヤ琵琶ナドノ糸ノ緒ヲカケテ弾(タンスル)類也，上(右上に濁点あり)ビタツレゾ(「詩学大成抄」一 36)

⑦　Iinqiǔ.(じん灸)→腎灸
「○腎(じん)之灸　痳病久しく腰(こし)痩(や)尻(せ)肢(しり)自(も)由(う)ならす，下腑の寸白しきりに，腰内羅強(つよ)く，下筋下冷中風奔虫大鳥小鳥下風股しびれあせながれ，上熱して眼病股 消 渇(しょうかつ)虚熱し，悶(ふさが)り腫れ煩を治す．……
○腎(じん)灸之穴　腎輪(りん)・腎兪(ゆ)・七穴・五灸・股(もゝ)返(かへし)・股(もゝ)合(あひ)・桂(けい)河(か)・合(がう)刺(し)・下々井(い)・膀(ばう)兪(ゆ)・膀井・膀浮」(「馬療弁会解[45]」31～37)

⑧† Cotçudŏ.(こつだう)→骨動〔見出し語は，Cotçudô，あるいは，Cotdô

の誤りか.〕

†Chinsŏ.(ちんさう)－沈草

†Nhŭmiyacu.(にゅう脈)→入脈

†Chŭqet.(ちゆう結)→中結

「　〇第十三　九道之脉之事

一　外脉春夏出るは病久敷也……

一　入脉　冬出るハ病久敷也　春ハ治安し

一　骨動之脉　冬出るハ大切　夏は安し

一　浮脉　冬ノ脉也　陽にしたかつて大病　……

　　　　〇第十六　五観動脉之事

一　入脉　一　外脉　一　沈草脉　一　骨動脉　一　鶴(クワク)遊(ユウ)脉　是也

一　入みやくと云ハ一とうにはり二とうに入是寸白の脉也

一　外脉　一どうに入二どうにはる瘡腫物之脉也

一　沈草　たとへは水のそこに草を置うごくかことし　是は筋の病也

一　骨動　折骨をはる也　内らの脉なり……

　　　　〇第十八　結馬之事

上結中結下結三段に見ゆる事不可有.

下斗を見しりて其外は皆上結と知へし.中結と云はなき事也

（「馬薬鍼書, 上[46]」）

⑨　Biacuxi.(びやくし)→白芷

「白芷(ビヤクシ)」（「饅頭屋節用」草木）

「一　慈明坊ニ白芷・木香ノタネ申請植之了」（「多聞院日記」元亀三, 閏正, 十六）

⑩　Fonbon.(本品)→本々

　　Fonbonno.(本品の)→本々の

　　　Fonbonni.(本品に)→本々に

「俗学ハ<u>本々</u>（々に濁点あり）テハナウテソハナ学ヲスル似テ非ナソ」
（「玉塵」，廿五57ウ）
「<u>本々</u>ノヒロイ大^{ヲウ}チヲ行ソ」（「詩学大成抄」，二，25オ）
「（朝廷・原野・市井）コノ三処ノ勝ハ皆正勝ニテ<u>本々</u>ノ勝也」（「三略抄」，三，1オ）

IV 略号と注記

1 説明中の略号と注記

　長崎版日葡辞書には辞書の常として多くの略号や注記が用いられている．それらの中には巻頭の例言の中に説明を加えてあるものもあるけれども，何ら説明してないものが多い．これは外国人対象の日葡辞書であるから，彼らが熟知している略号，すなわち，ラテン語やポルトガル語の辞書などに普通に使われているものは，ことさら説明する必要がなかったからである．しかし，われわれ日本人がこの辞書を正しく利用するには，よく心得ておく必要がある．本書では原文よりも邦訳を示すことが多いから，不必要なのもあるが，ともかく原本中に現われた略号や符号の類をアルファベット順に列挙する．なお，稀なものに限り，〔　〕内にそれを付した見出し語を示す．

Adiect.
Adject. ｝（葡）　Adjectivo の略　形容詞

Adu.
Aduer. ｝（葡）　Aduerbio の略　副詞
Aduerb.

alicubi.（羅）　ある地方で．

A pud poetas.（羅）　詩人たちに．〔Monuqe〕

B.
Baix. ｝（葡）　Baixo の略　卑語

Bup.	（日）	Buppô の略　仏法語
Cami	（日）	Cami（上）　上方
Conjun.	（葡）	Conjunção の略　接続詞

&c.
&cæt. 〉（羅）　et cetera の略　……など，その他．〔Bumaru〕
&cet.

& sic de cæteris.（羅）　他の場合も同様．〔Yŏna. Yoqe, uru.〕
i.　　　idest.（羅）　すなわち

Idem.
Idẽ. 〉（羅）　同前　また

Inter.
Interi.　　（葡）　Interieção, Interjeição.
Interjec.　（羅）　Ienterjectio.　　　　　　〉感動詞
Interject.

Inusit.　（羅）　Inusitatium.　普通でない．〔Daibacu〕
l.　　　（羅）　Vel.　または．
Lib.　　（葡）　Libro.　巻
Meliùs.　（羅）　〜より〜がまさる．
Negat.　（葡）　Negativo.　否定法
P.　　　（羅）　Poesis.（葡）　Poesia.　詩歌語
Palaura de Igreja.（葡）　教会用語
Palaura de liuros.（葡）　文書語
Palaura do molheres.（葡）　婦人語
Palaura de mininos.（葡）　幼児語

Permet.
Per met. 〉（羅）　per metaphoram.　比喩

Potiùs.　（羅）　〜よりもむしろ〜がまさる．
Pratica.（羅）　話し言葉

Pron.　　（葡）　Pronome.　代名詞

Prou.　　　　　　｜
　　　　　　　　 ｜（葡）　Prouerbio.　諺
Prouerb.　　　　｜

S.　　　　（羅）　Scriptura.　文書語

s.(ʃ)　　　（羅）　sic.　次のように，すなわち．

sic lege.（羅）　次のように読め．〔†Rocufaramit.〕

Verb. defect.　　｜
　　　　　　　　 ｜（葡）　Verbo defectivo.　欠如動詞
Verbo defect.　　｜

Verb. sustãt.（羅）　Verbo substantivo.（存在動詞）〔Soro〕

V.G.　　　（羅）　Verbi gratia.　たとえば．

Vide.　　　（羅）　見よ．

Vide suo loco.（羅）　その所を見よ．〔Iŏriacu〕

Vsitatiùs.（羅）　普通に．〔Yengocu〕

Vt.　　　　（羅）　例

X.　　　　（日）　Ximo(下)　九州地方

Xint.　　　（日）　Xintŏ(神道)　神道用語

　上にあげた中のi. B. Bup. P. S. X.などについては例言中に説明があるけれども，その他については何ら説明がない．これ以外は外国人利用者には必要なしとの判断によるものであろうが，われわれの立場からはなお詳しくその用法を検討しておかなければならない．そうは言っても上掲の全部に及ぶ必要もない．例えば，特殊語関係のものは，それらを取り扱う際に当然触れるものであるから，それらは先へ送って，その他で全般的に注意を要するもの二三について，下に述べる．

2　略号 i. と l. とについて

　i.(すなわち)とl.(または)とは，どちらも日本語や葡語の文中に頻繁に用いられるが，見出し語に他の日本語を並べ掲げる場合にも多く用いられる．

　　　Bansui. i. Yŭmexi.(晩炊．すなわち，夕飯)

Anchŭ. l, angiŭ.(庵中．または，庵ヂュウ)

　このうち，i.については巻頭の例言中に，見出し語と「同義語か言い換えかで，語義を一層よく説明するものである場合」には，その前に i.を添えるとあって，上の Bansui の条のがそれである．しかし，l.については何も述べていない．上の Anchŭ の条に見るような l.の用法は，一般の文中に用いたのとは趣を異にし，互いに語形上の関係をもつものを並べたもののようで，かかる例は羅葡日やサントスの御作業の和らげなどに多く見られる．日葡辞書のもそれらと同類かと思われるけれども，やはり一応は検討の要ありとして，見出し語のあとの l.を抽出してみた．その結果，1055 例を得たが，それは大要下のような類のものである．

① 同じ語の同音異表記形
　　Qeô. l, qiô.(興．または，キョウ)
　　Soreacu. l, soriacu.(疎略．または，ソリャク)
② 同語の清濁二形
　　Anchŭ. l, angiŭ.(庵中．または，アンヂュウ)
　　Vbuguinu. l, vbuqinu.(産衣．または，ウブキヌ)
③ 漢語の漢音形と呉音形
　　Niguen. l, nigon.(二言．または，ニゴン)
　　Sanga. l, Xenga.(山河．または，センガ)
④ 語の原形と省略(短縮)形
　　Masa. l, masame.(柾．または，柾目)
　　Namexi. l, Namexigaua.(鞣．または，鞣皮)
⑤ 漢語の入声形と開音節化形
　　Qetyen. l, qechiyen.(結縁．または，ケチ縁)
　　Matçudai. l, Matdai.(マツ代．または，末代)
⑥ 語の原形と転化形
　　Camayete. l, Camaite.(構エテ．または，構イテ)
　　Ibitçu. l, iybitçu.(イビツ．または，飯櫃)

⑦　語幹と活用形

　　Cannô. l, cãnôna.(堪能．または，堪能ナ)

　　Nauozari. l, nauozarini.(等閑．または，等閑ニ)

⑧　語末に小異ある二形

　　Carisomeno. l, Carisomena.(カリソメノ．または，カリソメナ)

　　Farucana. l, farucano.(遥カナ．または，遥カノ)

細かにはなお他の場合もあるが，大多数は上の8類に属し，意味・語形とも同語の別形か小異形かを並べたものである．ただし，例外もあるが，

　　Qeôten. l, sŏten.(暁天．または，早天)

　　Voricami. l, fineri.(折紙．または，捻リ)

のように類義の別語を並べたもので，数は少ない．上の同語の小異形を並べた場合と，その例外とを分けてみると，次の表のとおりである．

部別		A	B	C	D	F	G	I	M	N	P	Q	R	S	T	V	X	Y	Z	計	
本篇	同語並列	44	21	56	15	124	19	38	45	26	1	25	14	45	121	84	97	33	9	817	915
本篇	例外	7	0	4	0	7	2	4	7	3	0	2	0	0	22	17	19	3	1	98	
補遺	同語並列	2	3	19	2	7	3	7	13	0	0	6	6	8	11	7	33	6	1	134	140
補遺	例外	0	0	1	0	0	0	1	3	0	0	0	0	0	0	0	1	0	0	6	
計		53	24	80	17	138	24	50	68	29	1	33	20	53	154	108	150	42	11	1055	

この表によれば，例外は総数1055の約10％，104に過ぎず，しかもそれは大部分が補遺にある．これにより編者はl.をば見出し語のあとでは，同語の小異形を並べあげる場合に用いる方針であったことがわかる．例外は，

　　Arica. l, sumica.(在リカ．または，栖)

　　Fideri. l, canbat.(日照リ．または，旱魃)

のように同義の別語を並べるに用いたもので，本来前述のi.であるべきところである．これとは逆に，

　　Bat. i. Bachi.(罰．すなわち，バチ)

Fada. i, Fadaye.(肌．すなわち，膚)

のようにl.とあるべきがi.になっているものもある．ともに異例であるが，i.とl.とは字形が似ているから，原稿においてか印刷の際にか誤ったものが少なくないのであろうと推察される．

　上述のようにi.とl.との用法例は，すでに羅葡日に見られ，サントスの御作業の和らげにも同じ状態が認められるから，日葡辞書も以前からの準則によったものと知られる．

3　略号 s.並びに V.G.について

　この略号 s.は原本では実はイタリック体の∫で印刷されている．ラテン語の sic(次のように，すなわち)の略．本篇に 42，補遺に 10，他に大文字 B.とした誤りとおぼしい 2 例が本篇にある．この略号のついている見出し語は，節用集で言えば数量門に属する語が大部分を占め，Fac(八)，Go(五)，Ricu(六)，San(三)，Xi(四)などの複合語の条に偏在している．

> Faxxŭ.(八宗)　日本にある八つの宗派．s.(すなわち)，Fassŏ, sanron, cuxa, jŏjit, rixŭ, qegon, tendai, xingon.……
>
> Gocou.(五穀)　五つの種子，または，穀物．s.(すなわち)，Come, mugui, aua, qibi, fiye.……
>
> Guanzan.(元三)　三つの初め，あるいは，発端．s.(すなわち)，*do dia, do mes, do anno.*(日，月，年の初め)

このように，見出し語の内容を日本語や葡語で列挙する時に，見出し語に対する意味の説明のあと，その内訳を列挙する前にこの注記を入れている．

> Tçucamitori, u, otta.(摑ミ取リ，ル，ッタ)　引っつかんで取る，s.(すなわち)，無理に，あるいは，ひったくって取る．
>
> Tçurucaqe.(弦掛)　日本では特殊な服装をしている，弓弦を作る職人．s.(すなわち)，頭には捲頭巾をし，赤色の短い帷子(*catabiras*)を着ている．

のごときは，s を i.と同様に用いたものであるが，僅か数例に過ぎない．その

反面, i.を物を列挙する時に用いた例もあって, この方はまれではない. 本篇のX部には,

  Xixo.(四書) Yosamano xomot.(四サマノ書物) 道徳的な事を述べたシナの四つの書物. s.(すなわち), Rongo, Mŏji, Daigacu, Chŭyô.(論語, 孟子, 大学, 中庸)

  Xixŏ.(師匠) 師.

  Xixŏ.(四姓) Yotçuno vgi.(四ツノ氏). i.(すなわち), Minamoto vgi, Taira vgi, Fujiuara vgi, Tachibana vgi.(源氏, 平氏, 藤原氏, 橘氏)……
     (マヽ)

  Xixŏ.(四生) Yosamano xŏji yŏ.(四サマノ生ジ様). s.(すなわち), Taixŏ, ranxŏ, xitxŏ, qexŏ.(胎生, 卵生, 湿生, 化生) 四つの生まれ方……

の4条が並ぶ中で, 第1, 第4にはs., 第3にはi.が用いられている. i.はこのように広く用いられたが, そのうちいくつかの事項を列挙し内訳を示す場合には, 特にそれを明示しようとしてs.を用いたのである. 羅葡日のSic.の条には, その第1義に「コノ分ニ, または, ソノ如ク」という日本語対訳を加えているが, 上述のs.はこれに当り,「その内訳は次の如し」というに近い. Feiqeの和らげのうちGocai(五戒)の条に同じ用法のs.が見え, 当時用いられたことを示してくれる.

かようにs.注記の方針が明らかになると, Faccu(八苦)の条に, 生苦, 老苦以下の八苦を列挙する直前に付せられた大文字のS.や, Sanxô(三焦)の条で, 上焦, 中焦, 下焦の三つを挙げる直前にある大文字のS.などは, 大文字のS.を以て文書語を示すという例言の約束に外れたもので, s.を誤り組んだものと見るべきである.

V.G.は本篇に12例見えるだけであるが, うち6例はG部にある. Verbi-Gratia(例えば)の略であるから,

  Caixet.(開説) Firaqi toqu.(開キ説ク) 教えて説明すること. *V.G.*(たとえば), ある書物のわかりにくい所などを.

のように1例をあげて示す場合に用いるのが本来の用法で，Mesu(召ス)，Vonajicuua(同ジクハ)，Vouaru(終ル)，Xixa(使者)の諸条の例も同じである．また，一方，Saitan(再誕)の条にこの語の意味を説明したあとに，

  V. G. Monjuno saitan gia.(たとえば，文殊ノ再誕ヂャ)……

とあり，Vt(例)と同様に用例を示すのに用いているが，これとても同類と見てよい．然るに，G部のGocai(五戒)，Gochôxi(五調子)，Goqiŏ(五経)，Gosan(五山)，Goxin(五辛)，Gozŏ(五臓)の6条にあっては，

  Goqiŏ.(五経) Itçutçuno fon.(五ツノ本) 道徳に関する事柄を説いた，シナの五つの書物．*V. G.* Yeqi, raiqi, môxi, jŏjo, xunju.(例えば，易，礼記，毛詩，尚書，春秋)

のように事物を列挙する場合に用いたものばかりである．これはさきのs.と同様に用いたのであるが，G部にはs.が3例あるのにこのV.G.は6例あって，後者を多く用いた点にG部の特異性が認められる．

4　参照注記 Vide の用法

 ある条の見出し語と同じ語，あるいは，深い関連のある語が他の条中にある場合，それを参照するように指示するのにラテン語のVide(見よ)の注記を使う．これはバレトの自筆写本(1591)の欄外の書入れに，

  vide May fol. 34.(舞の34丁を見よ)

とあるように，早くから参照注記の符号のように用いられていた．この参照注記は，

  Muzuto.(ムズト) 副詞．*Vide* Munzuto.(ムンズトの条を見よ)

のように，条の末尾に付けるのが一般的形式である．しかし，

  Maburi, u, utta.(マブリ，ル，ッタ) Mabori, *u*(守リ，ル)という方がまさる．*Vide supra.*(上のその条を見よ)

  Cadode.(門出) 最初の出発．cadoide(門出デ)が本来の言い方で，一般に用いられる．*Vide infra.*(下のその条を見よ)

  †Vramaxij.(ウラマシイ) Vramexij(恨メシイ)に同じ．*Vide suo*

　　　　　loco.(その条を見よ)

のように，参照すべく指示された対象の語，これを，以下被参照語と呼ぶことにするが，それを明示しないこともあって，それは上のように両者が近い位置にある場合に多い．

　さて，*Vide*〜という参照注記に対しては，それに対応する被参照語が必ず別条にある．その被参照語は別条の見出し語であるのが普通であるけれども，それと限っているわけではない．例えば，

　　　　Famayumi.（破魔弓）　子供が射るのに使う小弓．*Vide* Fama.（破魔
　　　　の条を見よ）

とあるのに従ってその条を見ると，被参照語は Fama の条下の一項にある Famayumi なのである．ここではその説明に，「この輪〔藁製の輪〕を射るのに使う弓」とあるから，彼此見合わせて正しい理解が得られる点に注意すべきである．また，Fatçuaraxi(初嵐)，Fatçufana(初花)，Fatçufaru(初春)，Fatçugan(初雁)，Fatçumono(初物)の各条に *Vide* Fatçu(初の条を見よ)とある．参照指示の対象は Fatçu. l, Fatçumono.（初，または，初物）の条にある下位項目なのである．また，Xucô dôuon(衆口同音)の条の *Vide* Xucô(衆口の条を見よ)の被参照語は，Xucô の条下に引かれた用例，Xucôdôuonni coreuo yŭ.(衆口同音ニコレヲ言ウ)の中にあるし，Tanguaya(旦過屋)の条の参照注記 *Vide*　Tangua.(旦過の条を見よ)には，別条の Tangua. l, Tanguaya.(旦過．または，旦過屋)中の一形が対応している．このように種々の場合があるけれども，参照注記で指示した被参照語は他の条にあるのが普通である．例えば，†Xeiga. l, Xŏga.(笙歌)の条に，説明はなくて「第二番目の Xŏga(笙歌)の条を見よ(*Vide o segundo* Xŏga)」とだけ記されているのも，下に†Xŏga(唱歌)と†Xŏga(笙歌)とが並んでいる後者を参照せよというのである．また，†Yaran(ヤラン)の条にも「すなわち，Yara(ヤラ)．Yara(ヤラ)の条を見よ(*Vide Yara*)．その第二義に同じ」とあるが，本篇の Yara(ヤラ)の条を見ると，その第二義として，「他の語の末尾につけて疑問を示す語．例，Fitodegozaru yara, ixide gozaru yara.(人デゴザルヤラ，石デゴザ

第Ⅰ章　解　説

ルヤラ）人なのか石なのか私にはわからない」との説明が見える．編者が参照すべき個所を確かめた上で *Vide* 記号を付けたことは，上の例でもわかるが，以下に述べる事実もそれを裏付けるであろう．ただ，*Vide* 注記を付してあるにもかかわらず，それに対応する條のないものが5例あるが，

　　　Canuô　（感応）　　Gairi　（ガイリ）　　Iidanda（ジダンダ）
　　　Yexŏ　（依正）　　†Zamacu（ザマク）

これらは異例であって，何らかの過誤に因るものであろう．

　さて，参照注記で指定した語と被参照語との関係は上の例に見るとおりであるが，その対応関係をまとめてみると大きく二つに類別することができる．

　第一類は，ある見出し語 A の条に *Vide* B.とあって，A とは別の語 B を被参照語とし，その被参照語 B が別条，あるいは，その条下の下位項目か，用例中かに存する場合である．図式化してみれば，次のようになる．

　　　（見出し語）（参照注記）　　　（被参照語）
　　　A.…　*Vide* B.　　　　　→ B.
　　　A.…　*Vide* B.　　　　　→ B. …… ¶ …… A

　下にその例を必要な部分に圧縮して示す．上段は参照注記を含む見出し語の条を，下段は被参照語の条を示す．

　　　{ Qemiŏ.（仮名）…… *Vide* Iitmiŏ.（実名）
　　　{ Iitmiŏ.（実名）……

　　　{ Tasacu.（他作）…… ¶ Iisacu（自作）…… *Vide suo loco.*（その条を
　　　{ 　　見よ）
　　　{ Iisacu.（自作）……

　　　{ Futçumochi.（フツ餅）　*Vide* Futçu.
　　　{ Futçu.（フツ）…… ¶ Futçumochi.（フツ餅）

　これは見出し語に対する対義語や関連語を参照させるもの，及び見出し語と同じ語が他の条の下位項目などにあるのを参照させるものであるが，その例はあまり多くはない．

　第二類は，ある見出し語 A の条下の参照注記に A と語形の少し違う A′ を

指定し，それに対応する被参照語が別の条の見出し語であるものである．

　　　　（見出し語）（参照注記）　　　（被参照語）
　　　　　　A.…　*Vide* A′.　　　　→ A′.

このAとA′との関係はさまざまであるが，分類して示せば大方次のようである．

① 原形と転化形

　　　⎰ Fongo.(反古)　*Vide* Fôgu.(ホウグ)
　　　⎱ Fôgu.(ホウグ)……

　　　⎰ Yŭgŏ(夕顔)　*Vide* Yŭgauo.
　　　⎱ Yŭgauo.(夕顔)　夕顔．省略して Yŭgŏ と言う．しかし，本来の語は
　　　　　Yŭgauo(夕顔)である．

② 単純語と複合語

　　　⎰ † Xurôdŏ.(鐘楼堂)　*Vide* Xurô.(鐘楼)
　　　⎱ 　Xurô.(鐘楼)……

　　　⎰ Xacumuxi.(尺虫)　*Vide* Xacu.(尺)
　　　⎱ Xacu. 1, xacumuxi.(尺．または，尺虫)……

③ 清音形と濁音形

　　　⎰ Qifucu.(帰服)　*Vide* Qibucu.(帰服)
　　　⎱ Qibucu.(帰服)

　　　⎰ Nai qeico.(内稽古)　*Vide* Naigueico.(内稽古)
　　　⎱ Naigueico.(内稽古)……

④ 原形と連声形

　　　⎰ Inyen.(因縁)……*Vide* Innen.(因縁)
　　　⎱ Innen.(因縁)……

　　　⎰ Vonnai.(恩愛)　*Vide* Von-ai.(恩愛)
　　　⎱ Von-ai.(恩愛)　ただし，*Vonnai.*(ヲンナイ)と発音される……

⑤ 入声形と開音節化形

⎰ Qechimiacu.(血脈)　Qetmiacu(血脈)と言う方がまさる．
　　　⎱ 　 Vide infra.(下のその条を見よ)
　　　　Qetmiacu.(血脈)……

　　　⎰ Xetye.(節会)　または，Xechiye(セチエ)とも言い，むしろその方が
　　　⎱ 　 まさる．Vide Xechiye.(節会)
　　　　Xechiye. l, xetye.(セチエ，または，節会)……

⑥　入声形と促音化形
　　　⎰ Atqet.(悪血)　 Vide Acqet.(悪血)
　　　⎱ Acqet.(悪血)

　　　⎰ Qetban.(血判)…… Vide Qeppan.
　　　⎱ Qeppan. l, qetban.(血パン，または，血判)

⑦　呉音形と漢音形
　　　⎰ Zŏmocu.(雑木) Vide Zŏbocu.(雑木)　それが本来の正しい形であ
　　　⎱ 　 る．
　　　　Zŏbocu.(雑木)

　　　⎰ Xinmiŏ. l, ximei.(身命．または，身メイ)　Vide Suprà.(上のその
　　　⎱ 　 条を見よ)
　　　　Xinmei. l, xinmiŏ.(身メイ，または，身命)……

⑧　同語の異表記形
　　　⎰ Beŏqi.(病気)　 Vide Biŏqi.(病気)
　　　⎱ Biŏqi.(病気)

　　　⎰ Xinrio.(神慮)　 Vide Xinreo.(神慮)
　　　⎱ Xinreo. l, xinrio.(神慮，または，神リョ)

⑨　語形の似た同義語
　　　⎰ † Chinsan.(珍盞)　 Vide Chimpai.(珍盃)
　　　⎱ † Chinpai.(珍盃)

　　　⎰ Qeisacu.(計策)…… Vide Qeiriacu.(計略)
　　　⎱ Qeiriacu. l, qeisacu.(計略．または，計策)

⑩　単純語形と接頭辞添加形

　　{ Ai atari, u, atta.(相当リ，ル，ッタ)　　Vide Ataru.(当ル)
　　 Atari, ru, atta.(当リ，ル，ッタ)

　　{ Caicatarai, ŏ, ŏta.(搔イ語ライ，ウ，ウタ)　　Vide Catarai, ŏ.(語ライ，ウ)
　　 Catarai, ŏ, ŏta.(語ライ，ウ，ウタ)

以上のように第二類の方が多彩であって，その数も総数約 490 の大部分を占め，編者はこの方に重点をおいたことが察せられる．

次に上述の参照注記をもつ見出し語と，被参照語との位置は次のような関係になっている．

Vide 注記に対する被参照語の位置	本　篇	補　遺
Vide 注記をもつ見出し語	426	64
被参照語が上と同じ部内にあるもの	296	21
〃　　上と異なる部内にあるもの	125	6
〃　　どこにもないもの	5	1
〃　　本篇内にあるもの		36

上の表に見られるように，まず本篇では参照注記 Vide をもつ見出し語に対応する被参照語は，どこにも見出だせい 5 は別として，すべて本篇内にあって，補遺中に求められるものは，一つもない．これは両者の対応関係，いわば貸借関係がすべて本篇内で決済ずみであるからであるが，また本篇がそれだけで一応完結したものとして成立した証左で，当然の結果である．さらに注意されるのは，二者が本篇の同じ部内に共存する傾向が著しいことである．見出し語の総数 426 条のうち，約 70％にあたる 296 は同一部内に共存するもので，残りは被参照語が他部に存するものであるが，その中には，

　　　Aicacomi, u, ôda.(相囲ミ，ム，ウダ)　Cacomi, u.(囲ミ，ム)の条を
　　　　見よ．

のように，接頭辞を冠した動詞の見出し語に Vide 注記を付け，接頭辞のつかない動詞を参照させるものが 105 (Ai～100, Cai～1, Vchi～4) もあり，これ

を別にすれば，他の部を参照するように指示したものは僅かに 20 となる．

　この著しい傾向は補遺でも同じである．すなわち，被参照語が本篇内にあるのは，先に印刷を了していた本篇に対応関係を求めたもので，これを別にすれば，Vide 注記の見出し語と被参照語とが補遺内に共存するものが大部分である．本篇補遺を通じてこの傾向がきわやかなのは，語頭が同じで互いに近似した語形をもつものが対応しているからであり，それはまたそうなるべき注記手続きをとった編者の方針によるものと見られる．

　編者は，ある条の見出し語や下位項目の語や文例の中から参照必要の語を抽出し，これを関連のある別条に Vide 注記として移したのである．例えば，

　　　Ranqiocu.(乱曲)　　Vide Raiguiocu(ライ曲)．

の 1 条は，明らかに次条に基づいて立てられたものである．

　　　Raiguiocu. l, ranqiocu.(ライ曲．または，乱曲)　弾奏，または，歌唱
　　　　の仕方の一種で，時々小刻みに，または，急速に奏したり……

なぜならば，後者の Raiguiocu は配列位置(Ranguiŏ の次，Ranguiŏjinの前)と意味から推して明らかに Ranguiocu の誤りであるが，これをそのまま参照項目として挙げているからである．また，Casa(枷鎖)の条に「Vide Chùcaicasa(杻械枷鎖)．」とあるけれども，別条にそのような見出し語はなくて，Chùcai(杻械)の条の下位項目にある．編者はこれを取って上の Vide 注記を加えたのであるが，注記の際に見出し語 Chùcai をあげるべきを誤って被参照項目自体をあげたのである．

　編者は，このようにして参照させる必要があると認めた所要の語を拾って参照注記を加えたのであるが，その「所要の語」を選び出す方針はどんな点にあったであろうか．前述のように，全参照注記数の大部分を占めるのは第二類であるが，さきにあげた①から⑩までの例を見ればわかるように，そこには語形の上に小異はあるものの同義の語，ないしは，類義の語を対応させているという共通点が認められる．それは本書の見出し語に数多く見られる，Anchǔ. l, angiǔ.(庵中，または，庵ヂュウ)のような標出法における二者の関係と通ずるものである．このことは，例えば，

Feŏfô.(兵法)　　剣術　　　Vide Fiŏfô(兵法)
　　　Iigabachi.(似我蜂)　　Vide Iiga(似我)
の参照注記が，それぞれ，

　　　Fiŏfô. l, feŏfô.(兵法)……

　　　Iiga. l, jigabachi.(似我．または，似我蜂)……
に基づいているように，A.l, A′の形の見出し語から出たものが少なくない事実からも認められる．従って，編者はこのような同義異形の語，あるいは，類義の語を参照させることに重点をおいたものと見なければならない．これらのことから参照注記の目的もおのずから察せられるというものである．

　編者が目的とした第一は，さきの第二類に見るように，ある語に同義の小異形，ないしは，類義語がある場合に，つとめてそれらを関連させて理解・習得させ，記憶させようという点にあった．参照注記に従って対応する2条を併せ見れば，語の意味なり構成なりが一層よく理解されることもある．例えば，Masame(柾目)に Vide Masa. l, Itame(柾．または，板目)とあるのによって後者を参照し，Nutanamasu(饅膾)にある Vide Nuta(饅)の指示に従ってそれを見れば，Masa とともに Masame の意味が知られ，Nuta の語とともにその複合語である Nutanamasu の意味もわかるわけで，編者の狙いはこの点にもあったであろう．また，対応する二者間に何らかの相違がある場合に，それを知らせることも重視したに違いない．

　　　Fonguannin.(本願人)　　Vide, Fonguan(本願)．
　　　Fonguan.(本願)　たとえば，阿弥陀(Amida)の誓願のような本来の誓
　　　　願．¶また，時としては，主として自分の費用で寺(Tera)を建立す
　　　　るとか創建するとかする人の意．ただし，本来の正しい言葉は Fon-
　　　　guannin(本願人)である．¶また，Fonguan.(本願)　ある寺(Tera)
　　　　を建立した第一の長老，または，その人に代わって管理する後継者．
によれば，「本願」のいろいろの意味を知るのみならず，「本願」と「本願人」との意味上の異同も知られるというわけである．

　　　Miyamajitoto.(深山鵐)　　Vide Miyama.(深山)．

第Ⅰ章 解　説　85

  Miyama.(深山)　Miyamajitoto.(深山鶲)と言う方がまさる．この名
  で呼ばれる小鳥．
  Fonxet.(本説)　Fonno xet.(本ノ説)　*Vide* Fonjet.(本説)　確実な
  情報．¶また，確かな説・見解，または，確かな教義，などの意．
  Fonjet.(本説)　Fonno xet.(本ノ説)　真実の学説・教義．¶また，真
  実の情報．話し言葉では Fonxet(本説)の形が使われる．Fixet(非
  説)はその反対語である．
  Noxiauabi.(熨斗鮑)　*Vide* Noxi(熨斗)
  Noxi(熨斗)　鮑を干して細長い帯状にしたもので，食用として保存す
  るもの．下(*Ximo*)では Noxiauabi(熨斗鮑)と言う．

のように，優劣の差，話し言葉や方言の言い方をも併せ知られるのであって，これらの点をも念頭においた参照注記であると思われる．ある語にローマ字綴の異表記形を示しただけのものもあって，例えば，

  Riôri.(料理)　*Vide* Reôri.　　Gueôqi.(澆季)　*Vide* Guiôqi.

のごときも少なくないが，これも説明のついている条へ導くためのみならず，他のローマ字本で見られることのあるべき形を録して，同じ語に異表記形の並び存することを併せ示したものである．

　対義語や関連語を示したのはまれであるが，複合語の一部を示したのはそれよりも多くて，例えば，Coyairi(小屋入り)の条の *Vide* Coya.の指示に従って Coya(木屋・小屋)の条を見れば，小屋の構造や用途を始め，どんな時に Coya iri をするかまでわかるし，また，

  Cunijichi.(国質)　ある国の側から差し出す人質．*Vide* Xichi(質の条
  を見よ)

とあるのに従ってその条を見れば，そこには，質の意味から始めて「人質や国質・所質」のことまで説明されていて，「国質」の意味も一層よくわかるという次第である．参照注記はかかる効果をも期待して付けられている．編者はこのような関連的な語彙の学習なり習得なりの効用を知っていて，それに努めたことは種々の点に認められる．参照注記についてもそれを多く施すこ

とは意図したであろうが，それには困難な事情があった．それは，参照注記をもつ見出し語と被参照語との位置関係を示した前掲の表に明らかなように，対応するその二者は，C部，F部など同じ部内に共存する場合が圧倒的に多い．この事実は，各部の編纂分担者が自己の担当範囲内で被参照語を選んでそれに対応する参照注記を付したことを示すとともに，他の部へは及び難かったことを示している．

参照注記とその対象たる被参照語との対応から察するに，被参照語を選んだのは原稿段階であったと考えられる節がある．例えば，Caqezan(掛算)，Fassan(八算)，Fiqizan(引算)の諸条にはそろって「*Vide* Gisan(地算)」の注記が付いているのに，Gisan(地算)を標出した見出し語は存在しない．その代わり Gizan(地算)があって，その下位項目に上の3語があがっている．それ故，Caqezan 以下3条に参照注記をつけた時には Gisan であったのが，後に Gizan と改めた上で印刷したのである．それに伴なう訂正は，溯って Caqezan など3条に加えることはできなかったので，今見る不整合を生じたわけである．それは，C, F部の印刷を終り G部の印刷にかかる直前に Gizan と改めたためと見るのが事実に近いであろう．他に参照注記に対応する被参照語の条が見出だせないものが数例あるのも，同様の事情に因るものに違いなかろうと推察される．

部によってさまざまな特異性があって，幾人もの人が編纂を部分的に分担したことは容易に察せられるが，このことと，A部から始めて部の順に原稿を整備しては印刷にかけるという作業手順とのために，各自が分担する範囲を越えて，他の部にわたって広く所要の語を拾うことは困難であったろう．この困難は常に全篇に渉って存するものではなくて，部分的には緩和された状況になることがある．すなわち，ある程度印刷が進捗してからであれば，すでに印刷済みの部分については，いくつもの部にわたって所要の語を抜き出すことが可能であり，上述の Gisan → Gizan のように変動の生ずるおそれもないわけである．

ともかく，編者が全篇を貫く方針として，参照注記を加えた目的は，多様

で複雑な日本語の語彙をできるだけ効果的に理解し習得させることにあったのであり，この参照注記もそれ相応の効果をもたらすものであったことは相違あるまい．また，上述のいくつかの例でもわかるように，われわれ日本人がこの辞書を利用する上にも有用なものであることも間違いないところであって，それだけに解読にあたって注意を払うべきことである．

注
1) 村山七郎「ソ連における日葡辞書の存在」(国語国文，昭和40.3)
村山氏はこの論文において，レーニン図書館で日葡辞書を見たというレニングラードの日本語研究者オ・ペトロワ女史の1964年12月13日付の書信に基づき，同図書館当局に日葡辞書のマイクロフィルム作製を依頼中であると書いていられる．その後の消息について私信でお尋ねしたところ，昭和55年5月16日付の返信を頂いた．それによれば，同辞書の存在は確認できなかったとのことで，ペトロワ女史はレーニン大学図書館に現存する天草版羅葡日対訳辞書と日葡辞書と混同したのではないかと疑っていられる．氏は上記論文を書かれた時点においては，パラス(P. S. Pallas)の「欽定全世界言語比較辞典」の日本語を日葡辞書に拠るものとされたけれども，日葡辞書の存在が確認されないので，それも断定はできず，日葡辞書の存否とともになお疑問としなければならない．
2) 石塚晴通「パリ本日葡辞書」(勉誠社，1976)解題
3) 同上
4) Johannes Laures: Kirishitan Bunko. Tokyo, 1957. p.69　現に上智大学キリシタン文庫に蔵するマニラ本の写真には扉紙が付いているが，これは後から補ったもののようである．
5) 土井忠生・森田武・長南実編訳「邦訳日葡辞書」(岩波書店．1980)解題 p.24
6) 富永牧太「きりしたん版文字攷」(天理時報社．昭和53.)pp.23, 170
7) ローマン体とイタリック体の使い分けと，キを示すqiとquiとの使い分けとを関係づけた見解は既に早く発表されている．
土井忠生「吉利支丹語学の研究　新版」(三省堂，昭和46)p.83.
これには，葡語の説明文中に用いた日本語をイタリック体で印刷したのは「大体D部以降」とある．
8) 土井忠生，同上．
9) 土井忠生「吉利支丹語学の研究　新版」(三省堂．昭46)p.69
10) 同上書，pp.73〜112
11) Johannes Laures, Kirishitan Bunko, Tokyo 1957, p.69
12) 天理図書館蔵1656年Genova版による．イタリア語の解読については，広島大学文学部言語学科の古浦敏生助教授の助力を得た．

13) Michael Cooper, Rodrigues the Interpreter. 1974, Tokyo. p.222
    Michael Cooper, The first European-Language Dictionary of Japanese. The Transactions of The Asiatic Society of Japan. 3rd series, Vol.XIII. 1976, Tokyo.
    マイケル・クーパー「十六世紀の日葡辞書」(「ソフィア」第26巻第1号．Monumenta Nipponica 1976年冬季号所載，山本浩訳)
14) Alejandro Valignano, S. J. Adiciones del Sumario de Japón. Ed. by J. L. Alvarez Taladriz. p.421, note 27.
15) J. F. Schütte. Monumenta Historica Japoniae I. Textus Catalogorum Japoniae. Monumenta Historica Societatis Iesu, vol.III. 1975, Roma. p.220
16) 同上書，p.293
    土井忠生「吉利支丹文献考」(三省堂．昭38)p.333
17) 注15と同書，p.315
18) 注15と同書，p.414
19) 土井忠生「吉利支丹文献考」p.52
20) 「カトリック大辞典」(冨山房．昭和29)Ⅳ．p.267(J. Laures S. J.)
    Enciclopedia universal ilustrada Europa Americana, Espasa-Calpesa, Madrid, 1957.
21) 「カトリック大辞典」Ⅰ，p.255(Alfons Kleiser S. J.)
22) 注15と同書，p.572, note 63
23) 注15と同書，p.315
24) Kirishitan Bunko. 3rd ed.(上智大学．1957)p.121
25) 近藤国臣「長崎版日葡辞書にあらはれたる方言資料並に同補遺」(雑誌「方言」Ⅰ巻2号，Ⅱ巻2号，5号，Ⅲ巻5号．昭和6～8年)
26) 拙稿「日葡辞書の方言拾遺」(広島大学方言研究会「方言研究年報」第13巻 昭和45) なお，拙著「邦訳日葡辞書索引」(岩波書店，1989)の「特殊語索引(Ⅱ)」に方言・卑語・婦人語付幼児語の総索引を収めてある．
27) 山田忠雄述，「近代国語辞書の歩み 下」(三省堂，1981)p.1418以下．
28) DOI TADAO, MORITA TAKESHI, & CHŌNAN MINORU, EDD. & TRR. *Vocabulario da Lingua de Iapam. Hōyaku Nippo Jisho*. Tokyo : Iwanami shoten, 1980.(ROMANCE PHILOLOGY, Vol.XXXVI, No.1, August 1982.
29) 長南 実「大切と恋」(「文学」昭和55年9月号)
30) 岡田章雄訳・注「ルイス・フロイス日欧文化比較」(岩波書店「大航海時代叢書 XI」)第14章-6
    Josef Franz Schütte S. J. *Luis Frois Kulturgegensätze Europa-Japan*. (1585) Sophia Universität. Tōkyo. 1955. p.252
31) 佐野泰彦，他訳注「ジョアン・ロドリーゲス日本教会史上」(「大航海時代叢書

IX」)p.276〜277

　　　Historia da Igreja do Japão pelo Padre João Rodriguez Tçuzzu S. J. Preparada por João do Amaral Abranches Pinto. vol I. Tóquio. 1953 p.151
32)　Ioão Rodriguez. *Arte da Lingoa de Iapam.* Nangasaqui, 1604. f. 227
　　　土井忠生訳「ロドリゲス日本大文典」(三省堂, 1955) p.813
33)　注30の「ルイス・フロイス日欧文化比較」p.576
34)　Dalgado, Sebastião Rodolfo. *Glossario Luso-Asiático*. Coimbra.1919
35)　Morais Silva, Antonio de. *Dicionário da Lingua portuguesa*. 10.ª ed. Lisboa. 1945
36)　Lello José e Lello Edgar. *Lello Universal. Dicionário Enciclopédico Luso Brasileiro* em 2 volumes. Porto. 1967
37)　中口久夫「『一倍』の語義」(「国史学」136号, 昭63.)
38)　岡崎正継「日葡辞書のVqevôの語義——ficar deuendoの訳語について——」(国学院大学栃木短期大学国文学会「野州国文学」第39号, 昭62.)
39)　片桐洋一「『日葡辞書』の歌語——その性格と時代性——」(「国語語彙史の研究 四」和泉書院, 昭和58.)
40)　大塚光信「コリャードさんげろく私注」(臨川書店, 昭和60) p.78
　　　同上「キリシタン資料と二・三の語」(「国語語彙史の研究　十」(和泉書院, 平成元)
41)　豊島正之「キリシタン文献に於ける『翻訳』の語に就て」(「東洋大学日本語研究」第1号, 昭和60)
42)　安良城盛昭「戦国大名検地と『名主加地子得分』・『名田ノ内徳』」——勝俣鎮夫『戦国法成立史論』によせて——」(「史学雑誌」第90編第8号, 昭和56)
43)　沢口悟一『日本漆工の研究』(丸善株式会社, 昭和8) p.522以下
44)　漆崎正人「古語の語義語形認定の一方法'若上'の場合——語構成の観点を軸として——」(「国語語彙史の研究　五」和泉書院, 昭和59)
45)　蔵野嗣久氏蔵「馬療弁解」による．この書は全五巻，巻五末尾に「宝暦九年己卯四月吉旦，寛政八年丙辰十一月求板，京都御幸町御池口町，書林　菱屋孫兵衛」とある．これで知られるように近世末の板本であるが，巻五の末に，
　　　　諸病諸薬諸書にくわしく書出したればしるすに及はす
　　　とあるから，著者のことはわからないが，これより遡った時期に同様の書があったことは察せられる．
46)　蔵野嗣久「安田女子大学蔵馬薬鍼書『仲綱秘伝集』の国語学的考察」(安田女子大学「国語国文論集」第18号, 昭和63)

第II章　見出し語

I　見出し語の標出方針

1　見出し語の形

　見出し語の標出は，辞書として当然のことながら単語標出を基本方針とし，全篇を通じてそれが大部分を占めている．その中では，Asa(朝)，Acai(赤イ)その他の単純語を筆頭に，Cacubaxira(角柱)，Nebagatai(粘固イ)のような複合語も多く，Fonogurai(仄暗イ)，Fafago(母御)など，接辞のついた形もある．複合語では名詞が最も多いが，動詞にも多くて，Fiqi～(引キ～)，Tori～(取リ～)など，広く多く使われるものは，丹念に数多く標出している．また，Fitobito(人々)，Fayafaya(早々)，Teradera(寺々)などの畳語もよく採られている．その中には，単に複数を示すのみならず，Tocorodocoro(所々)を，「いくつもの場所，または，各所(*cada Lugar*)」と説明しているように，それぞれ一々に指し示す意味もあるところから，できるだけ取り上げたらしい．特に Barabara(バラバラ)，Farafarato(ハラハラト)のような擬声語の畳語は，何がどのような事態にあるのを言うかを心得ていなければ，誤解・誤用の多かるべきことを考慮してか豊富に取り上げてある．

　さらに，Icqitŏjen(一騎当千)，Xucôdôuon(衆口同音)のような連語も見出し語に立ててあるが，別条に Tŏjen(当千)，Xucô(衆口)の語も立てて，その条下に連語形を収めてもいる．従って，連語形は一般によく行なわれる語は，よく用いられる形を特に掲げたものと見える．

　単語標出は，1語1条をたてまえとし，同形の語でも意味の異なるものは別条に立てるのがたてまえである．例えば，Ixxi には「一子，一紙，一枝，一

糸，一指，一死」などの語があるのを，すべて別条に掲げてある．然るに，ある語の条下に項を改めて同形の別語を収めていることもある．

  Bangue.(万礙) Yorozzuno sauari.(万ノ礙) すべての障害．¶
   Xenxǒ bangue.(千障万礙) 同上．¶また，Bangue.(晩ゲ) 夕刻．
  Catafaxi.(片箸)……¶また，一方の側，端．……

のごときがそれであって，なお Caicuri, u.(搔イ繰リ，ル・搔イ刳リ，ル)，Feta (端・帶)，Quajit(花実・果実)，Yedo(穢土・餌ド)のような異語同条の見出し語が50条以上もある．中で，

  Caisacu.(改作) Aratame, tçuquru.(改メ作ル)……¶また，Firaqi tcuquru.(開キ作ル)……〔開作〕
  Xoguan.(諸願) Moromorono negai.(諸ノ願イ)……¶また，Negǒ tocoro.(願ウ所)……〔所願〕

のように両方に異なる訓釈を加えていて，漢字の字面が違う別語であることを知っていたはずであり，上掲の Quajit, Yedo にしても，見出し語の直後に訓釈をあげ，項を改めて別義を注しているのであるから，これも前後の二つを同じ語と認めたものではない．これらの中には，誤りもあるかと思われる．しかし，ある語の条下に類義語や対義語や関連語などを対照的に併せあげた例もあることからすれば，ここにも同形異義語の存在を示そうとの意図が含まれているのかも知れない．

 なおまた，単語標出を方針としつつも，一方には分析的な扱いもしていて，接辞や非独立の造語要素，例えば，Ai(相)，Bu(無)，Cai(搔イ)，Tçui(ツイ)，Meqi, u.(メキ，ク)等々をも見出し語に立てている．

  Cai.(搔イ) 動詞のあるものに添い，それと複合して，その動詞に一種の強めの意味を加える助辞．下(Ximo)では Tçui(ツイ)と言われるもの．例，Caicorobu, caicumu. Caidacu, caifiraqu(搔イ転ブ，搔イ汲ム，搔イ抱ク，搔イ開ク)，など．
  Sama.(様) 尊敬の意を表わすために，人の名前の下に添える語で，*merce, senhoria*〔様，殿〕などのようなもの．例，Tonosama.(殿

様）殿(*Tono*)様．¶Padresama.(パアデレ様)　パアデレ(*Padre* 伴天連) 猊下．¶Vyesama.(上様)　天下(*Tenca*)様．

このように，接辞のついた語を例示してあるものは，別に独立の条にも掲げてあるのが普通である．この類でも Ai(相)は少し趣が違う．Ai(相)の条には，これは，それ自身は何の意味も示さず，動詞と合してそれに一種の力，あるいは，優雅さを加え，また相共にの意を添えることもあるとして，Ai camaite (相構イテ)，Ai cocoroyete(相心得テ)の2例を添えている．下に続く別条としては Ai を冠した見出し語 100 条余りが立ててあるけれども，その中の数例を除いては，

　　　　Ai atari, u, atta.(相当リ，ル，ッタ)　Ataru(当ル)の条を見よ．
と，参照注記を付して，別条 Atari, ru(当・中ル)への導きをしたにとどまり，意味の説明は加えてない．

これより後にも，Ai(相)と同じような接頭辞はいくつも見出し語に立てた例があるにも拘わらず，その接頭辞を冠した見出し語をば丹念に掲げてはいない．これは，Ai(相)関係の語の扱いに鑑みて，それと同じように接頭辞を冠した語をば，網羅的に標出するほどの意味はないとして，標出の方針を改めたものらしい．

Go(御)や Vo(御)は，それぞれ1条を立てて尊敬の助辞と注した条があるが，それらを冠した語は僅かしか標出してないし，Von(御)は，この接頭辞自体が標出されていない上に，それを冠した語も，Vondaraxi(御弓・御多羅枝)，Vonpacaxe(御佩刀)，Vonzo(御衣)，Vonzŏxi(御曹子)などを掲げているに過ぎない．けだし，これは，この撥音を伴なう形態に固有特異な慣用的表現以外には，すでに，用いられることはあっても，撥音を伴なわぬ方の表現に対し，文体的に堅い，あるいは，雅馴に過ぎた異形に止まっていたからであろう．

かような見出し語の立て方は，その選択にはいろいろの事情なり理由なりがかかわっているであろうが，基本的には，なるべくは実際に用いられる語をその形で標出して，利用者の求める語をたやすく検索し得ることを念とし，

一面では，単独では用いられることのない造語成分をも標出して，語彙の系統的，類縁的な習得にも役立てようとの考えに出たものであろう．すなわち，究極のねらいは，実用的な利用効果を高からしめることにあったであろう．

2 動詞の標出形式と活用の種類

(1) 標出の基本形式

　動詞の見出し語には，語根(raiz)，現在形(presente)，過去形(pretérito)の3形，すなわち，わが連用形と終止連体形と，連用形あるいは音便形に過去の助動詞「た」のついた形と，これら3形を並べ掲げるきまりである．

　　　　Caqi, u, aita.(書キ，ク，イタ)
　　　　Vochi, tçuru, ita.(落チ，ツル，チタ)
　　　　Aqe, uru, eta.(明ケ，クル，ケタ)
　　　　Mi, ru, ita.(見，ル，ミタ)
　　　　Qe, ru, eta.(蹴，ル，ケタ)
　　　　Qi, ru, ita.(着，ル，キタ)
　　　　Faixi, suru, ita.(配シ，スル，シタ)
　　　　Ini, uru, inda.(去ニ，ヌル，インダ)

　当時，動詞の活用形式は，ラ変が四段に統合されて8種であったが，それらを通じて，最初の語根以外は，語根と共通する部分を省いて語尾の変化部分のみを記すのが普通である．中でも現在形は簡略化していることが少なくない．ともかく上のように3形を並べて掲げるのが基本形式であって，動詞であればこの形式によるものが大部分である．これに反して，3形中過去形を欠いて2形を標出したものがあるけれども，それは例外で数も少ない．その1例に，掛け算をする意のCaqe, uru(掛ケ，クル)があって，これを重ねて補遺に収めたのには，†Caqe, uru, eta.として，過去形を補ってある．その上，補遺に収められた動詞の見出し語945条のうち，僅かに21条を除くほかはすべて3形標出である．これらのことから，編者は上の3形標出方式を基本形式に全体を統一する方針であったことが知られる．

上の基本形式をとらない例外もいろいろあるが，

  Fôracu suru.(法楽スル)　　　Sugiri mogiru.(斜リ捩ル)

  Susumichicazzuqu.(進ミ近付ク)

の3条は，それぞれ Fôracu., Sugiri, u, itta., Susumi, u, unda.の条のすぐ下に並んでいるから，本来それらの条下にあるべき用例が独立の条として組まれ，印刷された誤りらしい．

  † Acane sasu.(茜サス)P.　　　　Amaguiru.(天霧ル)P.

  † Aqetatçu.(明ケ立ツ)P.　　　† Cayeriuo sasu.(反リヲサス)

  † Conone nuru.(コノ寝ヌル)P.　† Voxiteru.(押シ照ル)P.

  † Xide vtcu.(シデ打ツ)P.　　　Yacumo tatçu.(八雲立ツ)P.

  † Gudogudoto suru.(グドグドトスル)　† Xinoguiuo qezzuru.(鎬ヲ削ル)

これらも例外であるが，一見してわかるように，その大部分が3形標出方式が固まった補遺中の見出し語であることと，また大部分が詩歌語であることとのために，もともと活用を示す意図はなかったのである．終りの2例のごときは連語を掲げたので，活用を示さなかったのであろう．

　文書語の Mecurumecu(目クルメク)，Sacamacu(逆巻ク)，Tandacu suru(拱スル)のごときも，また，

  Caqimaguirete(搔キ紛レテ)P.　　Coqimajete(コキマゼテ)P.

  Furifayete(フリハエテ)P.　　　† Furisaqe.(振リ放ケ)

  Rŏtaqe(臈タケ)　　　　　　　Dabaqeta(ダバケタ)

なども，話し言葉の活用形を示し得ないもの故に特別扱いをしたものと見るべく，例外として扱ったのは，それ相応の理由によるものと考えられる．

　以上のほかに，実はなお特殊な見出し語を掲げたものに，欠如動詞(verbo defectivo)なるものがある．例えば，

  Cui, cuyuru.(悔イ，クユル)　　Sagui, saguita.(サギ，サギタ)

  † Mucŭru.(報ウル)

のような見出し語を掲げているのがそれであって，基本形に欠如があること

を示している．この特殊な動詞については，あとで改めて取り上げる（第Ⅶ章のⅣの1の(1)参照）．

さて，上述のごとき異例の形式があるにしても，3形並示が基本形式であることは動かない．日葡辞書に先行するサントスの御作業の和らげでは，

　　　　　Aixi, suru.(愛シ，スル)　　　Tçudoi, ô.(集イ，ウ)

のように語根と現在形との2形標出であって，これに過去形を添えたものは全く見られない．コンテムッス・ムンヂの和らげもまた全く同じであるが，これらは文語の本文に対するものであるから，口語の過去形「～タ」は添えなかったと言えなくもない．それ故これら二書はしばらく別とするも，口語の本文に対する Feiqe の和らげでも，全く同じ2形標出で変わるところはない．さらには Feiqe 巻末の書入れ難語句解でも，ほとんど規則的に語根と現在形の2形を並べていて，少なくもそれに過去形を添えた例は一つもない．

この書入れ難語句解には，原本文中の名詞を抜き出し，それを動詞の語根と思い誤って，活用を示したものがいくつもある．たとえば，「爪木」を *ccumagui, u*(ツマギ，グ)，「東下リ」を *Azzuma cudari, u*(東下リ，ル)とした類である．これは明らかに誤りであるけれども，一面では，動詞を語根と現在形の2形をもって捉えることが習いとなっていたことを思わせる点で注意すべきである．おそらくは，このような動詞の捉え方は，ラテン文典，あるいは，ラテン語学習に基づくものであり，当時のイエズス会の日本語教育における動詞取扱い方の基本型になっていたことを示すものなのであろう．そうだとすれば，日葡辞書が編述の基盤としたであろうところの原写本の跡をとどめたのが2形並示の例外的見出し語であろうとの推定もできるのではあるまいか．

現在知られる限りでは，語根・現在形・過去形の3形並示の標出方式が，長崎版日葡辞書以前に存した事実はない．そうであるならば，上述の3形並示を基本形式とし，これを以て統一しようとしたのは長崎版日葡辞書に始まるとすべく，特に前述のごとく補遺に至って，本篇の2形標出の条を訂し，3形標出形式で殆んど統一されている点に編者の意図を確かに見てとらなくて

はならない．

(2) 現在形に2形を並記した標出

標出3形のうち，その現在形(終止・連体形)に，異なる2形を並べ掲げた異例の条がある．

   Niguenobi, bu, l, uru, ita.(逃ゲ延ビ，または，ブル，ビタ)

は，その1例である．単独の「延ぶ」「伸ぶ」は，

   Nobi, uru, ita.(伸・延ビ，ブル，ビタ)

とあって，上二段活用に属するものであることを示し，

   Tachinobi, uru, ita.(立チ伸ビ，ブル，ビタ)

も同じである．然るに，上の複合動詞の現在形には，これと同じ上二段形に並べて「(逃ゲ)nobu」が標出してあり，四段にも活用することを示している．これと構成の似た複合動詞に，

   Vchinobi, bu, ita.(打チ伸ビ，ブ，ビタ)

   Vochinobi, bu, ita.(落チ延ビ，ブ，ビタ)

   Faxenobi, u, onda, l, bita.(馳セ延ビ，ブ，ンダ，または，ビタ)

   Faxirinobi, u, ŏda.(走リ延ビ，ブ，ウダ)
       (マヽ)

などの類例があり，中には現在形を〜buとするのみならず，特異な表記ではあるがウ音便形と認められる形まで示されているとあっては，四段活用であることは疑うべくもない．羅葡日にも「三日マデ延ブ」(Exeo)の例があり，かれこれ見合わせれば，当時この動詞が四段化の傾向にあったことが知られるというものである．その新古両形が並び行なわれていた事実を示すのが上の特異な標出であった．

これと類を同じくするのは，

   Noboxe, suru, eta, l, oita.(上セ，スル，セタ，または，イタ)

の条で，過去形の別形にnoboita(上イタ)をあげている以上，過去形に四段形も用いられたことは明らかであるが，事実としてロドリゲス大文典には，Noboxi, su(上シ，ス)が出ている(f.72)．再び日葡辞書に返れば，見出し語としては，

　　　　Fibicaxe, suru, xeta.(響カセ，スル，セタ)
と下二段形を標出してあるのに，その条下の文例には，
　　　　Raidenga cumouo fibicasu.(雷電ガ雲ヲ響カス)
と四段形が使ってある．もっとも，これはその文体からして文語の終止形を
あげたのかも知れぬと，一歩控えて考えるにしても，ほかに，
　　　　Nabicaxi, su, aita.(靡カシ，ス，イタ)
　　　　Nigoraxi, su, aita.(濁ラシ，ス，イタ)
など，四段形のみを標出したのもまれではない．さすれば，下二段動詞の四
段化もようやく勢を得つつあったらしい．
　上にあげたのと同じ標出形式をとったものは，他にもある．まず，
　　　　Fe, uru, l, feru, eta.(経・綜，フル，または，ヘル，ヘタ)
の条では，現在形に二段形と一段形とが並べ示されている．この動詞は Fi
(日)，Nenguet(年月)，Nenjo(年序)，Reqijit(歴日)，Saiguet(歳月)の諸条
にも一段形 feru が使われており，ロドリゲスの大文典(f.46 v, 102)，および小
文典(f.19 v)でも両活用形を並べあげること，日葡辞書と同じである．Esopo
(463/19)やサントスの御作業(Ⅰ 212/21, Ⅱ 251/23)などのほか，周易抄(五 26
ウ)，本福寺跡書(52/2)，その他の国字文献にも下一段形の例がある．
　　　　Abi, uru, l, abiru, ita.(浴ビ，ブル，または，浴ビル，ビタ)
　　　　Chibi, iru, l, uru, ita.(禿ビ，ビル，または，ブル，ビタ)
これは，ともに上二段と上一段の現在形を並べて標出した例である．「浴ビ
ル」は，Guiŏzui(行水)，Yocuchi(浴池)の条にも出ているのを見る．これら
と同類に，Negi, zzuru, ita(捻ヂ，ヅル，ヂタ)の条下にも，
　　　　Taqeuo negiru.(竹ヲ捻ヂル)
という一段形の例があがっている．総体的には，下二段の一段化した例が多
いけれども，上二段の上一段化したのは，上の「捻ヂル」や「生キル」(四河
入海 廿五ノ四 31)などがあっても稀である．ロドリゲスは，下二段の一段化
形，「上ゲル，求メル，届ケル」等々は，関東で用いられ，都では一部の者に
用いられるとし(大文典 f.6 v)，上二段の一段化形，「浴ビル，用イル，強イル」

などは用いられることが少ないと述べているが(小文典 f.23)、これは、方言的限定は別として日葡辞書に見られるところと通ずるものである。

異例の標出形式をとったものに、なお、

　　　Voi, vôru, l, voyuru, voyeta.(生イ、ヲウル、または、生ユル、生エタ)
　　　Voye, l, voi, yuru, eta.(生エ、または、生イ、生ユル、エタ)

の2条があるが、これは上二段と下二段の間の変動を示す例である。

上述の異例の標出形式を通じて見る時、注意をひくのは、一つには二段活用動詞の四段化傾向、二つには二段活用動詞の一段化傾向である。一体、日本語の動詞活用の方式には、古くから二つの原理が対立している。それは活用形の違いが、①語尾の母音変化によって示されるものと、②接尾辞「る」「れ」の添加によって示されるものとであるが、それに加えて上の①②二者の混合によるもの③がある。ところで、上二段・下二段活用はこの③の混合型方式によるものであるから、上述の四段化傾向は③の混合活用方式から①の母音変化型活用形式へ、二段活用の一段活用化傾向は、同じく③の混合型から②の方式へ転ずる傾向を示すものである。すなわち、ともに動詞活用の二大原理に引かれたものであって、その後進んだ動詞活用の統合のさきがけを示すものとして注意すべきである。

補説　一段化形 negiru(捻ヂル)について

日葡辞書の Negi, zzuru, ita.(捻ヂ、ヅル、ヂタ)の条下に「竹ヲ negiru(捻ヂル)」とした一段化形が見えることは上に示したとおりである。亀井孝氏は、この「捻ヂル」について、「一義的に二段活用の一段化の露呈とみること」はつつしむべきであろうと述べられた。それは〜ジルを共通項とする語に、

　　イジル　カジル　クジル　コジル　スジル　ナジル　ニジル　ネジル　ホジル　モジル　ヨジル

などがあって、これらの動詞が、その示す動作において、「あるいとわしい、または、いやらしい線へ範疇化しているとし得る」とすれば、「捻ヅル」もこの範疇にひき入れられて「捻ヂル」になったと考えられるからというのであ

って，慎重な考究に基づく注目すべき見解である[1]．

3 形容詞・形容動詞の標出

日葡辞書では，日本語の形容詞と形容動詞とを葡語の adjectivo（形容詞）に当たる一類と認め（Nicui. Tai. Canyôna. Sanzanna 等の条），その見出し語も一様に3形並示方式をとっている．これは語形変化のある点で一類である動詞が3形並示方式をとっているのに合わせて，二者間の形式的統一を図ったものである．

その見出し語標出の基本形式は，adjectivo の全体，すなわち，日本語の形容詞・形容動詞にわたって，語の基本形たる終止連体形と，連用形（形容詞は音便形）と，名詞形（語幹に接尾辞サをつけた形）との3形を並べて標出するものである．

　　　Acai.(明イ)　明るい，または，きらきらしている(こと)．¶ Acai vchini tçuqu.(明イ中ニ着ク)　日のある中に到着する．
　　　　　Acasa.(明サ)
　　　　　Acŏ.(明ウ)
　　　Buxŏna.(無性ナ)　怠慢な(人)．締まりのない(人)，など．
　　　　　Buxŏni.(無性ニ)
　　　　　Buxŏsa.(無性サ)

このように，両方とも見出し語に終止連体形を掲げ，それに語義説明や用例などをつけ，その条下に語頭を4字分くらい下げて名詞形と連用形（音便形）とを二段重ねに掲げる．これが標出形式の標準であり，原則である．

本篇に，Cudoi(クドイ)，Cudô(クドウ)が標出してあるのに対して，補遺に†Cudosa(クドサ)を補って3形を揃えている例がある(Youai. Yurui. Yuyuxij 等も同じ)．形容動詞にあっても，本篇の Aratana. l. ataraxij(新タナ．または，新シイ)，Aratani(新タニ)に対して，補遺で†Aratasa(新タサ)を補っている．これは3形に欠けた形を意図的に追補したものであって，3

形を並べて標出することを標準としたことの証左である．

　この基本的形式にも異例の形式がある．例えば，上の3形をそれぞれ独立の条として3条を上下に並べて標出したもの，1条の見出し語の下に，行を改め語頭を下げて他の2形を横並びに連ねあげたもの，終止連体形か連用(音便)形かの1形だけを標出するものなどがそれである．

　さて，同じ adjectivo である形容詞と形容動詞の基本的3形標出形式において，前掲の Acai(明イ)と Buxŏna(無性ナ)とにみられるように，名詞形～sa の位置が前後して違っていることがあり，同類の語の配列上統一を欠くかに見えるものがある．しかし，これは巻頭の例言に，語の配列は基本形と派生形の順によらず，すべてアルファベット順によるとした原則に拠っているからである．それにしても，そのアルファベット順に従わないで，

　　　Ayaxij.(怪シイ)……　　　　Atatacana.(暖カナ)……
　　　Ayaxû.(怪シウ)……　　　　Atatacasa.(暖カサ)
　　　　Ayaxisa.(怪シサ)　　　　　Atatacani.(暖カニ)

のように逆順になった例外もあるが，こんなのはごくまれである．

　両者の標出形式を対比してみよう．

形容詞	形容動詞
ⓐ 3形(終止連体・名詞・連用)標出	ⓐ 3形(～na. ～ni. ～sa)標出
Arai.(荒イ)……	Auarena.(哀レナ)
Arasa.(荒サ)	Auareni.(哀レニ)
Arŏ.(荒ウ)	Auaresa.(哀レサ)
Catai.(固イ)……	Sucuyacana.(健ヤカナ)……
Catasa.(固サ)　Catŏ.(固ウ)	Sucuyacani.(健ヤカニ)　Sucuyacasa.(健ヤカサ)
Cocoromotonai.(心許ナイ)	† Qiyoyacana.(清ヤカナ)
Cocoromotonasa.(心許ナサ)	† Qiyoyacani.(清ヤカニ)副詞
Cocoromotonŏ.(心許ナウ)副詞．	† Qiyoyacasa.(清ヤカサ)

第Ⅱ章　見出し語　101

ⓑ 2形（終止連体・運用形）標出
　Chijsai.（小サイ）
　Chijsŏ.（小サウ）
ⓒ 1形（終止連体形）標出
　Acai.（赤イ）
ⓓ 1形（連用形）標出
　Amanequ.（遍ク）　副詞．

ⓑ 2形（終止連体・運用形）標出
　Comacana.（細カナ）
　Comacani.（細カニ）　副詞．
ⓒ 1形（終止連体形）標出
　Namana.（生ナ）
ⓓ 1形（連用形）標出
　Carugueni.（軽ゲニ）　副詞．

このように両方同じ標出形式をとっているが，これ以外に形容詞ではＹ部に Yucaxij. Yucaxisa., Youŏ. Youasa., Yurǔ. Yurusa. などの2形標出や†Yuyuxisa. の1形標出の例があり，また，形容動詞にも†Aratasa や Gagataru（峨々タル）の1形標出など，上記以外の例外もある。これらはまれなので，便宜上2形標出や1形標出に含めることとして標出形式別の語数を見ると，次表のようになる[2]．

形　式	ⓐ3形標出（終止連体・名詞・連用）		ⓑ2形標出（終止連体・連用）		ⓒ1形標出（終止連体）		ⓓ1形標出（連用形）		計		総計
編　別	本編	補遺	本編	補遺	本編	補遺	本編	補遺	本編	補遺	
形容詞	218(28)	20(8)	36(28)	14(12)	160	44	7(3)	1	421(59)	79(20)	500(79)
形容動詞	62(18)	3(2)	173(153)	23(21)	221	46	29(11)	13(6)	485(182)	85(29)	570(211)

〔備考〕1．3形・2形並示してあるのは，ともに1と数える．
　　　2．連用形の次に Adu.（副詞）と注記してあるものの数を括弧でくくって内数を示す．
　　　3．見出し語に並列して掲げた～.l, ～na. の如きは～na として採る．

この表によれば，形容詞と形容動詞の見出し語の総数は500対570で，ほぼ匹敵しているのに，標出形式別に見ると，次のように著しく違う．

① ⓐ3形標出形式においては，形容詞の方が形容動詞よりも著しく多い（本篇では形容詞が形容動詞の約3.5倍）．

② ⓑ2形標出形式においては，形容動詞の方が形容詞よりも著しく多い（本篇では形容動詞が形容詞の約5倍）．

③ ⓑ2形標示形式においては，連用形に Adu.（副詞）注記をつけたもの

は，上の②と同じく，形容動詞の方が多い(約 5.5 倍)．

まず，①には然るべき理由がある．ロドリゲスの日本大文典に説くように，形容詞の終止連体形末尾のiをsaに換えれば，すべて～sa形の名詞に転成する(f.60 v)．けれども，これは必ずしも形容動詞には通用しない．すなわち，「暖カナ」「哀レナ」「奇特ナ」などには「～サ」形があるけれども，「徒ナ（アダ）」「稀ナ」「逆ナ（サカシマ）」「微細ナ」「妙ナ」などにはそれがない．また，同文典の形容動詞の構成を説いた中に，Quena(気ナ)が名詞か動詞の語根かについてできた語を多くあげている(f.92)．

　　　辛気ケナ　　腹ケナ　　弱ゲナ　　雨ケナ（アマ）

などはその一部であるが，それらから～sa名詞形を作ることはできない．それ故に，形容動詞～sa形を形容詞のそれに匹敵するほど多くあげることはできないのが当然であって，ⓑ2形標出形式において，形容動詞の数が多いことは，形容動詞には～sa形を欠く語がそれだけ多くて，ⓐの3形標出形式にし得るものが少なく，おのずから～sa形を欠く2形標出形式にせざるを得ないという次第なのである．それ故，つまる所，上の①と②の事実はともに同じ理由に基づくものである．

次に③について，ⓑ2形標出形式における，連用形にAdu.注記をつけたものが，形容動詞に著しく多くて形容詞に少ないことも，前者の連用形が～ni形であるという事実によるのである．～ni形は，形容動詞の連用形以外に，名詞が格助詞「ニ」を伴なって連用修飾語に立ち，副詞と同様の機能を果たすことが珍らしくない．従って，それと区別するために，ことさら多くAdu.注記を加えたものと解される．要するに，日本語の形容詞と形容動詞とをラテン語や葡語のAdjectivo一類と見て，標出形式も一様にしたのであるが，日本語では本来別々の語性をもつもの(品詞)であるが故に，自然上述のような扱いにならざるを得なかったという次第である．

4　見出し語の配列

見出し語の配置と順序，すなわち，語の配列は，求める語が容易に手早く

検索できるように，既刊の羅葡日の方式に従い，ローマ字のアルファベット順によると，例言の最初に明記してある．そのあとの方に，G部とI部では特異な配列方式を採るとことわってあるが，それとても基本はアルファベット順にあって，一部に修正を加えたものであるから，全篇を貫く基本方針は，アルファベット順方式にあると言っても差支えない．これは見出し語のみならず，それに準ずる場合にまで及んでいる事実によっても知られる．すなわち，形容詞および形容動詞の見出し語の条下に，派生語の名詞形と副詞形とを並べあげる場合までもアルファベット順の系列下に統一されているのであって，このことは既に述べたとおりである．

(1) G字に始まる語の配列

巻頭の例言第3項に，G字に始まる語の配列は，

Ga(ガ), Gan(ガン), Gue(ゲ), Guen(ゲン), Gui(ギ), Go(ゴ), Gu(グ), Guan(グヮン), Gi(ヂ), Gio(ヂョ), Giu(ヂュ)

の順によるとあって，基本のアルファベット順に少し違う方式を採る旨をことわっている．G字に始まる語だけを見出し語に掲げたG部では，上のとおりの順序になっているが，この特異な順序を示すのに上掲のGa以下の11項を列挙した理由は明らかでない．

本文の中間には，見出し語の語頭の綴字が変わる境目に簡単な小見出しが立ててあるが，それには，

Aの前のG　〔GA(ガ)の前に〕
Oの前のG　〔Go. 1, guio(御)の前に〕
Vの前のG　〔GV(具)の前に〕
Iの前のG　〔Gl. 1, chi(地)の前に〕

の四つだけで，補遺に至ってGue(下)の前に'Eの前のG'を補っているけれども，それを加えても五つに過ぎない．例言に並べ示した11項はこの小見出しによって記したものではない．その11項を見渡すと，仮名の2字以上で書かれるものは，特にそれをあげたらしい跡が見えるが，それにしてはGuin(ギン), Gon(ゴン), Gun(グン), Gin(ヂン)がないし，Gua(グヮ)をあげないで

Guan(グヮン)をあげたのも不可解である．G部の配列を見ると，Gu～語群の最後に配列されている Guzzŭ(弘通)の次に Gua～語群の最初の語 Guachiguiŏji(月行事)が続く．従って，Gu～語群と Gua～語群とは別類とされていて，その間の続き方はアルファベット順によってはいないのである．しかも，Gua～語群から Guan～語群へはアルファベット順に続いていて中途にきれめがないから，事実上は Gua～語群に続く一類をなしている．このことからすれば，一類に対する標目としては，Gua を立てて Gua から Guan 以下までを一括するのが合理的であるが，事実は Gua をあげないで Guan としてある．結局，例言にあげた 11 項の標目は，本文中間の小見出しによるものでもなければ，G部の見出し語配列の事実に基づくものでもなくて，合理的なものではない．例言は，本文よりも後に書いて巻頭にさし加えたものであるから，例言の筆者は，G部の見出し語を通覧して綴字の変わるに従って，それを適宜抜き出して並べたものであろう．かの 11 項の標目をば本文の事実に合致するように改めるならば，

　　　　Ga(ガ)　Gue(ゲ)　Gui(ギ)　Go(ゴ)　Gu(グ)　Gua(グヮ)
　　　　Gi(ヂ)　Gio(ヂョ)　Giu(ヂュ)

とすべきである．

　次の問題は，なぜこのような変則的なアルファベット順を取ったかである．その配列の特異性は，アルファベット順をば一次的な基本原理としながら，これに二次的な配列原理を加え，しかも後者を優先させた点にある．その第一は，Gue, Gui における u を配列基準から外して Ge, Gi とみなしたことである．前述のように，G部本文の中間に設けた小見出しは，本篇では四つであるが，補遺では Gue～語群の前，すなわち，Gue(下)の直前に，

　　　　Eの前のG　　　そのEの前に無音文字Vがついて

という小見出しを補っている．原文には *liquido*(流音)とあるが，これは Gue, Gui の u が無音文字であることを示したものである．これは当時のポルトガル語の正書法[3)]に拠ったもので，gue, gui は guerra(戦争)や guia(案内，案内者)などの音〔ge〕〔gi〕を表わし，ge, gi は gente(民衆)，fugida(逃走)など

の音［ʒe］［ʒi］を表わすものである。従って，日本語のゲ・ギに ge, gi の綴字をあてることはふさわず，gue, gui をあてなければならなかったのである。ただし gua の u は無音ではなく，日本語のグヮにあたるから gua は別として，それ以外の gue, gui 中の無音の u をないものと見なせば，

　　　　Ga　Gue　Gui　Go　Gu

まではアルファベット順の配列ということになる。

　第二の副次的原理は，仮名表記の基準を併用することである。仮名表記では，仮名1字で書かれるものを先に，2字で書かれるものを後に配するのが通例で，すでに「落葉集」本篇の配列にその先蹤がある。これによれば，Gua(グヮ)は Gu(グ)の次におくのが順当である。前述のように，Gu～語群の系列のあとに Gua～語群を配したのは，この原則に拠ったものである。次に Gi, Gio, Giu を終りに回したのは，それらがダ行の仮名で書かれるものだからである。その Gi, Gio, Giu の間でも，仮名1字で書かれる Gi(ヂ)と2字で書かれる Gio(ヂョ)，Giu(ヂュ)とは類を別にしている。すなわち，Gi～語群の最後にある Gizǒ(地蔵)の次に Gio 語群の最初の語 Giǒ(掟)が掲げてある。これはさきの Gu, Gua 2類の間に見られるのと同じ処置であって，仮名表記形に拠った証左である。つまり，G 部の見出し語に明らかに認められるように，G 字に始まる語の配列は，アルファベット順配列を基本方針としながらも，仮名表記形をも併せ考えたものなのである。

　上述のような特異な配列方式は，長崎版編者の創案ではない。先行のローマ字版本の和らげも，難語句をアルファベット順に配列しているけれども，G 部は必ずしもそれによらないものがある。まず，信心録(1592)やコンテムツス・ムンヂ(1596)の和らげは，

　　　　Ga　Gi　Go　Gu　Gue　Gui

の順に整ったアルファベット順になっているけれども，サントスの御作業(1591)や Feiqe(1592～3)の和らげは，

　　　　Ga　Gua　Gue　Gi　Gui　Go　Gu

の順になっている。後者は Gua. Gue. Gui の u を除いて見ればアルファベッ

ト順になっているのであって，その点長崎版日葡辞書の方式に近く，Gua と Gi とを移して Gu のあとに置けば，長崎版と一致するのである．

また，落葉集(1598)の本篇は，漢字の字書であり，漢字・平仮名を用いて印刷したものであるが，母字の配列にも熟語の配列にも，それらをローマ字綴にした場合のアルファベット順に従った部分がある[4]．そのアルファベット順によって完全に統一されるには至らなかったものの，部分的にはかなり整ったところがあって，そのような配列方式を意図した跡は明らかに認められる．今，その「く」部の濁音の字母を検するに，

〇畫ぐハ　〇臥ぐハ　〇外ぐハい　〇願ぐハん　〇元ぐハん

〇頑ぐハん　〇丸ぐハん　〇月ぐハち　〇月ぐハつ

〇愚ぐ　〇具ぐ　〇供ぐ　〇弘ぐ　〇遇ぐう

〇軍ぐん　〇群ぐん　〇郡ぐん　〔訓は省き，音は右旁に縦書であるのを横書にする．以下同じ〕

の順であって，Gua, Guai, Guan, Guachi, Guat, Gu, Gun の順になっている．

また，母字の下にそれと合して熟語を構成する語を並べるのに，下のような順にするのは，母字下の下部構成要素だけを個々に並べたのであるから，その配列は語の第一音節による配列と同じである．ガ行関係の部分は，

〇天てん……　ー河が一家か一蓋がい一外ぐハい一眼げん一冠ぐハんー

言げん一形ぎゃう一業げう一狗ぐ一宮ぐう……

とあり，中に乱れもあるけれども，大体に，

ga, guai, guan, guen, guiŏ, guiô(gueô), gu, gǔ

の順になっている．

〇高かう……臥ぐハー涯がい一城じゃう一眼がん一下げ一月げつ一儀ぎー

直ぢき……〈gua, gai, jŏ, gan, gue, guet, gui, gi……〉

〇大たい……雅が一概がい一驗げん一儀ぎ一魚ぎょ〈ga, gai, guen, gui, guio〉

の諸条も同じで，ガ行の部分だけは一般のアルファベット順ではなくて，サントスの御作業の和らげ，あるいは，長崎版日葡辞書の方式に似た配列にな

っている．これもまた，ガ行音節については，以前からかような特殊な配列方式が行なわれていたことを示すものである．

　Cardoso の羅葡・葡羅対訳辞書(1592)[5]などを見ると，アルファベット順配列の中に，ga と gua, ge と gue, gi と gui を一連に並べているし，Barbosa の葡羅対訳辞書(1610)にも同様の例が見られる．当時の正書法に拠ったかかる前例があるので，前述の和らげや落葉集などはこの方式に従っていたのである．また，サントスの御作業と Feiqe・Esopo・金句集 3 部合綴本などは，長崎版編成の際資料として利用したようであり，小辞典の体裁をもつそれらの和らげも利用したらしい．それ故当時の葡語辞書に採られている方式であり，編纂の折に利用した先行のキリシタン版二書の和らげにも採られ，落葉集も関係がある方式とあっては，日葡辞書もそれに倣ったものと推定される．日葡辞書の原写本が既にその方式であったか否かは知るよしもないが，おそらくはその段階から同様の配列になっていたかと思われる．

　ちなみに，上述のように無音の u があることから，サントスの御作業，Feiqe，コンテムツス・ムンヂの和らげは，いずれも Q 部の配列をば，

　　　　Qua　Qe　Qi　Quo

として，u を除外視した綴字のアルファベット順にしている．なおまた T 部の配列では，信心録とコンテムツス・ムンヂの和らげは，アルファベット順に，

　　　　Ta　Tçu　Te　To

としているけれども，サントスの御作業と Feiqe の和らげは，

　　　　Ta　Te　To　Tçu

の順にしてある．Tçu を最後に回したのは，それが葡語にない特異な綴字であるからか，あるいは，Tçu の中の ç をさきの無音の u と同様に見て Tu のあるべき位置に配したかのいずれかであろう．然るに日葡辞書はこれらを，

　　　　Qe　Qi　Qua　Quŏ．　　　Ta　Tçu　Te　To

の順にしているのであって，アルファベット順の方式にかなっている．

　それはともかく，第 2 音節以下にガ行音節を含む語の配列は，全般的には

G部の見出し語の配列方式のように整ってはいない．現にそのG部においてさえ下のような普通のアルファベット順配列をまじえている．

　　　Gŏga　Gogi……Gogiocu　Gŏgo　Gogo　Goguen　Gogui
　　　Goguiacu　Goguiŏ

本篇のC部やT部は，おおむねG部の見出し語の順に従い，Y部の大半とZ部はアルファベット順に従うなど，部によって違うところもある．しかし，全般的には，これら二方式による配列が混在し，それに他の乱れもまじえているのが普通であって，これは補遺でもほぼ同じである．

ともかく，語中尾のガ行音節にあっても，G部の見出し語の配列方針に従うものが多いのではあるが，それと同程度には整っていない．例言の筆者はかかる実態を認めたので，「語中においてもまた多くの場合これと同じ順序に従う」とて少し遠慮した書き方をせざるを得なかったわけなのであろう．

　⑵　I字に始まる語の配列

例言の第3項に，G部の配列に続けて，I字に始まる語の配列方式について述べ，母音のI（イ）に始まる語の次に子音のIに始まるもの，すなわち，Ia（ジャ），Ie（ゼ），Ii（ジ），Io（ジョ），Iu（ジュ）が続くように配列する，と記してある．そのI部を見るに，例言のとおりになっていて，本篇では，語頭に母音I（イ）をもつ語がI（威）に始まってIzzutçu（井筒）で終り，その次に'Aの前の子音のI'という小見出しがあるのに続いて，Ia（謝）以下の語が配列してある．すなわち，I部が中途で2類に分れているが，これは補遺でも同じである．葡語では，ラテン語と同じく大文字のJを用いないでIだけを用いるので，この処置は当然と言える．そして子音Iというのは，小文字のjにあたるから，これはこれでアルファベット順に従う配列になるのである．

小文字であればiとjとで書き分けられるが，大文字では共にIであって区別がつかない．I部では見出し語の語頭はすべてI字であるから二者を区別しなければならない．それには日本語の母音音節イを表記するローマ字と深い関係がある．長崎版日葡辞書においては，語頭のイにはI字を専用してY字は用いない方針をとった．それ故，Y部にあるYfi（蝟皮）とYfŏ（異邦）とを

第II章　見出し語　109

例外として，他はすべて Ya(ヤ), Ye(エ), Yo(ヨ), Yu(ユ)である．そこでイはすべてI字で写されるが，それは一方で子音を写す字でもあって，I字は二様に用いられる．その結果，時にそのどちらなのか文字面からはわからない場合がある．I字にb, c, dなど子音字が続く場合は，I字は母音字に限られるから問題はないけれども，I字に母音字e, oなどが続いた場合は紛らわしいことがある．日本語を表わす Ie, Io であれば，そのI字は母音字ではあり得ない．なぜならば，当時の日本語には単純母音のe, oが母音音節を構成することはなくて，それに代わる単独のエ，オはすべて ye, vo(uo) と写され，自然 Ie, Io はゼ，ジョを示すものに限定されるからである．また，イイを写すには Iy を用いるのが普通で，Ii は用いなかったから，Ii はジと解される．然し，それは日本語の発音とそのローマ字綴り方を承知している場合のことであって，日本語の知識の浅い外国人には読み誤られることもあったに違いない．中でも紛れやすいのは，I に a, u のついた Ia, Iu である．例えば, Iaraxi, su.(居荒シ, ス), Iuai(祝), Iuaxi(鯣)のIを子音字と思い誤ってジャ，ジュと読んだり，Iacu(弱), Iama(邪魔)などのIをイと読んだりするおそれがあるが，大文字Iで記されている限り，それを誤りなく読み分けることは困難である．こうして，母音音節イは専らI字で写してY字は用いない方針をとった結果，それとjの大文字I字とを区別することは字形によっては不可能であるから，組織上の工夫によるほかはなかった．長崎版日葡辞書でI部を二分する方法を取ったのは，上述の理由に因るものであった．

しかし，この方法は長崎版編者の創案ではなかった．サントスの御作業，Feiqe, コンテムツス・ムンヂの和らげでは，イにIとYとをあて，そのIはまた子音字としてジャ行音節の表記にも用いてある．そして母音を示すIと子音を示すIとを区別することなく，それらを語頭にもつ語を一連のアルファベット順に配列してある．信心録の和らげは，むしろY字専用に傾いていて，Iをイにあてたのは僅か3語に過ぎない．すなわち，I部の初めに Itçucuximi ari.(慈シミ有リ), Itçuqi, caxizzuqi.(イツキカシヅキ), Ito taqe.(糸竹)をあげ，その次に Iacunen(若年)以下を配列し，中にイを語頭にもつも

のは一つも含まれていない。すなわち，母音のIと子音のIとは別にして，別系統のアルファベット順に並べてある。ドチリナ・キリシタン(1592)の和らげも，母音Iの系列にIasui(邪推)が入っているのは例外として，大体信心録のと同じ配列法になっている。従って，I部を2類に並べる方法には先例があったのである。日葡辞書の原写本でも信心録の和らげ程度のことはなされていたかも知れないけれども，その方法を徹底させ，明確にI部を二分する処置に出たのは長崎版編成の時であろう。

日葡辞書では，G部に特異な配列法を導入するにあたり，仮名表記をも考え合わせたと思われるが，I部の2類の別も，イとジャ行の仮名表記の別が参考にされたものと推考される．

前述のように，信心録の和らげでは，初めに母音のIをもつ語をまとめ，次に子音Iに初まる語を続けているが，語頭のイにIを用いたのは実は僅か3語で，Yを用いたものは53例にも達する。その上，本文には一般にiを以て記している語，ichimon(一門)，inyen(因縁)などを，和らげにはYchimon, Ynyenの形でY部に収めている。このように語頭のイにYを専用しようとするものや，IとYとを併用するものがあるのに，ことさらIを専用したのは，日葡辞書編者の見識によるもので，表記を統一し，検索を便にするために取った合理的な方法であった。

日葡辞書ではこのようにIを専用したのであるから，少なくも語頭のイの表記に関する限りは，Y部には関係がないはずである。それなのに前述の例言の中で，Ia, Ie, Io, Iuの配列を述べたのに続けて，Ya. Ye, Yo, Yuの配列にまで言及しているのは不必要なことのように思われる。しかし，これにも理由があったらしい。後年の版本ながらコリャードの日本語文典や懺悔録(共に1632)には，日本語のヤ行音にIa, Ie, Io, Iuをあてた例があるが，手書のものにはイエズス会関係のものにも同類がまれに見える。1576年9月9日付口ノ津発，フランシスコ・カブラルの書簡[6]にIamambuxi(山伏)があり，ロドリゲス・ジランの書いた1604年度年報[7]にJechudono(越中殿)，Jendo(江戸)など，I, Jを用いた例も見出だされる。従って，一方にかかる表記法の存する

ことを顧慮して，日葡辞書のIa. Ie, Io, Iu,の中にはヤ，エ，ヨ，ユを含まず，それらはすべてYa, Ye, Yo, Yuを以て写し、Y部に収めたことをわざわざことわったのである．

(3) 配列の乱れと異例

見出し語の中には，配列の方針に外れたものも稀ではない．第2音節以下にガ行・ジャ行音節を含む語の配列に乱れが少ないのは，G. I部の特異な配列方針に拠るであろう．その他に，見出し語でアルファベット順に従わないものが珍らしくない．

  Amabare.(雨晴)
  Amabaraxi.(雨晴ラシ)
  Amabune.(海士船)
  Amabico.(天彦)
  Amaboxi.(甘干)
  Amabiyori.(雨日和)

のごときは特に錯雑した例であるが，これほど乱れている例は少なくて，多くは，順当に並んでいる語の中間に，ほかの位置にあるべき語が紛れこんでいるものである．例えば，Carini(仮ニ)がその順当な位置よりもはるか前のCari(狩)の前にあり，そのため順当な位置にあるCarini(仮ニ)と重複していたり，補遺でも✝Funadaicu(船大工)が✝Funa(船)の次，✝Funa axi(船脚)の前におかれているなど．

このような配列上の狂いを生じた原因はいろいろあるであろうが，その一つに印刷の際の誤りがあると考えられる．

  Vocu.(奥) 物の内部，心の内面，教義の奥義，など．
 Vocufucai.(奥深イ) 非常に深遠で，秘密な(こと)．
  ¶Vocuga xirarenu fitogia.(奥が知ラレヌ人ヂャ)……(説明省略以下同じ)¶Fumino vocu.(文ノ奥)……または，Fumino vocugaqi.(文ノ奥書)……¶Vocusoco nŏ monouoyŭ.(奥底ナウ物ヲ言ウ)……
  ¶Vocu soco nai fito.(奥底ナイ人)

　　　　Vocu.(臆)
　この Vocufucai の位置が順当でないが，その条下にあがっている例を見るに，すべて前条 Vocu の下にあって然るべきものである．一方，Vocufucai は形容詞であるにもかかわらず，形容詞の一般的標出形式に反して，その下に名詞形も副詞形も示してない．この2点から察すれば，Vocufucai は Vocusoco とともに Vocu(奥)の条下に関連的に示されていたもので，元来その一項であったものが印刷の際に誤って独立の見出し語として印刷されたものに相違ない．

　　　　Fana.(花)花．¶ Fanaga chiru.(花ガ散ル)…．
　　　　Fanamezzuraxij.(花珍ラシイ)　新奇な(もの)，または，華美な(もの)
　　　　　　¶ Fana icusa.(花軍)…
　　　　Fanabaxira.(鼻柱)…
の並びの中の Fanamezzuraxij もまた同じ類のものであろう．

　　　　Ienqe(禅家)　　　　Iiqen(自見)
　　　　Ienqiô(善教)　　　 Iiqiô(慈教)
　　　　Ienqi(前騎)　　　　Iiqi(食)

　これらも共に第2番目の条の位置が順当でないが，これはさきの場合とは事情が違う．すなわち，qiô がこの拗長音の一般的表記 qeô であれば正当な順序である．そこで，初めは qeô と書かれて順当に並んでいたのが，後に qiô に改められ，しかもその相当位置に移されないままに印刷されたために生じた乱れである．

　　　　Mimeguri, u, utta.(見メグリ，ル，ッタ)
　　　　Mimiô.(微妙)
　　　　Mimi.(耳)
も全く同じ理由による乱れに違いあるまい．

　　　　Faxecayeri, u, etta.(馳セ帰リ，ル，ッタ)
　　　　Faxetçudoi, ŏ, ŏta.(馳セ集イ，ウ，ウタ)
　　　　Faxechigai, ŏ, ŏta.(馳セ違イ，ウ，ウタ)

第Ⅱ章　見出し語　113

　これもまん中の条の位置が順当でないが，写本ではツを çcu と書くことが多かったので，原稿には Faxeççudoi, ô. とあった中の ççu を tçu に改めたのに因る乱れである．

　また，これらとは違って，必ずしも配列の乱れとは言えないものもある．

　　　　Decoi.(デコイ)　　　　　　　†Ichixirui.(著イ)
　　　△Decŏ.(ô の誤り，デコウ)　△†Ichixirŭ.(著ウ)
　　　　　　　　………………………………………
　　　　Furio.(不慮)
　　　　Furiona.(不慮ナ)　　　　　Qiŭna.(急ナ)
　　　　Furioni.(不慮ニ)副詞　　　Qiŭni.(急ニ)副詞
　　　△Fŭriocu.(風力)　　　　　△Qiŭnan.(急難)

　上の△印の条はいずれも位置が順当でないけれども，これらには互いに通ずる点がある．すなわち，形容詞・形容動詞の標出に際して，終止連体形を前に，副詞形をあとに並べ掲げる方式に従うので，そのためには一部アルファベット順に従わないのもやむを得ないとして，やむなく，またわざとこの順序に並べたものと考えられる．羅葡日の見出し語にこの種の異例が稀でないから，それに倣ったのであろう．ただし，日葡辞書では，かかる場合にもアルファベット順を以て統一する方針であった(例言)から，上のような例は余り多くはない．

　注
　1) 亀井　孝「"音象徴"散語」(「日本語教育」68 号．1989)
　2) 日葡辞書の形容詞に関して次の論文がある．
　　　遠藤潤一「日葡辞書の国語から－ク活用形容詞の記述的側面について－」(「国学院雑法」第 71 巻第 5 号．昭和 45 年 5 月)
　　　同　上「日葡辞書編者の形容詞観」(「国学院雑法」第 72 巻第 3 号，昭和 46 年 3 月)
　　　上掲 2 篇に形容詞と形容動詞の記述形式による細密な分析的考察がなされている．参考させて頂いたが，本稿では別途に調査した結果によって推論した．
　3) Gandavo, Magalhães, (1574) Regras que ensinam a maneira de escrever e Orthographia da Lingua Portuguesa. Lisboa.

Nunes do Lião, Duarte (1576) Orthographia da Lingoa Portuguesa. João da Barreira, Lisboa. f. 7

4) 拙稿「落葉集本篇の組織について」(「国語学」第13・14輯. 1953. 後に「室町時代語論攷」三省堂, 1985に収む)

土井忠生「吉利支丹語学の研究 新版」(三省堂, 1971) P.122以下.

5) Cardoso, Jerônimo (1592) Dictionarium Latino Lusitanicum et viceversa Lusitanico Latinum. Dictionarium Lusitanico Latinum. f. 50.

Barbosa, Augustino (1611) Dictionarium Lusitanico Latinum. col. 577〜588

6) 「イエスズ会士日本通信, 下」(雄松堂「新異国叢書」昭和44) P.130

7) Giram, João Rodriguez. Carta anua de vice-provincia do ano de 1604. Antonio Baião. Coimbra, 1932.

第Ⅲ章　日本語のローマ字表記と発音
(1) 短音節

　イエズス会の宣教師たちが日本語を写すのに用いたローマ字綴は，主としてポルトガル語の綴字法に準拠したものである．イエズス会は，当時大航海時代の波に乗って活発な新天地への進出，海外貿易の開発につとめていたポルトガルを背景として，未開教地域へのキリスト教の布教活動を精力的に展開した．同会は，創立者の一人であるフランシスコ・デ・シャヴィエル(Francisco de Xavier)がポルトガル王室の厚い信任と保護を受けたのに始まり，後々までその特別の庇護に恵まれた関係もあって，イエズス会士の中ではポルトガル人が最も多かった．そのため，カトリック教会の公用語はラテン語に定まっていたけれども，イエズス会内部では準公用語としてポルトガル語が用いられていた．かような事情から日本イエズス会が，日本語を写すのにポルトガル語の綴字法による方針をとったのは自然のことであった．

　しかし，その綴り方は最初から統一されていたわけではない．同音を異なる綴字で写すこともまれではなく，写本類ではスに su, çu を用い，ツに ççu, tçu,を用いたりしていた．Feiqe 巻末の書入れ難語句解は，ポルトガル人のイエズス会士マノエル・バレト(Manoel Barreto)の手書と言われ，ヴァチカン図書館現蔵のバレト自筆写本と筆跡を始め，諸注記や記号の使い方，ローマ字の綴り方まで同じであるが[1]，この両写本を通じて，ヂャ・ヂに jja, jji をあてた例が見える．これは他に例を見ないものであって，かように特異なものが特定の写本に存することからすれば，日本語の発音を忠実に写そうとして個人的な工夫もしたようである．

　写本類にはかような特異な綴字が後々まで交じえ用いられたけれども，1590年7月再度来朝した巡察使アレッシャンドロ・ヴァリニャノ(Alexandro Valignano)によって活字印刷機械一式がもたらされ，キリシタン版の印刷刊行が始まるに及んで，ほぼ統一したローマ字綴り方が用いられるように

なった．それは後代のヘボン式や日本式，訓令式，標準式綴り方とはかなり違うので，それらと区別するために今日では一般にイエズス会式綴り方と呼ばれている．それは1591年加津佐版「サントスの御作業の内抜書」を始めとして相次いで出版された日本語ローマ字版本に統一的に用いられているが，それらの刊本は内容に厳重な検閲を加えて，イエズス会の公的出版物として刊行されるものであったから，ローマ字表記の形式面にもそれにふさわしい統一した方式が要請されたのである．

しかし，活字印刷が始まったのは，ローマ字で日本語を表記し始めてから既に数十年を経ており，その間に個人的見解に基づく特異な綴り方をも交じえつつ，ローマ字表記の一般的方式が自ら固まり，慣用されていた．その中には，日本語に有ってポルトガル語に無い発音など，その実態が的確に把握できなくて，必ずしも適切でない綴字をあてたり，同音の表記に異なる綴字を併用するなど，合理性，統一性の面に不十分な点もないではなかった．

イエズス会のローマ字綴は，日本語表記には初めて用いられたものであって，拠るべき先例はなかった．それ故，単音の表音文字であるローマ字を用いて，日本の仮名づかいなどとは無関係に当時の発音を忠実に表記したのである．しかし，実際はそれに徹しているとのみも言えないのであって，一部には仮名表記との対応を顧慮したと見るべき点もないではない．キリシタン版の公刊を機にローマ字表記法の統一に努めた功は認められるけれども，それを合理的で統一のある方式に仕上げるまでには至らなかった．表音的表記法であっても，文字表記の固定性の故に，既に一般的に慣用されているものは，それを改めるのには実用上の困難もあったからである．従って，上述のような不合理な綴字や同音の異表記形併用などは，版本にも受けつがれた．日本語の発音に対する認識が深まるにつれて，既に固定化している綴字に省察を加え，中に改良すべきもののあることを主張し実践するものも現われたのであって，その実例はジョアン・ロドリゲス（João Rodriguez）の大小両文典に見ることができる．

長崎版日葡辞書は，これら大小両文典よりも前の刊行に係り，サントスの

御作業の内抜書や1592年天草版ドチリナ・キリシタン，その他のローマ字刊本と同じ方式の綴字を使っている．けれども，中には編者の見解によって改めた点も見られる．それは綴字の合理化を図る考えに因るものであるけれども，綴字の合理的改良を徹底して行なうことはできない事情があった．それは，本書が辞書であるが故に，本書以前に既に多くのローマ字本が刊行されていて，それら先行書に使われている異表記綴字の形でも検索できる体制を備えることが必要であったからである．

　また，写本類には版本とは異なる綴字もまれではなかったが，それは日葡辞書の原写本でも同じであったらしく，現存の長崎版にその名残を留めているものもある．これらの事情からして，日葡辞書は比較的後の刊行であるにもかかわらず複雑な面をもっている．この書に前に行なわれたローマ字表記法がなおここに痕跡をとどめているとも言えなくはない．それ故，日葡辞書のローマ字表記を子細に検討することは，一面においては日葡辞書以前のそれをも総括的に見ることにも連なるという次第である．

　キリシタン資料のローマ字綴り方については，既に早く先学の詳密な研究があり，続いて写本のそれについての研究もなされている[2]．長崎版日葡辞書も全般的には他の版本と大きな違いはないけれども，上述のようになお特異な点をも含んでいるので，以下にはその点にも及んで注意すべき点を記述していこうと思う．この第Ⅲ章の前半(1)では，短音節を扱うが，便宜上長音節に言及することもある．

Ⅰ 母 音

　　　　　　a　　i, j, y　　v, u　　e, ye　　o, vo, uo

母音の表記には，上の綴字が用いられる．

　ア・イ・ウは，casumi(霞)，cote(小手)のように，子音と結合して音節を構成し，また，aite(相手)，vma(馬)，niuma(荷馬)のように，独立の音節(母音音節)として用いられる．エ(e)，オ(o)はte(手)，co(子)のように，子音と

結合して音節を構成するけれども，それら自体が独立の音節(母音音節)となることはなく，その代わりには coye(声)，vomoi(重イ)，cauo(顔)のように，ye, vo(uo)が用いられる．

1 i, j, y

　三者のうち，iはいろいろのイ段音節(qimi.君，fibi.日々)にも，母音音節(ita.板，cai.貝)にも，最も一般的に用いられるが，j, y は用いられる場合が限られている．まず j は，語中語尾の母音音節に限り，しかもイ母音が二つ連なる場合の後のイに，すなわち，ij の形で使われる．

　　　　Xijca(詩歌)　　Nijmacura(新枕)　　Coixij(恋シイ)

従って，シク活用形容詞の終止連体形の語尾は，みなこの ij の形である．ただし，イ母音が語中に二つ並ぶ場合でも，複合語の時は ij とはせずに ii とするか，間を離すか，あるいはまた，ハイフンを入れるかする．

　　　　Fiqiiro(引色)　　Qi in(帰院)　　Qi-i(貴意・奇異)

　このほか，iの次に続くのではないのに単独に j を用いたり(Chicujt.逐一，Murej, iru.群レ居，ル)，iの次で j とすべきところに ii としたり(Namajiini. 慰ニ)するような例外があるけれども，j は ij の形で用いるのが原則で，それも語頭に用いることはない．従って，Ij に始まる見出し語は本篇と補遺とを通じて1例もない．

　y は，Yfŏ(異邦)，Xŏy(正意)，Zaiy(財位)のように，一語一音節の漢語のイにあてるのが通例であるが，また，主として和語の母音音節に，語頭・語中・語尾の区別なくかなり多く用いられている．

　　　　Yamano y(山ノ井)，ynu.(犬．Camiai, ŏ.)，yriai(入相．Banxŏ)，Chi yn(遅引)，Axiyri(脚入リ)，Cachiay(搗チ合イ)，Fiyeiy(冷飯)，Ayauy (危イ)など．

　先行の，バレト写本や Feiqe の書入れ難語句解を見るに，母音を写す y は大部分母音音節にあてられているが，単音節語のイにもそれ以外のものにも，語頭と語中尾の別なくかなり多く用いられ，また母音音節以外にも用いられ

第Ⅲ章　日本語のローマ字表記と発音　(1) 短音節　119

ている．それがサントスの御作業以後の版本では全般的にiを用いるのが原則となり，yは母音音節に限り，それも漢語を主として一語一音節のものに用いるのをたてまえとするようになった．その後に成った日葡辞書はその傾向を受けているけれども，全体的には先行版本よりも y の使用例が多い．これには資料として利用した写本の表記をそのまま引き受けたものが少なくないであろうと思われる．

　日葡辞書の編者は，辞書の性質上，見出し語の表記を統一し，配列を整えて検索を容易にする必要があるが，それにはi, y字による表記法を合理的に統一しなければならないとして，その方針をとったのである．このことについては巻頭の例言に書いてあるが，要は母音イに始まる語をば，i でも y でも書かれている形のままに収めれば，I 部と Y 部とに分属することになり，検索に不便である．そこで語頭の y をすべて i に改めて I 部にまとめて収めることにしたというのである．

　本篇の Y 部に Yfi(蝟皮)と Yfŏ(異邦)の2語が見出し語として標出されているが，I 部にも上の2語が Ifi, Ifô(Ifŏ の誤り)の形で標出されている．このことから察するに，もとの原稿写本では，Y 部に収められていた諸語を新方針によってすべて I 部へ移す際に，上の Yfi, Yfô だけは見落されて，元の Y 部に残ったものに違いない．この i 字に改める方針は，語頭以外にも及んだらしく，従来 y で書かれていたのを i に改めたとおぼしいものが珍らしくない．

　　Bui(武威)　　　　Foi(布衣)　　　　Gai(我意・雅意)
　　Guioi(御意・御衣)　iqen(異見．Guixocu)
　　ixei(威勢．Sacanna. Tçunori, u.)

　かくて語頭においては統一を見たけれども，その他では y 字使用が多いことは前述のとおりであるから，上の如きはその一般的慣用の例外を増した結果になった．

　i 字統一方針には，従来の y 字表記を許容する特例がある．その一つは Iy であって，「言イ」と「飯」には見出し語と否とに拘わらず Iy を用いている．

サントスの御作業では「言イ，結イ」には大抵 yi をあて，iy は例外的に存するにすぎない．これはその終止連体形と過去形が yǔ, yǔta なので，同じ語の活用形の表記を統一しようとの意図によるものかと言われる[3]．

Feiqe 以後は「言イ」「飯」には iy を用いることにきまっており，日葡辞書も同じである．「言イ」に iy を用いるのは，その已然形と命令形が iye であるから，活用語尾を整えるためであるが，「飯」は活用には関係がないから，使用頻度の極めて高い iy(言イ)に倣ったものでもあろうか．

y 表記を認めた特例の第二は，tagvy(類)などの場合であって，例言の中に，「鶯」のような語は，Vguisu と書けば'ウギス'とも読めるので，それを避けるためにギリシア字の Y を使って Vguysu と書くか，i 字を少し離して Vgu isu と書くかする．あるいはまた，u を v 字に変えて，「類」を Tagvi，「大食イ」を Vôgvi と書いて，'タギ''ヲウギ'と読まれないようにすると述べている．この類例は日葡辞書に少なくないが，下にその一部を示す．

    ⓐ ～guy   Vguysu(鶯．Menban. Sanvǒ. Vǒqua. Xunvǒ. Auaxe, suru. Tçugue, uru.)   Taguy(類．Acurui. Betrui. Burui. Chôrui. Gunrui. Irui. Iǔrui. Xǒrui.)   Yeguy(エグイ)   †Moraiguy(貰イ食イ)   Ranguy(乱杙)

    ⓑ ～gvi   Cusurigvi(薬食イ)   Rogvi(櫓杙)   Tçumamigvi(撮ミ食イ)   Cugvi(鵠．Facuchô)

    ⓒ ～gu-i   Cugu-i(鵠)   Gu-i(愚意)   Tagu-i(類．Rui)   †Vôgu-i(大食イ)

    ⓓ ～gu i   Vgu isu(鶯)   Vgu isuno sode(鶯ノ袖)   Vgu i, gu.(ウグイ，ウ)

上の例でわかるように，分ち書きにする新方式による ⓒ ⓓ よりも従来の記法によるものが多く，特にⓐの guy が多い．これは従来の記法を踏襲したものであって，おそらくは写本原稿の形が改められないままに残ったものであろう．本篇の印刷後に書かれた例言には，この事実に合わせて～guy などの形を容認する書き方をせざるを得なかったのであろう．ロドリゲスの大文典

第Ⅲ章　日本語のローマ字表記と発音　(1) 短音節　121

にも，gu のあとに続く母音音節のイは，y を用いて，Vguysu(鶯)，Taguy(類)のようにするのが正しいとしているのは，日葡辞書の例言と同じである．土井先生は，これはこのような綴字上の問題を説いたものが別にあって，日葡辞書も大文典もそれに拠ったのではないかとされた[4]．

　上述のように i 字を用いる方針をとれば，そこに新たな問題が生ずる．例えば，従来 xiny(瞋恚)，taguy(類)と書いたのを xini, tagui とすれば，シニ，タギと読み誤られる不都合が起る．これを避ける方法として，例言には分ち書きの記法を指示している．例えば，「愚意」を Gui と書けばギと読まれるから，Gu-i と書くというものである．実はハイフンを入れない An i(安怡)，Con in(婚姻)のようなのもある．その例は漢語の Con-i(懇意)，Ichi-i(一位)，Ien-in(善因)などから，和語の Naca-i(中居)，Furu-i(古井)，さてはさきに挙げた Cugu-i(鵠)，Vgu isu(鶯) などまでいろいろあるが，従来 y で記した場合に対応するものが多い．しかも，この分ち書きは，例言に述べているとおり誤読を避けるための工夫であったが，誤読のおそれのない場合にまで拡大されたのであった．つまり，従来〜y 形に書かれているものをば分ち書きの-i に引き直す処置をしたものと思われる．

　しかもこの分ち書きは，母音音節の i 以外の母音の場合にも及んだ．
　ⓐ a の分ち書き　Gin-ai(塵埃)　Ton-ai(貪愛)
　　　　Von-ai(恩愛)　An an(暗々)　Ien acu(善悪)
　ⓑ v の分ち書き　Can-vn(寒温・寒雲)　Tai-v(大雨)
　　　　Rin v(霖雨)　Qin v(金烏)
このように漢語に多いが，和語では Iy(言イ)の次に a が続く場合に，誤読のおそれがあるので，分ち書きにしている．
　　　Iy arauasu.(言イ表ワス)　Iy ate, tçuru.(言イ当テ，ツル)
　　　Iy ai, ŏ.(言イ合イ，ウ)　†Iy ague.(言イ上ゲ)
　かかる分ち書きは，他書に例を見ないもので，日葡辞書の一特色であるが，おそらくは長崎版編者の創意に出たものであろう．分ち書きした例の中に†Reô-ja(龍蛇)，Tachi-guiŏ(立行)，Ten-von(天恩)があるのは，母音音節で

ない音節を分ち書きしたもので，異例に属するが，このように漢語複合語を二つに分け，間にハイフンを入れて書くことは，すでに早くサントスの御作業の和らげの見出し語に統一して採られており，落葉集本篇にも見られる．いずれもわが国の節用集の熟字の示し方に倣ったものであろうが，日葡辞書の編者もこのようなもの，特にサントスの御作業の和らげからヒントを得たのではないかと思われる．

　母音音節の表記法をいろいろに工夫し，分ち書きに改めるなどしても，例えば Amayegui(甘エ食イ)，Xenindŏ(山陰道)とか，Conan(今案)，Guinan(銀杏・銀鞍)，Giaraxi(地嵐)等々，改められないで残っているものもある．しかし，上述のように母音音節にi字を専用することや分ち書きの実施など，綴字の合理化を図ったのは適切な処置と言わなくてはならない．しかしながら，これらの新たな方針は，その後のローマ字版本に採用されるには至らなかった．

2　v,　u

　母音ウは，v, uで写す．vは語頭および複合語の後部構成要素の頭に用い，ともに母音音節に限るが，

　　　　　Vta(歌)　Vma(馬)　Covji(子牛)　Norivma(乗馬)　Vn vn(云々)

しかし，まれに母音音節以外に用いる特例がある．それは前項で述べた Cugvi(鵠)，Rogvi(櫓杙)の類で，Cugui, Rogui と書けば，クギ，ロギとも読まれるので，それを避けるためのものであった．

　u は，Ixiusu(石臼)，Fiuba(曽祖母)，cururu(暮ルル)，caquru(掛クル)のように，語中語尾の母音音節，および，その他の音節の表記に用いる．

　なお，葡語ではuの大文字は用いないので，vの大文字Vを用いて，V(鵜)，SV(巣)のように書くきまりである．

　上述のuとvとの使い分けは，これを用いて書く ua, va や uo, vo についても同じである．日葡辞書もこの通則に従っているけれども，一部に趣を異にする点がある．それは，複合語の後部要素の初めには v, va, vo を用いる通

則であるのに，日葡辞書では，u, ua, uo と書いた例が甚だしく多いことで，それも本篇の A〜G 部の間に著しい．すなわち，

　　　Arauchi(荒打)　Caqiuoqi(書置．Yuixo の条には Caqivoqi)
　　　Faguiuara(萩原．補遺には †Faguivara)　Fiqiuqe, uru.(引キ受ケ，ク
　　　　ル．補遺には †Fiqivqe, uru.)　Giuari(地割．補遺には †Givari)

のような例が圧倒的に多くて，むしろこの方が普通である．もっとも，上に見られるように，補遺で v, va に改めた例があるのは，v, va を正しいとする意識があったことを示すものであろう．

次の I 部になると前述の一般的通則による表記になっているから，この v, u の表記法については，G 部と I 部の間あたりに表記方針の改変があったものと認められる．

3　e, ye

エ段音節の母音は mete(馬手), xeje(瀬々)のように一定して e で写しているから，[e]であったと認められる．その一方，母音音節のエは ye と書き，仮名表記のア行の「え」，ヤ行の「え」，ワ行の「ゑ」，語中語尾の「へ」の区別なく，すべてこの ye で写す．

　　　Yenoqi(榎)　Yeda(枝)　Coye(声)　Iye(家)

写本の中には y の上に一点を加えた ẏ があるが，別音を示すのではない．また，写本には地名の「有家」を Arie と書いた例が多い．バレト写本に多い mie(見エ)，voxie(教エ)などと同類で，i の次に限っている．Miaco(都)の書き方と同じく連母音間の渡り音を利用して ye を写したものである．コリャードの日本文典，懺悔録，羅西日辞典には ie と写したものが多いが，その自筆稿本の西日辞典[5]は ye 専用である．このことから ie, ye は同音の異表記と解される．

ロドリゲスは大文典に，Ya, Ye, Yo, Yu は葡語の Desmayar やスペイン語の Ya vino などと同じように発音されるとし(f.57 v)，小文典でも同様にイプシロン(y)を以て発音するのが正しいと書いている(f.12)．ye は日本語

のエよりもやや摩擦の強いものであったろうが、日本語のエはこれに当ると認めたのである。

また、バレト写本には、一般的な ye にまじって、

　　思 iye リ(f.218 v)　　給 iye ドモ(f.264)　　給 yye ドモ(f.50)
　　宣 yye ドモ(f.7)　　問 yye バ(f.190)

のようなのが珍しくない。この iye, yye は同音を写したものと見るべきである[6]。これらは一般的な綴り方によらないものだけに、普通の表記法にこだわらずに当時の音声的事実を反映している可能性がある。こう考えると、日本語のエは、外国人の耳に彼らの ye とは少し違ったものに聞え、ye をあててもさしつかえない程度のものでありながら、なお語頭に i 音の響きが感じられるような発音であったのではないか。そうだとすれば、日本語のエは漸強重母音の [ie] であったかと推定される。

ロドリゲス大文典に、連声の例に Guenye(玄恵)が Guennhe(ゲンニェ)となることをあげ(f.177 v)、小文典にはこれに加えて Fanyei(繁栄)を Fannhei(ハンニェイ)、Rinye(輪廻)を Rinnhe(ニンニェ)と言う例をあげている(f.12 v)。後の「音曲玉渕集」にも「はね字よりうつりやうの事」の中に「輪廻・尊詠」をあげて、それぞれ「リンネ・ソンネイ」と言うほか、「リンニェ・ソンニェイ」とも発音すると書いている(13 オ)。また、「つめ字よりうつりやうの事」の条では、入声 t にエの続く例に「仏縁」を「ブッチェン」と言うのをあげている(16 ウ)。ロドリゲスの大小両文典とも Inyen(因縁)は Innen(インネン)と発音されるとし、日葡辞書もまた Inyen, Innen を収めただけであるのによれば、n に続くエがニェに変わるのは規則的ではなかったらしい。それにしても、上述のようにニェ・チェと発音されたというのは、独立音節のエが ye あるいは [ie] であったためと解される。また、ア・ハ・ワ行下二段のヤ行下二段化も cocoroye(心得)、ataye(与エ)、vye(植エ)のように活用語尾が ye であったのに因るからには、これもエが ye、あるいは、[ie] であったことを支えるものであろう。

このようにキリシタン資料によれば、独立音節のエは ye([ie])、子音と結

合するものは [e] と認められる．しかし，朝鮮資料によれば，趣を異にする点がある．朝鮮資料では独立音節のエもエ段音節の母音エも一様にハングルの母音字ㅖ，または，ㅕを以て写しているが，日本語の音注表記には双方を区別なく用い，同じ語を写すのに併用しているから，日本語については同じ音を写しているものと考えられる．このㅖ，ㅕは [je] を示すから，これで写した日本語の独立音節エは [je]，エ段音節のケ・テ・メ等々はそれぞれ [kje] [tje] [mje] など，口蓋的なものであったと解しなければならない．この解釈については見解が分れる．

まず第一は，エ段音節の母音表記にㅖ，ㅕ ([je]) をあててあるけれども，当時の日本語のエ段音節が [kje] [tje] [nje] [mje] のような口蓋的なものであったとは考えにくいから，それは母音 [e] にあてたものであろう．そして同じハングルで写した独立音節のエも実際は [e] であったが，それを正しく示すハングルがなかったので，エ段音節に用いたのと同じ文字を使ってㅖ，ㅕとしたのであろうとする見解である[7]．

第二は上とは逆で，「伊路波」(1492) に，独立音節のエもエ段音節の母音も一様にㅖ，ㅕで記してあるのは，当時の日本語ではすべて [je] で統一されていたからだとする見解である[8]．すなわち，独立音節のエが [je] であるのみならず，エ段音節のケ・テ・ネ・メなども [kje]，[tje]，[nje] [mje] のような口蓋化したものであった．それが，約50年後，キリシタンがローマ字で日本語を写したころには，独立音節は依然として [je] であったが，他は非口蓋化現象によって [e] となるとともに [ke]，[te]，[ne]，[me] 等となって，キリシタンのローマ字表記，qe, te, ne, me などと一致する状態になっていたというのである．そしてキリシタン資料に約100年おくれて成った「捷解新語」に「伊路波」と同じㅖ，ㅕ表記が統一的に用いられているのは，九州方言にはそのころもなお「伊路波」のと同じエ段音節の [kje]，[tje]，[nje]，[mje] 等々が保たれていて，それを写したからだという．換言すれば，「伊路波」のエは [je] のまま存続したが，エ段音節の [kje]，[tje] 等々の口蓋音は，中央語では非口蓋化してキリシタン資料の示すとおり [ke]，[te]，[ne]，

[me]などとなったけれども，九州地方には口蓋音のまま残り，「捷解新語」はそれを記し留めたのだという．

　この説によれば，今日の九州方言にエ・セ・ゼの口蓋音が残っている事実を容易に説明し得ることなど，注意すべき説ではあるけれども，なお検討を要する点がある．まず注意すべきは，「伊路波」とその約 150 年後に成った「捷解新語」と，さらに 50 年後に刊行された「倭語類解」との三書を通じて，独立音節のエにもエ段音節の末尾母音にも [je] にあたるハングル，ㅖ，ㅕを用いる方針が一貫して変わっていない（ただし「倭語類解」のテ・デ・ネに限り [e] にあたるㅔをあてている）事実である．日本語にあてるハングル表記は，先例に倣って，それで統一を図ったのではなかったか．換言すれば，ハングルによる日本語表記法が固定化し，いわば日本語の歴史的仮名づかいのような伝統的なものになっていたのではあるまいか．

　また，「捷解新語」のハングル音注が当時の九州方言に基づくときめるのも如何であろうか．著者康遇聖の閲歴，日本語習得の事情や，「捷解新語」自体に見られる日本語の性格からも考えるべき点がある筈である．その一方，南部朝鮮方言において，[je] は原音を保っているのに，それが子音と結合した [kje] [tje] [mje] のごときが実際には [ke] [te] [me] の発音になっていたろうことも推定される[9]．これらのことを総合して考えると，ハングル表記は伝統的に，あるいは，規範的にㅖ，ㅕで書かれたけれども，それらが南部朝鮮の方言的発音に従って用いられたのでないとはきめられない．日本語のやりとりされる場が釜山浦中心であったことも考え合わすべきである．このような次第で，ラング氏の新説にも直ちに従い得ない点があり，結局はキリシダン資料によって知られるとおり，独立音節のエは ye，エ段音節の母音は e であったと解するのが穏当であろうと思う．

4　o, vo, uo

　o は子音と結合して音節を構成する単純母音であって，Cotogotoqu（悉ク），Sonotoqi（ソノ時），Nozomi（望ミ），Monono fon（物ノ本）のごとく，ア

第Ⅲ章　日本語のローマ字表記と発音　(1) 短音節　127

行以外のオ段音節，コ・ソ・ト・ノなどの表記に用いられる．けれども，独立の母音音節の表記に用いられることはなくて，それには vo, uo が用いられる．この二者は同音を示すけれども，vo は語頭に，uo は語中語尾に用いられるきまりであって，その点，ウに v と u，ワに va と ua とがあって，それぞれ使い分けがあるのと同じである．例えば，Vobi(帯), Vodori(踊), Auoi(青イ), Cauo(顔), Touoi(遠イ)など．

　ロドリゲス大文典(f.55 v)にも小文典(f.7)にも伊呂波歌と五音(五十音)を示し，そのオ段音節でもカ〜ラ行には〜o，ア・ワ行には Vo をあてている．当時，いわゆるハ行転呼音により語中語尾のホはヲと同音に帰していたので，これも uo で写している．この発音について，ロドリゲスは，'V にいくらか触れて'子音と母音とのほぼ中間にあたる発音をするものと言い(f.57 v)，また，外国人は Va, Vo の V をとかく子音のように発音する傾向があるので，それを避けるため，欧州人は Vôzaca(大坂), Vômura(大村)と書く代わりに Ozaca, Omura と書いた方がよいとも述べている(f.172 v)．これは当時存した事実であって，外国人が葡語などで書いた報告書や年報・写本の類には，Ozaca(大坂), Omura(大村), Oari(尾張), Fachirao(八良尾)等の例が早くから見えている[10]．つまり，vo, uo はその発音が単純母音の [o] ではなかったことを示すものである．

　朝鮮資料では，「伊路波」から「捷解新語」，「倭語類解」に至るまで，すべてオにハングルの오をあてている．浜田敦氏は，現代京畿方言では日本語のオよりも合口性が強いと言われる오を，わが独立音節のオに統一してあてている事実に注目して，「当時のオが，現代語の [o] そのままではないかも知れないけれども，さりとてワと同じ子音をもつ [wo] 程には摩擦が強くなかった，と言う結論になるかもしれない」と述べられ[11]，次いで倭語類解に関する研究においても同様の推定を加えられた[12]．後者では，もし日本語のオ(ヲ)が完全な [wo] であったとしたら，それにあてて用い得べきハングル結合として，朝鮮の漢字音表記に用いられる 웨('uə)の存した事実をあげて，さきの推論に一つの根拠を添えられた．これらを併せ考えるに，独立音節のオ

(ヲ)は，ロドリゲスの言うように，子音と母音とのほぼ中間の音であって，[o]と[wo]の中間音，あるいは，[wo]ほどに摩擦が強くはなかったが，唇的要素の加わった[o]であったと見るのが穏当なところであろう．

5　鼻母音

本篇に Ixicunangui（イシクナンギ）という見出し語がある．これは節用集（黒本本・天正十八年本・弘治二年本・伊京集）に「鶮鵒ｲｼｸﾅｷﾞ」とあり，「石クナギ」（玉塵，四一36オ）とある鳥の名である．同じく Budŏ（葡萄）の条の同義語 Yĕbicazzura（エンビカヅラ），Xanin（社人）の条の同義語 nengui（ネンギ）もまた「葡萄ｴﾋﾞｶﾂﾞﾗ」，「弥宜ﾈｷﾞ」（易林本・枳園本節用集）に見える形に n の添うた形である．かかる例は，上のような見出し語中には極めてまれであり，また，見出し語に対する訓釈，日本語注や文例など，ローマ体で印刷した部分には少ないけれども，イタリック体の葡語文中には少なくない．

　　　Cungues.（公家．Firacugue．Foi）　*Yĕguesos*（会下僧．Fensan）　*Cōgatana*（小刀．Fuxe）　*Cauãgos*（皮籠．Itamegaua）　*Cosondes*（小袖．Fitocasane）

これは，イタリック体の日本語は，上掲の例中に末尾に s をつけた複数形があるのでも察せられるように，日本語が葡語化して外国人間に通用している形であり，いわば転訛形である．類例は，写本にはさらに多く見られるが，それらのすべてを通じて，n は濁音音節の直前に限って挿入されている．

これについては，ロドリゲス大文典（f.177v）および小文典（f.12）に，一定の条件下にある母音はすべて弱い鼻音的性質を帯びると記されている．すなわち，ガ・ダ行音とその拗音の前では規則的に，バ・ザ行音とその拗音の前では時として，母音が鼻音化するとして，多くの例をあげて説明している．彼はまた，欧州人が日本語を発音する時に陥りやすい誤りの一つに，上のような鼻母音を明白な鼻音 N にして，「科」を Tonga，「長崎」を Nangasaqui などと発音することをあげている（f.172v）．これらによって，濁音音節の前の母音が鼻母音化したことが知られるとともに，上記のような n 添加形の存する

理由も了解される次第である．この事実については，ロドリゲスの両文典その他によって，すでに詳しく説かれている[13]．

同じ事実は朝鮮資料の捷解新語の本文に付せられたハングルの音注の中にも認められる．同書では，ザ・ジャ行音を写すのに，元来日母の漢字音を写すためのもので，当時すでに一般には用いられなくなっていた単一字の△をzを表わす文字として使っている．その中に，

のそみ 논조미(non-zo-mi，望み．三20ウ)

さそ 산조(san-zo．さぞ 九3ウ)

なにとそ 나니돈조(nani-ton-zo.何卒 九17)

のようなのがあり，また，ゴを写すために新たに ᅌᅩ(ŋko) というハングル結合を工夫し，本文に頻出する「御ざる」のゴに宛て用いているが，これを用いて，

よう御さる 효웅ᅌᅩ자루('yo-u'ŋ-ŋko-za-ru よう御座る．八13)

ちくご 지궁ᅌᅩ(ci-kuŋ-ŋko 筑後 九27)

と記した例もある[14]．〔上記のハングルのローマ字転写は，「国語国文」第21巻第1号所載の河野六郎氏の方式による〕

これらは，ロドリゲスの指摘したのと同じ事実を示すものである．類例は「伊路波」にも見えるから，鼻母音化現象は少なくも15世紀末までは遡るわけである．

これらの濁音の前の鼻音が，ロドリゲスの説くように鼻母音なのか，濁音の入りわたり音なのかは，上の資料だけでは明らかでない．謡曲の伝統的発音法におけるガ・ザ・ダ・バ行音の直前の入声音が，一種の鼻的破裂音に発音されることや，今日土佐や紀伊半島南部で聞かれる鼻音などを参考にして考えれば，鼻的入りわたり音で，[~g] [~d] [~b]と解すべきであろうと言われている[15]．

II カ行音

| ca | qi, qui | cu, qu | qe, que | co |
| ga | gui | gu | gue | go |

カ行の清・濁音節の表記には上の綴字が用いられる。中に二つ並んでいるのは，同音の異表記形である。まず，1形だけの綴字は，次のように用いられる。

  Cacoi(囲イ)　Cocai(巨海)　Gacuguei(学芸)　Gugo(供御)
  Cagaguinu(加賀絹)

同音の2形のうち，qui, que は，q は必ず u を伴なうという葡語の正書法にかなった形であり，qi, qe はそれの簡略形で正書法では認められていない形であるが，日本語表記にはこの方が一般的に用いられている。この他に，qa, qo も例外として用いられた事実がある。

1　cu, qu(ク)

クを写す cu, qu は早くから並用されたが，中には qu だけを専用した書物もある。ルイス・フロイスの自筆本「日欧文化比較」(1585)で，葡語文中に交え用いられた日本語 67 語(延べ 142)中，クはすべて qu で書かれている。

  biquni(比丘尼)　dobuqu(胴服)　maqura(枕)

また，バレト写本中，バレト以外の別人が筆写した部分約 20 丁(f.132〜155 v)でも，クは全部 qu で，cu は1例もない。このように qu を専用する人もあったが，バレト写本でも他の部分は cu, qu の併用である。試みに上記写本の約半分(f. 1〜158)について両者の使用状況を調べてみると，次表の通りである。

本文の範囲	qu			cu			合計
	活用語尾	その他	計	活用語尾	その他	計	
f. 1 〜 f.158	384	583	967	116	422	538	1505

これによれば，cu, qu の総数の中 qu がその 60％を占めており，qu, cu それぞれの中に於ける活用語尾使用数は，qu は全体(967)の約 40％，cu は全体(538)の約 22％であって，活用語尾には qu が多い傾向が認められる．同写本の他の部分にも同様の状態が見られ，そこに qu は活用語尾に，cu はそれ以外にというおぼろげな使用区分の傾向が見て取られる．これは qu であれば，caqi, caqu, caqe(書キ，ク，ケ)，caqe, quru, qeta(掛ケ，クル，ケタ)などのように，活用形語尾の形式的統一が保たれることが関係しているであろう．ともかく，かかる使用区分の記法がやがて活字印刷開始に際してイエズス会式ローマ字綴り方に採り入れられて定着し，qu は活用語の活用語尾に，cu はその他の語の語頭と語中尾の別なく広く用いられることになったのである．サントスの御作業以下のローマ字版本はこの表記基準に拠っている．日葡辞書も同様であることは言うまでもないが，部によって編纂分担者が違うことや，これに余りこだわらない表記をした資料を利用したなどの理由から，上述のきまりに外れた例外も少なくない．普通には異例表記の少ない見出し語の中にさえ例外が含まれている．

　　　Aiyoqu(愛欲)　　Cariaqu(下略)　　Vonajicu(同ジク)
　　　Xiguecu. l, Xigueô.(繁ク．または，繁ウ)

「如シ」などは，「如ク」以外の活用形があまり使われず，殊に口語ではこの一形のみに固定した観があるため，見出し語でも Gotocu. l, gotocuni.(如ク．または，如クニ)を始め，Cacunogotocu(斯クノ如ク)，Catanogotocu(形ノ如ク)，Sonogotocu(ソノ如ク)などの複合語も〜cu になっている．中に *Adu.*(副詞)と注したのもあるから，活用語意識が薄かったためでもあろう．

　さきのバレト写本では「如ク」は全篇に 299 例であるが，内 gotoqu が 75，gotocu が 224 で，後者が前者の 3 倍もあるから，総体的には日葡辞書に近い．然るに，他の版本は逆に gotoqu 専用である．サントスの御作業では，gotocu 1 例を例外として，他の 293 例は gotoqu であり，信心録では 493 例全部が gotoqu で統一され，Feiqe, Esopo, 金句集三部合綴本でも全 96 例が gotoqu のみである．結局，バレト写本で優勢であった gotocu は版本で逆になり，却

ってgotoquで統一されたのである．然るに，日葡書になるとgotocuが多くなり，大体gotoquに倍する状態を示している．これは，一つには多くの資料を採って異なる表記を統一し得なかったこと，二つには日葡辞書では口語本位であるため活用語と認めなかったこと等が関係しているに違いない．上述のように*Adu.*と注してTocacu(トカク)やXibaracu(暫ク)と同じ副詞と認め，それで～cu形に統一しようとしたものであろう．

2 qui, qi(キ)とque, qe(ケ)

キ・ケを写したqui, qi, que, qeを写本について見ると，quiとqiの使用数が違っていて，一方に統一されてはいない．然し，書写した人によって一方に偏っている事実はある．バレト写本は，バレトが他人の写本を借りて自ら写したものであるから，底本筆者とバレトの書き癖が重なっていると考えられ，顕著な傾向は認め難い．ただし，同一人の手に成ったと思われる底本を限って見れば或る傾向の見られるものがある．その二三を抜き出してみよう．

	章題名・原本所収丁数	キ		ケ	
		qui	qi	que	qe
1	福音第Ⅰ部　f.4～f.50 v	645	19	485	17
2	福音第Ⅱ部　f.52～f.60	101	15	109	2
3	キリシトの御受難　f.60～f.77 v	186	54	179	63
4	福音第Ⅲ部　f.84～f.100	189	5	144	3
5	聖母奇蹟物語(別筆部分)　f.132～f.155 v	265	79	165	8
6	同上(バレト自筆部分)　f.166～f.13 lv	111	228	79	98
7	キリシトの御受難の道具　f.78～f.82 v	14	63	11	28

この表中，1～5ではqui, queがqi, qeよりも多く，6～7ではその逆である．けれども一方にきまってはいない．結局，量的差はあるものの，一つの傾向をもちつつ二者が併用されているというのが一般の状態である．

バレト写本には，その行間や欄外に自筆の注があり，所によっては集中的に多く見られる．比較的多く注の書き入れられている3章を選んで，その中のキ・ケ表記数をみると，次の表のような結果が見られる．

すなわち，著しくqi, qeに集中している．これと同じ状態が，同じくバレ

第Ⅲ章　日本語のローマ字表記と発音　(1) 短音節　133

	章題名・原本所収丁数	キ		ケ	
		qui	qi	que	qe
1	聖母奇蹟物語　f.116～f.158	6	48	2	6
2	サント・エウスタキヨの御作業　f.233～f.245	0	9	0	4
3	誉れ高きサン・バルランの御作業 f.332～f.356	0	22	4	6

ト自筆の Feiqe の書入れ難語句解にも明瞭に見て取られる[16]。

なお，その写本の注および難語句解の中には，葡語の qui, que を qi, qe と書いた例がまれでない．

　　qeimar(*queimar*. 焼く．f.41 v.13 左/3)　*qeimou*(*queimou*. 焼いた．34 左/13)　*qerendo*(*querendo*. 望んで．f.130 v/18.59 外/7)　*riqeza*(*riqueza*. 富．f.152/5.f.332 v/11)　*esqecer*(*esquecer*. 忘れる．4 左/12)　*piqeno*.(*pequeno*. 小さな．f.98 v/3)　*fiqei*(*fiquei*. 成った．25 左/25)　*aqietar*(*aquietar*. 静める．17 左/23)〔丁数を示したのは写本，他は書入れ難語句解〕

このように，葡語の正書法に従って qui, que と書くべき葡語でさえ上のように書いているから，バレトは日本語のキ・ケも qi, qe をあててもよいものと考えていたのであろう．しかし，それがバレトの創案とは言えない．早くフロイスの「日欧文化比較」(1585)の中に，すでに Fotoqes(仏)，goqi(御器)などの例があり，バレト写本中の qi, qe にしても書写に用いた底本に存したのを受けているものがあるに違いないと思われるからである．

上述のように，キ・ケを qi, qe で写すことは早くからあって，葡語の正書法に従って一般的に行なわれた qui, que に取って代わることもあるようになっていた．この事実に基づいて qi, qe を統一的に用いる方針が確立したのは，キリシタン版の印刷開始の時である．それを如実に示すのが現存最古のローマ字版本「サントスの御作業」であって，同書は，vottori yuqui(押ッ取リ行キ．Ⅰ.281/3)のような例外はあるにしても，全体的には qi, qe で統一されている．その後の版本もまた同じである．

qui, que に代えて qi, qe を専用するのは，書写の便宜上綴字を略したものと言われ[17]，あるいは，日本語の音節構造に合わせて1子音＋1母音形の qi, qeの方を用いたとも言われ[18]、さらには、que, quiはラテン語で[kwe][kwi]と読まれるので、日本語を表記したque, quiもそれと同じと誤られるおそれがある故にqe, qiに改めたとも言われている[19]。中世の葡語にあっては、qua, que, qui, quoなどのuは、一般に無音であったが、後に漸次発音するようになり、quanto, qual, quandoなど多くの語がそのようになったが、その一方にはuを無音にして発音しない語も残ったという。この変化に伴なう綴字の変化は、前述のバレト写本の事実によっても知られる。現代葡語にあってもquaは[kwa]であるが、que, quiについては、uの無音化した語としない語とがあり、後者が少なくはあるものの、delinquente, equestre, frequente, consequente, tranquilo, equidade, その他がある[20]。かくてはque, quiは[ke][ki]と[kwe][kwi]との両方を示すのであるから、それで日本語を写せば、当然外国人の迷いと誤りを招くことになる。それ故に日本語の表記には表音的なqe, qiを用いることとしたのである。

因みに、ロドリゲスはこのqe, qiを排して、葡語の正書法上の綴字を用いるべきことを主張し、自著の大文典には統一してque, quiを用いたが、後年小文典ではこの方針を一擲してke, kiに改め、これに伴なってgue, guiもghe, ghiに改めた。これもque, quiなどが二様の発音を表わすことから生ずる混乱を除くためであったろう。

なお、qe, qiの使用に関連して、カにqaを用いた事実があって、これはバレト写本に数多く現われる。

   caqari（掛カリ．76 v/11） *goqaqŭgo*（御覚悟．260 v/12）
   vaqamiya（若宮．339/13）

また、サントスの御作業にも第Ⅰ巻巻末に集中して現われ、総計35例を数えるが、この方はいずれも、

   qiqaruru（聞カルル．184/19） *yuqan*（行カン．185/4）
   naqazu（鳴カズ．193/7） *qiqaxerare*（聞カセラレ．192/3）

のように、カ行四段動詞の未然形語尾に限られている。同書第Ⅰ巻に「サン・バルランとサン・ジョサハツの御作業」と「サント・エウスタキヨの御作業」

とが収められ(p.239～294)，それはバレト写本の「聖徒伝」にも収められている(f.332～356 v.f 233～245)．それらの本文を比べてみると，写本でcaと書かれたものが版本ではqaに改められている．それ故，版本では活用語尾のカをば意識的にqaで統一したものと考えられる．天草版ドチリナ・キリシタンに唯1例，somuqazu(背カズ．59/2)があるのも活用語尾である．その他には例を見ないから，印刷開始初期の一時的なものと見るべきであるけれども，このqaの存在は，qe, qi, quとともに用いられていて，カ行の活用語尾をq～形で整えようとしたものと察せられる．qua, quoは，そのuが無声化してqa, qoと発音されることはなく，従ってまたそれが使われることもなかったから，日本語のカ行音は，ca, qi, qu(cu), qe, coと写す方式が定まり，quは活用語尾に，cuはそれ以外に使われる準則が定着した．要するに，日本語のケ・キを写す綴字がqe, qiにきまったのは，葡語正書法上のque, quiの用法を作為的に簡略化したのではなくて，すでに葡語表記に用いられていた表音的綴字を日本語表記に恰好のものと認めて採用したとすべきであろう．要するに，qe, qiがイエズス会式ローマ字綴り方に認められ実施されたのは，上述のような根拠に基づいてなされたものである．

　ギ・ゲについても同様の事情にあったろうことは，葡語のgue, guiには，uの無音のもの(guia. guerra)と，無音化しないもの(linguistica. arguir)とがあったことから察せられる．しかし，この方は，qe, qiに対応してge, giと改めることはしなかった．当時の葡語においては，今日と同じようにgeはje, giはjiと同音になっていて，ギ・ゲにgi, geをあてることはできなかったからである．

　日葡辞書は，日本語と葡語と双方を用いているので，日本語だけで書かれた他の版本とは趣を異にし，出版年時は他の7・8種のローマ字版本より遅いにもかかわらず，全体的にはqe, qiとque, quiとを併用している．

　まず，見出し語・訓注・類義語・用例などは，他の版本と同じくqi, qeを用いる原則に従っている．

　　　Qiqei(亀鏡)　　Qeiqi(景気)　　Caqiqexi, su.(搔キ消シ，ス)

　　　　Qiŭxo. Furuqi caqimono.(旧書．旧キ書キ物)
　　　　Fŭqei. i, Tocorono qexiqi.(風景．すなわち，所ノ景色)
　原則に外れた例外もまれに見られるが，補遺に多くて，しかもそれが見出し語にまで見られるというのは，補遺は十分な検討を加える余裕もないままに印刷されたためである．
　　　　Quezzume(蹴爪．Ago)　Xequẽ(世間．Majiuari, u.)
　　　　†Azzuqui(小豆)　†Canetçuqui(鐘撞キ)
いずれも写本原稿の旧態を残したものか．
　葡語による説明文中の日本語は，ローマ体並びにイタリック体で印刷されていて，前者には qe, qi，後者には *que, qui* を用いているものも，わざと葡語なみの扱いをしたのであって，中に *bonzos*(坊主)，*quimão*(着物)など，日本語の転訛した形が外来の借用語として扱われている．それらの扱いと表記は実情に合った合理的な措置と認められる．

　　　　　　　Ⅲ　サ・タ行音

sa	xi	su	xe	so		ta	chi	tçu	te	to
za	ji	zu	je, ge	zo		da	gi	zzu	de	do

サ・タ行の清・濁音音節の表記には，上の綴字が用いられている．中で変わっているのは，まずサ行の xi(シ)，xe(セ)であるが，x は葡語で [ʃ] であるから，それぞれ [ʃi] [ʃe] を表わし，その濁音 ji, je も葡語の発音に基づいて [ʒi] [ʒe] を表わす．タ行では chi, tçu はそれぞれ [tʃi] [tsu] を表わし，濁音の gi は [dʒi]，zzu は dzu とも書かれ，ともに [dzu] を表わす．
　　　　Suzuxij(涼シイ)　　Xinajina(品々)　　Xeje(瀬々)
　　　　Vochitçuqi(落着キ)　Mochizzuqi(望月)　Chigimi(縮)
　終りに ge は，
　　　　Age.(アゼ)　Aje(アゼ)の条を見よ．
とあるのが，日葡辞書では日本語にあてた唯一の例である．Aje の条は，Aje

第Ⅲ章　日本語のローマ字表記と発音　(1) 短音節　137

(畷)，Aje(綜)の2条が並んでいて，そのどちらを見よというのかわからないけれども，特に後の条を見よとの指定がないから，Aje, l, une.(畷，または，畝)を指すと認められる．この意の age が羅葡日の Pósticum の条下に，日本語対訳として見えるのは珍らしい．

　当時葡語では ge は je と同音になっていたので，gentio(異教徒)を jentio と書いた例はバレト写本に珍らしくないし，Feiqe の書入れ難語句解にも passagem(通行)を passajem と書いた例もある．日葡辞書にも sujeitar(服従させる)を sugeitar(Cabuto の条)としたり，gergelim(胡麻)を jergelim(Goma の条)とした例その他が見られる．早くから葡語の書翰等に Figem(肥前)，Bugen(豊前)などが見えるのも同じ理由による．前述の Age も写本原稿にあったのがそのまま印刷されて残ったのであろう．

　なおまた，写本には，ça(サ)，ççu，ccu，çu(ツ)，jja,(ヂャ)，jji(ヂ)その他特異な綴字も用いられているけれども，版本には見られない．

1　ス・ツの交替

　見出し語 Faye(破壊)の訓注に Yaburi cobosu(破リコボス)とした例がある．羅葡日 Destruo の条に cobosu とあるのとともに cobotçu(毀ツ)とあるべきもので，日本語との対応からは誤りであると考えられる．

　一体写本では，ツを ççu，あるいは，cçu, ccu と書き，また簡略化して çu と書いたものが多い．Çunocuni(摂津国)，Tacaçuqui(高槻)などの例があるが，この çu は葡語の発音によれば「ス」とも読めるのである．さきの日葡や羅葡日の cobosu も原稿に coboçu とあったのを印刷の際に改めたのかも知れない．写本にはなお他の語の類例がある．

　Feiqe の書入れ難語句解に，*Canegane*(予々)に *sunezne*(スネズネ)と注した例がある(9左/13)．これは Feiqe 本文(279/19)に対するものであって，その点から「常々」を誤り記したものと知れる．また，バレト写本本文の

　　　　御眼忽チ瘶イ給ワン．(f.353/14)

の「瘶イ」に *subururu* と注したのも，「潰ルル」(tçubururu)の誤りと見て間

違いなかろう．

　逆にス→ツの例もある．日葡の†Qiacqei(脚脛)の訓注に Fagui, tçune(ハギ，ツネ)とある tçune は sune とあるべきものである．羅葡日に「結ボウルル」を mutçubôretaru(ムツボウレタル)とした例もあり(Implexus. Implicatio)，Feiqe の書入れ難語句解中にも，

　　　　feiqe iogo(平家上戸)　　すなわち，*feiqe no <u>ccuqi</u>. feiqeni <u>ccuita</u> mono.*
　　　　(平家ノ好キ．平家ニ好イタ者……(20 右/24)

のようにスに ccu をあてた例があり，バレト写本にも，*cuccuxi*.(医師．f.200/4), *nauoccu*(直ス．f.306 v/12,15), *fitoccuji*(一筋．f.244 v/1, 307/19)のごときがまれではない．国字文献にも，

　　　　我カ室ヲ<u>コボス</u>コトナカレソ．（玉塵，四二 11 ウ）
　　　　我室ヲ<u>コホス</u>コトナカレソ．……室ヲハナヤフリ<u>コホイソ</u>．（玉塵，十三 51 オ）

これは詩経第八鴟鴞の詩の注解であるが，毛詩抄の相当部分を見るに，ともに「コホツ」とあるから，「毀ツ」が「毀ス」になっているものと知れる．その上に，

　　　　民ノ家ヲ<u>コボシテ</u>池トシ(玉塵，十五 26 ウ)
　　　　東屋西へよせ候．ことことく<u>こほし</u>候て作なをし候(山科家礼記重胤記，文明 3.10.26)

の例，並びにその音便形「コボイテ」(毛詩抄，十二 18 ウ, 30．四河入海，廿四ノ四, 19)まであるのを見れば，ツ→スの交替を軸としてサ行四段の「コボス」ともなり，並び存していたらしい．ただし，日葡辞書は Cobotçu, Toricobotçu を収めたが，Cobosu は録していない．

　ツ・ス形の並び行なわれるものには「放ツ」と「放ス」もあって，日葡辞書では Fanachi, tçu.(放チ，ツ)と Fanaxi, su.(放シ，ス)を始めとして，その複合語も双方の形を掲げたのが多く，その説明は大部分同義と認めて注したものである．Torifanachi, tçu.(取リ放チ・ツ)と Torifanaxi, su.(取リ放シ・ス)とは隣り合っているが，後者の説明に「上に同じ．話し言葉に用いら

れる」とあるのによれば、この語に限らず「〜放ス」の方が口語的であったのであろう。ス〜ツ交替の例には、なお「擬ケスラフ姣同」(易林本節用集)があり、「三体詩抄」(一ノ四、25)にも見えるが、その一方に「ケツラウ」の形もまれではない(蒙求抄、四22ウ．長恨歌琵琶行和解、5オ)．

上述の事実からして、かかる現象の生ずる因は、日本語の発音にあるであろうことが想定されるが、近時丸山徹氏は、ロドリゲスの大小両文典に見える日本語のサ・ソ・スの発音に関する記述を検討し、その子音が軽い閉鎖を伴なった破擦音に近い [ᵗs] であったろうとされた[21]。このことからすれば、上述のツ・ス間の交替現象の因って来たるところは、そこにあったものとして容易に解されるわけである．

2 四つ仮名の表記とその混乱

四つ仮名、ジ・ヂ、ズ・ヅは、前記のように ji, gi, zu, zzu と表記する．その拗音・長音も次のように書かれる．

  Facuja(白蛇) Xinju(真珠) Ijŭ(異獣) Sanjo(産所)
  Sanjô(山上) Xajô(車乗) Vsugia(薄茶) Xingiŭ(心中)
  Qiŭgio(宮女) Ichigiŏ(一定) Giôgiô(条々)

これら長音形も便宜上ここに一括して取り上げることとする．ヂにあてた gi は、葡語ではすでに ji と同音に帰していて、日葡辞書中に、

  relogio → *relojio*(時計．Fudancŏ) gengiure → *jenjiure*(生薑．Sufajicami) gingiuas → *jingiuas*(歯茎．Faguqi) çujidade → *sugidade*(垢．Fanano aca)

のような例がある．しかし日本語を写すにはジには ji、ヂには gi を用いることにきめて、別音を示すものとして使い分けたのであり、拗音や長音もこれに準ずる．それ故、ロドリゲスは、gi はイタリア語の Giorno(日)や Giapon(日本)などの gi と同様に発音すべきものと注意している(f.57 v)．写本にはヂを特に jji を以て記した例があるけれども、版本ではもっぱら gi を用いた．写本で用いた ççu は、日本語のツが破擦音であることを知るに及んで tçu に

改められ、版本はこれで統一されたが，zzu はそれに伴なって改めることなく，依然として zzu を専用した．後にロドリゲスは tçu に対応して dzu と綴るべきことを主張し，自著にはこれを用いたが，一般には行なわれなかった．

四つ仮名およびその一類は，中に ji〜gi, zu〜zzu 等の間に混乱したものが見られる．

第一に，ji, gi 類の混乱について．まず，G 部に Gicqin(昵近)，Giocuacu(濁悪)，Giocuqet(濁血)の正しい形があるのに，I 部に Iicqin(ジッキン)，Iocu acu(ジョクアク)，Iocuqet(ジョクケッ)があるのは，明らかに ji, gi, jo, gio の混乱を示すものであるが, Xengio(洗除) と Xenjo. l, xengio(洗ジョ．または，洗除) と両方を収めているのも jo, gio の混乱の証である．Fotjo(払除)，†Ioijomocu(叙位除目)にも gio と jo との混乱を見せている．

この他にも j〜・g〜間の混乱を示すものがある．

  Giŏcŏ(常香) Giŭyacu(十薬) †Rogintçu(漏尽通)

  Iŏza(定者) Xinjŭ(浄頭)

  †Yagi(野寺)

このうち，Giŏcŏ は「定香」ならば問題ないけれども，その説明からすれば「常香」と解すべきもので，それとすれば Iŏcŏ(常香)の誤りとしなければならない．また，Giŏ(掟)の中の1項に Côgiŏ があって，「言葉によって伝え送られる伝言」と説明してある．かかる語は別には本篇にも補遺にも収めてないけれども，Côjŏ(口上)は別条にあって，「口頭で述べる伝言，または，手紙に添えて送る口頭の伝言」と説明してある．多くの節用集に収めた「口状コウジャウ」も，

  状ノ返事ヲカイテ使ニワタイテ，ナヲ口状ニ使ニ云タソ(玉塵，十一52ウ)

のように使われるのを見れば，日葡辞書の説明は「口上」と「口状」とを併せ説明したものと見られ，いずれにせよ giŏ と jŏ との混乱である．

第二に，zu, zzu の混乱について．初めに zzu → zu の例，

  Catazurina(片釣リナ) Cunicuzuxi(国崩シ) Macuzucuxi(幕串)

第Ⅲ章　日本語のローマ字表記と発音　(1) 短音節　141

Meizucuxi(銘尽シ)　Vatazuqin(綿頭巾)　Mizucoxi(水漉シ．Rocusuinŏ)　nuqinzuru(抽ンズル．Xeijei)　†Qi. l, Qino vazurai.(気．または，気ノ煩イ)　Vrocuzu(鱗．Rinyocu)

次に zu → zzu の例は，†Fanazzusuqi(花薄)，†Fazzucabura(筈カブラ)，Cuzzu(葛．Cacqua)　nezzumi(鼠．Qiŭso)，Qizzu(疵．Mattai)などがある．そして，zzu → zu の例は約 27 例あるのに，逆の zu → zzu は 10 例に足りない状態である．

ロドリゲス大文典を通覧したところでも，ji → gi 12 例，gi → ji 18 例，zu → dzu 1 例，dzu → zu 12 例を認め得たが，これらの傾向に四つ仮名の混乱の因が窺われるようである．日葡辞書に Xengio, Xenjo(洗除)を並べあげているが，落葉集でも本篇では「除」であるのに色葉字集では「除」であるなど，厳重に区別しようとしてもそれが困難な状態になっていたのである．Feiqe の書入れ難語句解に混乱例の多いことは早く池上氏が指摘され，拙稿でも触れたところである[22]．

「鯨」は，類聚名義抄に「鯢クジラ」「鯨クシラ」の両形が見えるが，日葡辞書には見出し語に Cujira(鯨)と Mecujira(鯢)とが掲げてあり，Caiguei(海鯨)の訓注にも同じ形がつけてある．また，羅葡日の Balaena，その他の条に見える日本語対訳も 5 例のすべてが Cujira であり，落葉集にも「鯨」「鯢」に「くじら」「おくじら」「めくじら」の訓が一定してつけてある．抄物にあっても，四海入海(廿四，四 26 ウ)，史記抄(十一 69 オ)，詩学大成抄(三 40 オ)など，上と同じである．易林本節用集や慶長版和玉篇などには「クヂラ」とあるが，亀井氏の指摘されたとおり[23]，当時は上掲の cujira(クジラ)の方が一般に認められていたのであり，ヂ・ジの混乱例には入らない．

問題になるものに，なお「ゲジゲジ」がある．日葡辞書に Guejigueji とある虫の名で，ヂ・ジの混乱例かと疑われる語であるが，これはそうではないらしい．

また，日葡辞書に「茶を入れる或る小壺」と説明してある Zzuguiri も，諸辞書には「ずんぎり」(寸切)とあるので問題になる．節用集では，伊京集や

天正十八年本，早大本に「頭切(ヅンギリ)」，高野山本・枳園本および「和漢通用集」に「頭切(ヅギリ)」を収め，いずれも「筒切」とも書くと注してある．ともかく，「ズンギリ・ズギリ」とあるものは未だ見出ださない．茶道関係の書を探ってみると，「ツンキリ」が一般的で，「南方録」，「紹鷗遺文」，「宗湛筆記」などに見え，一方，「スンキリ」は「ツンキリ」と並んで「宗達他会記」や「久政茶会記」にまれに見られる．「紹鷗遺文」には節用集と同じ「筒切」もある．「筒切」の字面はともかくとして，当時「ヅンギリ」が普通であったことは認めてよかろう．「頭切」は点茶に用いる棗の一種で，頭部をまっ直ぐに切ったもので，口の端に反りのない物を言うので，そこから「頭切(ヅギリ)」と呼んだのが，濁音直前の母音の鼻音化を経て「ヅンギリ」となったのではあるまいか．そう解せられるとすれば，この語の頭音節はもともとヅであり，日葡辞書その他はそれを記し留めたものと思われる．それには案外副詞の「ヅンド」がかかわっていて，「ヅンド切ル」から来ているかと思われないでもないが，その証はない．

その「ヅンド」も問題になる語である．日葡辞書には，

    Zzundo.(ヅンド)　副詞・物事をてきぱきとするさま．

とあるが，岩波古語辞典は「ずんど」をあげて「づんど」を採らず，日本国語大辞典は「ずんど」の条に「づんど」とも表記したとあるにとどまる．節用集では易林本に「寸斗(ヅンド)」が見えるくらいであるが，抄物にはまれでない．史記抄(二3ウ，八3ウ)，「周易抄」(二33オ)，その他「毛詩抄」「蒙求抄」などにもいくつもの例がある．舞の本にも「づむと」「づんど」がある(しづか．信田)．これに反して，「ズンド」の方は上掲の抄物類にもまだ見出だせない．これから当時一般に行なわれたのは「ヅンド」であって，日葡辞書の Zzundo と一致し，後者も混乱を示すものではないと考えられる．

Ⅳ　ハ行音

    fa fi fu fe fo   ba bi bu be bo

ハ行清濁音の単音節は，一定してf, bを以て記している．

  Fafu(破風) Fifitoi(日一日) Feso(臍)   Fobo(略・粗)
  Baba(馬場) Bibut(美物) †Bembet(弁別) Fubo(父母)

上のような短音節を始めとして，長音・拗音・拗長音などに至るまでf, bが用いられている．それに比べて極めてまれにhを用いた綴字もあるが，それはHà, Hatのような感動詞に限られている．それはH部を立てない日葡辞書には1例もなく，他のキリシタン資料に約50例ばかりあって，これについては別に詳しく述べたものがある[24]からそれに譲るとして，ここではf字に始まる音節についてだけ述べることとする．

さて，ハ行の子音を写すのにfを統一して用いている事実については異なる見解がある．福島邦道氏は大正末年に発表された坪井九馬三博士の論をまず取り上げられた．それはわがハ行子音をfで写しているのは，ポルトガル語のh字は無音で，それを用いるわけにいかないから，やむなくfを以て代用したのである．従って，そのfがまさしく当時の日本語の発音を示すと考えるのは正しくないというものである．これに対して，新村出博士，橋本進吉博士は，当時の日本語のハ行子音をhときめてかかる論は正しくないとして斥けられた．これについて福島氏は，橋本博士の論は坪井博士の言われるところとは「すこし次元がちがう」と言われるが[25]，この立言はよくわからない．橋本博士は，

  ハヒフヘホをfa fi fu fe foと書いたのは，これらの子音が，フの場合と同じくfであつたか，少くともfに近い音であつた為と解するのが至当である．

とされ，それは日本語の音韻史の面からも，現代の東北や山陰の方言にf音が残っている事実からしても少しも矛盾するところがないと述べていられるのである[26]．これについては，なお上に引用した部分の直前に，

  たとひ，h音が葡萄牙語に無いとしても，之を表はすべき文字を新に定めて写す事，恰も，同国語に無いdjiの音を写すにgiを以てしたと同じやうにしたであらう[27]．

とも述べて坪井説を駁していられるのである．

　日本語の発音とその表記に細かな注意を払ったロドリゲスが，その著大文典にも小文典にもこのfについては何も述べていないのも，日本語のハ行音にfを用いても不都合はないくらいそれに近い音であったことを示すものと考えられる．

　これまでは寡聞にして当時のポルトガル語のfについては取り上げられたのを知らない．現代ポルトガル語のfは明らかに歯唇音の[f]であるが，16, 17世紀ごろも同じであったことを示す証があって，Oliveiraは16世紀半ばごろのポルトガル語について，fは上歯を下唇の上に重ね閉じて息を吹き出すと説いている[28]．正に現代語と同じ唇歯音であったのである．

　また，16世紀末のポルトガル語では，現代のスペイン語と同様にbと子音vとの間に或る似寄りがあって，bがvに変わることが多かったと言って，absente, ausente（不在の），abano, avano（扇），その他の例を挙げた書がある[29]．同様の例は，日葡辞書や羅葡日などにもいくつかある．

　　　auano（abano. 扇．日葡 Cataqin. 羅葡日 Flabellum. 大文典 f.224.
　　　　Gomei.）
　　　vodas（bodas. 結婚式．日葡 Xǔguen. 羅葡日 Gamos.）
　　　bibora（vibora. 蝮．日葡 Cuchifami. 羅葡日 Echidna.）

　この現象は現代のポルトガルのガリシア地方その他相当広い地域の方言に存するという[30]．このv～bの交替は，唇歯の摩擦音と上下両唇間の破裂音との間に起こるものであるが，それならばこれに対応する無声子音f～F（[Φ]）間の交替はなかったのであろうか，また，今日の方言にその名残と認められる事実はないものだろうかとの疑問が湧く．然し，現実にはさような事実はないらしく，Vasconcelhosの方言学書にも，v～b交替の存する地方について，'Fについては何も述べることはない'と断言している[31]．

　筆者は上述の点をめぐって，以前から疑問を抱いていたのであるが，最近丸山徹氏は，上述のキリシタン資料のf表記について克明に考究され，次の3個条を確認して示された[32]．

1 Quintilianus, Terentianus Maurus, Marius Victorinus, Martianus Capella 等の残したラテン語に関する記述は，f が明らかに唇歯音であったことを示している．

2 16世紀以降のポルトガル語文法書・正書法書中，f を唇歯音(labio-dental)とせずに両唇音(bilabial)としたものは見当らず，ポルトガル語最初の文法書を著した Oliveyra もその中で「上歯を下唇に合せ」とはっきり述べている．

3 現代ポルトガル語諸方言中，f の両唇音による実現は報告されていない．

そして，当時の日本語のハ行子音もポルトガル語の f に極めて近い音と捉えて f を以て表記したと見るべきことを示された．結局，昭和3年に橋本博士の述べられたところにおちついたわけであるが，上述の検討を経て一層確かなものになったと言えよう．

V ヤ行音

ya, ia　　yu, iyu　　ye　　yo

ヤ行短音節の表記には，ya, yu, ye, yo が一般に用いられ，ia, iyu は特殊である．ye は単純母音の e に代わって専ら母音音節的に用いられるので，便宜上母音の条で扱い，ここには省いた．

Yayoi(弥生)　Yuyuxij(由々シイ)　Yuyo(猶預)

一般的な ya のほかに，イ段音節に a を続けた～ia の形でヤを写した例がある．この類では Miaco(都) が最も多くて，外国人間では，これが慣用され固定化していたようで，宣教師の書簡，報告書など，葡語その他外国語で書かれたものにはこれが多く使われた．また Meaco と書いた例もある．

葡語において，母音 i に a が続くと渉り音によってヤのような音になるので，葡語の綴字法によって～ia と書いたのである．そのような関係から，バレト写本や Feiqe の書入れ難語句解などには，きまって「都」には Miaco が

用いられているが，日葡辞書でもイタリック体で印刷された葡語文中にはこの形が多く，それにひかれて，ローマン体で印刷された日本語としての表記にも使われた．

　　　　Iŏqiŏ.(上京)　Miacoye noboru.(都へ上ル)　都(*Miaco*)へ行く．
　　　　Chùqua.(中華)　Miyaco.(都)　すなわち，Taitŏno Miaco.(大唐ノ都)　シナの国の首府・首都．また，日本の都(Miaco)にも適用される．

この類が見出し語やその訓注などに現われているものさえ見られる．

　　　　†Miacodori.(都鳥)　　Fiai.(冷ヤイ)　　†Xenji.(賤士)
　　　　Yaxiqi votoco.(賤シキ男)
　　　　Xia.(シヤ)　奮起したり，急いだりする時などの感動詞．例，Xia totte.(シヤ取ッテ)　すぐさま取って．

これは別条にある Xiya(シャ)と同様の説明と同じ用例の付いたものである．感動詞であるから「シア」でないとは断じかねるけれども，Xiya の異表記形と認めてよかろう．

　　　　尉ノ剣ノ抜ケテサヤハシンタヲシヤヲントツテ(漢書列伝景徐抄　7 ウ/6)
　　　　しや取てをさへ，頭よりかみひしがれ(岩波古典文学大系，御伽草子，「猫のさうし」　300/3)

版本では，サントスの御作業の和らげに，

　　　　Yagotonaqi fito. i. yaxǔ naqu qeccôna fito.

とある yaxǔ(賤シウ)のような例は珍らしいが，写本にはまれでない．Feiqe の書入れ難語句解の中に，Feiqe 原文に iyamaxini(弥増シニ．290/16)とあるのを採って *yamaxi ni* (64 左/10)とし，araara(粗)の条中の「嫌々」を *yaya* とした例(1 左/3)のごときがある．写本では母音音節のイを y で表記することが少なくなかったので，そうした表記も行なわれたわけであるが，かかる表記形が日葡辞書の現存版本にも残ったのである．

　次に，ユに iyu をあてた特殊な表記例がある．

第Ⅲ章　日本語のローマ字表記と発音　(1) 短音節　147

　　Cai. l, caiyǔ. (粥．または，カユウ)
　　Cauaij. (カワイイ)……
　　　Cauaisa. (カワイサ)　Canaiyù. (カワユウ)
　　Meiyui. (目結)染め方の一種で……

いずれもユに iyu をあてたものである．この類にエヲ iye, yye と写した例のあることは前述したが，その系列にヤを iya と書いた Fiyenoiyama (比叡ノ山) の例があり (「耶蘇会の日本年報，II p.62)，Feiqe の書入れ難語句解の中に，

　　Sumi arayta yado, fito nay niyotte cuzzureta iyado. (宿．52 右/10)

がある．版本でも羅葡日の Libellus の条に Meiyasu (目安) があるけれども，日葡辞書には見えない．さきの iyu はこの iya, iye と同類の表記である．

　なお，特異なものに †Giu がある．「ある草の根から作る薬」とある説明から推して「地楡(ヂユ)」であろう．これはバレト写本の *miuru* (見ユル)，*qiuru* (消ユル)，*miuqi* (御幸) (f.208 v/9, 177 v/20, 272 v/6) と同じくユを写したものである．さきにエに iye, yye があると述べたが，それに上掲の iya, iyu を加え，バレト写本に「然ッシ *iyori* (ヨリ)」(f.258/15)，「代官 *vomoiyo* (思ウ様)」(f.34/15) とある iyo を合わせると，ヤ行音節全部に同類の綴字が用いられていたわけである．ロドリゲスの大文典にも小文典にも日本語のヤ行音はイプシロンを以て発音するのが正しいと述べているが，上のようにことさら頭に i を加えた綴字があるのは，今日と同じ漸強重母音の性格を捉えてのことであろう．

　ロドリゲスは，Y に母音のついた Ya, Ye, Yo, Yu はポルトガル語の desmayar (蒼白になる) や desmayo (気絶)，スペイン語の Ya vino (もう彼が来た)，yo el rey (我，帝王)，ayuda (援助) 等に於けると同様に発音される (f. 57 v) と述べ，小文典にも同様の記述があるが (f.12)，上のようにことさら頭に i を加えて表記した綴字があるのは，今日と同じ漸強重母音の性格を捉えたものであろう．

VI　ワ行音

va (ua)　　～oa　　vo (uo)

ワ行の音節はワとヲだけで，va と ua, vo と uo をそれぞれ使い分ける．

　　　Vaca(和歌)　　Caua(河)　　Auai(間)　　Mauari(廻り)
　　　Voto(音)　　Touoi(遠イ)　　Cauo(顔)　　Auogu(仰グ)

va, vo は語頭に，ua, uo は語中語尾に用いること，v と u との使い分けに同じ．vo については，母音に代わって母音音節のように用いられる関係上，母音の条で述べたので，ここでは述べない．他に～oa の綴字を用いる特異な表記法があって，日葡辞書の本篇に次の2条が隣り合って並んでいる．

　　　Vouaxi, su. (ヲワシ，ス)　i, Vouaximasu. (すなわち，ヲワシマス)．
　　　　高貴の方が……にいらっしゃる，……でいらっしゃる．
　　　Vouaximaxi, su, ita. (ヲワシマシ，ス，イタ)　i, Maximaxi, su. (すなわち，マシマシ，ス)同上．

然るに，補遺にも上と同じように次の2条が対をなして並んでいる．

　　　† Voaxi, su, aita. (ヲアシ，ス，イタ)　i, Gozaru(すなわち，ゴザル)
　　　† Voaximaxi, su, ita. (ヲアシマシ，ス，イタ)　Maximasu(マシマス)の条を見よ．

この補遺の2条は，本篇に見えるのと同じような注記をつけていることなどから推して，本篇の2条に対して同語の異形を意図的に補ったものに違いない．また，このほかにも同類の表記をしたのがある．

　　　† Cayoaxi. (カヨアシ)　例，Cayoaxino nicqi. (カヨアシノ日記)
　　　　Cayoi nicqi(通日記)に同じ．下(X.)の語．Cayoinicqi(通日記)の条を見よ．

この参照注記に従って † Cayoinicqi. 1, Cayoi(通日記．または，通イ)の条を見ると，掛買いをした品目を記した帳面の意が注してあるので，上の条の見出し語は Cayouaxi(通ワシ)の同語異形に違いない．日葡辞書には，この他に

第Ⅲ章　日本語のローマ字表記と発音　(1) 短音節　149

もなお類例があるが，それは後に触れることにする．

　日葡辞書以外でも，Feiqe に「大童」を Vôaraua とした例がある (p.346/15) し，ロドリゲス大文典にも Vouannu(畢ンヌ)が数例ある中に1例だけ Voan-nu と印刷されているのがある (f.156/23)．

　これと同様の例を写本に求めると，前の日葡辞書のと同じ，

　　　uoasu(f.75 v/7)　　*uoaxi masu*(ff.61/2, 128/3, 139/10, 151 v/3, 345 v/13)

などがバレト写本に見られ，また同写本には，

　　　voari(終リ．ff.15 v/3, 18, 17 v/14, 19 v/17, 29 v/6, 34 v/13……)
　　　arasoare(争ワレ．f.310/3)

のような例がかなりあるし，Feiqe の書入れ難語句解にも *fajime voari*(初メ終リ．60 外/23)が見られ，*Conbŏ suru*(懇望スル)に *uoabi coto suru*(御侘言スル)としたのもある．なお，「尾張」を Voari, Voary と書いた例は，フロイスの「日本史」やロドリゲスの「日本教会史」，その他宣教師の書簡・報告書の類に珍らしくない．

　これまで煩雑なまでに例をあげた〜oa 表記が写本・版本に多く現われている事実をいかに解するかが問題である．上掲の例中，バレト自筆本の *voari*(終リ)と *voaximasu*(ヲワシマス)については，前述の Miaco(都)などにおけると同じく，ポルトガル語における二重母音間の渉り音を利用した書き方で，その oa は ua を示すものとされている[33]．それは Coroa(王冠)を「ころハ」と仮名書きした例(国字本どちりなきりしたん．おらしよの翻訳)があり，「お足」(銭)を「おわし」と書いた例が天正狂言本の「比丘貞」にあり，「おはし」の形でなら仮名草子「清水物語」にも見えるのが支証となるであろう．

　然し，その一方には，〜oa がワを示すのではなくて，文字通り〜o＋a を写したものと見るべき場合もある．まず，天草版金句集の中に，

　　　英雄ハ国ノ coaxi(幹)ナリ　　(p.548)

とあるが，吉田澄夫博士はこの金句の出処を「三略」の「上略」に認めて，上の coaxi を「幹」と翻字された上，特に「コアシ」の語を取り上げ，易林本節用集に「幹コアシ」とあるのに拠って，当時「幹」を意味するこの語の存在を認

められた[34]。coaxi は羅葡日の Cantheríolus の条にあり，日葡辞書本篇にも Coaxi を収め，「支柱」の意を注している。さらに補遺にも†Coaxi があって，「船の帆動索，または，帆の下隅を張る綱」とあるから，これも綱を支持する物で，前者の転義を示したものであろう。国字文献で「幹」(コアシ)の見えるものに，前記の節用集のほか，慶長版和玉篇や元亀二年本，および，天正十七年本の運歩色葉集などがある。

　この語は，もとの形は「コハシ」であって，古くは観智院本類聚名義抄や前田家本色葉字類抄に見え，下っては新韻集や温故知新書にも「楨・幹」の訓に見られる。広本(文明本)節用集の「英雄」の条下に，三略の原文を引いて訓点を付したものには，「幹」2例にいずれも「コワシ」の訓がある。抄物では毛詩抄に国家の柱石の意の「コワシ」が数例(十二16，十七49ウ，十八33ウ，40)あるが，玉塵には「コワシ」(五12ウ，十七50ウ，廿四20ウ，卅25，卅二12オ，ウ，卅九6，四十二43)と「コアシ」(十一22ウ，廿二38ウ，廿六78，四十五16)と両形があって，中には両形が近い所で並び用いられた例もある。

　　幹ハコアシトヨムソ，コワシニシンニツヲリナ者ヲ中ニ入ルヽコトアリ(玉塵　四十二16ウ)
　　翰ハ毛詩ニコハシト点シタソ，ツネニハ幹ヲコアシトヨムソ，ツヲリコワシニナル心ソ(玉塵　四十五29ウ)

　これらによれば，「コアシ」は「コワシ」の転で，上の第2例のように「ツネニハ幹ヲコアシトヨム」のが一般的であった傾向が知られる。羅葡日，天草版金句集，日葡辞書にみな coaxi の形が用いられているのもうなずかれる。倭訓栞も俚言集覧も「こあし」を収め，「木足の義也」と注したのは当たらないけれども，「コアシ」の形を疑わないほどそれに固定していたことを示すものとして注意される。

　次に落葉集の色葉字集に，「慕風」に「のあき」の訓をつけてある。これは巻末の正誤表に「暴風」と訂正し，訓も「のハき」と改めてあるけれども，そのどちらも全くの誤りとも言えないようである[35]。それは「野分」を「のあき」とも言った証があるからである。源氏物語大成によれば，鎌倉期から南

第Ⅲ章 日本語のローマ字表記と発音 (1) 短音節　151

北朝ごろの書写と言われる古写本の中に,「野分」を「野あき・のあき・の秋・野秋」などと書いた例がまれでなく (pp. 11, 12, 522, 863, 866, 1394), 前田家本源氏釈では巻の名は「野秋」で, 本文には「のわき」とあって, 両形を含む (大成巻一 p. 311). ただし, 日葡辞書は Nouaqi のみを収めている.

　上に似ているものに, 日葡辞書本篇に Suuama (洲浜) があり, 補遺にもまた †Suamagata (洲浜形) と †Suuamagata (洲浜形) とが収められているがそれぞれ同様の意味を注しているから, 重複して収めたのは同語の異形を示すために相違ない. そしてこの語は, 節用集 (早大本・天正十八年本・増刊本) に「洲浜」とあり, 壒嚢鈔の中に幕の紋をあげたところに「^{スアマ}剗 漸同」とあるし, 短編物語の十二段草子にも,

　　　　なかるゝしみつに, おつるたき, すあまに, いけをほらせつゝ (上8ウ)
の例がある.

　これらのことを考え合わせれば, 仮名で上のように書いたのを「コワシ, スワマ, ノワキ」と読んだとは思えないから, 仮名表記と一致するローマ字表記の coaxi, suama のごときは, 話し言葉の発音を忠実に写したものと考えなければならない. さらには, 日葡辞書の見出し語に掲げられている Voasu, Voaximasu, Cayoaxi なども同様に見てよいのではなかろうか. それらの仮名表記形は未だ見ないけれども, それが見出だされる可能性は低いと考えるのが自然であろう. なぜかとならば, これらの「ヲアス」「ヲアシマス」のごときは, 日常頻繁に使われるだけに語形の崩れやすい傾向をもつことは否めない. けれども, それだけに仮名表記形は固定していて, いざ文字に書くとなると, それを意識して表記上の規範に拘束され, 話すとおりに書くことをさし控える結果になるからである. この点, 仮名表記上の規範に規制されることなく, 発音どおりに書けるローマ字表記だからこそ, 上のような形を書きとどめることもできたのであろう. このように考えれば, ～oa 形は, すべて渉り音を利用して「ワ」を示したものばかりではなくて, ローマ字綴どおりの発音を示すものもあったということ, すなわち, 語によってはその原形と並んで少し形の変わったものも行なわれていたと見るべきであろう.

VII 拗　　音

1　開拗音

　日葡辞書で開拗音を写した綴字は次のとおりである。

qia(キャ)	——	qio, qeo(キョ)
guia(ギャ)	——	guio(ギョ)
xa(シャ)	xu(シュ)	xo(ショ)
ja(ジャ)	ju(ジュ)	jo(ジョ)
cha(チャ)	——	cho(チョ)
gia, dea(ヂャ)	——	gio(ヂョ)
nha(ニャ)	——	nho(ニョ)
fia(ヒャ)	——	fio(ヒョ)
bia(ビャ)	——	——
pia(ピャ)	——	——
mia, mea(ミャ)	——	——
ria, rea(リャ)	——	rio, reo(リョ)

他の版本と同じくイエズス会式綴り方によっているけれども，qio, gia, mia, ria rio に異表記形 qeo, dea, mea, rea, reo がある点が異なる。

　まず〜ea 形をとるのはごくまれで，次の諸例である。

　　　Soreacu. l, soriacu.(疎略。または，ソリャク)……

　　　† Meacu. *Vel potiùs* Miacu.(メャク。または，むしろ，脈)……

　　　† Ximeacu.(死脈)……

　このうち，最初の条に対しては別条 Soriacu がある。次の † Meacu に対しては，Miacu はないけれども，その条下に，むしろ Miacu の方がまさるとあるのと，† Ximeacu に対しては本篇に Ximiacu があるので，後者を正しい綴字と認めていたのである。Miacu を下部要素とする複合語には，

第Ⅲ章　日本語のローマ字表記と発音　(1) 短音節　153

　沈脈　本脈　血脈(ケチ)　血脈(ケツ)　緊脈　滑脈　心脈　浮脈　地脈(ヂ)　帯脈
などが収めてあり，いずれも miacu 形であり，羅葡日にも 5 例のうち meacu
は 1 例で他は miacu であるから，その綴字が統一的であったのである．別に，

　　　† Miyacu(ミヤク)　脈搏．ただし，*Miaco* と発音する．

とあるが，*Miaco* は *miacu*(ミャク)の誤りに相違あるまいから，Miyacu もそ
れと同音を示すものであり，† Nhŭmiyacu もまた「入脈」であるはずである．
従って miyacu は仮名表記にひかれた綴字なのである．

　～ea 形で特異なのは，指定の助動詞の dea で，見出し語には † Gia(ヂャ)
を掲げて Degozaru(デゴザル)の意と注しただけであるが，Yarixita(槍下)
の条その他に例が見える．

　　　Yarixita de cubiuo toruua tegaradea.(槍下デ首ヲ取ルハ手柄デア)
　　　凡人(ニン)ヨリモ重罪ニ附セウズルコト dea.(Esopo. p.475)
　　　皆知ツタ事 dea.(ロドリゲス大文典　f.153 v)

なお，コリャード日本文典にも，存在動詞の中に 'dea，または gia' としてあが
っている．ロドリゲスは，日本大文典の中に上引の例を示してその発音に言
及しているが，(f.153 v)，あとでさらに詳しく次のように書いている．

　　　存在動詞の Gia(ヂャ)，giaru(ヂャル)は正しくは Dea(デア)，dearu
　　　(デアル)であって，口の中で作られる一種の力を伴っている．即ち，
　　　Gia でもなく，明瞭な Dea でもなく，その中間のものである．例へば
　　　Sŏdea(サウデア)，Sŏdearu(サウデアル)など．(f.178)

そしてこの直前の条に，日本語の正しい発音としては，chô(チョウ)，giô
(ヂョウ)よりも Teô, deô, あるいは Theô, dheô と発音すべきであるとの注
目すべき記述がある．

　亀井孝氏は，さすがに炯眼，鋭くこれを捉えて，theo, dheo のように h を
加えた異例の綴字は，葡語の filha(娘)，senhor(様・殿)などの綴り方に倣っ
て日本語の「ニャ」「ニュゥ」を nha, nhŭ と表記するその方法を援用して，ロ
ドリゲスが案じ出した綴字であって，上の dheo は [d] の口蓋化を表わすた
めのものであろうとされた[36]．これによって，'Gia でもなく，明瞭な Dea で

もなく，その中間のもの' というのは，dearu，あるいは，dea の頭音がアフリカータ化しかけて未だ完全にはそれになりきっていないことを示すものと解されるのである．

　国字文献にも「デヤ」ならいくつか例が見られる．

　　　　臣ヲソシルハ君ヲ刺ル<u>テヤ</u>ソ（両足院本毛詩抄．四23ウ）

　　　　耳目――〔肺腸巻為己〕有トハ我カ持物ソ一箇<u>テヤ</u>ホトニソ（笑雲和尚古文真宝之抄．四上23オ）

　　　　モトカラメイヨノシレヌ注テ色々ノコトヲ云コトソ是カ正説<u>テヤ</u>ソ（三体詩絶句鈔．三6）

　　　　善人ヲヨイ人<u>テヤ</u>トハ口デ云ヘトモ不レ用　悪人ヲアシイ人<u>テヤ</u>トロ<u>テ</u>ハ云ヘトモシリソケサル則ハ旡曲事ゾ（叡山文庫蔵天正八年写，三略抄．13オ）

最後の例文中，2例とも「テヤ」と「テ」字をわざわざ小字で書いた理由は不明であるが，あるいは「デ」を少し弱く発音することを示したものか．それとすれば，アフリカータ化を象徴するようで興味深いが，少し穿ちすぎた解釈であろうか．それはともかく，かように仮名書きの「デヤ」もアフリカータ化を暗示するものであろう．そして，「デヤ」は「出合イーデヤイ」の類の変化による形であるが，未だアフリカータ化が完了しない段階を示すものであろう．しかも，それは「デアル」から「デア」になったという語源意識が存している一方，「デイル・デヲル・デヲリヤル・デ候（ソウ）」等々の同類の存在動詞が盛んに使われていたことが，「デア」のアフリカータ化の進行をば鈍らせていたということもあったのではないかと考えられる．

　特異な表記のもう一つは，〜io 形の代わりに〜eo 形を用いたもので，例は少なくて，Q部に qeo，R部に reo があるだけである．たとえば，

　　　　Qeogon（虚言）　　　Qeoyô（挙用）

　　　　†Qeo. l, *potiús* Qio.（キョ．またはむしろ，虚）

　　　　Reocacu（旅客）　Reoto（旅途）　Reochi（慮知）

のような見出し語があり，Qeo〜形は僅か3条，Reo〜形は12条に過ぎず，し

かもそのReo～形は10条までが「旅～」形の語で占められている．似た意味と形をもつ一群の語を同時に収録したものであろう．

　同じ語が，Qeogon, Qiogon(虚言)，Reojin, Riojin(旅人)のように両様に表記されているから，Qeo, Qio も Reo, Rio もそれぞれ同音の異表記と見るべきものである．このように～eo形を用いたのは，合長音の表記に～eô形を多く用いたことと深い関係がある．このことについては，後にオ段合長音表記について述べるところで触れることとする．

2　カ行合拗音の直音化

　　　　qua(クワ)　　　gua(グワ)
　　　　Quaco(過去)　Xogua(書画)　Guacquǒ(月光)

他書と同じ表記で変わるところはない．ただ，まれにそれが直音化したことを示す例が見られる．例えば，† Qicanno qi(木カンノキ)は，船のへさきに取り付けた横木で，小錨や錨の端を結びつけるものというから，† Quanno qi(貫ノ木)と関連のある語で，おそらくはQiquanno qi(木貫ノ木，あるいは，木問)の直音化した形であろう．

　　† Gaguefeôxô.(ガゲ氷消)　Fôxô〔Feôxôの誤り〕の条を見よ．
　　† Feôxô.(氷消)　例, Gague feôxô.(ガゲ氷消)　何か固い物が溶けて崩れること．例, Fitono cataqi cocoromo goPassionno quannenuo motte gague feôxôto toqe vataru.(人ノ固キ心モ御パッションノ観念ヲ以テガゲ氷消ト溶ケワタル)　比喩．人々のかたくなな心さえも御受難を考えることによって解けほぐれる．文書語．

　上の2条は参照するように指示されているが，その中にGagueの形が4回も出ているから，Guagueの誤植ではない．そして，その意味から推して落葉集本篇の「瓦解」と「氷消」とを連ねたものであろう．その連ねた「瓦解氷消」は，仏教大辞典によれば，「雲門広録」に出た句で，無門関にもあるというが，村口四郎氏蔵古鈔本「句雙紙抄」に，次のように出ている．
　　瓦解氷消瓦ノコヲツタヤ又水ノコヲツタガ日ニ逢テトクル如クソ

　　　　　ハラリトサトツタナリ(52 ウ)

　従って，日葡辞書の Gague は Gua の直音化形と知られる次第である．
また，カ行合拗長音 quǒ が直音 cǒ になることがある．

　　　Gocǒ.(ゴカウ)　仏(*Fotoques*)の頭の回りに描いたり，取り付けたり
　　　してある光の筋，または，光輪〔光背〕．文字では Goquǒ(ゴクヮウ)
　　　と書かれるけれども，話し言葉では Gocǒ(ゴカウ)と発音される．

　上の説明により明らかに直音化した形と知られるが，似た例は，サントスの御作業の本文，和らげともに quǒtacu(皇沢)なるべきを cǒtacu としている例(II.271/22)がある．

　バレト写本や Feiqe の書入れ難語句解には，*mongay*(門外)のような直音化の例と見えるものがかなりあるけれども，その一方に *nanguan*(難艱．217 v/3)や *guoxo*(後生．f.364/6)のように ga, go の代りに gua, guo と書いた例がまれでない事実[37]からすれば，バレトの書き癖によるものと見るべきであろう．

　一般に，上のような直音化現象は，四つ仮名の混乱ほどではなかったもののようで，混乱例は比較的少ないようである．然し，それはすでに鎌倉期のものに散見し，当代のものにも，

　　　カンノウノ下地ノツヽミヲツク(勧農．山科家礼記．応仁2.5.27)
　　　予今日心経千巻まんかん(満願．同上．文明9.5.21)
　　　セツシユノカウミヤウ(光明．世阿弥自筆能本，柏崎)

のような例があり，直音化は徐々に進行していたらしく，日葡辞書の例もそれを反映したものである．

3　サ行拗音の直音化

　日葡辞書の見出し語に Ximocu(杵)があって，'日本の鐘を外側からつくのに用いる木であって，鐘の舌のような役をするもの'と説明してあるから，「鐘木シユモク」(黒本本・易林本節用集)にあたる語で，その転化形である．日葡辞書と同じ「シモク」の形は，伊京集・天正十八年本・饅頭屋本節用集に見え

るほか，抄物で古文真宝之抄(五上17/1)，中興禅林風月集抄(40 ウ)，京大本三略抄(六3/12)，村口四郎氏蔵句雙紙抄(11 ウ/8)，その他に見え，当時通用していた形であるらしい．また，日葡辞書に，

  Xutna.(出ナ)　すなわち，Demono.(出者)　差し出がましい(人)，または，おしゃべりな(人)

の1条があり，これに対して別に，

  Xitçunamono. l, xitçuna yatçu.(シツナ者．または，シツナ奴)……

の条があって，上と同様の説明をつけたあとに，'本来の正しい語はXutnamono(出ナ者)であって，Saxidetamono(差シ出夕者)の意である'と注し添えてある．この形も玉塵(九7/2)，三体詩抄(一ノ三43/5)，虎明本狂言楽阿弥(古本能狂言集，二 746/9)その他に「シユツナ」の例が少なからず見えるが，それが直音化することがあったのである．

 日葡辞書のXibin(溲瓶)やGuibôxi(擬宝珠)も同類であり，羅葡日の「Yxxicu(イッシク)鎧イタル軍勢」(Acies)のYxxicuも日葡辞書のIxxucu(一縮)の転化形に違いない．片言(1650)にシュ〉シの例を多くあげているのと合わせ考えて，当時この傾向の存したことは疑いない．なお，日葡辞書には例を見ないけれども，シク活用形容詞ウ音便形の短音化した「シュ」も直音化することがあったのであって，

  <u>アタラシ</u>ツクリタテタ車(玉塵二十13 ウ/3)

  久雨，<u>久シ</u>フル雨ナガサメナリ(同上九5 ウ/1)

  御目のうちのけたかさ，あくまで<u>あいきやうが</u>まして，<u>うつくし</u>そおはしける(しぐれ．室町時代物語大成，六. 298上)

のような例があり，類例は捷解新語にもまれではない．

VIII　子音二重字表記

 子音二重字とは，葡語でLetra dobradaと言われるもののことであって，cc, ss, cqなどのように同音の子音文字を二つ連ねたものを言う．葡語では語

頭に用いられることはなく、その点は日本語を写す場合も同じである。日本語表記には促音を写すのに用いられるが、実はそれ以外にも促音を示すとは認められない例があって、日葡辞書中にも次のような例がある。

  Issuca.(鷸)　Mittçuchireô.(蛟龍. Coreô の条. 補遺に†Mitçuchireô がある。)　Gossocca.(御足下. Socca の条)　Ittaru teqi(居タル敵. Macuri idaxi, su.の条)　Vaqij, iru, itta.(沸キ居，イル，居夕)

  Fazama.(狭間)……¶Vchinimo tçuuamonodomo fima fazamamonŏ michimichite itta.(内ニモ兵ドモ隙狭間モ無ウ充チ満チテイッタ)　Feiq.(平家)巻一.

この引用文例は、Feiqe(24/13)の本文に ita とあるのを itta と改めたものであるが、後に葡語訳をつける時にそれを促音表記と解して entrarão(入った)と誤った説明を付けたものである。また、Moteatçucai, ŏ.(持テ扱イ，ウ)の条に引用した太平記巻二十九，師直以下被誅事の条中に，「荒キ風ニモアテジト motte atçucai, &c.」とあるのも，原本文に照らせば mote atçucai とあるべきで，日葡引用文中の形は子音二重字形をあてた表記である。なおまた，同じ太平記巻二から，Qe, ru.(蹴，ケル)の条に引用された文中に，

  Axiuo motte fuxitaru macurauo fattatozo qetariqeru.(足ヲ以テ臥シタル枕ヲ fatta トゾ蹴タリケル)

とある fattato も原文に照らせば fatato とあるべきで，引用文中のは子音二重字形に改められているものである。

 「米で作った一種の小餅」の意の Buto(伏兎)は，Butteqi(仏敵)と Buttô(仏灯)との間にあって配列位置が順当でないが，Butto ならば順当の所である。これは最初 Butto とあったのを Buto に改めて印刷した結果生じた不具合に違いない。その一方，本篇の Mitçŭ はその訓注に Fisocani tçŭzuru(密カニ通ズル)とあるから「密通」を写したものに違いないが、それにしてはこの Mitçŭ はそぐわない。さらにその配列位置も Mit rino fisŏ(蜜裡ノ砒礵)と Mittei(密定)との間にあって順当でなく，Mittçŭ とあれば正当なところである。それ故，おそらくは最初は正しく Mittçŭ と書かれていたのを，子音二重

字の表記と誤解して，後にt一つを削って印刷したものであろう．

これに類する事例は他にもある．An(餡)の条に'mochis(餅)やmanijusの中の詰め物'とあるが，manijusはmangiŭs(饅頭)とあるべきものであろう．giŭ(ヂュウ)の代わりにjjuと書いた例は，バレト写本の中にjjuxo(住所．49/17)，Xinjju(心中．25/1)などがある．このことから推せば，日葡辞書でも原稿写本ではmanjjusと書かれていたのを，印刷の際に正しくmangiŭsと改めるべきを，写本の形のままにmanijusとして組んだ誤りであって，それはii, jjと綴るのは異例で，一般にはijであったから，それに従ったのに基づいて改めた結果による誤りであろう．

日葡辞書には，なお注意をひかれることがある．「味噌」という語は，見出し語に次のような例がある．

  Miso(味噌) Misocoxi(味噌漉) Misoya(味噌屋) Misoyaqijiru(味噌炙汁) Foromiso(法論味噌) Fucusamiso(袱紗味噌) Nucamiso(糠味噌) Taremiso(垂味噌) Yumiso(柚味噌) †Sumemiso(澄メ味噌)

このようにすべてmisoに一定しているのに，葡語説明文中に現われるのは，*Miso*(†Cŏ. Dengacu. Tate, tçuru)の3例を例外として，その他は，

  Misso(Vomoxi. Xitçucoi. Yumiso)

  Misô(Fanben. Misocoxi. Misoya. Misôzzu. Sumaxi. Tamari. †Denの条)

のように*Misso, Misô*ばかりである．

上に述べて来たように，日葡辞書には見出し語に子音二重字表記の例が極めて少なく，見出し語以外でもまれなこと，原稿では二重字表記であったのを後に改めて印刷したと見られる例があること，「味噌」にしても11語も見出し語があるにも拘わらず二重字表記は1例もないこと，その反面，子音二重字の*Misso*は*Misô*とともに葡語説明文中に限って見えること，これらの事実を総合して考えるに，編者は，日本語を日本語としてローマ体で表記する場合には，子音二重字を用いない方針であったと思われる．そして僅か

ながらローマン体の子音二重字があるのは，先行の写本，あるいは，写本原稿の形を残しているものなのであろう．最後にあげた「味噌」のイタリック体の *Misso* と，アクセントの重音符(acento grave)を付した Misò とは，同音を示しているものであろう．そうであるとすれば，この事実は子音二重字の示す発音を推考する一つのヒントになるかも知れない．

それはともかく，上のように考えられる事情で，日葡辞書の例は限られたものであるけれども，それ以前の写本類には例が多くある．特にバレト写本や Feiqe の書入れ難語句解に多く，両方では250例近くもある．それのみならず，朝鮮資料にもこれに相当するものがある．捷解新語の日本語に対するハングルの音注で，子音字2字を並べて記す，いわゆる「並書」がそれである．趙承福(Seung bog Cho)氏は，並書表記をば，'pitched or stressed'[38]と解され，福島邦道氏は，子音二重字の部分は「強めの促音のように，あるいは，glottai stop のように聞える」ようなものと言われる[39]．日本語のアクセントを示すものとは考えにくいが，一種の強めを示すものと見ることはできるのではないか．日本語のある語に強めて発音される音節があるとして捉え，それがその語のもつ属性であると認めるようになって，それを正しく写そうと工夫したものではあるまいか．捷解新語にも，バレト写本にも別に拙稿があるので[40]，詳しくはそれに譲ることにする．

注
1) 土井忠生「ヴァチカン文庫蔵バレト書写の文書集」(「吉利支丹文献考」三省堂，昭和38)p.179
2) 橋本進吉「文禄元年天草版吉利支丹教義の研究」(「東洋文庫論叢第九」東洋文庫，昭和3) 後に「キリシタン教義の研究」(岩波書店．昭和36)．
土井忠生「近古の国語」(「国語科学講座」第8回．明治書院，昭和9)
吉田澄夫「天草版金句集の研究」(「東洋文庫論叢第二十四」東洋文庫，昭和13)
土井忠生「ロ氏小文典のローマ字綴」(「国語学論集」橋本博士還暦記念会，岩波書店，昭和19)
高羽五郎「サントスの御作業 翻字篇」付録．(油印私版，昭和24)
土井忠生「サントスの御作業の本文成立に関する考察」(「山田孝雄追憶史学語学論文集」宝文館，昭和37)
拙著「天草版平家物語難語句解の研究」(清文堂，昭和51)

3) 高羽五郎　前掲 2)論文の p.23
4) 土井忠生「吉利支丹語学の研究　新版」(三省堂, 昭和 46)p.83
5) 大塚光信・小島幸枝共編「コリャード自筆西日辞書」(臨川書店, 昭和 60)
6) 拙者「天草版平家物語難語句解の研究」(清文堂, 昭 51)p.307
7) 濱田敦「弘治五年朝鮮板『伊路波』諺文対音攷―国語史の立場から―」(「弘治五年朝鮮板伊路波」京大国文学会刊. 昭和 40)p.24
　　河野六郎「伊路波」の諺文表記に就いて―朝鮮語史の立場から―」(同上書) p.40
　　土井洋一・濱田敦・安田章「倭語類解考」(国語国文, 第 28 巻第 9 号, 昭 34)
8) ローランド・ラング「文献資料に反映せる中世日本語エ列音の口蓋化」(「国語学」第 85 集 1971)
9) 小倉進平「南部朝鮮の方言」(朝鮮史学会, 大正 13) p.3〜15
　　同　「朝鮮語方言の研究」下巻(岩波書店. 昭 19)p.28 以下
　　拙稿「捷解新語題」(「三本対照捷解新語」京大国文学会, 昭和 48)「室町時代語論攷」所収.
10) J. F. Schütte: Monumenta Historica Japoniae 1. Textus Catalogorum Japoniae. Roma. 1975.――1592, 1593 年度日本イエズス会目録.
　　Luis Frois: Segunda Parte da Historia da Iapam. Tôquiô. 1938
11) 濱田敦　前掲 7)論文, p.25
12) 土井洋一・濱田敦・安田章, 前掲 7)論文　p.7
13) 土井忠生「近古の国語」(「国語科学講座」明治書院, 昭和 9)p.10 以下
14) 拙稿　前掲 9)
15) 濱田敦「撥音と濁音との相関」(「国語国文」第 21 巻第 9 号, 昭和 34)
　　亀井孝「日本語の歴史 4」(平凡社, 昭和 39)p.317
16) 拙著前掲 6)p.298
17) 橋本進吉「キリシタン教義の研究」(岩波書店, 昭 36)p.222
18) 土井忠生　前掲 4)p.83
19) 土井忠生「ロ氏小文典のローマ字綴」(「橋本博士還暦記念国語学論集」)p.270
20) Joaquim, Nunes José. Compendio Grammática Historica Portuguesa. 4ed. Port. 1951. p.96
21) 丸山徹「中世日本語のサ行子音―ロドリゲスの記述をめぐって―」(「国語学」第 124 集,1981)
22) 池上禎造「キリシタン資料」(「国語学」第 11 輯,昭和 30)
　　拙者「天草版平家物語難語句解の研究」(清文堂, 昭和 51)p.305
23) 亀井孝「蜆縮涼鼓集を中心に見た四つがな」(「国語学」第 19 輯, 1954)
24) 拙著「室町時代語論攷」(三省堂, 1985)p.303 以下.
25) 福島邦道「キリシタン資料と国語研究」(笠間書院, 昭和 48)p.138

26) 橋本進吉　前掲17)p.250
27) 同　上　p.249
28) Oliveira, Fernão de, Grammática da Linguagem Portuguesa, Lisboa, 1536 ; ed. por Maria Leonor Carvalhão Buescu, Lisboa, 1975. p.54
29) Lião, Duarte Nunez do : Orthographia da Lingoa Portuguesa. Lisboa. 1576. f.4
30) 拙稿　上掲24)
31) Vasconcellos, J. Leite de. Esquisse d'une Dialectologie Portugaise. Paris, 1901. 2ª ed. Lisboa 1970. p.95
Dunn, Joseph. A Grammar of the Portuguese Language. London. 1930. p.83
Nunes, José Joaquim de.　上掲20)p.86
32) 丸山徹「キリシタン資料におけるf表記をめぐって」(「南山国文論集」第13号, 1989)
33) 土井忠生「サントスの御作業版本の本文成立に関する考察」(「吉利支丹文献考」三省堂, 昭38)p.237
34) 吉田澄夫「天草版金句集の研究」(「東洋文庫論叢」第24. 1938)　P．231
35) 酒井憲二,「森田武著天草版平家物語難語句解の研究」紹介(「国語学」第107集, 1976)　この中で,「暴」を「慕」と書くのは中世には例の多い慣用異表記であり, 色葉字集の本文では通用字「慕風」に従い, 巻末の正誤表では規範的意識のもとに訂正したものであろうとの御教示を得た。
36) 亀井孝「室町時代末期における多行音の口蓋化について」(「方言」七の8.)「亀井孝論文集3．日本語のすがたとこころ(一)音韻」吉川弘文館．昭和59．に収む)
37) 土井忠生　上掲33)p.238
38) Seung-bog Cho. A Phonological Study of Early Modern Japanese on the Basis of the Korean Sourcematerials. 2 vols. Stokholm. 1970. Vol.II. pp.157, 165～172.
39) 福島邦道「土井忠生著　吉利支丹文献考」(「国語学」第54集　昭和38)
福島邦道「ヴァチカン写本　Reg. Lat. 459の日本語表記」(「実践女子大学文学部紀要」第17集)
40) 拙著　前掲6)　p.321-337
拙著「捷解新語攷」(「室町時代語論攷」三省堂　昭和60)

第Ⅳ章　日本語のローマ字表記と発音
(2) 長音節　その他

I　ア段の長音　付 Ah

日葡辞書中，ア段の長音を写したと認められるものは，
　　Aa(アア)　　Aara(アアラ)　　Vaa(ワア)
　　Yăt(ヤアッ)　†Yăyă(ヤアヤア)
が見出し語にあり，†Ya(ヤ)の条下に Aara があるのを見るだけであるが，すべて感動詞の例である。ăは，葡語文中で前置詞の a と女性冠詞の a とが連なる場合に aa の代わりに用いるものであるが，このアクセント符号をウ段長音を示すのにも Cŭgi(空地)，Chŭya(昼夜)のように用いていること，ロドリゲスの犬文典に Aa とも Aă とも記し，Aara とも Aăra とも記している(ff.46.76)こと，また，ローマ字本コンテムツス・ムンヂの Aa(13/9)が国字本「こんてむつすむん地」の対応本文に「あゝ」(一4ォ/3)となっていること，後者は史記抄その他にいくつも見られる「アヽ」と対応すること等々の点から，ア段長音を表記したものと認められる．

ロドリゲス大文典に見える感動詞の Yară(f.128/16,18,20)も同類であるが，日葡辞書は Yara だけを収めている。また，gozaaru(御座アル)の長音化した gozăru(ゴザール)が，バレト写本(f.145 v/7)を始め，ロドリゲス大文典(f.1 v/7)や Feiqe(31/12) などに見えるけれども，これも日葡辞書には gozaru だけを収めている．当時はまだ普通の語にはア段長音が一般的でなかったためである．

さて，ここで問題になるのは Ah である．日葡辞書に1例見えるだけであるが，それは「邦訳日葡辞書」には次のように記してある．
　　Ah.[1] アァ(嗚呼)　驚嘆などの意を表わす感動詞．¶例，Ah migoto.(あ

あ見事）ああ見事なこと，あるいは，ああ美しい見ものよ．*[1] 無音のh字で長音を写した異例の綴り字である．ロドリゲス日本大文典にAaとあるのなどもこの類か．

　このAhは，日葡辞書に収められた上掲の条に見えるだけで，まだ他のキリシタン版ローマ字本にも写本にも見出だせないので，今のところこれが唯一の例である．その故に，この語は表記に誤りがあるか，あるいはまた，誤って収載されたものではないかとの疑いがかけられないでもない．しかし，その疑いを支えるような確かな理由は考えられない．

　第一に，配列位置を見るに，この条はAg～綴りの見出し語群の最終のAgumi, u, unda.の次，AI.の前にあって，アルファベット順の正しい配列位置におかれている．なおまた，本篇5丁表右欄の最上部にあり，その下に2行取りのスペースをおいて，そこに

　　　　A. NTES DE I.（Iの前にAのあるもの）

という小見出しがあり，その次にAI（藍）が続いている所である．すなわち，原稿書写の際も，植字や校正などの折にも目につきやすく，他の条々以上に注意の届く条件を具えた位置にある．これらの点からして，Ahは誤りではなくして，編者がそれと意図してここに収録したものと認めなければならない．また，もしAhを誤って見出し語に掲げたものとすれば，編者の態度からして，本篇A部の始めの誤りを見過ごすことなく，必ずや補遺で訂正したであろうと思われるのに，全くそうした事実はない．

　邦訳日葡辞書では，このAhのhを無音化したものと見て，Aáと同じく長音の「アァ」であろうとしたが，それは当時のポルトガル語にあっては，h字はすでに無音化していて発音しないきまりになっていたからである．しかし，なお考えるに，別条にAaがあり，その条下にAaを含む用例を四つも挙げて詳しく説明を加えているのであり，日葡辞書では，見出し語標出の方針として，同音異綴字の語形は，たとえば，

　　　　Feô, l, fiô（俵）　　Qeô. l, qiô.（今日）

のように並べ掲げるのが例であるのに，Ahについてはそのようなことはな

第Ⅳ章　日本語のローマ字表記と発音　(2)長音節　その他　165

い．従って，それぞれ別条として正当な位置に標出してある Aa と Ah とを同音を写したものと見るのは正しくない．やはり綴字の違いのとおりに二者は相異なる感動詞として収録されたとするのが正しい受け取りかたであろう．ラテン語に間投詞の Ah や Aha その他があったこと，当時ポルトガル語にも存していたことは辞書類で知られるが，それとこれとは別であって，それは次に述べるところによって明らかになるであろう．

　イエズス会宣教師がわが国に来朝して布教活動を展開した 16 世紀の半ばから末にかけて，西欧で出版されたポルトガル語学書の中に，h 字の発音に関して注目すべき事実を記しているものがある．早くは Oliveira の文法書 (1536)[1]，Barros の文法書(1540)[2]，次いで Gandavo の正書法(1574)[3]，Nunez do Lião の正書法(1576)[4] などであるが，いずれもポルトガル語で h 字は発音しないのだけれども，間投詞に限っては帯気音(aspiração)を示すものがあるというのである．そのうち，Nunez do Lião のポルトガル語の正書法を説いた書の中の一節には，次のように書かれている．

　　H．これは文字ではなくて符号に過ぎない．しかしながら，一種の帯気音(aspiração)，あるいは，出気音(assopro)のしるしであって，これの添わっている文字群は，この帯気音を伴なって発音される．ポルトガル人は，H 字を書くには書くけれども，これを発音することはない．それで，我々は，homẽ(人)を omẽ，hõra(名誉)を onra，それに hoje (今日)を oje，hoganno(今年)を ogãno，hagora(今)を agora，hauer (持つ)を auer と〔綴ったのと〕同じように発音する．しかしながら，例外として，笑いを示す ha ha と，恐怖あるいは憤激を表わす ah と，この二つの間投詞の発音には，上述の帯気音を感知するようである[5]．

　また，これよりも 2 年早く出版された Gandavo のポルトガル語正書法の中にも，帯気音の h が a について感嘆の意を表わす ah があるといって，次の用例まで示してある．

　　Ah desauentura tão grande.
　　Ah campos Lusitanos suspiray, & *c.*

（ああ，斯くも大きな不運よ．
　　　ああ，ポルトガルの平原よ，
　　　そよ風よ吹け，云々[6]．）

　そのほかに，同じ類の間投詞として，há, hé, aha, ahá, uha などもあり，上引の二書には日葡辞書所載のと全く同形の ah も見えるのが注意をひく．

　かくて，わが国にキリスト教の宣教師が来朝して熱心に布教活動を展開し，その一環としてキリシタン資料ローマ字本の書写・印刷が行なわれていたそのころに，ポルトガル語の間投詞中に帯気音の h を発音する語が存していたことは，疑いもない事実としなくてはならない．当時，わが国にあって布教に従った外国人宣教師ではポルトガル人が最も多かったのであるが，そのポルトガル人たちが母国語のポルトガル語を話す時には，上述の間投詞 ah その他も日常的に口にしたに違いない．あるいはまた，大胆な想像をあえてするならば，ポルトガル人が日本人と日本語で話をしているうちに，何かにひどく感動したポルトガル人が，その強い感動の情を突発的にポルトガル語の間投詞をもって表出した，というよりも思わず知らず口を突いて出たというようなことがあったかも知れない．本来間投詞は，どの言語にあっても感声的なものが多く，知的意味の分化はきわやかでない特性をもつから，上のようなことも起り得るであろう．しかしそれは，不用意にか無意識にか発せられたポルトガル語であって，日本語ではない．

　当時既に日本語の中にラテン語やポルトガル語からの外来語が入っていて，日本人キリシタンの間に通用していたが，少しは信徒以外にも行なわれた語もあった．しかし，それらで日葡辞書の見出し語に採録された語は全くない．この辞書の性格からして当然のことである．さきの Ah もポルトガル語に同形の間投詞があるにしても，それを採ったのではない．前述のごとく，具体的用例まで添えて説明を加えてある以上，れっきとした日本語を登録したものである．言うまでもないが，Ah は感動詞であるから，一般の音韻体系外の音形をもつことも，そのことの故に日本語ではないとする根拠にはなし得ないわけあいのものである．

日葡辞書は，日本の話し言葉を基盤として重視するとともに，書き言葉その他特殊語にまで及んで，外国人宣教師の日本語学習を効果的ならしめるために，さまざまの工夫をこらし，異常な努力をしている．問題の Ah を含む本篇のA部も他の部と著しい違いは認められないけれども，恐らくは日本人の話し言葉の中から採ったと思われる諺がA部に最も多いことが注意をひく．このような A 部であるからこそ，生きた言葉の中に Ah を見出して採録したと言えるかも知れない．

　いずれにせよ，この Ah は日本語の感動詞であって，ポルトガル語のそれを採録したものとは見られない．Ah は母音 a が帯気音を伴うことを示すというから，恐らくは [a^h] であろうと推定されるが，それならば [a]（あ）よりも少し強い驚嘆・賛美の感情の表出として日本語の中にも現われることがあったであろう．しかし，それを仮名文字で表記する方法はなかったのである．一方，ポルトガル人はその母国語に間投詞の Ah があり，それは [a^h] と発音されていた．そうであればこそ日本語の感動詞の中に [a] に帯気音の要素の加わった語があるのを耳聡く捉えることができたのであって，それに基づいて Ah と表記して，日葡辞書に採録するに至ったものと考えられる．

　このように解すれば，見出し語 Ah に仮名音注の「ァァ」はふさわない．正しくは [a^h] とすべきであるけれども，それでは「邦訳日葡辞書」の表記方針に合わず，結局，特別措置として片仮名の異体字をあてる工夫をするか，条件つきで従前の方式に従うかのどちらかしか方法はない．この場合は Ah 一語だけのこと故，音注はもとのままとするのがまずは穏当なやり方であろう．但し，それはこの場合に限り「ァァ」を以て [a^h] を示すこととした便宜的な例外措置である旨をことわっておかねばならない．

　さて，Ah は今のところ孤例であるが，その同類と見られるものはほかにもあるのである．日葡辞書は H 部を立ててないから，H 字に始まる語は一つもないが，他のキリシタン資料ローマ字本には，Hà, Hara, Hat などのような例が 50 以上もある．しかもそれがすべて感動詞の例ばかりであって，帯気音，あるいは，出気音を示す h 字をもつ点で Ah と通ずるものである．

II　ウ段の長音

1　長音符号

　ウ段長音の表記には，他の版本と同じく，Cǔden(宮殿)，Xǔjǔ(主従)のように ǔ を一般的に用いるが，他に û, ù をも用いている．バレト写本などには ú の例もあるが，それは日葡辞書には見られない．

　û は，Amiûdo(網人)，Ayaxû(怪シウ)など，本篇 A 部から補遺にまで及ぶ．ù は，Atçù(暑ウ)，Cùgiù(空中)など，本篇 A 部から使われているが，特に C 部に集中しているのが著しい．これら三者が同音を示すことは，Guengiû と Guẽngiù(厳重)，Atçù と atçǔ(厚ウ)，Iûnen と Iǔnen(十念)のように同じ語の表記に併用されているのによって明らかである．

　この三者のうち，û と ù は少なく，特に ù は著しく偏在している．日本語を日本語として表記したもの，すなわち，見出し語，訓注，同義語，引用文等に限り，その使用状況を見ると，大体次のとおりである(印刷不分明のものは筆者の判断による)．

別・篇別		A	B	C	D	F	G	I	M	N	Q	R	S	T	V	X	Y	Z
ǔ	本篇	57	33	35	2	159	113	157	92	90	198	71	87	146	83	181	109	12
ǔ	補遺	7	0	32	3	9	11	13	6	12	22	17	6	9	13	41	39	0
û	本篇	1	22	16	2	14	1	7	2	4	0	2	2	1	0	6	0	0
û	補遺	0	1	2	0	2	10	9	1	7	4	10	4	2	3	8	2	0
ù	本篇	11	5	276	13	33	5	3	0	0	0	0	0	2	0	1	0	0
ù	補遺	0	0	0	0	0	0	0	0	0	0	0	0	0	0	0	0	0

　これによって，ǔ は本篇・補遺を通じて最も多く，これを用いるのを原則としたことが知られる．これに対して，û, ù は本篇の F 部までに比較的多いが，それ以下には少ない．殊に ù は偏在の傾向が強くて，G 部以下にはまれにあるのみで，補遺に至っては全くないのである．本篇の C, D 部あたりでは，

第Ⅳ章　日本語のローマ字表記と発音　(2)長音節　その他　169

ùがŭやûを凌いではるかに多く，むしろù使用を原則としたかにさえ見えるのに，補遺に皆無であるのは最も著しい現象である．これは本篇のC, D部あたりの編纂分担者が，ùを用いる方針をとったからであるが，それ以後これを改めてùを用いないこととなり，その結果補遺には用いられていないのである．それに代わってŭ の使用を本則とするに至ったのであろう．しかし，ŭをもって完全に統一するには至らなかったのは，原稿写本にはなおû, ùを含んでいたからであろうと考えられる．

ûは，日葡辞書以前から用いられ，サントスの御作業（Ⅰ 75/3, Ⅱ 234/1）や信心録（253/9, 474/6）にも見られ，日葡辞書以後でも「サカラメンタ提要」付録にも見られるから，一般的なŭ にまじって使われたのである．一方，ùは極めてまれで，信心録にnhùua（柔和．185/19）を見るくらいで，他には例を知らない．それでも，日葡辞書の葡語説明文中の日本語で，イタリック体で印刷されたものには少なくない．次はŭ とùとを使い分けた例である．

　　Ienxŭ.（禅宗）　禅宗（*Ienxùs*）の宗門の人々．
　　Ienzô.（禅僧）　すなわち，Ienxŭno sô.（禅宗ノ僧）　禅宗（*Ienxùs*）の宗派の僧，すなわち，坊主（*Bonzo*）．

ローマン体で印刷した日本語にはùを用いることのない部でも，イタリック体の葡語文中ではùを用いている．

　　Focquexùs（法華宗．Meôfôrengueqiŏ）
　　Vŏxù（奥州．Vocugoma）　*Chùguens*（中間．Zŏxiqi）

このùをC, D部などで多く用いたのは，イタリック体にそれがよく用いられるのに倣ったためであろうが，その根底には，ア段長音やオ段長音の表記に重音符（acento grave）を用いて，à, òとも記したこととも関係があるであろう．

上述三者のうち，ŭ がウの長音を示すことは，ロドリゲスの大文典に，唇を狭め口を閉じ加減にして，あたかも uu の2字で書かれているように引き延ばして，葡語の Perù（七面鳥）などと同じように発音されると述べている（f.175 v）ので，[uː]にあたると見られる．彼はこの見解に基づいて，後年の

日本小文典では専ら û を用いている．

2 ウ段長音の表記

ウ段の長音 ǔ になるのは連母音の [uu] と [iu] とである．

①ǔ ← uu(ウ段音＋ウ＝ウ段の仮名＋う・ふ)……cǔ(空) fǔfa(風波)
　　tçǔriqi(通力) yǔbe(夕) cǔ(食ふ) vsǔ(薄う)

②ǔ ← iu(イ段音＋ウ＝イ段の仮名＋う・ふ)……yǔriocu(有力) qiǔyǔ(旧友) chùya(昼夜) yǔ(言ふ) aqiǔdo(商人) fisaxǔ(久しう)

②の iu 系のものは拗長音になるのであるが，まれに特異な綴字を以てした例がある．

　　Cuniùdo(国人)　Cuniǔdo(国人．Vomoitçuqi, u の条)　Facabacaxiǔ(ハカバカシウ．Facabacaxij の条)　Xutniû(出入)

バレト写本に多くの例があるが，長音符の付けてないものが少なくない．

　　Xunxiu(春秋 f.312 v/3)　*niuua*(柔和．f.331/9)
　　docuchiu(毒虫．f.367/14)　*nhiǔdo*(入堂 f.243/7)

また，捷解新語でも「船中」「入館」「げにもらしう」のチウ・ニウ・シウをハングルで쥬우, 뉴우, 슈우(cyu-'u, nyu-'u, syu-'u)と写す一方，「注進」「商人」「十」「逗留」「悪しう」のチウ・キウ・ジウ・リウ・シウを지우, 기우, 즈우, 리우, 시우(ci-'u, ki-'u, zi-'u, ri-'u, si-'u)と写した例が多い．前者はローマ字綴の chǔ, nhǔ, xǔ に当るが，後者は chiǔ, nhiǔ, xiǔ の類に当る[7]のであって，同じ音声的事実を示すものと見られる．橋本進吉博士は，ドチリナ・キリシタンの拗音表記に qio, qiǔ など中央に i のある表記に注意して，この種の拗音では i 音が現在よりも重く発音されたろうことを，謡曲における発音法を参考として推定された[8]．上述のキリシタ資料および朝鮮資料の特異な拗音表記はそれを裏付けるものである．

ただ，ローマ字版本の一般的綴り方としては，xǔ, chǔ, nhǔ のように間に i を入れない綴字で統一しているのは，今日よりも i を重く発音しても，「音曲玉渕集」や「謡開合仮名遣」に説くごとく，「九州」を「きうとわりしうとわ

る」というほどに際立ったものではなかったからではあるまいか．日本語の発音と表記に細かな注意を払ったロドリゲスが，上の点については何ら言及していないのも同じ理由によるのであろう．要するに，当時のウ段拗長音において，iのひびきが微妙に聞かれることのあったろうことは否定できないけれども，一般的には今日の発音とほぼ同じようになっていて xŭ, chŭ, nhŭ のようなイエズス会式綴り方を用いても差支えないものであったのであろう．

III オ段の直長音

オ段の長音は，説明の便宜上，直音と拗音とに分けて述べる．

オ段長音には開音と合音との別があって，ローマ字ではŏとôとで書き分けている．ロドリゲスの日本大文典によれば，開音ŏは，「拡がるŏ」で oo のように発音し，葡語 avǒ(祖母) enxǒ(手斧)などの発音と同じく，合音ôは，「窄るô」で ou のように発音し，葡語 avô(祖父)の発音と同じだという(f.175 v)．早く橋本進吉博士は，この記述に基づいてŏ は [ɔ:]，ô は [o:] であると述べられたが[9]，次いで土井先生も同じロドリゲスの日本小文典にもとづいて同じ結論を示された[10]．これが一般に認められた通説であるが，近年豊島正之氏は，橋本博士説に綿密な検討を加え，ポルトガル語学の立場から批判的意見を示された．その結果，

$$\left.\begin{array}{l}\text{開音 au} \to \overset{*}{\text{ao}} \underset{(逆行同化)}{\to} \text{oo} = \text{oo} \\ \text{合音 ou} \phantom{\to \overset{*}{\text{ao}}} \underset{(順行同化)}{\to} \text{ou} \to \text{oo}\end{array}\right\} \text{対立消滅}$$

とされ，ロドリゲスの記述は，「開音が longo(長)であるのに対して，合音が circunflexo(曲．元来ギリシャ語で相異なるアクセントより成る長音・二重母音音節の呼称)である点に注目して読まるべきもの」と結論づけられた．また，開音が合音との区別を保とうとするために [o:] からより広い [ɔ:] へ転じたことは十分考えられることであり，上の/oo/という解釈は開音が実際には [ɔ:] として実現することを妨げるものではないとも述べられた[11]．すなわち，

結局のところ，開合の区別は実際の発音において，ŏ は [ɔː]，ô は [oː] の対立においてその区別を保っていたという線におちつく次第である．

1 開・合長音の別とその表記法

ŏ, ô で写された語を検するに，歴史的に言えば，ŏ は連母音 au から，ô は ou, eu, ouo から生じたものである．ここでは直音の長音に限って述べ，拗長音については後で扱う．

① 開音 ŏ ← au（ア段音＋ウ＝あ段の仮名＋う・ふ）……cŏdŏ（高堂^{カウダウ}）　sŏtŏ（相当^{サウタウ}）　fŏbŏ（方々^{ハウ}）　mŏzŏ（妄想）　mŏsu（申す^{マウ}）　farŏ（払ふ）　fayŏ（早う）　mŏta（舞うた）　vogŏda（拝うだ）

② 合音
　　a)　ô ← ou（オ段音＋ウ＝オ段の仮名＋う・ふ）
　　　fôcô（奉公^{ホウコウ}）　nôsô（能僧^{ノウソウ}）　côqua（劫火^{ゴフ}）　gôin（業因^{ゴフ}）　vomô（思ふ）　yô（良う）　cô（来う）　nôda（飲うだ）　yôda（呼うだ）
　　b)　ô ← ouo（オ段音＋ヲ＝オ段の仮名＋ほ）
　　　vôyaqe（公^{おほやけ}）　vôcaje（大風^{おほ}）　vôcame（狼^{おほかめ}）　vôxe（仰せ^{おほ}）〔この類には長音化しない例外がある．―後述〕

上の①の場合に，ŏ の代わりに ð を用いた例がある．

　　Acarami, u, ðda.（赤ラミ，ム，ウダ）
　　fimauo vcagð.（隙ヲ窺ウ．Bin）
　　Cataqinno vðgui.（片金ノ扇．Cataqin）
　　Irui iguið（異類異形．Irui）

いずれも開長音を示すものであるが，同例はサントスの御作業（扉紙標題，Ⅰ 113/5）や信心録（238/3）にもある．いずれも統一して ŏ を用いた中の例外である．バレト写本の始め約 20 丁ほどの部分にも，*Teyu*ð（帝王．5 v/7），*bi*ð*nin*（病人．20/5），その他があり，別人の筆になった部分(ff.132〜155 v)には著しく多く，開長音符総数 239 のうち ŏ が 136，ð が 103，ô が 4 である．その ð 表記 136 中，tamð（給ウ）が 53，mðsu（申ス）が 59 であるのは，筆者の書き癖

もかかわっているかと思われる．

　これらも先の①と同じく au →ŏ の場合であるが，これとは変わって〜aua からŏ の生じた異例があって，必ずしもまれではない．日葡辞書の見出し語中にも，次のような例がある．

　　Auabi. l, Vŏbi.(鮑．または，ワゥビ)

† Caiauabi. l, Caivŏbi.(貝鮑．または，貝ワゥビ)

† Fauaqigui.(<ruby>箒木<rt>ハワキギ</rt></ruby>)——Fŏqigui.(ハウキギ．Fŏqigusa)

　　Iqidauaxij. l, iqidŏxij.(息ダワシイ．または，息ダウシイ)

　　Iqidŏxij.(息ダウシイ)．Iqidauaxij(息ダワンイ)という方がまさる．

　　Tamŏri, u, ŏtta.(賜ウリ，ル，ッタ)　Tamauaru(賜ワル)と言う方が

　　　まさる．……文書や荘重な話し言葉には Tamauaru(賜ワル)の方が

　　　多く用いられる．

　　Vazzurauaxij.(煩ワシイ)——Vazzurŏxij.(煩ラウシイ)

　　Vqetamauari, ru, atta.(承リ，ル，ッタ)——Vqetamŏri, ru, ŏtta.(承

　　　ウリ，ル，ウッタ)

† Yocaua.(夜川)——Yocŏ.(<ruby>夜川<rt>ヨガウ</rt></ruby>)　または，Yocaua(夜川)とも言い，

　　　むしろその方がまさる．

　上のように相対応するものでなければ，Sosocŏxij(ソソカウシイ)もここに加えられ，「ソヽカウシウツマラヌ者」(玉塵，三十一 10 ォ)の例がある．

　かような例は，国内側資料にもいくつも見られる[12]．

　「<ruby>厠<rt>カワヤ</rt></ruby>」を「訓呼相似」ているが故に「<ruby>高野<rt>カウヤ</rt></ruby>」と言ったという(下学集，伊京集)のもこの類であろうし，「もはや，すでに」の意の「マウ」(mŏ)にしても「今は」が語頭の狭母音を落とすとともに上と同じ変化をしたものと考えられる．要するに，前述の〜au＞ŏ のほか，上にあげたような〜aua＞ŏ の変化による開長音化形も存したのである．

　さらに，上に似たものに〜auo＞ŏ の転訛形もある．日葡辞書に，

　　Yŭgauo.(夕顔)夕顔．省略して Yŭgŏ(ユウガウ)と言う．しかし，本来

　　　の語は Yŭgauo(ユウガヲ)である．

とあり，別条 Yŭgǒ には，単に「Yŭgauo 参照」とだけある．その例は，yŭgǒ が羅葡日(Colocynthis, dis.)に，「夕顔(ゆうがほ)」が和漢通用集にあるほか，抄物にも，

  瓠ハユウカフ其形有円有長(帳中香，上 12)

  瓠ハヒサコトヨムソコヽラニ云フイウガウノコトナリ(玉塵七，44．同十六，83 に「ユウガウ」の例あり)

  村云　本草ニ牽牛子云云然フハヒルカウ歟(三体詩絶句抄．元和 6 年板，四．55．両足院蔵写本は「本草ニ似牽牛子……然ラハ」とある)

早くは「康頼本草」の「牽牛子」に「和名安佐加字」とした例もある．

ともかく，今知る限りでは，みな「〜顔」形の語であるのは，その後部構成要素の類推的転訛かとも考えられる．なお，上の帳中香，三体詩絶句抄については，亀井孝，鈴木博氏から賜わった御教示に深謝するものである．このような転訛形は，上の Iqidǒxij や Tamǒru，Yŭgauo の条に見える規範的説明を参考にして推量すれば，価値の劣った俗な言い方とされていたものもあったことが知られる次第である．

2　オ段音に続く uo の長音化

前述の②b)に述べたオ段音に uo の続く場合の合長音化は，規則的ではなくて，〜ouo の形をとどめているものがある．

まず，規則的に長音化するものは，先にあげた語以外にも，Fô(頬)，Vôxe, suru(負セ，スル)その他がある．Fô(頬)は，多くの複合語，「頬紅，頬当，頬骨，頬杖，垂頬」も同じであり，Vôxe(仰セ)も「仰セ付ク，仰セ合ワスル，仰セ付クル」，その他多くの複合語でも同じである．「見果(ハウ)スル，読ミ果(ハウ)スル，シ果スル」もまた Vôsuru で一定している．

このように合長音化しないで〜ouo 形を保っている語も少なくない．使用頻度の高いものについて見ると，vouoi,(多イ)，vouô(覆ウ)，touoru(通ル)，touoi(遠イ)などは，その諸活用形や名詞形を始めとして，

  Cocorououoi(心多イ)　Tachivouô(立覆ウ)　Touoriauaxe, suru(通リ合ワセ，スル)　Yuqitouori, ru.(行キ通リ，ル)　Touomi(遠見)

Touonoqi, u.(遠退キ，ク)　Touodouoxij(遠々シイ)

など，数多くの複合語に至るまで，すべて～uo形に一定している．なおまた，下の諸語も同じである．

Corouoi(頃ヲイ)　Fonouo(焰)　Iqidouori(憤リ)　Moyouoxi(催シ)　Vouori, ru.(生ヲリ，ル)　Yosouoi(粧イ)

そのほかに，同じ語にvô～形とvouo～形とが併存しているものがある．「氷(こほり)」はCouori(氷)を始め，Couori, u.(凍リ，ル)，Couorimizzu(氷水)，Couorizatŏ(氷砂糖)，Asagouori(朝氷)，Vsugouori(薄氷)のような見出し語も，Feôrin(氷輪)，Feôtei(氷底)，Facufiô(薄氷)，Qenpeô(堅氷)などの訓注もcouoriばかりであるのに，一方には長音化したcôriもある(Guexô. Togi, zzuruの条)．この長音形はFeiqe(229/5, 234/3)やEsopo(472/11)や羅葡日(Gelisidium. Gelu. Regelo. Rigeo)にも見え，天正十八年本節用集でも「氷」「凍」に「コウリ」の訓があるのを見ると，長音形もかなり用いられるようになっていたらしい．

「郡(こほり)」もこれと同じで，見出し語のCouoriの他，Gun(郡)，Gunchŭ(郡中)，Gundai(郡代)，Gungŏ(郡郷)の訓注もcouoriを注しているのに，Cocugun(国郡)の訓注にはcôriがあててある．この形もFeiqe(203/2)や信心録(325/14)や羅葡日(Regio. Tractus)に見え，天正十八年本節用集にも「コウリ」とある．しかし，「氷」「郡」ともに日葡辞書の見出し語にはCouoriをあげてCôriをあげてないのは，前者が標準的とされていたのであろう．

この他になお，Musubouoruru(結ボヲルル)とMusubôruru(結ボウルル)，Todocouori(滞リ(トドコヲリ))とTodocôri(滞リ)とが併存している．

「十(とを)」は，日葡辞書の見出し語にTouo(トヲ)とあるが，「十日」はtôca(トウカ)で，Guejun(下旬)，Iŏjun(上旬)の条に見え，Feiqeではみなtôcaとあるから，この場合は長音形に一定していたのである．

「弟」は三様に記されている．

†Votovoto.(弟)　すなわち，Votôto.……

Xatei.(舎弟)　Votouoto. l, vototo.(ヲトヲト．または，ヲトト)

なお，Contei（昆弟）の条にも votouoto がある．これらの形は，日葡辞書以前からあって，サントスの御作業や Feiqe にいくつも見られ，珍らしいものではない．そのサントスの御作業とバレト写本とで共通度の高い対応本文をもつ部分について見ると，バレト写本では vototo とある2例(ff.239 v/12, 240/1)が版本では votouoto となっている(I.287/2,17)．また，写本には初めに vototo と書き，それに votouoto と書き添えている例(f.240/5)があるが，これも版本では votouoto (I.288/13)となっている．版本が直接写本に基づくものか否かは明らかでないが，写本が何らかの形で利用されたことは違いあるまい．そうとすれば，版本では votouoto を採るべきものとしてこれに改めたものと思われる．この votouoto に当たる形は，応永本論語抄や広本(文明本)節用集，幸若舞の「入鹿」や「大臣」その他にも見えるが，この votouoto 形の成立には疑問がある．「弟」は「おとひと」の転で「おとうと」となったのは平安朝のことに属する．それが長音化して votôto となり，さらに短音化して vototo になったろうことは容易に推定されるが，votouoto はいかにして成ったものか．鈴木博氏は，オ段音の長音化についての精細な研究を示された中で，「この語の組成を例えば「おのおの」（各々）の如き語へ類推させていた向きもあったのか」と述べていられる[13]．これは確かに考えられることであるが，また，「氷」「郡」のように，couori, côri 両形が併存するものがあったが，なお couori の方が一般的で標準的でもあったのと，〜ouo 形を保つ一群の語が，「多イ」「通ル」「遠イ」等々使用頻度が高く，それだけ強い勢力を持つ語があったのに類推して votôto から votouoto になったということは考えられないであろうか．

終りにもう一つ2形併存の語がある．それは「大キイ（ナ）」である．日葡辞書の見出し語には，

   Vôqij.（大キイ）   Vôqina.（大キナ）

   Vôqisa.（大キサ）   Vôqini.（大キニ）

   Vôqiŭ.（大キウ）   Vôqisa.（大キサ）

の条があり，「大雨，大風，大勢，大麦(ヲウバク)，大鷹，大鳥，大緒，大空，大綱」等々

多くの語の語頭はすべて vô であって異例を見ない．ただ，見出し語の訓注に vouoina(ni)を用いた例が3条(Cocai. Cota. Taifei)ある．また，本篇の Dai (大)を始め，その複合語の「大麦(バク)，大犯(ボン)，大部，大仏，大海，大寒，大剛，大根」等々，かなり多くの語が収められているが，その訓注にはみな Vôqina があてられ，Taibiŏ(大病)以下「大(タイ)」の複合語においてもまた同じで，例外がない．従って，上掲の vouoqini のごときはごくまれな異例とすべきであるが，同じ現象は日葡辞書以前のものにも見られる．サントスの御作業やコンテムツス・ムンヂもほぼ同じで，vouoina 形は少ない．このような事実に関して注意すべきは，次の天草版金句集の例である．

　　河広ウシテ源 vouoi nari(大(ウウ)イナリ)，君明ラカニシテ臣ニ忠アリ．
　　心(ミナカミ)水上ガ広ケレバ河モ vôqina(大(ブウ)キナ)如クニ，主人ガ憲法ナレバ，臣下モ無理ヲセヌゾ．(512/2)

　この金句は「荘子」に出たもので，その原文を訓読した金句本文には vouoi nari とあるのに，金句を口語に和らげた「心」には vôqina が使ってある．これは単なる偶然とは思われない．上の句を国字本の金句集について見るに，伊達家本，山岸文庫本ともに問題の箇所は「大ナリ」とあって，いずれのよみとも明らかでないが，広本(文明本)節用集所収のものには「大(ヲオイナリ)」とある．因みに同書の索引を検するに，「大，弘，巨，宏」その他の漢字の訓は「ヲヲイナリ」がほとんどで，「ヲヽキナル」は文選の引用文中に1例を見るだけである．この事実からすれば，一般に保守的性格をもつ漢文の訓読には vouoinari 系が使われ，一般の口語には vôqina 系が用いられていたものと推定される[14]．

Ⅳ　オ段の拗長音

1　オ段拗長音の表記法

　オ段拗長音にも開音と合音との別があり，開音に ǒ，合音に ô を用いて区別することは，直音節の表記と同じである．

① 開音 ǒ ← yau(イ段音＋ヤウ＝イ段の仮名＋やう)……Miǒqiǒ(明鏡)　Xǒjǒ(猩々)　Chǒjǒ(頂上)　Fiǒrǒ(兵糧)　Riǒxǒ(良将)　Iǒguiǒ(浄行)　Biǒxǒ(病床)　†Giǒsǒ(定相)

② 合音 ô ← you(イ段音＋ヨウ＝イ段の仮名＋よう)……Qiôqiô(恐々)　Xôco(証拠)　Chôfô(重宝)　Iôbut(乗物)　Guiôtai(凝滞)

③ 合音 ô ← eu(エ段音＋ウ＝エ段の仮名＋う・ふ)……Qeôcun(教訓)　Xôxô(少々)　Saixô(妻妾)　Ichigiô(一帖)　Feôri(表裏)　Qeô(今日)　Yô(酔ふ)　Saqeôda(叫うだ)　Soneôda(嫉うだ)

④ 合音 ô ← iu(イ段音＋ウ＝イ段の仮名＋う)……forobeô(滅べう)　meô(見う)　cocoromeô(試みょう)　vochôzuru(落ちょうずる)　tçuqiôzuru(尽きょうずる)〔この④類は，上一・上二段動詞に助動詞「う」「うず」が付いて，ウ段長音を経てオ段合長音になったもの〕

上の①開拗長音表記は，その例に見られるような～iǒ 形が一般的であるけれども，その一方には，

　　　Beôqi(病気)　Meôchô(明朝)　Qeôcot(軽忽)　Imeô(異名)　Reǒnai(領内)

のうよな～eô 形が 100 余例混じっている．これらは，同じ語が別条に Biǒqi, Miǒchô, Qiǒcot, Riǒnai の形でも標出されているから同音の異表記形と知られ，しかも例外的なものである．このように同音の異表記形を併用しているのは，すでにサントスの御作業に認められるが，その巻末の和らげではすべて～iǒ 形に統一してあるから，～iǒ 形を用いるのを本則としたものと見える．羅葡日もほぼ同様で，一般的な～iǒ 形にまれに～eô 形をまじえ，日葡辞書はそうした以前からの表記形をも受けて，両形を併せ含んでいるのである．

次に合拗長音の表記には，～eô 形が一般的である．すなわち，上の②，歴史的仮名づかいで「きよう・ぎよう・ひよう・りよう」などと書く語も，③「えう・けう・けふ・げう・げふ・へう・めう・れう・れふ」などと書く語も，ともに～eô 形で書くのが一般的で，中に～iô 形をまじえている．

　　　Feôxet(氷雪)　Qeô(興)　Reôra(綾羅)　Gueôtai(凝滞)――

Qiôchu(胸中) Rioca(龍駕) Iuqiô(入興)〔以上②〕
Qeôbô(教法) Qeô(今日) Feôxi(表紙) Gueô(業) Guêoqi(澆季)——Qiôxu(教主) Fiôri(表裏) Guiô(業) Guiôqi(澆季)〔以上③〕

④の〜iu → ô の例は，Feiqe や Esopo の口語文中に見え，voqeô(起ケウ)，tçuqeô(尽ケウ)などが見えるが，「見う」は miô が多い．日葡辞書には，Yô (ヨウ)の条に Feiqe から，Voqeôto suredomo……(起ケウトスレドモ……)を引いている．

合拗長音表記の上述のような状態は，日葡辞書以前の版本と同様であって，例えば，サントスの御作業では Guiô(御宇)を例外として他は eô 形専用とも言える状態であり，Feiqe, Esopo, 金句集三部合綴本にしても，〜iô をまじえつつも〜eô 形が一般的である．要するに，版本を通じて開拗長音は〜iǒ 形，合拗長音は〜eô 形を用いるのがたてまえになっている．日葡辞書もこれをうけているけれども，部によっては明らかな標準によってその表記形を整えようとした跡を見せている部分もある．

2 F部とG，I部の拗長音表記

本篇 F 部の Feô. l, fiô(豹)の条には，その意味説明に続けて，仮名で「けう，へう，めう，れう」等エ段の仮名を以て書かれる語のローマ字表記に言及している．すなわち，「豹」のようなのは通常 Feô と表記するが，発音からすればむしろ Fiô の方がよくて，Cami(上)の人々もそのように発音しているし，なお詳しくは序言の中で説明されるであろうと書いてある．

この注記を含む F 部では，前掲の Feô. l, fiô(豹)以下 19 条に異表記の 2 形を並べて標出しているが，そのうち後に同じ語を Fiô〜形を重視して見出し語に掲げているのは 8 語に過ぎず，それは説明も簡単である．それ故，F 部では〜eô 形を以て合拗長音表記の基本形式とし，それに並べて異表記形〜iô をも併せ掲げるという方針をとったものである．これに対して開拗長音の方は，Fiǒ 形標出 25 条，Feǒ 形標出 11 条であって，その中には双方に重複したも

のが9条あり，それ以外でも，Feŏgiŏ. 1, fiŏgiŏ(兵杖)のように両形を並べ掲げたのがほとんどである．それ故，開拗長音ではFiŏ～形を基本的表記形とし，それに副次的にFeŏ～形をも示している．要するに，F部では開拗長音は～iŏ形，合拗長音は～eô形を以て標出するのを本則としたが，その多くに～eŏ形なり～iô形なりをも併示したのであって，基本的方針を明確にうち出すとともに，それに並んで現実に異表記形が並び行なわれて来ている実情に合わせて，それをも容認する態度をとったものである．ここに従来の方針が最も整った形で示されているわけである．

次の本篇G部になると，開拗長音はGuiŏ(行)の条以下24条のすべてがGuiŏ～形で，Gueô～形は全くない．合拗長音はGuiô形11条，Gueô形6条で，そのうち5条までが，

　　　Gueô(業)　Guiô(業)の条を見よ．

のように参照注記をつけたものである．それ故，この部ではGuiô形を本則とするが，Gueô～形も認める．つまり，G部は開音・合音とも～io形(～iŏ, iô)を本則としつつ，合音には～eô形を認める方針なのである．

次にI部は，多少の例外はあるものの，G部と同じ方針によっていることが認められる．すなわち，F部の編纂分担者は，上記の表記方針をたてて自ら実践するとともに，この表記法に関しては「もっと詳しく序言の中で説明されるであろう」(Feô. 1, fiô の条)と述べているのであるから，この表記統一の問題を編纂統轄者に提起したのはF部の分担者に違いないが，一定の原則によって整っているのはそのF部のみであり，直ぐ次のG, I部では異なる状態を見せているのであるから，全般的に一定の方針を定め，それで統一するには至らなかったのである．

3　例言の説明と～eŏ，～eô 表記

前述のように，Feô. 1, fiô(豹)の条に，オ段拗長音の表記法については，さらに序言(prologo)で説明されるであろうと付言しているが，その予告どおり，巻頭の例言中に開合両拗長音の表記について述べてある．それを要約す

れば，開拗長音をもつ語も合拗長音をもつ語も，ともに～iŏ，～eŏ 形と～iô，～eô 形との2形ずつを併用して，前者を Fiŏrŏ(兵糧)，Meŏji(名字)のように書き，後者を Fiô(豹)，Qeô(興)のように書くが，それは次のような理由に基づくものである．それは仮名文字では開拗長音を「ひやう」と書くのに対して合拗長音は「へう」と書く．このうち開拗長音の仮名表記「ひやう」によるFiŏrŏ(兵糧)，Fiŏgacu(兵革)のごとき語は，上衆(Camixus)の発音によれば，かえって Feŏro, Feŏgacu のようにむしろ e 字を用いて表記することができる．一方の合拗長音の方は，Fiô, Qiô と i 音を以て発音する方がすぐれているから Fiô, Qiô と書く．しかし，仮名表記に従って E 字で書くことも一般に行なわれているので，上のような語をば E 字でも I 字でも表記していると書かれている．

　これによれば，合拗長音表記の～eô 形は仮名表記に倣ったもの，～iô 形は Camixu の発音を表わすもので，合理的説明と言えるが，開拗長音の～iŏ 形表記は仮名表記に倣ったものとするのは納得できるけれども，～eŏ 形を併用する理由を Camixu の発音によるとするのは理解し難い．このような不合理な説明をしたのは，例言が辞書本体の成った後に書かれたからで，その時点では，本文に～iŏ，～eŏ が混在している事実を容認せざるを得ず，それが編纂当初からの方針であったように書かなければならなかったからである．

　それはそれとして，日葡辞書以前から～eŏ 形が存したのはどうしてか．開拗長音を表わす仮名表記は，「きやう」「しやう」「みやう」のようにイ段の仮名に「やう」のついた形が普通であって，

　　　隠 形(西源院本太平記，鷲尾順敬氏校訂本，P.460)
　　　　　<small>ヲンケヤウ</small>

　　　シラヘヤウシ(へに ∞ の濁点あり．白拍子，成簣堂本論語抄，五 17 ゥ)
のごときは極めてまれな異例としなくてはならない．仮名表記以外では，宣教師の書簡等や写本類に Cameguio(上京)，daimeojin(大明神)があるほか，バレト写本にも *meŏnichi*(明日．38/19)，*meŏmon*(名聞．131 v/16)のような例があるのを見ると，日葡辞書の原稿写本にもそれがあって，それが印刷されたものもあろう．その因は，当時の葡語における e～i 交替の事実，

ceremonia(Butji.　Matçuri の条)……*cerimonia*(Fôye,　Fôfei の条)
　　　menino(Acago の条)……*minino*(Varabe, Xôjin の条)
などや，葡語文中にまじえ用いられることの多かった Meaco(都)などにかかわりがありそうである．

　なお，合拗長音の仮名表記は「けう」「へう」「めう」の類に限られる傾向が強くて，「氷」「興」「胸」「凶」など，漢字音の「ヒョウ・キョウ」の類も「ヘウ・ケウ」と記すのが普通であった．これは節用集を見れば明らかで，例えば，易林本・饅頭屋本・伊京集ではすべて「ケウ」に統一されていて，「キョウ」はなく，黒本本でも「巧妙(キョウメウ)」だけが例外である．落葉集はこの点徹底していて，全篇を通じて，ヤ行に「よう」がある外はみなエ段の仮名に「う」をつけた「けう」「せう」「てう」等で統一されている．

　漢語以外でも，Qeô(今日)，Meôto(婦夫)などの外に，使用頻度のかなり高い活用語尾関係の例がある．例えば，下二段動詞に助動詞「う」「うず」のついた caqenoqeô(駈ケ退ケウ)，mŏxi nobeô(申シ述ベウ)や，形容詞の音便形の Xigueô(繁ウ)，Amaneô(遍ウ)，Suneô(拗ネウ)，あるいは動詞の過去形，Ai auareôda(相憐レウダ)，Soneôda(嫉ウダ)等々がある．かかる形は口語に現われるのであるから，Feiqe, Esopo などに多く，Feiqe だけでも数百例に上る．ロドリゲスは，大文典において，動詞や形容詞の活用語尾の表記に agueôzu(上ゲウズ)，Saqueôda(叫ウダ)，Xigueô(繁ウ)のように〜eô を用いるべきことを述べ(f.7 v, 38 v, 47)，小文典になると，日本語動詞の時・法の構成を根本的に知るには五十音図と仮名づかいとに通ずる必要があると説いたあと，例語をもって表示したのには，未来形をすべて Curabeô(比ベウ)，Feô(経ウ)等の〜eô 形で統一している(ff.18 v, 19 v)．これは，例えば，動詞 Ague, uru(上ゲ，グル)であれば，aguezu(上ゲズ)，aguemai(上ゲマイ)，aguete(上ゲテ)，agueta(上ゲタ)，agueô(上ゲウ)とすれば，諸活用形に語根 ague の形が保たれ，諸活用形が一貫した整一性をもつからである．

　サントスの御作業では〜eô 形の専用に近い状態が見られるが，すでにその時からこのような配慮が働いていたのかも知れない．日葡辞書においては，よ

り表音的なのは～iô形であるとしながらも,なお～eô形が優位にあり,一般的であるのも上と同じ理由によるであろう。このように優勢な～eô形表記があったのであるから,開拗長音の表記にもこれに倣って～eŏ形を用いるようになったのであろう。

4 teô, neô, deô の特異性

仮名表記の「てう,でう,ねう」に当たる普通の chô, giô, nhô のほかに,teô, deô, neô を用いた例がある。日葡辞書の中には,

  Vtatei.(ウタテイ)……Vtateô.(ウタテウ)　副詞
  Amanei.(遍イ)……Amaneô.(アマネウ)
  Sonemi, u, neôda.(嫉ミ,ム,ウダ)
  † Manebi, u, ôda.(マネビ,ブ,ウダ)
  † Suneô.(拗ネウ)

の例が見えるだけであるが, Feiqe などに多くの例がある。

  Quei Teô(京兆, 大文典 f.209)　Teôxu(濃州. 大文典 f.210 v)
  deô(出ウ. Feiqe 97/16, 他4例, Esopo. 487/17)
  faxiri deô(走リ出ウ. Feiqe 112/5)　vchideô(打チ出ウ. Feiqe. 280/12)　deôzuru(出ウズル. 大文典 f.25 v)　ideôzuru(出デウズル. Feiqe 259/15, 370/2)　tazzuneô(尋ネウ. Feiqe 84/22, 他2例, Esopo 459/19)　faneôzuru(刎ネウズル. Feiqe 189/17)

その一方には, chô, nhô の例もある。

  † chô(チョウ)……Vomôchô, yumechô.(思ウチョウ,夢チョウ)(日葡)
  suchô(捨チョウ. Feiqe 42/15, 307/5, 334/20)　sodachôzuru(育チョウズル. Feiqe 90/10)　tachô(立チョウ. Feiqe 369/6, 金句集　536/3)
  nhô(寝ウ. 日葡 De の条. Feiqe 282/15)

これらは大部分が動詞の未来形の例で,その多くを占める～eô形は,他の活用形との形態的関係を保つように語幹保存の綴り方をしたものと見られ

る．しかし，teô, deô については，ロドリゲス大文典の中に次の一条がある．

　　ここで注意しておかなければならないことは，Chô(チョウ), giô(ヂョウ)は少しCに触れてT, Dで発音されねばならないのであって，日本語としての正しい発音は，Chô(チョウ), giô(ヂョウ), chôzu(チョウズ), chôfô(チョウホウ)の代りに，Teô, deô, Teôzu, または，Theôfô, Teôfôのやうに，Theô, dheô と言はるべきだといふことである．(f.178)

　この記述については，前にも述べたように，早く亀井孝氏が取り上げられ，精細な考察を加えて，口蓋化しかけた[t]および[d]を特に表わそうとしたものであろうとされた[15]．動詞の活用語尾の用例が大部分である事実から推せば，teô, deô などが語幹保存意識に抑制される条件下において，その語頭子音が口蓋化の傾向を帯びていたものと思われる．

V　オ段長音の開合の混乱

　オ段長音の開音と合音とは，室町末期には紛れやすい状態になっていて，その混乱を示す例は諸資料について指摘報告されている．しかしなお，標準語としては両者を区別すべきものとし，日葡辞書 Caigŏ(開合)の条によれば，「口ノ開合ガ良イ」と言えば，発音が良いことを意味したというから，開合の別がそれだけ重視されていたとみえる．標準語辞書としての日葡辞書にあっては標準語形の採録と標出に格段の注意を払ったはずであるが，その見出し語の中にさえ混乱を示す例がある．

① 〜ŏ 形→〜ô 形
　　Chitô(池塘タウ)　Côguio(江魚カウ)　Dôfoye(幢補絵ダウ)　Finô(悲悩ナウ)　Fôran(芳蘭ハウ)　Mattô(全ウマツタ)　Qiorô(虚労ラウ)　Sôxocu(草色サウ)　Vôsai(殃災アウ)
　　†Côjacu(強弱カウ)　†Focubô(北邙バウ)　†Meôjin(明神ミャウ)

② 〜ô 形→〜ŏ 形
　　Cobŏxi(小法師ボフ)　Cofiŏ(虎豹ヘウ)　Fŏqua(烽火ホウ)　Gintŏ(陣頭トウ)　Giŏmocu(条目デウ)　Sacuchŏ(昨朝テウ)　Toqiriŏ(斎料レウ)　†Dŏsocu(動足ドウ)

†Guenxŏ(減少)　†Quacuvŏ(鶴翁)　†Rŏca(樓下)　†Tocuyŏ(徳用)

　こうした混乱例の中には，印刷上の誤植によるものも含まれているに違いない．見出し語の Sôdŏ は，訓注に Sauagui vgoqu(騒ギ動ク)とあるのによれば，Sôdô(騒動)の誤りと判断されるが，その条の用例に sôdô が2回あるのによれば，単なる誤植ではあるまい．訓注や意味説明からすれば「騒動」と解せられるから，原稿以来の誤りと見なければならない．中には本篇の誤りを補遺で訂正しているものもあるけれども，全部には及んでいない．この開合の別を詳しく説いたロドリゲスの大文典にさえかなりの混乱例が見られる．日葡辞書でも補遺の方に混乱例が多いのは，事情があって印刷を急いだためと思われるが，それにしても慎重な注意を払わねば混乱しやすい状態になっていたということは間違いなかろう．

　なお，バ・マ行四段動詞の過去形(音便形＋だ)に混乱例の多いのが著しい．
〔翻字は正しい過去形のみを示す〕

① Auomi, u, ŏda.(青ウダ)　　　Cacomi, u, ŏda(囲ウダ)
　Caicomi, u, ŏda.(掻イ込ウダ)　Caicorobi, u, ŏda.(カイ転ウダ)
　Coixinobi, u, ŏda.(恋イ偲ウダ)　Faxiritobi, u, ŏda.(走リ跳ウダ)
　†Foricomi, u, ŏda.(掘リ込ウダ)　†Fuqicomi, u, ŏda.(吹キ込ウダ)
　Fuximarobi, u, ŏda.(伏シ転ウダ)　Mochi facobi, u, ŏda.(持チ運ウダ)
　Mocuromi, u, ŏda.(目論ウダ)　†Vchitanomi, mu, ŏda.(打チ頼ウダ)
　Vdomi, u, ŏda.(ウドウダ)　　　Voxicomi, u, ŏda.(押シ込ウダ)
　　　　　　　　　　　　　　　†Voyobi, u, ŏda.(及ウダ)
　Vtomi, u, ŏda.(疎ウダ)　　　　Yobicomi, u, ŏda.(呼ビ込ウダ)
　Yomi, mu, ŏda.(読ウダ)　　　　Yorocobi, bu, čoda.(喜ウダ)
　nŏda(飲ウダ．Xŏdainai coto　mŏde(揉ウデ．Fitomomi の条)
　の条)

② Cuchizusami, u, ôda.(ロズサウダ)　　Curami, u, ôda.(暗ウダ)
　Fabami, u, ôda.(ハバウダ)　　　　Fuxiuogami, u, ôda.(伏シ拜ウダ)
　Narabi, u, ôda.(並ウダ)　　　　　Vomoisusami, u, ôda.(思イスサウダ)

このように～ŏ→～ô，～ô→～ŏ 双方の例があるが，すべてバ・マ行四段動詞の過去形に限られ，長音形から「だ」に続くものばかりである．その後部要素を単純動詞として標出した条では，Comi, u, ôda(篭・込ミ，ム，ウダ)，Corobi, u, ôda.(転ビ，ブ，ウダ)，Vogami, u, ŏda(拜ミ，ム，ウダ)のように開合が正しく，また，上掲の諸語中，Voxicomu, Yomu, Yorocobu が補遺に再録されたのには正しく ôda となっており，†Voyobu は本篇には正しく ôda とあるから，ŏda の形は補遺に収める際に誤ったのである．従って，上掲の諸形は，当時これらの形に安定し，通用していたものではなかろう．結局は，バ・マ行四段動詞の語根(連用形)末尾の bi, mi が i 母音をおとして鼻音化したことと，濁音直前の母音が鼻母音化した当時の一般的傾向とが相俟って長音化したが，鼻音的要素を含むだけに開合の混乱が生じやすかったということから，上のような結果に帰着したというものであろう．

このことに思い合わされるのは，ŏ, ô と on との間に交替現象が見られる事実である．まず，on→ŏ, ŏ→on の例として，
　　Congŏdŏ（金銀銅） gojŏvŏcu(五盛陰苦．Faccu の条)　†Gojovŏcu
　　（五盛陰苦）　Ami, u, onda.(編ミ，ム，ヲンダ)　†Bonuocu(茅屋)
　　toriuo cõ(鳥ヲ飼ウ．Cai, ŏ. の条)

のような例がある．最初の Congŏdŏ は，Congon(金銀)の次，Congon ruri(金銀瑠璃)の前に配列されているところから，あるいは Congŏdŏ の誤植かと疑われないでもない．けれども，†Bonuocu(茅屋)は†Botampi(牡丹皮)の次，†Bŏxicucuxi(バウシ括シ)の前，すなわち Bŏuocu のあるべき位置に配列されていて，配列上に狂いはない．かかる例もあるからには直ちに誤植と断ずることはできない．むしろ，Congondô の相当位置に Congŏdo があり，Bŏuo cu の相当位置に Bonuocu が配列されていること自体が ŏ と on との交替を可能にするような近似性を示しているとも見られよう．

　補遺の †Gojŏvŏcu は，本篇の Faccu(八苦)の条下に八苦を列挙した中にある gojŏvŏcu を採って，そのまま標出したものである．Ami, u, onda の onda は，実は uonda と解すべき理由がある．日葡辞書では，

　　　　Ai, ŏ, ŏta(合・会イ，ウ，ウタ)　Toriai, ŏ, ŏta(取リ合イ，ウ，ウタ)

のように，動詞の見出し語に示した活用形では，au から転じた uŏ は単に ŏ をもって示すのが一貫した方針である．それ故，さきの onda は ŏda に対応するものであり，ŏ → on の1例に数えられるものである．これらの類例は他書にもあって，Feiqe に，Cuma no mon de, Tennŏji mon de(熊野詣デ，天王寺詣デ．54/23)があり，羅葡日に zongon(雑言．Opprobramentum，その他数条)がある．写本類にはŏ → on の例が多く，たとえばバレト写本に，

　　　　fonguio(崩御．f.243/9)　jongue(上下．f.245/11)　vonzon(王孫．
　　　　f.259-15)

のような例があり，葡語文中にまじえ用いた日本語には congay(笄)，dongu(道具)のようなものがまれでない．「黒田」を Curonda と書いた例は年報などに見えるが，ロドリゲスの大文典には Curŏda としたのが3例もある (f.198)．これらは，Biŏbu(屏風)，Bŏzu(坊主)が欧州人の間で Biombo, Bonzo の形で通用していたのと通ずる．

　次に ô → on 交替について．まず「反古」に Fongo と Fôgu と2形を別々に見出し語に立て，前者には「Fongo と書かれるけれども Fôgu と発音される」と注してある．節用集には「ホウグ」と「ホンゴ・ホング」と両方が見え，天正十八年本・枳園本や元亀本運歩色葉集などのように両形を並べあげたものもあって，当時並用されたらしい．その点，今問題にしているのとは趣を異にするので，これは別としても，なお，

　　　　vongo(擁護．Guĕtŏ〔現当〕の条)　Vonmine(大峯．Goqi〔五鬼〕の
　　　　条)

の例がある．前者は引用文例中にあり，後者は葡語説明文中にあるが，とも

に別条の見出し語には Vôgo, Vômine と標出してあるものである．

　以上の交替例では，ŏ, ô → on の例が多く，中でも濁音の直前における場合が多い事実は，濁音の直前の母音が鼻母音化したのを独立の撥音にして発音する外国人の誤り（大文典 f.172）に基づくものに違いない．濁音の直前に限らず，Bonuocu（茅屋）や toriuocŏ（鳥ヲ飼ウ）などもあるのは，濁音の前でなくてもô と on との間には紛れる可能性があったことを示すものであろう．

　これに似た現象は，ウ段長音のŭ と un との間にも認められるのであって，日葡辞書の見出し語のマ行四段動詞の中には，

　　　Canaximi, u, ŭda.（悲シミ，ム，ウダ）

　　　Voximi, u, ŭda.（惜シミ，ム，ウダ）

のように，過去形にウ段長音形をあげた例が多い．これは大塚光信氏の明らかにされた法則[16]によって，語幹末の母音が i であるからウ音便となり，ウ段の長音形をとったのであって，Acajimi, u.（垢染ミ，ム），Curuximi, u.（苦シミ，ム），Ximi, u.（染ミ，ム）などにも規則的に上と同じウ段長音形の過去形が添えられている．その例外として，

　　　Tanoximi, u, unda.（楽シミ，ム，シュンダ）

では撥音便となって「楽シュンダ」となっている．

　ロドリゲスの大文典には，このように語根が Imi（イミ）に終る動詞の過去形は unda に変わるとして，Ximi, xunda（染ミ，シュンダ）の例をあげ（f.28 v），別のところに伊吹の舞からの引用文中に canaxunda（悲シュンダ）がある．このほか，日葡辞書中には，ŭ の期待されるところに un を書いた例，

　　　Chŭguen（中間）　　　Riŭgun（龍宮）

　　　Tôgun（東宮．†Quŏtaixi の条）

のようなものもあって，u と un とは発音上紛れやすく，特に濁子音の連接する場合に近似性をもっていたらしい．

　前述のŏ, ô と on との関係にしても同様であって，特に外国人は長音を on のように聞き取り，また発音する傾向があって，それを反映したのが上述の諸例であろう．そうであれば，バ・マ行四段動詞過去形の～ŏda，～ôda のŏ, ôは，濁音dの直前であるだけに一様にonと聞きなされやすい条件のもとにあり，そのために開合の区別が混乱しやすかったのかと考えられる．

VI 語の意味に対応する開合の別

　ロドリゲスの日本大文典に，語の意味の相違に開合の別が対応するものがあるとして，「法」と「方」をあげている．「法」は，仏教の教法や教義を意味する場合は，Meô fô renguequiŏ(妙法蓮華経)，Vobô(王法)，Buppô(仏法)，Xofô(諸法)などのように合音のfôであり，Fatto(法度)，すなわち，法則・規定・命令などを意味する場合は，Fŏ(法)，reifŏ(礼法)，fŏxiqui(法式)のように開音のfŏ である．「方」は，方向を意味する時は，Tôbŏ(東方)，saifŏ(西方)，xifŏ fappŏ(四方八方)のように開音fŏ であるが，平方形を意味する時は，Yofô(四方)，xiquen yofô(四間四方)，Yofôgon(Yofôbon 四方盆の誤り)のように合音fôであって，医術を意味する時もYacufô(薬方)のように合音であるという(f.178 v)．

　ここにあげられた語に関する限りは，日葡辞書や節用集その他を見合わせても，上述のような開合の別が認められる．「方」については，すでに池上，福島両氏の研究[17]があって，日葡辞書の例についても必要な範囲で言及され，広くそれ以外の資料にもわたっていて教えられるところが多い．それらの研究によっても，「方」に関する大文典の所説はそのまま認められるのであるが，方角・四角形・医薬の処方の意味以外に用いられた「方」の場合については，なお問題として残るものもあるようである．

　日葡辞書では，「方」は方向を意味する場合の例が最も多い．
　　Banpŏ(万方)　Fŏ(方)　Fŏbŏ(方々)　Fŏgacu(方角)　†Iippŏ(十方)　Nanbŏ(南方)　Saifŏ(西方)　Saifŏ gocuracu(西方極楽)　Saifŏjŏdo(西方浄土)　Tôbŏ(東方)　Xifŏ(四方)　†Xifŏfai(四方拝)　Xifŏ fappŏ(四方八方)　Xofŏ(諸方)　Inu-i no fŏ(乾ノ方．Inu-iの条)

これらと意味的にきわめて近い，ある方向にあるもの，かた，がわ（側）の意味のものも上に準ずるものとすれば，なお次の例を加えることができる．

   Gofŏ(御方) Guaifŏ(外方) †Ippŏ(一方) Naifŏ(内方) Riŏbŏ(両方) Riŏfŏ(両方) Sŏfŏ(双方) Teqifŏ(敵方) Taifŏ(大方)

四角形・平方を意味する「方」の例には，

   Fôbon(方盆) Fôgiŏ(方丈) Yofôguiri(四方錐) Yofôno bon(四方ノ盆．Fôbon の条)

は正しく合音形であるが，

   Cofŏfin(孔方兄) Fŏdate(方立) Fŏsun(方寸) Fŏyen(方円)
   †Yofŏ(四方) †Yofŏbon(四方盆) Yŏfŏbaxira(四方柱．
   †Cacu) Fŏ xisunno faxira.……Xisūpŏno faxira(方四寸ノ柱．
   ……四寸方ノ柱．Fŏ. の条)

のごときは，開合を誤ったものである．

 「方量」は Fôriŏ の形で標出され，その条下に Qiri fôriŏga nai(キリ方量ガナイ)の例があがっている．饅頭屋本・易林本節用集にホウリヤウとあるほか，史記抄(七 8 ォ，九 23 ゥ)や毛詩抄(十三 30 ゥ，廿 23 ゥ)にも同じ形が見えるのによれば，上の合音形が行なわれたのであろう．補遺の†Fŏzzu(方図)は，量・際限の意と注するけれども，まだ用例を見出さないので，開合いずれが正しいか定かでない．

 医薬関係の「方」は，

   Fô.(方) Nori(ノリ)すなわち，Cusurino fô.(薬ノ方)
   Fonpô(本方) Meifô(名方)
   Yacufô(薬方) Cusurino fô.(薬ノ方)

とあって，いずれも合音形であるが，Cusuri(薬)の条下の Cusurino fŏ だけは誤である．「方薬」は，薬の意味で使われたことは，

   仙人ニアウテ長生ノ方薬ドモヲ得テ身ヲカルウシテ方々ヲ飛マワツタ
   (玉塵，五十一 41 ォ)

の例によって知られる．これとどのようなかかわりがあるかは不明であるが，

馬鹿らしいこと，あるいは，愚かな所行と注した Fôyacu があって，黒本本その他の節用集に「虚人」の注をつけた「方薬」があるのがそれかと認められる．これも合音形が一般に行なわれたものか．

　総体的に見れば，fŏ を fô に誤ったものは少なくて，fô を fŏ に誤ったものが多い．これは，「方」の字音は呉音漢音ともにハウであること，方向を意味する場合その他「ハウ」の音による語が圧倒的に多いことが関係しているのではあるまいか．

　次に「法」には，呉音ホフに基づく fô と漢音ハフに基づく fŏ とがあって，ロドリゲスの記すような区別がある．日葡辞書には，仏法語あるいは仏法関係の語がかなり多く収められていて，

　　　　Fôcai(法界)　Fôji(法事)　Fômiŏ(法名)　Fôye(法会)

のように，F 部の Fô に始まる見出し語だけでも 32 条に上る．これに Acufô(悪法)，Monbô(聞法)，Beppô(別法)のように複合語の下部要素に「法」を含むものを合わせると相当の数になるのであるが，これを fŏ に誤った例は比較的少ない．

　　　　Denbŏ(伝法)　Cobŏxi(小法師)　Fŏuŏ(法皇)　Cujigoxinbŏ(九字護
　　　　身法)　Cocùfôcai(虚空法界)

　fŏ の例は，fô よりははるかに少ないけれども，

　　　　Fŏrei(法例)　Xiqifŏ(式法)　Reifŏ(礼法)　Qeifŏ(刑法)　Ippŏ(一
　　　　法)　Mufŏ(無法)

のように，法則・規定・命令の意の場合には多く fŏ を用いていて，Giŏfô(定法)，Safô(作法)のように開合を誤ったものは少ない．さきの「方」の場合に比べて，よく区別されていると言える．F 部の見出し語に Fŏ と Fô とを別条に立てて区別したのみならず，Tate, tçuru(立テ，ツル)の条に，

　　　　¶Fŏuo tatçuru.(法ヲ立ツル)律律を作る，あるいは，制定する．……
　　　　　¶Fôuo tatçuru.(法ヲ立ツル)ある教義を起こす，あるいは，弘める．

の 2 例を並べ示して明確に区別していることなどからすれば，「法」の意味の違いに対応する開合の別は，一般に明らかに意識されていたようである．

なお，Feifŏ(兵法)，Feifŏjin(兵法人)，Feifŏxa(兵法者)は，仏教に関係のない語であるから fŏ とあるのが当然であるが，Feifŏ(兵法)と意味も漢字も同じであるのに，Fiŏfô, Feŏfô(兵法)として標出し，合音形 fô になっているのは上述のきまりに反するもののようである．しかし，これは開合の混乱と見るべきではなくて，上の使い分けに優先する別のきまりによるものと解すべきである．このような漢語の熟語においては，そのよみに呉音と漢音とをまじえないのがたてまえであった．落葉集(色葉字集)の百官表に，「兵部卿」に対して唐名の「兵部尚書」があげてあるが，この「兵部」のよみの違いもそれを示すものである．従って，Fiŏfô, Feŏfôは呉音よみによるものである．饅頭屋本・易林本節用集や落葉集の「兵法」に「ヘイハウ」と「ヒヤウホウ」とを示しているのと合致する．かかる場合には，必ずしも意味の違いに対応する開合の別のきまりには従わなかったのである．

　「豆」は，呉音ヅ，漢音トウであるが，このほかにタウがあった．呉音は Daizzu(大豆)，Facufenzzu(白扁豆)，Cocufẽzzu(黒扁豆)にあり，漢音は Yendô(円豆)，Nattô(納豆)，†Socutô(粟豆)にあるが，「豆腐」に限ってはタウであって，日葡辞書では補遺の†Aburidôfu(炙豆腐)を唯一の例外として，ほかは，

　　　　Tŏfu(豆腐)　Tŏfuya(豆腐屋)　Vdondŏfu(饂飩豆腐)　Yudŏfu(湯豆腐)

などの見出し語を始めとして，†Cabe(壁)の条に同義語としてあげた Tŏfu, 上の Vdondŏfu, Yudŏfuや Dengacu(田楽)，Fanben(半弁)，Icchô(一丁)などの諸条の葡語説明文中の Tŏfu(s)など，すべて開長音形である．これは明応本・饅頭屋本・天正十八年本・弘治二年本・永禄二年本その他の節用集や温故知新書，元亀本運歩色葉集などに「タウフ」とあるのと符合する．この語の用例は当時の記録類に珍らしくなく，たとえば，「山科家礼記」・「言経卿記」などのほか，「宗及他会記」・「久政茶会記」等，茶道関係の記録にも「タウフ」の形がいくらも見られる．まれに「トウフ」の形がないではないけれども，「タウフ」が一般的であった．

第Ⅳ章　日本語のローマ字表記と発音　(2)長音節 その他　193

「豆」にタウという音のあることは知られていないので,「豆腐」に限ってこの音が一般的に用いられた理由は不明とするほかはない．天正十八年本節用集に，

　　　豆腐(タウフ)又云白壁又云唐布

とあり，印度本系統の節用集にはこれと同様の注をつけたものが多い．この「白壁」は，和漢通用集に「はくへき」とよませているが，女房詞で豆腐のことを「かべ」と言った(日葡辞書†Cabeの条にもその説明がある)のと関係があろうと思われ，それに並べて「唐布」とも言うと注したのは，「豆腐」と同音の故に宛字として用いたことを示すのでもあろうか．「唐布」の用例は古いところに見え，「清水寺文書」応永7年4月8日注文(大日本史料七ノ四)に「ホシ唐布」「白唐布」とある．唐布は中国渡来の木綿布で，「宗五大双紙」(衣装の事，かたびらの事)に見えるが，その白い色によって，豆腐の異名として用いたのかも知れない．

「甲」にも二つの音が並び存している．日葡辞書には合長音形をとるものに，

　　　Axino cô(足ノ甲)　Beccô(籠甲)　Biuano cô(琵琶ノ甲)　†Biuano cô(琵琶ノ甲)　Cameno cô(亀ノ甲)　Cameno cô(亀ノ甲)〔楯の一種〕　†Cô(甲)　†Qiccô.(亀甲)　Cameno co(亀ノ甲)(マヽ)　Tenno cô(手ノ甲)(マヽ)

のような例があり，補遺の†Beccô(鼈甲)は例外で，Beccôの誤りであろう．

他書にもこれと合致する形がまれではない．古くは倭名類聚抄(亀貝部第十九)に，

　　　甲　音俗云古布

とあり，類聚名義抄にも「古押反古名コフ」とあり，

　　　貝殻，または，堅キcô(甲)ノ類(羅葡日，Concha)

　　　石亀ノcô(甲)　　(同，Chelonium)

　　　石亀ノcônari(甲状)(同，Testûdo)

　　　亀ノコウ(毛詩抄十二26ウ．玉塵九35ウ．山谷抄二1ウ)

　　　手ノ甲(コウ)(応永本論語抄．郷党第十．p.425)

　　　　　足ノコウ(玉塵．一 55 ォ．詩学大成抄．一 40)

など，キリシタン資料に限らず，抄物その他にも珍らしくない．

　これと違ってカウとしたものもある．落葉集(色葉字集)の「甲」には「かめのかう」とあり，「桂川地蔵記」に「鼈甲」(ベッカウ)（上，16 ォ）とある．このほか「亀甲」や「鼈甲」の「甲」にカウの音を付したものは，元亀本運歩色葉集や節用集にも見えるが，節用集では印度本系統のもの(黒本本・弘治二年本・永禄二年本・堯空本・両足院本)に共通しているようである．日葡辞書の†Côfixigui は，琵琶のある弾き方，または替え手との説明があるから「甲拉ギ」と解すべきで，さきの Biuano cô(琵琶ノ甲)の cô に対する開音形であるが，むしろ Côfixigui とすべきを誤ったものと解すべきであろう．上掲の諸語については，コウの用例がはるかに多くて，当時はこの方が一般的であったと考えられる．

　その一方，「甲乙」「甲乙人」は日葡辞書に Cǒuot, Cǒuotnin とあり，羅葡日にも Cǒuot(Monochodon)がある．節用集にも，易林本を始めとして「甲乙人」(カウヲツニン)を収めているものがまれでない．妙本寺本「いろは字」には，

　　　甲(コウ)亀－也，腕，人，手足ノ－也(14 ゥ)
　　　亀鏡(キケイ)－首硯也－甲(ゴウ)(34 ゥ)

のように「コウ」がある一方に，「四部(ブ)，書(ショ)」の条下に甲乙丙丁の四部をあげる最初に「甲(カウ)ノ部(ブ)」としているし(71 ゥ)，「十干(カン)」の条の最初に「甲(カウ)キノエ」(79 ォ)をあげ，この方は二つとも「カウ」をあてている．これは，同一の書中に「コウ」と「カウ」とを用いている点で，前引の易林本節用集に「甲亀(コウ)」を収めるとともに「甲乙人(カウヲツニン)」を収め，「十幹干同(ジッカン)」の条の第一に「甲(カフ)」をあげているのと同じである．しかも，それはさきにあげた Axino cô(足ノ甲)以下のコウの一類と，Cǒuot(甲乙)などのカウの一類との別に対応して，それぞれの類に属する語にも共通性が認められる．すなわち，物の背面を意味する場合にはコウ，物の順序，優劣・上下を意味する場合にはカウという区別があるものと認められる．

　なお，「兵甲 甲(カウ)ハヨロイソ」(玉塵，五 53 ゥ)の例がある．日葡辞書にCacchŭ

(甲冑)，Cappei(甲兵)があって，これは「甲」の音の促音化であることから類推すれば，鎧冑などの武具を意味する場合も音「カウ」ではなかったろうか．そうであれば，日葡辞書の Qencô(劔甲)は，落葉集に「剣甲」とあるのを参考して，Qencŏ の誤りと見るべきであろう．

「寮」は，元来呉音漢音ともに「レウ」であって，日葡辞書にも，

　　　† Xureô(衆寮)　　　reô(寮．† Xureô の条)

の例があり，その一方には，

　　　Reŏ(寮)　Riŏ. l, reŏ(寮)　Reŏ(寮．Reŏ の条)　Reŏnai(寮内)
　　　Riŏxa(寮舎)　Nonriŏ(暖寮)　† Fiacureŏ(百寮)

など，開音形の例がある．羅葡日にも，Cubiculum, Cella, Pastophorium の諸条に同じく開音形の例がある．このように，開音形が多く用いられているのは，節用集の記述とも合致するのであって，当時この方が一般的になっていたようである．この点については出雲朝子氏の研究がある[18]．それによれば，禅宗の寺院では「寮」は「リヤウ」であって，それは中国の南方音が禅僧によって伝えられたものであろうという．そして禅院において僧の住む部屋を意味した「寮」が禅院以外でも用いられるようになり，一般語化して単に部屋を意味するようになったのであろうとされる．そう言えば，日葡辞書の Riŏxa(寮舎)の条に，Bŏzuno iye(坊主ノ家)とし，「坊主(*Bonzo*)の家，または，部屋」と説明してあるのは，禅院の「寮」である．それと同様に禅院以外では用いない Nonriŏ(暖寮)に対して，「他の部屋へ新しく移る際に催す祝い事や宴会」とあって，

　　　暖　寮　始移他寮時振舞謂一一也(天正十八年本節用集)

と通ずる説明を加えたのも，禅院用語としてのものである．羅葡日の Pastophorium の条に，葡語で「寺院のサセルドウテ(司祭)の住家，あるいは家」と注したのに続けて「サセルドウテノ riŏ(寮)」と日本語で対訳をつけているのも禅院用語に準ずるものと言えよう．この場合，日葡辞書で合音形をとっている † Xureô(衆寮)だけが例外である．その条下に「アマタノ reô(寮)」と同じ合音形が使ってあるので，印刷上の誤植とは言えまいが，全般に誤りの目

立つ補遺に収められていることから，あるいは開合の誤りであるかもしれない．朝廷の官職を意味する「寮」は，伝統的に「レウ」で，「百僚」とも書かれた(蒙求抄，一 46 ゥ．玉塵，四一 32 ゥ)が，日葡辞書の†Fiacureŏ は開音形である．これも補遺に収められているので，上と同じく開合の混乱かとの疑いがかけられるが，出雲氏のように，開音形の riŏ が優勢であったのにひかれて開音化したものと解することもできよう．

なお，「厚」にも開合両方の形がある．

  Cŏfacu(厚薄) Cŏjei(厚情) Cŏqei(厚恵) Cŏtocu(厚徳) †Cŏuon(厚恩) Cŏxei(厚情) †Cobi. l, Cômi(厚味) Côbocu(厚朴)
  (マヽ)
  Cômi(厚味) Côxi(厚紙) Iincô(深厚)

しかし，これは漢音コウと呉音カウとの違いであって，その開合の違いに意味上の違いが対応しているものではない[19]．

VII　入声音と促音

1　入声音とその開音節化

漢字音の入声のうち，喉内の～k と唇内の～p は早く開音節化してキ・ク，フとなり，舌内の～t も呉音ではチとなったが，漢音ではなお原音を保ちつつ室町末期に及んだ．キリシタンのローマ字綴ではこれを t で写しており，日葡辞書にも数多くの例がある．

   Butbat(仏罰) Fitjet(筆舌) Iitguet(日月)
   Qetyeqi(血液) Retza(列座) Xutbot(出没)

また，鎌倉初期以後，特定の漢字の日本字音において，唇内入声～p が無声子音に接するときに促音化し，それを表記した「ツ」字が舌内入声と誤認されて～t となっていた[20]．これもまたローマ字で t と写している．

   Canxit(乾湿) Sassat(颯々) Xetgi(摂持) Xitvn(湿雲)
   Fatqen(法眷) †Fotsui(法水)

いわゆる唐音の語で，宋音に基づくかと思われる Tatchǔ(塔頭)，Qiatat (脚榻)も同じである．

いずれにせよ，これらが漢語に限られるのは当然であるが，注目すべきは，まれに和語にこの表記をしたものが見られることである．木の細枝，あるいは，転じて罪人の刑具としての鞭の意に用いられた「シモト」は，「楉，笍，楚，杖棰，笞」などの漢字の訓として多くの節用集の草木門や器財門に収められているが，また，太平記(巻廿，結城入道堕地獄事，巻廿七，田楽事)や車屋本謡曲の礎，短偏物語の福富長者物語や長宝寺よみがへりの草紙，蒙求抄などにもその例がある．

その一方に，その転と見られる「しもつ」の形も必ずしもまれではない．すなわち，車屋本謡曲の松山鏡，車僧，幸若舞の築島，短編物語の一寸法師や大仏の御縁起(室町時代物語大成，八，434下，442上)などに見出される．さきの太平記以下の「しもと」もこの「しもつ」も，ともに人を打ちさいなむ杖や棒を意味する用例ばかりであって，当時は原義よりもこの転義の方が一般的で，多く用いられていたようである．「しもつ」の例のうち，幸若舞の例は，大頭左兵衛本に，

　　しもけをあてておひのくる(築島，33ゥ)

　　しもけを当ておひのくる(同上，34ゥ)

とあるが，幸若小八郎正本の相当本文にも，

　　しもけをあてておひのくる(上 320下/7)

　　しもけとあててのけんとす(上 321下/4)

とある．なお，天理図書館蔵の文禄本(30ゥ/3, 31ォ/8)も幸若小八郎正本と全く同じである．すなわち，これらの写本には，いずれも「しもつ」の「つ」をば片仮名の異体字「け」をもって書いてあること，および，幸若小八郎正本の第2例の方を「しもけと」としてあるのに注意すべきである．当時の写本において，仮名の「つ」と「け」とを使い分け，後者は入声と促音の表記に用いる傾向が著しいのであるが[21]，上記二写本にもその傾向が認められる．しかも，その中に「しもけと」と書いた例があるのは，入声tから格助詞「を」

に続く場合の連声を表記したものと見られるから，両々相まって「しもつ」は語末尾に入声tをもつものであったと見られる．日葡辞書の補遺に，

　　　† Ximot(笞)棒・杖，または，鞭．

とあるのは，まさにそれと一致するものであって，これらによれば，「しもつ」は Ximot と入声に発音された，あるいは，少なくも入声形が存していたものと見なければならない[22]．

　一方，謡曲の謡い方を説いた「音曲玉渕集」(享保12年，1727)と「謳曲英華抄」(明和8年，1771)に，「訓にても呑て謡ふ」ものとして「山賤(ヤマカツ)，初月(ハツツキ)，木津川(コツガ)」などの和語をあげているのも，和語に「呑む」発音，すなわち，入声の存したことを示すものである．上に取り上げた「笞」はここに挙げられてはいないが，今日でも「笞を」を「シモット」と謡うということで，日本古典文学大系「謡曲集」によれば，「求塚」や「鉄輪」にそのことが指摘されている(上掲大系本上，P.73，74，下，P.352)．謡曲の謡い方には中世の特異な発音が伝統的に保たれていることは周知のことであるから，上記の事実も日葡辞書の Ximot(笞)の存在を証するものである．

　日葡辞書には，これに類する和語の例として，

　　　　Tetdai.(手伝イ)　援助すること，または，援助する者．　¶Tetdai
　　　　　suru.(手伝イスル)他人に加勢する，または，援助者となる．

をあげることができる．この条の配列位置がアルファベット順の順当な位置であることと，用例に同じ形があげてあることとから，Tetçudai(手伝イ)の誤りではない．節用集には，

　　　　手代(テツダイ)合力義又手伝(天正十八年本節用集)

と見え，伊京集にもほぼ同じ注をつけているが，饅頭屋本には「手代(テツダイ)」，易林本には「手伝(テツダヒ)」，弘治二年本にはそれらとともに「合力(テツダイ)」を収めている．具体的な用例も抄物その他に見られる．

　　　テツダイ(蒙求抄，三26ウ，玉塵，五54オ)
　　　手ツタイ(毛詩抄，七23ウ，言経卿記，文禄2-4-9)

これらが日葡辞書の Tetdai と同じ発音を示すものかどうかは明らかではな

い．和漢通用集は平仮名で音訓をつけた節用集であって，この書にも前述の「つ」と「川」との使い分け傾向が認められるようであるが，

手代(てつだい)手伝は，合力之義也

とあって，「つ」に「川」を用いていないのを見ると，少なくもこれはローマ字綴でならば Tetçudai と写す発音であったと認めるべきであろう．

日葡辞書の Tetdai は，入声 t を含む発音の表記と見られるけれども，また実は促音を含む「テッダイ」，ローマ字でならば Teddai と書くべき発音ではなかったかと思われる節もある．それは，Atqi(悪鬼)のように，元来入声 t をもたない字音の語に t を用いていて，促音表記に援用したと見られる例がある(後述)からである．それだと見れば「テッダイ」ということになるけれども，ダ行音節の前の促音は普通ではなかった．ただ，日葡辞書に Fiddai(筆台)の例がありはするものの，これが唯一の例であり，しかも Fiddai. l, Fitdai. と2形を併せ掲げたもので，別条には Fitdai だけを掲げているので，確かに促音形の存したことを示すものか否かは疑わしい．それ故，さきの Tetdai をもって促音を示したものとも断じかねるのである．

ただ，その一方に注意をひくのは，「手伝イ」を「テチダイ」と書いた例の存することである．

手チタイ(教言卿記，応永 13-8-28，同 14-3-29)

てちたい(山科家礼記，文明 2-12-5)

テチタイ(言国卿記，文明 10-7-29，同 13-3-20．四河入海，十五ノ二 13ォ)

手代(テチダイ)或作一伝合力義也(永禄二年本節用集)

てちだい(虎明本狂言，三本の柱．狂言六義，よね市)

このほか，「テチタヘ」という小異形も「看聞日記」(応永 23-7-16)に見える．

さきの Tetdai とこの「テチダイ」とを対応するものと見れば，それは，「罰」に Bat と Bachi,「吉事」に Qitji と Qichiji が対応して併存するのと通ずる．この平行する事実からすれば，前者も後者と同じく入声形とその開音節化形との対応であって，Tetdai は入声音を表記したものと見てもよいと考えられる．仮名がきの「テツダイ」や「手ツダイ」は，厳密に言えば入声や促音の

表記でないという保証はないわけであるけれども，前述の和漢通用集の仮名表記を参考にすれば，そのいずれでもなく，今日と同じ「テツダイ」(Tetçudai)であったと見るのが穏当であろう．その「テツダイ」が口頭語の世界で頻用されるうちに第2音節を詰めて促音的に発音するようになったが，濁音音節の前の促音は一般には存しなかったのに対して，漢語では b, d, g, j, z などの直前に入声 t を含む語が多く存したのにひかれて入声音化したのではあるまいか．漢語の入声形にはその開音節化形チが対応するものが少なくないので，それに類推したとすれば「テチダイ」の形の存在も説明できるであろう．前述の Ximot の入声が認められる点からすれば，それと同じ和語の Tetdai についても同じように考えられるであろう．

　入声の t も，呉音においては早く開音節化してチとなっていたものが多かったので，日葡辞書ではそれを chi で写したが，また一方 t をもって写したものがある．量的には t 表記の方が多くて，chi と書いたものは比較的少ない．落葉集の本篇においては，同一漢字に入声 t および促音によむ形と，開音節化してよむ形とが並び存する場合には，母字を別個に立て，前者に「つ」，後者に「ち」の音をつけて区別している．例えば，「逸」について，

　　　〇逸－物〇逸－民－馬－散－興（訓は省く）

としている如きである．

　さて，入声 t を「ち」とした漢字の母字は，

　　　一 逸 吉 月 結 七 節 日 越

で，一部に限られ，例えば，「八」「別」などは立ててない．そして，上の「一・逸」以下の9母字に対応して「一，逸，吉」など，「〜つ」の音を注した9母字が立てられているが，それらの母字の下にあげてある熟語で共通するものはまれである．落葉集の編者は，上の「一，逸，吉」など「〜ち」形の母字の下にあげた熟語は，開音節化したその形をば標準的なものと認めたのであり，「一，逸，吉」以下の「〜つ」形の母字下の語についても同様に考えられる．落葉集と日葡辞書とでは所収語に出入りがあるけれども，共通する語については同じ形を掲げている．例えば，落葉集の「日」母字下の「日月，日

第Ⅳ章　日本語のローマ字表記と発音　(2)長音節　その他　201

神、日輪、日限、日用」は、日葡辞書にも Nichiguat, Nichijin のようにこれをローマ字化した形ですべて Nichi〜の形で掲げてある。そして「日月」に †Iichiguetがあるほかに別形はなく、全く共通している。母字「月」の下の「月輪、月行事」も Guachirin, Guachiguiŏjiとあって一致しているというぐあいである。ところが、「吉日」は、落葉集のほか、弘治二年本・永禄二年本・易林本節用集やいろは字なども「キチニチ」であり、羅葡日にも同じ形があるが(Praeliaris)、日葡辞書には Qichinichi と Qitnichi とをそれぞれ別条として標出してある。「吉事」も落葉集に「きちじ」とあり、同じ形が羅葡日(Scaesus)にも見えるが、日葡辞書には Qichiji とともに別条に Qitji をも標出しているのである。このように、同じ語の二形を別条に標出している例はほかにもあって、まれではない。

　　　　Banqit. l, banqichi.　Banqichi. l, banqit.(万吉)　　Bat. Bachi.(罰)
　　　　Bet. bechi. l, bechina, l, no.(別)　†Betgui. Bechigui.(別儀)　Betji. Bechiji.(別時)　Betji. Bechiji(別事)　Betjin. Bechijin.(別人)　Canbat. Canbachi.(早魃)　Connit. Connichi.(今日)　Fatgicu. Fachigicu.(八軸)　Itmot. Ichimot.(逸物)　Qetguan. †Qechiguan.(結願)　Qetmiacu. Qechimiacu.(血脈)　Qetyen. Qechiyen.(結縁)　Ritgui. Richigui(律儀)　†Sanguet. †Sanguachi. l, Sanguat.(三月)　Votdo, l, vochido. Vochido.(越度)　Xendat. Xendachi. l, xendat(先達)　Xetbun. Xechibun(節分)　Xetye. Xechiye. l, xetye.(節会)　Xŏguat. xŏguachi.(正月)

このように両形を併せ掲げたものの中には、その間に価値的な相違のあることを注したものもある。例えば、Fatgicu(八軸)の条に「*fachigicu*(八軸)と言う方がまさる」とし、Xetye(節会)の条に、「または、Xechiye(節会)とも言い、むしろその方がまさる」と注した如きである。「節会」は古くから「せちゑ」が一般的で、日葡辞書でも別条に Auo vmeno xechiye(白馬ノ節会)を収め、Facuba(白馬)の条の文例に Facubano xechiye(白馬ノ節会)とあって、当時もこの開音節化形の方が一般的に行なわれたらしい。また、Xetbun(節

分)の条に「正しい語は Xechibun(節分)である」と注しているが，「八軸」にせよ，「節会」「節分」にせよ，いずれも古くから「はちぢく」「せちゑ」「せちぶん」の方が行なわれ，それに固定的であったので，これらの開音節化形をもって入声形にまさる標準的な形と認めたものに相違ない．日葡辞書における語の規範的説明において，価値的優位にある語の認定基準に合致するからである．それにしても，入声形をも示しているというのは，そのような語にあっても漢字本来の字音に従った入声形を用いる傾向も強かったことを物語るものである．上の「節分」は，落葉集は「せちぶん」であるが，節用集(明応本・黒本本・永禄二年本・天正十八年本・伊京集・饅頭屋本・易林本)や「いろは字」などはいずれも「セツブン」であり，和漢通用集には「せい\ぶん」とあって Xetbun に当たる表記が加えられている．従って開音節化形に固定する程度の低い語にあっては，なおさら t 入声形の方が優勢であったのであろう．

　前掲の「節会」にしても，古くから「せちゑ」であったことは動かないけれども，これが漢音による「セツクワイ」とはならず，「会」はもとの呉音形のまま「節」だけを入声形にした「セツエ」あるいは Xetye が行なわれるに至ったのも，一部に伝統的な形をとどめ，一部を改めたものであって，一般に入声形が優勢であった当時の傾向にひかれたものと見られよう．

　　　　Bechidan(別段)　Qechiguan(結願)　Qechimiacu(血脈)　Tenbachi
　　　(天罰)　Tōbachi(当罰)　Xinbachi(神罰)

の諸語に対しては，それぞれ Betdan, Qetguan, Qetmiacu などの入声 t を含む形の方がまさると注してあるが，この方がおおむね節用集などに合致する．

　要するに，開音節化形～チは，語によって固定しており，それと～t 形と両方ある語は，大勢に従って～t 形の方をより多く用いるに至ったものが少なくなかったのであろう．当時漢字漢語の尊重される風潮が強かったことからすれば，漢字の原音に基づく入声形を多く用いる傾向も強かったであろうことは，容易に推察されるところである．

　上述のように入声 t が優勢であって，古く開音節化して～チとなったもの

も〜t 形に引き戻される状態であったが，その一面にはそれが新しく開音節化する兆しがあらわれていた．この開音節化は，古く〜チとなったのとは違って，〜ツとなる点に違いが見られる．日葡辞書に Mitrino fisŏ (蜜裡ノ砒礵) なる条があって，その条下に，

　　　蜜裡(Mit ri)ニ砒礵ヲ裹ム.

という句双紙にある金句を引用している．ここに Mit(蜜)が見えるが，別に Mit(蜜)の条は立ててなくて，かえって Mitçu(蜜)を見出し語に立てている．この開音節化した Mitçu の例は，Esopo に Mitçutçucuri(蜜造リ)と mitçu (蜜)と都合 3 例(483/1,2,4)見えるほか，信心録(8/14)にあり，羅葡日にも Mel,およびその派生語 Melleus, Mellifer など多くの条に見られるが，Mit は使われていない．さきの Mit rino fisŏ なる 1 条は，金句をあげるために立てた見出し語であるから，漢字音の原音に基づく Mit を用いたのであるが，一般には Mitçu の方が用いられていたものとみえる．

「蜜」と同音の「密」は，Mit の形で標出してあり，その複合語も Fimit(秘密)，Iinmit(深密)，Mitdan(密談)，Mitgui(密儀)，Mitguiŏ(密行)，Mitgŏ (密号)，Mitji(密事)，Mitmit(密々)，Vonmit(隠密)など，すべて入声形で統一されている．これに対して，「蜜」だけが開音節化していたというのは，人々の食生活に深い関係があって多くの人々の間で頻繁に用いられたという事情がかかわっているであろう．

　　　Matdai.　　　Matçudai. l, Matdai.(末代)
　　　Butji. i, Butçuji, tomuray.　　　Butçuiji.(仏事)
　　　Qiatat. l, Qiatatçu.　　　Qiatatçu.(脚榻)

の 3 語について，両形がそれぞれに別条に標出されていることは，すでに先学によって指摘されているが，Butçuji の例は，上に示したほかに，

　　　Butçuji sajen.(仏事作善)〔Sajen の条〕
　　　Butçuji, *Meliùs,* Butjiuo itonamu.(仏事—ブツジというよりもブッジ
　　　　という方がまさる—を営む)〔Itonami, u の条〕

の 2 例がある．また，数珠の端にある親玉を意味する Datçuma(達磨)も開音

節化の例である．さらには，

  Xitçunamono. l, xitçuna yatçu.(シツナ者．または，シツナ奴)自由気ままで出しゃばりな者．ただし，本来の正しい語はXutnamono(出ナ者)であって，Saxidetamono(差シ出タ者)の意である．

の条の見出し語も同類の例に加えられる．別条にXutna(出ナ)があって，Demono(出者)という同義語が添えてあるが，Xut のシュがシになり，入声tが開音節化してXitçunaとなったものである．「出な」は，

  吾ハ天地二儀ノ徳ヲシタイ三光ノ日月星ノ容ヲツクホドニ慕容トナノラウト云タソ，エビスノ身トシテスギタシユツナコトヲ云タゾ(玉塵，九7ォ)

のように，上の説明と合致する意味の用例があり，このほか他の抄物(三体詩素隠抄一ノ三43ォ，二ノ三50ォ．詩学大成抄，二39ゥ．四河入海，廿五ノ四20ゥ)や短編物語の藤ぶくろ(古典文庫室町時代物語三，29)，虎明本狂言の楽阿弥(二746)，甲陽軍鑑(十三26ゥ)，醒睡笑(二25条)などにも見えることからすれば，当時かなり行なわれた語であり，それだけに「シツナ」の形も生じたらしい．

 さきのItonami, u.(営ミ，ム)の条やこのXitçunamonoの条に加えてある規範的注記によれば，なお入声tの形が標準的なものとされていたことが知られる．そうした規範意識は存していても，一般的によく使われる語の中に開音節化のきざしがあらわれ，徐々に進みつつあったのである．同じような現象は，日葡辞書より少しおくれて成立した「捷解新語」のハングル音注にも認められる[23]．

2 促 音

 促音は，子音を示す同一，あるいは，同音の文字を二つ連ねて表記すること，他の版本と同じであって，日葡辞書には，

  -cc- -cq- -dd- -pp- -ss- -tt- -xx- -zz-

の8種がある．ただし，濁音の子音字を連ねるのは普通ではなく，dd は Fiddai(筆台)に，zz は Bazzui(抜髄)，Zozo. l, zozzoto(ゾゾ，または，ゾッゾ

第Ⅳ章 日本語のローマ字表記と発音 (2)長音節 その他

ト)に用いられているのを見るだけである．

　ロドリゲスは，日本大文典第1巻の綴字法の章で，促音化に伴なう綴字変化の一般法則なるものを述べていて(f.58)，第2巻の発音法の章では，それよりも広い範囲にわたって促音のあらわれる場合について述べている．まず，

> At, et, it, ot, ut に終る音節と数詞の Ichi(一)との後に c, ch, f, q, s, t, x の文字が続く場合には，そのTと Ichi(一)とは，cc, cch, pp, cq, ss, tt, xx,と変わるのであって，従ってそのように発音されなければならない(f.177)

として，それぞれの場合の漢語名詞の例をあげているが，それに続いて，数詞の Rocu(六)，Xichi(七)，Fachi(八)，Iǔ(十)，Fiacu(百)も促音化する場合があるとして例を示して述べ，さらに和語の場合に及んで，動詞の語根 Fiqui(引キ)，Voi(追イ)はfとcとの前ではしばしば促音化するとして，Fipparu(引ッ張ル)，Ficcomu(引ッ込ム)，Voppanasu(追ッ放ス)の例を示して(ff.177, 177 v.)，小文典でもこれとほぼ同様に説いている．(ff.11, 11 v.)．彼は漢語の名詞を主体に述べているのであるが，その所説をまとめれば，漢語にあっては，入声のt，および入声のt, k, pが早く開音節化したチ・ク・フがカ・サ・タ・ハ行音に続く場合に促音化することを述べたものであって，これは日葡辞書にもそのままあてはまるものである．

Iccocu(一刻)	Micquai(密会)	Maxxe(末世)
Issat(一札)	Iixxi(実子)	Tattǒ(達道)
Icchô(一朝)	Mappô(末法)	Caccacu(各々)
Gaccǒ(学校)	Zaxxo(雑書)	Gatten(合点)
Cacchǔ(甲冑)	Cappeqi(合壁)	Xixxo(七書)
Roppu(六腑)	Iixxi ixxǒ(十死一生)	Fappǒ(八方)
Fiacqua(百花)	Fiaccu(百苦)	

和語について，「引キ」「追イ」がf, cの前で促音化すると述べているのは，日葡辞書でも同様であるが，なおそのほかに，ch, s, t, xの前で促音化した例も存する．

Fipparu(引ッ張ル)　Ficcumu(引ッ組ム)　Ficcacaru(引ッ掛カル)　Voppanasu(追ッ放ス)　†Vopparŏ(追ッ払ウ)　Voccaquru(追ッ掛クル)　Voccomu(追ッ込ム)　Ficchigayuru(引ッ違ユル)　Fissaqu(引ッ裂ク)　Fittatçuru(引ッ立ツル)　Fixximuru(引ッ締ムル)　Vocchirasu(追ッ散ラス)　†Vossaguru(追ッ下グル)　Vottatçuru(追ッ立ツル)

　また，「打チ」「押シ」もf, tの前で促音化したが，例は少ない．

Vppogaxi, su.(打ッポガシ，ス)　Vttachi, tçu.(打ッ立チ，ツ)　Vottori, ru.(押ッ取リ，ル)

このほか，タ・ラ行四段動詞の促音便に現われることは言うまでもないが，なお接頭辞Ma(真)を冠した語にもその例がある．

Maccurona(真黒ナ)　Mappajime(真初メ)　Massaqi(真先)　Maxxiroi(真白イ)　Maxxŏgiqi(真正面)

この類の中に，上のMappajime(真初メ)を始め，†Mappadaca(真裸)，Mappira(真平)，Mappiru(真昼)，Mappucura(真脹ラ)など，ハ行子音の促音化例にまじって，Mapponajiyŏni(真同ジ様ニ)が標出されているのは注意すべきである．これは他と異なり，mauonajiyŏni(真同ジ様ニ)の促音化であって，f>pの変化によるものではない点で，極めて珍らしい例である．このことについては，すでに亀井孝氏の説かれたところである[24]．当時の「オ」は先述のようにuoと書かれていて，唇を狭めて発音する音[uo]([wo])であったが，当時のハ行子音も両唇摩擦音の[Φ]([F])であって，両者は両唇の狭窄を調音の条件とする点において共通しており，ともに[p]と交替し得るものであるという点でも通ずるものであった．そこで，「マッ」の末尾の完全な閉鎖音の力によって「マヲナジ」が「マッポナジ」に変わったのである．なおそれには，上にあげたMappajimeを始め，Mappira等々，同じ促音化が恐らくは少なからず生じたであろうことも「マッポナジ」の成立に影響しているであろう．

　まれに，入声を表わすtを用いてあるのに，実は，促音化を示すものと見

られる例がある．

   Atqet(悪血) Atqi(悪鬼) Mot, qua, do, gon, sui(木，火，土，金，
   水．Goguiŏ〔五行〕)

の At, Mot がそれであるが，入声韻尾は当時 t のみであった．すなわち，内破裂であったから，上のような表記を以て促音を写したのであって，Atqet, Atqi の条に，それぞれ Acqet, Acqi の条を参照せよと指示しているのも，同じ語を別条に Acqet, Acqi の形で掲げているのも，もっとものことと考えられる次第である．

 この種のt表記例として，ロドリゲスの大文典(f.12)に matsuguni(真直ニ)があるし，一般的な cacchŭ(甲冑)，issacujit(一昨日)に対して，catchŭ(サントスの御作業の和らげ)や ytsacujit(Feiqe. 150/19)がある．これらは，入声 t がカ・サ・タ・ハ行音の前ではほとんど規則的に促音化したので，それに類推してtに還元して表記した，いわゆる誤った回帰によるものであろう．あるいはまた，入声も促音も「つ」と表記する仮名表記に基づいたものかも知れないが，ともかく文字通り入声tを示すものではあるまい．

 入声 k の開音節化したクあるいはキがカ行音に続く場合には，促音になることが多いのに，促音形になっていないものがある．すなわち，「白ハク」は，

   † Faccot(白骨)   Facqua(白花)   Facquacu(白鶴)

など，促音形がある一方，Facuqei(白鶏)があり，Guioccai(玉階)，Guiocquǒ(玉光)など「玉ギョク」の促音化形がある一方に，

   Guiocuco(玉壺) Guiocuqei(玉茎) Guiocuqi(玉輝) Guiocuqua
  (玉花) Guiocuquan(玉環)

のような促音化しない形が録されている．

   Gacuqi(楽器) † Rocufondatçu(六本立) Teqicocu(敵国)

なども同類と見られる．現に上掲諸語の中，Guiocco(玉壺)，† Gacqi(楽器)のように，同じ語の促音化形が重複して別条に標出されているものもあるし，「敵国」もサントスの御作業の和らげやロドリゲス大文典(f.152)には teccocu の形がある．けれども，それらも必ずしも促音形が一般的であったとは言え

ないようである。「楽器」のごときは，見出し語にGacuqiとあるが，Auasuru（合ワスル）の条下の文例の中にも同じ形があり，羅葡日にもGacqi（Nausa. Pulsoの条）とともに，Gacuqi（Organum. Spadix. Sabulumの条）があり，信心録の和らげにも同形をあげている。落葉集も「がくき」である。「玉」の複合語は，落葉集の「玉(ぎょく)」と「玉(ぎょっ)」の二つの母字下に分属していて，「玉花，玉輝，玉環」は前者に，「玉壺」は後者に属している。このように，語によっては語形上のゆれがあって両形の併存するものもあったようである。

後世のよみからすれば，促音形の期待されるもの，例えばGuiocuqi（玉輝）やGuiocuqua（玉花）のごときがこれらの形に一定していて，促音化形が全く行なわれなかったかどうかという点になると，疑問がないでもない。前述のような「ゆれ」として促音化することも実はあったのであるけれども，規範的には漢字一字一字の音に基づく非促音化形の方を正しいとする意識があって，よほど通俗化したものでない限りはそれが用いられ，特に規範性を重んじた落葉集や日葡辞書にあっては，その非促音化形の方を登録したということであるかも知れない。それにしても，入声tの場合ほどには，促音化が一般的でなかったということは認めなければなるまい。

次に，促音化の一般的条件を備え，促音化形の期待される場合に，促音音節を脱した形になっている語がある。書名の「雑筆」は，本篇にはZafitを掲げて，この名で呼ばれる本と説明したにとどまるが，補遺で再び取り上げて次のように書いている。

†Zafit. l, Zappit（ザヒッまたは，ザッピッ）しかしながら，Zafit（ザヒッ）と言う方がまさる。例，Zafitno vŏrai.（雑筆(ざひつ)ノ往来）日本の書状の文字〔語句〕を学ぶための書物。

1600年版倭漢朗詠集巻之上に収めた同書のローマ字書きの書名にも，ロドリゲス大文典の出典名にもZafitとあり，落葉集もまた「雑筆(ぎひつ)」としているから，この方をまさるとした日葡辞書の注記は認めてよいであろうし，この形が一般的であったのであろう。

「仏供」は，Bucu, Buccuの2条に重複して収めて，後者の条に，Buccuと

書くけれども「Cの文字を一つだけにして Bucu(ブク)と発音される」と注している．落葉集や節用集などには「ブツク」とあるけれども，羅葡日(Ambrosia. Parentalis)や虎明本狂言の「福の神」(一25/2)や「八尾」(二51/7)などに「ブク」があるから，この方が一般的であったのであろう．

「雑紙」に Zaxxi. l, Zaxi(ザッシ．または，ザシ)と二形を並べて標出しただけで，別に Zaxi をあげていないのは，前者が普通に行われたものか．「落葉集」に「ざつし」とあり「山科家礼記」に「さつし」(文明9,1,4)とあるのを見るほかに，「ザシ」の例を知らない．

Zacocu(雑穀)や Zaco(雑喉)は，これだけを掲げて促音形はあげてないので，この形が一般的であったのであろう．羅葡日には Zaccocu が1例あるが，それよりも Zacocu が多く使われている(Legumen. Secale. Seges)し，「雑喉」も「ザツコ」とした辞書(落葉集，いろは字)もあるけれども，節用集には「ザコ」としたものが多い(弘治二年本・永禄二年本・天正十八年本・饅頭屋本・易林本)．

このほか，同類のものに，
  Buxucan(仏手柑) Buxucanno qi(仏手柑ノ木) Xisot(蟋蟀)
などがあるのも，当時存した形なのであろう．ただし，羅葡日には Buxxucan だけが見え，「蟋蟀」も辞書に「シツソツ」とあるのを見るだけである．

Ⅷ　連　声

日葡辞書の中には，ある見出し語の条下に，実際の発音は見出し語の形と異なることを注したものがある．

  Ton-ai.(貪愛)ただし，Tonnai(トンナイ)と発音される．……
  Vnuǒ.(蘊奥)ある物事の内奥．このように書かれるけれども，Vnnǒ(ウンナウ)と発音される．上のその条を見よ．
  Yen in.(延引)……この語は Yennin(エンニン)と書いたと同じように発音される．

これと同様の注記を加えたものに，なお，

  Von-ai(恩愛)　Xenvǒ(先王)　Xenvôqe(仙翁花)　Xinvǒ(親王)　Xunvǒ(春鶯)

の諸条がある．いずれも撥音nのあとにア・ワ行音が続くときナ行音に発音されることを示したもので，連声のことを述べたものである．

 一方には，連声形を見出し語に立てた条もある．

  Annon. l, anuon(安穏)　Bonnon(梵音)　Ginnai(塵埃)　Innen(因縁)　Vnnǒ(蘊奥)　Vonnai(恩愛)　†Xennôqe(仙翁花)　Xinnǒ(親王)　Xecchin(雪隠)　Xǒjenbattacu(賞善罰悪)

このうち，最初のAnnon(安穏)には原形のanuonを並べ挙げ，Bonnon(梵音)には，より正しくはBonuon(ボンヲン)である旨を注し，Vonnai(恩愛)，Xinnǒ(親王)にはVon-ai, Xinvǒの条を参照せよと注するなど，それらの原形を知らせる処置をしているけれども，Vnnǒ(蘊奥)，Innen(因縁)，Ginnai(塵埃)，†Xennôqe(仙翁花)の条には，別条にVnuǒ, Inyen, Gin-ai, Xenuôqeが収めてあるにもかかわらず，それらとの関係を示す注記は加えてなく，Xecchin(雪隠)とXǒjenbattacu(生善罰悪)とに至っては，この連声形を掲げただけで，その原形を掲げた別条も立ててない．このように連声形を掲げて原形との関係を示さないのは，日葡辞書の標出方方針に外れたものであって，異例のものと言わなければならない．

 上掲の諸条は，撥音nおよび入声tの連声現象の存したことを示すものであるが，その数は，語音結合の条件をそれらと同じくする語で，原形だけを掲げたものに比べて著しく少ない．見出し語以外の文例などに現われたものも少なくて，

  sannhô(算用．Issat〔一撮〕の条)　Connenna(今年ハ．Fusacu〔不作〕の条)　Xinna(臣ハ．Nanmenの条)　Innen(因縁．Inyuの条)　Vonnai(恩愛)Tonzuruの条)

のような例を見るにすぎない．これは，実際は連声に発音されてもそれをローマ字の表記面にはあらわさない方針であったことを示すものである．

第Ⅳ章　日本語のローマ字表記と発音　(2)長音節 その他　211

Annon. 1, anuon(安穏)の条に,
> この語は本来 Anuon(アンヲン)が正しい形であり，そのように書かれる．しかし，Annon(アンノン)と発音されるので，この位置に配列しておく．

と注し，Bonnon(梵音)の条に，これよりも Bonuon(ボンヲン)の方が正しいとしているのは，連声形でない原形が本来の正しい形であり，書き表わすにはこれを用いるべきものであるとする考えに基づくものである．

　日葡辞書の Sanquǒ(三皇)の条に，シナの三人の皇帝，すなわち，Fucqi, Xinvô, Quǒtei(伏羲，神農，黄帝)のことであるとして，「神農」を Xinvô と書き，Tendocu(転読)の条には，別条には Daifannha の形で標出してある「大般若」を Daifanya と書いた例がある．これは，シンノウ(神農)，ハンニャ(般若)を連声によるものと誤認して，その原形に還元して書いた誤りである．類例はほかの書にもある．

> Fuxin<u>vo</u> chocusat(不審ノ勅札．Esopo.432/11)
> Xenca(仙家)．Xennin<u>uo</u> voru iye(仙人ノ居ル家．Feiqe. 和らげ)
> giquisat ar<u>ubexi</u>.(直札タルベシ．ロドリゲス大文典，f.200)
> Fun <u>vno</u> cocoro(忿怒ノ心．同大文典 F.204 v.)
> Fan<u>ya</u>faramit(般若波羅蜜．同大文典 F.225)

始めの3例は，あるいは印刷上の誤植かとも疑われるけれども，あとの2例はそうとは考えられないものである．

　これと同じような例は，国字文献にも見られる．

> 寺人ト云テ内々テハシリマウ小官ノ者アリソレカ客人<u>ヲ</u>ワセタ案内ヲ云ソ(玉塵，廿四 51 ォ)
> 平家の運<u>を</u>ひらくく事出る日つほむ花なれや(文禄本舞の本，靡常盤，2 ォ)

　ローマ字資料でも国字文献でも，連声形を表記した例がまれに存する中に，上のような例があるのをば，原形に還元して正しい形を書こうとした，いわゆる誤った回帰によるものと解し得るならば，原形を正しいものとし，実際

の発音にはかかわらずそれを表記すべきであるいう規範意識が強く働いていたと考えられる。仮名表記にあっては，連声は発音上の便宜による変化現象であって，語自体の形態の変化ではないから，これを表記しないのがきまりであった。ローマ字表記においても，この日本人の仮名表記上の規範を規範として守ったのである．

このようなわけで，連声形は表記しない方針であったから，その表記例は異例に属するものであり，量的に少ないのも当然である。その少数例はさきに示したとおりであるが，連声形を掲げた見出し語，および原形を見出し語に掲げながら連声形について注記した諸条を見わたすと，その大部分がG部以下，特にT部以下に集中している。この事実は，日葡辞書全般の方針としては連声形を表記しない方針のもとにあって，一部の編纂分担者が異例の書き方をまじえたものと考えられよう．

それと共に，撥音ンの場合の連声に偏していて，入声tの連声は前掲の2条にすぎないこと，撥音ンの連声でも，ンのあとにヤ行音の続く語は，Conya（今夜），Canyô（肝要），Xinyô（信用）などいくらもあるのに，その連声形に触れたものがないことは，いかなる理由によるのか明らかでない。撥音ンにヤ行音の続いた場合の連声形はIssat（一撮）の条にSannhô（算用）があり，特にロドリゲス大文典にはcannhô（肝要），quannhŭ（寛宥）などがあるのみならず，N字の後にヤ行音節が続く場合には，Nha（ニャ），nhe（ニェ），nhi（ニ），nho（ニョ），nhu（ニュ）のように発音すべきことを述べている（f.177 v.）から，日葡辞書編者がこの場合の連声を知らなかったとはいえない。時に連声形の注記を加えているG部あるいはT部以下の編纂分担者が，他の場合ほどには注意を払わなかったのでもあろうか．

唇内mの連声，Sanmi（三位）のごときは，Feiqe（115/1,8）に見られ，日葡辞書にも骰子の三の目と一の目とを示すSanmichi（三一）があるけれども，これはこの種の連声現象がこの当時生きて働いていたことを示すものではなくて，古く生じた連声形が固定して残っていたものと見られる。室町期には，すでに唇内のmと舌内のnとの別は失われ，nに合流していたのであるか

ら，元来唇内のm韻尾のものも，連声形はナ行音節になったのである．

  vonnhŏji(陰陽師．羅葡日 Auguratus. Conjector. Lituus)

  両人ヲンニヤウノカミヲメシ，カンカヘ申ヘキノ由，被仰付了(言国卿記，文明6,7,30)

 なお，Innen(因縁)は，日葡辞書や羅葡日その他に例があるが，院政時代の始めごろの例が知られているから[25]，これも古く生じた連声形が固定して残ったものである．ロドリゲス大文典に連声を説いた条に，Nのあとにyeが続くときはnhe(ニェ)に発音されるとしながら，yenが続く場合はNen(ネン)と発音されるとして，Innen(因縁)の例をあげている．yenが続く場合一般について言えるのかどうか疑問であるが，このInnenを例外的に扱っていることも，古い連声形の固定と解すれば，無理なく了解されるわけである．

 連声に似た現象として，母音i，または，eのあとに母音aが続くとき，ヤ行音になることがあった．日葡辞書にも，「合ウ」を下位構成要素とする複合動詞の見出し語に，

  Catariai, yŏ, yŏta.(語リ合イ，ウ，ウタ)

  Voqiai, yŏ, yŏta.(起キ合イ，ウ，ウタ)

  Caqeai, yŏ, yŏta.(掛ケ合イ，ウ，ウタ)

のように，yŏ形を示したものがある．この類のものでは，

  Tachiai, uŏ, ŏta.(立チ合イ，ワウ，ワウタ)

  Camiai, ŏ, ŏta.(嚙ミ合イ，ワウ，ワウタ)

のように，本来の「立チアウ」「嚙ミアウ」の発音を表記したものが多く，それが基本形式となっているが，上引の2条の用例には，tachiyŏte(立チヤウテ)，camiyŏta(嚙ミヤウタ)と書かれているので，後者は前者から変化した形と認めていたのである．

 このように「合ウ」の例が多いけれども，別に，Miyacaxi(御明シ．Tômiŏ〔灯明〕の条)の例もあり，天草版金句集にはyyacu(帷幄)，ychiyacu(一悪)の例もある．仮名資料にも，

  ヨリヤウテ(寄リ合ウテ．漢書列伝竺桃抄，3ォ，9ゥ，15ォ)

ニヤウタ（似合ウタ．四河入海，二の二 39ゥ）
　　　タヽキヤウ（叩キ合ウ．玉塵，廿一 7ォ）
　　　　　　メヤハス
　　　妻（応永廿七年本論語抄，公冶長．219）
　　　　　タテヤカシ
　　　炬火（言国卿記，文明6-11月表紙裏）
　　　カケヤウ（掛ケ合ウ．史記抄．四 7ゥ，六 51ォ）
　　　マセヤワセテ（混ゼ合ワセテ．玉塵，廿一 75ォ）
のような例が珍らしくない．

　母音iにワの続くときにも，「ワ」の唇音性弱化によって同様の現象を生じたらしく，「極メテ」を「キヤメテ」とした例が史紀抄（十 9ォ，十四 83ォ），や漢書帝紀抄（漢書抄第 5 冊 20ゥ）などに見える．

　このような現象は，狭母音i, eが広母音aに続くときの渉り音によるものであるから，発音上の便宜に基づく変化である点で連声と似ている．しかし，仮名資料でもローマ字資料でもこれを表記するのが一般的であって，連声の場合のように原形表記をたてまえとしたとは認めがたい．従って，当時の人々は，これを連声と同類と意識していたのではなくて，おそらくは本来の語形に対するゆれの現象と認めていたのであろう．

Ⅸ　バ・マ行音の交替とその表記

　日葡辞書には，同じ語で少しく形を異にする 2 形を双方とも収載していることが少なくない．Fonxin, Fonjin(本心)，Vbuguinu, Vbuqinu(産衣)のように，一部音節の清濁を異にする 2 形などは特に多いが，また，Focorobi, Fucurobi(綻ビ)，Cai, Cayu(粥)，Vuo, Iuo(魚)のような音韻交替によるもの，Gue-i,†Ca-i(下位)，†Guexacu, Guaixeqi(外戚)のような呉音と漢音との違いによるものなど，いろいろのものがある．それらの中には，二者間の価値的相違を注したものがあるが，その点については別に述べるとして，ここでは表記法の上で注意すべきb, mの違いによる 2 形の場合を取り上げる．

　b, mの違う同じ語の 2 形が併存するものには，Cŏbut，Cŏmot(好物)，

第Ⅳ章　日本語のローマ字表記と発音　(2)長音節　その他　215

Cocubo, Cocumo(国母)，Batyô, Matyô(末葉)，Sŏbŏ, Sonmŏ(損亡)，Taibŏ, Taimŏ(大望)など，漢語も含まれるのであるが，これらは音誤交替によるものではなくて，漢字音の呉音と漢音との別に基づくものであるから，これらは除外する．

さて，和語において，同じ語でb, mの違う2形を掲げた見出し語に，次のような例がある．

　　　Catabuquru. Catamuquru.(傾クル)　　Fibo. Fimo.(紐)　　Mabori. Mamori.(守リ)　　Maboru. Mamoru.(守ル)　　†Mabuxi. Mamuxi(蝮)　　Tacafibo. Tacafimo(高紐)　　Tauabure. Tauamure.(戯レ)　　Tauabururu. Tauamururu.(戯ルル)　　Toboxij. †Tomoxij.(乏シイ)　　Toburai. Tomurai.(弔イ)　　Toburŏ. Tomurŏ.(訪ウ)　　Vcabu. Vcamu(浮ブ．浮ム)　　Vcaburu. Vcamuru.(浮ブル．浮ムル)　　Voxivcaburu. Voxivcamuru.(押シ浮ブル．押シ浮ムル)　　Vsobuqu. †Vsomuqu.(嘯ク)　　Xiraburu. Xiramuru.(調ブル．調ムル)　　Xiracubo. l, xiracumo.(白癬．または，白クモ)　　Xitafibo. †Xitafimo.(下紐)　　Xiuaburu. Xiuamu.(皺ブル．皺ム)　　Yerabidasu. Yeramidasu.(選ビ出ス．選ミ出ス)　　Yerabu. Yeramu.(選ブ．選ム)

同様の例は他書にも見られる．ロドリゲス大文典に引用した高館の舞の文中に，yumeno tauabureyo(夢ノ戯レヨ)の句があるが(f.94)，同じ句が別の所では，yumeno tauamureyo(夢ノタワムレヨ)となっている(f.22)，謡曲の斑女に出た「祈らずとても神や守らん」も，その「守らん」がmaboran(f.118)とある一方にmamoran(f.19)とある．また，「押し並べて」はVoxinabete, Voxinamete二形が併せあげてある．(f.75)．

このような2形は抄物などや辞書類にも存する．例えば，落葉集の色葉字集に，「とぶらふ」(訊)と「とむらふ」(問)があり，その「問」は，小玉篇では「とぶらふ」としてある．本篇の「法灯」の「灯」には「とぼしび」，「一灯，各灯，寒灯」その他の「灯」には「ともしび」とあり，小玉篇にも「ま

ぼる」（守）と「まもる」（擁・護）があるなど，同じ書中でも一定していない。しかも，日葡辞書の説明による限りでは，上掲諸語の二形が違う意味を示すものではないし，他書の用例に徴しても同様である。従って，一般には同じ語に b, m の交替による2形が同じ意味をもって併存したものと考えられる。日葡辞書の見出し語に，

   Tomurai. l, toburai.（トムライ．または，トブライ）

   Vcabi, u, ŏda. l, vcami, u.（浮ビ，ブ，ウダ．または，浮ミ，ム）

   Xitafibo. l, xitafimo.（下ヒボ．または，下ヒモ）

のように2形を併せ掲げたのや，Tacafibo（高紐）と Tacafimo（高ヒモ）とが隣り合って配列されていて，後者に「同上」とだけ注したもの，あるいはまた，Tauamure（戯レ），Tauamure, uru.（戯レ，ルル）の条に，Tauabure（タワブレ），Tauabure, uru（タワブレ，ルル）の条を見よと参照注記を加えたにとどまるがごときは，明らかに同義同語の小異形であることを示している。

 しかるに，2形の違いについて，次のような注意すべき説明を加えたものがある。

    Catabuqe, ru.（傾ケ，クル） Catamuqe, uru（傾ケ，クル）の条を見よ。
    なぜなら，B 字を用いて〔Catabuqe, ru と〕書かれるけれども，話
    し言葉では M を以て〔Catamuqe, ru と〕発音されるからである。

 また，「嘯ク」は，本篇には Vsobuqi, qu, uita（嘯キ，ク，イタ）を標出しただけであるが，補遺に至って†Vsomuqi, qu, uita（ウソムキ，ク，イタ）を収め，そこに Vsobuqi, qu, uita（ウソブキ，ク，イタ）と書かれるとの注記を添えている。この注記は必ずしも明確でない。すなわち，B字で書かれるけれども，話し言葉ではMを以て発音されるというのか，書き言葉としてはBで読まれるというのかが明らかでないからである。日葡辞書の例を検するに，「傾ク」「傾クル」の用例は，「カタムク」「カタムクル」の例ばかりで，「カタブクル」の例は見出だせない。しかも，Fibiqiuatari, u（響キ渡リ，ル）の条，および，Fuqe, uru（更ケ，クル）の条の用例としてあげられた太平記からの引用文中の「傾ク」「傾クル」は，ともに M 字を用いて catamuqu, catamuqe

としてある．天草版金句集でも，金句本文に，

　　　　日中バナル時ンバcatamuqi(戻キ)：月盈テル時ンバ食ス．(p.518)
とあり，ロドリゲス大文典にも，漢詩のよみに，

　　　　虎　vsomuqeba(嘯ケバ)，谷風ヲ生ズ．
とあって(f.180v.)，いずれも話し言葉の発音で読んでいるのである．従って，前述のB字を以て書かれるというのは，ローマ字で書く場合ではなくて，仮名，特に平仮名による表記をさして言ったものと解すべきであろう．そのような平仮名表記とその読みないしは話し言葉の発音との違いが，どの範囲に及ぶのかは明らかでないけれども，ともかくさような事実の存したことは否定できない．

「ドチリナ・キリシタン」のローマ字本と国字本(水戸徳川家本とカサナテ文庫本．ともに1600年刊)を対校してみると，前者のtattomi(貴ミ)，canaximi(悲シミ)が後者では「たつとひ」(7ゥ,16ゥ,27ォ)，「かなしひ」(9ォ,42ォ,47ゥ)となっている．また，1596年版ローマ字本コンテムツス・ムンヂと1610年版国字本こんてむつすむん地との対応本文について見ても，前者のcanaximi(悲シミ．pp.45,57,59,60)が，後者では「かなしひ」(14ォ,18ォ,18ゥ,18ゥ)と書かれ，catamuqu, catamuquru(傾ク，傾クル．pp.15,36,50,67)も，「かたふく」「かたふくる」(4ゥ,11ゥ,15ゥ,21ォ)と書かれている．

安原貞室の「片言」(1650刊)にも，

　　一，人のいたみを弔ふを，とぶらふといふはよろしからじと云り，とむらふといふやうにいふべし，仮名にはとふらふとかくなり(巻二 22ォ)
　　一，蝙蝠を，かうむり，かうもりといふやうによむべし(巻四 21ゥ)
とあって，「ぶ」と書いて「む」と読む場合のあったことを示している．

濁音の直前にある母音が鼻音化した事実から考えて，語中尾のバ行音がマ行音に近い発音になったろうことは容易に推察される．浜田敦氏が，朝鮮資料のハングル表記に基づいて推定されたように[26]，それは[ᵐb]のごときものであったとすれば，「ぶ」を「む」と読むのもそれに深く関係しているであ

ろう.

　それならば，B字を以て書かれているもののすべてが，話しことばではMを以て発音されたのかというに，必ずしもそうは言えないようである．日葡辞書のNeburu(舐ル)，Bixago(雎鳩)，Mabuxi(蝮)，Tçurubu(交ブ)の諸条には，見出し語に掲げたこれらの形よりも，Nemuru(ネムル)，Misago(ミサゴ)，Mamuxi(マムシ)，Tçurumu(ツルム)の方がまさっているとして，価値的な違いを注している．これらは，それぞれ対応する2形が同音を示し，同音に読まれるものとは言えない．すなわち，Bを以て書いた上掲の諸形を，読むとき，発音するときにはMを以てするというのでないことは明らかである．上の諸条は，互いに対応する2形が話し言葉に用いられる上での価値的相違を示して，よるべき規範を示したものであり，言いかえれば，B,M 2形が二つながら併存することを示すものに外ならない．

　表記面には書き表わさないたてまえであった連声については，その表記と発音との違いについて，ロドリゲス大文典でも詳しく説き，日葡辞書もいくつかの条で触れている．しかるに，このb, mの場合には，前述のようにCatabuquru(傾クル)，Vsomuqu(嘯ク)の条に注があるだけであり，大文典でも言及するところがない．それでいて，B, M両形を並べあげているのである．このような点からすれば，B, M両形は同音の異表記ではなくて，発音上の違いに対応して，あるいはBを以てし，あるいはMを以て表記したものと見るべきであろう．

　それにしても，発音の上に近似した点があり，意味上の違いもないところから，同じ語の別形と考えられたことはまちがいない．日葡辞書のMabori(守リ)のすぐ次の条に，Mamori botoqe(守リ仏)を掲げているのは，アルファベット順の配列としては順当でないが，この配列をしたこと自体がB, Mの違いにかかわらず同じ語と見たことを示す一証になろう．

　2形が併存する語でも，例えば，Toburŏ(訪ウ)に，「この語は一般に書物の中に用いられる」と注したように，用法上差のあるものもあり，また一面固定するものもあったようである．「傾ク」「傾クル」などは，一部の節用集に

「カタブク」としたもの(易林本)があるけれども，ローマ字本では catamuqu, catamuquru が一般的である．日葡辞書，ロドリゲス大文典，羅葡日がそうであるし，Feiqe でも，「浮ブ」「浮ム」など B, M 両形が現われる語もある中にあって，上の2語はすべて M 形で統一されている．tattomu(貴ム), canaximu(悲シム)もまた同じである．従って，日葡辞書において B, M 両形をともに収めている語は，多くはその2形を併せもっていたもの，すなわち，両形ともローマ字で表音的に写したものであって，一方の B 形が書く形，あるいは，ことさら平仮名表記形に基づいて表記した形とは言えない．言いかえれば，Catabuquru(傾クル)や Vsomuqu(嘯ク)の条において，たまたま平仮名表記の慣用形と発音との相違に言及しているとはいっても，それが B, M 2形を収めているすべての語を覆うものではないのである．

仮名表記，特に平仮名表記では「ぶ」を用いる傾向が強く，固定的であったことは認められるし，それが読まれる場合，あるいは，話し言葉に用いられる場合には「ム」と言うことが多かったことも，一般的には認めてよいであろう．しかし，「ぶ」と書かれたものの中に，話し言葉で「ブ」と発音されるものがなかったとまでは言えない．同じく仮名表記でも，片仮名書きのものには，「ブ」を統一的に用いる傾向は認めにくいのであって，それだけ平仮名表記よりも表音的だとも言えるのであるが，片仮名書きの資料の中には，

　　　　財色ヲ<u>ム</u>サ<u>ム</u>ラザレバ井ヅクンソ<u>ム</u>サ<u>フ</u>ラン(成簣堂本論語抄，五43ゥ)(下線部のム，フには小圏点二つを並べた濁点あり)

のような例と，「ムサムリ」(四14ォ)の形とが併存している．「ム」のような例は，内閣文庫本庭訓往来にも，

　　　　神妙(シンメウ)(3ゥ)　眉目(ヒモク)(10ゥ)　耳目(シモク)(17ゥ)(振仮名のメ，モに濁点あり)

の類例があるが，これなどは2形の発音上の近似性，あるいは同類の音韻と意識した跡を見せているのであって，規範的には一方を正しいと認めつつもかなり交替しやすかったことを物語るものと見られよう．事実，B 形を普通に用いる語でも，

　　　　ホロムル(亡ムル．上引論語抄，五13ォ)

喜マウス(史記抄，六70ゥ)

のようなM形をもまじえているのである．要するに，日葡辞書の中にB，M両形を併せ収めている語も，多くはその二形が併存することを示したものと解してよいであろう．

注

1) Oliveira Fernão de. (1536) Gramatica da linguagem portuguesa Imprensa Nacional-Casa da Lisboa. 1975
2) Barros, João de. (1540) Grammatica da lingua portuguesa edição da Faculdade de Letras da Universidade de Lisboa, 1971
3) Gandavo, Pero de Magalhães de. (1574) Regras que ensinam a maneira de escreuer o orthographia de lingua portuguesa edição facsimilada Biblioteca Nacional, Lisboa.
4) Nunez do Lião, Duarte. (1576) Orthographia de lingua portuguesa João da Barreira, Lisboa.
5) Nunez do Lião, Duarte. 上掲書 f.7 v
6) Gandavo, Pero de Magalhães. 上掲書 p.32〜3.
7) 亀井　孝「『捷解新語』の注音法」(亀井孝論文集3「日本語のすがたとこころ (一)音韻」吉川弘文館．昭59, p.355
　　　拙稿「捷解新語解題」(「三本対照　捷解新語　釈文・索引・解題篇)京都大学国文学会　昭48) p.240
8) 橋本進吉「吉利支丹教義の研究」(岩波書店　昭36) p.259
9) 同上．p.256
10) 土井忠生「近古の国語」(国語科学講座V．明治書院，昭和9) p.25
11) 豊島正之「『開合』に就て」(「国語学」第136集，昭和59)
12) 類例を5例だけあげておく．
　　　譫諄ノタウコト(戯言)ヤネコト(四河入海　十九ノ四　55ォ)
　　　似ツカウシイ(史記抄　十八26ォ．玉塵四28ゥ)
　　　ハウクロ〔黒子〕(史記抄　六10ゥ．蒙求抄,一21ォ)
　　　テウシニアウヌ〔合はぬ〕音(玉塵　廿一48ォ)
　　　雨ノシツカニヤウラカ〔軟らか〕ニフツタハ(玉塵廿一53ゥ)
13) 鈴木博・浜崎賢太郎「オ段音に後続する『ほ』の長音化過程——抄物，キリシタン資料における——」(「国文学攷」第28号，昭和37.)
　　　鈴木博「室町時代語論考」(清文堂　昭和59)に収む．
14) 拙稿「『大きに』と『大いに』——キリシタン資料を中心として——」(「国語国文学論攷」広島文教女子大学．昭和53.)「室町時代語論攷」三省堂.昭和60)に収

む.
15) 亀井　孝「室町時代末期に於ける多行音の口蓋化について」(「方言」第 7 巻第 7 号．昭和 12)
　　「亀井孝論文集 3，日本語のすがたとこころ（一）音韻」(吉川弘文館．昭和 59)に収む．
16) 大塚光信「パ四・マ四の音便形」(「国語国文」第 24 巻第 3 号．昭和 30)
17) 池上禎造「『方』字の合音用法」(「島田教授古稀記念国文学論集」関西大学国文学会　昭和 35)
　　福島邦道「四方なる石」(「国語学」第 46 集．昭和 36)
18) 出雲朝子「室町時代における『寮』の字音について」(「国語学」第 54 集　昭和 38)
19) 沼本克明「『厚』の開合について」(「国語国文」第 41 巻第 1 号．昭和 47)
20) 小松英雄「日本字音における唇内入声韻尾の促音化と舌内入声音への合流過程」(「国語学」第 25 輯．昭和 31)
21) 土井忠生「吉利支丹文献考」(三省堂．昭和 38)p.318
　　菅原範夫「室町時代の平仮名資料に見られる一表記法——入声・促音表記を中心として——」(「国文学攷」第 65 号．昭和 49)
22) 類例に，Feiqe に carafit(唐櫃．p.147/21)があるけれども，日葡辞書や羅葡日には，いずれも carafitçu とある．
23) 濱田　敦「語末の促音」(「国語国文」第 24 巻第 1 号．昭和 30)
24) 亀井　孝，他「日本語の歴史 5．近代語の流れ」(平凡社．昭和 39)p.59
25) 小林芳規「中世片仮名文の国語史的研究」(「広島大学文学部紀要」特輯号 3．昭和 46)
26) 濱田　敦「弘治五年朝鮮板『伊路波』諺文対音攷」(国語国文」第 21 巻第 10 号)
　　後に，「伊路波」(京都大学国文学会．昭和 40)に収む．

第V章　成立の過程

I　日葡辞書の写本

1　先行写本

　われわれが今日見ることのできる長崎版日葡辞書の刊行以前に，写本の形で行なわれていた日葡辞書があった。長崎版の序言の初めに，「すでに以前から辞書や文典の写本類が何種か(algũs Vocabularios, & Artes de mão)存在し，それらが新たに学習する者の助けになっていた」とあり，また，迫害の激化に伴なって，パアデレや日本人イルマンたちは，布教活動が制限され，以前よりも若干時間的余裕が生じたので，不完全ながらこれまで行なわれていたこれらの辞書(os Vocabularios)を見直し，一層よく検討することができるようになった。そこで，「この辞書(este Vocabulario)を検討増補して完成するために，数年の間精励して事に当たるようにした」とも書いてある。これによれば，不完全ながらも日葡辞書の写本数種が存していて，編者たちはそれらを基礎に訂正増補を加えて長崎版を完成したというのである。

　先行の写本は，年報などの記録によって，少なくも4種は存したことが知られている。1563年肥後の川尻で歿したドゥアルテ・ダ・シルヴァ(Duarte da Sylva)の遺稿，1564年肥前の度島でジョアン・フェルナンデス(João Fernandez)がルイス・フロイス(Luis Frois)のすすめによって編み，その後20年間にわたってフロイスが加筆を怠らなかったというもの，1581,2年のころ府内のコレジオで編纂されたもの，及び1585年有馬のセミナリオで編纂されたものの4種である[1]。このほか，個人の手に成るものがなお存したかも知れず，果していずれが長崎版の編纂に利用されたかは知るよしもない。しかし，一

般には後のものほど整っていたであろうし，またイエズス会の教育機関で編まれたものの方が整っており，かつまた利用する便宜も得やすかったのではないか．このような想像が許されるとすれば，府内コレジオ編のものや有馬セミナリオ編のものなどは，長崎版にかかわりがあるのではなかろうか．ことに有馬セミナリオ編のものは，年代的に最も新しく，しかもそれは，その時までに外国人の著わしたどの日本語辞書よりも大部であり，完全なものであったという．また，府内のコレジオは 1581 年に創設されたが，1587 年には山口に移され，その後千々石，有家，加津佐を転々として，1592 年に天草，1597 年に長崎に移されている．有馬のセミナリオも 1580 年に創設されて，数年間はその地にあったけれども，これまた各地を転々として移り，1592 年に八良尾，1595 年に有家に移り，1597 年には遂に閉鎖された．しかし，翌 1598 年の初めにペドロ・ゴメス（Pedro Gomez）がその生徒 70 名を長崎に集めたという[2]．いずれも 1600 年に近く長崎に縁ができているところから，上の 2 種などが，長崎版にかかわりをもつものとしては可能性があるかと考えられる．

　しかしそれは，所詮拠りどころのない想像にとどまるが，とにもかくにも何らかの写本を土台にしたことだけは動かない．前掲例言の書きざまからすると，それは少なくも 2 種はあったと思われる．そうだとした場合，一本をもとにして他本を参照するとか，一本に他本を併せて基礎稿本を作るとか，いろいろの場合が考えられるけれども，もちろんそのいずれであるかはきめようがない．今，ともかく中心的な土台とでもいうべきものを原写本と略称することにすれば，原写本はどんな体裁のものであったろうか．先行写本の断片すら見出だされていない今日，それを明らかにし得る見込みは立たないけれども，想像の糸をたぐる道までも絶たれているわけではない．長崎版を通して，おぼろげながらも原写本の一部を推測することはできるからである．

　ここに思い合わせるのは，†Iccôxu（一向宗）に，「大坂（Vozaca）の坊主
（マヽ）
（Bonzo）をあがめ尊ぶ或る宗派」と説明してある事実である．別条 Xinxŭ（真
（マヽ）
宗）の条に「一向宗徒（Icoxus）の宗派」とあるように，一向宗は真宗のことであるが，その本願寺は天正 13（1585）年，秀吉から与えられた大坂天満の寺地

に移り，同19(1591)年京都七条坊門堀川に移るまでそこにあった．従って，上の一条の如きは，日葡辞書原稿中に1591年以前に書かれたものが含まれていることを示すものである．

2 原写本の表記・配列
(1) 母音音節イの表記

まず，原写本の語彙配列は，ローマ字のアルファベット順になっていたと思われるが，ローマ字綴には長崎版と異なる点があった．本篇のY部で，Ye～形の諸語を配列した終り，すなわち，Yezzuqu(嘔ク)の条の次にYfi(蝟皮)，Yfŏ(異邦)の2語が並んでいる．これは，母音音節のイを表記するにはI字を専用する方針をとった長崎版では異例に属する．I字専用とは言っても，全篇がそれで統一されているわけではない．用例など，見出し語以外であれば，yxŏ(衣裳)，yxei(威勢)のような例もあるが，それにしても語頭の場合はまれである．ところが，I部にはY部のと同じ語がIfi, Ifô（マヽ）の形で出ていて，綴りこそ違うけれども語としては重複しているわけである．これは原写本にはYfi, Yfŏの方だけであったのを，長崎版編成の時に，かかる場合にはI字を用いるという新方針に従って，I部に移してIfi, Ifôとしたのであるが，Y部の2条も削除されないままに残ったのである．Y部の2条に対する説明よりもI部の2条の説明の方が詳しいのも，後者が後の執筆にかかることを思わせる．

また，本篇のB部に，Bunxŏ(文章)，Bun-i(文位)，Bunzai(分際)の3条がこの順序に並んでいるが，一見してわかるようにBun-iの配列位置が順当でない．語末の母音音節を示すiをばハイフンでつないだのは明らかに長崎版編者のなせるわざであって，この記法については巻頭の例言の中で特に触れているのである．従って，原写本ではBunyとあったはずで，それならば順当な配列である．これもまた原写本のBunyをBun-iに改めながら，配列位置を改めなかったために生じた配列順の狂いなのである．

これらの事実からすれば，原写本は母音音節イをYで写すこともあり，イ

第 V 章　成立の過程　225

に始まる語を Y 部にも収めていたに違いない．1591 年版サントスの御作業や，1592 年版ドチリナ・キリシタン，あるいは，同年版信心録，1592,3 年版 Feiqe. Esopo.金句集 3 部合綴本，1596 年版コンテムツス・ムンヂなどの巻末に付した「和らげ」(難語句解)では，語頭にイをもつ語が I 部にも Y 部にも収められている．もちろん，それら諸書の本文に両方が用いられているからである．原写本もそれらと同様の状態であったと思われ，従って長崎版の Zaiy(財位，在位)，Zuiy(随意)の類は，原写本のまま修正を受けない形で残ったものと見える．

(2)　オ段拗長音の表記

オ段拗長音のローマ字綴については，巻頭の例言第 4 条に述べてある．そこでは，開長音を Fiŏrŏ, Meŏji のように〜iŏ, 〜eŏ 両様に綴り，合長音も Fiô, Qiô と綴るとともに Feô, Qeô とも書くと述べてあるが，どちらかと言えば，〜iŏ 形と〜iô 形とを用いるのが好ましいけれども，仮名表記との関連を考慮して〜eŏ 形や〜eô 形をも認めるという態度なのである．それぞれ両形の併用を認めた結果，この種の語を検索する場合には，〜eŏ, 〜eô 形を求めて見当たらなければ〜iŏ, 〜iô 形をさがし，逆に〜iŏ, 〜iô 形をさがして見えない時は〜eŏ, 〜eô 形を求めよと述べているのも当然である．

本文の事実はまさにその通りの状態を見せている．例言の筆者——それは編纂主宰者であろう——は，〜iŏ, 〜iô 形を適当だとする見解を抱いていたらしいけれども，それを以て統一するには至らなかった．本篇の編纂を終って例言を書く段になって，〜eŏ, 〜eô, 〜iŏ, 〜iô が互いに混じている事実を容認せざるを得ず，その事実に妥協して上の例言を書いたのである．つまり例言は，編者独自の方針を述べたのではなく，本文の事実もまた編者のよしとする方針を具現したものではなかったのである．事実として，開長音には〜iŏ 形が普通であるけれども，Beŏqi(病気)，Feŏban(評判)，Meŏchô(明朝)，Reŏco(両虎)，Vonreŏ(怨霊)のような例が見出し語その他に 100 例ばかりも現われる．合長音にしても，〜eô 形が多いけれども，なお Fiôfacu(漂泊)，Fiôri(表裏)，Guiô(業)，Qiôxu(教主)，Qiôchŭ(胸中)，Xenpeô. l, xenpiô

(先表)，Riôri(料理)など，〜iô形もまたまれではない．

これを長崎版刊行以前の版本について見るに，開長音は〜iŏ形，合長音は〜eŏ形が一般的であり，落葉集の仮名表記も，開長音はイ段の仮名に「やう」を添え，合長音はエ段の仮名に「う」を添える表記法で一貫している．しかし，開長音に〜eŏ形もないではなく，サントスの御作業に feŏgiŏ(評定．II.32), xubeŏ(衆病．I.127), meŏnichi(明日．II.115), qireŏ(器量．II.15), reŏgan(両眼．II.336), reŏjŏ(領掌．I.130)のような例があり，羅葡日にもreŏbun(領分．Res, rei.の条)や Meŏnichi(明日．Cras.)のような例がいくつも見られる．合長音も，サントスの御作業は〜eô形が統一的である中に guiô(御宇．II.149, 305)をまじえ，ドチリナ・キリシタンにも qiŏquai(qiôquai の誤り．交会)の例を見る．信心録には，mimiô(微妙．184, 276, 314, 324, 422), qimiô(奇妙．323, 334), riôgi(療治．366, 367, 396, 398), saguiô(作業．276, 329, 330)など，前二書よりも例が多い．天草版の Feiqe・Esopo・金句集もまた〜eô形をたてまえとしているが，Feiqe に xinbiô(神妙．101, 211, 347, 392), qiôyŏ(孝養．151, 277, 365), qiôcũ(教訓．目録１)，金句集に cŏriô(蛟龍．514), xenriô(潜龍．528)が見え，Esopo にも fiô(豹．446)がある．reôgi(療治)は Feiqe と Esopo に各１例(136, 459)あるが，巻末の和らげには Riôgi の形で標出してある．結局，細かな比率の差などを問わなければ，二形併用という点では長崎版も上述の諸書とほぼ同様の状態にあると言ってよい．従って，F，G，I部などのように，一つの方針で統一しようとした所〈後述〉は別として，全般的には原写本に近い姿を保っているであろう．換言すれば，原写本は，オ段拗長音の表記に関しては，諸版本や長崎版と同じような状態であったと推定される次第である．

(3) G部の配列方式

長崎版のG部における見出し語配列のしかたは，前述したように，完全なアルファベット順ではなく，一見奇異に見える配列である．巻頭の例言中に，Gに始まる語は，Ga, Gan, Gue, Guen, Gui, Go, Gu, Guan, Gi, Gio, Giu.の順に並べるとことわってあるが，事実そのとおりになっている．何故かかる特

異な順序にしたかといえば，まず Gue, Guen, Gui の u は無いものと見なして，Ge, Gen, Gi のアルファベット順に並べたのである．ポルトガル語などでは，e, i の前の g は摩擦音に発音され，ge, gi はジェ，ジに当るが，間に u がはいった gue, gui はゲ，ギに当るのであって，この場合の u は母音を示すのではない．そこで，配列順の上ではこれを無視したのである．そのような u を除いてみれば，Ga, Gan, Gue, Guen, Gui, Go, Gu, Guan まではアルファベット順に並んでいるわけである．

次に Gi, Gio, Giu の三者は，このままでアルファベット順に並んでいるが，この一群を Guan のあとに置いたのはなぜであろうか．それは，この三者はガ行音を写す他の一群とは異なり，ダ行音を写すものであるからであり，それを仮名1字で書くものを前に，2字で書くものを後に配したわけである．Gu～, Gua～の配列も同様であり，仮名表記との関連を考えた跡は，オ段拗長音のローマ字綴にも見られるから，上のように解してよかろう．

さて，この配列方式は長崎版編者の創意に基づくものではないのであって，1592年版信心録や1596年版コンテムツス・ムンヂの巻末の和らげや，1591年版サントスの御作業，1592・3年版 Feiqe・Esopo・金句集3部合綴本などの巻末の和らげでは，長崎版のそれに似た変則的なアルファベット順が採られており，その一部を修正すれば長崎版の配列順序と一致するようなものである．

1598年版落葉集は国字本であるけれども，その本篇にあっては，字母の配列にも，字母下に並べた熟字の配列にも，それらの字音をローマ字で綴った場合のアルファベット順に配列しようとした跡が歴然としている．そのガ行関係の部分を検するに，長崎版に通ずる配列順序になっているものがある．これらの点については，前に詳しく述べたので(第II章－4－(1))，ここには繰り返さないが，かような先蹤があることを考えれば，原写本が既にこの方式に拠っていたかと思われる．もっとも，サントスの御作業や天草版 Feiqe・Esopo・金句集3部合綴本の和らげにおける G 部の配列方式と長崎版のそれとがきわめて近い様相を見せているというのも，実は長崎版のもとになった原写本がこの方式になっており，前記二書の和らげも，それを作る際に同様

の方式を採っていた日葡辞書の写本に倣ったという事情に因るのかも知れない．

　上のように，既に原写本に存した方式であろうと考えるについて疑問になるのは，前述の例言の記事である．既に通行の配列方式であったのであれば，わざわざ例言の中でことわるにも及ばなかったろうにと思われるからである．これに対しては，二つの答があげられる．第一は，例言の初めに，配列方式について，

　　　　語彙の配列及び順序は，既刊のラテン語辞書に従い，後の基本形や派生形にかかわることなく，ローマ字のアルファベット順に依った．その方が検索にあたって一層よくまた速やかに見出だされるからである．

と述べているが，G部の配列はこの基本方針に撞着する．第二に，長崎版の利用者を西欧渡来の外国人であると予想すれば，当時の版本や写本に採られている配列方式であるにもせよ，完全なアルファベット順でないために検索に苦しむであろうことは容易に予想される．これらの点を考慮して，特に例言中にとりあげたのであろう．

　以上は表記の面について述べたが，収録語彙・説明・用例などは，長崎版よりも少なくかつ簡約であったろうと考えられる．それらについては後に述べるところで察せられるであろう．

II　本篇の成立過程

　長崎版日葡辞書は，原写本に検討を加え，それを訂正増補するという手順をとって成立したのである．前節においては，かすかながら長崎版を通してうかがえる原写本の姿を推考してみたのであるが，ごく一部分の形を思い描くにとどまった．原写本の組織や内容をある程度明らかにし得ない限りは，長崎版編成の際にどれだけ改訂を加え，増補したかは明らかになし得ない道理である．それにもかかわらず，現在可能な範囲において，長崎版の成立過程

第 V 章 成立の過程

を考えようとするのであるが，上述の事情から導かれる自然の結果として，原写本から長崎版への発展過程を明らかにすることはきわめて困難である．しかし，ひるがえってこの成立過程の問題を広く考えるならば，原写本は長崎版のいわば第一次原稿とも見ることができる．長崎版の編纂にあたった幾人かのパアデレやイルマンたちは，原写本の編者たちの後継者としてその第一次原稿をうけつぎ，これを仕上げて刊行したとも言えるのである．従って，第一次原稿の状態はほとんど知られず，与えられた資料としてはただ一つ，長崎版日葡辞書があるだけという恵まれない条件のもとでは，その長崎版を対象として，第一次・第二次を通じての，というよりはむしろ双方をこめての成立過程を推考するよりほかはないであろう．もちろん，推測の手がかりとなるような徴証にはこまかな注意を払って，第二次段階の成立過程を推考するにつとめなければならないけれども，場合によってはその態度を貫き得ない点の生ずることもまたやむを得ないことと言わなくてはならない．

　さて，成立過程を推考する手がかりとなるのは，主として長崎版に内在するいろいろな変異の相である．それは概括して二類に分けて考えることができる．一つは，ある種の特異な相が特定の部分にかたよって現われ，それが他の部分への連なりをもたないものである．言いかえれば，他の部分から承けることもしなければ，下に続く他の部へ同じように連なることもしないものである．言いかえれば，他の部分から承けたり，他の部分へ影響を及ぼしたりするというのではなくて，局部的であり孤立的である変異現象である．これに対してもう一つは，ある現象が他の部分にも連なりをもつもの，すなわち，ある部分に現われ始めた現象が他の部分にも続いて見られるような連続的なものである．言うまでもなく，これらはいずれも編纂者に関係をもつものであるけれども，そこにもおのずから区別があって，前者は主として編纂実務の分担にかかわるものであり，後者は主として編纂方針にかかわるものである．そして，編纂過程の時間的関係から言えば，前者はおおむね後者に先んじて生じたものと考えられる．

1　編纂の分担

　長崎版の編纂に幾人ものパアデレやイルマンが関与したことは前述したが，その人々は何らかの分担のもとに仕事を進めたであろう．日本語の資料集め，特に文献からの語彙・用例の抽出，語の意味・用法ないしは価値等の説明についての助言など，日本人の協力にまつところがあったろうが，それらをまとめて原稿にし，ことにローマ字に綴り葡語で説明を加える段になると，西欧人の手を経なければならなかったであろう．しかし，編者たちは，そのような分担をもつ一つのグループとして，一回的に順次原稿を完成して行ったのではなくて，部分的に分担を定めてある程度並行的に仕事を進めた段階があったと思われる．それは，特定の部分に限って孤立的に特異な現象が見られる事実から察せられる．

(1)　オ段拗長音の表記

　オ段拗長音のローマ字綴に開合2類の別があったことは周知のとおりであるが，キャウ・ミャウなどの開拗長音には qiŏ, miŏ のような～iŏ 形を用い，キョウ・ケウ・ケフやメウなどの合拗長音には qeô, meô のような～eô 形を用いて写す．これが版本・写本を通じての一般的な表記法なのである．長崎版の原写本もまた例外でなかったろうことは前述したとおりである．しかるに，長崎版本篇のF部では少しく趣を異にする．上の一般的記法を原則とする点に変わりはないけれども，それと並んで～eŏ 形や～iô 形をも意識的に併用していることである．見出し語のローマ字綴は，語をアルファベット順に配列する際の位置に関係をもつので，用例などより以上に注意を払ったと考えられるが，F部の見出し語中の開拗長音表記例を見るに，そのほとんど全部(36例中の35例)が，

　　　Feŏban, l, fiŏban.(評判)　　　Fiŏban. ⋯⋯ *Vide,* Feŏban.
　　　Feŏfô. ⋯⋯ *Vide* fiŏfô.(兵法)　　Fiŏfô, l, feŏfô.

のように，一形に別形を並べ示すか，*Vide*(参照せよ)の注記を付して別形をあげるかしている．合拗長音の場合もまた同じである．

Feŏ, l, fiô.(豹)　Fiô. ……　*Vide,* Feô.　Feôxi, l, fiôxi.(表紙)　Fiôxi, l, feôxi.　Feôri.　*Vide,* Fiôri, fiôrimono, &c.(表裏)

　このように標出した見出し語のうち，開拗長音は～iǒ 形を標出する位置に多くの語を掲げている．というのは，たとえば Fiŏ-ron, l, feŏron.(評論)，Fiŏsot, l, feŏsot.(兵卒)，Fiŏxa, l, feŏxa.(兵車)などは，これを～io 形の相当位置に配列しているけれども，それを逆にした形，Feŏron, l, fiŏron, Feŏsot, l, fiŏsot のごときを～eŏ 形の相当位置に掲出することはしていないのである．すなわち，これらの語は～iǒ 形でしか検索することができない．これとはうらはらに，合拗長音の方は～eô, l, ～iô.の形式の見出し語は掲げてあるけれども，～iô, l, ～eô.形式では掲出してないものがいくつもある．たとえば，Feôfu, l, fiôfu.(氷膚)や Feôgu, l, fiôgu.(表具)は掲げてあっても，Fiôfu, l, feôfu. Fiôgu, l, feôgu.のごときは掲げてないのである．

　これを要するに，F 部にあっては，開拗長音は～iǒ 形，合拗長音は～eô 形をもって表記するのを基本原則としたが，多くの場合前者に～eŏ 形，後者に～iô 形をも併せ挙げたのであって，基本原則は原則として守りつつも，それらの異表記形もまた行なわれている現実の事態をも容認し，妥協する態度をとっているのである．

　F 部に続く G 部では，開拗長音はすべて Guiŏdŏ(行道)，Guiŏsŏ(形相)のように～iǒ 形で標出し，～eŏ 形は一つも見えない．合拗長音は，Gueô(御宇)を例外として，Guiô(業)，Guiôtai(凝滞)，Guiôxo(巧匠)のように～iô 形で標出するのが本則で，説明もその条下に付けてある．Guiô～形 12 例のうち 5 例に対しては，別条に～eô 形も標出しているが，それはすべて，

　　　Gueô. *Vide* Guiô.　Gueôqi. *Vide* Guiôqi.

のように，説明はなくて参照注記を付けただけである．すなわち，利用者が一般の表記によって～eô 形を検索した場合に，説明のついている～iô 形へ導いてやる手当がしてあるに過ぎない．つまり G 部においては，開拗長音も合拗長音も～io 形を本則とするのであって，F 部が～eo 形をも認めたのとは違うのである．(第Ⅳ章－Ⅳ－2 参照)相隣り合う F，G 両部の間に存するこのよ

うな違いは，これらの表記について異なった見解をもつ別人の手によって処理されたものと見て誤りはなかろう．

(2) 四つ仮名の混乱

G部に続くI部は，オ段拗長音の表記に関する限りは，G部の方針と大体同じと言ってよい．Ienqe(禅家)，Ienqiô(善教)，Ienqi(前騎)と並ぶ配列は順当ではないが，第2条がもと Ienqeô とあったとすれば順当な配列であったのである．Iiqen(自見)，Iiqiô(慈教)，Iiqi(食)と並ぶ第2条もまた同様である．これは～iô 形をたてまえとして，もとの～eô を改めた結果生じた順序の狂いである．ここにI部の方針を見てとることができるのであって，G部と通ずるものがある．しかし，I部には，

  Iicqin.(昵近) Iidanda.(地ダンダ) Iocu acu.(濁悪)
  Iocuqet.(濁血)

の4語を収めているのが注意をひく．ローマ字綴ながら便宜上「四つ仮名」の語を準用すれば，4語とも四つ仮名の混乱例である．しかるにG部には，正しく綴った，

  Gicqin. Gidada. Giocuacu. Giocuqet.

の4語が標出されているのを見る．四つ仮名の区別は，かなり困難な状態になっていたらしいけれども，キリシタンはこれを正しく書き分ける規範的態度を採ったのであって，特にイエズス会の公の出版物ではよほど心を配ったらしい．それでも混乱した例は存するが，写本に比べると少ない．その公の出版物であり，特に注意を配ったはずの辞書の見出し語において，上のように重複した標出をするがごときは普通ではない．もしも，G，I両部が同じ人の手を経たのであれば，かような重複は生じなかったに違いあるまい．

(3) 関連語・用例の提示

ある見出し語の条下に，それに対する反対語とか同義語とかを対照的にあげて，関連的に説明を加えることは，本書全般に見られるところであるが，その示し方も部によって相違が認められる．

本篇のG部は，比較的多くの関連語を示している部の一つであるが，そこ

では，

> Gueden.(外典)　Zocuxo(俗書)に同じ．人間に関する事や世俗的な事に関する書物，¶ Naiden.(内典)　仏法(*Buppô*)に関する書物．

のように，関連語をその条下の1項としてあげたのが多い．

> Guecon.（下根）……¶ Iŏcon.(上根)……
> Guexô.(下焦)……¶ Iŏxô.(上焦)……¶ Chŭxô.(中焦)……
> Guiacuguiŏ.(逆行)……¶ Iunguiŏ.(順行)……
> Guiŏji.(行事)……¶ Guachi guiŏji.(月行事)……¶ Nenguiŏji.(年行事)……

また，文例としてその中に一括して示す場合もある．

> Guedan.(下段)……*Vt,* Guedan, chŭdan, jŏdan.(例，下段，中段，上段)……
> Guefit.(下筆)．Cafit(下筆)と言う方がまさる．…*Vt,* Iŏfit, cafit.(上筆，下筆.)…

ともかく関連のある語を並列するのであって，このあげ方はほかの部にも見られるものである．

次のⅠ部になると，上と同じような例もありはするけれども，それよりはまとまった文例の形で示すことが多い．

> Iccacu.(一角)……¶ Xucacu vouoxito iyedomo, iccacuni xicazu.(衆角多シト雖モ，一角ニ如カズ)……
> Ia.(邪)……*Vt,* Iauo firugayexi xǒni qisu.(邪ヲ翻シ正ニ帰ス)……Xix.(四書)
> Iaxin.(邪臣)……*Vt,* Qenxin vchini arutoqinba, jaxin focanari ; jaxin vchini aru toqinba, qenxin tauoru.(賢臣内ニ在ル時ンバ，邪臣外ナリ．邪臣内ニ在ル時ンバ，賢臣斃ル)Xix.(四書)……
> Ienxa.(前車)……*Vt,* Ienxano cutçugayeruuo mite, côxano imaximeto nasu.(前車ノ覆ルヲ見テ，後車ノ誡トナス)Xix.(四書)……
> Ienqi.(前騎)……*Vt,* Ienqi imada sarazaruni, goqi qisoiqitaru.(前騎

未ダ去ラザルニ，後騎競イ来タル)……

　このように，天草版金句集その他から引用した格言に，見出し語と関連語とを同時に含むものが少なくない．もっとも，I 部には金句格言の類を好んで引用する傾向があって，この種の関連語を含まないものも引用されているから，そうした傾向に導かれて，自然上のような例が含まれる結果になったとも考えられる．しかし，格言以外でも，

　　Iŏfai.(上輩)……*Vt,* Iŏfaiua guefaiuo auaremu.(上輩ハ下輩ヲ憐レム)……

　　Inju.(陰樹)……*Vt,* Inju yŏsu〈yŏjuの誤植〉ari.(陰樹陽樹アリ)……

　　Iŏxocu.(上職)……*Vt,* Iŏxocu guexocu tomoni qirauazu.(上職下職共ニ嫌ワズ)……

　　Iunguiŏ.(順行)……¶Tenno junguiŏ guiacuguiŏni itarumade.(天ノ順行逆行ニ至ルマデ)……

のような例があるのを見れば，関連語をあげるのに，できるだけそれが見出し語と共に含まれる文例を掲げようと努めた跡が見える．格言をあげるにも，いきおいその要求に合うものを選んで引用することになったのではあるまいか．そうだとすれば，G, I 両部は別人の手に成ったと見ることができよう．仮に一歩を譲って，I 部は格言を好んで引用したが，格言は反対語を含むことが少なくないために，自然に上述の様相を呈するに至ったのだとしても，G, I 両部が別人の手に成ったろうとの推論は可能である．なぜなら，G 部は文例に格言をあげることは稀であって，天草版金句集からの引用に限って言えば，G 部にはただ 1 例だけであるのに，I 部には 14 例もあって，その間に著しい差を示しているからである．

　G 部や I 部に見るような関連語を示すことは，その意図さえあれば C 部でもその所はあったはずである．Cabun(下聞), Cariaqu(下略), Caxu(下首), Chùbu(中部), Chûco(中古), Chûdan(中段), Chûguan(中巻)(マヽ)など，「下」「中」を含む見出し語が多くあるからである．しかし，事実はそれらの条下に関連語を示したものはほとんどない．これはこれで C 部の傾向を示すものと言う

べく，G部などとは大きな違いがある．

　天草版金句集に限らず，太平記その他出典を注記して引用した文例について見ても，C，F，M，N部には目立って多いのに，X，Y，Z部にはきわだって少なく，ことにX部には1例も存しないことなども，それぞれの部における用例の扱い方に違いのあることを示すものである．V部には，

> Eclesiano Sacramentos ua nanatçuni vacaru.(エケレジヤノサカラメントスハ七ツニ分ル)
> Anima, xiqitai vagŏ suru.(アニマ，色体和合スル)
> Oratiouo voboyetaca.(オラシヨヲ覚エタカ)
> Iesu Christo ningaiuo vqeauaxe tamŏ.(ゼズキリシト人界ヲ受ケ合ワセ給ウ)
> Acuninra gosacuno monouo gosacuxani vomoi cayuru.(悪人ラ御作ノ物ヲ御作者ニ思イ換ユル)

のような，教会用語を含む文例が他の部よりもはるかに多いが，これもこの部の特異な現象であって，編者の意図の反映と見なければならない．

(4) 葡語の説明

　葡語の説明も部によって異なる例がある．A部のAxino tçucubuxi(足ノツクブシ)には，Curubuxi(クルブシ)という方がまさるとし，足の踝(*artelhos dos pẽs*)との説明を加えている．そのクルブシは，C部に，

> Curubuxi, l, axino curubuxi.(クルブシ，または，足ノクルブシ)足の踝(*artelhos dos pẽs*)．上(*Cami*)ではTçucubuxi(ツクブシ)という．

とあるから，A，C部ではクルブシとツクブシとを同義の語と解しているわけである．しかるに，T部には，

> Tçucubuxi, l, tçububuxi.(ツクブシ，または，ツブブシ)*Rodela do joelho.*
> Tçububuxi.(ツブブシ)*Rodela do joelho.*ただし，一般の庶民はTçubuxi(ツブシ)という．
> Tçubuxi.(ツブシ)同上．下(X.)の語．

とある．*Rodela do joelho* は膝の皿，膝蓋骨の意であって，それは Fizabuxi (膝節)，Fizaguchi(膝口)，Fizano sara(膝ノ皿)の諸条にも同じ葡語の説明が付いているのによっても明らかである．T部には別に Tocurubuxi(外クルブシ)を収め，その条下に Vchicurubuxi(内クルブシ)を対照してあげているが，それには両方ともに *Artelho* (踝)と説明してある．それゆえ T部では，クルブシは踝，ツクブシ・ツブブシ・ツブシは膝蓋骨を意味する別語と解したのである．古くは和名類聚抄や色葉字類抄(黒川本)・類聚名義抄にツブフシが見えるし，節用集にも「踝」「跟」にツブブシの訓をつけたものが少くない．調度歌合(新校群書類従巻22所収)の「したうづ」(襪子)の条にも，

　　　　恨みずやさても難波のあし袋つぶふしのしまもあはぬつらさを

とある．当時踝を意味するツブブシなる語の存したことは疑えない．ただ，物類称呼によれば，膝を豊前・豊後で「つぶし」，薩摩で「ひざつぶし」と言ったという．今日の九州でも膝頭をツブシ，あるいは，ツンブシと言う地方がある事実からすれば，前引の Tçubuxi に X.(下)と注したのは，当時の九州方言の事実をふまえたものに相違あるまい．一方，Tçucubuxi と Tçububuxi とには方言注記がなくて，京都語を録したと見られるのに，ツブシと同じ意味を注したのは穏当でない．おそらくは九州方言の Tçubuxi に基づいて膝頭と解したものであろう．それはともかく，A, C部とT部とでは同じ語に対する説明がくい違っており，同じ人の加えた注とはうけとりにくい．

　本篇の Nazorayuru(準ユル)の条の文例に，

　　　　Rocudŏno samauo araara nazorayete mŏsŏzu.(六道ノ様ヲアラアラ
　　　　準エテ申サウズ)Feiq.(平家)巻4．

の一文を引用し，その説明に Rocudŏ を *Rocufara*(六波羅)としている．これは，別条の Rocudŏ(六道)に付した説明とは異なり，明らかに誤りであって，その条の説明をつけた者の犯したものと考えなければならない．

　Facqei(八景)の条を見ると，「シナおよび日本で有名な八つの景色(Oito vistas)」と説明したあと，瀟湘八景の一々をあげて説明しているが，その最後第8番目に，

第V章 成立の過程

¶ Côtenno boxet.(江天ノ暮雪)夕方,川とか入江とかに降る雪の景色.
(マヽ)

とある．一方，C部にもこれを見出し語に立てて，

Côtenno boxet.(江天ノ暮雪.) 第8番目にして最後の景色であって,
(マヽ)
シナの或る有名な所に雪の降っている景色.

と説明してある．八景の順序は必ずしも一定していないで，節用集でも異同があるが，上の2条とも8番目としたこと，共に開合を誤ってCôtenとしたことは，両者の間に何らかの関係があることを思わせる．〔補注〕それにもかかわらず「江天」に対する説明はくい違っている．また，T部に,

Tôtei.(洞庭)シナのある場所で見られる秋の月を描いてある絵．その場所は，非常に美しくて，シナで名高い八つの景色の一つとされている．

とあるのは，明らかに瀟相八景の一つ「洞庭ノ秋ノ月」に対する説明であるが，景色そのものではなくて，それを描いた絵(*pintura*)であると説明しているのである．

Yav.(夜雨) Yoruno ame.(夜ノ雨)夜の雨．文書語．¶また，茶の湯(*Chanoyu*)の飾り物のうちで,非常に珍重される絵の一つ.(*Hũa certa pintura*).

とあるのも「瀟相ノ夜雨」の絵であろう．当時八景の画幅が数寄者などに珍重されたところからこのような説明を加えたのであろうが,さきのC,F部とは違い，これもまたそれぞれの部を担当した者の違いを思わせるのである．

また，Bucô(無功)やMugŭ(無窮)のように，Bu, Muに始まる漢語の葡語訳を見るに，Bu〜の方は,

Bucô.(無功) Cô naxi.(功無シ.)経験の乏しいこと，または，修練の乏しいこと(*Pouca experiencia, ou exercicio.*).

のように，*pouco*を用いて否定的意味を表わすのが一般的である．その数は約20例もあるのに，*sem*を用いたのはBusŭ(無双)，Busŭna(無双ナ)の2条に過ぎない．これに対して，Mu〜の方はM部に30例以上もあるが,

Musai.(無才) Saicacu naxi.(才覚無シ)思慮分別もなく能力もない

こと(*Sem prudencia, nem habilidade*). 例，Musaino mi.(無才ノ身) 無知で思慮分別もない私(*Eu ignorante, & sem prudencia.*).
のように sem を用いたものが30条に余り, pouco を用いたのは Mucuchi(無口), Mudŏxin(無道心), Mugana(無我ナ)等数条にとどまる．こまかくは, *pouco* と *sem* とで差があり，宛てるべき語によって使い分けられることをも考慮に入れなければならないけれども，かくも多く統一的に使われているからには，ここでも B, M 両部の分担者は別人と見てもよさそうである．

　上述のように，部によっていろいろ異なる点がある．その中には原写本の形を受けついだ点もあろうけれど，いずれも長崎版編者の修正増補を受けている以上，異なる人の手を経たと見なければならない．同じ人が手がけたのであれば，原写本はいかようにあったにせよ，著しい違いは生じなかったろうからである．そして，部による上述の相違は局部的であり孤立的である．たとえば，オ段拗長音の表記法は F 部において著しい特異性をもつけれども, G 部以下がそれによって統一されているわけではない．従って，長崎版の編纂にあたっては，まず, A, B, ……F, G, ……等々の各部くらいを単位として分担し，原写本に修正増補を加えたのであろうと考えられる．

2　編纂上の範例

　上述のように分担して仕事を進めるについては，当然原写本の吟味から始めて，全般的方針に関する検討・協議もし，主宰者の指示もあったであろうが，大体においてそれは1595年天草版羅葡日対訳辞書を範とすることに基調をおくものであったらしい．まず，語彙の配列は「既刊のラテン語辞書に採用された方式に従う」とは例言の第1条に明記するところであるが，そのほかにも両者間の浅からぬ関係が見てとられる．

　版式は全く同じであるし，各部の初めの標題も同様で，たとえば，長崎版日葡辞書の DOS VOCABVLOS QVE COMECAM POLLA LETRA A.(A字で始まる語)のごときは，羅葡日の DE INCIPIENTIBVS A LITERA A. に倣ったものである．各部の下位項目として B ANTES DO E.(Eの前のB)

第V章　成立の過程　239

のような小見出しをおいたのも，羅葡日のB ANTE E.に基づく．また，各部初出の見出し語は，その頭文字を飾り模様で囲んであるが，これも羅葡日と同じである．この手法そのものは別に珍しくはないけれども，A部からF部に至る6部のうち，長崎版にないE部を除く5部では，飾り模様そのものまで同じであり，印刷に際して同じ原版を使ったことを示している．

　長崎版本篇A部の最初の見出し語は，
　　　　A.(ア)　I, RO. FA(イ，ロ，ハ)に始まる日本語のアルファベット47
　　　　　個の音節文字のうちの一つの名称．¶また，A(ア)は，日本語の五つ
　　　　　の母音 A, I, V, YE, VO(ア，イ，ウ，エ，オ)の第1の母音．
とあるが，羅葡日にAがヘブライ・ギリシヤ・ラテンの第1文字であると説明してあるのに似ている．Kの条に，それがラテン文字でないことを注したのを別にすれば，B以下にかかる説明はないのであるが，長崎版もまた同じである．ただ，長崎版のR部初出のRA.(ラ)に，「日本のアルファベット47個の音節文字のうちの一つ」と注したのが異例であるが，R部の分担者が羅葡日のA.に倣って記したのでもあろう．

　出典を注記した引用文例は，長崎版編纂の時に新たに加えられたものとおぼしいが，これも羅葡日に倣ってのことらしい．羅葡日の中には，さして多くはないけれども，Cicero, Plautus, Quintilianus, Virgiliusなどの名をそれぞれ Cic. Plaut. Quintil. Virg.の略号で注記した条がある．しかも，初めのA～D部あたりでは文例は省いて略号だけを残しているが(Accersio. Duro.)，E部あたりから後は引用文例をもあげたものが多い(Effleo. Oculus. Ventus.)．長崎版の本篇A，B部には出典注記がなく，C部の中途から注記しているのも，あるいはこれに関連があるのではないかと考えられる．

　特殊語は，九州方言を示すのに X., 詩歌語に P., 文書語に S., 仏法語に Bup., 卑語に B.と注する旨例言の中にことわっているのからすれば，長崎版編纂の際に加えたものと考えられる．しかし，特殊語そのものは，長崎版よりは少なかったろうけれど，すでに原写本に収められていたであろう[3]．詩歌語を示すのに，*Apud poetas*(詩人たちに)とか，*Na poesia*(詩歌に)，*nas Vtas*

(歌に)とかなど，P.注記以外のものが14例存する(Monuqe. Sayuru〔冴ユル〕．Vaqu〔分ク〕．Vochicacaru. Vasuregusa. Vnpô. Yŭbe. Isa. Xiranami. など)．これはP.注記の514例に比べて甚だしく少なく，また補遺には1例も存しない．全般的に補遺では，本篇後半の方針で統一されていることと量の少ないこととからすれば，これら例外的な詩歌語注記は原写本のおもかげを残したものと考えられる．しかも，そのうち6例を占める *Apud poetas.* は羅葡日に先例がある(Ambrosia.)．思うに，原写本は羅葡日かその基礎となったCalepinoのラテン語辞書かに倣って *Apud poetas* などの注記を加えたが，長崎版編纂の折にP.注記に改めたのであろう．

  Isa.(イサ)P.(詩歌語)．歌に(*nas Vtas*)おいて，気品と優美さを添える
  ために用いられる語．

のごときは，あとからP.を注し添えたことを示すものであろう．長崎版編纂の際に新たに詩歌語を収録し，P.注記を施したものも少なくないであろうが，ともかく羅葡日に倣う原写本の方針を是認し，それをおし進めたと見られるのである．

 文書語を示す場合にも，S.注記以外に，*nos liuros*(書物の中に)とか，*na escritura*(文書の中に)，*Palaura de liuros*(書物用語)とかなどの注記をしたものがある(Iŏ〔情〕．Qiyuru. Ten〔天〕．Toburŏ. Aida. Nari〔ナリ〕．Soro. Voite〔於イテ〕．In〔陰〕．Inyŏ. 等)．その数28例(うち補遺1例)であるが，S.注記の1478例に比べれば，少数の例外とすべきである．卑語にもまたB.注記のほかに *Baxio.* あるいは *Palaura baixa*(卑語)と注したもの20例余りがある(†Sanvoqi. †Soroquru. Caraxiuo.等)．これらについても，さきの詩歌語の場合に準ずる事情が考えられるであろう．

 羅葡日には，Antiq.あるいはapud antiq.(古語に)とか，apud veteres.(老人に)とか，apud iureconsult.(法律家に)とかなどの注記が見える(Fruniscor. Patibulus. Epula. Manum. Mos. Pauperies.)．こうした扱い方が日本語に対する場合に準用あるいは応用拡充されて，P. S. B. X. Bup.や *Palaura de molheres*(婦人語)などの注記を加えるに至ったと考えられる．従

って，羅葡日に範をとることは原写本に始まり，それに基づく事実はすでに原写本に存していたとしても，長崎版編者はその方針を受けついだばかりでなく，一層拡充強化したと見られる．換言すれば，日本語の実態と日葡辞書の意図する実用性とに合致するように考慮を払い，改善したとも言えるのであるが，ともかく，基本的には範を羅葡日にとったことは認めないわけにはいかない．

　特殊語に限らず，同義語間の優劣を示す *potiùs*（……よりもむしろ）や，本来の正しい意味用法を示すのに用いた *propriè* も羅葡日に先蹤があるし(Flabrum. Ostus. Orminum. Tergus. Termes. Tignus.)，Vide(参照せよ)にしても同様である(Dispartio. Inceptio. Ozymum.)．また，語の比喩的用法を示すのに *per met.*(per metaphoram)を頻繁に用いたが，これも羅葡日に先例がある(Impendeo.)．以上を要するに，長崎版編纂の分担者たちの拠るべき全般的な方針は，基本的には天草版羅葡日に倣い，日本語の実態に即したものにする点におかれたのであった．

3　原写本の修正増補

　編者たちは，それぞれ分担に従って原写本を検討し，修正増補を加えたのであるが，それはどのような点についてなされたであろうか．ローマ字綴を一部の分担者が修正したことについては前述した．収録語彙についても当然増補を加えたであろうが，原写本にどれだけ加えたかなど，細かなことはわからない．ただ，本篇中の別々の位置に同じ語が重複して標出されているものがある．Carini(仮ニ)，Cujacu(孔雀)，Furu-i(古井)，Xǒjo(生所)，Xôxo(小所)などがそれであって，中には一方がアルファベット順の順当な位置にあり，他方は順当でない位置にあるものがある．例えば，Xǒjo(生所)の一方は順当な位置にあるのに，他方はXǒja(精舎)とXojacu(書籍)との間にある．また，Xôxo(小所)の一方は順当の位置にあるのに，他方はXǒjǒ(清浄)とXǒjo(生所)との間にある．後者はまさにXǒjoのあるべき位置にあるから，もとXôjoの形であったのを後にXôxoと直したものに違いない．このよう

に順当でない位置にあるものは，既に収録ずみであっても編者はそれに気づかず，順当な位置に新たに加えることがあったのであろう．ともかく，一々それと指摘し得ないまでで，必ずや長崎版編纂の際に増補されたものがあるに違いない．

見出し語に対する説明も詳しくなったものがある．たとえば，Yfi, Yfŏ と Ifi, Ifô とは同語の重複であるが，前者が原写本の形をとどめたものと考えられる(マヽ)．それらは，

 Yfi.(蝟皮)*Ouriço cacheiro.*(はりねずみ)．

 Ifi.(蝟皮)*Pelle de hum animal que tem espinhos como ouriço cacheiro.*(はりねずみのような，とげをもった獣の皮)¶また，*O mesmo animal.*(その獣)．

 Yfŏ.(異邦)*Reino estranho.*よその国〔異国〕．

 Ifô.(異邦)Cotonaru cuni.(異ナル国)*Outro reino.*(他国)．

のように，長崎版編纂の折に，綴字を改め，配列位置を移して，書き改めたと見られる Ifi, Ifô の方が詳しくなっている(マヽ)．

また，F 部にはオ段拗長音形をいくつも重複して標出している．そして，前述のように，F 部分担者の表記方針から察すると，開長音では〜eŏ 形，合長音では〜iô 形の方が原写本以来の姿を残すものと認められるのであるが(第Ⅳ章−Ⅳ−2 参照)，それらを並べてみると，次のように精粗の差が見られる．

 Feŏgiŏ. l, fiŏgiŏ.(評定．または，ヒャウヂャウ)Dancŏ(談合)に同じ．*Consulta.*(相談)．

 Fiŏgiŏ, l, feŏgiŏ.(ヒャウヂャウ，または，評定)Facari sadamuru(評リ定ムル)すなわち，Dancŏ(談合)．*Consulta.*(相談)．¶Fiŏgiŏsuru.(評定スル)*Fazer consulta.*(相談をする)．

 Fiôfacu.(漂泊)Tadayoi tomaru.(漂イ泊マル)*Andar a embarcação como ao pairo, ou de porto em porto detendose.*(船が漂うようにして進むこと．または，船が碇泊しながら港から港へと進むこと.)

 Feôfacu(漂泊)の条を見よ．

第Ｖ章　成立の過程　243

　　Feôfacu, l, fiôfacu.(漂泊，または，ヒョウハク)Tadayoi tomaru.(漂
　　イ泊マル)すなわち，Canata conataye yuraruru.(彼方此方ヘ揺ラル
　　ル)*Andar fluctuando, ou vago decã para lã : ou ir detendose a
　　embarcação por varios portos cõ ruim tempo.*(あちらこちらへ漂い
　　歩くとか，さすらい歩くとかする．または，悪天候のために，船が
　　あちこちの港に碇泊しながら進むこと)¶また，*Permet.*(比喩)
　　*Andar por diuersas partes como ganhando sua vida sem ter lugar
　　certa.*(定住する所も持たないで，口過ぎの道を得ながら所々方々を
　　歩き回ること)

　中には原写本に存した条に筆を加えた場合もあったようで,たとえば,Feŏ-xi, l, fiŏxi.(拍子)の条はFiŏxi. l, feŏxi.の条よりも詳しく，用例も3項示しているのに，後者にはそれがない．その代わりにVide, Feŏxi.と参照注記を加えている．

　なお，Qen. l, qenpei.(権．または，権柄)の条のすぐ次に続いて，

　　　Qen-i uo furŭ.(権威ヲ振ウ)権力，威勢を誇示する．¶Qenuo. l,
　　　qenpeiuo vbŏ.(権ヲ，または，権柄ヲ奪ウ)人から主権，あるいは，
　　　権力を無理に奪い取る．

の1条がある．これは配列位置が順当でない上に，句の形で標出したのも見出し語として普通でない．しかも，その条下に示した用例は見出し語とは違っていて，明らかに前条Qen. l, qenpei.の条に属すべきものである．つまり，この1条はQen. l, qenpei.の条の中間に割り込んだ形であり，しかもそれが独立の1条として印刷されたために,今見るような不具合を生じたのである．この割り込んだ1句は，実は50条ほど下のQen-i(権威)の条下に置かれるべきものなのである．思うに，この1句は，用例として後から追補挿入されたものであって，その際挿入すべき位置を誤り，形や意味の似たQen. l, qenpei.の条に組み込んでしまったものである．

　これらの例を見ると，葡語の説明のみならず，漢語に対する訓注や日本語による説明を加え，用例をも補うなど，追補の手はいろいろな面に及んだも

のと認められる．

　用例のうち，太平記・天草版 Feiqe・Esopo・金句集・舞の本その他からの引用文例は，本篇の A 部から現われる．

　　　Vqiyoni arigauoni iyeuo mottemo nanini xôzo?(浮世ニ有リ顔ニ家ヲモッテモ何ニセウゾ)
　　　Bŏquan, vacachi yasuxi.(傍観，分チ易シ)
　　　Cai manmanto xite fotorimo naxi.(海漫々トシテホトリモナシ)

これらは，上から順に幸若舞曲の信太・句双紙・太平記巻 26 に出所を求め得るものであるけれども，そのいずれも注記されてはいない．出典を注した最初のものは，C 部の中途にある次の例である．

　　　Cocoro ga cainŏ te.(心ガ甲斐ナウテ．)Feiq.(平家)．

この条以下でも，出典を注せずに引用した例も稀ではなく，それも各部にわたっている．それらの中には，原写本から存したものもあるかも知れないけれども，少なくも出典を注したものは，新たに補ったものであろう．上掲の初出の出典注記に単に Feiq. とだけあるのは，他の引用例に Feiq. Lib. 3.(平家．巻3)のごとく巻数を添える通則に外れているが，これは出典を注する方針がたてられて後，既に執筆ずみの部分に返って追記したためらしい．C 部に於ける太平記・Esopo・幸若舞曲・物語などの出典注記例は，いずれも Caqe～の部分に初めて現われ，他書から引用したのもそれ以後に現われることと，Feiqe の第 2 例も Caqeaxi. の条に現われることとから，Caqe～のあたりから出典を注することになったようである．そこであとに返って上掲の 1 例に Feiq. と注したものと思われる．しかし，この方針に基づく処理は分担者によりまちまちであったらしく，部によって量的な差が著しいばかりでなく，引用書にも違いがあって，例えば，サントスの御作業などは F，M，N の 3 部に引用されているだけである．

　動詞の見出し語は，語根・現在形・過去形を並べ掲げるのが，本篇・補遺を通じての全般的なきまりになっている．

　　　Aqe, uru, eta.(明ケ，クル，ケタ)　Caqi, u, aita.(書キ，ク，イタ)

長崎版では，ロドリゲスの日本大文典などと同じく欠如動詞（*Verbo defectivo*）を認め，上掲の3形のうち，ある形を欠く場合には，それを示していないのである．下は過去形を欠くことを示す例である．

   Mori u.(守リ，ル)　欠如動詞．監守する，または，番をする．……

しかるに，この類でもなく，また詩歌語などの特殊なものでもない普通の動詞なのに，過去形を示さないものが数十例もある．たとえば，「恥ヲカク．」や「裏ヲカク．」の「カク」のごときは，Caqi, u.とのみ標出してある．それでいてその条下には「恥ヲ搔イタ．」「裏ヲ搔イタ矢目ハ五所デアッタ．」の例をあげている．つまり，過去形は用いられるのに見出し語にはあげていないのである．これは長崎版としては異例であり，見出し語標出のきまりに外れた不備と見なければならない．

しかるに，先行書ではこの形式が一般的であった．サントスの御作業を始め，信心録やコンテムツス・ムンヂなどの和らげがそうであり，写本ではバレト自筆文書集中の書入れ注解もまた同じである．これら諸書は皆文語文の本文であり，それに対する難語句解であるから「タ」に終る過去形は添えなかったのだとの解釈も可能であろう．けれども，口語の本文に対するFeiqe巻末の和らげや，同巻末の書入れ難語句解が同じ状態であるに至っては，過去形をあげないのが方針であったと考えざるを得ない．この事実からすれば，原写本も上と同じ動詞標出法を採り，過去形はあげていなかったかも知れない．それを長崎版編成の時に新標出形式に改めたのであるが，たまたま補正の目をのがれて，もとの形を残したのが上述の異例ではなかろうか．

4　参照注記

編纂分担者がその分担部分の原稿を整える場合，順に見出し語の条を追って進めたようである．Feŏgiŏ, l, fiŏgiŏ.(兵杖)の次の条，Feŏgu, l, fiŏgu.(兵具)には，説明を省いて単にIdem.(同じ)と注し，Xizzucocoronŏ.(静心ナウ)の条には，前条Xizzucocoronai.(静心ナイ)にかけて，ただ「上述の意味の副詞(*Aduerbio no sentido sobre dito.*)」とだけ注している．類例はなお少な

くないが，これらは，端的に逐条処理をしたことを示すものである．

このように逐条的に整えるとともに，また一方，他の条との関連に注意しつつ参照注記を付けたであろう．Canuô.(感応)の条に *Vide.* Cannŏ.(カンナウを見よ)(マヽ)，Caxu.(下首)の条に *vide* jŏxu.(上首を見よ)と注した *Vide* 注記がそれである．この注記は既に原写本にも存したかも知れないが，語彙の増補に伴なって長崎版編纂の折に加えられたものが少なくはあるまいとの推察は容易に成り立ち得よう．

さて，参照注記については前に述べたので(第Ⅰ章Ⅳ－4参照)，細かくはそこを参照していただきたいが，参照注記を加えている条と，参照されるべき条との位置関係を検するに，両者が同一の部のうちに存する場合が圧倒的に多いことが目立っている．すなわち，本篇の *Vide* 注記は426例に達するのであるが，その7割強にあたる300例は，さきの Canuô と Cannŏ とのように同じ部内に共存するものである．残りの126例の中には，

　　　Aicacomi, u, ôda. *Vide* Cacomi, u.

のように，Ai(相)を冠した動詞の条に *Vide* を付しただけで説明をつけないもの99例を含んでおり，A部特有のこの一群を別にすれば，さきの Caxu.に *vide* jŏxu.としたような他の部の条を参照させるものは約30例に過ぎなくなる．かくて，大部分は同一部内に共存すると言えるのであるが，それら共存するもの相互の関係を見ると，

　　　Fagoita.(羽子板)……*Vide,* Fago.　Sangui.(算木)……*Vide,* San.
　　　Vcame, uru, eta.(浮カメ，ムル，メタ) *Vide* Vcabe, uru.

のように，被参照条項(Fago. San.〔算〕．Vcabe, uru.)が *Vide* 注記のついている条(Fagoita. Sangui. Vcame, uru, eta.)よりも前の位置に出ている場合が多いのである．若干の部について示すと，上と同じ関係にあるものは，F部の *Vide* 注記総数43例のうち34例を占め，M部の15例中14例，S部の30例中27例，V部の43例中41例，X部の51例中40例といったぐあいである．このように著しい傾向が相異なる部にわたって見える事実は，単なる偶然とは思われないのであって，その然るべき因由は，この注記を加える手順

第V章　成立の過程　247

にかかわるものと推測される徴証が存する．

　　　Raiguiocu. l, ranqiocu.（ライ曲，または，乱曲．）弾奏，または，歌唱
　　　の仕方の一種で，時々小刻みに，または，急速に奏したり歌ったり
　　　するもの．

　この条は Ranguiŏ と Ranguiŏjin との間に配列されているから，Raiguiocu では順当な配列とは言えず，配列位置をもとにすれば Ranguiocu のあるべき所である．それに加えて，別形 ranqiocu を並べあげていることをも考え合わせれば，Raiguiocu は実は Ranguiocu の誤りに違いない．しかるに，後の別条に，

　　　Ranqiocu. *Vide,* Raiguiocu.

とあって同じ形を示している．これは前条の誤りをうけついだもので，前条の併示別形 ranqiocu を採り来たって見出し語に立て，それにもとの条の見出し語 Raiguiocu に *Vide* 注記を添えて標示したものに違いない．

　　　Soinoqino. *Vide,* Soi, ô.　　　Soiyorino. *Vide,* Soi, ô.

　この2条の見出し語の立て方は，助詞をつけている点で異例に属するが，soi, ô.（添イ，ウ）の条を見ると，

　　　¶Soi noqino suru fito.（添イ退キノスル人）……¶Soi yorino suru
　　　fito.（添イ寄リノスル人）……

の2項があるから，ここにその源があると知られる．これらの例から察せられるように，*Vide* 注記の中には先出の条中の語を採り来たって別条に立てることも多かったのであるが，それらは同じ語の別形や同義語である場合が少なくないが故に，自然同じ部の中に共存することも多くなったと解される．

　同一の部内に共存するものばかりであれば，その部の分担者が必要と認めた場合に *Vide* 注記をつけたと見られよう．しかし，他の部に跨るものも少数ながらあるのであり，指示された参照すべき条の見出だせぬものさえあるに至っては，*Vide* 注記を加えた人と加えた時期とが問題になる．まず，該当するところの見出だせないものには，本篇に次の3条がある．

　　　Gairi.（ガイリ）　シナの雄鶏と日本の雌鶏との間の子．X．（下）の語．

¶ Tŏmaru, gairi.(唐丸，ガイリ)同上． *Vide* gãyeri.(ガンエリを見よ)．

Iidanda.(ジダンダ)足で踏みつけるさま．例, Iidandauo fumu.(ジダンジヲ踏ム) Vide, Fumi, u.(踏ミ，ム，を見よ)

Yexǒ.(依正)すなわち, Yefǒ(マヽ) xŏbô.(依法正法．) *Vide suprā,* Iafǒ.(マヽ)(上の邪法を見よ)

　この三者中 gãyeri は本篇にも補遺にも見えないし，Fumi, u.と Iafô とは本篇にあるけれども，上のような文例や熟語は収めていないので，*Vide* 注記は照応しない．思うに，原写本か最初の原稿かにはいずれも照応するところが存したのであって，さればこそそれに基づいて *Vide* 注記を付した1条を立てたのであろう．しかるに，その後もとの条は何らかの事情で削除され，*Vide* 注記の方にはそれに伴なう訂正が加えられぬままに終わったのである．特に他の部に跨るものにこのようなことが起りやすかったであろう．この間の事情を物語る例がある．Caqezan(掛算)，Fassan(八算)，Fiqizan(引算)の条には，いずれも *Vide* Gisan.と注してあるけれども，本篇にも補遺にも Gisan.は見出だされない．ところが本篇に Gizan があって，その条下に Caqezan, Fassan, Fiqizan の3項があがっている．これはもと Gisan とあった見出し語を後に Gizan に改めたのであって，上掲の3条の *Vide* 注記に見える Gisan は訂正以前の形をとどめているのである．以上の点を考え合わせれば，*Vide* 注記は最終的な印刷原稿の成るより前に付せられていたとしなければならず，また最終原稿を整える際に一人の人が各部を通じて付したのでもないと考えるのが至当である．さもなければ，上述の不照応の解しようがないからである．

　そこで問題は，その注記を加えた人である．すなわち，Cunijichi(国質)に *Vide* Xichi.とある時，この注記は C 部の分担者がつけたのか，それとも X 部の分担者がつけたのか．本篇の Facqei(八景)の条には，前にも触れたように，シナおよび日本において名高い八つの景色であるとの説明に続いて，八景の一々をあげ，8項にわたって説明している．一方，別条の見出し語 Feisa(平

第V章 成立の過程 249

沙)と Sanxi(山市)とには, それぞれの条下に Feisano racugan.(平沙ノ落雁), Sanxino xeiran.(山市ノ晴嵐)をあげて説明した後, ともに *Vide* Facqei. と注記している. しかるに, Tôtei(洞庭), Côtenno boxet(江天ノ暮雪), Yav(夜雨)の条にあっては, 八景の一つとしての説明を加えたにとどまり, *Vide* 注記はつけてない. 残りの Yenjino banxô(遠寺ノ晩鐘), Guiosonno xeqixô(漁村ノ夕照)の2景については, Yenji(遠寺), Banxô(晩鐘), Guioson(漁村)のどの条でも全く触れていない. もしF部の分担者が他の各部にそれぞれ該当するものを記入したのであれば, かような片手落ちの扱いはしなかったであろう. 従って, *Vide* 注記の多くは各部の分担者が注記したのであり, 自己の分担する部に採録すべき語を求め, 必要があれば他の部の分担者にただすとか, 他の部の原稿あるいは刷り上がった部分を見るとかして注記したものと見るべきであろう.

5 方針の変更

長崎版巻頭の例言の終りに補遺の編まれることを予告した条があって, その中に, 語によってはまだ tresladar されないままに, あるいは組版・印刷されないままに残るものがあるので, それらを補遺に収めて本篇の欠を補うであろうという意味のことが書かれている. tresladar(trasladar)は, 書写する意のほか翻訳する意味にも用いられる葡語動詞であるけれども, Caqiutçusu(書キ写ス), Guato(画図), Vtçusu(写ス), Vtçuxitoru(写シ取ル), Xafon(写本), Xoxa(書写)等の条々にいずれも書写の意の用例があるだけであり, 翻訳の意では別語 traduzir を用いている(Fonyacu. Vafon.の条). 従って, 例言中のも書写の意と見てよい. そう解すれば, 少なくも1回は原稿を書写したことになるが, 例言の書きぶりから想像すると, おそらくそれは印刷に回すための最終原稿ではなかったかと考えられる. すなわち, 原写本を基礎に訂正増補を加え, 大体羅葡日に倣う方針に従って諸注記・略号をも整えた印刷原稿を書き整えて, 検閲に備えたのであろう. その書写の事情は知るよしもないけれども, 四つ折型の660頁分にも達する大部なものであるから, 当

然幾人かの分担筆写ということも考えられる．それにしても，統一整備の点には特に意を用いたであろうから，方針を確認しつつ進められたに違いない．

ところで，長崎版にはその方針に変動のあとが認められる．さきに部による相違に孤立的なものと連続的なものとの二類があることを述べたが，ここに言う方針の変動というのはその後者である．

(1) ローマン体とイタリック体

日葡辞書の印刷には，ローマン体とイタリック体と，2種類の活字が用いられており，それが一定の方針のもとに使い分けられている．このことについては，すでに早く土井先生が注意され，その方針の変動にまで及んで説かれていれるが[4]，それを受けて筆者もやや詳しくその実態を調査して記述し，方針を変更するに至った理由についても推考した(第Ⅰ章-Ⅰ-3-(1)参照)．そこでここにはその大概をしるすにとどめる．

日葡辞書では，全般的に日本語はローマン体，葡語（およびごく少数のラテン語）はイタリック体にするのを基本方針としているけれども，印刷の中途から一部に変動を生じた．すなわち，初めは基本方針のとおりに，日本語は，見出し語や文例はもちろん，葡語説明文中に含まれたものまでもすべてローマン体を用い，葡語は日本語の文例中に含まれたものまでもイタリック体を用いて印刷しているのであるが，C部になると，葡語説明文中の日本語には葡語なみにイタリック体を用いる傾向が見えて来る．Catamichi(片道)の条の*Arima*(有馬)が初見であるが，それ以後例が多くなり，D，F，G部と進むにつれて著しくなる．F部ではローマン体の53例に対してイタリック体は230例余りで，後者が圧倒的に多くなり，次のG部に至っては5例対119例であって，ほとんどイタリック体に統一された観があり，I部以下も同じで，ローマン体はきわめて稀にしか見られないありさまである．

これと表裏して，日本語の例文中の葡語は，F部あたりからローマン体を以てした例が現われるのであって，これもG部以下では統一的になる．すなわち，G部を境にして，ローマン体は見出し語や用例などに，イタリック体は葡語を主とする説明文に用いることになり，それらの中にまじえ用いられ

た日本語・葡語の区別にはかかわらない方針に変わったのである．

この葡語の説明文中に含まれた日本語のローマン体とイタリック体との違いは，キ・ケを写す qi, qe と qui, que との使い分けに対応している．すなわち，ローマン体で印刷した部分では qi, qe を用い，イタリック体で印刷したところでは *qui, que* を用いる方針をとっているのである．

  Dôza.(同座)Vonaji za. *O mesmo* Zaxiqi, *ou o mesmo lugar, ou assento do* Zaxiqi.

  Sŏgi.(掃地)Chiuo farŏ. *Alimpar, varrer, &c. Vt,* Zaxiqiuo sŏgi suru. *Varrer o Zaxiqui.*

  Aca, l, Acano mizzu.(閼加，または，閼伽ノ水)*Certa agoa que pollamenhaã cedo se offerecẽ aos* Fotoqes.

  Ienbut.(前仏)Mayeno Fotoqe. *Fotoque antiguo q̃ foi primeiro.*

さきに，C部以下の数部について，イタリック体で印刷されたキ・ケ(*qi, qui, qe, que*)の数を調べて一表にして示しておいたが(第Ⅰ章Ⅰ－3－(1))，それによれば大体G部あたりから *qui, que* に統一的になったことが認められるであろう．

(2) **ウ段長音の表記**

クウ・スウ・ツウなどのウ段長音を写すには，ŭ が最も普通に用いられたけれども，ほかに Amiûdo(網人)，Cùgiù(空中)のように û や ù もまじえ用いられている．û は量的には少ないけれども，本篇と補遺を通じてほとんどすべての部に散見するのに対して，ù は本篇に限られており，それも著しく偏在しているのである．これら ŭ, ù, û 三者の本篇・補遺各部における使用状況は，さきに一表にまとめて示しておいた(第Ⅳ章－Ⅱ－1参照)とおりであるが，それによれば，本篇のF，G部の間にかなり著しい断層が認められるのであって，G部以下は ù を用いないことになった，方針の変更がはっきりと見て取られる次第である．

(3) **綴字記号 cedilha の用法**

現代ポルトガル語の綴字法では，ca, co, cu の c が [k] ではなくて [s] に

発音される場合には，cedilha をつけて ça, ço, çu と書くきまりである．しかし，çe, çi と書くことはない．母音 e, i の前の c は，いつも [s] に発音されるのであって，特別な標示を要しないからである．日葡辞書の刊行されたころにも，ほぼ上述のきまりが行なわれていたようであるけれども[5]，時には ce, ci にまじって çe, çi を用いた例も見出だされる．

本篇の葡語説明文中の ce, ci について調べてみると，ce, ci があるのはもちろんであるが，çe, çi もまた少なくない．A 部だけでも 27 例を数え，B 部では 37 例にものぼるが，特定の語に固定している傾向は認められず，多くのいろいろな語に現われている．下にその一斑を示す．

teçer (Amu) *edifiçios* (Aizzuchi) *çego* (Bachi〔枹・撥〕) *çima* (Baxŏ〔馬上〕) *açerca* (Bappai) *offiçio* (Banyacu) *capaçete* (Cabuto) *poliçia* (Bappai) *doçe* (Como〔菰〕) *maliçioso* (Cadamaxij) *vençer* (Cachi〔勝チ〕) *naçer* (Fayuru)

かような例は A から C 部までに多いけれども，D 部にはなく，F 部には上掲の 1 例だけである．G 部以下ではただ 1 例，Neyaxi, su. の条に *embasteçer* があるだけであって，ほかには類例を見出ださない．G 部には ce, ci の例はいくつもあるのに，çe, çi の例は全くないのであるから，このあたりからそれを用いない方針に変わったのである．なお，補遺にも çe, çi の例は見えないようであるから，変更された方針が通っているわけである．

(4) 葡語 *baxo, pexe* 等の綴字

本篇の葡語説明文の中には *baixo*（下，下級），*abaixar*（下げる，低める）を *baxo, abaxar* と綴り，*caixa*（箱．銭），*encaixar*（歛める）を *caxa, encaxar* と綴った例が混じている．

baxo. (Abumi. Asaxe. Ataru. Batza. Bonnin〔凡人〕. Boxû〔Bŏxu の誤り．傍首〕. Coxiaqe. Cudarisaca. Dararito. Fanagasa. Faxetauosu. Feôtei. 等の条)

abaxar. (Fogasa)

caxa. (Aqu〔開・空ク〕. Badai. Cumot. Cuxen. Fabacaru. Faco.

Fanmonxen. Focai. 等の条)

encaxar. (Cui, ù. Cuiai, yŏ. Famuru. Fanauo. Faxibami. 等の条)

ところが，これらは A から F 部の間には見られるけれども，G 部になると全然現われない．即ち，*baixo* は Ganca. Gue(下). Guebon. その他の条に 39 例あり，*caixa* も Gagan, Gamocu. Goromecasu. Gotô. の 4 条に例があるけれども，*baxo, caxa* の例は一つも見ることができないのが事実である．

これと似たものに *peixe*(魚)を *pexe* と綴った例がある(Ajiro. Ami〔海糠〕. Bichimequ. Fuxizzuqe. その他の条). これもまた A〜F 部の間に *peixe* にまじって現われるが，G 部になると僅か 1 例だけ (Ganzŏ) であって，ほか 25 例が *peixe* である．I 部以下も *baixo, abaixar, caixa, encaixar, peixe* の形が普通に用いられ，上掲の特異な形は見えないようであるから，これら葡語の綴字においても，F 部と G 部との間に一つの境界を認めなくてはならない．

さて，以上の(1)〜(4)に述べた事実は，大体 F 部と G 部との間に変わりめが認められる点で傾向を同じくする．互いに異なる事項における変わりめがほぼ同じ所に重なり合うというのは，単なる偶合とは考えにくいから，何らかの理由が伏在するものと見なければならない．ここで注意されるのは，上述の(1)〜(4) 4 項は，いずれも形式の面における変移であるということである．この点から，これらの変移は印刷原稿に存したのではなくて，印刷にかかってから，印刷工の手でなされたのではないかとも疑えないことはない．長崎版日葡辞書の組版・印刷にあたった者は明確ではない．ただ，1592 年 11 月現在の日本イエズス会目録には，天草学林のローマ字印刷工としてジョアン・バプチスタ (João Baptista) なるイタリア人の名が録せられており，それはまた 1606 年及び 1607 年の目録にも長崎学林の印刷工としても録されている[6]．彼が引続き印刷工として勤め，印刷機械に付き添って移動したとすれば，おそらくは長崎学林での日葡辞書印刷にも関与したであろう．1592 年の目録によれば，彼は「日本語をきわめて僅かに解する」に過ぎなかった．それから約 10 年後の語学力は不明であるけれども，このような印刷工が自己の判断によって表記の統一をすることがあったか否か，またかりにそれが許されたとし

ても，今見る程度になし得たかどうかは甚だ疑わしいと言わねばなるまい．

その上，さきに局部的・孤立的変化の一つにあげたオ段拗長音の表記法における変化も，ちょうどこの F 部と G 部との間にあって，きれいに重なることを思えば，やはりここには編纂過程における一つの転機があったと見るのが穏当であろう．この見地に立って，後々の部にまで渉って認められる方針の変更が，形式の面に認められる事実をもう一度ふり返ってみるならば，それは印刷原稿に最終的な修正を加える段階において生じたものであろうとの推論に到るのが自然である．

ここに注意すべき事例がある．F 部の分担者は「脾」を誤り解したらしく，

    Fi, 1, fino zŏ. (脾，または，脾ノ臓) *Estamago*. (胃)．

    Finozŏ. (脾ノ臓) *Estamago*. (胃)

    Fijin. (脾腎) すなわち，Finozŏ, jinnozŏ. (脾ノ臓, 腎ノ臓) *Estamago, & rins*. (胃と腎臓)

これら 3 条とも「脾」を *Estamago* と注している．ボードレイ文庫蔵本では，Fi, 1, fino zŏ. の条の余白に *Figado* (肝臓) と書き入れてあるが，何人か旧蔵者の記したものであろう．しかるに，次の G 部には下のような 1 条がある．

    Gozŏ. (五臓) ……Fi, 1, finozŏ. (脾，または，脾ノ臓.) *Figado*. (肝臓)．なお，F 部には誤って *estamago* (胃) としてあるが，胃のことではない．

これは明らかに前掲 F 部の条々に *Estamago* と説明したことに対する訂正記事なのである．脾臓を *Figado* としたのも正しいとは言えないけれども，これと同じように解した例はロドリゲスの大文典にもあって (f.255.v.)，当時そのように考えられたものかと思われる．しかし，どの道それは当面の問題ではない．F 部の説明に対する訂正を G 部の本文中に印刷して示した事実がここに注意をひく次第である．

イエズス会の出版物には，編修・印刷の中途で方針を改め，改訂を加える場合にも，その方針を前に溯らせて初めから新方針によってやり直すことはしなかった．その例は，国字本では落葉集やぎやどぺかどる字集にあり，ローマ字本では Feiqe などに存するのであるが[7]，それらを通じて考えれば，植

字・組版の終った幾ページかを所要の枚数だけ印刷し，それが終れば版をくずして次の部分の組版にかかるという工程を繰り返したようである．それは長崎版でも同様であったらしい．長崎版の本篇では，各部の中間に小見出しを立て，たとえば Be～形を配列する前には B ANTES DO E(Eの前のB)とし，これを各ページの左右両欄の上端にも標目として印刷している．ところが，その標目で本文と合致しないものがあって，それも二三にとどまらない．たとえば，Cu～形は62丁表左欄に始まり，69丁表左欄に終っているが，62丁表右・同裏左・63丁裏右・64丁裏右・66丁表左の各欄上端にはC ANTES DO O(Oの前のC)という標目が刷られている．これは，Cu～の部分の組版に際して，前のCo～部分の印刷に用いた標目をそのまま流用したことを示すものに他ならない．同類は29，48～53，61，69，233，270丁にも存するが，いずれも同様に解せられる．そしてかような標目の誤りは，同じもので7丁以上にわたるものはないから，一度に組んだのはそれくらいの丁数以下と考えられ，四つ折型であるから，恐らくは2折8丁分くらいを単位として一度に組版したものであろう．それはともかく，少しずつ組んでは刷り，崩しては組みする工程を繰り返したことは想像に難くない．

　かかる工程を経るのであれば，印刷の進行中に方針の変更があった場合，それ以下は新方針に従って改めるにしても，既に印刷を終った分は，これを廃棄して新規に組み直さない限り改訂の方法はない．当時の印刷能力や用紙の価格などからすれば，よほど重大な改訂を要するのでない限り，版を組み替えて新たに刷り直すことはしなかったろうと思われ，それが現存版本中に途中から方針を改めたものの存する理由であろう．

　落葉集に見える改訂の跡から察すれば，ある部分の印刷中でも改善すべき点に気づけばすぐに活字をさしかえて訂正し，しかも，既に刷った分も捨てなかったらしい[8]．すなわち，印刷中にも慎重に校正し，単に原稿のとおりに誤植を訂正するのみならず，もとの原稿の不備を補うこともあったのである．

　前述のF部の誤った説明のごときも，印刷にかかる前に気づけば原稿の訂正で済んだはずであり，印刷にかかっていても校正の時に直すこともできた

はずである．それなのにGozŏ の条に至ってその本文中に訂正したのは，F 部が既に印刷ずみであったからである．誤りを含むFi, l, fino zŏ. の条は87丁裏にあり，Gozŏ の条は122丁裏にあって，その間に35丁の隔たりがあるから，この想像も無理ではない．

　繰り返すが，F部とG部との間に変化のくぎりめをもつ事項がいくつも重なっている．前述のようにA～F 部の初出語の語頭を囲む飾り模様は，羅葡日の印刷に用いた原版をそのまま用いたが，G 部以下にはそれらよりも精巧なものを用いている．これらの事実を相関連するものとして重く見るならば，印刷過程で改善すべき点を見出すたびごとにかつがつ訂正したということのほかに，F部のあたりで既に印刷を終っていた部分を見返し，それ以後印刷に回すべき原稿をも子細に見直して，全般的な方針を検討し，不統一な点などを改める方策を立てた上でG部以下に臨んだのではなかろうか．いずれにもせよ，F部とG部との間に長崎版成立過程における一つの転機があったことは明らかで，これを認めないわけにはいかない．

　A～F部の原稿をまず整え，それに対する反省に立ってG部以下の原稿整備にあたったにしては，各部の間の調子が違い過ぎよう．出典を注した引用例にしても，量の多寡は別としても全然それのない部があるのは理解しにくいし，オ段拗長音の表記にしても同様である．従って，やはり原写本を基礎に，分担して訂正増補を加え，一応全体の見通しがついたところで印刷原稿を整え，印刷にかかったものであろう．その際，分担者の違いによる各部間の相違には気づいたであろうが，ある程度それを容認し，印刷段階にはいって校正を進める間にできるだけ統一を図る意図から，比較的容易に修正できる形式面について，G部あたりからその方針を固めたものと考えられる．

　さきにも述べたことであるが，オ段拗長音のローマ字表記に関するF部分担者の見解は，Feô（豹）の条に示されている．それは，おそらくは編纂の指導的立場にある人の書いたと思われる例言第4条の表記方針と一致するし，その方針はほかならぬF部において具体化されている．このことを考えると，F部は編纂主宰者が自ら分担するか，さもなければ他人の分担した跡に編纂主

宰者が特に手を加えるかしたものであろう．ここでそのことを思い合わせれば，編纂主宰者が何らかの形でF部を手がけた結果，統一の必要を感じ，G部以下の印刷を進めるにあたっては，できるだけ統一を図るように指示したということも無理なく考えられるというわけである．

なお，一応原稿の成立した後に，当初本篇に収める予定であった方針を変更して，原稿写本から数詞を削除したと考えられるが，この点については後述する．

III 補遺の成立

1 補遺の体裁

本篇に続いて補遺が編纂されたが，これについては本篇巻頭の例言の終りに次のように記されている．

> 多数にして多様な語の多くを余さず網羅することは不可能であるから，或る語が欠けることはやむを得ない．そのために，或る語は書き写されないで残されたり，印刷原稿作製の段階で割愛されたりしたのである．それがために，この本篇の終りに，同じくローマ字のアルファベット順による補遺を作って添え，或る語を補足したり，或る語義を付け加えたりして，この辞書の本篇に欠けたところを補うであろう．

この例言は，本篇本文の原稿完成後に書かれ，印刷も本文より後と思われるから，この例言が書かれるころには，既に補遺編纂の業も進んでいたであろう．補遺の初めの「読者へ」と題する文章では，上引の例言を引いて，本篇の例言でそのように約束したことを実現したという意味のことを述べるにとどまり，それ以外のことには及んでいない．従って，本篇の印刷中にもこのような補遺編纂の意図があって，その方針が立てられ，実行に移されてもいたものと考えられる．

補遺は約70丁にも上り，本篇の約5分の1に近い分量であるから，補遺と

してはかなり大きなものである。長崎版の範となった羅葡日には僅かに2丁の補遺がついているだけだが，これはCalepinoのラテン語辞書の日本版であるから，この程度ですんだのである。日葡辞書は先行写本があったとはいえ，整ったものはわが国にもなかったのであるから，一応編んだ上で補訂を要することも多かったのは当然である。

　補遺の体裁は，当然ながら本篇と同じである。ただし，本篇では最初必ずしも明確でなかった方針が次第に整い，補遺に至って統一的になったものもいくつかあって，その点では整っていると言える。たとえば，前述のF, G部あたりを境にして変わった方針は補遺でもうけつがれ，新方針で貫かれている。P. S. X. など特殊語を示す略号注記にしても，本篇では見出し語の直後に添えたり，葡語説明の終りに付けたりして，一定しなかったが，補遺ではすべて葡語説明の末尾に付けることに一定している。大体において，本篇の終りに続き，方針もそのままうけつがれていると言ってよい。

　本篇では，どちらかと言えば収載を抑制したかに見える漢語も，補遺ではかなり多く収め，本篇にはわざと省いた数詞をも多数収録した。見出し語の条下にその語の用例をあげることは本篇よりも少なくて，出典を注記した引用文例はA部にただ1例をあげただけである。このように，本篇後半の方針を踏襲する一方，また補遺としての方針によるところもあったのである。補遺の標題に続く「読者へ」の中に，事に従った人々をば「イエズス会のパアデレ並びにイルマンたち」（*algũs Padres, & Irmãos de nossa Companhia*）とだけ書いてあるが，おそらくは本篇を手がけた人たちが多かったのであろう。

　補遺は本篇の誤謬訂正の意味ももつので，たとえば，本篇にAironとある「愛憐」をAirenと訂して再録している。本篇の印刷がはかどるにつれて，それに順次検討を加え，訂正を要するものとか，補充する必要のある語とかを摘記し，それが補遺を編むための一資料となったかと思われる。

　本篇のXixǒ(四生)の条には，Taixǒ(胎生)，Ranxǒ(卵生)，Xitxǒ(湿生)，Qexǒ(化生)の4語をあげて説明している。また，補遺の†Tairan xicqe(胎

第 V 章 成立の過程　259

卵湿化)の条にも上の 4 語を示して説明を加えているが,葡語の説明は本篇の Xixŏ の条とは異なっている．ところで,上の 4 語を独立に標出した見出し語は本篇にはなくて,みな補遺の中に存する．それらを見るに,†Ranxŏ には単に *Vide* Xixŏ.(四生を見よ)と注し,†Qexŏ には簡単に 4 種の生まれ方の一つと説明した末に *Vide* Xixŏ. と注してある．†Xixxŏ の説明はやや詳しく,しかも,その葡語の説明は本篇の Xixŏ の条のそれに近似しているが,*Vide* 注記はなくて,*Bup.*(仏教語)の注記が添えてある．†Taixŏ は,これを収めたのと同じ補遺 T 部の †Tairan xicqe の条下の 1 項と,葡語の説明がほとんど一致しており,後者を移したことが明らかである．このように 4 語はそれぞれ説明のしかたが違い,また,†Ranxŏ. †Qexŏ. †Xixxŏ. は本篇の Xixŏ に関係が深いのに,†Taixŏ は近接した位置にある †Tairan xicqe の条下の 1 項を移したもので,基づく所も異なるのである．同じ人のなした業であれば,このような違った扱い方はしなかったであろうから,補遺にあっても何らかの分担のもとに事を進めたに違いない．

　前述のように,本篇よりも統一されてはいるけれども,印刷上の誤植は本篇よりもはるかに多い．これは既に前年に印刷を終っていた本篇と合わせて,1 冊として刊行するのを急がなければならないというような事情があったのによるのであろう．

2　増補語彙の採録

　前引の本篇の例言中に,書き写されないで残った語があると書いてある．これは印刷原稿を整える際に省いたもののあることを言うのであろう．それらの書き写されずに残った語を含むところのもとの原稿は,補遺を編む際にも資料になったであろうから,溯ればやはり原写本が一つの基礎になっていると考えられる．

　その一方,既に印刷された本篇から採録したものもあった．本篇の Araxi (嵐)の条下には見出し語の関連語として,Voqiaraxi(沖嵐),Giaraxi(地嵐),Yamaaraxi(山嵐)の 3 語をあげている．そのうち Giaraxi だけは本篇 G 部

に見出し語として標出してあるけれども，他の2語は本篇にはなくて，補遺のV, Y部にそれぞれ標出されている．しかも，その補遺の✝Voqiaraxi.と✝Yamaaraxi.の条の葡語説明は，本篇のAraxiの条下のそれと全く同じであって異なるところがない．すなわち，この2語は，本篇のAraxiの条からそっくり移して独立の条に立てたものである．このように，本篇の或る見出し語の条下に，同語の別形・同義語・反対語，ないしは関連語としてあげてある語が，本篇では見出し語としては標出されていないで，補遺の方に標出されている例が少なくない．これは補遺を編む際に，上のような見出し語以外の語に注意して，それが本篇の相当位置に別条として標出されているか否かを検して，標出されていなければ補遺に採って見出し語に立てるという手順をとったことを物語るものである．

このほかに，既に本篇に収録ずみの語に，そこに欠けている意味なり用法なりを追補する場合がある．そのような場合には，補遺の見出し語の肩に＊印をつける約束である．また，補遺の中に，

　　　✝Yaran.(ヤラン)　Yara(ヤラ)の第二義(*segundo　sentido*)に同じ．
　　　Yara(ヤラ)の条を見よ．文書語．

とあるが，これは本篇Yara.の条に第二義として，「他の語の末尾につけて疑問を示す語」とあるのに関係づけた説明である．このように，補遺の編纂に際して，本篇に基づいて，あるいは，本篇を見合わせて書いた跡が歴然と認められるものがある．

かくて，補遺に収めるべき語を本篇の中に求めたことも明らかである．このことは，同義語としてであれ，関連語としてであれ，この日葡辞書中に出ている語は，この辞書自体の中で説明を加え，しかもそれが容易に検索できることを目標とした編者の意図のあらわれと見るべく，辞書編纂上の用意として周到親切だと言わなければならない．要するに，補遺に収めた語は，いろいろの資料からも補充されたろうけれども，既に印刷されていた本篇もまた重要な語彙補充の供給源であったことを否むことはできない．

しかしながら，＊印のついている見出し語でも，必ずしも本篇と重出して

いるとは限らない．†Coxiabumi.*（腰鐙），†Funzori, u, otta.*（踏ンゾリ，ル，ッタ），†Yoniyô.*（ヨニヨウ）などは，これと同じ見出し語を本篇中に見出だすことができないのである．かような例があるのは，既に印刷された本篇の本文のみに拠ったのではなくて，そのもとになった原稿，あるいは，原写本などに拠る場合もあったことを思わせる．

　補遺に本篇と同じ語を重複して標出したものも少なくない．＊印を付したもの以外に282語が重出している．その中には本篇の説明を訂正，あるいは補充する意図によると思われるものが少なくないのは当然であるけれども，そうした意図をはかりかねるものもないではない．

　　　†Araso.（粗苧）　まだよく整えていない麻（*Linho canemo ainda por concertar.*）

　　　†Amagasa.（雨傘）　雨をさけるための大きな傘（*Sombreiro grande pera a chuua.*）

のように，補遺と本篇とで全く同じ葡語の説明をつけたのがあるし，一方には本篇の方が詳しいものもある．本篇に，

　　　Firagumo.（平蜘蛛）　蜘蛛の一種で，幅広のからだ，すなわち，背をもち，何かの片隅などに作った袋，すなわち，巣の中にひそんでいるもの．

とあるのに対して，補遺では，

　　　†Firagumo.（平蜘蛛）　蜘蛛の一種で，厚ぼったい小袋のような形をした巣の中にひそんでいるもの．

とある．説明として特に変わった点がないのみか，本篇の方が却って詳しいのである．従って，ある語を補遺に収める際に，それが本篇にあるか否かを必ず確認したとのみも言えないようである．上の†Firagumoのごときは，本篇のFucurogumo（袋蜘蛛）の条に，「上（*Cami*）ではFiragumo（平蜘蛛）と言う」とあるので，補遺の編者はこれを採ったのであるが，それが本篇の別条にあることを確認するまでの手順は踏まなかったのではなかろうか．

　また，上述のように本篇所収語の補いとして，重ねて補遺に収録する場合

は＊印をつけるきまりであるけれども，それを脱した例もまれではなく，このような細かな点になると，よく整っているとのみも言えないのである．

3　数詞の収録

　数詞の取扱いについて，本篇巻頭の例言の終りに次のように述べてある．
　　日本で物を数えるのに使う種々の言い方は，ここには収めなかった．それは神の恩寵によって，計数に関する論述が別に作られて，文典とともに程なく印刷されるはずだからである．
　本篇は大体この方針に従って，数詞は収めていない．しかし，F部には，
　　Fandan.(半段・端)田・布・木綿，その他，Ittan, nitan(一段・端，二段・端)などと数える物の一つ)の半分．
とあるのを始め，Fanguin(半斤)，Fangiô(半畳・半帖)，Fangiŏ(半丁・半帳)，Fanji(半時)，Fanjit(半日)，Fannen(半年)，Fanriŭ(半粒)，Fanxen(半銭)，Fanzô(半艘)，Fanzocu(半束)などの語がはいっている．これらは，あるいは普通の数詞なみには考えなかったのかも知れないが，Fappiacu(八百)，Fitofari(一針)のごときまで含まれているのは，数詞を収めないとことわりながらもそれを混じているとしなくてはならない．

　I部には，大体において数詞が名詞に複合したものとか，副詞として用いられるものとかを収めている．そしてこの類の最初の語 Icca(一家)を標出するに先立って，その前条 Icazzuchi(雷)の条の次に下のようにことわっている．
　　ここ〔以下〕には，数詞のように見える語が若干残っている(se deixarão)けれども，実は数詞ではない．なぜならば，それらの語は，ここに書いてある用法以外には普通用いられることがなく，あとで然るべき所(seu lugar)に収めるために〔ここには挙げないで〕残してある他の数詞のように〔二～，三～，四～というふうに〕数を増していくことのない(sem se multiplicar)語だからである．

　このように，*multiplicar* するか否かを以て数詞と名詞・副詞を区別したのは正しい．ところが，わざわざこのことわり書きを加えているにもかかわら

第Ｖ章　成立の過程

ず，ここにもまた少しあとに次の１条が収められている．

> Ichimô.(一毛.)一厘(*Ichirin*)の10分の１．¶ Ichifot.(一忽)一毛(*Ichimô*)の10分の１．¶ Ixxi.(一絲)一忽(*Ichifot*)の10分の１．¶ Ichimi.(一微)一絲(*Ixxi*)の10分の１．なお，金銭や重さなどに関する数え方の中でいっそう明らかに見られるであろう．

これはまぎれもなく *multiplicar* するところの数詞である．その末尾に「金銭や重さなどに関する数え方において……」と言っているのは，前掲の Icazzuchi の条の次に「然るべき所」(*seu lugar*)，すなわち，数詞を取扱うべき所とあるのとともに，間もなく出版の予定になっていた文典の計数論を指すのに違いない．これらはまた，前掲の例言の記事とも連関をもつものであり，数詞を文典に譲って辞書には載せないとの方針は，少なくとも本篇の印刷前，さらに細かくは F 部の印刷前にきまっていたのである．それにもかかわらず，上述のようにいくつもの数詞が見出し語に含まれている．それのみならず Icazzuchi の条の次のことわり書きに「残っている」(*se deixarão*)と書いている．この二つの事実に立って考えれば，数詞を収めないとの方針は最初から確立していたのではなくて，従ってもとの原稿には数詞も収められていたのであるが，文典の出版が見通されるようになり，その中の計数論に譲る方針がきまった後にそれらを割愛したのである．その際，たまたま不用意に見落されて，もとのまま残ったのが上述の Ichimô や Fappiacu. Fitofari などの諸語であったという次第である．

このようないきさつで本篇から除かれた数詞が，補遺に至って収められることになった．これについては，補遺のあとがきの第２項に下のように述べてある．

> また，次の点にも注意されたい．本辞書の序言に，日本で用いられるいろいろな数え方は，本書には収めないで他の所で扱うために保留すると述べた．しかしながら，その後，計数に関する語で特別なものは専門書に譲るとしても，広く一般に用いられる普通のものは，この補遺の中にあげておくのが便利であろうと判断したのである．

すなわち，もともと原稿にあって，一旦割愛したものを復活させて補遺に収めたわけである．さきのIchimô. Fappiacu. Fitofari.などは，本篇にあって補遺には載っていないのであるが，それは補遺編纂の折にももとの原稿を利用し，それには既に採録ずみであることを示すしるしがついているか，あるいはまた，抹消してあるかしたためではないかと考えられる．

注

1) 土井忠生「吉利支丹語学の研究　新版」（三省堂．昭和46）p.3．
2) イエズス会の教育機関の移動については，カトリック大辞典第1巻の「キリシタン学校」および「十六・七世紀に於けるイエズス会士の教育事業」による．
3) 特殊語であることの説明は，ある程度原写本にも存したかも知れない．天草版Feiqe巻末の和らげの中にも，

 Mutçucari, u.(ムッカリ, ル.)　Naqu(泣ク.)泣く．身分ある人について言う．Xijen rocuyocuno cumo no vye.(四禅六欲ノ雲ノ上.)Buppôni tçuite yŭ cotoba.(仏法ニツイテ言ウコトバ.)

とあり，同書巻末の書き入れ難語句解には，下のような方言の記述が見える．

 Cata ccu buri,（カタツブリ）蝸牛．都（*Miaco*）ではこの語が用いられ，下（*ximo*）では*ccuburame*（ツブラメ）の語を用いる．

かかる例の存することからすれば，特殊語の認識は早くから存したと思われ，それならば原写本にも何らかの注記があったかと想像される．

4) 上掲の注1)に同じ．P.83
5) Lião, Duarte Nunez do. Orthographia da Lingoa Portuguesa. Lisboa. 1576. f. 4v.
6) 土井忠生「吉利支丹文献考」（三省堂．昭和38）pp.331,360,366,373．
7) 土井忠生，上掲注1)と同書．p.56
同上，京都大学国文学会複製，「慶長三年耶蘇会版落葉集」解題，p.46．
8) 土井忠生，同上．p.46

〔補注〕「八景」または「瀟相八景」は，多くの節用集に収録されているが，その八景を並べあげる順序は必ずしも一定してはいない．この点については，山田忠雄氏の詳密懇切な御教示にあずかったのであるが，ここには，氏の御厚意を謝しつつ，その要約をあげさせていただく．

 氏は，節用集を中心に40種に余る諸本について，綿密に検討された結果，八景の配列順序を10類に分けられた．そして，氏の第1類配列（伊勢本系の天正十八年本や，印度本系の黒本本などに見える順序で，もと韵府の「景」字の注に基づくものという）に属するものが多くて，約20種にものぼる．しかし，伊勢本系も

印度本系もそれに統一されているわけではなくて，そのどちらにも他類の配列をしたものをまじえている．

　さて，日葡辞書のFacqei(八景)の条には，最初に「洞庭ノ秋ノ月」をあげているのであるが，このような配列をとったものは一本もなく，従って，日葡辞書に一致するものは見出だされない．ただ，山田氏所蔵の元和9年書写八景抄，およびその系統をひく刊年未詳八景詩歌，貞享5年刊瀟相八景詩歌は，
　　1. 瀟湘夜雨　　2. 洞庭夜月　　3. 遠寺晩鐘　　4. 遠浦帰帆　　5. 山市晴嵐
　　6. 漁村夕照　　7. 江天暮雪　　8. 平沙落雁

の順であって，これを2, 3, 1, 4, 5, 6, 8, 7の順に置きかえれば，日葡辞書の順序に一致するのであって，最も近い配列である．また，上記3書が，見出しを「瀟相八景」とせずに単に「八景」とし，「漁村落照」とせずに「漁村夕照」としていること，「烟(煙)寺晩鐘」とせずに「遠寺晩鐘」としていることも，日葡辞書と一致するので，今のところ，上記の諸点を通じて，日葡辞書に最も深い関係にあると認められるのは，上記の3書であるとされた．

第Ⅵ章 載 録 語

Ⅰ 載録語の性格

1 載録語数

　日葡辞書の見出し語は単語形標出を基本方針としているが，それのみに拠らない異例もあって，全篇が一貫して整っているわけではない．それ故，見出し語の数は，この辞書に載録された語の数を示すものには違いないけれども，それは直ちに異なり語数を示すものではない．異なり語数は，諸種の標出上の異例や誤謬・誤植などを調整するとともに，見出し語の同語重複なども考慮してかぞえなければならないのであって，煩雑な手順を要するのみならず，いくつかの限定条件を付ける必要もある．それだけに数える人により，数え方によって相違を生ずることになる．

　そこで，ここでは原本の見出し語をそのまま認める立場に立って，その数を調べることとする．ただし，編者は見出し語として立てたものでありながら，印刷の際の誤り，あるいは，組版上の不手際などによって，見出し語としての正しい位置に印刷されていないものがあるが，これらは当然見出し語と認めるべきものとして取扱う．例えば，†Yendori(縁取リ)の条下に，その一項のように印刷されている yenguet(円月)は，Yendori とは無関係の語がその条下に混入埋没しているのであるから，これを独立の１条と認める．また，行を改めてその行頭に組まれてはいるものの，その語頭の位置が見出し語の定位置よりも下がって，説明本文並みに組まれているもの，例えば，Chabon(茶盆)，Chŏjet(長説)，Chŭjŏ(中上)のごときは，それぞれ独立の見出し語と認めて，その扱いをした．筆者らがさきに公刊した「邦訳日葡辞書」

においては，実は上述の方針によって原本の不備を是正して見出し語を立てたのであるが，その見出し語の数は，次の第Ⅰ表のとおりである．

第Ⅰ表

部別	見出し語			左の内，本篇補遺に重出せるもの
	本篇	補遺	計	
A	1236	196	1432	12
B	910	117	1027	3
C	3422	878	4300	34
D	480	128	608	6
F	2925	803	3728	33
G	1053	181	1234	7
I	1657	477	2134	18
M	1902	501	2403	18
N	1256	343	1599	17
P	9	0	9	0
Q	1355	401	1756	8
R	681	237	918	6
S	1566	383	1949	10
T	2284	543	2827	23
V	1831	606	2437	21
X	2076	611	2687	46
Y	1109	429	1538	17
Z	233	52	285	3
計	25985	6886	32871	282

この表に見られるように，本篇と補遺とを合わせた見出し語の総数は，32871 条であるが，この中には実は同じ語が重複して収録されているものが相当数含まれているのである．

まず，補遺の見出し語のうち，その右肩に星印＊のついたものは，補遺の前書にことわってあるとおり，すでに本篇に同じ語が載録されている語に対して，追補・訂正を加えるために重ねて補遺に収めたものである．また，星印＊がついていないにもかかわらず，本篇に載録されている語と重複しているものも少なくない．＊印を欠くものの中には，例えば，Araso(粗麻)，Asatçuqi(浅葱)，Canacuso(鉄屎)，Carugueni(軽ゲニ)などのように，本篇と補遺と双方に収められ，しかも葡語説明まで全く同じであって，重ねて補遺に収録した理由がどこにあるのかはかりかねるものもある．すなわち，個別的にはそれは計りかねるが，然しながら総括的に言えば，どのみちこの類のものは，不用意に重複したものと思われるが故に，今それを別とするならば，他は本篇の記述を補充訂正する目的で意識的に重ねて収めたと見るべきものが多く，その点では当然星印＊がつけられて然るべきものである．事実は，＊印がつけられるべくしてつけられていないものが少なくないのであるが，それは特別な理由があってのことではなくて，誤って脱したものであろう．

その星印＊のついている条とついていない条との両方を合わせて，本篇と重複して補遺にも標出されている見出し語の数は，次の第II表のとおりである．

第II表

部別	＊印あるもの	＊印なきもの	計
A	13	12	25
B	4	3	7
C	67	34	101
D	0	6	6
F	21	33	54
G	6	7	13
I	8	18	26
M	23	18	41
N	19	17	36
P	0	0	0
Q	10	8	18
R	2	6	8
S	13	10	23
T	10	23	33
V	40	21	61
X	20	46	66
Y	18	17	35
Z	5	3	8
合計	279	282	561

さきの第I表の総数 32871 からこの第II表の総数を差し引くと，32310 となる．この数値は重複収載されている見出し語の条数を除いたものであるから，本篇と補遺とを通じての見出し語の異なり語総数を示すものと見られるわけである．しかし，簡単にそう認めることのできない理由がある．

まず第一に，第II表に計上した，補遺の＊印付きの見出し語条数の中には，実はそれに正しく対応する見出し語が本篇中に見出だせないものが若干ある．それは，＊印つきの条々の中に，ごくまれではあるけれども，重複標出とは認め得ないもの，すなわち，＊印を付けたことが誤りと見るべきものが含まれているということである．

次に，上述のごとき本篇と補遺間の重複とは別に，本篇自体の中に同じ語が重出しているものも少なくない．本篇のC部には，綴字も同じなら葡語説明も同じで，全く一致する Cujacu（孔雀）が 2 条，配列位置を異にして，Cui, ũ, ũta（食イ，ウ，ウタ）の次と，Cujacu（空寂）の次とに重出しているのや，I 部に Ifi（蝟皮），Ifô（異邦）（ママ）があるのに，Y 部に異例の綴字による Yfi（蝟皮），Yfŏ（異邦）が重出しているごときは，いずれも編者の方針に外れたものであり，統一整理されないままに残った，不注意による欠陥と見られる．その一方に，これとは違って，編者が意識して重複収載したと認められるものがある．それは同じ語を異なる綴字で表記した形が，それぞれの順当な位置に配

第Ⅵ章　載録語

列されている場合であって，オ段の拗長音(まれには短音も)の表記に，～io形と～eo形とを並用したものに多い．

Feŏban.	Fiŏban(評判)	Feôfacu.	Fiôfacu(漂泊)
Meŏchô.	Miŏchô(明朝)	Qeo.	Qio(虚)
Qeôchŭ.	Qiôchŭ(胸中)	Reocŏ.	Riocŏ(旅行)
Reŏnai.	Riŏnai(領内)	Reôri.	Riôri(料理)

のようなのがそれで，いずれも本篇の同じ部内に別々の条として並存するものである．本篇のB，F，G，M，Q，R部について，語頭にこの種の綴字をもつ語で，重複して収録されているものを見るに，約50語に達する．

これとは逆に，本来は別語であるものを，同音同形の故に，2語を1条に包摂して標出しているものがある．例えば，「改作」と「開作」とをCaisacuに，「財位」と「在位」とをZaiyに併せて，見出し語としては1条としているがごときで，この数も約50を数える．これらのほかに，同じ語の語形上のゆれと見られる2形を共に見出し語に立てて収めている例もまれではない．上述のように，見出し語自体がかなり複雑な様相を呈しているので，載録語の異なり語数を明確にすることは困難であり，それは，さきにあげた32310よりもかなり下回ることは明らかである．

2　載録語の種類と範囲

日葡辞書は，改めて言うまでもなく日本においてキリスト教の伝道に従う宣教師たちの有効適切な活動を助けるために，それに必須な日本語の知識や能力の習得を目的として編まれたものである．日本の布教に努める宣教師たちにとっては，その日常生活についても，信者の入信勧誘，あるいは，信仰生活の教導についても，まず日本語の話し言葉を習得していることが必要であった．その対象とする日本人は，上層階級の教養ある人士から無学文盲の下層社会の人々にまで及ぶのであるから，地方的に，また，位相的に多様性をもつ日本語にできるだけ広く通ずる必要があった．日葡辞書は，この必要に応ずべく当時の話し言葉を中心としたが，それは標準語のみに限らず，方

処的に，位相的に多様な話し言葉を合わせて収録している．話し言葉に重点をおいたことは，当時のわが国の抄物類，あるいは，FeiqeやEsopoなど，話し言葉を写した文献に見える語を数多く収めていることでも知られるが，また，動詞，形容詞，形容動詞の見出し語を，すべて当時の口語形で掲げたのも話し言葉を重視したことを端的に示している．それはP.(詩歌語)と注記したものまでも，†Sayaqei(サヤケイ)とか，Iyatacai(弥高イ)とか，Caimamiye, uru.(垣間見エ，ユル)のように，口語形を標出していることでも察せられよう．

また，話し言葉で使われる語が書き言葉の形の転じた形であって，互いに近似しているものについては，その区別を注意している．例えば，Cayeru(蛙)の条で，話し言葉ではCairu(カイル)と言うとか，Idetatçu(出デ立ツ)については，これよりもDetatçu(出立ツ)の方をより多く使うとか，Nuqiidasu(抜キ出ダス)は話し言葉では使われないとか付記したごときである．

話し言葉を主体としながらも，それとともに書き言葉をも重視して，その方の語も多く収めている．外国人宣教師に要求される日本語の学力は，ただ話し言葉の理解と使用が自由にできるというにとどまらず，進んで書き言葉の読み書きができることに及び，それも相当高い程度の力が求められたのであった．それは，キリシタン版として「倭漢朗詠集巻之上」が刊行され，それに日本の書状用語なり文字なりを学ぶための「雑筆抄」や「古状」なども併せ収められ，宣教師たちが往来体の書状を読み書きするための教科書が供されているのでも察せられ，ロドリゲス日本小文典に日本語の学習法を説いた条[1]では，その最高の目標に「太平記」が示されている．それより以前にわが「太平記」を抜粋して6巻にしたキリシタン版の「太平記抜書」が刊行されているのも，早くから上の様な考えがあったことを示すものである．

それはそれとして，宣教師たちにとっては，日本語で適切なキリスト教の説教ができるか否かがまず以て大きな問題であった．というのは，それが宗務遂行上の不可欠の要請であったからである．説教に用いられる言葉は，普通の話し言葉とは少し異なり，俗語をまじえてはいるものの，全体的には書

き言葉に近い性格をもつものであった．ロドリゲスは，日本大文典において日本語の文体を内典のと外典のとに大別し，内典の文体は宗門の解説書などに用いられ，説教にも用いられる荘重な文体であって，わかりにくい所もあるが，仏僧はこれを日常の話し言葉に適応させながら説教に使っている．キリシタンの間でも教義書は多くこの文体によっており，説教においてもこの文体の用語や表現が適するのでこれを用いて行なっている旨を述べている（f.184）．これは仏教の経論の文体ではなくて，法語の類の文体をさし，仏教教義などの講説や説明を内容とする書の，いわゆる俗文体をさすものである．

　イエズス会にあっては，現地の学芸・文化や思想・宗教等をよく理解し，それに順応して効果的に伝道する布教方策を重んじた．それ故，既に古くから日本全土に普及し，強大な勢力を張っいた仏教教団のあり方などには深く注意し，採って以て参考とすべき点があればそれに学んだのである．

　ルイス・フロイスの書翰によれば，京都の祇園近辺のさる仏寺で，ガスパル・ヴィレラの一行数名が，仏僧の説教するのを聞いたが，僧が前に据えた小机の上の書物の一節を読み，非常に巧妙な解説を加えながら説教するのをまのあたりにして，その伎倆を嘆賞し，今後キリシタンに対する説教も，聴衆の好みや言語に応じた良い方法をとるべきことを考えたという[2]．

　キリシタン宗門書が上述のような内典の文体によって書かれたことは，早くバレト写本によって知られ，次いでサントスの御作業以下の諸版本によっても明らかであるが，説教でもこの文体に頼っていたのも事実らしい．ルイス・フロイスの「日本史」（第Ⅰ部第75章）によれば，当時堺に居たフロイスは，そこで数篇の聖人伝を翻訳し，一年中の主な祝日のための説教もいくつか作ったという[3]．この説教というのは，信者に説教する際に，読んで解説を加えるための原稿として書いたもので，祝日の意義，あるいは，由来，その日祝われる聖人の行跡などを内容とするものであったと思われる．

　サントスの御作業の第Ⅰ巻第11章に，「サンマチヤス・アポストロ（San Mathias Apostolo）のおん祝ひ日の談義」と題する一篇が収められている．章の題名に「談義」とあるのは，この書の2巻全体を通じてこの章だけであり，

それだけ特異な章であるが，また，他の章にはその典拠を示しているのに，この章には示してないことも異例である．

　サン・マチヤスは，裏切者ユダの補欠として使徒に加えられた人で，そのいきさつは使徒行伝(第Ⅰ,23)に見えるけれども，くわしい伝記はわかっていない．サントスの御作業中の前述のⅠ章(第Ⅰ巻第11章)は，誰かが聖書の諸所を引きつつまとめたものであるが，新たにまとめたのか，あるいは，すでにそのような形にまとめられた先行の書があって，それによったのかは不明である．ともかく，この聖人の御祝日の談義に備えて用意されたものには違いない．そしてそれは，ほかの諸章と同じ文体で書かれている．説教の際には，これを少しずつ読んでは解説を加えるというようにしたものであろうが，それだけに普通の話し言葉とは違って，宗門書の文体に近く，改まった調子で荘重に話されたものであろう．

　ともかく，上述のような文体の用語なり言い表わし方なりに通じていなければ，効果的な説教ができないとあっては，それが日本語学習の大切な目標になるのは当然である．ロドリゲスも述べているように，この文体や用語には，普通の話し言葉とは違ってわかりにくい点があったに違いない．サントスの御作業以下のローマ字版本には，本文中の難語句をぬき出して，葡語やさしい日本語で注解を加えた「和らげ」が巻末に付けてあるが，それはわかりにくい語の理解を助けるためのものであった．それらの「和らげ」にとり上げられている語は，大部分日葡辞書に収録されているものである．サントスの御作業の「和らげ」は，他書のに比べて分量が最も多く，74ページにわたって漢語を主体とする2159語(句)を収めているが，その大部分は日葡辞書にも載録されているものである．日葡辞書に見えないものは，約160語，10パーセントにも足りないし，1592年版ドチリナ・キリシタンの「和らげ」所収の205語のうちでは，僅か7語にすぎない．キリシタン宗門書の用語は，仏教関係のをも含めて，単に宗門書のみに限るものではなく，一般に書き言葉の基本的なものでもあり，また話し言葉に使われる語もあるのであるから，日葡辞書の編者は，これらを入念に採録したものであろう．

福島邦道氏は，サントスの御作業に用いられた漢語のうち，一字漢語や数詞類を除いて，10回以上使用されているもの，176語を示しておられる[4]．

そのうち，明らかに日葡辞書に収められていない語はただ1語，「主上」だけである（日葡辞書には「主将」とみるべきXuxǒ はあるけれども，「主上」はない）．その176の漢語の中には，明らかに話し言葉にも用いられるものが少なからず含まれており，それだけ基本的な語彙に属すると言えるであろうが，そのような語のほとんどすべてが日葡辞書の本篇に収録されている（補遺には2語のみ）ということは，日葡辞書の採録態度の周到さを示すものと言ってもよかろう．

日葡辞書には，和語と漢語とがどのような割合で収録されているのであろうか．それを見るために，収録語数の多いところ数部と，漢語を比較的多く含む部とを選んで，所収の見出し語を和語，漢語，和語と漢語の複合語の三類に分け，その数値を示したのが次の第Ⅲ表である．その分類にあたっては，漢語を語幹とする複合動詞（比スル，現ズル，探題ユル（タンダ），囉斎ウ（ロサ））や，漢語を語幹とする形容詞・形容動詞（美々シイ，忿々シイ，不運ナ，優ニ，峩々タル，悠々ト），および漢語に助詞のついたもの（本々ノ，本ノ）などは，漢語の中に含めて数えた．また，漢語か否か不明のもの若干は，和語の中に含めた．

次の表によれば，和語と漢語との比率は，本篇・補遺とも部によって高低の違いがあり，相当に著しい開きも見られる．これはそれぞれの部の編纂分担者が違うということも関係しているであろうけれども，それとは別に，国語の語彙の構造上の特質によるところが大きいであろう．その最も明らかなのは，D，G部やR部において，和語が低率で，漢語が著しく高率を占めていることである．これは改めて言うまでもなく，和語にはDやGのような濁音やRのラ行音に始まる語が歴史的に少ないという事実に基づく．その他でも，V部に和語が著しく多くて漢語が少ない（12％）のも，V部には語頭がV（ウ），Va（ワ），Vo（ヲ），Vǒ（ワウ），Vô（ヲウ）に始まる語を収めているが，漢語はウ（有），ウン（運），ワウ（王），ヲン（恩・温）やその複合語の類が少数あるに過ぎないからである．逆にX部には和語に比して漢語が甚だしく多い．こ

第III表

部	区分	和　語	漢　語	和＋漢	合　計
C	本篇 補遺 百分比	2116 ⎫ 620 ⎭ 2736 63.6	1158 ⎫ 184 ⎭ 1342 31.2	148 ⎫ 74 ⎭ 222 5.2	3422 ⎫ 878 ⎭ 4300 100.0
D	本篇 補遺 百分比	102 ⎫ 26 ⎭ 128 21.1	353 ⎫ 86 ⎭ 439 72.2	25 ⎫ 16 ⎭ 41 6.7	480 ⎫ 128 ⎭ 608 100.0
F	本篇 補遺 百分比	1709 ⎫ 609 ⎭ 2318 62.2	1138 ⎫ 156 ⎭ 1294 34.7	78 ⎫ 39 ⎭ 117 3.1	2925 ⎫ 804 ⎭ 3729 100.0
G	本篇 補遺 百分比	81 ⎫ 16 ⎭ 97 7.9	937 ⎫ 137 ⎭ 1074 87.0	35 ⎫ 28 ⎭ 63 5.1	1053 ⎫ 181 ⎭ 1234 100.0
M	本篇 補遺 百分比	1249 ⎫ 402 ⎭ 1651 68.7	589 ⎫ 77 ⎭ 666 27.7	64 ⎫ 22 ⎭ 86 3.6	1902 ⎫ 501 ⎭ 2403 100.0
R	本篇 補遺 百分比	3 ⎫ 0 ⎭ 3 0.3	656 ⎫ 213 ⎭ 869 94.7	22 ⎫ 24 ⎭ 46 5.0	681 ⎫ 237 ⎭ 918 100.0
T	本篇 補遺 百分比	1668 ⎫ 395 ⎭ 2063 73.0	538 ⎫ 108 ⎭ 646 22.9	76 ⎫ 40 ⎭ 116 4.1	2282 ⎫ 543 ⎭ 2825 100.0
V	本篇 補遺 百分比	1527 ⎫ 520 ⎭ 2047 84.0	239 ⎫ 55 ⎭ 294 12.0	65 ⎫ 31 ⎭ 96 4.0	1831 ⎫ 606 ⎭ 2437 100.0
X	本篇 補遺 百分比	596 ⎫ 198 ⎭ 794 29.5	1404 ⎫ 380 ⎭ 1784 66.4	76 ⎫ 33 ⎭ 109 4.1	2076 ⎫ 611 ⎭ 2687 100.0
合計	本篇 補遺 百分比	9051 ⎫ 2786 ⎭ 11837 56.0	7012 ⎫ 1396 ⎭ 8408 39.8	589 ⎫ 307 ⎭ 896 4.2	16652 ⎫ 4489 ⎭ 21141 100.0

れはX部には，Xa(シャ)，Xe(セ)，Xi(シ)，Xo(ショ)，Xu(シュ)，および Xŏ(シャウ)，Xô(ショウ，セウ)，Xŭ(シュウ)に始まる語を収めているが，和語は Xe, Xi が主であって，その他の Xa, Xo, Xu, Xŏ, Xô, Xŭ に始まる語は，その大部分が漢語だからである。

上に取り上げた9部は，部の数では全体（19部）の約半分であるが，所収語数は21141であって，全篇の見出し語総数32871の約64％にあたる．その範囲内での和語の平均比率は56％，漢語は約40％である．この事実からすれば，日葡辞書全篇を通じての平均比率もこれと甚だしくは隔たらぬ程度のものであろうと推定される．

概して言えば，日葡辞書は漢語の尊重された時代のものとしては，固有の和語を相当に収めていると言えよう．その一つの理由は，話し言葉を重視して，その用語を採録したことにあるであろう．次に，漢語でも同様ではあるが，特に和語にその傾向が強いのは，単純語とともにその複合語をも多く収録していることである．例えば，用言には和語が多いのであるが，それの複合語が多く採られていて，動詞「申ス」を収めたのに続いて，「申シ上グル」「申シ合ウ」「申シ合ワスル」等々，本篇だけでも68語にも及ぶ複合動詞を丹念に収録している．これに類するものは他にもまれでなく，これが和語の比率を高めている一因をなしている．

漢語，和語に関連して，当時の西欧語からの借用語に触れておかねばならない．キリスト教が弘まり，信者が多くなるにつれて，主として日本人信徒の間にラテン語やポルトガル語から入って日本語化した語がかなり用いられ，中には信徒以外に通用したものもあった．当然，日本人信徒向けの宗門書にはそれを反映してかなり多くのキリシタン用語の日本語化形が用いられ，それは平仮名で表記されるのが原則であった．

　　　あんじょ（Anjo.天使）　　がらさ（Graça.恩寵）
　　　さからめんと（Sacramento.秘蹟）　　こんちりさん（Contriçan.痛悔）

その数は宗門書の一つ一つによって異なるけれども，総体的にはかなりの数に上る．

日葡辞書では，この種の語は，見出し語としては一語も標出していないけれども，引用例文中には日本語と交え用いたものが少なくない．ただし，それは原語の形そのままである．上述のように，宗門書に日本語化した形がいくらも用いられているのは，西欧語から日本語に入った借用語，あるいは，外

来語と認めたからのことである．ローマ字書きの文中で日本語と混用される西欧語は，日本語と区別してイタリック体で印刷するきまりであったが，後にはそれを改めて日本語と同じくローマン体で印刷することになった．

  Tentaçamuo fuxegu.(テンタサンヲ防グ)　テンタサン(*tentação*　誘惑)に抗する．〔Fuxegui, u.〕

  Anjo tachi Ecclesiauo tocoxinayeni mamoraxeraruru.(アンジョ達エケレジヤヲ鎮エニ守ラセラルル)アンジョ(*Anjo*　天使)たちはイゲレジヤ(*Igreja*　教会)を常に守っておいでになる．〔Tocoxinaye〕

これは，日本語から葡語に入った語をその借用語と認めて葡語文中に交え用い，しかも「坊主」を *bonzo*，「着物」を *quimão* のように葡語形にしたのみならず，*bonzos* や *quimões* のごとき複数形まで作って用いたのと同様に，日本語文中に交え用いられる西欧語は葡語なみに扱ったものと見られる．然し，西欧語から日本語化した語は，平仮名書きの場合を別として，ローマ字書きの場合は決して原綴字の崩れた形を用いることはなかった．仮に平仮名書きのような形をローマ字書きにすれば，外国人には理解できないか，誤解されるかする惧れがあったからである．従って，日葡辞書の見出し語には，かの平仮名書きのような日本語化した形も，またその原形もともに標出しなかった．原綴の西欧語は，この辞書を利用する外国人にとっては説明を要しないものであったからである．

 上述の和語と漢語の別にかかわらず，載録した語の種類，あるいは，領域は多種で広範囲に及んでいる．九州の方言を中心として方言語彙を収めたのを始め，詩歌語，文書語，婦人語，仏法語その他を収めている．特殊語については後に述べるとして，その他の一般語彙でも，下学集や節用集など，分類体辞書の部門別，乾坤，時候，人倫以下の諸部門下に録されている語，あるいはまた，語彙類聚型の往来物，特によく行なわれた庭訓往来の各月の往状返状に配して類集してあるような語があまねく収められている．当時の社会情勢に応じて採録の重点のおき方には違いがあったろうが，まず武家関係の語の多いのは当然であろう．例えば，刀剣類や弓，矢など，武器武具の名

もかなり多く，それらの部分の名称や付属部分品の名に至るまで示し，馬にしてもその毛色から鞍とか鐙とか馬具の類にまで及んでいる．

　古くから行なわれていた鷹狩は，当代にも公家・武家の間で盛んであった関係から，鷹関係の語もかなり収めている．学芸関係では，固有名詞は採らない方針であったが(序言)，書名は全篇に76条ほど収め，A部からZ部までそれの見えない部はない．すなわち，四書，史記，文選を始め六韜，三略等の中国古典から，わが国のものでは，源氏物語，伊勢物語，古今集，後撰集など和歌関係のもの，また，玉篇，漢玉篇，和玉篇，節用集など辞書類にまで及んでいる．さらには，雅楽，能楽，舞，狂言その他の芸能関係の語もまれではない．

　また，茶道関係の語にもよく注意して，茶の種類を始め，その容器や喫茶用の茶碗その他の用具類のものまで採られている．茶の湯は広く好んで行なわれ，大切な社交の場であったから，少なくも中流以上の人士にとっては，茶の湯の作法，喫茶の礼法などについてひと通り心得ておくことが必須とされたのである．この実情に即して編者も相応の関心をもって載録したものと思われる．この他，農工商の業に従う人々の生活等に関する用語も採り入れていることは言うまでもない．

　最後にもう一つ付け加えておくべきは，本篇では採らない方針であった数詞を補遺で沢山収録していることである．数詞は日常生活に関係が深いのみならず，日本では物によって数え方が違い，その点葡語とは著しく違う．そこで大部分I部に「一」に助数詞のついた形でIchimai(一枚)，Icchŏ(一丁)のように標出し，物が違えば数え方の違う言い方の説明をしている．わが国の節用集にあって，日本人間でも重視されたものなので，日葡辞書編者もその重要性を認めて採録したのである．それらの一々を種類別に列挙することは，紙幅の都合で省くが，今泉忠義氏の「日葡辞書の研究」の語彙の部に15類に分けて列挙してあるのが参考になるであろう．

　要するに，日葡辞書の載録語彙は，当時の上下各層の人々の生活に関係の深い語を収めるのに苦心した結果であって，当時の日本語辞書としては大き

な成果をあげたものとすべきである．このことは，直接に一般の民衆に接して神の道を説き弘めるとともに，将軍，大名や公家武家の権力者，あるいは，学者，僧侶，文人，芸道の指導者など，社会の指導的立場にある人々に接して交際を密にし，有力な信徒を多く得て，布教活動を効果的に展開するに努めたイエズス会の布教方針に深いかかわりがある．外国人宣教師に要求された日本語学習の目標が，日常身辺の話し言葉をマスターすることを第一とし，さらに日本側の要人と交わり，時には諸般の交渉や折衝に当たったり，説教や宗門書編纂の文章を書くという高い程度にまで及ぶものであるからには，日葡辞書の語彙採録の方針にはこうした点への顧慮が強く要請され，それにこたえる努力が怠りなく払われているものと考えられる．

II　方言語彙

日葡辞書に多くの方言語彙が収録されていることは，早くから知られていて，中世末期の方言資料として重視されている．昭和初年には，近藤国臣氏がそれを抽出し翻訳して公にされ，次いで今泉忠義氏も別途に著録されるところがあった．それら先学の業には，惜しいことに若干の誤脱とすべきものがあったので，筆者もその補訂をものしたことがあった．その後，筆者らの共同編訳による「邦訳日葡辞書」(岩波書店．1980)が刊行されたが，それには上の補訂を含めてさらに検討を加え，その結果を示してあるので，ここにはそれら補訂事項の一々には原則として触れないこととする．

〔参考〕
　　近藤国臣「長崎版日葡辞書にあらはれたる方言資料」(1), (2), (3), 補遺(「方言」第1巻第2号，第2巻第2号，第5号，第3巻第4号．昭和6〜8年)
　　今泉忠義「日葡辞書の研究」(桜楓社，昭和46)p.603
　　拙稿「日葡辞書の方言語彙拾遺」(「方言研究年報」第13巻．昭和45)

1　方言注記の方法

日葡辞書本篇巻頭の凡例の中に，方言の注記法についても述べてある．そ

第Ⅵ章 載録語　279

れを要約すれば，次の3か条にまとめられる．

(1) 一般に上(Cami)の地方の用法が，ここ下(Ximo)の諸国〔九州をさす〕，または，その他の地方と異なるときは，上(Cami)ではかく言うとか，かかる用法をするとかと注する．

(2) 下(Ximo)の地方だけに使われる語には，その語の次か，そのあとの説明の終りかにX.と注する．

(3) 下(Ximo)全体にも日本全国にも通用していない意味のときは，alicubi(ある地方で)と注する．

例言は本篇の本文よりも後に印刷して巻頭に添えたものであるから，本篇本文の方言注記に採られた一般方式を概括して述べたものであって，実際の注記はもっと複雑である．たとえば，九州方言を示すには，前述の凡例どおりにX.を用いたのが大部分である．時に葡語説明文の中に *no Ximo*(下では)を用いたのは当然としても，Taitai(対々)やTocaguiri(トカギリ)の条など，X.の代わりにそれを用いた例もある．次にはBadai(馬代)，Zzuruzzuruna(ヅルヅルナ)の条に「あるいくつかの地方で」とか，Naixi(乃至)の条に「あるきまった所で」とか記すなど，漠然とした地域しか示さないものがある．地域を示しても，「上」「下」「五畿内」の「或るいくつかの地方で」と注したもの(Monotçucuri.の物作リ．Qe.毛．Yeme, uru.エメ，ムル．Daisocu.ダイソク等の条)があり，また，地名や国名などを注したものもある．

　　豊後(Cunixu　国衆)　　　堺(†Daisocu　大束)
　　伊勢(Tachizucumi　立竦ミ)　薩摩(Yarǒ　野郎)
　　尾張(Yoxisuzume　葭雀)　中国(Fanxi　判紙)
　　田舎(Yoriso　縒苧)

これらはいずれも「下全体にも日本全国にも通用していない」ものであるから，さきの(3)と等しくalicubiとして然るべきものであり，その一類と見るべきである．また，Nusumi idaxi, su.(盗ミ出ダシ，ス)の条に *Alicubi, no Cami* とあるのは「上の或る地方で」と解すべきであろうから，つまりはalicubiと同類である．

これと似ているが，問題になるのは，†Soroqe, uru.(ソロケ，クル)の条にある *Baixo alicubi* の注記である．「或る地方の卑語」とも解し得るけれども，その次の条に収めた†Soroqemono(ソロケ者)に X.(下)の語と注記してあるのを見れば，その前条のさきの注記も「下のある地方で」と解すべく，やはり alicubi の類に入るものである．また，Muqi, u.(ムキ，ク)の条に，「嘔吐する」と説明したあとに B.と注記してある．これは Baixo の略であって，卑語を示すきまりであるから，それによればそう解すべきである．しかし，上の条から3条おいて下の条に，Muqiqe(ムキ気)が収められていて，それには「嘔吐をひき起こす病気．X.(下)の語」との説明がついている．この「ムキ気」の「ムキ」が動詞「ムキ，ク」の連用形から出たことは明らかであるとすれば，かの動詞「ムキ，ク」は「ムキ気」と同じく「下」の方言と考えられる．すなわち，さきの動詞に付せられた B.注記は，Baixo の略には違いないけれども，卑語の略号ではなくて Baixo(下)をもって「下」の地方を示し，その方言であることを示した異例の注記と見るべきものである．

　これらと同様に，Xitçurai, ŏ.(シツライ，ウ)の条に，*Saicocu*(西国)とあるのも異例であるが，詳しくは *aqui no Saicocu*(このあたり，西国で)とあって，この辞書が長崎で編まれたことを暗示する書き方をしているのと，別条 Saicocu(西国)に「Qiŭxŭ(九州)，または，Chicuxi(筑紫)に同じ」と説明してあるのによって，九州方言として X.(下)の類に入れてよいであろう．同様の異例は Xôgi(小路)に *no Miaco*(都で)とした注記であるが，これは Cami(上)の一類に入れて見るべきであろう．

　上のような異例の注記をもつ語を，それぞれ然るべき解釈を加えて，これらと同類と認められる一般方式に併せ，注記形式の別によって整理すれば，次の4種8類になる．

　　(a)　見出し語に，①「下」か，②「上」か，③「ある地方」かの方言を標出しただけで，他の語を対照して示さないもの
　　　①　Caqibai.(蛎灰)　牡蛎の殻で作った石灰．X.(下)の語．
　　　　　Chaqin.(茶巾)ある標識のついた小旗であって，船がある通路〔関所〕

を通る際に，通関税などを支払う義務のないことを示すために掲揚するもの．X.(下)の語．〔類例．中人(チュウジン)，歯ボロシ，鼻ノス，燧カド(ヒウチ)，冷ヤイ，寝ヲゾム，唇(ツバ)，熟(ウ)ラス，蝦蟹(エビガニ)，など〕
② Saruguenaxi.(サルゲナシ)瓜の一種．Cami(上)の語．
   † Montarŏ.(門太郎)日本の都市の各街路にある門を開閉する役目の人．これは Cami(上)の語である．〔類例．潮頸(シヲクビ)，混(マ)ゼ，二練(ニレン)ノ釘，大唐米(タイタウゴメ)など〕
③ † Fagai.(ハ貝)貽貝(いがい)．Alicubi(ある地方で)使われる語．
   Monotçucuri.(物作リ) 田畑を上手に耕作する農民．これは em algũas partes do Cami(上の或るいくつかの地方で)農民間に使われる語．〔類例．納殿(ヲサメドノ)，親子衆(シュウ)，大根(ヲウネ)，国衆(クニシュウ)，篦(ヘラ)~ヲ使ウ(Fera の条)，など〕
(b) 見出し語に，①「下」か，②「ある地方」かの語を標出して，それに「上」の語を対照して示したもの
① Futçu.(フツ)灸をすえるのに使う草．X.(下)の語．……Cami(上)では Yomogui(蓬)と言う．
   Curubuqi, u, uita.(クルブキ，ク，イタ)顔を下に傾けてうつむく．X.(下)の語．Cami(上)では Vtçubuqu(俯ク)と言う．〔類例．金負ケ(カナ)，小刀伏セ(コガタナブ)，迫(ハザ)，宝蔵(ホウザウ)，茸(ナバ)，竈スビ(ヘ)，など〕
   この類に属するものには，異例の注記を加えたものが少なくない．
   Catçugui.(被衣)婦人のマント．X.(下)の語．Cazzuqi(カヅキ)と言う方がまさる(Meliùs)．
   Yocoi, l, potiùs, Ycoi, cô, côta.(ヨコイ，またはむしろ，憩イ，ウ，ウタ) 休息する，または，寝る．X.(下)の語．
のように，価値的にまさる意を示す Meliùs, Potiùs を使って「上」の標準語を対照して示しているのがあり，
   Firu.(蒜)i. Ninnicu.(すなわち，大蒜)．にんにく．X.(下)の語．
   Cayesugaqi. (返ス書)X.(下)の語．i. Faxigaqi. l, sodegaqi.(端書．

　　　　または，袖書)に同じ．手紙の初めの部分に，一段と細かな字で
　　　　書き加えた繰返し書き．

のように，見出し語と同義の「上」の語をi.(すなわち)で導いて対照し
て示したものもある．

　　なおまた，見出し語に下(X.)の語を掲げているが，その条下に「上」
の語を対照して示すのではなく，その直前，あるいは，直後の条にそ
れに対応する「上」の語が並んでいて，関連的に「下」の語に対する
「上」の語が知られるようにしたものがある．

　　　Memixe.(目見セ)　Tecaqe(手カケ)に同じ．妾．
　　　Memixemono.(目見セ者)　同上．X.(下)の語．
　　　Tocague.(蜥蜴)　とかげ．
　　　Tocaguiri(トカギリ)　同上．Ximo(下)の語．
　　　Finnugui, u, uida.(ヒン脱ギ，グ，イダ)　急いで，または，力をこ
　　　　めて脱ぐ，または，取り除ける．¶Casauo finnuide.(笠ヲヒン脱
　　　　イデ)頭の笠を手早く力をこめて脱いで．¶Catanauo finnugu.(刀
　　　　ヲヒンヌグ)力をこめて刀(Catana)を抜く．X.(下)の言い方．
　　　Finnuqi, u, uita.(ヒン抜キ，ク，イタ　前条の語と同義であるが，そ
　　　　れよりもまさる(*melius*)．

この最後の条は，直前の条全体に対するのではなくて，「刀ヲヒンヌグ」
という「下」の言い方にまさると言ったものである．それには，Nugui,
u, uida.(脱ギ，グ，イダ)の条にCatanauo nugu.(刀ヲヌグ)の例をあ
げて，nugu(ヌグ)の代わりにNuqu(抜ク)とも言い，むしろその方が
まさる(*potius*)と注し，さらには，Nuguicaqe, uru, eta.(ヌギカケ，ク
ル，ケタ)の条でも，刀を少しばかり抜く意の下(X.)の語で，Nuqica-
quru(抜キ掛クル)という方がまさる(*Melius*)としているのが傍証に
なる．

　　また，「下」の語をあげて，*mais vniversal*(もっと一般的である)と
か，*mais propriamente*(もっと正しくは)とかといって，「上」の語を

第Ⅵ章　載録語　283

　　　示した例もある(Cuye. Catatçu の条)．
　② Xinpŏ.(シン方)　*Alicubi*(ある地方では)寡婦で身分のある女のこ
　　　と．*Cami*(上)では Vocatadono(御方殿)，または，taifŏ(大方)と
　　　言う．
　　Biqin.(鼻巾)　ある地方で(*Alicubi*)使われる語．Fanagami(鼻紙)．
　　　鼻をかむ紙．
　　Vosoigaqi.(襲イ書キ)　ある地方で(*Alicubi*)用いられる語．学校の
　　　児童がするように，字を習う時，上からなぞって書くこと．本来
　　　の言葉(*A propria palaura*)は，Iiuo tomuru(字ヲトムル)である．
　　　〔類例．ガレンブ(山葡萄)，イッ捌ク(ヨリソ)，縒麻(ズワイ)，楚，など〕
(c)　見出し語に「上」の標準語を標出して，それに，①「下」か，②「あ
　　る地方」かの方言を対照して示したもの．
　① Fanano ana.(鼻ノ孔)鼻孔．Ximo(下)では Fanano su(鼻ノス)と言
　　　う．
　　Caigo.(卵・蚕)鶏の卵，または，鳥の卵．¶また(蚕)，Ximo(下)で
　　　は蚕のことである．
　　　〔類例．乞食(コジキ)，青花(アヲバナ)，ダゥ亀，引倍(ヒツベギ)，酒林(サカバヤシ)，煎海鼠(イリコ)，茬(エ)，コクル，平
　　　ム(ヒラ)，など〕
　② Ira. l, iragusa.(苛．または，苛草)または，*Alicubi*(ある地方では)
　　　Voira(ヲ苛)と言う．
　　Benzaxi.(弁済使)　漁師頭で，主人からなすべき仕事の指図を受け
　　　る者．¶また，*Alicubi*(ある地方では)農夫頭のこと．
　　Badai.(馬代)　ある一定の時期に馬を献上する代わりに，主君にさ
　　　し上げる例になっている金子，あるいは，銭．*Em algũas partes*
　　　(あるいくつかの地方では)Baxen(馬銭)と言う．
　　Fanxi.(判紙)　白紙に判・署名を加えた書状．¶また，Chûgocu(中
　　　国)では Yacata(屋形)が書状を書く紙の意．
　　　〔類例．刺(イラ)，肩駒(カタコマ)，物吉(モノヨシ)，稲場(イナバ)，立竦ミ(タチズク)，鈴(リン)，など〕

(d) 見出し語に或る語を標出して，それに「上」の語を対照して示したもの．

  Cado．(角)　火打ち石．Cami(上)では fiuchino ixi(燧ノ石)と言う．
  Cusacaqi．(草搔)　間のすいた歯のついている鍬．*cami*(上)では Sarai(攫)と言う．
  Canxu．(寒酒) Samui saqe．(寒イ酒)冷酒．Cami(上)では，この語を熱くない酒の意に用いる．

〔類例．被セ輪(カブ)，カグムル，辛皮(カラカワ)，茶所(チヤジヨ)，フセ，ガゥリ，イラバカス，ヲゾム，タツ吠エ，など〕

2　注意すべき方言注記

上述の方言注記の 4 種 8 類の中には，標出した見出し語とそれに付せられた方言注記とによっては，必ずしもその意味するところを明確には解し得ず，検討を要するものがある．それは上掲の(a)の②と(d)とに関してである．

(1)　(a)②類の見出し語

この類は，前掲の例に見られるように，ある語を標出してそれに「上」の語と注したもの，すなわち，「上」の語を見出し語として掲げただけのものである．一体，日葡辞書においては，見出し語には「上」の標準語を掲げるのが全体を通じての基本原則であって，特別な注記のない見出し語は，それだけで「上」の標準語と解すべきものである．例外が全くないわけではないけれども，総体としてはこの原則が一貫して守られているのである．その点から言って，この(a)②類は異例のものである．すなわち，「上」の標準語であれば，それを見出し語に掲げただけで事足りるはずであるのに，それにことさら「上」の語であると注記してあるのには，それ相応の理由があるものと考えなくてはならない．すなわち，この類の注記に「上(*Cami*)でだけ用いられる」とか，「上(*Cami*)で下賤な人々の間で用いられる」とか記してあるのは，それを付した見出し語が実は「上」の方言であることを示すものである．

例えば，Xiuocubi(塩首・潮頸)の条には，「上」の下賤な人々の間で用いられると注記してあるが，これは別条，Vnocubi(鵜ノ首)，あるいは，Yarino vnocubi(鑓ノ鵜ノ首)に対応する同義語であって，後者には何の注記も加えてないから，「上」の標準語であったのである．「潮頸」も「言継卿記」（天文2，11，4）や「本福寺跡書」（9ウ）などに見え，近世の「雑兵物語」その他に例が見えるが，当時は「鵜ノ首」に比べて品位が劣るとされたものであろう．同様の注記のついた Montarǒ(門太郎)は，別条の標準語 Monyacu(門役)や Monsu(門守)に対するものであり，馬の食物を意味する「上」の語という Maje(混ゼ)は，別条に収めた Fami(食ミ)や Famimono(食ミ物)に対するものであって，いずれも標準語ではなかったものと思われる．また，

　　† Taitǒgome.(大唐米)i, Tǒboxi(すなわち，唐法師)赤い米．これは上
　　　(Cami)だけに用いられる語である．

とあるのも同類で，見出し語の Taitǒgome は「上」の地方に限って用いられる語(方言)であって，同義語として挙げてある Tǒboxi がそれに対応する標準語と認められる．その一方，別条に，

　　Tǒboxi.(唐法師)赤い米．上(Cami)では Taitǒgome(大唐米)と言う．

とあって，前掲の条ときれいに合致して，標準語が Tǒboxi，「上」の方言が Taitǒgome であることを示しているようである．少なくとも上の説明からは，そのように解するのが正しいとすべきである．

　しかし，そう解するには問題がある．まず第一に，上引の Tǒboxi の条は，方言注記の方式から見て(d)類に属する．すなわち，見出し語に或る語Aを掲げ，それに「上」の語Bを対照して示し，それによって見出し語Aが方言であることを間接的に示すものである．そしてこの(d)類方式の注記は非常に多くて(後の第Ⅱ表参照)，一般的なものであるから，Tǒboxi の条もその1例と見て差支えない．そうすれば，Tǒboxi が方言であり，その同義語 Taitǒgome が標準語と解さなければならないが，これは上の † Taitǒgome(大唐米)の条に，この語を「上」だけで用いられる方言(上の方言)，Tǒboxi を標準語として対照して挙げているのと正反対であり，矛盾する．

そこでまず検討を要するのは，これら両語が当時どのように用いられていたかということである．

この稲は，ベトナム中部の古城(Champa)地方に産する早稲種の下等米で，中国を経てわが国に伝わり，中世以降かなり広く栽培されたらしい．宝月圭吾氏の研究[5]によれば，既に早く応永4年(1397) 2月6日付の醍醐寺領讃岐国東長尾庄算用状に「太唐米」と書かれた例があるほか，「太唐」と書いた例もまれではない．下って慶長15年古活字版「和玉篇」には「䅶」の一訓として「タイタウコメ」が見られ，「醒睡笑」に「大唐米の飯」(内閣文庫本，巻六，49条)があり「昨日は今日の物語」にも「たいたうこめ」(上巻10条)とある．寛永年間の成立といわれる「清良記」には「太米の事」の条があり(巻七，上)，そこに，

　　一，早大唐　　一，白早大唐　　一，唐法師　　一，大唐餅
　　一，小大唐　　一，晩大唐　　一，唐稲(穂)青　　一，野大唐

と，「太米」の名で総括された大唐米の8品種をあげて，中に「唐法師」も含まれている．元禄の「軽口露がはなし」(巻四，17条)にも「大唐米」の例があるが，「大唐」も「犬筑波集」にあって，それをうけて「新増犬筑波」にもその形をあげた上，「たいたう米はあかき物なり」と書き添えている．

一方には「大冬米」を正しいとする説があって，貞享元年(1684)の「雍州府志」(六，土産門，上)に「大唐米」をあげながら，これは謬であって中華の書に「大冬米」とあるのに拠るべしとし，元禄11年(1698)の「書言字考」に「大冬米(左旁訓タウボシ)」を収め，注に「大唐ニ作ルハ非ナリ」としている．大漢和辞典の「大冬」の説明によれば，前述の「占城米」が今の福建省の地，閩に入って栽培されたが，閩地方には「大冬」と称する稲も産したので，これと混じて「大冬米」とも呼ばれるに至ったものらしい．閩書の土産の条に「大冬」とある以上，「大冬米」を正しいとすべきかも知れない．しかしそれにしても，わが国で専ら「大唐米」の方が通用したのは，中国渡来のこの稲を「大唐」から渡来したとする語源解釈に基づくのであろう．オ段長音の開合の混乱の生じていたころの事であれば，上のように解してもよかろう．

「唐法師」の例はまれにしか見えず，前掲の「清良記」のほかには，「俚言集覧」の増補の部分に，

　　　　　たいたうごめ　　たうぼし（筑前）　たうぼし（加賀）　本草の籼なり

とあるのを見る．これは，おそらくは「本草綱目啓蒙」に拠ったものと思われるが，双方の記述が一致して「たうぼし」を筑前の語とするのは注意すべく，今日の鹿児島方言に「とぼし」の形があるという（日本国語大辞典）のと通ずる．

　さて，以上の事から察すれば，当時標準語として一般に通用していたのは「大唐米」であり，「唐法師」は俗称として，あるいは，方言として意識されていたものと考えられる．このように推定すれば，さきに指摘した日葡辞書の Tŏboxi と †Taitŏgome との2条の説明間に存する矛盾を解くことができる．まず，本篇の，

　　　　　Tŏboxi.(唐法師)　赤い米．上(Cami)では Taitŏgome(大唐米)と言う．

の方は，方言注記法の(d)類「見出し語に或る語を標出して，それに「上」の語を対照して示したもの」に属する方式である．従って「上(Cami)では Taitŏ-gome(大唐米)と言う」との注記をもつ見出し語の Tŏboxi は相対的に方言を示す．しかも，多くの場合それは「下」の方言である．それ故上の1条は，見出し語に「下」の語を掲げて，それに対する標準語を示したものなのである．この条に関する限りは，上述の用例の面からしても何ら矛盾するところはない．問題は，補遺の †Taitŏgome の条に，見出し語の次に Tŏboxi に同じとして同義語を示し，次いで「これは上だけ(soo do Cami)に用いられる語」と注した点にある．これは本篇の Tŏboxi の条を採録源として，そこから Taitŏgome を採って補遺に移す際に，前者の条の注記を曲解して「上」だけに用いられると改めたのに因るものである．

　このようなわけで，(a)の②類に属するものは6例あるけれども，そのうち上の †Taitŏgome の1条だけは，補遺編纂の時の誤りによる例外と見るべきものである．

(2) (d)類の見出し語

　この類は，見出し語に或る語を標出して，それに「上」の語を対照して示す方式を取るもので，実例はさきにいくつもあげたとおりである．

　この場合の見出し語 A については，それ自体には何ら注記は加えてないのであるから，その限りでは一般の見出し語と同じく「上」の標準語を標出したと見るのが自然である．けれども，それに対照して示してある「上」の語 B は明らかに「上」の標準語であるから，これに対応する見出し語 A は方言であり，それを標準語 B と対置することにより，相対的に方言であるとの標示をしたものと見なければならない．

　この注記方式は，前記の凡例の(1)に該当する場合であることからしてもそう解すべきである．すなわち，この類の注記例は 103 例の多きにのぼり，全体の約 4 分の 1 を占めるので，編者が方言注記の基本的方式の一つとして普通に用いたものだけに，それだけの必要と意義があるとして凡例の 1 項にとり上げたものに違いない．

　この(d)類の見出し語を検討すると，それが実は「下」の語であることが他の条の記述によって知られるものがいくつもある．例えば，前引の Cado(角) は，その条の説明による限りは，火打石の意で，「上」では Fiuchino ixi(燧ノ石)と言うということが知られるにとどまるが，別条 Fiuchino ixi(燧ノ石)の条を見ると，「下(*Ximo*)では Cado(角)と言う」とあって，これによれば，さきの Cado が「下」の語だと知られるという次第である．これと同類の語には，なお次に示すようなものがある．説明などを一切省いて簡略に示すこととするが，左側に掲げた語は無注記の見出し語であるが，実は「下」の語であって，そのことを証する記述が右側に添えた見出し語の条下にあるのである．

　　　　Cocudan(コクダン)　　　Cocuzan(コクザン)
　　　　Fanada(縹)　　　　　　Auobana(青花)
　　　　Fuxicusa(伏草)　　　　Machibuxe(待伏セ)

第Ⅵ章　載録語　289

　　　Igue(イゲ)　　　　　　Igui(イギ)
　　　Mameri, meru.(マメリ，ル)　　Mabure, uru.(塗レ，ルル)
　　　Mamexi, su.(マメシ，ス)　　　Mabuxi, su.(塗シ，ス)
　　　Michi(道)……¶Michiga yuqu. l, mairu.(道ガ行ク，または，参ル)
　　　　Faca(ハカ)．　例，Facagayuqu, l, mairu.(ハカガ行ク，または，参
　　　　ル)
　　　Nagaxi(ナガシ)　　　　Tçuyu(梅雨)
　　　Tatçuboye(立ツ吠エ)　　Soraboye(空吠エ)
　Yeracaxi, su.(エラカシ，ス)も同じで，その条には「本来の正しい語は Xebiracasu(セビラカス)だと注記してあるが，その Xebiracasu の条には「下 (*Ximo*)では Yeracasu と言う」とあるので，「下」の語であることが明らかである．
　この他にもそれと推定されるものが若干ある．Famabutçu(浜ブツ)は，「上」では Cauara yomogui(河原蓬)という草だという．これは「浜」と「フツ」の複合語で，「フツ」は「下」の語とした上に，「上」では Yomogui(蓬)というとあり，また Yomogui の条にも，「下」では Futçu(フツ)と言うとあるから，「上」の Cauarayomogui と対せしめて掲げた Famabutçu は，実は「下」の語と推定される．

　　　Fuxe.(フセ)　つぎあて．¶Fuxeuo suru.(フセヲスル)つぎをあてる．
　　　上(*Cami*)では Tçuguiuo suru.(継ギヲスル)と言う．
とある，この見出し語は，別条の，

　　　Fuxe, uru, eta.(フセ，スル，セタ)つぎをあてる．下(X.)の語．……
とある動詞の連用形の名詞化形と考えられるから，Fuxe は「下」の語と推定してよい．名詞も動詞もともに現代の九州方言に生きている語であるから確かにそうであるに違いない．

　　　Ittŏrai.(一到来)　一つの知らせ，あるいは，一つの伝言．例，Ittŏraiuo
　　　matçu.(一到来ヲ待ツ)上(*Cami*)では，Issŏuo matçu(一左右ヲ待
　　　ツ)と言う．一つの知らせ，あるいは，伝言を待つ．

これに対して別条の Tŏrai(到来)には，上と同じ意味を注したのに添えて下(X.)の語としてある。「一到来」もまた「下」の語であったと考えられる。
　以上のように，日葡辞書中の他条の記述によって推定し得るもののほかに，

　　　　カグムル(頭に載せる)　平口(蝮)　ガゥリ(烏瓜)　イラバカス(嘲り
　　　　　からかう)　イロカス(乾かす)　ネヅム(抓ム)　スクル(物の下に他の
　　　　　物をおく)　ヲゾム(目ざめる)

など，近世の方言書(「物類称呼」や「菊池俗言考」，その他，松田正義氏「古方言書の追跡研究」所収の諸書など)，および今日の九州方言に照らして，「下」の語と認められるものが多い。前項で取り上げて検討した Tŏboxi(唐法師)のごときもこの類で，「上」の Taitŏgome(大唐米)に対する「下」の語と認めて標出したものと認めてよかろう。
　もっとも，(d)類の見出し語は，上述のような一類で統一されているわけではなくて，異例とすべきものもあるのである。例えば，Faxirayoxe(柱寄セ)，Mimitçucu(木菟)，Carei(王余魚)などの条では，それぞれ Toyoxe(戸寄セ)，Mimizzucu(ミミヅク)，Care(カレ)を対照して示し，「上」では後者のように言うと注している。しかしながら，それらはいずれも節用集その他に用例が見え，当時の標準語として行なわれたものと見られるものである。このように，中には当時の中央語に存した文証のある語も含まれてはいる。しかし，必ずしも九州特有とは限らず，中央語にも存した証のある語に X.(下)と明記している例はほかにもあり(後述)，それにはそれなりの理由があってのことと考えられるから，ことさらに「上」の語を対置して標出した(d)類の見出し語は，少なくとも編者は「下」の語と認めて掲げたものと見られるであろう。上述のように，それ以外のものが混じているとしても，それは例外であって，「下」の語が大部分を占めていることは動かない。

3　採録語彙の量と範囲

　日葡辞書に採録された方言語彙の量を，前述の注記法の類別に従って示せば，下の別表のとおりである。

方言注記の内容から見れば，大きく2類に分れる．第一は，Yomogui（蓬）を「上」では「ヨモギ」と言い，「下」では「フツ」と言うとか，物を背負うことを「上」では「負イ，ウ」と言うのに，「下」では「カルイ，ウ」と言うなど，同じ意味をあらわすのに形の違う別語（同義異形）が用いられることを注したものであり，第二は，「ネギリ，ル」という動詞は，「上」では値切る意味で用いられるが，「下」では目をむき出して睨む意であるとか，「コケ，クル」という動詞は，「上」では下り坂を転がり落ちることを意味するのに，「下」では火で焦げたり，焦げて孔があいたりする意味で用いられるなど，語形は同じで意味用法の違うこと（同形異義）を注したものである．次の表には，いずれも後者を括弧で囲んで内数を示してある．

第1表

部別	本　篇	補　遺	計
A	10(4)	4	14(4)
B	7(3)	1	8(3)
C	60(15)	12(2)	72(17)
D	6(1)	3(1)	9(2)
F	75(12)	7(4)	82(16)
G	16(1)	3	19(1)
I	21(2)	4(1)	25(3)
M	23	8(1)	31(1)
N	24(2)	3	27(2)
Q	5	4	9
R	4(1)		4(1)
S	17(4)	6	23(4)
T	25(7)	6(1)	31(8)
V	33(4)	10(1)	43(5)
X	24(9)	3	27(9)
Y	25(2)	5(2)	30(4)
Z	3		3
計	378(67)	79(13)	457(80)

〔備考〕
1. 方言注記の数を算用数字で示す．1条に注記が二つあるものは2と数える．
2. 同形異義の関係を注したものを（　）内に内数を示す．
3. 同じ語が別々の条に重出したものがあるので，上の数値は異なり語数を示すとは限らない．

まず，第1表は，本篇と補遺との各部における方言語彙の現われかた，分布の状況を示したものである．

この表に見られるように，本篇と補遺と双方にわたって，著しく集中して偏在したり欠如したりする傾向は見られないから，方言を載録し注記する方針は全篇に通ずるものであり，それはさきに述べたような基本的な注記法を採りつつ行なわれたものである．

次の第2表は，前述の注記方式の類別，4種8類に分けて示したものである．

次頁の表は，さきに発表したもの[6]と形式は同じであるが，

数値は少しずつ違っている．これは全般にわたって再検討を加え，異例の方

第2表

類別	見出し語に掲げた語	対照してあげた語	注記数	小　計	計
(a)	①下　の　語	なし	110(3)	134(3)	457(80)
(a)	②上　の　語（方言）	なし	6	134(3)	457(80)
(a)	③ある地方の　　語	なし	18	134(3)	457(80)
(b)	①下　の　語	上　の　語（標準語）	94(11)	101(11)	457(80)
(b)	②ある地方の　　語	上　の　語（標準語）	7	101(11)	457(80)
(c)	上　の　語（標準語）	①下　の　語	96(41)	119(53)	457(80)
(c)	上　の　語（標準語）	②ある地方の　　語	23(12)	119(53)	457(80)
(d)	あ　る　語（下の語）	上　の　語（標準語）	103(13)	103(13)	457(80)

〔備考〕　第1表のそれに同じ．

言注記の解釈や取扱いかたを統一して補正したためである．

　さて，上の第2表によって，編者の認定による方言の類別注記数を地方別にまとめて見れば，

　　　　上の方言＝(a)②…………6
　　　　ある地方の方言＝(a)③＋(b)②＋(c)②……48(12)
　　　　下の方言＝(a)①＋(b)①＋(c)①＋(d)……402(68)

となる．さきにも述べたように，方言注記に異例のものがあって，厳密には区別して扱うべきであるが，それらは少数でもあるので，一括して総括的に扱う．

　上の表によれば，「下」の方言が9割近くを占めていて，著しく多い．しかも，上掲の表でも知られるように，採録された方言の領域は，本州西部方言の範囲に限られると見てさしつかえない．この点では，Alicubi(ある地方で)と注記したのが問題であるけれども，明らかに東部方言の領域内について用いたと認められるものは一つもない．魚の鱗を取り除くことを意味する

Qeuo toru(毛ヲ取ル)という言い方は，Fuqi, u(フキ，ク)の条と Qe(毛)の条と両方にあがっているが，前者には *Alicubi*(ある地方で)と注し，後者には「上(*Cami*)のいくつかの地方で」と注してあるし，また，寡婦で身分のある女を意味する Xinpŏ(シン方)という語は，それを見出し語に立てている条では *Alicubi*(ある地方)で用いられるとし，別条 Vocatadono(御方殿)の条では *Ximo*(下)での言い方と注されている．これらの例から察すると Alicubi というのも大方は「上」または「下」の或る地方について言ったものかと考えられる次第である．国名や地名などを注した若干の条のうち，Yoxisuzume(葭雀)の条に見える「尾張」の国が東の限界であって，それ以外に東部方言に触れたところは全くない．これらの点から，西部方言でも九州方言が中心に取り上げられていることが明らかである．

　この事実は，日葡辞書が長崎で編纂されたことや，これに協力した日本人イルマンに九州出身者が多かったろうことも無関係ではあるまいが，当時九州地方が布教の中心地であり，それだけに日本人信徒の数も多くて，外国人宣教師は九州方言を知る必要があったからである．すなわち，外国人宣教師のための日本語辞書を編むにあたって，当時の実情と要求とに応じて実際的な取り上げ方をしたものであって，そのことに心を配り重点をおいた編者の方針に基づくものである．

　地域的範囲とは別に，載録された方言の質的な面を見るに，甚だしく卑俗な，あるいは，特異な俚語の類は含まれていないことに注目すべきであろう．このことは，B.の注記をつけた卑語についても言えることである．一般常用の語に価値的に劣るとする点で，方言と卑語とは相通ずる点があるのであって，ロドリゲスが Barbarismo(正雅でない語，卑語)の章下に方言を一括して扱っているように(日本大文典, f.169)，方言も広義の卑語に属するものとされたのである．その広義の卑語の中に甚だしく卑俗な語をも含めて載録標出していない事実は，やはり編者の方針に基づく意図的な措置であろう．

　外国人宣教師は，信徒にとって敬虔な信仰の道における尊師であり，神の国への導き手であった．従って，日本人信徒がこの尊敬する師に対する場合

には，たとえ標準語をあまり知らず，多くをその地の方言によらざるを得ない者であったにしても，つとめて敬語を使い，丁寧な言い方をするように，言葉づかいには深く注意したであろうことは想像に難くない．従って，宣教師の耳にする方言には，おのずから限度があって，土着の人々同士が気軽に話し合う場合のそれとは違って，かなり改まった，いわばよそゆきのものであったはずである．また一面，宣教師はみずから方言を口にすることを厳に慎み，標準語をつかうことにつとめたのであるから，日本人信徒の方もその言葉づかいに倣う努力をしたに違いない．外国人宣教師の日本語生活におけるこのような実情への配慮から，編者の載録する方言にも質的選択が加えられたであろう．

　載録されている方言は，名詞が6割以上を占めて最も多く，次いで動詞が約100語で，その他は少ない．形容詞も「冷ヤイ・物ガマシイ・手ガマシイ・セカラシイ」など10語ばかりはあがっているけれども，ロドリゲスが大文典に指摘し(f.170)，今日九州方言の著しい特徴として知られる「甘か・新しか」など，カ語尾形容詞などには全く触れず，一語も採られていない．これなどは，方言の質的選択による不採録というよりは，辞書で一々取り上げる要はないとの判断によるものと見るべきであろう．それは，「良イ・良カ」，「涼シイ・涼シカ」のように，形容詞語尾のイ・カの入れ換えは規則的で，この規則を文典などで心得させれば，それで事足りるほどのことだからである．

4　採録の目的

　外国人宣教師の日本語学習の目標は，純正優雅な「上」の標準語を習得することであったが，また，日常生活のため，特に宗務を遂行し，効果的に伝道の実をあげるためには，聞いて理解し得る程度には方言をも知っておく必要があった．方言を解し，標準語を話せる日本人イルマンや信徒の介添なしに，方言しか話せない信徒に接する場合も少なくはないからである．すなわち，外国人宣教師は，みずから使うのは標準語に限り，方言や卑語などは口にしてはならないというきびしい制約があったけれども，聞いて理解し得る

言葉としては，方言・卑語その他女や子どもの言葉までもなるべく広く知っていることが必要であった．日葡辞書に方言語彙を収めたのは，この要求に応ずるためであって，収録の目的はおのずから明らかである．しかし，実際に収録されている方言と，複雑多岐にわたるその注記なり説明なりが，その目的にかなうものになっているか否かについては，一応検討してみなければならない．

まず，前述の方言注記のうち，(a)類に属するものは，見出し語が方言であることを注したものであって，当の見出し語が方言であることを知るため，すなわち，それを聞いて理解できるためと，方言であることを心得ていてみずから使わないために，必要な知識を与えることを目的とするものである．

(b)類は，見出し語が方言であることを明記して，それに対応する「上」の語を示したもの，(d)類は，見出し語を方言と明記してはいないけれども，それに「上」の語を対照して示すことによって，相対的に方言であることを示したものであるから，方言を見出し語に掲げて，それに対応する「上」の語を示した点で一類をなす．これら二類は，注記の方法に違いはあるものの，方言を理解するとともに，それに代えて使うべき「上」の語を教えたもの，すなわち，方言を方言と知らせる一方，用いるべき標準語「上」の語を教えるためのものであって，この書の特色である規範的態度に基づくものに外ならない．従って，上述の(a)(b)(d)の3類は，外国人宣教師の日本語生活を正しく教え導くという基本目的にかなうものとして，容易に了解されるのである．

問題は，残りの(c)類である．この類は，見出し語に「下」の語か，「ある地方」の語かを対照して挙げているのであるから，その見出し語は「上」の語と見られる．例えば，

> Qinchacu.(巾着)　腰につけて持つ財布．下(*ximo*)ではFôzŏ(宝蔵)と言う．

とあるのは，別条Fôzŏ(宝蔵)の一義として，

> ¶また，下(*Ximo*)では，腰にぶら下げて携帯する袋のことで，上(*Cami*)ではそれをFiuchibucuro(燧袋)，または，qinchacu(巾着)と

と注してあるのと合致し,「巾着」が「上」の語であることは間違いない.

> Auobana.(青花)Ximo(下)ではFanada(縹)と言う.青く染めた紙の一種.

とあるのも, 別条Fanada(縹)に,「*cami*(上)では*Auobana*(青(花)と言う」とあって,「青花」が「上」の語であることは間違いない.

また,「ある地方」の語が対照してある場合も同じで,

> Vra.(末)木や竹などの一番高い, 末端の部分. ある地方では(*Alicubi*), Vre(末)と言う. ……

とあるのに対応して, Vre(末)の条には,「Vra(末)と言う方がまさる(*Meliǔs*)」としてあるので「上」の語と知られるのである. このように別条の記述によって「上」の語と確認されるものばかりではない. しかし, 見出し語は, 特に注記がない限りは,「上」の標準語を掲げるのが全篇を通じての基本原則であるから, その点からしても(c)類の見出し語は「上」の語と認めてよい理由があり, ましてやそれに方言を対照して相対的に説明してあるからには, 上のように解してさしつかえない. 同じく(c)類の中に,

> Cubiri, ru, itta.(縊リ, ル, ッタ) 結びつける, または, しばる. ¶ また, 縊死する. 例, Cubiuo cubiru.(頸ヲ縊ル) x.(下)の語.

のように, 語形は同じであるのに, 意味用法の上に方言的相違のあることを注したもの, すなわち, 同形異義の場合の例が少なくないが, この場合の見出し語も「上」の語であることは言うまでもない.

さて, この(c)類は, すべて「上」の語に方言を対照して示しているのであるから,「上」の標準語に関連して方言の言い方(同義異形の語)なり, 方言の意味用法(同形異義)なりを併せて教える形になっている. これは, さきの(a)(b)(d)類の示し方とは全く逆であって, ことさらかかる取り上げかたをしたのはどうしてなのか, 編者の意図を明らかにははかりかねるものがある.

(c)類は, ①②合わせて119であるが, ここで注意すべきことは, 前掲の「縊ル」や, さきに方言注記の方法を述べたところにあげた①「鼻ノ孔」,「卵」や

②「馬代(バダイ)」,「弁済使(ベンザシ)」などのように，同形異義を示したものが約半数(53)も含まれている事実である．前掲の第Ⅱ表を見れば明らかなように，この種のものは(c)類に集中しているのである．同類のほかの例を二三追加すれば，次のようなものがある．

> Saxigusuri.(差薬) 眼薬．¶また，*Ximo*(下)では，未成熟の嬰児を胎内からおろすための薬．
>
> Subiqi, u, ijta.(素引キ，ク，イタ) 弓弦を少し引っ張って，その張りが強いかどうかを試してみる．……¶また，痛む．すなわち，リューマチのような，筋を伝わって走る痛み，あるいは，体内を伝わって走る痛みを感ずる．例, Sugiga subiqu.(筋ガスビク)リューマチの痛みがする．下(X.)の語．
>
> Bicŏ.(鼻高) 坊主(Bõzos)の履く，先端の反り返ったシナの短靴．¶また，ある地方では(*Alicubi*)，革底の草履の意．
>
> Nusumi idaxi, su, aita.(盗ミ出ダシ，ス，イタ)売るために，人などをひそかに連れ出す，または，結婚するために人の娘をこっそり連れ出す，など．¶また，「上」のある地方では(*Alicubi, no Cami*)，葬式に金を使うのを避けるために，夜死骸を埋葬する意．

この類は，語形は同じで意味が異なるものだけに，標準語と思って実は方言の意味で理解したり使用したりするおそれがあり，そのように思い誤り，不用意に誤り用いることは，同義異形の語の場合よりも多いであろう．そこで，特に対照してあげて，相違を注意しておく必要があったわけである．

また，そのほかの 60 余りは，同義異形のものではあるけれども，その過半数は，

> Gueyô.(下用) すなわち，Xita jitano fanmai.(下々ノ飯米)下層の人々の食糧あるいは飯米，または，普通の，よく搗いてない米．下(*Ximo*)では Qeyô(下用)と言う．

のような語形の相似したもので，次も同類である．

> Badai(馬代)と Baxen(馬銭)　Fibacari(日計)と Fifacari(日ハカリ)

　　　　Igui(棘)と Igue(イゲ)　Inabaqi(稲掃)と Inamaqi(稲マキ)　Ira(苛)
　　　と Voira(ヲ苛)　Niqibi(面皰)と†Nicumi(ニクミ)　Noxi(熨斗)と
　　　Noxiauabi(熨斗鮑)　Ye(荏)と Yeco(エコ)　Catacoma(肩駒)と
　　　Catacuma(肩クマ)　Vbume(産女)と†Vgume(ウグメ)　Vbusuna
　　　(産土)と Vbuxina(産シナ)　Vra(末)と Vre(ウレ)　Xida(羊歯)と
　　　Suda(スダ)〔いずれも後の方が方言形〕

　すなわち，語形がよく似ていて，混同しやすいものが多い．編者は，そのようなおそれのあるものを区別して心得させるために，その必要があるとして特に方言の言い方を注し添えたものと考えられる．
　このような(c)の①類および②類が全篇にわたって分布し，量的にも多くて，方言注記法の主要な形式として採られている事実は，それと意識してなしたわざと受け取らねばなるまい．こういう観点に立てば，(c)類も異例の扱い方とは言えないのであって，(a)(b)(d)類とともに，利用者が方言を識別し，その使用を避けて正しい言葉づかいをするようにと意図したための措置と見られ，採録の目的においては実は一に帰するものなのである．

5　「下」の語と九州方言

　方言の収録語彙の大部分が「下」の語であろうと見られることは前に述べたとおりであるが，それに関連して問題となるのは，その「下」の語なるものがどのような性格のものであり，編者の編述意図とどのようなかかわりをもつものかという点である．
　日葡辞書に「下」の語と明記されている語は，種々の点から九州地方の方言をうつしたものと認められる．けれども，中には当時の中央語にも存した文献的徴証があって，九州地方独特の語であったとのみは言えないものが含まれている．この点については，早く亀井孝氏が†Qiai(気合・気相)，および，Tamago(卵・玉子)を捷解新語の文献学的考察のために引合に出して論証されたが[7]，それらと同じように見られる語は，なおほかにもある．
　日葡辞書に，物事がはかどることを「道ガ行ク」と言うのは，「上」の「ハ

カガ行ク」に対する「下」の言い方であると明記されている（Faca. Michi の条）．「道が行く」の用例が太平記や御伽草紙「さいき」に見えることは，吉田澄夫氏，亀井孝氏の指摘があり[8]，特に土井忠生博士は，多くの用例に基づいて，中央では早く「道が行く」が栄え，室町末期ごろから「はかが行く」が勢いを得てきたようで，その結果，日葡辞書の編者は，規範的立場から「はかが行く」を標準語とし，「下」ではなお一般に行なわれていた「道が行く」を方言と認めたのであろうとされた[9]．「道が行く」が中央語にも存したことは，それらで明らかであるが，年時の新しい例として，永禄6 (1563)年から10年までの間に，惟高妙安の手に成った「玉塵」中の1例を追加しておこう．

　　　不在ニ——言，物ヲヽヽウクドウコトバダラケニ云タニハヨラヌソ，干要ナコトヲ一言云エハソレテミチイク者ソ（巻四八，20ウ）

　灸を意味する語に，単純語としては Qiǔ(灸)を始め，Qiǔgi(灸治)，Yaitô(ヤイトウ)，†Yaifi(焼火)の4語が収められていて，その Yaifi に「下」の語と注してある．しかし，

　　　やいひの灸を百やうにしたらよかろう．（醒睡笑，巻3）
　　　太刀かづきやい火あたまにするゑぬればたえぬくすりに疲癖もなし（仁勢物語，下）

の例があり，貞室の「片言」(1650)に，

　　　一　灸を○やいととも○やいとうともいへど○やいひはわろしと云り
　　　　（巻四）

とあって，「やいひ」は標準語にも存したが，「片言」によれば価値的に劣るとされていたのであって，日葡辞書に「下」の語とされたのはそれに関係があるであろう．

　　　Yonobacama.(四幅袴)　足を通さないで，前側と後側とを覆う一種の半ズボン．下(*Ximo*)では Fanguiri(半切)と言う．

ここで「下」の方言とされている「半切」は，易林本節用集衣食門の「絆切」にあたるものかと思われ，

　　　ちと威すべき子あり．恐ろしき鬼の面，半切に頭添えて貸し給へ．……

彼の半切(はんぎり)取って著け，赤頭冠り(岩波文庫「お伽草紙」磯崎．p.101「室町
時代物語大成(二)」にも収む．p.253)

の用例もそれかと見られる．しかし，簡単にそうとのみは言えないようである．上掲の用例の語は，「童舞抄」や「少進能伝書」(能楽資料集成「下間少進集」所収)などに多く見える「絆切」であって，能衣裳のそれと見るべきものと思われる．それは大口袴に似た仕立ての袴であって，前引の日葡辞書に言うYonobacamaとは違った物である．このYonobacamaが短い袴であることは，

　　　Aibiqi.(相引)　Yonobacama(四幅袴)という，下の方があいていて
　　　〔足を〕覆う部分のない袴についている紐の一種．

とあるのでも知られる．上引のYonobacamaと同義の「下」の語であるというFanguiriも当然短い袴であるはずで，それは別条に，

　　　Fanguiri.(半切)　Yenobacama(四幅袴)に同じ．日本の半袴のような
　　　(マヽ)
　　　もので，下賎な人々の着用するもの．

と説明してあるように，明らかに同じ物である．ただ，この方には「下」の語とは書いてないけれども，「下賎な人々の着用するもの」とあるのに注意すべきである．このように，Yonobacamaの条には明らかに「下」の語としたFanguiriを，それ自体を見出し語に立てた条では「下」の語としていないことは，それが九州特有の語ではなかったことを示すものであろう．むしろ「下賎な人々の着用するもの」であることに関係があるかと思われる．

　なお，飯杓子を意味する語に次の2条がある．

　　　Iygai.(飯匙)　飯を椀に盛るのに用いるある小さな杓子．
　　　Vodaigai.(御台匙)　釜から飯をすくい取るのに用いる匙〔杓子〕．下
　　　(Ximo)ではIygai(飯匙)と言う．

　説明に僅かな違いはあるものの，まずは同じ物を示すものと思われる．ここで注意すべきは，前条には見出し語として，「上」の標準語として標出されているIygaiが，後の条では「下」の方言と注され，これに対してはVodaigaiが対応する標準語ということになっている点である．このくい違いはいかに

解すべきか問題であるが，まずは用例を検する必要がある．「飯匙」の例は，太平記(巻三十五，北野通夜物語事)を始め，天正十八年本・易林本節用集や宣賢の「塵芥」，さらには「新撰類聚往来」などにも見えている．従って，これは「上」の標準語として用いられていたと見るべきであって，「下」の語とは認められない．

　一方，「御台匙」の方も，「醒睡笑」(巻六，75条，巻八，23条)や西鶴の「本朝二十不孝」(巻四．2章)などに出ていて，これもまた「上」の語と見られるものである．元来この語は，「御台」と「匙」とが複合してできた語であって，「御台」は飯を意味する女房詞である．そして早く「大上臈御名之事」に録されているほか，「証如上人日記」(天文6，1，4)，虎明本狂言「岡太夫」(古本能狂言集(一)p.591)，醒睡笑(巻五 75条)などにも見えるのであって，「御台」と「御台匙」とは，互いに関連を保ちながら両方とも「上」で用いられたに違いないと思われる．そしてこの女房詞は，上掲の用例の現われかたでも察せられるように，すでに女房詞としての特殊性を失い，一般語化して女房以外の人々にも使われる傾向をあらわにしていた．ただ，その場合でもなお上品な言葉という意識をもって使われた．そこで問題の「飯匙」と「御台匙」も，ともに「上」の言葉であり，「下」の地方にあっても同様に使われたでもあろうけれど，価値的には「御台匙」をまさるとする意識があって，これに対する「飯匙」を劣るものとし，「下」の語と注することで規範を示したものであろう．

　なお，Gijiqij(地敷居)，Camicusa(上クサ)，Suqe(スケ)など，「下」の語と注してあるもので，中央語の用例をあげ得るものはほかにもある．

　要するに，「下」の語と注してあるものに，九州独自の方言があることは間違いないが，また少し事情の異なるものもあることも認めなければならない．すなわち，「下」の地方に通用しているある語Aが，「下」だけに限るものでなく，「上」にも存している場合がある．ただ，「上」では，そのAと並んで同義の別語Bが共存していて，Aはすでに衰えてBが勢いを得ているとか，AがBの俗語であったり，AがBの転化形であったりして，価値的に劣ると

かするために，Bを「上」の標準語と認めるのと相対的にAを「下」の語と認め，それと注記したものが混じていると見るべき理由がある．それ故，「下」の語と注してあるものを等しなみに九州独自の方言と受けとるわけにはいかないというわけである．

　その一方で注意すべきは，日葡辞書に「下」の語と注してある語で，標準語で書かれたはずのキリシタン資料中に用いられているものの存する事実である．まず，先行の版本について見るに，Esopoの「伏草（フシクサ）」「目算モ無ウ」，天草版金句集の「道ガ行ク」などは，すでに注意をされているが，羅葡日の日本語対訳中にもまれではない．

　　　Cludo, is, si, sum. Lus.〔葡語〕　閉じる．Iap.〔日本語〕──塞グ（フサグ），セク，戸ヲタツル，閉ヅル．
　　　Crumena, ae. Lus.〔葡語〕　巾着．Iap.〔日本語〕宝蔵（ホウザウ），金袋．

上の「セク」「宝蔵」は，日葡辞書のXeqi, u.(塞キ，ク)，Fôzo(宝蔵)の条に「下」の語としてある語である．このほかにも，

　　　蒜（ヒル）(Scróodon の条)　筋気（スヂケ）(Conuulsio)　到来（タウライ）(Nuncius)　山中人（サンチユウジン）(Exul)　冷ヤイ(Frigidus)　草搔キ（クサカキ）(Fúrcilis)　箒草（ハウキグサ）(Chamaemirsine)

その他の同類の例があり，中には，

　　　Caix, is.……¶同形，Cal.(石灰)Iap.〔日本語〕Xirobai, ixibai.(白灰，石灰)．
　　　Ouum, i.〔葡語〕Ouo.(卵)Iap.〔日本語〕Caigo, l, ranxi.(カイゴ．または，卵子)¶Vitellus, l, luteum oui, Lus.〔葡語〕卵の黄身．Iap.〔日本語〕Caigono vchini aru qinaru mono.(カイゴノ内ニアル黄ナル物)¶Albumen, l, album oui. Lus.〔葡語〕卵白．Iap.〔日本語〕Tamagono vchini aru xiroqimono.(玉子ノ内ニアル白キ物)
　　　Insidiae, arum. Lus.〔葡語〕Silada.(待伏セ)Iap.〔日本語〕Fuxicusa, machibuxe.(伏草，待伏セ)

のように，日葡辞書に「下」の語としているもの(白灰・玉子・伏草)と，標

準語と認めているもの(石灰・卵・待伏セ)とを同列に並べあげているものも
                                     イシバイ カイゴ
ある．羅葡日は，このように日本語対訳にいくつもの類義語を並べて，日本
語の多様な言い方を示すのが特色であるが，その中には日葡辞書で方言と認
めたものをもまじえているのである．

　同じ事実は，日葡辞書自体の中にも存する．まず，見出し語に対する一種
の説明としてあげた，日本語の類義語の中に含まれていることが少なくない．

　　　　Canacaqe.(鉋掛)　Fegui(ヘギ)に同じ．物を載せて食卓へ運んだり，
　　　　盃(sacazzuqi)などを載せたりするのに用いる四角な薄板の一種．

この Fegui は，Fippegui(引倍)の条に「下」の語と注してある語である．
Cuxico(串海鼠)に対する Irico(煎海鼠)，Fiqigairu(蟇・蟾蜍)に対する
Vacufiqi(ワク蟇)，Qiŭgi(灸治)に対する Yaifi(ヤイヒ)なども，いずれも別
条に「下」の語としてある．また，文例の中に含まれていることもある．

　　　　Cado.(門)家に入る入口，あるいは，表門．……¶Cadouo tatçuru, sasu,
　　　　tçumuru, xecu.(門ヲタツル，鎖ス，詰ムル，セク)門口をとざす．

　　　　Mecqi mecqito.(メッキメッキト)……¶Fuxin mecqi mecqito mi-
　　　　chiga iqu.(普請メッキメッキト道ガ行ク)工事が目に見えてどんど
　　　　んはかどる．

上の「セク」や「道ガ行ク」が「下」の語とされていることは前述のとお
りであるが，このような使い方は，前述の羅葡日の場合と通ずるものである．

　　　　Cai.(搔イ)動詞の或るものに添い，それと結合して，その動詞に一種
　　　　の強めの意味を加える助辞．Ximo(下)では Tçui(ツイ)と言われる
　　　　もの．例，Caicorobu, caicumu, Caidacu, caifiraqu.(搔イ転ブ，搔
　　　　イ汲ム，搔イ抱ク，搔イ開ク)など．

このように，「下」の接頭辞を対比して説明したのがあるところからすれば，
利用者の理解しやすいように卑近な方言を援用することもあったかに見え
る．ただし，上の「ツイ」を見出し語とした別条には，説明は上と同様のも
のであるけれども，「下」の語とは注してない．本篇のＣ部とＴ部とで違っ
た認定をするほど方言的特性の稀薄な語であったわけで，そのようなものな

ら用いてもよかったのであろう．

　日本語の語彙の多様性については，キリシタンは早くから注目したのであって，それに対応して学習者の語彙を拡充し豊かにするために，類義語や関連語などを並べ示すにつとめたのであった．Esopo では，同じ説話の中に「医師・医者」，「老人・年寄リ」，「百姓・農人」，「喧嘩・闘諍・矛盾・合戦」，「養イ育ツル・養育スル」，「繁昌スル・栄ユル」などの類義語を互いに近い接した所で対照的に並用して，多彩な表現に意を用いた跡が歴然としている[10]．このような教育的配慮は，コレジオなどでの日本語教育の場において，実際に行なわれたらしく，Feiqe の書入れ難語句解によっても推察される[11]．

　かような方針と方法とは，日葡辞書にも受けつがれ，類義語・対義語・関連語を数多く併せあげた点にも見て取られるのであるが，そうした場合には，一方に方言と注したような語も排除してはいないのである．

　日葡辞書の編者は，上のような従来の方針と方法との意義を認め，それにそって語彙拡充の方策を一層整ったものにする一方，基本的方針として規範的態度を堅持して，方言，特に利用者に関係の深い九州方言を厳しく峻別する方針を取ったのである．しかしながら，全篇を統一してきれいに整えるまでには至り得なかった．例えば，同じ語でありながら，ある条では標準語，別条では方言として扱われているものがある．Côzzu（コゥヅ）の条には，石亀の意と注してあるだけであるから，この条で見る限りは「上」の標準語と解されるが，Dŏgame（ダゥ亀）の条には，「下では côzzu と言う」とあって，「下」の方言なのである．次にあげる諸語も同類であって，標出した見出し語には何ら注記はないのに，──の次にあげる条にはいずれも「下」の語と注してあるものである．

　　　　Atçumeni（集メ煮）──✝Itoconi（従子煮）

　　　　Motobu（モトブ）──Feôso. l, fiôso.（瘰疽）

　　　　Fegui（ヘギ）──Fippegui（引倍）

　　　　Iygai（飯匙）──Vodaigai（御台匙）

　　　　Suqe（助）──Tçucaye（支エ）

Vôdoco(大床)——Neda(根太)
　　　Ximocusa. l, ximocaje(下瘡．または，下風)——Cusa(クサ)
　なお，†Tacaaxi(高脚)には何も注記がないのに，Yoxisuzume(蓑雀)の条にはこれを「尾張の国」での呼び名としている例もある．これらは，A部とI部，M部とF部とのように異なる部の間のくい違いであるから，それぞれの部の編纂分担者の見解の相違によるかとも考えられる．けれども，CamicusaとCusa，FeguiとFippegui，YecoとYeとのように，本篇の同じ部内にあるもの同士の間に合致しないものがあるのによれば，原因はより深く，「下」の語認定の困難性にあるとしなければなるまい．換言すれば，方言的特徴の必ずしも明らかでないものを対象として判断しなければならなかった点にあったとすべきである．
　日葡辞書所収の方言には，外国人宣教師の日本語生活の実情に即応するための配慮から，ある選択が加えられ，質的な限界があることは前述したが，そのようにあまりに卑俗な方言は除外する立場からすれば，勢い「下」の語と知らずに受け取るおそれがあり，それだけ識別の困難な語が取り上げられることになるのは自然である．編者の立場からすれば，そのような語にこそ明確な区別を示す必要があったのだとも言えよう．
　その編者の基本的な立場は，「上」の語と方言，特に「下」の語とを区別して規範を示すことにあったのであって，その基準は，中央と地方との地理的相違ということに加えて，標準語と方言との価値的相違を重視する点におかれていたのである．この厳しい規範的峻別意識をもって上述の識別困難な語を対象として，上品優雅な日本語の習得を強く要求される外国人宣教師のために，正しい規範を示すとなれば，価値意識が強く働いて，事実としては九州独自の方言とまでは言えないものを「下」の語と認定することも起こり得る次第である．そのような語は方言と認め，その注記を加えることによって，外国人宣教師の使用語彙の埒外においておく方が，利用者を誤らせることがなくて無難であり，方言注記を加える本来の目的にかなうからである．もともと識別のむずかしい対象に上のような態度で臨んだ結果，時に行き過ぎを

生じ，注記の不一致を来たしたことも止むを得なかったとすべきであろう．

これを要するに，日葡辞書の注記が複雑であり，方言の記述としては整わない点を残しているのは，上述のような編者の態度から導かれたものである．それ故に，日葡辞書編纂の目的と，それに従ってなされた方言注記の態度方法から見るときは，「下」の語と注記したものに九州地方特有とのみは言えないものを含む事実も，それ相応の理由のあることとして了解されるのであって，この辞書の欠陥と見ることはできないのである．従ってまた，日葡辞書を方言の研究資料として用いる場合には，この書の性質に基づいて上のような事実を理解してかかることが必要なのである．

6 注記の混乱と誤謬

日葡辞書の方言注記は単純ではない上に，中に不統一な点も含んでいることは上述のとおりである．それらが編者の不注意や編纂分担者の違いのみに因るのではないことも既に触れたとおりである．それ故に，本書の方言語彙を見るときは，相関連する条々を見合わせて，編者の意図を正しく理解することが肝要である．

さて，そうした見方をする場合，互いに関連のある2条ないしは3条の間に矛盾や不統一があって，原典成立のいずれかの段階で生じたと見られる誤りがある．そのおもなもの若干を下に取り上げる．

ⓐ Yoma.(ヨマ) 書状などを縛るための紐，あるいは，糸．下(X.)の語．
　　上(*Cami*)では，Yoriito. l, yorinaua(撚糸．または，縒縄)と言う．
この条に対照してあげてある2語を，それぞれ独立の条について見ると，下のようになっている．

　　Yoriito.(撚糸) 撚糸，または，細い紐．
　　Yorinaua.(縒縄) 麻の細紐．下(X.)の語．
また，この2語は他語の条下にも見えている．
　　Yoriso.(縒苧) 糸．田舎(*Inacas*)の言葉．¶本来の正しい語は，Yoriito. l, Yorinaua(撚糸．または，縒縄)である．

これらはすべて Y 部本篇にあり，しかも互いに近い所に配列されているにも拘わらず，その注記はくい違っている．Yorinaua は「下」の語とされた一方では「上」の語，さらに「本来の正しい語」とも注してあるけれども，「下」の語とした条の注記には何か誤りがあるものと考えられる．Yoma が「下」の語であることは，現代の方言に照らしても正しい記述である．

　ⓑ　Neda(根太)家の中の床板の下を，柱から柱へさし渡す木．下(*Ximo*)では Vôdoco(大床)と言う．

これに対して，Vôdoco の条には何も注記がない．一方，Codoco(小床)の条には，上と同じ意味を示したあとに，上(*Cami*)では Neda(根床)と言うとしてある．この Codoco の条の注記は前述の注記法の(d)類に属するもので，その点からすれば Codoco は「下」の方言と認めて掲げたものとしなくてはならない．そこで，この Codoco とさきの Vôdoco とを混同し，Neda の条にはこれを「下」の語としたのでないかと疑われる．

このほか，Curubuxi(踝)の条には，足の踝を意味し，これを上(*Cami*)では Tçucubuxi(ツクブシ)と言うと注しているが，後者を見出し語とした条では，踝の意は示さず，「膝の皿」(膝蓋骨)とするように相応しないものもある．(第Ⅴ章－Ⅱ－1．編纂の分担の条の(4)参照)．

　ⓒ　Qenbeqi.(痃癖)肩の病気．*No Ximo : ẽ outras partes se diz,* Feqi.

上の条では，葡語原文で示した部分が問題である．その部分を原文に忠実に読めば，

　　　　下(*Ximo*)において〔用いる〕．他の諸地方では，Feqi(ヘキ)と言う．

と解され，見出し語の Qenbeqi は九州方言ということになる．しかし，これは穏やかでない．それは，別条 Feqi には，Qenbeqi を見出し語に並べ掲げて，後者の方がまさると注してあって，そこでは九州方言とは認めていないからである．それのみならず，「痃癖」（ケンペキ）は多くの節用集に収められている．これは元来医学用語で，医学書，たとえば，「類証弁異全九集」(元和古活字版)，「病論俗解集」(寛永 16 年版)，「病名彙解」(貞享 3 年版)などに見えるが，通俗的には首筋から肩にかけての凝りや痛みの意味で通用していたようである．貞

室の「片言」にも，

　　一，痃癖を○けんびきはわろし．……（巻四）

とあるなど，これが上方の語であったことは疑いない．
そうなれば，前述の Qenbeqi の条に，これを「下」の語と注したのと合致しないわけであるが，その原因はさきに引いた葡語原文の中にあるようである．

　第一，見出し語が「下」の語であることを示すには，見出し語の後か，葡語説明の後かに X.（下）の略号を付けるきまりである．一方，No Ximo は略号ではないから，単独で使うことはなく，たとえば，Yomogui（蓬）の条に，No Ximo se diz Futçu.（下ではフツと言う）とあるように，葡語説明文中に用いるものである．それ故，Qenbeqi の条の No Ximo : は異例に属するが，実はそのコロンが問題で，実はコンマの誤植ではなかろうか．コンマだとすれば例外ではなくなって，

　　　下（Ximo）や，その他の諸地方では Feqi（ヘキ）と言う．

と解され，さきの問題は氷解する．後の「志布可起」（享保12年成）に，痃癖の意味が医学で言うのとは違い，通俗化したことを述べ，田舎で肩のことを「ヘキ」と言い習わしている事実を書きとめている．これはさきの Qenbeqi の条の説明に通ずるものである．

　ちなみに，マニラ版「日西辞書」（1630）は，誤植に気づかぬまま，「下では Qenbeqi と言い，他の地方では Feqi と言う」と訳しているけれども，パジェスの日仏辞書になると，誤植を正して仏訳している．

　　ⓓ †Suyeda.（スエダ）　ある草．下（X.）の語．上（Cami）では Xida（歯朶）
　　　と言う．

これは補遺にあって，見出し語に問題がある．本篇の Xida（歯朶）の条には，「下」では Suda（スダ），または，Moronuqi（モロヌキ）と言う旨の説明がついているから，この Suda はさきの Suyeda と合わない．しかるに，補遺中の †Suyeda の配列位置は †Sudaqi, qu.（スダキ，ク）と †Sufon（教本）との間にあって，アルファベット順に合わない．Suda ならば，ちょうど順当な位置なのである．ここに Suda の誤りかとの疑いがかけられる．

一方，今日の九州方言について見るに，熊本県では「スダ」であり，大分・長崎両県にもそれがあるという（大辞典，日本国語大辞典）．しかし，「スエダ」という形があることは知られていない．上の補遺の見出し語は，おそらくは本篇の Xida の条下の Suda を採り来たって立てたものであり，それ故最初の原稿には正しく Suda と書かれ，その順当な位置に配列されていたが，植字の際に誤まったものと考えられる．

なお，Xida の条下の Moronuqi と，補遺の見出し語の †Moromuqi とが，ともに「下」の語と注してあるのに形が異なるのも不審である．今日の方言を見るに，歯朶や裏白のことを「モロムキ」とか「モロモキ」とか言うのは，熊本を除いて九州一円から中国地方西部に及んでいる（日本国語大辞典）．「重修本草綱目啓蒙」の「歯朶」の条にも，筑後で「スダ」，筑前で「モロムキ」，肥州・雲州で「ムロムキ」と言うとある．「モロムキ」は歯朶の葉が二枚ずつ向き合っているのに基づく名で，「諸向」である．以上の事実から，Xida の条の Moronuqi は，m, n の字形の相似による誤植で，Moromuqi と正すべきものである．

　　ⓔ Naraxi. l, caqezauo.（ナラシ．または，掛竿）衣類をかける竹，あるいは，木．下(X.)の語．

これによれば，「ナラシ」も「カケザヲ」もともに九州方言であり，補遺に †Caqezauo を収めて下(X.)と注したのともきれいに照応する．そこには何も問題はないように思われるが，果たして「カケザヲ」は九州方言であったろうか．

「伊京集」には「椸ィ，カケサホ」が見え，靜嘉堂文庫本「運歩色葉集」にも「衣桁カケサヲ」とあり，下って「書言字考」にも「椸竿　草屋，衣架」と出ている．江戸後期のものでは，「浮世風呂」（初篇上，三篇下）などにも見え，方言書にも次のように書かれている．

　　衣架　かけざほ（俗称）〇上野にて〇みせざほ，下総猿島郡にてみぞゞと云．筑紫にて〇ならしと云．…又世に衣桁をみぞかけといふも同じ心也（物類称呼，巻四，器用）

懸竿 ならし ほしものをならしに懸ると云（筑紫方言）
　「物類称呼」に，関西とか上方とかの語をあげなかったのは，「かけざほ」が普通であったからである．特に，それを「俗称」と注したのは注目すべきことで，本書を始め，節用集がきまって「衣桁」を収めている事実を考え合わせると，室町末期でも「衣桁」が標準語で，「カケザヲ」の方は「俗称」とやや低い価値づけのもとに通用していたものらしい．いずれにせよ，「カケザヲ」が上方の語として存したことは明らかである．

　これに対して，九州方言の「ナラシ」は，今のところ日葡辞書の記述が最も古い．後のものでは，近松の「博多小女郎波枕」（下，惣七小女郎道行）に「ならし竹」がある．この一篇が特に意識して九州方言を盛りこんだ作品であるだけに，この語も九州方言を写したものと見てよかろう．さきの「物類称呼」や「筑紫方言」でも，上方の「カケザヲ」に対ししめて筑紫の「ナラシ」をあげたのであり，幕末の「菊池俗言考」にも「ならし竹」を逸していないのによれば，「ナラシ」が九州の特異な言葉として人々の注意をひいたことが知られる．今日でもほとんど九州一円に用いられ，南島にもあり，（全国方言辞典），また，肥前の五島や対馬の北端にもあることが報告されている（「方言」第1巻第2号，第2巻第3号）．

　かくて，「上」に「カケザヲ」，「下」に「ナラシ」があったとなれば，前引の日葡辞書の1条にこれら2語をともに九州方言と注したのはひどく違うが，これは編者の誤りを示すものなのであろうか．

　上引のNaraxiの条を子細に見ると，一つの疑点があることに気づく．それは，その条の見出し語が，

　　　　Naraxi. l, caqezauo.……

とあること，すなわち，見出し語のあとに，l,に続けて別形の類義語を並べて掲げていることである．この場合にl,を冠した別形caqezauoは，見出し語のNaraxiと類義の語ではあっても，語形には似寄りのないものであって，これは本書における1.使用上の原則に外れた異例である（第Ⅰ章Ⅳ-2略号 i.と l.についての条参照）．なぜかとならば見出し語に対して，上のような異形の類義

語を並べて掲げる場合には，idest（すなわち）の略 i. を用いるのがきまりだからである．この点から，上の l. も i. の誤植かと考えられる．そうだとすれば，

　　　　Naraxi. i, caqezauo.……

と解すべく，この記法における caqezauo は「下」の語ではなくて，「下」の Naraxi に対照してあげた「上」の語ということになる．そのわけは，方言を見出し語に立てて，それに i. を冠した類義語を並べて掲げた場合，その類義語は標準語を示す例だからである．たとえば，

　　　　Cara. i. Teco.（カラ．すなわち，梃子）……x.（下）．*no Cami se diz*
　　　　　Teco.（上では梃子と言う）．

とある例で，Teco が「上」の語であることは明らかである．l. と i. との交替誤植はほかにも例があるので，この場合も i. の誤植と見れば，Naraxi の条の説明が事実に相違するという矛盾はきれいに解消する．Naraxi が「下」の語で，それにあたる「上」の語が Caqezauo なのである．

　しかし，なお問題は残る．補遺の Caqezauo の条に X.（下）と明記してある事実をどう解するか．これは，補遺の収録語抽出のしかたに関係があると考える．前に詳しく述べたように（第Ⅴ章Ⅲ－2参照），補遺の見出し語の中には，本篇の類義語や文例などから採録したものが少なくない．そこで Caqezauo を本篇の Naraxi の条から抜き出すとき，そこには Naraxi. l, caqezauo. と印刷されていたため，caqezauo も Naraxi と同列に「下」の語と解して，補遺にもそう注したのである．つまり，補遺の編者は l, が i. の誤植であることに気づかず，それに誤られたという次第である．

　これと全く同じケースの例が，なおほかにもある．

　ⓕ Naba. l, qinoco.（ナバ．または，茸）茸．下（X.）の語．上（*Cami*）および
　　　一般的には Cusabira（菌）と言う．

これに対して，補遺に「キノコ」を収め，

　　　†Qinoco.（茸）　茸．下（X.）の語．

と注してあって，上引の条と照応している．

　まず，節用集類を見るに，「菌」「茸」に「クサビラ」の訓をつけて収め，「キ

ノコ」は収めてないものが圧倒的に多い．黒本本・天正十八年本・和漢通用集等々，大多数はそれに一致しているが，「キノコ」のみを収めたものは，まだ一つも見出だしていない．羅葡日にも「クサビラ」は6例もあるけれども，「キノコ」は1例もない．さらに，狂言の中に「くさびら」という名の一曲があって，大蔵虎明本にも「狂言六義」にも収められているが，両方とも「くさびら」の専用で，「きのこ」は全くない．上引の日葡辞書の Naba の条で，「上」では「キノコ」などよりももっと一般的に「クサビラ」が用いられるとしているのは，当時の実情を示しているようである．

　しかしながら，「キノコ」が全く存しなかったわけではない．「菌・茸」に「クサビラ」「キノコ」のよみをつけて，その双方を収めたものに，饅頭屋本，易林本，高野山本節用集などがあり，妙本寺蔵の「いろは字」もまた同様である．辞書ならずとも，抄物の中に，

　　　　中──〔馗〕ハ菌也，木ノ子 クサビラナリ（玉塵，九 64 ウ）

　　　　桑鵝……桑ノ木ニヲエタ木ノ子 クサヒラノコトナリ（玉塵，四八 50 ウ）

のように，両語を並べ用いたのがあり，下っては寛永十八年板料理物語第六に「きのこの部」があって，当時これらが上方で用いられた跡をとどめている．時代が下れば，「書言字考」にも双方の形を載せているが，江戸後期の方言書になると，

　　　　菌　茸　たけ　きのこ○中国及九州にて○なばといふ．……（物類称
　　　　　呼，巻三）

　　　　菌　なば　松だけなば初だけなばなども云（筑紫方言）

のように，「キノコ」を掲げて，それに方言の「ナバ」を対せしめている．これによっても「キノコ」は九州特有の方言ではなかったことが知られる．「箋注和名類聚抄」の掖斎注に，

　　　　今俗或呼_岐乃古_（巻四，飲食部菓菜類）

とあるのなども参考すれば，「キノコ」もまた上方で用いられていたのである．

　かくて，「キノコ」も「クサビラ」とともに上方の語であったとなると，前述の日葡辞書本篇に，Naba. l, qinoco と並べ掲げて，これら両語が「下」の

語と解される注解をしているのと矛盾する．補遺の Qinoco の条に至っては明らかに「下」の語と注しているから，なおさら不可解である．しかし，この矛盾は，前述の Naraxi, Caqezauo の場合と同じように考えれば容易に解ける．これもまた矛盾を生じた原因は，i.を l.に誤って印刷している原文にあると見られる．すなわち，かの Naba. l, qinoco. の l,は i.の誤植と見て，Naba. i, qinoco と正せば，編者はもともと Naba を掲げ，それにあたる「上」の語 qinoco を同義語として示したものと難なく解し得るからである．そして，補遺の Qinoco の条は，上の本篇の誤植を承けて誤ったものであると解することは容易である．

　ついでに言えば，日葡辞書に「下」の語とした Naba(ナバ) は，その複合語 Miminaba(耳茸)が補遺の１条として立てられ，茸の一種と注した上に下(X.)の語としてある．Feiqe の書入れ難語句解中「平茸(ヒラタケ)」の説明に「ナバノタグイ」と注したのや，コリャードの羅西日辞書，Fungus の条に，スペイン語の hongo(茸)に並べて naba(ナバ)とあるのなどは，両書の成立事情から推して，日葡辞書の記述を支える「下」の方言の例と見てもよいであろう．

　上述の Naraxi や Naba の条と同様に誤りを正して理解しなければならないものに，補遺の †Taitŏgome(大唐米)もあるが，これはすでに詳述したので，ここには繰り返さない．

　以上のほかにもまだ疑問になるものがある．X.と明記した中に，Xucuchô(宿鳥)，Xunbo(春暮)，Xunchô(春朝)，Xunchô(春鳥)，Yafacu(夜泊)などの漢語がある．いずれもごく普通の意味が注してあって，格別特異な点は認められず，特に一般化し通俗化して方言的性格を帯びたとも見られない語である．特に，Xunchô(春朝) と Xunchô(春鳥) とには，文書語の略号 S.がついていて，それにさらに X.がついている．しかし，「下」の文書語と見ることはできない．この X.は，もしかすると P.の誤りではないかと疑われる節がある．P.を付けた詩歌語の中には漢語も含まれている上に，S.と P.との双方を注した語もあるからである．これら疑問になるものが本篇の X 部の終りから Y 部の初めだけにあるのも妙で，何か誤りやすい事情があったのであろう．

III 卑　　語

1　卑語とその注記

　巻頭の例言に，卑俗な(baixa)語を示すには，見出し語の終りか説明の終りかに B.と注するとある．けれども見出し語の直後にこの B.注記をつけたのは，Feco(ヘコ)，Guejiqi, u.(ゲジキ，ク)と Mattô(マットウ)の3条だけであって，他は全部説明の終りにつけてあるから，後者をたてまえとしたのである．その両方を合わせて，B.注記を付した語の総数は 73(内，補遺 23)である．その一部の例を下に示す．

　　　Aburicobu.(炙昆布)　葉の大きな海藻の一種をあぶったもの．B.(卑語)

　　　Bebenoco.(ベベノ子)　牡，または，牝の子牛．B.(卑語)

　　　Cacarai, ŏ, ŏta.(カカライ，ウ，ウタ)　ある物にさわる，または，かかわりがある，などの意．B.(卑語)

　　　Canaxiqi.(鉄敷)　鍛冶屋の使う鉄床，あるいは，鉄敷(かなしき)．B.(卑語)

　　　Fedo.(反吐)　嘔吐すること．例，Fedouo tçuqu.(反吐ヲ吐ク)嘔吐する．B.(卑語)

　　　Macubo(目窪)　深く内部へ落ち込んでいる眼窩．B.(卑語)

　　　Qidouoxi.(着通シ)　同じ着物をいつも着ていること．例，Ixŏuo qidouoxini suru.(衣裳ヲ着通シニスル)同じ一枚の着物をいつも着る．B.(卑語)

　これらと同じように注記されたものの中に，実は誤りと見るべきものがまじっている．Qiguisu(雉)の条に，「Qiji(雉)に同じ」とした後に B.と注してある．これによれば，キギスはキジに対する卑語ということになるけれども，太平記その他に見える当時の用例からして卑語とは認め難く，和歌や連歌にも使われている点からすれば，実は詩歌語を示す P.の誤植であろうと思われ

第Ⅵ章　載録語　315

る．また，嘔吐する意の動詞 Muqi, u.(ムキ，ク)にも B.がついている．しかし，この語の複合語 Muqiqe(ムキ気)には X.(下)と注してあるから九州方言である．これは今日の九州方言の事実(日本国語大辞典に見える)と合致するので，動詞 Muqi, u.も九州方言と認めてよかろう．そうすれば，この動詞形に付せられた B.注記は卑語を示すのではなくて，「下」の地方を意味する場合の Baixo の略と見るべきであろう(第Ⅵ章−Ⅱ−1参照)．

　さらに，補遺の†Ienbaramit(禪波羅蜜)と†Ienbô(善法)とに B.注記が付いているのも不審である．これら2語は，いずれも仏法語に違いないから，ここの B.は恐らくは仏法語を示す略号 Bup.の誤りであろう．

　これと同類かと疑われるものに，補遺の†Xinpucu. l, Ximbucu(信服)がある．その説明には，「信じて善に近づくこと，または，善に心を向けること．B.」とある．しかし，一見して卑語とは受けとりにくい上に，別条に収めた†Xinbucu(信服)には，文書語を示す S.注記が付けてあるので，この B.もまた卑語を示すものではなくて，仏法語の Bup.の誤りと見る方が穏当であろう．以上の5条を注記の誤り，または，誤植と見て除外すれば，B.注記で示された卑語は68条(内，補遺20)ということになる．

　第二に，B.の代わりにその略さない形 Baixo，あるいは，Palaura baixa(卑しい語)と注した例がある．

　　　†Sanvoqi.(算置キ)　算木を置いて，それによって物事を占う人．
　　　Baixo.(卑語)

　　Yede.(餌デ)　Yeba(餌バ)　餌．*Palaura baixa*(卑しい語．)

　　Caraxiuo.(涸潮)　*Palaura baixa*(卑しい語)．Carexiuo(涸潮)と言う
　　　方がまさる．引き潮，すなわち，満ち潮でない時の潮．

　　Munasudare.(胸簾)　その人の骨が外からわかるほどやせこけている
　　　こと．これは *Palaura baixa*(卑しい語)で，あまり用いられない．

　単に，Baixo と注した例は，実はなお補遺に†Soroqe, uru, eta.(ソロケ，クル，ケタ)があって，「四肢のどれかが不具になる．」と説明したあとに，*Baixo alicubi*.と注してある．ここに方言注記に用いられる *alicubi*(或る地方

で)が使われているのと，この条のすぐ次の†Soroqemono(ソロケ者)の条に
X.(下)と注してあるのとを見合わせれば，動詞の「ソロクル」もまた「下」の
方言であったろうことが容易に察せられる．そこでさきの Baixo alicubi は
「下の或る地方で」と解して，卑語ではなくて方言の例に入れるべきである．

　また，Palaura baixa という注記をもつものは，上掲のとおりであるが，実
はこの類に属するものに，†Naqizzura(泣面)があるのだけれども，これは，
注記の誤りとして卑語から除くべき理由がある．それというのは，本篇に，

　　　Foyezzura, l, Naqizzura.(吠面，または，泣面)　泣いている人の顔，
　　　面相．gente baixa(下賤の人)に対して用いられる．

とあるが，これは別条 Foye, uru(吼エ，ユル)や Foyejini(吼エ死ニ)が卑語と
注された語であることからして，「ホエヅラ」が卑賤の人々に対して用いられ
ることを示したものである．見出し語に並べ掲げてある Naqizzura(泣面)は
普通の語をもって同義語を示したまでで，卑語ではない．従って，見出し語
の中のl.(または)は，正しくはi.(すなわち)とあるべきもので，その誤植と見
られる．この本篇の Foyezzura の条から，そこに並べ掲げてある同義語を採
って来て独立の見出し語に立てたのが，補遺の†Naqizzura であるが，その
際にi.を誤ってl.にしているのに災されて，Naqizzura もまた下賤の人々に
用いられるものと解し，palaura baixa(卑語)と注するに至ったものである．
それ故，Naqizzura は卑語から除くべきで，その結果 Palaura baixa の注記
例は8条(内1条は補遺)になる．

　上に引合に出した Foye, uru(吼エ，ユル)や Foyejini(吼エ死ニ)に *falando
baixamente*(下品な言い方をして)と注してあるのも卑語であることを示し
ている．

　また一方には，説明文中に *gente baixa*(下賤な人々)を用いて卑語を示し
たものもある．

　　　Bari.(屎)　馬の小便．¶ Bariuo tçuqu.(屎ヲ吐ク)馬が小便をする．¶
　　　また，この語は下賤の者についても用いられる．

　　　†Vraga. l, Vraraga.(ウラガ．または，ウララガ)俺が．卑しい人々が

使う語.

このように，卑語の注記には，B.のほかにその原形 Baixo やその同系語を用いた例外があるが，成立過程からすれば，もと日葡辞書の原写本なり，最初の原稿なりにはその例外的注記がなされており，それが B.に統一されないままに B.とともに残ったものであろう．ともかく，注記は統一されてはいないけれども，編者が卑語と認め，上記のように注したものは約 80 語ばかり録されているのである．

2 卑語の性格

(1) 卑語と方言

卑語の注記に用いられた B.あるいは Baixo は，葡語で下級・下賎・下品などの意味をもつので，これをもって標準語でなく雅馴でない語であることを標示したのである．B.注記を加えたものの中に，

  Feco.(ヘコ)　褌．B.(卑語)本来の正しい語は Xitauobi(下帯)，または，fadano vobi(膚ノ帯)である．……

のように，本来の正しい語(A propria palaura)を対照して示したものがあり，また，

  Miguite.(右手)　mete(馬手)と言う方がまさる(Meliùs)．右の方．B.(卑語)

  Qiyaxi, su, aita.(消ヤシ, ス, イタ)　消す．B.(卑語)Qexi, su(消シ, ス)と言う方がまさる(Meliùs)．

のように，Meliùs 注記を加えて標準の言い方を教えたものがある．これらは，卑語が本来の正しいものでないこと，標準語に価値的に劣るものであることを示している．このことはまた，規範を示したものであって，使用すべきでないことをも示していて，この点においては，卑語は方言と通ずる性格をもつものとして扱われているわけである．

ロドリゲスの日本大文典には，詳しく地方別に日本語の方言を説いたが，それに先立って，Barbarismo という標題を掲げ，

(1) 助辞 No(ノ)その他同類の助辞や Tenifa(テニハ)の不正使用.
(2) ある国々に特有な単語や言い方をしたり,粗野な発音をしたりすること.
(3) 日本語を葡語流に使うのに,葡語に引きつけて,日本語としては適正でない言い方をすること.

などを一括して含めている(f.169). Barbarismo というのは,正しくない発音をしたり,もともとその語のもっていない意味を加えたり,あるいは,地方の単語や句を使ったりなどして,国語のきまりに背き,純粋さをそこなうような欠陥を意味する. 従って,辺境の意と卑俗な意とを併せもつ「鄙」を使って「鄙語」とする方が適当であろうかと思う.

ロドリゲスは,上の Barbarismo の言い方は baixo(下品)であるとするのであって,それは上掲3項について具体的に述べたところに明らかに見て取られる. 例えば,助辞 No(ノ)や Ga(ガ)に To(ト)をつけて存在動詞と共に使う,

　　　Ano fitogato degozàru(アノ人ガトデゴザル), soregaxigato, sonatanotodegozaru(某ガト,ソナタノトデゴザル)

の如きは baxio な言い方であるとし(f,1 v.), Agururǒ(上グルラウ), Aguetçurǒ(上ゲツラウ)など,可能法に Rǒ(ラウ)を用いるのは,他の地方よりも「下」(Ximo)に多く使われるが,幾分 baixo である(f.20)としている. 同様の記述はなおほかにもまれではない(ff.12 v, 26, 26, 26, 122 v, 161, 163 v).

ここで注意すべきは,Baixo を「卑語」の意に用いていないこと,さらには Barbarismo について総括的に述べた前掲の3項目の中にもいわゆる「卑語」があげられていないし,他のところにも説かれていないことである. すなわち,ロドリゲスは日葡辞書で B.注記を付したような卑語については特に述べていないのであって,この点に両者の違いが認められる. 日葡辞書は,大文典と違って卑語を取り上げているのであるが,その場合,大文典で Barbarismo のもとに一括しているように,Barbarismo なり Baixo なりの下に方言も卑語も一括してよさそうなものである. しかし,実際は上述のように別々

第Ⅵ章 載録語　319

に扱っている．編者は両者の共通性は認めながらも，広義の鄙語，あるいは，卑語としてまとめることはしないで，方言と狭義の卑語とに分ける見解を取っているのである．それは，両者が少しく趣を異にし，卑語は「上」の方言にもあれば，「下」の方言にもあるものであって，同じ次元に属するものではないと考えたからであろう．このことを実例について検してみよう．

　　　Xiuocubi.(塩首・潮頸)　槍の柄の刃部に接する部分．上(*Cami*)で下賎な人々(*gente baixa*)の間で用いられる語．

　この語については，前にも触れるところがあったが，延徳から永禄ごろ書かれたと言われる「本福寺跡書」に，
　　　ソノタヽカイ名ヲ末代ニ残ト鑓ノシホクヒヲニキツテクワイケイヲ雪
　　　　　　（ナ）　（マチタイ）（ノコサン）　　　　　　　　　　　　　　　　　　　　　　（キヨメ）
　　　訖（9ウ）
　　　（ヲハリヌ）
とあり，「言継卿記」にも，
　　　予鑓之さや袋，さかわに口，塩頸，青貝等之事，沢路ニ申付了．(天文
　　　2，11，4)
とある．近世に入っても「雑兵物語」や「傾城八花形」「本朝三国志」などに見えるから，上方の語であった．日葡辞書に「下賎の人々」の間で用いられるというのは，別条 Yari(鑓)の条下に Yarino vnocubi(鑓ノ鵜ノ首)があり，独立の見出し語としても Vnocubi(鵜ノ首)があって，上と同様の説明が加えてあるのに対応するものである．すなわち，後者が標準語で，それに対する卑語が「潮頸」であるというわけである．

　　　Decoi.(デコイ)　大きな(もの)，または，大量の(もの)．上(*Cami*)では Tecoi(テコイ)と言う．¶Decŏ yamasuru.(デカウヤマスル)ひ
　　　　　　　　　　　　　　　　　　　　　　　　（マヽ）
　　　どく人を殴打する．B.(卑語)

　　　Decŏ.(デカウ)　副詞．ひどく．B.(卑語)
　　　　（マヽ）
この語も「上」の語を対照的に示したことから，一見「下」の語のように見える．しかし，貞室の「片言」に，
　　　一，物のいかめしくおほきなることを○でこ○でっかい○にくじなど
　　　いふこと．いとさもしう聞ゆ．いはずとも有べきことにや．(巻二 14

ウ)

とあるのによれば,やはり上方の卑語と考えるべきものである.また,「下」の方言についても,

   Vdomi, u, ŏda.(ウドミ,ム,ウダ)牡牛や牝牛が吼える.X.(下)の B.
  (卑語)
(マヽ)

のように二つの注記を並べ注したのは,「下」の卑語を示したものである.結婚している男の妾を意味する Vanare(ワナレ)に対して,「下(*Ximo*)の或る下賤な人々(*gente baixa*)の使う語.本来の正しい語は *Vuanari*(ウワナリ)である」と注したのも,上と同様に解される.

 このように方言にも卑語があることを認めたのであるが,「下」の卑語は上掲のものぐらいで,他はみな「上」の卑語と見るべきものばかりである.実際には,「下」の卑語はこのほかにも少なくなかったはずであり,九州,特に長崎近辺ではよく耳にしたであろうと思われるのに,殆どそれを挙げていないのは,挙げる必要を認めなかったからである.それというのは,方言はすでに広義の卑語に属するものであって,宣教師たちの口にすべきものではなかった.そのためには,それが方言であることを知っていさえすればよいのであって,必ずしも卑語であるか否かまで知っている必要はなかった.これに反して,「上」の語となれば,事情が異なる.それは全般的に標準語として範とすべきものとされていたが故に,その中に含まれている上方の卑語は,それと知らずに使うおそれが十分にあり,それだけに区別しておかなければならなかったのである.従って,卑語は,「下」のは少なく,「上」のは多く収めたのは,この書の性格・目的からすれば,当然の結果なのであった.

 (2) 卑語の卑俗性

 卑語は,さきにも触れたように,卑俗な下品な言葉であり,本来の正しい語ではなくて,価値的に標準語に劣るとされた語であった.また,当然よくない語(*não he boa palaura*—Yaguan),悪い言葉(*palaura ruim*—†Vottori)であり,下品で不潔な言葉(*palaura baixa, & pouco limpa*—Yotçubari)であった.そこで Vottori(ヲッ鳥)に対して,本来の正しい語(*a propria*)は

Vondori(雄鳥)であると注し添え，Asaqe(朝食)に同義語の Asamexi(朝飯)を並べ示し，

  Dari, u, atta.(ダリ，ル，ッタ)　疲れる．B.(卑語)．Cutabire, uru(草臥レ，ルル)と言う方がまさる(*Meliùs*)．

のように Meliùs 注記を添えるなどして，拠るべき規範を示したのである．しかし，それは漏れなく全部にわたってはいない．

　このように，卑語は用いてはいけない語であり，それ故にそれに代わる語を示したのでもあるけれども，卑語と注された語のすべてが非常に下品な語というわけでもなかったようである．例えば，話す意の動詞 Voxinaru(ヲシナル)に卑語と注してあるが，これは抄物その他にいくらも見られる敬語動詞である．おそらくは，「仰セナル」の転化形であるところから，原形に比べて敬意の度が劣るとの意をこめたものであろう．Voxaru(ヲシャル)の条に，その原形 Voxearu(仰セアル)に比べて一段劣ることを注し，Coximesu(コシメス)はその原形 quicoximesu(聞召ス)よりも敬意の度合が劣る(大文典, f.165)とした例もあるからである．

　水などが澄みきる意の動詞 Sumichiguiri, u(澄ミチギリ，ル)にも卑語と注してあるが，抄物の中に，

  ナンニモナウテスミチキッテ深ト云ハ碧ノ字ノ心カアルソ(襟帯集，56ウ)

  百丈ノフカキ潭水カスミチキリテ底マテキラリト見テ　(四河入海，十九ノ一，29ウ)

  秋水ノスミチキッテウツクシイ文ヲ為シテ不受塵カ如クナルソ(同上，十九ノ一，63オ)

  洞庭湖ハ名湖ナレハスミチキリテ一片ノ烟モナク(中華若木詩抄，下14オ)

のような例があり，天草版金句集の中にも，

  余リニ澄ミチギッテ清イ水ニハ魚ガヲラヌ．(p.523)

とある．「〜キル」の例であれば，「晴レチギル」(中華若木詩抄，上43ウ．山

谷抄，四19オ），「楽シミチギル」(中華若木詩抄，中13ウ），「掃キチギル」(玉塵，十二17ウ），「駈ケチギル」(荘子抄，七16ウ）など，多くの例が見られ，Esopoの中には「束帯チギッテ」(p.435)の例さえある．かかる多くの例があるのみならず，日本語教科書として編まれたキリシタン版の中にさえ用いられているからには，仮に穏当を欠く感があったにしても，甚だしく下品な言葉であったとは考えにくい．こうした眼で見直してみると，これまでにあげた諸例からも察せられるように，卑語と注した語に甚だしく下品なものはないようである．それは，卑語とは言っても，それと気付かないで不用意に使うおそれのあるものを拾ったからではあるまいか．卑語のほとんどが「上」の卑語である事実もこの点に関係があるであろう．

　外国人宣教師が信徒から話しかけられる場合，その言葉は丁重な言い方であって，卑語がまじるにしても，方言の場合と同様に余り甚だしく卑俗なものは使わなかったであろうから，そのような現実に即して，卑語を収載するにも質的な或る限度があったと考えるのが穏当であろう．

　(3)　卑語と罵詈語

　日葡辞書には，他人を軽蔑して言う，いわゆる罵詈語と見られる語が30余り収められているが，中にはその注記の上にさらにB.注記を添えたものがある．

　　　　Nucaxi, su, aita.（ヌカシ，ス，イタ）　言う．これは，「お前は何を言うか」などと叱責するのに用いる侮蔑の言葉（*palaura de desprezo*）である．例，Naniuo nucasuca?（何ヲヌカスカ）お前は何を言うか，など．B.（卑語）

この語の実際の用例を調べてみると，

　　　まだ利窟をぬかすか，あちへうせおれ，（虎明本狂言，目近籠骨）
　　　聖かさねて申やう，まひ年，二きに心つけいたさうか，それてもいやかと，ぬかいた．（きのふはけふの物語，下9ウ）

の2例において，前者は太郎冠者を叱りののしって言う罵詈語の用法のものであり，後者はそうした他人に向けての発言ではなくて単なる卑語と見るべ

きものである．このように同じ語に二様の使い方が見られるのであるから，上掲の Nucasu の条に両様の注記があるのもうなずけるのである．

　また，日葡辞書に「幼い者や年老いた者の泣くことを言う下品な言い方」として，卑語の注記のある Foye, uru（吼エ，ユル）にしても，

　　　賈カ子ハスツカハイテ有程ニホヘテ涙ノ痕カ面ニ有ソ（四河入海，九ノ
　　　二 11 オ）
　　　横川ノ蘭波カ詩ハメラウカ物ヲワビテホヱタヤウナトヲシナツタ（玉
　　　塵，十五 64 オ）

の場合は，上の注記どおりに卑語と見られるが，

　　　やい，ほよう時はほへもせいで，布施をとらうとおもうか，いかなひ
　　　とつぼもやるまいぞ（虎清本狂言，泣尼）

の場合は，尼が約束どおりに泣かなかったのを叱りなじって言う言葉であるから，罵詈語の用法と見なければなるまい．このように同じ語が或る時は罵詈語として，また或る時は卑語として用いられることは，事実としてこれを認めなければならない．それ故，この融通性を重く見るならば，罵詈語を卑語に包括して一類とすることも可能である．

　しかし，日葡辞書中で，前掲の Nucaxi, su（ヌカシ，ス）のように同じ語に両様の性格・用法を認めて，両様の注記を並べ注したのは，その一条だけであって，他には見られない．前述のように，B.注記その他によって卑語の標示をしたのが 80 語ばかりあり，罵詈語を示す注記を加えた語が 30 語余りあるけれども，その両方の注記を同じ条に併せ持つ例外は上の 1 条だけであって，他は一方の注記だけを加えたものばかりである．これは，編者が二者を区別する考えがあったのによるのであろうと思われる．

　日葡辞書に罵詈語としての注記を加えたものは，例えば，

　　　Foyezzura. l, Naqizzura.（吠面．または，泣面）泣いている人の顔，面
　　　相．下賤の人に対して用いられる．

　　　†Merŏ.（女郎）　女を卑しめて，侮蔑して言う語．

のように，罵詈語の注記だけが添えてあるけれども，必ずしも他人をいや

しめおとしめる場合のみとは限らず，場合によっては単なる卑語として用いられる語があることは，上述のとおりである．ところがその一方には，

  Aitçu. l, aitçume. Aitcumega.(アイツ，または，アイツメ．アイツメ
  ガ)あいつ．軽蔑し，おとしめて言う語．
  Nuxi.(主) 身分の低い者に対して言う語で，「お前，そなた」の意．
  Vagoje.(ワ御前) 「おまえ」の意で，話す相手をいくらか軽しめて言
  う．

のように，相手や第三者を見下げて軽しめて言う代名詞など，普通罵詈語としてよりほかには用いられない一類の語がある．日葡辞書の罵詈語注記例30余りのうち，上の第1類に属するのが約三分の一で，残り三分の二は第2類，すなわち，相手なり第三者なりを見下げて待遇する言い方の罵詈語として以外には用いられないものである．このように，上述の第2類の方が圧倒的に多いこと，第1類も罵詈語として用いられることもあることなどの点から，上の第1，第2類を併せた一群がもつところの共通の性格は，どのみち下品な言葉であることに変わりはないのであるから，罵詈語的な意味用法をもつ点にあると言うことができる．また，その全体30語余りが，上掲の語のほか，

  Coitçu(コイツ) Caitçu(カイツ) Soitçume(ソイツメ) Vare(ワ
  レ) Vonoga(ヲノガ) Vonore(ヲノレ) Xatçu(シャツ)

のような代名詞か，

  Cusocurai(糞喰ライ) Gaqi(餓鬼) †Merŏ(女郎) †Quaja(冠
  者) Tçumamare(撮マレ) Xegare(倅) Yatçu(奴)

などのような名詞か，ともかく人に関する体言がほとんど全部であるという点も，全体を覆う共通性として上述の共通の性格とかかわりをもつものである．これらの点からして，編者は罵詈語を卑語に併せて一類とはしないで，別類として扱ったものと考えられる．

 上述の罵詈語の類と卑語の類とを合わせて卑罵語と呼び，待遇表現の一種とする見解が一般に行なわれているようであるが，上述の卑語の類はこれを別とする日葡辞書の扱い方もまた一つの見解として認められるであろう．ロ

ドリゲスがどのように考えたかは興味があるが，さきにも述べた如く大文典には狭義の卑語を説いていないので，その点は明らかでない．

〔付記〕
　卑語の語彙は，別著「邦訳日葡辞書索引」(岩波書店．1989)の「Ⅲ特殊語索引(Ⅱ)」の2にあげたが，カード整理の手違いのために多くの語が脱落している．ここにそれを追補して欠落の責めをふさぎたい．なお，算用数字はページ数，l は左欄，r は右欄を示す．

　　　あぶりこぶ(炙昆布)　Aburicobu. 8 l
　　　うどみ，む　Vdomi, u. 689 r
　　　えで(餌で)　Yede. 916 l
　　　おっとり(雄鳥)　†Vottori. 723 l
　　　かがりつき，く(かがり付き，く)　Cagaritcuqi, u. 78 l
　　　かたしがたし(片し片し)　Cataxigataxi. 109 l
　　　から(干)　Cara. 99 r
　　　きやし，す(消やし，す)　Qiyaxi, su. 513 r
　　　げじき，く　Guejiqi, u. 295 l
　　　こいつめ　Coitcume. 142 r
　　　こまごと(細言)　†Comagoto. 144 l
　　　さしぎね(さし杵)　†Saxiguine. 564 l
　　　すみちぎり，る(澄みちぎり，る)　Sumichiguiri, u. 587 r
　　　でこい　Decoi. 183 l
　　　てばな(手洟)　Tebana. 640 r
　　　とりや(鳥屋)　†Toriya. 669 r
　　　びちめき，く　Bichimeqi, u. 55 r
　　　べべのこ　Bebenoco. 51 r

Ⅳ 文書語と詩歌語

1 文書語の注記とその性格

　巻頭の例言中に，書物(liuros)や書状(cartas)など，文書(escritura)だけに用いられる語にはS.と注するとある．S.はラテン語のScripturaの略であるが，これを注した文書語の数はかなり多い．

　　　Annei.(安寧)　すなわち，Xizzucana(静カナ)　平和，外面的な平穏無事．S.

　　　Carugayuyeni.(カルガ故ニ)　副詞．この理由によって，それで，従って，あるいは，そうであるから．S.

　このようにS.注記をつけたものが最も多いが，その他に，文書語であることを示す別の注記，あるいは，説明をつけたものがある．

　　　Yo.(余)　私．文書語(*Palaura de escritura*)

　　　Imada.(未ダ)　副詞．まだ……ない．書き言葉(*escritura*)で，末尾に常に否定形を伴なう．……

　　　Cagueqi.(暇隙)　Itoma fima.(暇隙)何か物事をするための時間，または，余暇や手すきの時間．書物用語．(*Palaura de liuros*)

　　　Fugŏ.(腐毫)　Cusare fude.(腐レ毫)　すでにいたんだりこわれたりしたペン〔筆〕．書状用語(*Palaura de cartas*)で，これによって謙遜の意を示す語．

　　　Anca.(案下)　机の下の意で，書状の上書き(*sobre escritos das cartas*)に用いる謙遜の語である．

　この最後の例のように，明確に文書語注記の形をとらず，説明の文中に書状に用いられる旨を述べたものは，他にFaitei(拝呈)，Faiuô(拝応)，Qiôqiô(恐々)，Qiôquŏ(恐惶)，Xeiquŏ xeiqiǔ(誠惶誠恐)などの諸語がある．このようにescritura, liuros, cartasに用いられると説明した語は，注記のしかたは

第Ⅵ章　載録語　327

異例であるけれども，文書語として用いられたことには違いないから，それらをも含めて見るとすれば，その数は次の表のとおりである．

篇　別	本　　篇		補　　遺		計
注記別	S．注記	その他の注記	S．注記	その他の注記	
和　語	75	25	36	2	138
漢　語	1015	11	372	3	1401
計	1090	36	408	5	1539

〔備考〕　1．漢語に和語のついた複合語は，漢語に計上した．
　　　　2．「その他の注記」は，上述のＳ．注記以外のものをさす．

　上の表で明らかなように，漢語が圧倒的に多くて，和語はその10％足らずに過ぎない．これは当時の風潮として漢文漢語を重んじたことの反映であるが，上述の文書語の関係からしても，当時の社会生活における読み書きの面において，書状や種々の記録などに漢語中心の特殊な文体が重んじられたことに密接な関係があることがわかる．かかる事情からして漢語の多いのは当然であるが，少ないながら和語も含まれている．それを検するに，

　　　油サシ，ス．　　油ザシ，ス．　　聡シ(ミミト)．

のような漢文の訓読に由来するものをも収め，Mecurumecu（目クルメク）のごときは，S．注記に続いて，頭がくらくらするとか，目がくらむとかする病気の意で，Qen vn（眩暈）という語の「よみ」（字訓）としては用いられるけれども，話し言葉では余り用いられず，これに当たる一般通用の言葉（*palaura corrente*）は Memaiqe（目マイ気）であると注している．この説明によって，一つには，この語が動詞であるのに標出に活用を示さず，二つには，動詞の語尾であるのに qu を用いないで cu を用いていることが了解できる．すなわち，「メクルメク」の形だけが訓読語として固定していた事実を示しているのである．なおこのほかに，

　　　豈　　敢エテ　　如何(イカン)　　カルガ故ニ　　蓋シ　　未ダ
　　　時ンバ　　ハタマタ　　憎ミンズル　　嘉(ヨミ)ンズル

など，漢文訓読調の文章に用いられる和語を比較的多くあげている．これらは当時の文語，あるいは，俗文体の文章語にまで用いられたので，それをも

注意して収めたのである．その一方には，

　　　掛ケマクモ，辱ケナクモ　　マシマシ，ス　　　宣イ，ウ，宣イシ
　　　賜ワリ，ル　　賜ウリ，ル　　侍リ，ル(ハンベ)　葉月(ハツキ)　何時シカ
　　　見参ラセ，スル　　結ボウレ，ル　　候イ，ウ(サブラ)　賜ビ，ブ
　　†ヨギリ，ル

のような和文系統の古典の用語があげてあるのも，当時の文章語に用いられたからである．

　なお，これまであげた例のような，単語には限らず，特定の慣用される句に文書語と注したものがある．

　　　Fude.(筆)　ペン〔筆〕¶Fudeuo saxiuoqu.(筆ヲ擱ク)書き終える．S.(文書語)　¶Fudeuo somuru.(筆ヲ染ムル)書く．S.(文書語)

　上の条に S. と注した二つの句は，別条 Saxivoqi, u.(擱キ，ク)の条下，並びに Some, uru.(染メ，ムル)の条下にもそれぞれ例として挙げてあって，ともに S.注記がつけてある．これと同類はなおほかにもある．〔ローマ字綴を添えた語の条下にあることを示す〕

　　　喜悦ノ眉(mayu)ヲ開ク　　命(mei)ニ順ズル　　腸ヲ廻ラス(megu-rasu)(ハラワタ)　　盃(sacazzuqi)ヲ傾クル　　実ヲ結ブ(musubu)　　月ガ斜(naname)ナ　　思イノ煙(qemuri)胸ニ満ツ　　恐レ(vosore)ヲ抱ク　　白麻ヲ穢ス(qegasu)(ハクマ)(ケガ)

さらには，語形でなくてその意味に関するものもある．

　　　Xirague, uru, gueta.(精ゲ，グル，ゲタ)　　米を白くする．例，Comeuo xiraguru.(米ヲ精グル)米を十分に搗き白める．¶また，書物(*liuros*)の中では，人を殴る意．例，Fitouo xiraguru.(人ヲシラグル)

　これらの事実を見ると，厳密に漏れなく収めているとは言えまいけれども，注意が届いているとは言えよう．要するに，当時の社会生活に必要な，しかも特殊性をもっていて，それだけ心して習得すべき文章語を，それと注して収めているのは，この辞書の目的にかなうものである．

2 詩歌語の性格

巻頭の例言の約束によって，詩歌語には poesia の略 P.をつけて示したが，そのほかに *apud poetas*(詩人たちに)，*na poesia*(詩歌に)など，他の注記を加えたものもある．それらを合わせると，都合 527 語に上る．その大部分は和語であるけれども，中に Anqiŏ(暗香)， Boxacu(暮雀)， Canguet(寒月) のような漢語 78 語が含まれていて，その分布は次の表のとおりである．

部別	A	B	C	D	F	G	I	M	N	Q	R	S	T	V	X	Y	Z	計
本篇	1	2	14		5		1							(1)	1 (1)			24 (2)
補遺			2		1	1	1			3	21	10		2	9	2		52
計	1	2	16		6	1	1	1		3	21	10		2 (1)	10 (1)	2		76 (2)

〔備考〕 括弧内は P.注記以外のものを示す．

この表で見られるように，漢語の詩歌語には，部によってかなり著しい偏りがある．すなわち，本篇は C 部を中心としてその前後数部に，補遺は Q 部以下の数部に集中している観がある．漢語で漢詩や漢和・和漢聯句などに用いられるものを詩歌語と認めるのは，確かに一つの見解である．しかし，それらを和語と同じように詩歌語と認めることは，日葡辞書全般に通ずる方針ではなくて，一部の編纂分担者の見解によるものであり，その故に上のような偏りを見せているものと考えられる．一面から言えば，詩歌語として特別な注記を付すべき語の範囲なり性格なりが，必ずしも明確には規定されていなかったために，P.注記が一貫しなかったのかと思われる．

しかし，詩歌語に漢語を含めている諸部にあっても，和語をも採っているのであり，その採り方に他の部と変わったところは認めがたい．

全体に通ずる和語の採り方というのは，和歌や連歌に用いられる固有の古語を主としている．そのことは，詩歌語の中に，いわゆる歌語として固定した語を多く含んでおり，数多い歌学書類のどの書にも収められているような語，例えば，Cazoiro(カゾイロ)，Inamuxiro(稲筵)，Nixiqigui(錦木)，Saidazzuma(サイダヅマ)，Mozuno cusaguqi(百舌ノ草莖)など，いわゆる由緒詞に属するものをも収めているのによっても明らかである．従って，詩歌語は，和語を主体とし，和歌・連歌に用いられる古語であるとする性格規定は基本的に存していて，その上に部により，編纂分担者の見解によって漢語の付加されることがあったと見るべきであろう．

こうは言っても，詩歌語は，上述の範囲のみに限るわけでもない．それは，例言に述べているように，「詩歌に限って用いられる語」であるけれども，その「詩歌」(poësia)というのは，狭く和歌・連歌に限定しているのではないらしい．詩歌語に対して，その用例を示すことは一体に少なくて，次のような例がおもなものである．

 (1) 垣ノ隙ヨリ caimamiye(垣間見エ)給イケリ．

 (2) 軒近ウ花橘ノアッタガ，風ハナツカシウ cauotta(薫ッタ)，云々．「平家」巻4．

 (3) 道ノ cusaba(草葉)ノ露霜ト消エタ．

 (4) 夜ノ fonobono(ホノボノ)明ケニ参ラウ．

 (5) 草ノ原ヨリ出ヅル月ハ鞍馬ノ上ニ fonomeqi(ホノメキ)テ，云々．「太平記」巻10．

 (6) 雲ガ跡ヲ tachifedatçuru.(立チ隔ツル)

これらに和歌の引用例は一つもなくて，却って Feiqe や太平記からの引用文例があがっている．(4)は文例そのものに典拠があるとは見えないが，(1)(3)などは何かに拠った引用と思われる．これらに P.を注記していることからすれば，編者が詩歌語と認めたのは，いわゆる歌語のみとは限らず，物語用語とも通ずる語を含むものである．

ロドリゲスは，小文典の日本語学習法において，「歌・詩聯句」の選集と伊勢物語・源氏物語とをともに詩歌(poësia)の書物とし，同じ文体のものとしている(f.5)．日葡辞書でも「源氏」は詩的な歴史物語の書物とし，「伊勢物語」は歌の書物(liuros de cãtigas, ou versos)としていて，ロドリゲスの見方と変わりがない．彼らの間ではこれが通念となっていたのであろう．当時わが国

の歌人・連歌師の間では伊勢・源氏ともに読むべき書物であり，その内容に通じているべきものとして重んじられていたので，そうした考え方を受けているのである．そしてそれは，物語用語の中に和歌・連歌に用いられる固有の古語と性格的に通ずるもののあることを認めたからであって，日葡辞書の「詩歌語」も主としてはそのような和語を指すものであったと考えられる．

3 文書語と詩歌語の関係

文書語は漢語を主とし，詩歌語は固有の古語を主とする点で対照的であり，そこに性格の差が認められるが，文書語にも和語を含み，詩歌語にも漢語を含むところから，和語同士，漢語同士の間における区別は必ずしも明確ではなかった．例えば，「寒汀」「寒雲」は文書語としているのに，「寒山」「寒月」は詩歌語と認めて P. を注記している．また，「竹蔭」「竹籬」「竹林」「竹園」に文書語と注した一方には「竹竿」「竹葉」をば詩歌語とするなど，同類の語であるにもかかわらず別種に分属させられている．ことに，

  Xeisai.(精彩) Cuuaxŭ irodoru.(精シウ彩ル)種々の色で描くこと．
   文書語，あるいは詩歌語(*palaura de escritura, ou Poësia*)．普通の
   語は Saixicu(彩シク)でる．
  Vnpô.(雲峯) Cumomine.(雲峯)すなわち，Tacaimine.(高イ峯)山の
   頂．¶また，詩人の間では(*apud poetas*)，夏互いに重なり合って山
   のように見える高い雲の意に用いる．文書語．

のごときは，同じ語を詩歌語とも文書語とも認めているのである．かような例は漢語に限るのではなく，和語にも存する．

  Xinoni.(シノニ) 詩歌語．すなわち，Xiguiô.(繁ウ)頻繁に，あるいは，
   たびたび．例，Xinoni mono vomô.(シノニ物思ウ)何度も思う，ま
   たは，しきりに或る事を考えている．文書語．
  Moxiuo.(藻塩) 乾いたある種の海の草，すなわち，海藻をかまどで燃
   やして作る塩．例，Moxiuouo yaqu.(藻塩ヲ焼ク)この乾いた藻を燃
   やして塩をつくる．文書語．

Chô.(チョウ)　Toyu(ト言ウ)の意味を示す助辞．例，Vomôchô,
　　　yumechô, &c.(思ウチョウ，夢チョウ，など)思うということ，夢と
　　　いうこと，などの意．文書語．

のような語は，広義においては注記どおり文書語とも言えるものであるけれ
ども，当時の歌学書の中にも見られる語である点からすれば，詩歌語と注し
てもよいもであった．このように，詩歌語と文書語とは必ずしも厳密に区別
されてはいないのであるが，かような例は少ないのであるから，編者が詩歌
語・文書語を特殊な語類と認めた事実を否定するものではい．一般にはそれ
ぞれ前述のような性格の特殊語と規定し，区別していたものと見なければな
らない．

　注記が徹底していないのは，他にも存する．例えば，「海士ノ焚ク藻」「海
士ノ浮ケ縄」は，ともに詩歌語としてあるのに，これらと同類で歌学書にも
出ている「海士ノ栲縄(タクナワ)」「海士ノ真手櫛(マデグシ)」や「海士ノマテガタ」などには詩歌
語とも文書語とも注記されていない．また，「上(カミ)ノ弓張」は詩歌語としてある
のに，「下(シモ)ノ弓張」には注記がなく，「三十(ミソヂ)」「六十(ムソヂ)」は詩歌語であるのに，「四十(ヨソヂ)」
「八十(ヤソヂ)」には注記がなくて一般語彙として扱われている．このような事実は，
一々の語に対した場合，区別がつけにくかったことを示すと同時に，一面に
おいては特殊語の注記を加えた人の問題にもかかわることであろう．詩歌語
か文書語かの認定は，同じ人でも時に異なる結果になり得たであろうが，判
定し注記する人が異なる時は，なおさらその可能性は大きいはずである．

　月の異名は，多くの歌学書に収められているが，日葡辞書に収めたのを抜
き出してみると次のとおりである．
　(1)　P.(詩歌語)と注したもの．……「神無月(カミナヅキ)」「文月(フミヅキ)」「水無月(ミナヅキ)」「如月(キサラギ)」
　(2)　S.(文書語)と注したもの．……「葉月(ハヅキ)」
　(3)　無注記のもの……「睦月(ムヅキ)」「長月」「皐月」「卯月」「霜月」「師走」「弥
　　生」

このようにまちまちで，同じ本篇のF部内でも，「文月(フミヅキ)」「文月(フツキ)」にはP.，「葉
月」にはS.を付している．

また，同じ語が本篇と補遺とに重複して出ている時，注記の異なるものがある．

「イササメ」P.(本篇)……「イザサメニ」無注記(補遺)
「下杖(シヅエ)」P.(本篇)……無注記(補遺)
「煙霞」S.(本篇)……P.(補遺)

これらは，補遺の性格から考えて，本篇の注記を補遺に至って訂正したものとも考えられる．しかし，訂正であってもそれが同じ人の手によるものとは限らないから，やはり認定上の見解の違いを示すものと見るのが無難である．

Asaguiyome.(朝清メ) Asaqiyome.(朝清メ)と言う方がまさる．朝掃除すること．貴人の家において用いられる語．詩歌語．

これとは別に，補遺に†Asaqiyome として再録してあるが，それは上の本篇に基づいて標出したものに違いない．本篇の見出し語に並べ掲げた形は別条に標出するのがたてまえで，本篇に標出していないときは補遺に収めるのが普通である．それ故，補遺の編纂に際しては本篇の Asaguiyome の条を見ているはずであるが，それにもかかわらず，補遺の Asaqiyome の条には P.を付していないのである．これら種々の場合を通じて考えるときは，詩歌語なり文書語なりの認定をし注記を加える人は一人とは限らなかったであろうと思われる．おそらくは，それぞれの部の編纂分担者が自己の判断によって注記したものであろう．

Ⅴ　仏法語

仏法語は，略語 Bup.で示すと巻頭の例言に述べ，それに加えて，仏法語採録の方針にも言及している．すなわち，仏法語は難解で，用いられることも少なく，特定の教義や宗派に固有な術語などが多いので，それらは割愛して収めなかったという．これは，現に日葡辞書に収録してある仏法語は，比較的使用度の高い，難解でないものに絞ったというのであろう．

Bup.注記を加えた語は僅かに150語(本篇110,補遺40)であるけれども,ほかに仏教関係の語が少なくない.すなわち,略語 Bup.の原形と思われる *Palaura do Buppô*(仏法の語)と注した Xutden(出纏), Zŏguiŏ(雑行)などもあれば,葡語説明中に「仏法に」(*no Buppô*)としたもの,例えば,Conjichô(金翅鳥), Fonjin(本心), Fonxŏ(本性), Foppôuô(法報応), Giŏya(長夜)のごときもある.これらをも数えると全体では174語(うち補遺47)となる.また,このほか,

　　　　Figuan.(悲願)　Iifino guan.(慈悲ノ願)　Amida(阿弥陀)が立てた,人間を救済しようという祈願.

　　　　Fonjei.(本誓)　たとえば,阿弥陀(*Amida*)や他の仏たち(*Fotoques*)が立てたような誓願,あるいは,誓言.

のように,説明中に「阿弥陀」とか「仏」とかの語を含んだのも仏法語を示すものである.

　宗派名は,禅宗が最も多く,Bup.の代わりに *Ienxŭ*(禅宗)と注したものもあり(Chôsan.朝参),

　　　　Cosocu.(古則)　Furui nori.(古イ則)禅宗僧たち(*Ienxŭs*)の観念・黙想する題目.例,Amatano cosocuuo sanjerareta.(アマタノ古則ヲ参ゼラレタ)「物語」(Mon.)　禅宗僧たち(*Ienxŭs*)の提出する多くの問題を考究し,黙想をこらした.

のように,説明によって禅宗関係の語と知られるものも多い.数は少ないが,Iccŏxu(一向宗)や Xingonjŭ(真言宗)と注した例, †Dôgiŏ(道場), Cagi(加持), Cagimon(加持門), Aji(阿字)なども見え,それらの宗派の用語であることは明らかである.

　このほか,信仰関係の語について, *gentio*(異教徒), *gentilico*(異教徒の)などの語をもって,異教徒のものであることを示したのがあり,それには神道関係の Cami(神), Gofei(御幣), Misogui(禊)とか,陰陽道関係の Toxitocu(歳徳), Vŏmŏgatoqi(往亡ガ時)とかなどもあるけれども,大部分は Bicu(比丘), Chŭin(中陰), Fŏjŏye(放生会), Gaqi(餓鬼), Quŏxen(黄泉), Rocudŏ

第VI章 載録語 335

(六道)，Xucujen(宿善)等々，仏教関係の語である．

このように，仏法語は種々の方法で示されているが，その一方には，仏法語とすべきであるにもかかわらず，さような注記を全く添えてないものも少なくないのであって，Abigigocu(阿鼻地獄)，Acqua(悪果)，Bodai(菩提)，Bonnŏ(煩悩)，Faccu(八苦)，Goguiacu(五逆)など，各部にわたっている．従って，注記の有無を問わないで，仏教関係の語を拾い，僧職名や仏具名などまで含めるとなると，かなり多くの数に上る．

当時のわが国にあっては，社会の上下各層に仏教の信仰が広まっていて，本来仏教語で通俗語化したものも少なくはなかった．これが日葡辞書に仏教関係の語が多く入っている第一の理由である．一面，仏教が根をおろしている地盤に新たにキリスト教を弘めるためには，その実情に対応する効果的方法を取らねばならない．キリシタン宗門書に仏教の法語・談義系統の文体を採用したのは，その一つであった．当時強大な勢力を張っていた仏教に対抗して，キリスト教の宗門書なり説教なりが，仏僧のそれと同等の権威をもって迎えられるためには，「内典」の文体による必要があったからである．そこには当然仏教語の使用が伴なう．すなわち，使用語彙として知る必要があったのである．また，仏僧や知識人と法論をかわしたり，仏教徒の抱く信仰・謬見を説破するためには，仏教の教義に通じている必要もあって，さらに広い範囲の理解語彙が要求されることになる．この理解・使用両面に亘って強く要請されたことが，まだ通俗語化していない仏法語をも収録した理由であろう．

Bup.注記を付した語を見わたすと，

覚前　覚体　本覚　法身　合成（ガウジャウ）　寂滅　自受用　迷悟　念相　果徳　利物（リモツ）　利他　三毒　四智　真妄（シンマウ）　初生（ショシャウ）　依報（エホウ）

のごとき，通俗語化していないものが多い．すなわち，特殊語の色合の濃いものに特にBup.注記を加えたのかと考えられる．もっとも，Gogin(五塵)にはBup.と注してRocugin(六塵)には注せず，Fenxô(遍照)の条にはBup.と

注した上，Fenjô(遍照)をまさった形として示しているのに，別条 Fenjô には注記がない．また，補遺の R 部には，†Rocutçŭ(六通)を始め，†Rogintçŭ, †Rongintçŭ(漏尽通)を収め，ともに Bup. としており，同じく補遺の †Xucumeŏtçŭ(宿命通)も同じであるが，Taxintçŭ(他心通)には付けてない．Tennitçŭ(天耳通)は本篇と補遺とに重複して収めてあるのに，どちらにも Bup. 注記はないし，「天眼通」「神足通」に至っては語そのものが採られていない．このように，Bup. 注記の方針も厳密には一貫しているとは言えない．上述のように特殊性の強いものと言っても，その限界の判定は容易でなく，編纂分担者によっても違ったのであろう．

　Bup. 注記はほとんど漢語に限られている中に，珍らしく次の2語だけが和語である．

　　　†Chirifichi. l, Chirifigi.(チリヒチ，または，チリヒヂ塵泥)　山. Bup.(仏法語).
　　　†Mitçuno curuma.(三ツノ車)　三種類の車．すなわち，一つは牛，もう一つは羊，さらに他の一つは鹿が引く車．これは詩的な作り話である．*Bup.*(仏法語).

　前者は古今集の序にあるところから「匠材集」にも収めてあって，その注の一部に「塵積て山となる心也」とあるのを見れば，上に「山」と注したのはそれを受けたかと疑われる．後者も後撰集その他和歌に例があり，両語とも詩歌語とも認め得るものであるが，これを Bup. としたのも分担者の考えによるのであろう．

VI　教会用語

1　外来語(本語)

　日葡辞書には，前述の仏教語に並んで，特に「教会の用語」とか「教会内で通用している語」とかと注した語が収められている．「教会」(Igreja)というのは，言うまでもなくカトリック教会のことである．

カトリック教会では，教会内の公用語としてラテン語をそれと定め，布教する土地の国別や布教に従う人々の国籍の別にかかわらず統一的にこれを用いるきまりであった．それは，イエズス会でも同じで，それに従ったが，イエズス会は創立の当初からポルトガル国の王室や国民と特に密接な関係があって，自然この会に入会する信者や聖職者もポルトガル人が最も多かった．かような事情から，イエズス会の内部においてはポルトガル語をラテン語に準ずる公用語として用いたのである．従って，いわゆる教会用語も大部分はポルトガル語で，それに少数のラテン語がまじえ用いられた．

　フランシスコ・デ・シャヴィエルが来朝してキリスト教の伝道を始めたころは，その教理が日本人に理解され受容されやすいことを慮って，もろもろの教会用語もそれにあたる日本語，すなわち，翻訳語を用いた．しかし，そのために日本在来の宗教，特に仏教の教えと混同されたり，誤解されたりする事態が生ずるに及んで，翻訳語を排してラテン語・ポルトガル語の原語を用いることになり，この見解を強く主張したバルタザール・ガゴ (Balthazar Gago) 以後，原語主義を採る方針が固まった．キリスト教で最も重要な神 Deus を最初「天主」としていたが，次いで真言密教で宇宙の根本仏として尊崇する「大日」の名をあて用いた．それが，一面ではいかがわしい意味をもつ隠語として用いられていることを知って直ちにこれを廃し，ラテン語の「デウス」(Deus) を原形のまま用いることに定めたという[12]．これはシャヴィエル時代のことであるから，このような用語の問題は開教の最初からあったのである．

　このような次第で，日本語で書かれたキリシタン宗門書には，ポルトガル語・ラテン語を借用した外来語（大塚光信氏の「本語」）と，日本語による翻訳語とが併用されたのであった．

　その日本語文中の外来語というのも，ローマ字本と国字本とでは扱い方に違いがあり，書き方にも相違するところがある．外国人を対象として作られたローマ字本にあっては，西欧語の教会用語は常に原語の綴字をそのまま用いるとともに，文の中途にあっても必ず語頭は大文字で書いて，日本語とは

明らかに区別した．従って，この場合の教会用語は，厳密には外国の原語そのものを日本語文中に挟んで混用したものと言うべきである．

これに対して，国字本中のものは，原語が日本語化して発音されたのに従って仮名書きにしたものである．例えば，「ちりんだあで」(Trindade,三位一体),「ゑけれじや」(Ecclesia,教会),「かすちだあで」(Castidade, 貞節),「なつれざ」(Natureza, 本性)など．このように，日本語の音節構造の特性に従って開音節化したり，彼にあって我にない音を彼のに近い日本語のそれにおきかえるなどした形が日本人間には一般的に通用した．

かような外来語は，同じく教会内の用語とは言っても，その殆んどすべてが狭義の教会用語，すなわち，キリスト教の教義・教職・典礼など，キリスト教の重要な概念を示す語に限られているのであって，日本語でこれらと同等に用いられたのは，原語主義の確立以前に用いられたものなど，ごく少数が見られるに過ぎない．

日葡辞書に「教会の用語」などと注して収めてあるのは，すべて日本語であり，漢語か和語かであって，上述の外来語を見出し語として掲げたものは一つもない．外来語も日本語化した形をもち，日本語と見得るものではあるけれども，日葡辞書はそれを認めなかったのである．それらは原語からすれば変形し崩れたものであるけれども，国字本宗門書には普通に用い，それを認容しながらも，外国人はそれをも原語の形に還元して理解すべきものであり，また一般にはそれが可能であるとされたから，外国人を対象に編まれた日葡辞書には，その日本語化した外来語(本語)といえども，それを見出し語として収録し標出することはしなかった．

ロドリゲスの日本大文典には，日本語に欠けていて，西欧語から採って補うべき多くの教会用語を意味関係や語形の類別に従って列挙して示し，それとともに，彼我の音韻的相違と，それに基づいて原語の形が崩れて日本語化する型についても説いている(f.179)．これは，外来語の教会用語に関して外国人の心得ておくべきことを示したものであり，一面からすれば，日葡辞書に外来語を収めなかった理由を示したものとも言える．日本人信徒を対象に

編まれた1598年版国字本の「サルバトル・ムンヂ」（表題はローマ字で SALVATOR MVNDI とある）には，その巻末に，

　　○こんひさん○ぱあてれにわがとがをあらはすこと也
　　○ひいです○でうすのおんをしへをまことにうけたてまつること也

のように，外来語の教会用語を36条抜き出して注解を加えている．これは，日本人に「初心の人々分別し難かるべきことばの心」を説明するために添えたものである．これによって，対象に応じて外来語の取扱いを異にしたことが知られ，日葡辞書の処置ももっとものことと了解される次第である．

2　日本語の教会通用語

　日葡辞書には，文例や引用文の中に外来語の教会用語がいくつも含まれているのに，見出し語に立てられたものは一つもない．その理由は上に述べたとおりであるが，それ以外に日本語で教会関係に用いられたものに対しては，少数ながら見出し語に立てて，教会関係の説明が加えてある．

　一体，キリシタン宗門書を見るに，ローマ字本と国字本との別なく，日本語，特に漢語の仏教用語がかなり多く用いられている．これはキリシタン宗門書にわが国の内典の文体を採用したことが深くかかわっている．当時のわが国では，仏教の普及に伴って，仏教語の通俗語化したものが少なくなかった．それは，教義をゆがめて伝えるおそれさえなければ，宗教用語として日本人の耳になじんだ仏教語を利用するのが理解されやすくもあり，容易で得策でもあったからである．キリシタン宗門書に「信仰，信心，解脱，悪趣，色体・色身」などの語が多く見えるのはそのためであるが，その中に前述の外来語に対当するような狭義の教会用語として用いたものはない．それのみならず，日葡辞書中には，上掲のような仏教関係の語は数多く収めてあるのに，それに教会に関係した意味の説明を注し添えたものすら見られない．ただ極めてまれな例として，次のようなのがある．

　　　　Raicŏ.(来迎)　Qitari mucŏ.(来リ迎ウ)　阿弥陀(*Amida*)，あるいは，
　　　　他の仏(*Fotoque*)が霊魂を迎え取りに来る，あるいは，現われるこ

と．この語は，デウス(*Deos* 神)やアンジョ(*Anjos* 天使)に適用する
ことができる．

また，Qiŏmon(経文)は本篇に収めて原義を注しているが，さらに補遺にも
収め，そこには，「また，イゲレジヤ(*Igreja* 教会)では聖書の各篇に適用され
る」とある．両方ともに「適用する」(*aplicar*)と注している．これは上の仏
教語を便宜的に適用するというに留まって，きまって教会用語として用いた
ものではない．このことは，下に述べる仏教語以外の漢語とは明らかに扱い
方が違っているのであって，一般に仏教的なものは意識して避けた事例さえ
あるのと思い合わせれば当然のことであり，注意すべき点である．

これを別として，日本語で教会用語に用いられたものに，「天」を始め，そ
れと他語との複合語その他がある．

 Ten.(天) 天空．¶また，書物の中では Tentŏ(天道)と同じ意味で，天
の秩序または運行と支配とを言う．ある人々は，この語〔天道〕に
よってデウス(*Deos* 神)，すなわち，天の支配者を表わすと解してい
るようである．

 Tentŏ.(天道) Tenno michi.(天ノ道)天の道，すなわち，天の秩序と
摂理と．以前はこの語で我々はデウス(*Deos* 神)を呼ぶのが普通であ
ったけれども，ゼンチヨ(*gẽtios* 異教徒)は上記の第一の意味〔天の
道〕以上に考え及ぼしていたとは思われない．

この類には，上のようにキリスト教的な意味に取りなして，限定して使っ
たものが少なくない．日葡辞書に収録さているものに，なお次のようなもの
がある．

 Tencai(天戒) Tencan(天鑑) Tenchocu(天勅) Tenchǔ(天忠)
†Tengan(天眼) Tenguen(天眼) Tenguan(天冠) Ten-i(天威)
Tenmei(天命) Tennin(天人) Tenson(天尊) Tentacu(天託・天
沢) Tentei(天帝) Tenteqi(天敵) †Tenvn(天運) Tenvon(天
恩) Tenxin(天心) Tenxu(天主) Tenyacu(天約) Tenye(天衣)

日葡辞書以前のローマ字本宗門書の難語句解(和らげ)には，上の類の語に

対して，デウスに関連した意味だけを注しているのが珍らしくない．例えば，サントスの御作業の和らげにおいて，Tenbat(天罰)に「デウスの懲罰」，Tentei(天帝)，Tentŏ(天道)には共に「デウス」とのみ注しており，Tencan(天鑑)，Tencan(天感)，Tenchŭ(天忠)，Tenmei(天命)，Tenni(天耳)，Tenvon(天恩)，Tenxin(天心)，Tenyacu(天約)などに対しても，すべてデウスの何々という説明をつけている．信心録のTenmei(天命)やTentŏ(天道)もまた同様である．

　これらは上のような意味での用例を含む特定の本文に対する注解であるからには，その本文の文脈に即して限定した意味を注するのが当然である．特定本文に対するのでない日葡辞書になると，「天」なり「天帝」なりに対する原義を示した上で，上述のように限定された意味をもあげていて，穏当な扱いがなされているけれども，中には「和らげ」と同じ類のものも見られる．例えば，Tenguen(天眼)に「デウスの眼，または，デウスの照覧」と注し，Tencan(天鑑)に「デウスの眼力・照覧」としたごときである．後者には，句双紙から天草版金句集に採られた，Tencan vatacuxi naxi.(天鑑私ナシ)の句を文例として引用しているが(p.541)，それにも，「デウスは人によって分け隔てをすることなく，公正に万事を御覧になる」というキリスト教的な説明を加えている．

　上にあげたような「天」，あるいは，その複合語が，日葡辞書以前から用いられていたことは，先行の教義書によってあきらかであるが，おそらくは「天」「天道」「天主」などをキリスト教的に特殊化し，関連づけて用いたのが始まりで，他の多くの複合語の使用にまで及んだものであろう．

　さて，教会の用語である旨を明記したのは10語ほどに過ぎないが，そのうちに書物用語としたのが4語ある．Qinguiŭxi(金牛子)，Iŭnixŏ(十二姓)，Sonxu(尊主)とTenxu(天主)とである．そのうち，

　　　Tenxu.(天主)　Tenno nuxi.(天ノ主)　天の主．イゲレジヤ(*Igreja* 教会)の書物用語．

この「天主」という語は，中国の天主教書中の「デウス」の漢訳語が伝わっ

たもので,「書物」とは中国の天主教書を指すとする柊源一氏の説がある[13]。しかし,その後,1581〜2年ごろの成立と見られる文書が発見され,中に「天主」の語があることなどから,「天主」は中国伝来のものではなくて,わが国での造語であろうとする見解が出されている[14]。その文書,エヴォラ屏風文書では,デウスは Ds で表わすのが原則であるのに,中に「天主」が2例まじっているからである.

なお,バレト写本のサン・バルラン伝中に1例(f.336 v./18)見えるが,加津佐版サントスの御作業中の同聖者伝には該当本文がない.また,同じ写本のサント・アレイショの伝中に「デウス(*Deus*)ノ御奉公」(f.264/7)とあるのが,加津佐版本の該当個所では「天主(tenxu)ノ御奉公」(II 88/4)とあって,もと「デウス」とあったのが却って「天主」に改めて印刷されている.羅葡日にも,

> Deus, i. Lus. Deos. Iap. Tentŏ, tenxu, tenson, tentei.(日本語. 天道,天主,天尊,天帝)

とある.この場合は対訳には日本語をあげるべきであって,「デウス」をあげるわけにはいかないという制約の故に,同義の他の語に並べて「天主」をあげたわけであろうが,それにしてもこれらの語がデウスを示すものとして行なわれていたことがわかる.それを日葡辞書に収めたのも当時の文献に見られたからであり,特に「書物用語」と注したについては,書物には存しても一般には「デウス」よりは使われることが少なかったという事情が関係しているであろう.「尊主」も,バレト写本には例がある.(ff.55 v./12, 56 v./5, 57/11)けれども,これも余り用いられないようになっていたかと考えられる.

以上のほか,教会関係の通用語である旨の説明を加えたものには,次のような語がある.

> Sacuno mono.(作ノ物) 作品.¶Gosacuno mono.(御作ノ物) デウス(*Deos* 神)の作られたもの,すなわち,被造物.イゲレジヤ(*Igreja* 教会)で通用している語.
>
> Sacuxa.(作者) Tçucuru mono.(作ル者)職人,すなわち,何か工作品を作る人.……¶Gosacuxa.(御作者)創造主.イゲレジヤ(*Igreja* 教

会)で通用している語.

この2語はローマ字本・国字本のどちらにも多くの用例があって，早くから最もよく用いられた教会用語である．

  Tenson.(天尊)　イゲレジヤ(*Igreja* 教会)内において，デウス(*Deos* 神)，すなわち，天の主の意味で通用している語．

  Vafon.(和翻)　日本語に翻訳すること．これはイゲレジヤ(*Igreja* 教会)で組み合わせて作られ，そこで用いられている語である．

この2語は，用例はまれであるけれども，落葉集本篇にはともに収められている．

上のように日本語の教会通用語は，漢語が普通である中に，珍しく和語も用いられた．「祝イ日」と「唱ユル」とである．前者は，

  Iuaibi.(祝イ日)祭日，または，祝日．イゲレジヤ(*Igreja* 教会)内で通用している語であるが，それは日本の祝祭日は Iuaino fi(祝ノ日)と言われているからである．

と説明されているが，総体的には事実に合致すると言ってよい．「祝ノ日」は「祝イ日」にまじって用いられた例があるけれども，前者の用例はまれだからである．前期版のドチリナ・キリシタンでは，「祝イ日」(51/1)に並んで「祝ノ日」(54/5, 61/21, 61/23)があり，ぎやどぺかどる(下巻一，59/3)にも，こんてむつすすむん地(16オ/7, 16オ/8)にもその例が見える．ところが，サントスの御作業，信心録，おらしよの翻訳，スピリツアル修行などの諸書では「祝イ日」だけで「祝ノ日」は使われていない．また，前期版ドチリナ・キリシタンに比べて，後期版のどちりなきりしたんは，「いはひ日」(28ウ/8)や「ゆはひび」(32オ/3, 4, 32ウ/11, 33オ/1, ほか9例)が圧倒的に多く，「ゆはひの日」(32/12, 33/11)がそれにまじっている．後期版のドチリナ・キリシタンは，前期版にはない本文が増補されているが，その増補部分では「ゆはひび」が使われている．このような事実からすれば，完全に統一されてはいないにしても，教会内では一般に「祝イ日」の方が通用していたらしい．

もう一つの「唱ユル」は，下のように説明してある．

　　　　Tonaye, uru, eta.(唱エ，ユル，エタ)ある事を唱名祈念する，あるいは，祈る．例, Cruzno monuo tonayuru.(クルスノ文ヲ唱ユル)クルス(*Cruz* 十字架)のしるしをつくる〔十字を切る〕．¶Conta nadouo tonayuru.(コンタナドヲ唱ユル)あるコンタ(*conta* ロザリオの祈り)などを唱える．イゲレジヤ(*Igreja* 教会)の用語．¶Minauo tonayuru.(御名ヲ唱ユル)ある人の聖なる名を唱え祈る．

　一体，「唱ユル」という動詞は，ある願いごとが叶うことを祈るのに，神仏の名号とか，咒文・経文・念仏・お題目とか，祈りの言葉とかなど，それぞれのきまった文言を調子をつけて言うことを意味するのが普通であるが，ここに教会用語と注するのは，口に唱えるばかりでなく，それにある動作が伴なう点に特異性がある．上引の第1例に「クルスノ文ヲ唱ユル」とあるのは，サントスの御作業(II 229/8)を始め，1600年版どちりなきりしたんなどにいくつも見られる例であるが，それは1591年版どちりいなきりしたんによれば，

　　　　へるしいぬんさんてくるしす……

という文言を唱えることを言うのである．同じことをばまた「クルスノシルシヲ唱ユル」とも言い，

　　　　クルスノシルシヲ唱エ給ウニ(バレト写本 ff.311/16, 321 v./11. サントス
　　　　の御作業 I．32/8)

また，単に「クルスヲ唱ユル」とも言ったのであって，

　　　　クルスヲ唱エ……(バレト写本 ff.200 v./7, 205 v./5. サントスの御作業
　　　　I．5/20. 1600年版どちりなきりしたん，6/5, 6, 7/3, 5, 7, 11)

この言い方が最も多い．そこで簡単に「クルスヲ唱ユル」とは言っても，実は「クルスノシルシ」をしながら「クルスノ文(モン)」を唱えることを意味している．このことは，

　　　　右の大ゆびにてくるすの文をひたいと，口と，むねにとなゆる也
　　　　(1591年版どちりいなきりしたん，8オ/3)

　　　　ひたいと口とむねと此三所にくるすを唱る事は何たるしさいぞや．(同

上，8ウ/2)

のように特定の場所をあげて，そこで右手の親指をもって「クルスノシルシ」，すなわち，十字を切りながらその「文(モン)」を唱えるとあるのによって明らかである．しかも，M.ジョルジェの葡語の原書 Doctrina Christã に引き合わせてみるに，上の「クルスノ文ヲ唱ユル」というのは，fazer a (hũa) Cruz (クルスを作る，クルスをしるす) という原文に対応しているのである[15]．

これらのことから，キリシタン宗門書の「唱ユル」というのは，単に口に或る祈りの文言を言うのみならず，それに親指で十字を切る動作が伴なうことまでを意味するものなのである．また，日葡辞書の用例に「コンタヲ唱ユル」とあるのも，ロザリオの祈りをすることを指し，天使祝詞 (アヴェ・マリア) を唱えながら，その度数をかぞえてコンタス (数珠) を繰ることを意味する．すなわち，口に唱えるのみならず，それに一定の動作が伴なうのをこめて意味する点で特殊化していたのであって，日葡辞書は，教会内ではこの意味で通用していることを説明しているものとして注意すべきである．

上述のように，「イゲレジヤ (Igreja 教会) 内で通用している語」と注記した語があるが，中にはそれと同じような意味用法をもつ語と並び用いられているものもある．日葡辞書にそれと注記されていることとその説明は，それはそれとして認められるとしても，当時の文献的事実に引き合わせてみるならば，なお余裕をもって理解すべきものもあるようである．

補説　教会用語の変動

日葡辞書には，教会通用語 Qenjŏ (勧賞) と，同義で少し形の異なるもの3語が収められている．

　　　Qenjŏ (勧賞) 主君が自分に対してなされた奉公に対して与える褒賞．イゲレジヤ (*igreja* 教会) の中では *Quanjŏ* (勧賞) の形が通用しているけれども，本来の正しい形は *Qenjŏ* (勧賞) だとされている．¶ Qenjŏ voconauaru. (勧賞行ワル) 文書語．ある人に領地などの褒賞

を与える．¶Qenjǒni azzucaru.（勧賞ニ預ル）奉公に対する褒賞，ま
　　　たは，報酬を受ける．
　†Qejǒ. l, Qenjǒ.（勧賞，または，勧賞）　奉公に対する褒賞，または，
　　　報酬．
　　Quanjǒ（勧賞）褒賞．Qenjǒ.（勧賞）の条を見よ．それが本来の正しい語
　　　である．
　†Quanxǒ.（勧賞）Mote asobi, motenasu.（モテアソビ，モテナス）ま
　　　たは，Qenjǒ.（勧賞）　褒賞，または，報酬．文書語．
　終りのQuanxǒ は，「モテアソビモテナス」という訓釈からすれば，「翫賞」
と解すべきかとも思われるけれども，その語義説明と別形にQenjǒを掲げた
ことからすれば，「勧」を「翫」と混同した誤りで，やはり「勧賞」と見るべ
きものであろう．
　当時上掲の4形が存したことは，文献的徴証によって明らかで，中でも「ケ
ンジャウ」「ケジャウ」が多かった．辞書類では，「クワンジャウ」「ケンジャ
ウ」の両方を同一書に収めたものと，「クワンジャウ」のみを収めたものとが
ある．けれども，「ケンジャウ」のみを収めたものが多い（永禄二年本節用集，枳
園本節用集，いろは字，天正十七年本運歩色葉集，宣賢の塵芥など）．また，太平
記を検して「勧賞」を5例見出だした．岩波の日本古典文学大系本によって
その所在を示す．
　　①　巻十五，園城寺戒壇事　　　大系（二）90/17
　　②　巻二十一，塩冶判官讒死事　　同（二）350/5
　　③　同　　　同上　　　　　　　　同（二）350/6
　　④　同　　　同上　　　　　　　　同（二）351/7
　　⑤　巻三十五，新将軍帰洛事　　　同（三）306/6
古典文学大系本では，これら5例に全部「勧賞」と振仮名がついているが，
これは主として寛永無刊記整版本に拠って付したものという（凡例）．これら
を神田本（巻二十一は欠），玄玖本・梵舜本・義輝本等に照合するに，いずれも
「勧賞」とだけで，どう読んだか明らかでない．ただ西源院本では，上の5に

第Ⅵ章　載録語

は振仮名がなく，①には「勸賞（ケンシヤウ）」，②には「勸賞（クワンシヤウ）」とあって異なる二つのよみが見える．③に「献賞」，④に「戯賞」とあるのは，他の諸本に照らして「勸賞」の誤りに違いないが，実は宛字であって，「ケンジヤウ」「ケジヤウ」と読むべきものと思われる．なお，平仮名本太平記ついて見ると，①⑤は「けんじやう」，②③④は「けんしやう」とある．義経記にも「勸賞（けんじやう）」の2例(古典文学大系 146/8，388/2)があり，赤木文庫本義経物語でも該当本文に「けんしやう」とある．曽我物語は，「けんじやう」1例(古典文学大系 130/12)，「くはんじやう」1例(同上 360/3)で両形が見え，前者は大山寺本，彰考館本も同じであるが，後者の該当本文はない．かくて，両形がともに存してはいたが，「ケンジヤウ」の方が一般的であったようである．なお，

　　　けむしやう・けんしやう……「大江山酒典童子」(室町時代物語大成(三)
　　　219下/6)，「俵藤太草子」(同上(九)140上/15)，「土ぐも」(同上(九)434
　　　下/5)
　　　けしやう・けじやう……「さがみ川」(同上(五)335上/11)，「狭衣の中
　　　将」(同(六)70下/3)，「田村草子」(同(九)105下/1)

のうよな短編物語に例があり，後者は大頭本「舞の本」の「大臣」(6 オ/8，18 オ/3)，「敦盛」(17 オ/2)，「しづか」(1 ウ/3)などにも見えている．

　これらの事実から，日葡辞書に Qenjŏ (ケンジヤウ)を一般通用の語であるとし，本来の正しい語であるとしたのは穏当であると言えよう．因みに，古典文学大系本の平家物語で「勸賞」の25例全部に「けんじやう」の振仮名がつけてあるのは拠るところがあってのことであるが，これも上述の事実と関連があるであろう．

　それに対して「クワンジヤウ」形の方は，「ケンジヤウ」にまじってまれに見られる程度であるが，キリシタン資料には「クワンジャウ」の方が現われている．すなわち，1591年版国字本「どちりいなきりしたん」には「御くハんじやう」(11オ/13)が見え，1592年版ローマ字本はこれと一致して go quanjŏ (12/7) とある．サントスの御作業にも quanjŏ 5例(Ⅰ.28/12, 220/13, Ⅱ.79/13, 174/14, 196/14. 但し，Ⅱ 79/13 の quangiŏ は，quanjŏ の誤り)があり，これに

応じて巻末の和らげにもこれを掲出している．また，信心録にも1例(104/23)使われている．このように用例は少ないけれども，上のいずれの書もこの1形だけでqenjŏ(ケンジャウ)の形は見出だされないのである．Quanjŏを教会内の通用語とする日葡辞書の記述は上の事実ときれいに合致しているから，妥当な説明と言えよう．なお，Feiqeにもqenjŏはなくてquanjŏが2例(244/22, 247/12)見えるだけであるのも，イエズス会で口訳公刊される際に統一されたものであろうと考えられる．

ともかく，「勧賞」が「ケンジャウ」または「ケジャウ」の形で一般的に通用している中にあって，「クワンジャウ」がキリシタン資料に用いられている事実は，一般的に広く用いられる「ケンジャウ」や「ケジャウ」が多く武功に対する褒賞の意で用いられるのに対して，教会の内部においては，デウスのそれに限って用いるためにことさら一般通用形とは異なる「クワンジャウ」を用いる慣用が生じ固定したのではないかと考えられる．

しかしながら，教会の内部にあっても，報酬・褒賞の意味を表わすのに専ら「勧賞(クワン)」のみが用いられたわけではなかった．他に「恩賞」「褒美」「報謝」なども用いられており，中でも特に多く用いられたのは「返報」という語であった．キリシタン資料中に現われた「勧賞(クワン)」と「返報」とを抜き出してみると，左表のとおりである．

この表に見られるとおり「勧賞(クワン)」は著しく少なくて僅

書　名	勧賞(クワン)	返報
バレト写本	0	13
サントスの御作業	5	11
どちりいなきりしたん(1591)	1	2
ドチリナ・キリシタン(1592)	1	2
信心録	1	12
Feiqe	2	1
Esopo	0	3
天草版金句集	0	0
ばうちずもの授けやう	0	0
羅葡日	0	15
コンテムツス・ムンヂ	0	6
サルヴァトル・ムンヂ	0	0
ぎやどぺかどる	0	47
ドチリナ・キリシタン(1600)	0	4
どちりなきりしたん(1600)	0	4
おらしよの翻訳	0	0
サカラメンタ提要付録	0	1
スピリツアル修行	0	3
こんてむつすむん地(1610)	0	11
計	10	135

か 10 例に過ぎず，しかもその現われる資料は 1591〜2 年の刊行にかかる，サントスの御作業，国字本どちりいなきしたん，ローマ字本ドチリナ・キリシタン，信心録，Feiqe の 5 書に限られている．これに対して「返報」の用例は圧倒的に多くて，上記の 5 書をも含んで広く一般的に用いられているのである．これは一時的に現われた「勧賞」が一般的な「返報」に取って代わられたことを示すのであろうと考えられる．この推定をするには，まず「返報」の意味と「勧賞」のそれとを比較検討する必要がある．「返報」は日葡辞書に，

 Fenpô.(返報)　Cayexi mucǔ.(返シ報ウ)善に対する報いと悪に対する報復．ただし，それよりも復讐の意に用いるのが正しい．¶ Fenpôuo suru.(返報ヲスル)仕返し・復讐をする．¶ Von aruji Deus jen acuno gofenpôuo nasaxeraruru.(御主デウス善悪ノ御返報ヲナサセラルル)われらの主なるデウス(*Deus* 神)は善と悪とに報いをお与えになる．

と説明してある．キリシタン資料のみならず，当時の多くの用例について検討するに，この語の意味は，「返し報いること」と，「返し知らせること」との意味に大別されるが，それをさらに細分すると，次の 4 項にまとめられる．

 ① 他人の自分に対する言動に応じて，それにこたえ報いる言動をすること．善悪いずれにも用いられる．

  人カ怨ヲシカケハ，正直シテ道ヲ以テ返報スヘシ，人カ徳ヲ以テ施サハ，徳ヲ以テ返報スヘシ(応永本論語抄，憲問　587)

  善悪ノ賞罰ノ御返報ハ，来世ノミニテアルベキト思ウベカラズ．(信心録　148/11)

  善人も悪人も平生の行儀に随て御返報あるべし．(ぎやどぺかどる，下巻一，12 ウ/16)

 ② 特に他人の善意，あるいは，好意ある言動に対して，それに応ずる返礼をすること，または，報酬や褒賞を与えること．

  此参内，以前中将殿御申サタアリシ其ノ御ヘンホウ也．(言国卿記，文明 6，3，11)

人ノ方カラ桃李ノソノ時ノコノミヲクレタニ玉ヲ<u>返報</u>ニヤッタト云コトナリ．（玉塵，四十二 43 ウ/3）

コノ世界ノ楽シミヲ捨テ給ウガ故ニ，ソノ御<u>返報</u>トシテスピリツサントヨリ，先ヅコノ世界ニテ天ノ甘露ヲ与エ給ウモノ也（信心録 II，172/5）

デウス我等が善を勤めし御<u>返報</u>としてぱらいぞの快楽を御約束なさるる者也．（ぎやどぺかどる，上巻一，39 オ/5）

御ほうこうのみちにやしんなくもえたち，ゆきとゞくにをひては，デウスも又御<u>へんほう</u>をあたへたまはん事うたがひなく（こんてむつすむん地，一 26 オ/6）

③　特に他人の悪意・敵意を含む言動に対して，それに報いる仕返し，報復，復讐をすること．また，処罰．

汝ガ兵共我ヲ打擲スル<u>返報</u>ニ汝ヲ以テ打チ返スゾ．（サントス，II 163/7）

カノ人ノイソポニ当リザマガ悪ウテ卑シメラルルニヨッテ，ドコデガナ<u>返報</u>ヲセウト思イ居ル時分デアッタニヨッテ，折ニ幸イヂャ：今コノ時<u>返報</u>ヲセイデハイヅレノ時日ヲ待タウゾト思イ（Esopo. 421/5）

④　返し知らせること．また，返事の書状．

盛都聞先日状<u>返報</u>到（教言卿記，応永 6，1，18）

鹿苑院以祐蔵主有<u>返報</u>（看聞日記，応永 24,10,13）

<u>返報</u>返書也（和漢通用集）

上掲の日葡辞書の説明は，大体においてこれに通ずるのであるが，上の②の意味において「勧賞」と類義の関係にあることがわかる．当時すでにこれら二者を類義と認めたことは，

善人達ハコノ甘露ヲ嘗メ給イテ，イヨイヨ勇猛精進ノ心ニ燃エ立チ，世界ニ於イテヒイデス，エスペランサ，カリダアデノ善ヲ達シ給ウモノナリ．コノ善ノ goquanjŏ（御勧賞）ハパライゾニ於イテ受クベキモノナリ．ヒイデスノ gofempô（<u>御返報</u>）トイウハ，ヴィジョ

　　　　ント言イテ：デウスノ御尊体ヲ直ニ拝見仕ルコトナリ．エスペラ
　　　　ンサノ gofempô(御返報)トシテハ，ポセションㇳテ：世界ニ於イ
　　　　テ頼モシク思ワレタル事ヲ進退サセ給ウコトナリ．カリダアデノ
　　　　gofempô(御返報)トシテハ：世界ニテ大切ニ存知申サレタル御主
　　　　ヲ直ニ拝シ奉リ，達シタル娯楽ニ極マルベシ，コレヲフルイサン
　　　　ト言ウナリ．（サントス，II 196/11）

において，最初の「御勧賞」が後文の3か所で「御返報」と言い換えられ，それで同じ意味を現わしていることによって明らかである．

　これに加えて，ドチリナ・キリシタンの前期版中に，
　　　　御くハんじやう（国字本　11 オ/13）
　　　　go quanjŏ（ローマ字本　12/7）
とあるのが，後期版の相当個所では，
　　　　御へんぽう（国字本　8 オ/7）
　　　　gofẽpô（ローマ字本　8 ウ/7）
と「返報」に改められている．これによれば，「返報」は「勧賞」と同様の意味をもってそれに代わるものとして用いられたと見なければならない．

　これに似て，「勧賞」以外の語で「返報」に改められた例もある．1596年版ローマ字本コンテムツス・ムンヂには，その本文を抄出し，しかも語や表現を和らげてわかりやすく改めた国字本の「こんてむつすむん地」があって1610年に出版されている．そのローマ字本には「返報」が6例であるのに，あとの国字本では11例にふえている．これは，ローマ字本では他の語であるのを国字本で「御返報」に改めたのが5例あるからである．

　　　　デウスヨリ辛労ノ fôja（報謝）ヲ受クベキ（52/9）→……しんらうの御へ
　　　　んぽうを……（16 オ/12）
　　　　潤沢ニ御 fôja（報謝）アルベキ也（81/2）→……御へんほうをあたへたま
　　　　はん事（26 オ/6）
　　　　辛労ノ cudocu（功徳）ハ早ク来リ（80/16）→しんらうの御へんほうをか
　　　　うふり（26 オ/3）

善ノ道ニ合戦スル輩(トモガラ)ニ約束シ給ウ cŏji(好事)ノ雙ビナキ事(296/19)→……デウスやくそくし給ふ御へんぼうの事(68 ウ/10)

サントス達ノ終リナキ cŏquan(高冠．fôquan 宝冠の誤りか)ヲ見タランニハ(289/21)→さんとたちのをはりなき御へんぼうのかふりを見たらんには(66 ウ/9)

このように対応する本文中で，「勧賞」以外でもそれと類義の語が「返報」に改められている事実は，それぞれの場合に「返報」なる語が適切と認められたからであり，また一般的に通用していたからである．

　もっとも，キリシタン版には洋書の翻訳が多いのであるから，その原語との関係を閑却することはできない．ドチリナ・キリシタンの前期版には，

　　① 　勧賞……国字本 11/13，ローマ字本 12/7
　　② 　返報……国字本 37/14，ローマ字本 46/3
　　③ 　返報……国字本 41 ウ/12，ローマ字本 51/18

の用例がある．これをその原拠本，ジョルジェ(Marcos Jorge)の「キリシタン要理」(Doctrina Christã)について検するに，①は該当部分が見えないが，②は葡語原文の premio, ou castigo(賞あるいは罰)に，③は remedio, l, galardam(救いと報い)に対するものである[16]．また，羅葡日の葡語対訳で日本語対訳の Fenpô(返報)と対応しているものに，

　　premio(賞．Praemium. Palma)
　　galardão(報い．Praemium.)
　　retribuição(報酬．Retributio)
　　paga, pagar(報い，報いる．Pensitatio. Penso. Refero)

のようなものが見えるが，これらは日葡辞書の Qenjŏ, †Qejŏ, l, Qenjŏ, Quanjŏ, †Quanxŏ(勧賞)の諸条の説明に用いられた葡語と一致するのである．このことは，「勧賞」と「返報」とを原語の違いに対応して使い分けたのではなくて，同様の意味を表わすものとして用いたことを示すものと受け取ってもよかろう．そうとすれば，前述の「勧賞」が「返報」に変わっているのは，「返報」を適当と認めて改めたのだと解してもよいであろう．

「返報」を適当と認めた理由としては，まずこれが一般的に広く通用していたことを挙げなければなるまい．それに次いでは，「勧賞」は善に対する報い，褒賞の意であるのに対して，「返報」は前述のように善に対する賞にも，悪に対する報復・罰にも，またその双方を包括しての報い・賞罰にも用いられる．従って，キリシタンの宗門において，デウスの与えられる賞・罰両面をこめての報いを表わすには「返報」の方が適するということもあったであろう．特に「御返報」と「御」を冠した形で上の意味に用いた例が多いのであるが，こうなれば「返報」も教会内の通用語のようになっていたとも見られる．ともかく，「勧賞」と「返報」との交替は明らかに認められ，かくて，教会内の通用語の上にも変動があったことが推定されるという次第である．

VII 婦人語

1 収録の目的

日葡辞書に，婦人の言葉(*Palaura de molheres*)と注記した語が121語(本篇57，補遺64)収められている．そのうち，本篇と補遺とに重複しているものが2語(Amo, Zoro)あり，†Fiyaxi(冷シ)，†Man(饅)，Mana(真魚)，Mauari(廻リ)，†Muxi(ムシ)に対しては，それにVo(御)を冠した形をも別に標出している(MuxiにはVomuxi, Vomoxi の二つを別に標出)．後者をも重複と見れば，異なり語数は113語となる．

これらのほかに，鮒の意の†Yamabuqi(山吹)，ある種の織物を意味するItano mono(板ノ物)を収め，これらには注記がないけれども，いずれも他書によって実は女房詞であったと認められる．Fosomono(細物)に黄金の意と注したのも，他に所見はないけれども，同じ類かもしれない．

ともかく，日葡辞書所収の婦人語は「海人藻芥」(応永27年，1420)の17語よりははるかに多く，それより約100年後の「大上臘御名事」(足利義政のころ)所収の115語とほぼ同じ．しかし，日葡辞書所収語を上記の二書と比較し

てみるに,互いに出入りがあって,共通するものはさほど多くはない.明和9年書写の「禁裡女房内々記」(上野図書館蔵)は,室町時代の成立と言われるものであるが[17],その所収語との関係も同様である.日葡辞書に見えて上記の三書に見えないものは約80語にも及び,これは相当の隔たりと言わなければならない.江戸期の「女中詞」になると,所収語がかなり多くなり,亀田次郎氏旧蔵本[18]が293項380語を収め,新村文庫本「女中詞」には287項371語,及川文庫本「女中言葉」(京都府立総合資料館蔵)には344項438語を収めている[19]けれども,それらとの出入りも相当に大きい.それだけに日葡辞書は室町末期の婦人語資料としての価値も高いと言わなくてはならない.

　日葡辞書に婦人語を収録したのは,やはり実用的見地からであって,明らかな意図をもってなしたわざであろう.当時婦人の入信者もあり,上流の人々の中に信者を得ることが,布教上効果的であるところから,大名を始め有力者に働きかけることを怠らなかった.従って,宣教師としては女性特有の言い方をも心得ておく必要があった.また,そうした特殊な言葉をそれにそぐわない場面で使うような不都合をしないためにも知っておく必要があったはずである.

　いわゆる女房詞は,すでに知られているように,内裏や仙洞において,そこに仕える女房たちの間で使われ始めた特殊語であって,早くから俗間の一般通用の言葉とは区別して,この名で呼ばれていた.そのことは,さきにあげた大上臈御名之事の中で,この類の語を彙集して示すに先立って,その見出しに,「女房ことば」と標してあるのによって知られる.かかる特殊語は,上のような限られた女性相互の間においてのみならず,大奥などに出入りしてそれらの女性たちと言葉を交わすことのある男性も耳にすることがあって,少なくも聞いて理解するくらいの知識はもっていることが必要であったろう.海人藻芥に,

　　　内裏仙洞ニハ一切ノ食物ニ異名ヲ付テ被レ召事也.一向不ニ存知ー者当
　　　座ニ迷惑スベキ者哉.

とあるのが,その間の事情を物語っている.かような関係から,女房詞は大

奥に出入し得る限られた男性を通じて，上品優雅な言葉として，その家庭へ伝わり，やがて将軍や大名の大奥や公家その他の上流人士の家庭へと伝わり弘まったであろう．すでに海人藻芥に，「近比将軍家ニモ女房達皆異名ヲ申ス卜云々」とある．さらには一般の女性の間でも使われるようになり，語によっては男性の間にも用いられるほど一般化するに至ったものと思われる．日葡辞書によれば，Mutçucaru（ムツカル）は泣く意の婦人語であるが，「貴人の子どもについて言う場合には，男の人もまたこの語を用いる」ということであり，それを裏付ける用例も舞（いるか，笈捜）や短編物語（狭衣中将，中書王物語）などに見えて，まれではない．

　　　Fucuro.（袋）母．Vofucuro（御袋）の形で，婦人の間で用いられるのが普通であるけれども，またそれ以外の人々の間でも用いられる．

この語の用例は，早くから記録類などに現われる．

　　　門主十四歳，未無㆑得度㆑也，御袋ハ春日殿云々．（教言卿記，応永14,8,21）
　　　今夕此陣屋へ若宮御ふくろの御出，酒之由候也（山科家礼記，文明9,1,26）

このほか，三河物語（原本 343/4,9）や，醒睡笑（巻八，祝ひすました，第6話）などにも見え，日葡辞書の説明のように，男性間でも他人の母親を尊敬して言うのに用いられていた．

　　　Monoyoxi.（モノヨシ）癩病人，あるいは，瘡（かさ）だらけの人．婦人語．婦人以外の人々の間でも，特に正月（Xôguachi）の時分などには用いられる．ほかの地方では Facuyoxi（ハクヨシ）と言う〔Facuyoxi は Fucuyoxi（福吉）の誤植か．〕

この語はもと都合がよいとか，運がよい，めでたいとかの意味に用いられたらしく，古くは，

　　　帰家之後雨降．予一人雨以前遂㆑之．可㆑謂㆑物吉㆑．（明月記，建暦元,11,3）
　　　事了退出．天気太快然．歳末有㆑此事㆑．尤為㆑物吉㆑．（明月記，建暦2,12,28）

のような例があり，室町期に下って，

> 其カラ次第ニ大ニナツテ卒ニ諸侯トナルコトヲ得タホドニ，<u>モノヨイ</u>目出度ト云テトレ居也．（史記抄，三 10 ウ）

> 其日ハ諸方カラキテ，酒ヲ買ホドニ，ヨウ酒カウレテ<u>モノヨイソ</u>．（史記抄，六 13 ウ）

> 好キ時日ニ出行セラルルホドニ，諸事門出ガ<u>モノヨクテ</u>馬足マデモ軽キトソ．（三体詩抄，二ノ四 16 オ）

の如き例もあり，同義である．この「モノヨシ」を名詞として「癩病人」の意に用いるというのは，「癩人」とか「かったい」とかいう語を忌んで，あるいは，縁起直しの心でその代わりに良い意味の語を用いたものであろう．その例としては，

> アクシツトハ日本ノ<u>モノヨシ</u>ト云カサキテキタリ．（成簣堂本論語抄，雍也第六，二 19 オ）

> ある者正月二日の夜夢におもひよらす我身に癩瘡(らいさう)いてきたるていを見目さめつくつくあんするやう，かれをは<u>物よし</u>といふなれは仕合なにハに<u>物よからふ</u>はしにやと．（醒睡笑，一，祝過るもゐな物，第 5 話）

のような例があり，特に後者は「物よし」が両様の意味で並び行なわれていたことを示すものとして注意をひく．しかも，男性の用いたものである．日葡辞書には婦人語と注しているけれども，必ずしも女性間だけには限らず，一般化しつつあったものと見られる．

「醒睡笑」（巻三）に，「侍めきたる者」が，主人に向かって，「おかべのしる，おかべのさい」と言うので，「さやうのことばは女房衆の上にいふ事ぞ」と叱られた話がある．豆腐を意味する「お壁」を男性がしきりに口にしたからである．このように，まだ特殊性を失ってしまっていなかったことも事実であるが，男性がおそらくは上品ぶって言ったであろう「お壁」が，実はすでに一般語化の過程にあったであろうことも疑えまい．類例は「醒睡笑」にもいくつか拾えるし，虎明本狂言にも，

> おひやし（古本能狂言集，二 156）　　はもじ（同，二 402）　　ぐご（同，一

172)

などを男性が用いた例がある。これら人の笑いを誘うことを狙ったものでは，ことさら技巧をこらして男性に婦人語をからませた物言いを仕組んだことも考慮に入れなければならないけれども，一般語化の方向まで否定するわけにはいかない．

　Camoji(カ文字)は，いわゆる文字詞であって，女房詞と見られるが，日葡辞書には「婦人の入れ毛〔髢〕」と説明しただけで，婦人語の注記は加えてない．「大上﨟御名事」に「かもじ結ふこと」とあるのは髪のことに違いない．

　　「いかにつれなくましますとも，御かもじにとりつきてはんべれば，この世縁こそかくあるとも，二世の契りはくちせじ」とて，〔牛ノ尾ヲ髪ノ毛ト思ッテ牛ニ〕抱きつきけるが(僧正ノ詞．短編．さゝやき竹．岩波文庫，続お伽草子，100/7)

の例も同じであるが，後者は男性の用いた例である．一方，

　　服ハ祭服ソ，首ノ飾ソ，髪ヲアミツラネテ作ルカモシノ様ナモノソ．(両足院蔵写本　毛詩抄，一5オ)

　　女中吉日トテカモシヲカケラレ了(言国卿記，文明7,4,26)

のように「髢」を意味する例があるのによれば，すでに早く意味の分化を生じていたのである．なおまた，羅葡日の Galêrus, I, Galerũ. の条に，Cabelleira postiça(取り外しのできる鬘)という葡語対訳をあて，それに日本語対訳の Camoji(髢)をあててあるのや，虎明本狂言「やせ松」の中に，追剝の男の言葉として，

　　いや是にかもじがある．女共がかみがかへるの尾程ならではなひに，此かもじをいれさせう．(古本能狂言集，二556)

とあるのなどから察すれば，「かもじ」はすでに転じて入れ毛の「髢」の意味になって一般語化し，男性にも用いられるようになっていたのである．元来女房詞に出たものでありながら，日葡辞書に婦人語とことわらなかったのもこのような事実に基づくと考えられる．

　このように一般語化の傾向が次第にあらわになっていくとは言っても，婦

人特有の語と認められるものの存したことは事実であるから，当代の雅馴な標準語に熟達しようとする外国人宣教師にとっては，やはり特殊性のある言葉として心得ておくべきものであり，日葡辞書に収めなければならないものであったのである．

2 婦人語と女房詞

日葡辞書の「婦人語」（*Palaura de molheres*）が，すべて女房詞であるか否かは検討を要する．それはさきで扱うとして，まず日葡辞書の婦人語と女房詞を写しとどめたと見られる諸書の所収語とを対比してみよう．

① 海人藻芥，大上臈御名事，禁裡女房内々記の中に見出だされるもの．

一般語	日葡辞書	海人藻芥	大上臈御名事	禁裡女房内々記
小豆	†Aca		{ あか あかあか	
鮭	†Acauomana		あかおまな	
豆腐	†Cabe	カベ	{ しろ物 かべ	
餅	Cachin	カチン	かちん	へたへたの かちん
大根	†Caramon		から物	
ごまめ	†Cotonobara			こまめ （ことのはら）
鰡(かま)	†Cuchiboso		くちぼそ	
酒	Cucon	九献	くこん	白き九こん
鍋	†Curomono		くろもの	
萵苣(ちしゃ)	†Fabiro		はびろ	
水	†Fiyaxi Vofiyaxi		{ おひやし 井のなか	
飯	Gugo	供御	{ 御だい ぐご おなか	{ はすの供御 こはぐご
饅頭	{ †Man †Voman		まん	まん
魚	{ Mana Vomana		御まな	
鰯	{ †Murasaqi †Vofoso		{ むらさき 御ほそ	

第Ⅵ章 載録語

一般語	日葡辞書			
味噌	†Muxi / †Vomuxi / Vomoxi	ムシ	むし	
菜(さい)	Mauari / Vomauari	メグリ / ヲマハリ	御まはり	
練貫	Nemonji			ねもじ
大蒜(にゝ)	†Nimoji		にもじ	
切麦	†Qirizoro		きりぞろ	
糠	†Varifune		わりふね	
銭	†Voaxi		御あし / ゆくゑ	
鉄漿	Vofaguro		御はぐろ	
鯛	†Vofira		おひら	
膾	Vonama		おなま	
葱	†Vtçuuo	ウッホ		
塩	†Voita / Xiromono	シロモノ	おいたみ / しろ物	
鱈	†Yuqi		ゆき	
索麺	Zoro / †Zoro	ホソモノ	ぞろ	
餅の一種	Fanabira*			ひし花のかちん
葱	Fitomoji*		ひともじ	
唐織	Itano mono*			いたのもの
鮒	†Yamabuqi*		山ぶき	

〔備考〕 *印のついた4語は，婦人語の注記なきもの。

② 女房躾書[20]にのみ共通するもの

一般語	日葡辞書	女房躾書
餅	Amo / †Amo	おあも
摺糊木	†Fachino mi	はちのみ
塩	†Namino fana	なみのはな / おみかき / しろ物
酒	Sasa	ささ / 九こん
糠味噌	†Sasagin	ささじん
魚	†Toto	とと(鮒)
米	Vchimaqi	うちまき(かちたる米)
大根	†Vofagata	おはかた / かうのもの

汁	Votçuqe	おつけ / おかけ
杓子	†Yugami	おゆがみ
湯帷子	Minogoi*	おみぬぐひ

〔備考〕　＊印のついた語は，婦人語の注なきもの

③　女中詞[21]にのみ共通するもの

一般語	日葡辞書	女中詞
鰹	†Caca	かか(鰹節)
小便所	Côca	こうか / かんしょ
茎漬	†Cumoji	くもし / おはつけ
田楽	†Den	
豆	Foxifoxi	ほくほく(「ほしほし」の誤りか。) / いりいり(煎豆)
うまい	Ixij	おいしひ
蕎麦	†Micado	みかと
泣く	Mutçucaru	しほるる / むつかる
洗う	Sumaxi, su	おくしすまし
蒲鉾	†Vocama	おかま
菜	Vocazu	おかす / お廻り
起くる	Vofin	おひる成
髪・頭	Voguxi	おくし
粟	†Vominamexi	おみなめし
夜着	Yoruno mono	夜の物

このほか，「女中詞」に収めた語で，日葡辞書に婦人語の注記がないものもいくつかある．例えば，

　　　Iraye(イラエ)答．　　Izanai, ǒ.(誘イ，ウ)　　Meiyui(目結)鹿子染．
　　　Mizzuguqi(水茎)筆．　Reôxi(料紙)紙．　　　Sŏxi(双紙)草子．
　　　Tçudoi, ǒ.(集イ，ウ)　Tçutanai(拙イ)

など．しかし，これらを女房詞と認めてよいかどうか問題である．

④　日葡辞書にのみ婦人語と注したもの

Benidaicon(紅大根)赤大根．
Bobo(ボボ)女の恥部．
Bunda(ブンダ)紙入れ箱．
Cabu(蕪)かぶら．
†Caraco(殼粉)手洗い糠．
†Cayericoto(返事)返書．
Chibochibo(チボチボ)僅かな，小さな．
Chichigo(父御)父．
†Cǒ(香)味噌．
†Comoji(小文字)小麦．
†Conacaqe(糝)雑炊粥．
†Faguino fana(萩ノ花)豆餡の小米餅．
Fayaxi, su.(生ヤシ, ス)切る．
†Fimoji(ヒ文字)ひだるい．
†Fitocusa(一種)一種類．
Fucuro…Vofucuro(御袋)母．
Futatocoro…Vonfutatocoro.(御二所)夫妻．
Guegue(ゲゲ)草履．
†Guinxi(銀糸)素麵．
Ido…Voido(御居処)尻，臀部．
†Igue(イゲ)籾．
Mameyacani(マメヤカニ)入念慎重に．
†Meme(メメ)生米．
†Meximono(召物)貴人の着物・履物．
Mimairaxe, suru.(見参ラセ, スル)見る．
Mimochi(身持)妊娠．
Monoyoxi(モノヨシ)癩病人．

†Mumoji(ム文字)小麦，大麦．
Nacadacana(中高ナ)鼻の高い．
Qiamojina(花文字ナ)花奢な．
†Qiri(キリ)切炬燵．
†Sasanomi(ササノ実)酒粕．
†Soyefude(添筆)添え書．
Tabi, u.……Tabai(賜バイ)ください．
†Tçuqinai(付キ無イ)不都合な．
Tçuua(唾)唾液．
†Temoto(手元)箸．
Tono(殿)夫の敬称．
†Vacatoxi(若年)新年．
Varaua(ワラワ)私．
Vofuru(御古)下賜の古着など．
Vôgi……Vôgigo(祖父御)祖父様．
Vomanaca(ヲマナカ)便所．
†Vonaca(御中)腹．
Xiji(指似)子どもの陰茎．
†Xitagi(下地)小麦．
Xixi(シシ)子供の小便．
†Yaiba(刃)籾．
†Yamabuqi(山吹)白酒．
Yǒqua(楊花)雑炊．
†Yorocobi, u.(喜ビ, ブ)出産する．
Yosoi, ô.(ヨソイ, ウ)飯をつぐ．
†Yumegamaxij(夢ガマシイ)僅かな，短い．
Yumeyumexij(夢々シイ)少しの．
Yumeyumexiqu(夢々シク)少し．
†Yuqi(雪)大根．

上に掲げたところを一表にまとめると，次のようになる．

	前掲の区分		本篇	補遺	合計
日葡辞書に婦人語と注記してあるもの	他書に所見のあるもの	①	13	25	38
		②	4	7	11
		③	9	6	15
	小計		26	38	64
	ないもの	④	30	26	56
合　　計			56	64	120

　このように他書と対照したところでは，日葡辞書に婦人語と注記したもの120語のうち，他書に所見のあるのは大体半分の64語にすぎない．それもある一書に関係が深いとも言えないから，特定の資料に基づいて収録したとは考えにくい．また，上表で見るとおり，全体の約半数56語が本篇に収められているが，その半分以上の30語(それは総数120語の4分の1)は他書に所見のないものである．その中にはMimairaxe, suru(見参ラセ，スル)とか，Chichigo(父御)，Vôgigo(祖父御)とか，必ずしも婦人だけの用語ではなかったと見られる語もまじっているし，その一方では，他書には女房詞としているItano mono(板ノ物．唐織物)，Minogoi(身拭イ．湯帷子)を収めながら婦人語と注記しないものがある．これらのことから察するに，本篇では一般に女房，あるいは，婦人間の用語と認められるものに注意を払い，それを中心に注記を加えたものであろう．しかし，それらの中には，元来上流社会の特殊な女房詞から出て一般語化し始めたものもあったので，その特殊性の強い本来の女房詞なるものに注意を払うようになって，補遺においてはより多く採録したものであろう．

3　婦人語の性格

　日葡辞書の婦人語のうち，他書に見えないもの(前項の④)を検するに，文字言葉(Comoji, Fimoji, Mumoji, Qiamojina,など)や接頭辞Vo(御)を冠したもの(Vofucuro, Voido, Vofuru, Vomanaca, Vonaca,など)あるいは，物の色や形な

どによる命名のもの(Faguino fana, Yaiba, Yuqi など)のように，女房詞の語構成と同じものがあり，それらはもともと女房詞であったろうと思われる．しかし，その一方には，はたして女房詞であったかどうか疑わしいものをもまじえている．例えば，Varaua(妾)は女の用いる自称代名詞であって，ロドリゲスもそのように記しているが(大文典 f.68)，延慶本平家物語その他に鎌倉時代からあって，室町期にもかなり一般的に用いられている．

　Guegue(ゲゲ)も草履を意味する婦人語と注されているが，Feiqe に 2 例(p.237, 268)出ており，その 1 例は文語本に存するものである．文安の七十一番職人尽歌合(21 番草履つくり)にも「ゐげげ」があり，「源平盛衰記(巻19, 37)にも見える．このような前代から当代にかけて一般に用いられた語が，同じ意味同じ語形のままで特殊化して女房詞に採り入れられたとは考えにくい．酒の搾り滓を†Sasanomi(ササノ実)と言うのは，酒を Sasa(ササ)という女房詞のあることから，やはり女房詞と考えられるが，それをば「卑俗な婦人の言葉」と注してあるのははたして女房詞か否かを疑わせる．

　また，Soyefude(添エ筆)，Meximono(召シ物)，Mameyacani(マメヤカニ)，Vacatoxi(若年)などの諸語には，「一般には婦人語である」と注してある．これは男性の間にも用いられたことを暗示しており，実際にその用例をあげることもできるのである(内閣文庫本長恨歌琵琶行和解 15 オ. 短篇，およう のあま，室町時代物語大成(三)353 上)．そのほか，切る意の Fayaxi, su(生ヤシ，ス)にしても，女性の専用とは限らない例が幸若(大頭本，烏帽子折 9 ウ／4，文禄本，元服曽我 11 ウ／8)その他に見出だされる．懐妊の意の Mimochi(身持)にしても同様で，玉塵(廿四22 オ)その他に例が存する．かかる語が含まれていることからすれば，必ずしも女房詞ではないけれども，多く女性間に用いられる関係から婦人語と注したものもあると見なければならない．要するに，日葡辞書の「婦人語」というのは，女房詞が中心をなすものではあるけれども，また一面，それ以外の婦人間の用語をまじえているのである．それは女房詞の一般化する傾向が次第に進んで，本来の女房詞とそれ以外の婦人語と判別しにくいものがまれではなくなっていたという事情もあろう．それは必

ずしも日葡辞書編者の側における識別能力についてだけのことではなくて，当時の人々の間にあっても明確でない点を生じていたのではないか．江戸期の「女中詞」に，紙を「料紙」，書物を「草紙」，返答を「おいらへ」というが如きまで含まれているのも，そのような傾向につながるものであろう．

　日葡辞書の「婦人語」なるものが上述の如きものであるから，そこに女房詞の特色が見られるのは当然である．その一つは文字詞である．それは女房詞の構成の一つの基本型をなすものである．ロドリゲスが「語頭の綴字を切取ってそれにMonji(文字)といふ綴字を添へたもの」と説き，その例をも示している(大文典 f.202 v.)ように，一般語から規則的に構成されるものであった．「お湯殿の上の日記」などにはかなり多くの例がある．「権すもじ」とか「大すもじ」など，人の呼び名に用いた例があるし，また同じ語形が別々の意味を表わす場合もある．たとえば「く文字」が「頸・栗・茎漬・九献・還御」の意味に用いられるごときである．語頭の音節を同じくする語には同じことがあるわけで，これ以外にも似た例はまれでない．ロドリゲス大文典に，Padre(バアデレ伴天連)をPamonji(パ文字)と言った外来語の例まであった事実を考え合わせると，文字詞の構成法は一般にも知られていて，一般語からかなり自由に作られ，用いられたようである．かように多く行なわれたにしては，日葡辞書の収録例は著しく少なくて，Comoji, Cumonji, Fimoji, Nemonji, †Nimojiなど7語に過ぎない．．一般にこれらと一類と考えられているFitomoji(一文字・葱)は収めてあるのに婦人語の注記がないが，これは無注記の方が正しい(補説参照)．ともかく数が少ないのは，上に言うごとく，それが規則的に構成されるが故に，一般語に基づく文字詞の一々をすべて挙げる必要を認めなかったのと，またその煩に堪えなかったのとに因るであろう．

　次には，接頭辞「御」を冠した語のことである．一般語，あるいは，その省略形に「御」を冠した女房詞は，時代が下るほど多く，「海人藻芥」では17語中1例，それも菜を「常ニヲマハリト云ハワロシ」とあるのみであるが，数十年後の「大上臈御名事」では115語中20語以上に達する．日葡辞書では，

第Ⅵ章　載録語　365

Vomuxi(ヲムシ)，Voman(ヲ饅)の条に，本来の形はVo(御)を冠しない形であることを注し，別にMuxi, Man の形も見出し語に立てているから，当時そういう意識もまだ存していたことが知られる．しかし，一般にVoやVon (御)を添えて用いる旨を注し添えた条々(Mana, Mauari, Fucuro)もあり，実際にVoを冠した形を標出したのも20例ほどあるから，Voを添える言い方が一般的に行なわれる趨勢にあったことは明らかである．そのVoがもと敬意を添えるものであることは，Fiyaxi(冷シ)に冷水を意味する婦人語だと注して収めた一方に，Voを冠した，

　　　Vofiyaxi.(ヲ冷シ)冷たい水．婦人が自分の主人なり，そのほか尊敬すべき人なりについて話す場合に用いる語．

の条が別にあり，また，

　　　Vofuru.(ヲ古)古い物．たとえば，主人が召使に与える着物など．¶ Vofuruuo cudasaruru.(ヲ古ヲ下サルル)主人が或る着古しを与える．婦人語．

　　　Vofin. l, vofiru.(ヲヒン．または，ヲ昼)貴人が眠りから目をさますとか，起き上がるとかすること．例，Iza vofin are, l, nasarei.(イザヲヒンアレ，または，ナサレイ)あなたさま，さあお起きあそばせ，など．婦人語．

とあるのなどを見れば，敬意を含めて用いることもあったのである．

こうした例がある一方には，Mauari(廻リ)やVomauari(御回リ)の条に，

　　　Võmauariga nŏte meiuacugia.(御廻リガ無ウテ迷惑ヂャ)

　　　Vomauari, l, vocazuga nŏte meiuacugia.(御回リ，または，御数ガ無ウテ迷惑ヂャ)

の例があるように，Voが丁寧の意を添えただけのものがあり，総体的にはこの類が一般的であったと思われる．亀井孝氏は，接頭辞「御」を冠した女性語(女房語)について論じ，そこではこの「御」を'ornamental o'として，日葡辞書所収の語にも言及していられる[22]．

なお，Suricogui(摺糊木)の条には，別条に婦人語と注して標出したfachinomi(鉢ノ実)を同義語として掲げ，しかもその方がまさる言い方であるとしている．これは，元来女房詞である「鉢の実」が，一般語の「摺糊木」に代えて用いてもよいほどに一般語化していたことを示すとともに，それが上品な語として価値的に優位にあるものとされたことを物語るものである．むしろ，価値的に上であるとの意識が一般語化を促進したと見るべきであろうが，ともかくこうした性格をも備えていたのである．

4　婦人語と幼児語

婦人語のほかに幼児語(palaura de meninos)と注記したものが若干ある．

　　　Caca.(カカ) Faua(母)に同じ．母．これは子供の言葉である．
　　　† Sumŏtorigusa.(天門冬) すなわち，Sumire.(菫) 菫の花．これは子供の言葉である．
　　　Toto.(トト) 父．これは子供の使う語である．

のような語であるが，これら以外に婦人語と共通するものもあった．

　　　Amo.(アモ)　Mochi.(餅)　婦人および子供の言葉．
　　　Bobo.(ボボ) 女の恥部．婦女子の使う言葉．
　　　Vôgi.(祖父) 祖父．¶ Vôgigo.(祖父御) 祖父様．婦人や子供の言葉．

このうち Amo は，補遺では婦人語とだけ注してあるから，上引の本篇の記述を訂正する意図をもって重ねて収めたのかも知れない．たとえそうであるにしても，本篇に上引の1条があることは，婦人語と幼児語とが近かった一面を物語るものとして興味がある．現代でも，婦人，特に母親と子どもの間には共通した語が少なくない．これは母親が迎合的に子どもの言葉を用い，また子どもが母親の言葉をまねるためであるが，こうしたことはいつの時代にも存したことであろう．

　　Toto(トト)は，補遺に Iuo(魚)の婦人語としてあるが，易林本節用集に，
　　斗々和国児女呼魚曰斗々類説云南朝人呼食為頭呼魚為斗也
とあり，黒本本・天正十八年本節用集もほとんど同じ注を付している．また，醒睡笑にも，十才ばかりの子どもが鯛の頭を「ととのかしら」と言った例が

ある(巻1). よって, 日葡辞書に記するとおりであったことがわかる. 子どもの小便を Xixi(シシ), 子どもの男根を Xiji(指似)というのも, 婦人語として録しているけれども, やはり子供も使ったものであろう. 婦人語と幼児語との間には, このような共通するものがあったのであって, かかる点からすれば, それと明記されてはいなくても, さきにあげた婦人語の中にも子供の用いたものがなおいくつかあったであろう.

補説 1. Fitomoji(一文字)

日葡辞書には, 上に述べたように婦人語を収めているが, その中に少数ながらいわゆる文字詞とよばれる語を含んでいる. ところが, Fitomoji(一文字)には葱の意味と注してあり, 文字詞の一類と思われるのに, これには婦人語という注記がない. これは編者の誤りではないかと思われるけれども, 亀井孝氏の御教示によって, 実は女房詞ではないことを知った. すなわち, 葱を意味する「ひともじ」なる語は, 日葡辞書の編まれた室町末期にあっては, 女房詞とは無縁に普通の語として一般に通用していたのであった.

日葡辞書では, †Vtçuuo(ウツヲ)の条下に, その一義として葱をあげ, *Cebolas*(葱)という葡語説明のあとに, 「これは婦人語でる」と注してある. 別に独立の条として立てた Fitomoji(一文字)には, 上に言うごとく単に *Cebolla*(葱)という説明をつけただけで, その後に婦人語であるとの注はない. Goxin(五辛)の条にも, Nira(韮), ninnicu(蒜)と並べて fitomoji(一文字)があげてあるけれども, それにも特別の注記はない. これらの諸語のほか, 上と同じように *Cebolla*(*sebolla*)をあてて説明した語としては, Asatçuqi(浅葱), †Asatçuqi(浅葱), †Carigui(刈葱), Chimoto(千本), Negui(葱), さらには†Vaqegui(分葱)などが標出されているけれども, 特に変わった注記はついていない. ただ, 葱については,

   Negui(葱)葉のついていない, 水気のない葱.

とあって, 「根葱」の原義を思わせるもの, すなわち, 土中から根こぎにして葉を去り, 後日の食用や薬用に備えて乾燥して格納してあるのを意味するら

しいのが注意されるくらいのものである．

　今日普通に「ねぎ」と言っているのが，古くは「き」であったことは早くから知られていて，現代の国語辞書に記されているとおりである．その「き」が単音節語で一文字で書かれるところから「ヒトモジ」と言い換えられて成立したものであること，そしてそれが小麦を意味する「こもじ」(小文字)，蒜を意味する「に文字」と同類の女房詞(文字詞)であることまで説くのが，現代国語辞書に通じて見られるところである．しかし，「ひともじ」に関する限りは，その説明は妥当性を欠く．

　まず，溯って延喜年間(901〜923)に成ったとされる輔仁本草(本草和名)には，「葱實」の項に，「山葱，胡葱，倉蒿，凍葱，漢葱」など10種ばかりを列挙して，最後に，「和名岐」とあり，承平5年(935)までには成ったという和名類聚抄の中にも，

　　　葱……本草云，葱音聰，岐

とあるが，丹波康頼に仮託した書で，鎌倉末期から南北朝にかけての頃に成ったかという「康頼本草」には，

　　　葱実　味辛温无毒.和比止毛之.
　　　胡葱　味辛温中損目.和岐

とあり，早くも「ヒトモジ」なる語の存在していたことが知られる．ただ，康頼本草の記し方を検するに，

　　　榧實……和加也乃美　　　藕實……和波知須乃美

のように書かれているのによれば，上の「比止毛之」も葱の実，いわゆる葱坊主から取れる種子を意味するものと解すべきであろう．しかし，草や木そのものと，その実とが同じ語で呼ばれることは珍しいことではない．例としては，日葡辞書中のMomo(桃)やVme(梅)，Sumomo(李)などには，その木と果実との意味がつけてあるがごときである．このことから察して，上の二者も草と実とを総括して「ヒトモジ」とも「キ」とも称したことを示していると解される．ともかく，「葱」の一類には本草の「キ」という名と，それに基づいてできた「ヒトモジ」という名とが並び存していたと考えられる．

第VI章　載録語　369

しかも,「キ」と呼ばれる「葱」にはいくつもの種類があった．すなわち,「葱」の一種なる「冬葱」には「不由岐」,「島葱」は「阿佐豆岐」と呼ばれ(和名類聚抄),さらには,いわゆる葷菜の同類に,

　　　薤　於保美良　　韭　古美良　　(輔仁本草・和名類聚抄)
　　　韭　也末仁良　　薤　佐止仁良,又於々仁良　　蒜　己比留(康頼本草)

など,「ミラ」「ニラ」の新古の名もあるという次第である．そこでそれらを混同しないように,惣名である「キ」をば一音節一文字であるが故に「ヒトモジ」と言い換えて呼び習わしたのであろう．そして本草学関係者であっても,本草学本来の難しい学名によらない場合,例えば専門外の一般の人に対する場合などには,この「ヒトモジ」の方を用いるようになり,この形が定着したであろう．そしてこの「ヒトモジ」という和らげた形は,示差的機能をももつ語であるが故に,いわば伝統的に本草関係の語として受けつがれて,後代にまで及んだもののようである．それとともに,「葱」そのものが野菜の一種として食用に供せられるものであり,また容易に利用し得る家庭療法薬の材料であったことから,「ヒトモジ」なる語が,一音節語で本来不安定な「葱キ」に代わって一般に用いられることになったであろう．

ここでは日葡辞書所載語との関係を尋ねるのが主眼であるから,室町時代の例を調べてみると,温故知新書や元亀本運歩色葉には「葱キ」とあって,和名類聚抄や類聚名義抄,色葉字類抄など,古い辞書と同じである．しかし,この形の例は少なくて,「葱」に「ヒトモジ」という訓を付けた例が,伊京集・黒本本・天正十八年本・饅頭屋本・易林本・永禄二年本・正宗文庫本・広本(文明本)節用集や和漢通用集,いろは字などに見え,

　　　葱ヒトモジ(葱)又云一字(黒本本・和漢通用集)
　　　葱ヒトモジ或云一字(伊京集・高野山本)

のごとく注に「一字」の表記を添えたものもある．

キリシタン資料の中にも,信心録(ヒイデスの導師)に次の例が出ている．

　　　コノエヂットノ人ハ,世界第一ノゼンチヨ〔異教徒〕ニテ,他国ノ仏
　　　神ヲモ拝ムコトハ,言ウニ及バズ,大蒜ニンニク,fitomoji(一文字)マデヲモ拝

スルナリト伝記ニ載セラレタリ．(p.587/1)

このほか，羅葡日にも，葡語対訳のCebolaと，日本語対訳のFitomoji（一文字）とが対応してあててあるものに，Bulbosus, Bulbus, Caepe, l, Caepa, Pallacana, Vnio など，すべて18条があり，Fitomoji 以外の例は1例も見えない．コリャード自筆日西辞書，および1632年版羅西日辞書にも，上と同じくFitomojiだけで，それ以外は見出だせない．国字資料にも，抄物の中に，

　　翁——然トシテ一モシノ葱レイナトノヤウテ色カ白ソ　（毛詩抄．十三
　　33 オ）

　　葱ハヒトモシソ（蒙求知抄，上76ウ．——寛永15年板蒙求抄には相当個所
　　に「葱汁（ヒトモシシル）」（四61オ）の例がある）

　　元日ニ必ス五辛ヲ食ソ，五辛ト云ハ大蒜等ソ，本邦ニモ正月朔日ニ一
　　字ヲ用ソ（四河入海．六ノ一49ウ．——両足院蔵写本には「一字（ヒトモシ）」とある．
　　六本33オ）

のごときがあり，玉塵にも例があるのはさきに掲げたとおりである．また，

　　一，一文字しる〔汁〕，岩崎方ふるまう也　（山科家礼記．文明9，閏正，
　　14)

　　一，律僧ハ，夏了テ，ニラ，ヒトモジヲバ用ルナリ．自餘ノ五辛ヲ堅
　　ク禁ズル也．（驢鞍嗽餘．新校群書類従．廿一）

のように公家の日記や僧職関係の記録にまで用いられ，

　　唐までとづく手こそありけれ　　わがせどの一もじ畠（はたけふり）瓜植て（穎原本
　　誹諧連歌抄．夏．角川文庫，「つくば集」による）

のごとき誹諧連歌にも見えるのは，通用度の高さや広さを思わせる．

　近世に入ると用例はもっと多く見られる．元禄5年板の本朝食鑑，同6年板の男重宝記・救民妙薬，宝永5年板医道日用綱目などに，一般向きの食療法の材料として「ひともじ」があがっている．この類のほかにも，博多の豪商として知られた島井宗室が養嗣子に与えた異見状（慶長15年正月15日付）や慶安元年板の新撰類聚往来（上33），元禄8年板の蜆縮涼鼓集，貞享元年板西鶴の諸艶大鑑，明暦3年板七十一番職人尽歌合（中40番），享保2年板和漢

音釈書言字考節用集その他に例がある．

　なおまた，中国の明代，万暦20(1592)年刊の「全浙兵制考」付録，侯継高の「日本風土記」にも，

　　　　蒜虚而　　葱許多木食　　韭你頼

とあり，それぞれに付せられた小字の音訳漢字の下に，形は整っていないけれども，それぞれ，「ひる・ひともし・にら」と判読される平仮名が記し添えてある．以上もろもろの資料によって，一般の通用語として相当広く通用していたことを知ることができる．

　因みに，上掲の男重宝記に1年先だって元禄5年に刊行された，同じ著者苗村丈伯の「女重宝記」は，女房詞を一括して列挙しているのに，それに後れて出た男重宝記には「ひともじ」が見えない．これは，特に敢えて「ひともじ」を排除したというよりも，始めから当時の慣用のままに著者丈伯の意識にそれが女房詞としては存しなかった故と見るべきである．

　ここで，知る人の多かるべき寛永20年板料理物語に触れておかねばならない．この書の「第七　青物之部」には，「にら・蒜・根深・葱・あさつき・野びる」の順に並べあげて，それぞれの下にそれを材料としてつくる料理名が記してある．これによれば，この「葱（ひともじ）」と「根深（ねぶか）」とがそれぞれにユリ科の植物のうちのなにかを示すものか．とにかく，食料としての「ひともじ」と「ねぶか」とは，当時のことばの慣用として区別されたのではなかろうか．あるいは，「根深（ねぶか）」は，根に続く茎の部分が白く長い白葱を特にさすのでもあろうか．因みに，料理物語の著者は，武州狭山の住人，料理物語の記載は，今も関東で白葱を賞美する習慣に無縁でないかもしれないことを敢えて付言しておく．

　それは存疑として，なおまた，

　　　韮ヲ食トハ葱ノ一モシソ，ニラト〔云脱か〕草カアルニカワツタホトニ葱ヲ一モシト云，日本ノ和名ノ上(ウ)ノコトソ，女衆ハニラヲ二モジト云ソ　（玉塵．廿八11オ）〔「一モシ」の2例には，ともに左旁に縦の一線を付し，「二モジ」には右旁に縦の一線を付し，それぞれ「ヒトモジ」

「ニモジ」と読むべきことを示す〕
とあるのは示唆的である．それというのは，「一モジ」の方は日常使いなれた語をごく自然に使ったというふうの書きざまであるのに対して，「二モジ」の方は，それとは違い，「女衆ハ」と改まってことわった気味の書きかたである．これは「二モジ」が韮を意味する女房詞であって，「一モジ」の使われるのとは位相の違いがあることを意識したことを示すと思われるからである．ことに「女衆ハ」とあって，敬意を含む複数の助辞「衆」（日葡辞書†XVの条）のついた形を用いていることを看過してはなるまい．

　　女房詞を書きとめたもので，応永27年(1420)に編まれたという「海人藻芥」には，「こもじ」（鯉）や「つもじ」（鶫）など，文字詞をいくつも含んでいるけれども，「ひともじ」は見出だせない．然るに，それにおくれて足利義政(1436－1490)の時代に成ったという「大上臈御名之事」には収められて，

　　　　一き．　　ひともじ．

と書かれている．「ひともじ」はもともと女房詞ではなくて，男性の間でも古くから用いられ来たったことは上にのべたが，大上臈御名之事に至って上のように明記され，文字詞の一つと認めて女房詞の中に入れられたのは，当時文字詞がいくつもあり，それをも含む女房詞が，限られた内奥の小社会から一般民衆の間に伝わり弘まって行く状況の中で，いわば文字詞構成の規格に合った形をもっている既存の「ヒトモジ」が，以前からある文字詞の一類の中に組み込まれるに至ったのではあるまいか．それも大上臈御名之事の筆者のなせるわざとまでは言えず，一般的にそのように解されるようになっていた状態を反映したものと思われる．かくて，日葡辞書のFitomojiの扱いは当時の事実を正しく伝えるものであったという次第である．

　　これに関連して言えば，日葡辞書に，

　　　　†Nimoji(二文字)　　にんにく．婦人語．

とあるのは，大上臈御名之事に「一，にんにく　にもじ」とあるのに一致するけれども，同書に，「一，にら　ふたもじ」とあるのは，日葡辞書には，

　　　　Nira.(韮)　　汁(Xiru)その他の物に入れて食べる，葱に似た草の一種．

とあって,婦人語の注記がないのとは合わない.これをさきにFitomoji(一文字)の用例を求めて調べた諸書について検するに,韮は古く「古美良」（コミラ）と呼ばれたことが和名類聚抄,輔仁本草,類聚名義抄などで知られる一方,今日と同じく「にら」となっていたことも類聚名義抄,下学集,諸節用集の明示するところである.しかし,これを「ふたもじ」としたのは,上掲の大上臈御名之事があるほかには,後の物類称呼や倭訓栞,さらには成立年時未詳ながら少なくも近世に入ってからのものと推察される「禁裏女房内々記」などがあるが,後のものは先行書を承けたということもあろう.ともかく,「にら」を「ふたもじ」と記したのは,今のところ大上臈御名之事が古い.そこで,孤立的にこの書に見える「ふたもじ」は,同書内にも見える「き」（葱）を「ひともじ」と言うのに倣って,葱と似ている「にら」（韮）が二文字で書かれる語であるところから「ふたもじ」として文字詞の一つと認め,それと注したのではないか.もっとも,これは大上臈御名之事の筆者が「ひともじ」に準じて作り出したものとまで言うつもりはない.「ひともじ」などの文字詞の一つとして巷間に聞かれた語であったかもしれない.その辺のことになると,未だ拠るべき例証を全く知らないから,何も確かなことは言えないけれども,上のような疑いはかけられようと言うまでである.

　終りに,「ひともじ」をば「葱(き)」が一字で書かれることに基づく「一文字(ひともじ)」であろうとする通説に対して,これと異なる新説について書き添えておかねばならない.久松潜一監修,山田俊雄他二氏の編修に成る「新潮国語辞典
　　現代語・古語」(新潮社.昭和40年11月初版.以後版を重ね昭和62年7月新装改
　　訂版第5刷に至る)の「ひともじ」の条の第2項として,
　　　　葱(キ)(＝ねぎ)をいう女房ことば.「き」が一字であることによるとい
　　　　う.または「き」のかなに古く「〵」を用いたことによるか.「にら」
　　　　を「ふたもじ」というのの対か.〔易林本節用集〕〔日ポ〕
とある後半がそれである.因みにこれは,仄聞するところ,亀井孝氏の山田氏への示唆によるの由.

　新刊の国語辞書をこまめに見ているわけではないから未見のものが多いけ

れども，その後刊行された松村明編「大辞林」(三省堂．1988年11月)，「岩波古語辞典　補訂版」(岩波書店．1990年2月)には，いずれにも従来の説があげてあるだけである．

　今言うところの新説が，上引のように簡単な説明にとどまり，「〵」を用いたことによるか」と控えめに結んであるのは，辞書の性質上当然であって詳述する余裕がないからである．その故に新説の根拠も示されていないので，こちらで推考するほかはない．

　ところで，今日でもなお仏寺の門前に「不許葷酒入山門」と刻した碑が立ててある所がある．この碑文が示すように，「五辛山門ニ入ルベカラズ」という仏家の戒律を背景に，女房詞とは別途，僧侶の層において，彼らがよく知っている「キ」の古体の片仮名「〵」から「ヒトモジ」なる語が生まれ，世に流れたものではないかとする．キの片仮名には「キ」と「〵」とあり，いずれかと言えばむしろ「キ」の方が多く用いられているなかにあって，「ヒトモジ」のもととして「〵」を擬するのは，この方が地面に生えて立っている葱の形に思いよそえられるからであろうとするのはいかがであろうか．

　また仏寺で禁じられていた「葷酒」の「酒」の方は，僧侶間で「般若湯」と言われたことが知られているが，醒睡笑にも「僧家，般若湯と号して専ら(酒ヲ)用ふるは何事ぞ」(巻五)とあり，節用集の中にもこの語に簡単に「酒異名」と注したものがいくつもある(弘治二年本・黒本本・高野山本等々)．この語が僧侶間の隠語として生まれ，やがて山門の外に流れ出て一般語としても通用するに至ったことは周知のとおりである．さきの「ひともじ」もその生まれ出る契機としては，この「般若湯」と同様の事情が考えられるのではあるまいか．

　以上を要するに，葱を意味する「ひともじ」は，元来女房詞としてではなく古くから存した語であり，日葡辞書も婦人語とは認めていないこととの関連から考える時，上述の「ひともじ」の成立に関する新しい説は注目に価するものである．

　因みに，日葡辞書は「ニモジ」を大蒜(にんにく)の婦人語と注しているけれども，「韮(ニラ)」

第Ⅵ章　載録語　375

にはその注記をつけていない．しかるに，韮(にら)を女房詞で「ニモジ」と言ったと思われる資料がある．前に引いたので，簡略に所要の部分に限ってあげるにとどめるが，それには，

　　　葱ヲ一モシ〔左旁に縦に｜の一線あり〕ト云，……女衆ハニラヲ二モ
　　　ジ〔二の右旁に縦の｜線あり〕ト云ゾ（玉塵，廿八11オ/4．国会図書館本
　　　複製本による）

とあり，左旁の｜線は訓よみ，右旁の｜線は音よみのしるしであるから，上の例はそれぞれ「ヒトモジ」「ニモジ」と読むべきものである．さすれば，韮を「ニモジ」と言う「女衆」の女房詞があったと見なくてはならない．それに加えて，大上﨟御名之事には，

　　　一　にら．　ふたもじ．

とあるから，韮には異なる二つの女房詞があったことになる．また，日葡辞書は「ヒトモジ」には婦人語と注していないが，†Vtçuuo（ウツヲ）を葱の婦人語としていて，これは「海人藻芥」に「葱ハウツホ」と記すのと合致する．このように女房詞の中には同じ物に異なる2語の存するものがあったことになる．前記の韮にも「ニモジ」と「フタモジ」とが並存していたわけであるが，これには少々疑義がある．それというのは，「ニモジ」の「ニ」を音訓いずれのよみと見るかによって二様に読めるからである．玉塵の「ニモジ」の「ニ」には右旁に縦線がついているが，叡山文庫本には右旁の一線がないから，「ニモジ」でなく「フタモジ」を示すのかも知れない．そこで韮(にら)の女房詞は，その頭音節に基づく「ニモジ」が生まれたが，その片仮名表記から「フタモジ」の形も生れたのではないか．それが大上﨟御名之事に録せられ，それ以降の物類称呼や重修本草綱目啓蒙などに見える「フタモジ」として漸次伝わったものと考えられるのではあるまいか．岩波古語辞典には，初版以来「フタモジ」を立項し，その条下に，

　　　女どもは韮を――（ふたもじ）と云ふぞ（玉塵抄二八）

とあり，前掲の引用部分と思われるが，「女衆」が「女ども」になっており，「ニ｜モジ」が「ふたもじ」になっているから，国会図書館本以外の写本に拠

ったのかも知れない[23]．それにしても「ふたもじ」の例は珍しく，なお今後調査を重ねる必要がある．

補説 2．Mana（真魚）と Vomana（御真魚）

日葡辞書の婦人語の中に，次の 2 条が録されている．

  Mana.（真魚）魚． これは婦人語であって，普通には Vomana（御真魚）と言う．

  Vomana.（御真魚）魚． 婦人語．

この前者については，すでに亀井孝氏が，この注記は「編者のあやまりにいずるものかとおもわれる」（勉誠社複製日葡辞書再版本，巻末，解題 p.16(327)）と述べていられる．氏の炯眼と確かな指摘には敬服のほかはないが，このことを主題としたのでない，簡単な解題中の付言だけでは，あるいは誤解されるおそれもないではないと思われる．筆者の見るところも，氏の言われるところからそれていはしないかと思うけれども，以下卑見を付説として添える．

先学の教えによれば，上代には食用とする魚類を総称して「ナ」と言い，その証が万葉集（五 869）や持統紀（持統 3 年 7 月）にあり，これに「マ」を冠して「マナ」とも言ったらしく，神代紀に「天之真魚咋（まなぐひ）」とあるのが知られている．それ以後の各時代の例証を辿ることは容易でないけれども，上の「マナ」の語が中世まで続いて存したことは，当時の語例によって察せられる．ただ，単独の「マナ」の形は，日葡辞書以外にはなかなか見出だせない．中世において，「魚」を意味する語は，日葡辞書にある Iuo（イヲ），または，Vuo（ウヲ）が一般的であって，同辞書では見出し語に双方があるほか，他の条の用例中にも両方の形が使われている．これに先行する羅葡日では，iuo は 10 例であるのに vuo は 139 例もあって，著しい差があるが，Feiqe, Esopo, 金句集三部合綴本はすべて vuo の形で統一されている．これに似ているのは虎明本狂言で，北原・村上両氏編の総索引によれば，これも「うを」ばかりである．これで当時の一般的傾向が知られるが，このほかに，古くからある上述の「マナ」があって，日葡辞書にはこの補説 2 の最初に引用しておいたように，

Mana(真魚)と Vomana(御真魚)の2条を立てて，そのどちらにも魚を意味する婦人語であるという説明をつけている．

これらの用例を求めると，Vomana の例は，大上﨟御名之事の中に，

　　一　うほ．　　御まな．
　　一　はも．　　ながいおまな．
　　一　さけ．　　魚ノ名．あかおまな．

があり，単独の「おまな」の例は，「お湯殿の上の日記」をさぐればいくつも見出だされる．

　　　　御たいより御まな三色まいる．おとこたちのかたへも，御まな，御た
　　　　るいたさるゝ．（文明9，正，15）〔類例：文明9，正，23，同正，25，延
　　　　徳4，正，25，等〕

上の「あかおまな」は † Acauo mana(赤御真魚)に「鮭」の婦人語とあるものであって，同日記にも見られ(文明10，正，18，同13，12，11等)，「しろ御まな」の例もあるが(慶長3，1，18)，すべて「御まな」の形ばかりである．「御まな」の方は，大上﨟御名之事に録され，日葡辞書に注するところによって確かに女房詞であり，婦人語として用いられたものに違いはない．

これに対して Mana(真魚)の例は，はるかに例が少ない．節用集では，黒本本・伊京集・饅頭屋本その他に収められているのを見るが，もちろん女房詞と注したものはない．また，壒嚢鈔に，

　　　　魚切ルマナイタトハ何ナル字ソ．俎字ヲヨム也．
　　　　　魚箸ヲマナハシト読ミ．……魚ヲマナト云也(巻一 49 ウ)

とあるのも，語の説明に用いられているにすぎない．注意すべきは，

　　　　俎ハマナ板ノコトソ，コヽラニ魚ヲマナト云ソ，女衆カ魚ヲ御魚ト云
　　　　ソ，面白イ倭名ソ(玉塵，卅一　41 オ/11)

の例である．これによれば，「マナ」と「御魚」とは区別があって，一般には「マナ」と言い，婦人たちは「御真魚」と言うことを述べたもので，前引の同じ玉塵に「女衆ハニラヲニモジト云ソ」(廿八　11 オ)とあるのと同じく，それは女房詞を指していると見て誤りはあるまい．

要するに，魚を意味する語としては，「イヲ」，「ウヲ」，特に後者が最も一般的に用いられ，古形の「マナ」も存したけれども，上に見るごとく複合語中に姿を留めるほかは，その語構成の説明などに用いられるなど限られていたらしい．これに対して，「御マナ」の方は魚を意味する女房詞として用いられたという次第である．

さすれば，日葡辞書のVomana（御真魚）の条に，魚を意味する婦人語と注したのは正しいけれども，別条に

  Mana.（真魚）これは婦人語であって，普通にはVomana（御真魚）と言う．

とあるのは，全く誤っているとまでは言えないにしても，これでは，ManaもVomanaとともに婦人語と認めての説明であるから，上述のManaの用いざまからしては妥当でないとせざるを得ない．

Ⅷ　その他の特殊語

上来述べてきたもの以外にも，特殊な語である旨の注記を加えたものがいろいろある．しかし，いずれも数は少ない．

① 猟師の言葉

  Fumiagari, u, atta.（踏ミ上ガリ，ル，ッタ）足で登る，または，上の方に身をおく．¶また，獲物を見つけるために山に登る，あるいは，坂を上がる．これは猟師の言葉である．

  Fumicudari, ru, atta.（踏ミ下リ，ル，ッタ）高い所から下へ見に下りる．狩に用いられる語．

② 剣術用語

  Qentai.（懸待）さっと襲いかかったり，打ちこんで行ったりすること，および，打ちこんで来るのを待ち構えること．剣術で用いられる語．

  Xirafa.（白刃）刀（Catana）の刃．¶Xirafade mairi auŏ.（白刃デ参り会ワウ）剣術で用いられる語．抜身の真剣で相手と戦いたい，という意

　　　　　　　　　　　　　　　　　　　第Ⅵ章　載録語　379

　　を示すのに用いられる．
③　戦争用語
　　Tŏfŏ.（当方）こちら側，または，味方の人々．戦争に用いられる語．
④　船乗りの言葉
　　Teraxi.（照ラシ）船乗りが Fi（火）と言うのを忌んで，その代わりに用
　　いる語．
　　Tore, uru, eta.（取レ，ルル，レタ）風がなぐ，または，止む．水夫の
　　言葉．
⑤　馬子の言葉
　　✝Fai.（ハイ）馬が石ころだらけのでこぼこ道などを行く際に，馬子が
　　用いる言葉．
⑥　医師の言葉
　　Cami.（加味）医者の用語．ある材料を増したり減らしたりして薬を作
　　ること，すなわち，薬の調剤．文書語．一般に通用している語は
　　caguen（加減）である．
　　Iŭgoracu.（十五絡）十五の血管．例，Iuniqe〔Iŭniqei〕jŭgoracu.（十二
　　経十五絡）医師の説くところの人体の十二と十五の血管．
　　Iŭniqei.（十二経）医者の説くところの，手や足にある十二の血管〔経
　　脈〕．例，Iŭniqei, jŭgoracu.（十二経，十五絡）Iugoracu〔Iŭgoracu〕
　　の条を見よ．
　　Iunriŭ.（循流）血液が血管を通って滑らかに流れめぐること．医師の
　　語．
⑦　神道の語
　　Axicai.（葦牙）すなわち，Tçunogumu axi.（角グム葦）ある小さな葦の
　　芽．Xintŏ（神道）の語．
　　Chiuayafuru.（千早振・千磐破）すなわち，昔の（こと）．または，長い年
　　月の間の（もの）．Xintŏ（神道）の語．
　　Conton.（混沌）例，Conton mibun.（混沌未分）天と地とがはっきりと分

かれて生成し出現する以前．Xint.(神道)の語．

Cusanaguino qen.(草薙ノ剣)神道(*Xintŏ*)で語られている或る剣．

Mimago.(御孫)または，Camino xison.(神ノ子孫)神(*Cami*)の子孫，あるいは，血統．神(*Cami*)に関する事項に用いられる語．

⑧ 八卦の言葉

Canchūren.(坎中連)　Facqeno cotoba.(八卦ノ言葉)日本の占いをする人々〔易者〕が推断を下すよりどころとする数本の長短の線〔の組み合わせ〕を観察し，つき合わせて調べてみる方法の一つ．

⑨ 茶の湯の言葉

Nadare, uru, eta. l, nadare vochi, ru.(頽レ，ルル，レタ，または，頽レ落チ，ツル)高い所から下の方へ流れて来る，または，滑り落ちて来る．………¶Sumiga nadaruru.(炭ガ頽ルル)茶の湯(*Chano yŭ*)で用いられる語．すなわち，おこり炭〔燠(※)〕が崩れ落ちて灰になる．

10．(尉)下にはいくらか火や燠(※)が残っているけれども，燠，すなわち，炭火が崩れて灰になる，その灰のこと．……¶茶の湯(chanoyŭ)で，*Sumi nadareta*(炭頽レタ)と言うのは，燠がすでに衰えてほとんど灰になっている意．

このように特殊語注記を付した語はいろいろあるけれども，それらは全篇を通じて一貫した方針のもとに採録注記したものとは見えない．第一，上掲諸類はいずれも極めて少数の語に限られているけれども，それらと同類の語はほかに多く収められているのであって，上と同じ扱いをするとなれば，かなり多数の語に注記を加えなければならない．例えば，猟師の言葉には上掲の2語だけに特殊語の注記があるけれども，ほかにも Fiqicoxi, su(引キ越シス)とか，Fitoyori(一寄リ)，Tomoxi(照射)，Xigaqi(鹿垣)とかなど，上と同じように扱い，同様の注記を付して然るべきものがいくつもある．医師の言葉にしても，医療・医薬・疾病・調剤等々にわたってかなり多くの語が収められているが，中には Cunyacu(君薬)，Quatmiacu(滑脈)，Chinmiacu(沈

脈), Qetvn(血暈)など, 一般の人々の通用語彙の中にあるものではなく, その方面の特殊な専門用語と見るべきものもまじっている. 上にあげた Iunriǔ (循流)が医師の語であれば, それと関連のある Iunquan(循環)や Iunji, uru (循ジ, ズル)も同じ扱いをしてよいものではなかったろうか. このようなことは, 上掲の9種のいずれについても言えることで, その例をあげるには事欠かないのである.

　茶の湯関係の語にしても, 茶室・茶の道具・茶の種類などにわたって相当多くの語が採られているけれども, 特殊語の注記があるのは, 上掲の2条に過ぎない. さらには, いわゆる鷹詞もかなり多く収められていて, 鷹の種類, 鷹の羽, または, 身の部位名, 鷹の動作, 鷹用の諸道具等々まで, 全篇にわたって200語近くに上るのであるが, 特殊語注記の略号もなく, それを注した跡も認められない. もちろん, 説明の中に Cha(茶)とか falcão(鷹)とかにかかわる事項を含むから, その分野の語と知れるわけではあるが, 他の特殊語とは扱いが違っている. この節で「その他の特殊語」として挙げた猟師用語以下茶の湯の言葉までの9類は, 詩歌語・文書語や婦人語などのように, 初めから特定の注記を加えて特殊な語であることを示そうとしたのではなくて, そうした特殊語注記に関連して, たまたま編者の注意を惹いたものについて説明中に言及したに過ぎないであろう.

　医道・医薬関係の語は, 直接に人の健康にかかわるものだけに一般語として通用するものが多かったであろうし, 元来医学上の特殊な術語であるものも一般語化することがまれではなかったろう. 茶の湯にしても当時の社会にあっては社交上心得ておくべきことであったし, 鷹狩に関しても上流人士の弁えておくべきことであったから, 一般的に用いられる上で特殊性をもつものもあったではあろうが, 茶道関係者や武人その他上流社会の人々に特有のものとは考えられなかったのであろう. また, 日葡辞書を利用する者の側から考えるとき, これらの方面の語は日本の上流の人々や知識人と接するにあたって, 心得ていることが有利であり, 必要でこそあれ, 方言や婦人語などのように外国人宣教師たちが口にしてはならないというようなものではなか

った．従って，医師・医術や茶の湯や鷹関係の言葉は必ずしも一般に通用するものばかりではなかったにしても，特殊語としての扱いをしなければならないものとまでは考えられなかったものと思われる．

注
1) 拙著「室町時代語論攷」（三省堂，昭和60）p.165
2) 1565年4月27日付都発印度のイルマン宛書簡．「耶蘇会士日本通信，上」（聚芳閣，昭和2）p.246
3) 松田毅一・川崎桃太訳「フロイス日本史・4」（中央公論社，昭和53）p.48
4) 福島邦道「キリシタン資料の語彙」(「講座日本語の語彙4」(「中世の語彙」)p.278
5) 宝月圭吾「本邦占城米考」(小野武夫博士還暦記念論文集「日本農業経済史研究 下」日本経済評論社　昭和24)
6) 拙稿「日葡辞書の方言」(藤原与一先生古稀記念論集「方言学論叢Ⅱ」三省堂　昭和56)
7) 亀井孝「『捷解新語』の注音法」(亀井孝論文集「日本語のすがたとこころ（一）」(吉川弘文館，昭和59)
　　同上「鐘楼蝙蝠録」(「一橋論叢」第40巻第1号，昭和33．亀井孝論文集「日本語のすがたとこころ（二）」(昭和60)所収
8) 吉田澄夫「天草版金句集の研究」(東洋文庫論叢第24，昭和13)p.164
　　亀井孝　上掲7の第2論文．
9) 土井忠生「吉利支丹文献考」(三省堂　昭和38)p.100
10) 拙稿「キリシタン文学」(岩波講座「日本文学史Ⅴ」昭和35．「室町時代語論攷」(三省堂　昭和60)所収
　　土井忠生　上掲書9)p.70
11) 拙著「天草版平家物語難語句解の研究」(清文堂　昭和57)p.356
12) 土井忠生「十六・七世紀における日本イエズス会布教上の教会用語の問題」(Georg Schurhammer S. J., Das kirchliche Sprachproblem in der Japanischen Jesuitenmission des 16. und 17 Jahrhunderts.)(「キリシタン研究」第15輯　昭和49．「吉利支丹論攷」(三省堂　昭和57)所収．
13) 柊　源一「吉利支丹文学集」(「日本古典全書」朝日新聞社　昭和32)p.169
14) 海老沢有道，松田毅一「エヴォラ屛風文書の研究」(ナツメ社　昭和38)p.72
15) 亀井孝，H・チースリク，小島幸枝「日本イエズス会版キリシタン要理」(岩波書店　1983)p.26
16) 同上．pp.69,74
17) 国田百合子「女房詞に関する新文献」(「文学語学」第13号)p.116
18) 「女中詞」(「方言」第4巻第11号)

19) 松井利彦「奥書をもつ女中ことば集」(土井先生頌寿記念論文集「国語史への道」下巻(三省堂 昭和56)
20) 同上
21) 上掲20)に同じ．
22) TAKASHI KAMEI. Covering and Coverd forms of women's language in Japanese with special reference to the ornamental prefix o—. (Hitotsubashi journal of arts and sciences. vol. 19. no. 1. 1978)
23) 玉塵巻廿八 11オの例について，鈴木博・出雲朝子両氏に別個に私信でご教示を乞うたところ，叡山文庫本では「ニモジ」とあって，「ニ」の右傍に音読符はないことを知らせて頂いた．なお，「ヒトモジ」については，京都大学蔵三略捷抄(昭和56年複製)に付せられた鈴木博氏の解説に教えられるところが多かった．

第Ⅶ章　載録語の説明

　長崎版日葡辞書は，序言に記されているとおり，先人の手に成った辞書写本があって，年来行なわれていたのをもとにして，細密な検討を加え，増補改訂を施して成ったものである．そして，その業を進めるにあたっては，その組織，内容，形式など，すでに1595年天草のコレジオから刊行されていた羅葡日に倣うところが少なくはなかった．しかし，彼と此とでは甚だしく事情が異なる．実際に資料をあつめて編纂の業を進め，全体を整えて行く過程においては，編者たちは，羅葡日の組織や体裁等を形式的に踏襲するにとどまらず，対象とした日本語の実態に即してそれ相応の改善をし，利用する人々のために親切な配慮もしているのである．その一つに，説明の形式や方法などをあげることができる．

　日葡辞書では，見出し語に対する説明として，葡語による説明に先んじて，日本語による説明を添えていることが少なくない．これは羅葡日と全く違う点であるが，その理由は，日本語がラテン語や葡語などとは異なる性質をもち，構造上に著しい相違があるのに加えて，日本語を表記する文字体系上の複雑さがあるという事実の認識に基づくものである．イエズス会士は，すでに早くから日本語が固有の和語のほかに多くの外来的要素の漢語を取りこんで併用し，また，混用している事実，その漢語を表わす文字の漢字に音と訓との違ったよみがあり，それも同一漢字に二つ以上の異なるよみが併存することがある事実について知っていた．漢字の訓は，その漢字の意味を表わす和語であり，漢語に対する日本語訳の固定したものであるから，漢字漢語のもつ意味はその訓によって推知することができる．キリシタン版の漢字字書「落葉集」に収めた漢字漢語にすべて音と訓との双方を注した主たる目的もその点にあったと見てよい．

　このような日本語の実態に応ずる意図のもとに，日葡辞書では漢語を掲げ

れば先ず日本語の訓による説明を付し，また，それに代わるやさしい日本語による説明や同義語を示すことにつとめたわけである．そのあとに葡語による説明が続くのであって，外国人のための辞書であるからには，その説明の重点がここにおかれるのは当然であるが，その内容は見出し語の意味を中心に，語の形態，用法，文法的な面にまで及ぶ．また，方言，卑語，詩歌語，文書語を始め諸種の特殊語を収めてそれを示す注記を加え，同義語の間に価値的相違のあるものについては，それを示した上に拠るべき規範を教えるなど，細かな点にまで編者の心配りが行き届いている．しかも，できるだけ実例をあげて具体的に実証的に説明する方針で貫かれていて，日本語の特質に即した扱いをすることに格段の注意と努力とが払われている．それらの点について，以下順を追って述べることとする．

I　漢語の訓釈

1　訓釈の方法

　漢語の意味を説明するのに，それを構成する漢字の訓をもってする訓釈の方法は，わが国で古くから行なわれていた漢語の説明法であって，キリシタンの間でも早くからこの方法を取り入れていた．それは日葡辞書以前の諸書に見られるが，例えば，バレト自筆写本の行間や欄外に書き込まれている語注の中に，その実例をいくつも見ることができる．次いでサントスの御作業の巻末には，本文中の難語句を抜き出してアルファベット順に配列し，各条に簡単な注解を加えた小辞典形式の「和らげ」が印刷付載されている．その見出し語は少数の和語以外は漢語であって，その大多数を占める漢語にはすべて訓釈が付けられている．それは漢語の意味理解を助けるのが主な目的であるから，漢字の訓が一般には知られていない，従ってまた和語の表記には用いることのないようなもの，例えば，Zŏ-vŏ(象王)やZŏ-fu(臓腑)の「象・臓・腑」とか，あるいは，訓は一般周知のよみであっても，それを示したと

ころで漢語熟語自体の意味理解には役立たないようなもの，例えば，Yŭ-fit（右筆）とか Tçui-xô（追従）とかにおける「ミギーフデ，ヲウーシタガウ」のようなものは示されていない。このような例外は別として，多くの条々は，漢語熟語をその構成要素に分けた形で掲げ，その各部分に対応する漢字の訓を示し，その後に葡語による説明を添えるという形をとっている。

     auaremu nasaqe
    Ai - xei. Cõpaixão, piedade.（哀情．アワレムーナサケ．同情の念，憐憫の情）．

     cayexi cotayuru
    Fen - tŏ. Responder.（返答．カエシーコタユル．返事すること．）

このように，訓注の形は国字の訓をローマナイズしたものであって，一々の漢字に対応する訓を示すのが本旨であるけれども，必ずしも訓だけが用いられているとは限らない。以下印刷の便宜上，小字の訓釈を見出し語のあとに移して示すことにすれば，

    Acu-vŏ.（悪王） axij vŏ（アシイ王）

    Fiac-cu xẽ-nã.（百苦千難） fiacu no curuximi xen no nãgui（百ノ苦シミ，千ノ難儀）

    Zocu-tai.（俗体） zocu no tai（俗ノ体）

などのように，中に漢字の音をまじえて注したものもある。上の「王・百・千・俗・体」のごときは，単独でも，また熟語の中でも，字音で読むことの方が多く，むしろその方が一般的でさえあって，ことさら訓におきかえる必要のないものであった。むしろ，訓を用いることの方がまれであって，本来の目的にそぐわないところから，わざと一般通用の音を示したものである。

 すでに上掲の「百苦千難」や「俗体」の訓釈のように，漢字に対応しない助詞の「ノ」を補ったのがあり，また一方には，

    Fon-pucu.（本復） moto ni cayeru（本ニ復ル）

    Fei-cô.（閉口） tozzuru cuchiuo（閉ヅル口ヲ）

    Qi-qiŏ.（帰京） cayeru qiŏye（帰ル京ヘ）

のように，助詞「ニ・ヲ・ヘ」を補ったものもある。これは漢語熟語の意味理解に役立てるためであるが，この書の和らげとしては，これが取り得る処

第Ⅶ章　載録語の説明　387

置の限度であった．それというのは，見出し語の漢語を構成要素に分けてそれをハイフンでつなぐ記法を取っているだけに，訓も一々の漢字に対応していなくてはならない．それ故，熟語の意味をよりよく示すには，cuchiuo tozzuru(口ヲ閉ヅル), qiǒye cayeru(京ヘ帰ル)として語順を改める方がよいことはわかっていても，そこまで改めるわけにはいかなかったのである．

信心録の和らげも，見出し語の大部分が漢字二字から成る熟語であって，サントスの御作業のと同じであるが，各条の形式は違っている．第一に，見出し語の次に葡語による説明だけを続けたのはまれであって，日本語による説明を付けるのがきまりになっている．その説明が実は訓釈であることが多く，それに助詞を補って漢語熟語の意味の理解を助ける配慮をしたものもある．

　　　Baibai. Vri cǒ.(売買．売リ買ウ)
　　　Caifen. Vmi no fotori.(海辺．海ノ辺リ)
　　　Sanqio. Yama ni iru.(山居．山ニ居ル)

これと同じ配慮から，漢字に対応する訓の順序を変えて示したものに，

　　　Bonqua. Toga uo uocasu.(犯科．科ヲ犯ス)
　　　Rôjǒ. Xiro ni comoru.(籠城．城ニ籠ル)

のごときがあり，このような訓釈に加えて，さらに字訓とは別の日本語注を添えたものも見える．

　　　Acuguiacu butǒ. Axij sacaxima michi nai. i. varui coto.(悪逆無道．
　　　　悪シイサカシマ道無イ．すなわち，悪イコト)
　　　Anpu. Yasuqi ya inaya. i. yoxi axi.(安否．安キヤ否ヤ．すなわち，
　　　　善シ悪シ)
　　　Gattai. Tai uo auasuru. i. ichimi.(合体．体ヲ合ワスル．すなわち，
　　　　一味)

その一面では，訓釈は示さないで直ちに日本語注を続けている条もある．例えば，サントスの御作業の和らげに，

　　　Cai-san. firaqu yama Fundador.(開山．ヒラクヤマ．創設者)

とあるのが，信心録の和らげでは，

　　　　Caisan. Monpa no fajimete.（開山．門派ノ始メ手．）

とあるごときである．なお，

　　　　Bacu-tai. nacare fanafada Muita cousa.（莫太．ナカレハナハダ．甚だしいこと．）〔サントス〕

　　　　Bacutai. Vôqina coto.（莫太．大キナコト）〔信心録〕

　　　　Gueqi-rin. sacaxima vrocuzzu Agastamento del Rei.（逆鱗．サカシマ　ウロクヅ．帝王の怒り．）〔サントス〕

　　　　Gueqirin. Teivŏno icaraxeraruru coto.（逆鱗．帝王ノ怒ラセラルルコト．）〔信心録〕

のような類例は他にも見られるのである．これらによれば，信心録の和らげでは訓釈を示すとともに漢語熟語自体の意味を説明することに重点をおいたものである．

　次に Feiqe, Esopo, 金句集三部合綴本の和らげは，上述の信心録のそれに近いけれども，次の諸点に違いがある．第一に，見出し語は単語形に限らず，連語，あるいは，一連の語句を標出した条もかなり多いこと，第二に，見出し語に漢語が多いことは前掲書と同じであるが，和語の単語や語句も少なくないから，見出し語全体に占める漢語の割合は前二書よりも低率であること，第三に，見出し語に対する説明は，日本語によるのを原則とし，葡語による説明を付した条はまれであること，この3点である．その日本語の説明は，訓釈だけのものもありはするけれども，それよりは日本語の同義語ややさしい日本語で言い換えたものの方がはるかに多く，総じては日本語による説明を主体とし，この方に重点をおいている．かかる点からして，この Feiqe の和らげは，漢語の取扱いについては，前掲諸書の和らげとはかなり趣を異にしている．

　おくれて1596年版のローマ字本「コンテムツス・ムンヂ」の和らげは，信心録のそれと大体同じ体裁をもつものである．すなわち，訓釈のみの条も少なくないが，それで不十分な場合には，

　　　　Tçŭrei. Touoru tamexi. i. Tçuneno coto.（通例．トヲルタメシ．すな

わち，常ノコト）

　　　Xochi. Xiru tocoro. i. chiguiŏ.（所知．知ル所．すなわち，知行）

のように，訓釈にさらに日本語の説明を付け加えることがあり，それに代えて葡語による説明を加えていることもある．

　　　Tçŭriqi. Touoru chicara. i. Forças penetratiuas.（通力．トヲルチカ
　　　　ラ．すなわち，透徹する力）

　　　Quacqei. Yomigayeru bacari. i. Boa vida.（活計．ヨミガエルバカリ．
　　　　すなわち，豊かな生活）

　かような葡語の説明を付けた例は，さきの信心録の和らげよりも多い．それだけに訓釈を併せあげたものも信心録よりは多いと言える．

　さて，先行諸書の和らげの態様を見て来たが，続いて出た日葡辞書を見るに，上述のコンテムツス・ムンヂの和らげの説明方法をば一歩進めたものと見ることができる．それというのは，漢語に対する訓釈と，漢字の訓によらないやさしい日本語による説明とは，これを区別して示し，その上で葡語による説明を加えているからである．

　　　Caisui. Vmino mizzu. i. Vxiuo. *Agoa do mar.*（海水．ウミノミヅ．す
　　　　なわち，ウシヲ．海の水）

　　　Dontŏ. Nibui catana. i, Qirenu catana. *Espada que corta mal.*（鈍刀．
　　　　ニブイカタナ．すなわち，切レヌ刀．よく切れない刀）

　　† Mŏja. Forobita mono. i. Xinda mono. *Pessoa ja defunta.*（亡者．ホ
　　　　ロビタモノ．すなわち，死ンダ者．すでに故人となった人．

　　† Tairei. Vŏqina mine. i. tacai mine. *Cume alto de monte.* S.（大嶺．
　　　　ヲウキナミネ．すなわち，高イ嶺．山の高い頂上．文書語．

　すなわち，訓がよく漢字に対応してその意味を示すものである場合には，それを見出し語の直後に続けてあげ，訓以外の日本語で見出し語と同義の語であるか，あるいは，見出し語の意味を一層よく示す説明であるかする場合には，i.（idestの略）のあとにそれをあげるたてまえをとっている．このことは，巻頭の序言中にことわってあるとおり，日葡辞書編者の最初からの方針であ

った．まれに例外はあるにしても，本篇と補遺を通じて全般的に上の方針で貫かれていると言ってよい．i.の略号をこのように用いることは以前からあって，サントスの御作業を始めとして，前にあげた諸書の和らげにも見られるけれども，統一的ではない．日葡辞書では，明らかに区別する意図のもとに全篇にわたって使い分けているのであって，この方式は日葡辞書に至って編纂方針の一つとして確立され，全篇がこのきまりによって統一されたものである．これは，先行の和らげの類に比べて一歩を進めたと言うべきものであり，日葡辞書の一特色をなすものである．

かくて，訓釈とi.を冠した同義語や説明とを区別した結果，訓釈は漢字の訓を示すという性格を明確にしたが，さればといって，サントスの御作業の和らげのように，必ずしも漢語の構成要素の一々に確実に対応させたものばかりではない．

　　　　Gueba.(下馬)　　Vma yori voruru.(馬ヨリ下ルル)
　　　　Qijŏ.(帰城)　　Xiroye cayeru.(城へ帰ル)
　　　　Munô.(無能)　　Nô naxi.(能無シ)
　　　　Fiôri.(表裏)　　Vra, vomote.(裏，表)

のように，字訓を連ねて，日本語として意味の通ずるように，語順を改め，助詞を補うなどしたものも含まれている．この点は信心録やコンテムツス・ムンヂの和らげに近く，訓釈を訓釈として明示する形式を取り，同義語や説明などにはi.を冠して区別した点では，サントスの御作業の和らげと通ずる．先行書の和らげの中には，本書編纂の際に参考し利用したと思われるものもあるので，漢語の訓釈形式にも先行書の影響を受けているに違いない．

要するに，先行書の方式を参考にするとともに，合理的に利用しやすいように改善して，上述のような方式を採り，一段と整ったものになったわけである．

2　訓釈用語の性格
(1)　漢字の定訓

第Ⅶ章 載録語の説明　391

　本書の漢語見出し語につけられた訓釈は，総体的に文語形が用いられていることは動かない．一例を Bi～, Mi～(未～)形の熟語に取れば，Bimei(未明)を始め，Mibun(未分)，Midan(未断)，Migacu(未学)など，全部で13語が入っているが，それらの訓釈はすべて Imada(未ダ)であって，Mada(マダ)をあてたものは一つもない．そしてこれを落葉集本篇に対照するに，同書に収められていない「未分」以外は，すべて母字「未̆」か「未̂」かの条下にあり，その二つの母字の左旁訓「いまだ」に一致するのである．日葡辞書には Mada と Imada とを別々の条に立てて，両方にほぼ同じ説明を加えているが，注意すべきは，Imada の方に書き言葉の副詞と注してあることである．一方，口語資料の Feiqe・Esopo・金句集の3部合綴本を検するに，

　　　　　Feiqe. イマダ 9　　マダ 44　　Esopo. イマダ 1　　マダ 16

とあるのに対して，金句集は文語の本文中にイマダ3例を見るだけで，マダが見えないのは当然である．これらの事実を合せ考えると，日葡辞書の注記は当時の事実を示すものと認められるから，上掲の Bi～, Mi～形の13語の訓釈はそろって書き言葉によっているわけである．

　また，De, zzuru.(出，ヅル)の条に，それよりは Ide, izzuru(出デ，出ヅル)と言う方がまさるとし，Daxi, su.(出シ，ス)の条には特に注記はないが，Idetachi(出デ立チ)の条には，話し言葉では *Detachi, u.*(出立チ，ツ)の方を多く用いるとある．一方，Xutba(出馬)以下「出～」の複合語の訓釈には，すべて Ide, zzuru.(出デ，ヅル)が用いられ，「出」を下部構成要素とする Cacuxut(各出)，Guioxut(御出)，Taixut(退出)，Toxut(吐出)，Yujut(湧出)などの訓釈にもすべて ide, izzuru(出デ，出ヅル)や idasu(出ダス)がつけてある．また，Daqi, u.(抱キ，ク)の条に，それよりもまさる形として Idaqi, u.(イダキ，ク)を示しているが，Quaifŏ(懐抱)，Fŏco(抱鼓)の訓釈にはその「イダク」の方が用いてある．

　また，BV. l, mu.(無．または，ム)，および MV.(無)には，ともに naxi(ナシ)の訓釈がつけてあるが，この Bu, Mu を上部構成要素とする漢語熟語では，ほとんど統一的に naxi(ナシ)という訓釈がつけてある．これらによって

訓釈の一般的な性格が推知される次第である．

　山田俊雄氏は，落葉集の本篇，色葉字集，小玉篇の三部について，所収の漢字の訓について精密な考察を加えられた．

　氏は，落葉集本篇において，所収の単一漢字の左旁に付せられた訓(単字左旁訓)と，色葉字集所収の単一漢字の右旁に付せられた訓(単字右旁訓)と，さらに小玉篇所収漢字の単字左旁訓とを細かに対比検討された結果，同一漢字に対する上述三者の訓が高い比率の共通性を示す事実を明らかにされ，その精密な検討に基づいて，

　　　　　単字の右旁もしくは左旁に位置する訓は，いはば定訓(標準的な訓)
　　　　　として示されたものと見て大過ないと言ひうる．

と述べていられる[1]．日葡辞書の訓釈は，上にも述べたとおり，落葉集本篇の左旁訓に合致するのが普通である．日葡辞書の中には，落葉集を参照し，それに拠ったかと思われる点もあるのであるが，この訓釈の一致もそれと同じ関係であるかは，軽々には断じ難い．落葉集も日葡辞書もともに当時の定訓によって注したための一致と見るのが穏当であろう．

　さて，このように両書の間に広く訓の一致が見られるというのは，山田氏の言われる「定訓」が，当時の定まった訓として，大方は安定していたことを示すのであろう．それはそれとして，それを当時の日本語の状態から見る時は，それは全くの一類ではなくして，性格を異にするものが同時に共存したものと見なければなるまい．すなわち，全体を見渡す時，先ず古くからの訓と，それが変化して当代に生じた新しい訓，簡約に言えば従来からの文語に基づく訓と，当代の口語の訓とがあり，それら語形の相異するものが併存する事実によって明らかである．さらに，その文語の範囲に属するものを注意して見ると，古い時代の漢文の訓読におけるよみが固定し残存したもので，一般の文語のとは区別すべきものがある．従って，当代の定訓として認められているものの中に，漢文訓読語系，文語系，当代口語系の三類が含まれて共存しているという次第である．

　(2) **訓読語系のもの**

第Ⅶ章　載録語の説明　393

本篇の M 部に，次の 2 条が隣り合わせに収載されている．

　　Mecujira.(鯢)　　雌の鯨．この語は，話し言葉としてよりも Qeiguei (鯨鯢)という語の Yomi(よみ)〔字訓〕として用いられる．

　　Mecurumecu.(目クルメク)　文書語．Meno mŏcoto.(目ノマウコト) 頭がくらくらする病気，または，目がくらむ病気．この語は Qenvn (眩暈)という語の Yomi(よみ)〔字訓〕として用いられるが，話し言葉ではそれ程には用いられない．一般通用の言葉は Memaiqe(目マイ気)である．

　これらは，漢字の訓として固定した特殊な語であることを注したものであるが，当時の事実を示しているものと考えられる．本書は，Qeiguei を 1 条に立てているけれども，前者は早く類聚名義抄，色葉字類抄に見え，下っては慶長板和玉篇に「鯨ヲクヂラ」「鯢メクヂラ」，落葉集の本篇と小玉篇にもそれぞれ「おくじら」「めくじら」の訓を付していて，上記の説明と一致する．

　一方，節用集の類になると，「鯨」「鯢」ともに「クヂラ」とした易林本を始め，黒本本でも「クヂラ」であり，天正十八年本・伊京集などは「雌」「雄」という注を加えながら訓は単に「クヂラ」としている．易林本は別に「鯢メクヂラ」を収めているが，これは先行の辞書を承けて字訓専用の形を伝えたものと推察される．すなわち，当時一般の話し言葉では雌雄の別なく「クヂラ」であって，「メクヂラ」の方は「ヲクヂラ」とともに字訓に固定していたものを写しとどめたものと考えられる．なお，「鯨」の仮名表記と発音については，クヂラ・クジラのいずれかの問題があるが，ここはそれを扱う所ではないから，日葡辞書では上掲の Mecujira のほか，Cujira の条，Caiguei(海鯨)の条の訓注もすべて cujira(クジラ)と記されており，他書の仮名書きの例も「クジラ」の方が多いことだけを言い添えるにとどめておこう．

　「メクルメク」は，古くは「メクルベク」であったことが類聚名義抄や色葉字類抄などで知られる．下っては天正十八年本節用集の「眩」の訓に見え，温故知新書の「眩暈・眩・眩転」にも同じ訓があるけれども，黒本本・饅頭屋本の節用集や伊京集・落葉集などには収められていない．一方，本書の Me

(目)の条にもそれはあげず，Mega mǒ.(目ガマウ)の方を示している．この方なら羅葡日の Vertigo や Scotoma の日本語対訳にも用いられており，抄物でも四河入海(八ノ一 17ゥ，十ノ四 14 ォ)や京大本三略抄(六 5ゥ)，玉塵(十七 9ゥ)などにも見えている．医学関係の抄物でも文禄五年に成った大成和抄(鈴木博氏蔵)に，

　　　旋暈――二字ナカラメグル也目ノマフコト也(43ゥ)

とある．曲直瀬道三の類証弁異全九集(元和古活字板複製本による)には，「目クルメク」(六 10ゥ)と「目マフ」(三 5ォ，四 6ォ)と双方の例がある．当時の医学用語を抽出して簡単な注解を付した寛永十六年板病論俗解集を見るに，

　　　眩暈　眩ハ者言三其ヲ黒ヲ，暈ハ者是レ旋転，皆ヲ属三虚ト与三痰，メクルメク．ヒノ
　　　　　カサ(影印「病論病名集」所収 p.30)
　　　眩運　目眩ト同，メノマフコト．(同上 p.31)
　　　目眩　眩運也，メノマフコト，メクルメク(同上 p.52)

とある．このうち「メクルメク」は，医学書の本文中の「眩暈」などに付せられた伝統的な訓，あるいは，それに基づいて医師の間では当時もなお用いられていた一種の術語を注記したものと受け取られ，一方それと同義の「目ガマウ」の方は一般の通用語であったことを示していると解される．そうなれば，前述の抄物類の用例に加えて，狂言六義や虎明本狂言に，

　　　くるくると目がまふた(よ)〔鼻取相撲・文相撲．虎明本狂言はこの
　　　　他に蚊相撲にも．〕

とあることから，日葡辞書の記述は当時の事実に基づくものと言えるであろう．その一方，「メクルメク」には文書語と認めて S.注記を添えているのもうなずかれる．

　また，見出し語に Mecurumecu の形を標出したのは，共時論的にはすでに当時の慣用としては名詞として用いられていたことを示すのである．語尾に qu を用いないで cu を用いた点，そのことを思わせる．

　さて，日葡辞書の Qeiguei(鯨鯢)の条には，全く訓釈が付けてないけれども，

Qenun. Me curumequ. i, Mega mŏ.(眩暈．メクルメク．すなわち，目
　　ガマウ)……

の条には問題の語が訓釈にあげてある．このことは，この書の訓釈中にこの
種の訓読用語をまじえている可能性を示すものである．前掲の Mecujira,
Mecurumecu の両条のように特殊な訓読用語である旨の説明を付した条は，
他には見出だせないけれども，同類の特殊な訓と認められるものは，なおい
くつかあげることができる．Reô a（聾啞），Reôquai（聾聵），†Nireô（耳聾）
などの訓釈中に見える Mimixij（耳シイ）など，いずれも落葉集にあって定訓
がついているからその類であろう．これらの例は何れも名詞形であるが，日
葡辞書の見出し語に名詞形はなくて，Mimixij, ijte, l, ijta.（耳シイ，シイテ，
または，シイタ）という，欠如動詞と注した一条を掲げているだけである．な
お「ミミシヒ」の形は，類聚名義抄，色葉字類抄を始めとして，弘治二年本・
永禄二年本・高野山本・易林本・広本（文明本）等の諸節用集に見え，落葉集に
も「聾」「聵」の定訓としてあてられている．

　なおまた，本書の本篇M部に Mimitoi（聡イ）と Mimitoxi（聡シ）との2条
が隣り合って収めてあり，ほぼ同じような意味がつけてあるが，前者は形容
詞的意味であるのに対して，後者は名詞の意味を注し，文語形を掲げて S.（文
書語）注記をつけている点が違う．「ミミトシ」は「聡」の訓として類聚名義抄
を始め，天正十八年本・易林本・広本（文明本）節用集などにあり，落葉集にも
またこの定訓を付して収められている．それに，Sômei（聡明）の条の訓釈に，
Mimitoxi aqiraca（ミミトシアキラカ）とあるのを見ると，わざと別条として
Mimitoxi を立て，S.注記を付してあるのは，「メクルメク」と同類のもので
あることを示すものであろう．

　この種の語は，話し言葉はもちろん，書き言葉でも一般には用いられなか
ったようであるから，本書では特殊なものとして多くは採録しなかったであ
ろうと思われる．しかし，見出し語としては採らなくても，訓釈の中には密
接な関係のある漢語に付随して採り入れられることはあったであろう．それ
らを一々指摘することは，特殊な訓注語の範囲を限定することと共に困難で

あるけれども，その類と考えられるものはなお他にもある．

  Xenqen.(嬋姸)　Cauoyoxi cauoyoxi.(カヲヨシ　カヲヨシ)　すなわち，Itçucuxijcoto(イツクシイコト)美しいこと．

  † Xenqen. l, Xenguen.(嬋姸，または，嬋ゲン)　Cauoyoxi, cauoyoxi.(カヲヨシ，カヲヨシ)美しいこと．

上の「カヲヨシ」などはその1例であろう．なお，次のような類例もある．

  Bican.(美嫺)　Itçucuxij cauoyoxi.(イツクシイ　カヲヨシ)

  Biqen.(美姸)　Vtçucuxû cauo yoxi.(ウツクシュウ　カヲヨシ)

  Xuyen.(姝艶)　Cauoyoxi miyabiyaca nari.(カヲヨシ　ミヤビヤカナリ)すなわち，Vtçucuxij coto.(美シイコト)

「嬋姸」「美姸」は落葉集に上と同じ訓を付して収めてあるから定訓をもつものであり，「嬋姸」「姝艶」「美嫺」はサントスの御作業の和らげにあって，同じ訓注がついている．しかし，Cauoyoxi, Cauoyoi のごとき見出し語は，本篇にも補遺にも標出していない．「姸・姝・好・妖・美・麗」などに同じ訓を付したのは，古く類聚名義抄に見え，三巻本色葉字類抄にも「麗・姝・好・妖・美・娃・娥」その他都合12字に同じ訓がついている．これらの漢字に固定した訓が室町期の節用集類にも受けつがれたのであって，天正十八年本・黒本本・饅頭屋本・伊京集などには見られないけれども，温故知新書には「容・姝」に，易林本には「姝・姸・好」に，枳園本には「麗・姝・美」に「カホヨシ」の訓をつけている．このほかにもこの訓の見える節用集はまれでない．広本(文明本)節用集のごときは，「美・姝・姸・嬋・娟・淑・俶」に「カホヨシ」の訓を付した多くの例があり，中には漢文の引用文中に傍訓として注した例もあって，古訓の使いざまを明らかに見せている．このような訓が日葡辞書にも録せられるに至ったものであろうが，それも直接には落葉集，あるいは，サントスの御作業の和らげあたりに拠ったものもあるであろう．

  Mocuyocu.(沐浴)　Cami arai, yu aburu.(カミアライ，ユアブル)……の訓釈なども同趣のもののようである．これは落葉集の定訓に一致し，易林本には「浴ユアブ」，広本(文明本)節用集には「沐・浴」に「ユアブル」の訓を付け

た例が見え，温故知新書には，

　　　　沐 カシラアラフ 文　　浴 ユアフル 文

とあって，双方に出典略号がつけてあるので，基づくところの古さが察せられる．天正十八年本・黒本本・饅頭屋本・伊京集などには収められていない．日葡辞書は別条に，Cami. Yu. Arŏ. Aburu.の各語を収めても，Cami arŏ. Yu aburu.としては標出していない．その一々の語が単独では一般に用いられても，「カミアラウ」「ユアブル」となると，「沐」「浴」の訓として固定していて，それ以外に自由に用いられることはなかったからであろう．

　このほかに，訓釈に用いた語そのものは特異なものではないのに，それが付せられた漢字との関係において変わっているものがある．例えば，

　　　　Iŏguiŏ(浄行)　Isaguiyoqu voconŏ.(イサギヨクヲコナウ)

のように「浄」の訓に「イサギヨシ」をあてたものがあり，Iŏqet(浄潔)，Iŏruri(浄瑠璃)，Iŏye(浄衣)などもその類である．「浄」の訓は「キヨシ」が一般的であって，落葉集でも本篇・色葉字集・小玉篇ともに「きよし」の訓がついているし，日葡辞書内でも上掲諸語と同じⅠ部のIŏmiŏ(浄明)，Iŏdo(浄土)，Iŏcai(浄戒)や他の部のFujŏ(不浄)，Xŏjŏ(清浄)などの「浄」には「キヨシ」の訓があててある．サントスの御作業の和らげにあるFujŏ(不浄)，Xŏjŏ qeppacu(清浄潔白)，Vaye fujŏ(汚穢不浄)などの「浄」についても同じである．ただ，コンテムツス・ムンヂの和らげには，

　　　　Iŏxet.(浄刹)　Isaguiyoqi cuni.(イサギヨキクニ)

とある．また一方には，日葡辞書に，

　　　　Xeiqet.(清血)　Isaguiyoi chi.(イサギヨイチ)

　　　　Xŏriŏ.(清涼)　Isaguiyoi, suzuxij.(イサギヨイ，スズシイ)

とあるごとく，「清」に「イサギヨイ」の訓を付したものもあるが，これも落葉集には見えない．ところが，温故知新書や印度本系統の節用集には「潔・清・浄」を並べて掲げ，これに等しく「イサギヨシ」の訓を付したものがある．弘治二年本・永禄二年本・堯空本・枳園本・高野山本などがそれで，また易林本でも「清・潔」に「イサギヨシ」の訓がある．これらによって，「浄」

「清」の両方ともに「イサギヨシ」と訓ずることがあったことが知られるけれども，少なくも当時普通に行なわれたものではない．やはり漢文の訓読に伝統的に保たれていたものであろうと思われる．

さきに述べたように，「浴」を「ユアブル」と訓ずるのは漢文訓読に固定したものであるが，同じく「浴」に対するものでも，当時ようやく姿を見せ始めた口語形で，上一段活用化した「アビル」をもって Yocuchi.(浴池)の条に「ユヲアビル」の訓を付けているものもある．これは伝統的に「ユアブ(ル)」の訓が存していても，それによらないで当時の口語をもってそれに代えたものであって，漢語熟語の意味をわかりやすくする為の措置に他ならず，編者の配慮によるものと見なければならない．このような点からして，本書の訓釈中に前述のような訓読語系の伝統的な字訓が少なく限られていて，大部分は一般的な字訓が付せられている理由が容易に了解されるであろう．

(3) **一般的な字訓によるもの**

ここに一般的な字訓というのは，上述の訓読語系以外の字訓を便宜上一括して称するものであるが，これにまた二類がある．

山田俊雄氏は，落葉集の本篇・色葉字集・小玉篇の三篇の単字訓について精査され，その結果，同一語を二つの形で掲げたものがあるとして，

動詞……あぐ・あぐる　　うまる・うまるる

形容詞……いやし・いやしし　　きびし・きびしし

形容動詞……おろか・おろかなり　　しづか・しづかなり

のような例を示されたが[2]，これをうけて小島幸枝氏も同じ事実を示された[3]．これと同じことが日葡辞書の訓釈にも認められる．先ず動詞について見るに，

　　Chùu.(中有)　　Nacani ari.(中ニ有リ)

　　Sŏxei.(早世)　　Youo fayŏ su.(世ヲ早ウス)

のように本来の文語形を用いたものもあるが，それは極めてまれで，大部分は当時の口語形によるものである．終止形と連体形とが違っていて，文語と口語で形の違う動詞の例を少し拾ってみると，

Chôqua.(超過)　Coye suguru.(超エスグル)
Chôuot.(超越)　Coye coyuru.(超エコユル)
Cairacu.(開落)　Firaqi votcuru.(開キヲツル)
Suimet.(衰滅)　Votoroye foroburu.(衰エホロブル)
Gaxi.(餓死)　Vye xisuru.(餓エシスル)
Reqijit.(歴日)　Fiuo feru.(日ヲヘル)
Baitocu.(買得)　Cai yeru.(買イエル)

のように終止・連体同形の当時の口語形を用いたものが多い．すなわち，日葡辞書の動詞見出し語に示すのと同じ形が用いられたのであって，このことは，方針として動詞の見出し語に掲げたと同じ当代通用の口語が訓釈にも用いられたことを示すものである．動詞活用近代化の指標として注目すべき二段活用の一段化現象の例は，前掲の例中にあるが，下二段活用の四段化した「迎ふ」がRaicŏ(来迎)の条にQitari mucŏ(来タリムカウ)として見え，かかる点からすれば，日葡辞書にあっては，一部の例外はあるにしても，訓釈に当代通用の口語形をあてたことが明らかである．

　形容動詞は，連用形は文語・口語ともに〜ニ形で違いはないので，この一形が見られるだけであるが，他の二活用形についてはそれぞれ違った二つの形が並び用いられている．まず，終止形には文語形の〜ナリ形が普通で，〜ナ形はまれである．

Iacujŏ.(寂静)　Xizzucanari xizzucanari.(シヅカナリ　シヅカナリ)
Canrei.(寒冷)　Samuxi fiyayacanari.(サムシヒヤヤカナリ)
Xundan.(春暖)　Faru atatacanari.(ハルアタタカナリ)
Cŏcŏ.(皎々)　Aqiracana, aqiracana.(アキラカナ，アキラカナ)
Sômei.(聡明)　Mimitoxi aqiracana.(ミミトシアキラカナ)

連体形は終止形に比べて圧倒的に多くの例があるが，それには〜ナル形と〜ナ形の両方がある．

Iaman.(邪慢)　Yocoximanaru manqi.(ヨコシマナルマンキ)
Meôchi.(妙智)　Tayenaru chiye.(タエナルチエ)

† Reisacu.(霊作)　　Tayenaru tçucuri.(タエナルツクリ)
　　　Dancocu.(暖国)　　Atatacana cuni.(アタタカナクニ)
　　　Miŏgan.(明眼)　　Aqiracana manaco.(アキラカナマナコ)
　　　Feigi.(平地)　　Tairacana tçuchi.(タイラカナツチ)
　　　Canca.(閑暇)　　Xizzucana fima.(シヅカナヒマ)

　これら2形のうちでは，〜ナル形が少なくて，〜ナ形が遥かに多く，この方をあてるのを本旨としたものと見える．〜ナル形は，Meô〜(妙〜)形の諸語に，〜ナ形は Miŏ〜(明〜)，Mei〜(明〜)，Can〜(閑〜)形などの諸語に，近接して現われるのを見ると，それらの部の編纂分担者が同じ訓を続けて付けたのによるかもしれない．しかし，さきの動詞の訓釈に見られるように，全般的に口語形を用いるのが著しい傾向であるから，編者の個人的処置よりも全般にわたる傾向，あるいは方針に拠るものとすべきであろう．

　形容詞は，まずその「定訓」に注意すべき点がある．前述の山田・小島両氏とも，動詞・形容詞・形容動詞について定訓を検討し，それに関連して同一語の小異例を定訓として併用していることがあるとして，その実例を示された．注意すべきは，その中の形容詞の定訓である．すなわち，形容詞の定訓として落葉集本篇に注してあるのは，

　　　イツクシ・イツクシシ　　　キビシ・キビシシ
　　　トボシ・トボシシ　　　ヒトシ・ヒトシシ

のように，語尾を〜シで示したのと〜シシで示したのとの二つに限られる．もっとも，色葉字集にはイトシイ(最愛)とヤサシイ(花声・有様)との二例があるが，本篇の中にはない．それはこの二語のみに限ったことではなくて，総体に口語形の〜イ形が見えないのである．山田氏の示された，落葉集本篇の訓の表を利用させて頂いて調べた結果，本篇中には，

　　　〜シ，〜シシ形　　　　127
　　　〜キ形(たけき・あしき・よき)　 3

の例があるが，口語の終止・連体形として当時存したはずの「赤イ・甘イ」などの〜イ形は一例も見出だすことができない．これは編者の意図によって統

第Ⅶ章　載録語の説明　401

一した結果なのであろう．

　日葡辞書の状態を見るに，動詞や形容動詞とは少し趣を異にする点がある．まずク活用を見るに，文語形も口語形も共にあって，それぞれ終止形も連体形も多くの例がある．

　　　Bican.(微寒)　　Sucoxi samuxi.(スコシサムシ)
　　　Cŏqiŏ.(剛強)　　Couaqu tçuyoxi.(コワクツヨシ)
　　　Canzŏ.(甘草)　　Amaqi cusa.(アマキクサ)
　　　Qiŭcon.(旧恨)　　Furuqi vrami.(フルキウラミ)
　　　Qen.(賢)　　Caxicoi.(カシコイ)
　　　Facubai.(白梅)　　Xiroi vme.(シロイウメ)
　　　Xeiriŏ.(清涼)　　Qiyoi suzuxij.(キヨイスズシイ)

　これに対して，シク活用の用例は総体に少なく，それも文語形は終止・連体形ともに少なくて，その少ない形が口語形の終止・連体形〜シイ形に偏している傾向が著しい．

　　　Biŏdô.(平等)　　Tairacani fitoxi.(平ラカニヒトシ)
　　†Xinpŏ.(新法)　　Ataraxiqi fatto.(アタラシキ法度)
　　　Cùzan.(空山)　　Munaxij yama.(ムナシイ山)
　　　Birei.(美麗)　　Vtçucuxû vruuaxij.(ウツクシュウウルワシイ)
　　　Finbocu.(貧乏)　　Mazzuxij toboxij.(マヅシイトボシイ)

　山田俊雄氏の前掲の論文に挙げられた落葉集本篇の字訓の表中，形容詞を抜き出し，その中で同じ訓が重複して挙がっているものの一方を除いてみる．例えば，ク活用の「たけき」「たけし」，「ちいさき」「ちひさし」，シク活用の「あしき」「あしし」，「いやし」「いやしし」のごときを1語と数えることにして，全体の数を合わせてみると，

　　　ク活用の語　77　　　シク活用の語　35

であって，2対1の著しい差を示す．もちろん，当時の日本語における形容詞の二類の内訳がこのとおりであるとはきめられないけれども，特定の範囲において，この場合，山田氏の取り上げられた落葉集と，それに対比して筆

者が抜き出した日葡辞書の範囲に限ってみるならば，シク活用形容詞の例が少ないことは，やはり双方に通ずる事実として認めなくてはならない．

さて，日葡辞書中の訓釈に使われている形容詞で，文語形終止形～シを用いているのには，次のようなものがある．（以下，訓釈は片仮名のみで示す）

① 単一漢字に付したもの

  Acu(悪)　アシ　　　Iacu(弱)　ヨワシ　　　Can(寒)　サムシ
  Ien(善)　ヨシ　　　MV(無)　ナシ　　　†Xo(暑)　アツシ

② 単一漢字を二つ重ねた形に付したもの．これには，類義，あるいは，同じ漢字を重ねたものの上や下の漢字に付したものがある．

  Coqiù(故旧)　フルシ，フルシ　　　Qengo(堅固)　カタシ，カタシ
  Qinqin(近々)　チカシ，チカシ　　　Canqiocu(奸曲)　カダマシシ，カダマシシ　　　Funpun(芬々)　カウバシシ，カウバシシ

③ 反対の意味を示す漢字を重ねた場合

  Candan(寒暖)　サムシ，アツシ　　　Qicqeô(吉凶)　ヨシ，アシ
  Yenqin(遠近)　トヲシ，チカシ

④ 語頭の漢字は従で，末尾の漢字が主たる意味を示すもの．すなわち，語頭の漢字は下の漢字を修飾限定するもので，実質的意味は下の漢字が表わす場合，その下の字の訓につけたもの

  Goccan(極寒)　キワマリ<u>サムシ</u>
  †Iingiû(甚重)　ハナハダシク<u>ヲモシ</u>
  Daican(大寒)　ヲウキニ<u>サムシ</u>
  Daicŏ(大強・大剛)　ヲウキニ<u>ツヨシ</u>

このことは，また，

  Chŏtan(長短)　<u>ナガシ</u>，ミジカシ
  Chŏjit(長日)　<u>ナガイ</u>　ヒ
  Canjo(寒暑)　<u>サムシ</u>　アツシ
  Cancocu(寒国)　<u>サムイ</u>　クニ

のごときを対比してみれば，よくわかる．

すなわち，日葡辞書の訓釈は，漢字一々の訓を示すのみならず，訓釈を連ねることによって，漢字一々の意味に加えて漢語熟語自体の意味を理解するようにと意図したものなのである．

3 訓釈の目的

漢語の見出し語に訓釈を付した目的が，その漢語の意味を理解させる点にあることは言うまでもない．すでに述べたように，本書の訓釈は，サントスの御作業の和らげのそれとは違って，必ずしも漢語の構成要素の一々に対応するものとは限らず，語義を示すように語順を変えたものも少なくない．

   Cŏmen.(向面) ヲモテニムカウ
   Xexxŏ.(殺生) イキモノヲコロス

この類の中には，訓釈中に字音語をまじえたものもある．

   Chôacu.(懲悪) アクヲコラス
   Chôxo.(招請) マネキシャウズル
   Tanxo.(短書) ミジカイショ

この類になると，すでに別語を用いた「説明」に近づいたものとも見られるのであって，それだけ語義の説明を目標にしている意図を含むものと見られる．字音語の形で一般的に用いられるものは，字訓に直せば却ってわかりにくいということもあるので，語義を示すのには上のような方法が自然であり，編者の意図するところにかなうものでもあった．

さればといって，訓釈の目的は語義を示すことのみにあったのではない．もし語義のためだけのものであったとすれば，同義語，あるいは，日本語による説明にi.を冠して訓釈と区別する必要はなかったはずである．

   Faigan.(拝顔) カヲバセヲヲガム．i.(すなわち)，ヲンメニカカル．
   Denye.(伝衣) 仏教語．コロモヲツタユル．i.(すなわち)，祖師ノ衣鉢
   ヲアタユル．

のような場合，i.以下を付しておけば語義の説明としては適切で十分であったはずである．実際にはi.を付けないで，見出し語の直後に続けて上のような

語義の説明を示したものもまれではない．

  Cayen.(嫁縁) 夫婦ノエンヲムスブコト．
  Guejun.(下旬) ツキノヲワリノ十日．
  Chŏchacu.(打擲) ヒトヲヤマスルコト．
  Xentô.(仙洞) 内裏ノ隠居所．
  Chôyŏ.(重陽) 九月ノココノカノコト．

 i.の有無によって訓釈と説明とを区別する原則からすれば，上の諸例はi.を脱したものと認められるが，こうした例がまれでないのは，i.をもって区別する態度に動揺があって，実は始めからi.をつけない場合もあったのであろう．それは語義説明に重点をおいたためである．

 しかし，かかる例をまじえ，あるいはまた，この種の説明に似て，説明と訓釈を兼ねた形のものを含みつつも，字訓標示を主眼とする訓釈をゆるがせにしなかったことも動かせない事実であって，それもこの書のたてまえとして全篇にわたっている．これらの点から見る時は，全般的方針として訓釈を付したことには，語義を示すとともになお他の意図もこめられていたと考えなければならない．

 改めて言うまでもなく，日葡辞書はローマ字だけで印刷されていて，収載語の国字表記形を知ることはできない．かなり高い程度の日本語学力の習得を要請されている外国人宣教師のための日本語辞書としては，それでは十分とは言えない．イエズス会の当事者，あるいは，編纂主宰者がこの点に思い到らなかったはずはない．しかし，ローマ字に国字を交えて印刷することは容易なことではない．本書の成る以前に刊行された「ぎやどぺかどる」では，漢字平仮名交りの文中にラテン語の要文がローマ字で印刷されているが，それは一続きのローマ字文が所々に挟まれている程度であるから，困難ではあったろうが可能であった．しかし，辞書の一々の条に両種の文字を交え用いることは，その困難さにおいて前者とは比較にならないし，当時にあっては技術的にまだ容易ではなかったろう．それにまた，すでに落葉集なる字書が出版されていて，国字の読み書き関係のことはそれを利用することで補われ

るので，本書には国字を収めなかったのだと考えられる．

　これら二書が相補いながら日本語の学習に有効に利用されるためには，内容・組織ともに密接な連関がなければならない．けれども現存の両書間にはそれほどの緊密な関係があるとは言えない．落葉集の本篇は，不十分ながらも漢字をイエズス会式綴り方によるローマ字書きにした場合のアルファベット順に配列した所がある．しかし，それを本書と引き合わせてみるに，収録語に出入りがあって一致せず，また落葉集本篇のアルファベット順配列も未完成のまま印刷されているために配列の順序も合わないのである．

　かような関係にある両書において，ローマ字形から国字の表記形を検索し利用しやすくするのは訓釈である．漢語には同音異義語が多いので，よみだけを知っていてそれに相当する漢字を求めるのは困難である．この時に役立つのが訓釈である．このことは，今日われわれが本書の見出し語を国字に翻字する場合に，訓釈が有力な手がかりになる事実に徴して明らかである．これらのことからして，訓釈には日本語の漢字表記形への導きをするという編者の意図もこめられていると考えるのが妥当であろう．

　編者が語のよみと文字との関係を念頭においていたことは，次のような説明によってもうかがえる．

　　　Fongo.(反古)　Fôgu(ホウグ)の条を見よ．それというのは，このように〔Fongoと〕書かれるけれども，Fôgu(ホウグ)と発音されるからである．書きよごした紙などの意．

　　　Xŏriŏ.(生霊・精霊・聖霊)生きている人の霊魂．¶また，すでに肉体を離れた霊魂．そしてこのような霊魂を意味する時は，別の文字で書かれる．¶Xŏriŏni mizzuuo tamuquru.(聖霊ニ水ヲ手向クル)死者の霊魂に水をやる，あるいは，供える．

　これらの説明で，意味の違いによって文字の異なることはわかっても，どのような漢字を用いて書き分けるかはわからない．しかるに，訓釈がつけてある場合，例えば，

　　　Xunvŏ.(春鶯)ただし，Xunnŏ(シュンナウ)と発音される．Faruno

　　　　vguysu.(春ノウグイス)春の鶯．文書語．
　　Annon. l, anuon.(アンノン．または，アンヲン)Yasuqu vodayaca nari.
　　　(ヤスクヲダヤカナリ)穏やかで平和なこと．この語は，本来 Anuon
　　　(安穏)が正しい形であり，そのように書かれる．しかし，Annon(ア
　　　ンノン)と発音されるので，この位置に配列しておく．
のごときは，書かれる文字のよみは発音と少し異なっていること，その文字
の一字一字は上に示すような訓をもつ文字であることを注意していて，訓釈
によって漢字を限定しているのである．

　要するに，訓釈を加え，それと i. を冠した説明とを区別して示す方針を取
ったのは，語義を示すのに重点があったのであるが，それとともに漢字の形
を知らせるためでもあって，落葉集などとの相補的関係を保つためでもあっ
たと考えられる．

4　誤　謬

　多くの訓釈の中には，誤りや不備などの欠陥もある．
　　　　Fuxô.(不肖)　モノノカズニアラズ．……
　　　　Iinpuxô.(仁不肖)　ヨキ人体ト，モノノカズナラヌ人．
この「不肖」の訓は「不屑」のそれと混同したものであるが，当時「肖」と
「屑」とはよく通用されたもので，落葉集や小玉篇にも，ロドリゲス大文典に
も例がある．その点，必ずしも誤りとするわけにもいかない．しかし，
　　　　Chicuit.(逐一)　一々ヲトグル．
　　　　Qeiso.(鼱鼠)　イタチネズミ．
　　　　Saixacu.(再釈)　フタタビエラブ．
これらは，それぞれ「逐・遂」「鼱・鼬」「釈・択」の混同に基づく．かよ
うに互いに似た形の漢字をよみ誤った例は他書にも往々見られる．サントス
の御作業に tanguiŏ(II．170)とあるのは，和らげに miru auogu(ミル仰グ)と
ある訓釈と，本文中の文脈とから推して「瞻仰」を「膽仰」に誤ったもので
あることが明らかである．コンテムツス・ムンヂにも「満溢」を mãyeqi(III.

258)とした例がある．これらは国字本文をローマナイズする際に生じた誤りと察せられるが，上掲の本書の訓釈の誤りも同様の事情によるものであろう．

  Cairit.(戒律) アラタメタダシイ．

  Quaxŏ.(火生) ヒヤク．

の例は，「戒・改」，「生・焼」の誤りである．

 Fibo(悲母)に「カナシムハワ」とした例がある．それは，漢字一字一字の訓としては合っているが，別条のFiguan(悲願)に「ジヒ〔慈悲〕ノグワン」と注したのを見れば，これと同様の注にすべきものである．別に，「悲歎・悲歓・悲涙・悲愁・悲傷」など，「悲～」形の語が多く標出してあるのに，みな「カナシミ～」の訓を付したのにひかれて機械的に訓釈をつけたもので，穏当でないと見るべきである．

 なお，In.(院)，Inchǔ(院中)，Ien-in(禅院)の「院」に対してcague(カゲ)の訓がついているが，かかる訓は落葉集や倭玉篇などにも見えないので，何かの誤りかもしれない．

 また，訓釈の一部を欠くものがある．

  Caifu.(開敷) ヒラキ． Biŏxit.(病疾) ヤミ． Guinyei.(吟詠)

  ギンジ． Rŏjeqimono.(狼藉者) ヤマイヌ．

これなどは，見出し語を採録した際に適当な訓が得られぬままに後で補充するはずのものが，ついに補われないで終ったものである．これに似て訓を脱した例は落葉集などにもある．

 以上の誤りや不備の例を通じて見れば，訓釈は見出し語の採録と同時に付せられたものが多かったであろうが，後で補ったものもあったと推察される．訓釈を付けるには，落葉集その他，例えば，本書中にその見出し語が立てられている†Vagocufen(倭玉篇)などを参照したであろうが，そのときに利用した書の表記に頼って誤ることもあったらしい．

  Suichŏ.(翠帳) ミドリノトハリ．

「帳」は易林本や落葉集に「トバリ」の訓釈が見え，本書にもTobariを収めていて「トバリ」が一般の形であったと思われる．上のtofariの訓が誤植

でないとすれば，何かの書の，濁点を打ってない付訓(例えば，倭玉篇)の濁点の打ってない形をばそのまま写した誤りではなかろうか．

　　Qeron.(戯論)　タワフレタ　問答．
　　Riŏten.(涼天)　ススシイソラ．

などもその類であろう．

II　日本語による語注および同義語

1　同義語・語注の注記

　漢語には，訓釈のほかに日本語による語注や同義語を添えたものが少なくないが，それらの注記法については，巻頭の例言の中に，次のように書いてある．

　　よみ(Yomi)〔訓〕が漢字に適応した固有のものである場合には，それだけを〔見出し語のあとに〕書き加える．同義語か言い換えかで，語義を一層よく説明するものである場合には，〔見出し語のあとに〕idest (すなわち)と書いて，次にその語を添える．たとえば, Cannet. Samui, atçui(寒熱・寒イ，熱イ)，Nôjo. idest. yoi mono caqi(能書．すなわち，能イ物書キ)のように．

　ここにはラテン語の idest をそのまま書いてあるけれども，実際にはその略語 i. を統一して用い，その例外は葡語説明文中に *Idest* を用いた 2 例 (Nadare, uru. Sosomeqi, qu.)を見るだけである．

　漢語に対する訓注とは別に，その訓にかかわることなく同義語なり語注なりを示すことは，次のようである．

　　Facugan.(白眼) Xiroi manaco.(白イマナコ)すなわち，Niramu.(睨ム)

　　Guiocuxa.(玉車) Tamano curuma.(玉ノ車)すなわち，Qeccôna curuma.(結構ナ車)

第Ⅶ章　載録語の説明　409

　　　Guinga.(銀河)すなわち，Amanogaua.(天ノ河)
　　　Fendo.(辺土)すなわち，Catainaca.(片田舎)
このi.は，漢語の場合に限らず和語の見出し語のあとにも用いられているけれども，その場合には訓釈のつくことはないから，見出し語の直後にi.が続くわけである．
　　　Arino mi.(有リノ実)すなわち，Naxi.(梨)
　　　Fiyori.(日和)すなわち，Tenqi.(天気)
　　　Ironai fito.(色ナイ人)すなわち，Suguenai fito.(スゲナイ人)
この種の注記のしかたにも例外があって，i.を冠しているものでも，実は訓釈を示しているものがある．
　　　Aigiacu.(愛着)すなわち，aixitçuqu.(愛シ着ク)
　　　Facutocu.(博徳)すなわち，Firoi tocu.(博イ徳)
　　　Fenguen.(片言)すなわち，Catacotoba.(片コトバ)
また，その一方には，
　　　Aratamano toxi.(新玉ノ年)詩歌語．Toxino Fajime.(年ノ初メ)
　　　Chocumõ.(勅問)Teiuõno touaxeraruru coto.(帝王ノ問ワセラルルコ
　　　　ト)
　　　Gŏmon.(拷問)Araqenaqu xeme tô.(荒ケナク責メ問ウ)
　　　Xiqei.(詩景)Xiuo tçucuru tameno yoi qeiqi.(詩ヲ作ルタメノ良イ景
　　　　気)
など，明らかに訓釈ではなく，従ってi.を付すべきであるのにそれを脱しているものもまれではない．漢語に訓釈をつけるにも，なるべく漢語の意味を表わそうとした結果，
　　　Fiyocu.(比翼)Tçubasauo naraburu tori.(翼ヲ比ブル鳥)
　　　Quŏjet.(広舌)Firoqi cotoba.(広キコトバ)
のように，訓釈の域を逸脱するに至ったものもあるから，時に誤ることもあって，全体的に統一されるには至っていない．
　このほか，i.をl.の注記と混じた例もある(第Ⅰ章Ⅳ－2参照)けれども，i.が

同義語や語注と訓釈との別を示す機能を果たしたことは疑えない．それは，同一の条に双方を並べ注した例において明らかに認められる．

  Cairŏ.(海老)Vmino toxiyori.(海ノトシヨリ)i.(すなわち)Yebi.(蝦)

  Canxi.(諫紙)Isamuru cami.(諫ムル紙)i.(すなわち)Fitoni iqenuo yù fumi.(人ニ異見ヲ言ウ文)

かかる場合に，i.のあとに直ちに葡語の説明を続けていることもある．

  Canjucu.(乾熟)Cauaqi jucusuru.(乾キ熟スル)i. *Ruins, ou boas varzeas, campos, &c.*(すなわち，田や畑などの悪いものや良いもの．

  † Guiocuxi.(玉趾)Tamano axi.(玉ノ趾)i. *Pès del Rey.*(すなわち，国王の足)

  Voqifuxi.(起キ臥シ)……¶ Voqifuxi tomoni.(起キ臥シ共ニ)*i, Sempre.*(すなわち，常に)

このように i.を用いた場合には，見出し語の意味が文字どおりの意味，すなわち，その構成要素の意味を合わせたのとは異なる場合であって，その点 i.の次に日本語の説明が続くのと変わるところがない．

  Cacufit.(擱筆・閣筆)Fudeuo saxivoqu.(筆ヲサシヲク)ペン〔筆〕を置くこと，*i. Acabar, ou deixar de escreuer.*(すなわち，書き終わること，または，書きやめること)

のごときも，訓釈に対応する文字どおりの意味を示した後，さらに一般通行の意味を説明したのであって，その間に置かれた i.は上と同じ用法である．これらによって i.の本来の用法が知られるであろう．

このような i.の用法は，すでに先行のサントスの御作業，Feiqe,信心録，コンテムツス・ムンヂ等の和らげに用いられ，羅葡日にも idest の例もあれば(Antiperistasia)，i.の例もある(Fixula)．それらに見られるものは，本書と全く同様で，葡語説明の前においた例もある．

  Gozŏ roppu.(五臓六腑) i. Entranhas.(すなわち，内蔵)〔信心録，和らげ〕

  Cunxi.(君子)Qimitaru fito.(君タル人)i. Senhor, l, homen perfeito

第Ⅶ章　載録語の説明　411

　　nas virtudes.(すなわち，主君，または，徳の至った人)〔Feiqe,和らげ〕

　このように見来れば，上述のような i. の用い方は，西欧人にとっては特に説明を要するものではなくて，むしろ常識的によく知られていたものであったことは，おのずから明らかである

　それならば，特に漢語の場合に限って例言中にことわったのは何故か．それは，本書を利用するのが外国人であればこそ却ってその必要を感じたからにほかならない．見出し語に添えた訓釈は，意味の理解やそれを表記する漢字を知るのを助けはしても，必ずしもその漢語の代わりに使えるというものではない．その点，i.を冠してあげた同義語は見出し語に代えて用い得る性質のものである．従って，学習者としては，このような訓釈と同義語，あるいは，訓釈と語注の区別をよくわきまえておくことが必要なのである．その上漢語の見出し語には，訓釈と同義語が並べあげてあることが多いので，特に注意する必要があると認め，この点から前述のような一項が例言に加えられたというわけなのである．

　漢語の訓釈と同義語・語注とは，上述のように注記形式を異にし，記し分ける方針をとったのであるが，その同義語と語注との関係はどうか．

　前項にあげた例によって知られるように，同一の条下に訓釈と同義語とを並べたり，訓釈と語注とを並べたりした例は珍らしくない．ところが，同義語と語注とを並べて注した条は見られないようである．ただ，

　　Chocca.(直下)Miuorosu(ミヲロス)i. Fitouo vare yorimo sagattato miru coto.(すなわち，人ヲ我ヨリモ下ガッタト見ルコト)相手を自分より劣ったものとして見下すこと．

の Miuorosu(見下ロス)は，一見したところ訓釈ではなくて同義語のように見え，それが i.以下の語注と併存しているかのようである．しかし，注記形式からすれば，見出し語の訓釈としてあげたものと見なければならない．それは落葉集本篇の「直－下」(右旁に「ちよつか」，左旁の訓に「すぐにくたす」)としたような一般の訓とは違うけれども，同書の色葉字集には「直下」の右旁

訓に「みをろし」とあり，饅頭屋本・易林本節用集に「直下(ミヲロス)」があるから，このようなよみ方に従って編者は訓釈としてあげたものであろう．この例は，漢字との対応が一般の訓釈とは異なる故をもって例外とすべく，これを例外として除外すれば，同義語と語注とは並べあげない方針であったと言われることになる次第である．

このことは何を意味するのであろうか．思うに，同義語と語注とは，見出し語との関係において類を同じくするものであるから，その一方を加えれば他方を添える必要はないとの考えによるものであろう．そして，見出し語に同義語を並べあげた条の方が語注を加えた条よりもはるかに多い事実を勘案すれば，編者は可能な限り同義語をあげることに努め，適当な同義語がないか，思い当らないかする場合に語注を加えたのではないかと推察される．

なお，語注は長短さまざまであるが，比較的長いものについて見ると，文末の結び方に注意をひくものがある．

  Nǒju.(納受)i. Tenno gonaixôni canai tatematçuruuo yǔ.(すなわち，天ノ御内証ニ適イ奉ルヲ言ウ)

  Tabasami.(手挟ミ)Yumiuo iru toqino reini aru coto nari.(弓ヲ射ル時ノ礼ニアルコトナリ)

  Tamabauaqi.(玉箒)Fǒqiuo fomuru cotoba nari.(箒ヲ褒ムル言葉ナリ)

  Van.(椀)Tamabuchino aruuo yǔ nari.(玉縁ノ有ルヲ言ウナリ)

  Xiquai.(詩会)Xiuo tçucuru tameni fitono atçumaruuo xiquaitoyǔ.(詩ヲ作ル為ニ人ノ集マルヲ詩会トイウ)

長い説明文であるために訓釈と混同する惧れがない故か，i.を付けてないのがまれでない．それはともかく，このような文末の結び方をした語注は，信心録やコレテムツス・ムンヂなどの和らげには見られないけれども，Feiqeの和らげにはその例がいくつもある．例えば，Fǒquauo aguru(烽火ヲ揚グル)の条には，説明部分を国字に翻字して示せば，

  大唐(タイタウ)ニ人数(ニンジュ)ヲ呼ブ時ニ火ヲ放イテ国々ニ知ラスルコトアリ：ソノ火ヲ

烽火トイウ．

とあり，なお次のようなものもある．

> Feôtan xibaxiba munaxi: cusa Ganyenga chimatani xiguexi.(瓢簞
> 屢々空シ．草顔渕ガ巷ニ滋シ)草茫々ト荒レ果テテ寂シイ体ナリ．顔
> 渕トイウ大唐(タイタウ)ノ聖人世ノ無道(ブタウ)ナ時ハ，竹ノ筒ヤ，瓢簞ヲ以テ飲食(アンジキ)ヲ
> 用イ：道ノ傍(ハタ)，草ノ中ニモ坐シタトコロカラ象ドッテ言ウコトゾ．

このように「ナリ」や「ゾ」で文末を結ぶ言い方は，抄物の類に見える説明的な講義口調のものであって，日本語教師が日本語を教える時にも用いたようであるから，上掲の Feiqe の和らげの語注はそれを反映したものらしい．日葡辞書の語注にもコレジオなどでの講義口調を反映したものが含まれているに相違ない．

次に同義語や語注がどのような語に対して付けられているかを見るに，著しく多いのは漢語である．訓釈とともに語注や同義語を並べあげた例は，さきに挙げたので，ここには訓釈のつけてない例を拾ってみる．

> Acubicu. i. Varui xucqe.(悪比丘．すなわち，悪イ出家)
> Bansui. i. Yŭmexi.(晩炊．すなわち，夕飯)
> Chiguiŏ. i. Riŏchi.(知行．すなわち，領地)
> Fachibocu. i, Come.(八木．すなわち，米)
> Mŏca. i, Xiguat.(孟夏．すなわち，四月)
> Qin v. i, Nichirin.(金烏．すなわち，日輪)
> Quŏcon. i, Banguei,(黄昏．すなわち，晩景)
> Vayo. i, Ichimi.(和与．すなわち，一味)
> Xeifu. i, Ieni.(青蚨．すなわち，銭)
> Yôqiacu. i, Reôsocu.(用脚．すなわち，料足)

以上のように，漢語の見出し語にすぐ続けて同義語をあげているようなものは，仮に訓釈を付けたとしても，それだけでは見出し語自体の意味を理解させるには役立ち得ないような語の場合に多い．

これは，同義語でなく，語注だけを示している場合についても言えること

であって，次の例を一見すれば明らかである．

  Aixǔ. i. Fucaqu aigiacu suru.(愛執．すなわち，深ク愛着スル)

  Bucotna. i. Iiguiuo xiranu mono.(無骨ナ．すなわち，辞儀ヲ知ラヌ者)

  Fatmei. i, Chiyeno aqiracana coto.(発明．すなわち，智恵ノ明ラカナコト)

　これらの同義語なり語注なりで意味がわからなくても，そのあとには必ず葡語による説明がつけてあるのであるから，それによって見出し語の意味を知ることができる．なお，同義語や語注の中にわからない語があることも少なくはないはずである．例えば，上掲のもので Quǒcon の注の Banguei とか，語注の中の aigiacu, Iigui とかがわからないというようなこともあるに違いないが，これを知ろうと思えば，それらの語を見出し語として掲げている別条を参照すればよいわけである．

　同じく漢語であっても，文書語となると，訓釈だけを示したものが圧倒的に多くて，同義語を添えたものは少ないのであるが，これは一つには，Qeixu(稽首)，Rai-in(来音)，Intocu(陰徳)などのように，うまく対応する同義語の見出だせないものが多いためでもあろう．

　和語の見出し語に同義語や語注をつけた例は，漢語に比べて少ない．ただA部は例外であって，同義語・語注を付けたもの約80語のうち和語が約60語を占めている．これはA部に和語が多いということのほかに，編纂分担者の方針にかかわるものであろう．

　和語の中で比較的多く同義語・語注を加えているのは，詩歌語と婦人語とである．詩歌語には，

  Auoyagui. P. i. Yanagui.(青柳．詩歌語．すなわち，柳)

  Casayadori. P. i. Amayadori.(笠宿リ．詩歌語．すなわち，雨宿リ)

  Itçumadegusa. P. Cabeni xǒzuru cusa.(壁生草．詩歌語．壁ニ生ズル草)

  Sayeda. Qino chijsai yeda. P.(小枝．木ノ小サイ枝．詩歌語)

第Ⅶ章　載録語の説明　415

　　　Tamayura. P. i, Tçuyuno vouoqu aru tei.(玉ユラ．詩歌語．すなわ
　　　ち，露ノ多クアル体)
のようなのが150条ばかりあり，これは総数の約三分の一に当たる．
　婦人語では語注を加えたものを見ないけれども，
　　　†Aca. i. Azzuqi.(赤．すなわち，小豆)
　　　†CABE. i. Tŏfu.(壁．すなわち，豆腐)
　　　†Muxi. i. Miso.(ムシ．すなわち，味噌)
のように同義語を示したのが多くて，総数の三分の一を占めている．
　特殊語のうち，文書語に同義語の少ないことは前述のとおりであるが，また卑語にもほとんどないのに，詩歌語・婦人語に多いのは，後者が一般通用の語に対して一種の異名のような関係にあるためであろう．また，詩歌語の場合などは，それを採録する時の資料の関係で付けやすかったということも関係があるに違いない．

　ともかく全般的に言って，漢語や特殊語には一般通用の語とは違って，外国人にとっては特に理解しにくいものが多かったであろうから，できるだけ同義語をあげ，語注を加えて，理解を容易にしようとしたのであり，その重点は見出し語の意味を和らげて示すことにおかれたのである．

　時に，この種の同義語や語注を加えただけで，葡語による説明が脱落したかと思われるものもないではないが，
　　　Coconoye. Miyaco.(九重．都)
　　　Mida. i, Amida.(弥陀．すなわち，阿弥陀)
　　　Xin. i, Cami.(神．すなわち，神)
　　　Xinmei. i, *Cami*.(神明．すなわち，神)
　　　Xŏgun. i, Cubŏsama.(将軍．すなわち，公方様)
のようなのは，不用意に葡語訳を落としたのではなくて，むしろ意図して省略したのである．ここに同義語としてあげてあるような語は，当時外国人の間でも通用していたものであり，宣教師の書状や報告書など，葡語で書かれたものの中でも交え用いられる語であった．すなわち，これらはそれをあげ

ただけで見出し語の説明になり,さらに葡語による説明を要しないものであった.

2 同義語の性格

　同義語も見出し語に対する一種の説明であるから,それにはやさしい日本語を選んであてたのであって,同義の語でありさえすればよいというわけではなかった. Guinga(銀河)や Tenga(天河)の条には, Amanogaua(天ノ川)が同義語としてあげてあるけれども, Amanogaua の条には何も同義語を示していない.また, Chùnin(中人)や Baicai(媒介)の条には,ともに Nacadachi(中立)を同義語にあげているけれども, Nacadachi や Nacǒdo(仲人)の条には何ら同義語をあげていない.

　　　　Funauosa. i, Xendô.(船長.すなわち,船頭)

　　　　Ametçuchi. i. Tenchi.(アメツチ.すなわち,天地)

　これらは,和語に対して漢語をあげているが,その Xendô, Tenchi の条には, Funeno caxira(船ノカシラ), Ame, tçuchi(アメ,ツチ)を訓釈として付けても,別に同義語はあげていない.これと同様の関係は, Rai(雷)と Icazzuchi(イカヅチ), Caminari(カミナリ), Fitjen(必然)と Canarazu(必ズ), Nissan(日参)と Fimairi(日参り), Nixxu(日数)と Ficazu(日カズ)との間など,いくつもの語に認められる.これらは同義語をあげる編者の態度を示すもので,和語であれ漢語であれ,一般通用の語を選んであげる方針をとったことを示している. Acuxu(悪趣)や Nairi(泥梨)の条には同義語に「インヘルノ」(Inferno.地獄)をさえあげているが,これも当時外国人はもちろん,日本人信徒の間でもごく普通に用いられた語であったからである.

　中には, Cugu-i(天鵝)の条に Facuchô(白鳥), Facuchô の条に Cugvi をあげたような例もある.

　　　　Cotama. i. Yamabico.(木霊・樹神.すなわち,山彦)
　　　　Amabico. i, Cotama.(天彦.すなわち,木霊・樹神)
　　　　Yamabico. l, cotama.(山彦.または,木霊・樹神)

Miŏban. i, Dŏsa.(明礬．すなわち，陶砂)

Dŏsa.……i, Miŏban, l, facuban.(陶砂．……すなわち，明礬，または，白礬)

Facuban. i, Miŏban.(白礬．すなわち，明礬)

　かような相互交替的，あるいは，可逆的対応の例はあまり多くはないが，これなども両語がほとんど同じような通用度をもつ語同士であったことを示している．さらにあげるとすれば，

Yŭgio. i, Qeixei.(遊女．すなわち，傾城)

の2語も上と同様のものであったのであろう．次のように両方とも他の語の条に同義語としてあげられている．

Vcareme. P. i, Yŭgio.(浮カレ女．詩歌語．すなわち，遊女)

Nagarenomi. P. i, Yŭgio.(流レノ身．詩歌語．すなわち，遊女)

Tauareme. i, Qeixei.……P.(戯レ女．すなわち，傾城．……詩歌語)

Yŭcun. i, Qeixei.(遊君．すなわち，傾城)

　ただし，Qeixeiの条には何も同義語をあげていない．

　同義語の中には，まれに方言と認められる語を，それと注することなしにあげていることがある．

Canacaqe.(鉋掛)すなわち，Fegui(ヘギ)．物を載せて食卓へ運んだり，盃(sacazzuqi)などを載せたりするのに用いる薄板の一種．

　この条のFeguiは，Fippegui(引倍)の条によれば「下」の語，すなわち，九州の方言であるという．また，Fiqigairu(蟇・蟾蜍)の条の同義語Vacufiqi(ワク蟇)も，補遺に収めた条に九州の方言と注記されている．従って，これらの語は九州地方では日常の話し言葉に用いられたものであった．編者は語の価値的関係に注意し，規範的態度をもって臨んだのであるから，上のように方言をあげるのは異例に属するけれども，一面からすれば，なるべく一般的な話し言葉を用いようとした結果であり，図らずも同義語の性格を窺わしめるものになっているというわけである．

　要するに，本書の同義語は，その目的からして当時の話し言葉を中心とし，

俗文体の文章に用いられる語などをも含んだ一般通用の語，それもなるべく平易な語を使ったものと察せられる．もちろん例外もないではないけれども，少なくも編者の基本的な方針は上述の点にあったと考えられる．

それならば，その同義語は見出し語とよく対応した適切なものが選び示されているかどうか．

> Baxen.(馬氈)すなわち，vuaxiqi. l, futon.(表敷．または，蒲団)馬の鞍の上に置く小さなクッション，あるいは，座蒲団．

この条にあがっている Futon は，別条に

> Futon.(蒲団)すなわち，Xiqimono.(敷物)¶また，馬の鞍の上にのせる小さな座蒲団．

とあるのでまずよいとして，Vuaxiqi の方は別条にあるが，Vuamuxiro の条参照とあるので，その方を見ると，

> Vuamuxiro. l, vuaxiqi. l, goza.(表筵．または，表敷，または，茣蓙)寝床の下や畳(*Tatamis*)の上などに敷きのべる筵．

とあって，馬の鞍に用いるとは限らないから，Baxen の同義語として適当なものとは言い難い．また，Futon の条にあげてある Xiqimono(敷物)にしても，その条には単に「地面に敷き広げる筵や布など」とあるから，Futon と通ずる点はあってもそれよりは意味が広い．このような違いは，次の例にも見られる．

> Anagachi. l, anagachini.(強チ．または，強チニ)i. Xiqirini.(すなわち，頻リニ)無理に，あるいは，どうしても，あるいは，しつこく．¶また，強く．……

> Xiqirini.(頻リニ)副詞．しつこく．

> Fixet.(非説)すなわち，Zŏxet.(雑説)虚偽の風説，あるいは，不確実な噂．¶また，謬説，虚偽の教説．

> Zŏxet.(雑説)流れている不確かな噂．

これらの例に見るとおり，意味上に広狭の差があり，部分的にしか共通しない語を掲げていることもある．つきつめて言えば，一々の語について共通

の度，あるいは相違の幅が異なるとも言えるのである．厳密に言えば，元来全く同義の語というものはないのであって，類義の語があるだけである．これまで同義語と言ったのも正しくは類義語と言うべきものであろうが，本書巻頭の例言に Synonimo とあるのを一般の例に倣って「同義語」としたまでである．ともかく見出し語に並べて挙げた同義語は，見出し語と全く一致，あるいは，適合するものではなくても，両者間に意味上の共通点があって，「……に近い」とか「……の類」とかいう程度のものでもこれを取る態度で挙げたものである．見出し語自体の意味は葡語による説明に示されるので，同義語なり語注なりはそれへの導きであったが，編者としてはそれを承知していて少々の意味的差異は容認したのである．その困難を敢えてしつつも同義語を挙げたについては，編者にはまた別の意図があった，すなわち，兼ねて同義語をも教えようとの考えがあったからである．このことは，なお他の具体的な説明を見れば自ら思い合わされるところがあるであろう．

III 葡語による語義の説明

1 慣用意味の重視

　見出し語に対する語義の説明は，その直後に添えた日本語によるもの(訓釈・同義語・語注)と，さらにその後に付けた葡語によるものとから成る．ただし，その双方の説明が見出し語のすべてに付けてあるわけではなくて，中に日本語による説明を欠くものがある．けれども，後段の葡語による説明は見出し語全部に付けるのが原則であって，これを欠くのは異例であって，次のような僅かな例外に限られている．

　　　　Coconoye. (九重) Miyaco (都)
　　　　Xin. (神) i, Cami. (すなわち，神)
　　　　Xŏgun. (将軍) i, Cubŏsama. (すなわち，公方様)
　これらの説明の日本語は，外国人もよく知っているものであったから，葡

語の説明はわざと省いたのである．

　しかし，まれにはこれらとは違って，葡語訳を不用意に落としたと思われるものもないではない．

　　　　Cŏdŏ.(合道)すなわち，Michini canŏta coto.(道ニ適ウタコト)

　　　　Xinri.(心理)Bup.(仏法語)Xintai, ritaino coto nari.(心体，理体ノコトナリ)

　　　　Xinsui.(進酔)Susumuru saqe.(進ムル酒)

これらは，日本語の説明だけで済むはずのものではないから，おそらくはあとで加えるはずであった葡語の説明を脱したものであろう．このような欠陥が見られるのは，見出し語を採録し，日本語による説明を加えたのと，それに葡語をもって説明を付けたのとは時を異にし，あるいは，人をも異にして後者の説明は外国人宣教師の担当したことを示すのかも知れない．

　この様に，全体に亘って二段構えの説明を加えたが，その間には，軽重の差があった．すなわち，日本語による説明は一般に簡単で，必ずしも的確な説明でないばかりでなく，見出し語のすべてに漏れなく付けてあるわけでもない．これに対して，葡語による説明は，ごく少数の例外は別として，全部の語に克明に付けられている．日本語の説明もそれ相応の目的と意義をもつものであるけれども，語義の説明という点ではむしろ補助的手段と言うべく，説明の重点は葡語のそれにかけられていると言わねばならない．

　日葡辞書の見出し語には，原義を保っているもの，原義と転義とを併せもつもの，原義は失われて転義のみをもつもの等々がある．原義の存する語については，もちろんその原義も説明しているのであって，Te(手)，Axi(足)，Yama(山)など，例が多い．意味の変化・転化によって二義以上の併存するもの，新旧の意味の並び用いられる語などは，次のように説明されている．

　　　　Quantai.(緩怠)Yurucu vocotaru.(緩ク怠ル)すなわち，Rŏjeqi.(狼藉)
　　　　不注意なり，怠慢なりから，ある人が他の人に対してなす無礼や侮
　　　　り．しかし，今日では一般に，ある人が他の人に反抗して行なった
　　　　罪悪や無礼の意に取られる．

第Ⅶ章　載録語の説明　421

Xinca.(臣下)国王の身分ある家来.ただし,今日ではもはやどの主君であれ,その身分ある家来の意に解せられる.

Xuin.(朱印)すなわち,Xude vosu fan.(朱デ押ス判)赤インク〔朱墨〕で押す印判.¶また,現今では天下(*Tenca*)の君の令書とか允許状とかの意.ただし,*Go*(御)が付いていなければ,そのようには解されない.例,Goxuin.(御朱印)

上引の3条については,別に問題はないように思われるけれども,最初のQuantaiについては検討の要があるようである.それは第二義の,他人に対して犯した無礼,特に罪悪(*crime*)の意味にまでなっていたかという点である.大塚光信氏はEsopo中の用例を縁にして,この語の用例を豊富にあげて細密に検討し,上記日葡辞書の説明の妥当な根拠を示された[4].従って,すでに蛇足であるけれども,第2義の用例を追加しておく.

コノ〔インヘルノでの〕苦シミ,デウスニ対シ奉リテノ quantai(緩怠)ニ応ジテハ,未ダ不足ナリト弁エヨ.(信心録Ⅰ 77/5)〔同書和らげには「ユルカセニヲコタル」と訓釈を示すのみ〕

Pendo, is.……¶Poenam pendere. Lus. Paga a pena pecuniaria dalgũ delicto.(葡語.ある犯罪の罰金刑に対する支払)Iap. Quantaini caneuo idasu.(日本語.緩怠ニ金ヲ出ダス)(羅葡日)

これらは原義と転義との関係を時間的推移に伴なうものとして捉えて説明したものであるが,その一面では共時的な立場で,当時一般的に通用しているか否かの観点から捉えたものがある.

Batriŭ.(末流)Suyeno nagare.(末ノ流レ)ある一門・一族から出た後裔,子孫.しかし,この語の最も普通の意味は,ある宗派,技芸,教学などにおける弟子なり継承者なりの意である.

Rinye.(輪廻)Vauo meguru.(輪ヲ廻ル)すなわち,Mayô.(迷ウ)さまざまな転生や変身の一続きの輪をたどりつつ,霊の救われる道を迷い歩く.ただし,普通には,人がすでに忘れていなければならなかった事とか,あるいは,口にすべきでなかった事とかについて,繰り

返し同じ事を言う意．例，Rinye xita cotouo yǔ.(輪廻シタ事ヲ言ウ)人の気に触ったりしないためにだまっていなければならなかった事を再び繰り返して言う．

Sadamete.(定メテ)副詞．確実に，あるいは，疑いなく．ただし，一般通用の意味(*o sentido commum, & corrente*)は，*por ventura, ou prouauelmente*(もしかすると，あるいは，多分)である．

　上掲の「輪廻」は仏教語で，第一の原義の例は種々の資料にいくらも見られるけれども，第二の転義の用例はなかなか見つからない．岩波古語辞典や日本国語大辞典にも上の日葡辞書の第二義とその例を引用してあるだけで，他の用例はあげてない．他に寓目したものでは，村口四郎氏旧蔵句雙紙抄の中に，

猶是弄=精魂=漢　サウ云ウハ　ナヲリンエスル事ヲ云物ト云心ナリ（45ウ）
（ロウスセイコンヲカン）

とあるが，これは原義から転じて第二義に近い意味になったもののようである．また，醒睡笑の巻六に次の一条がある．すなわち，臨終の迫った京の或る修行者の許に，以前月次の会で知り合った田舎の友人から便りが届き，それに追善の独吟百韻を参らせようと書いてあったのに対して，返事までは書くに及ばず，ただ次の歌一首を送ったという．

　　我がためのとぶらひ連歌めさるなよそなたの口は輪廻めきたに

岩波文庫本の注に，鈴木棠三氏は，この「輪廻」を連歌用語の「輪廻」にかけて言ったものと見て，「未練がましい」意に転じたものと注していられる．尤もな解であると思うが，また一面，そなたの口(物言い)は元来くどくどしい傾向があるのに……という意で，日葡辞書の第二義に近いものと思われる．

　次の「定めて」の転義も，一般通用の意味として挙げてあるうちの「もしかすると」というのは少し異様に感じられ，用例もめったに見られない．

　　とうし，申けるは，此ものともに，おなしくは，たいめんし，きふんをもみすかして，都の事をもとはんに，<u>さためて</u>，わかいせひにおそれて，おくしわつらいなは，それをかこつけにして，みなみないましめて，一人つゝ，人やへ入へし，なにさまにも，たいめんせん（古典文

第Ⅶ章　載録語の説明　423

　　　庫，室町時代物語四，しゆてん童子．p.36)

　これは大東急記念文庫蔵の土佐絵本の本文であるが，岩瀬文庫蔵酒顛童子絵詞(上と同じ古典文庫　所収)について相当部分を検すると，

　　　同対面して，機分をも心見，すかして，都の事ともとはむ，<u>定て我せ</u>
　　　<u>いたう</u>に恐て，おくしわろひれて，ある物ならは，皆々いましめ，(同
　　　上，p 102)

とあってほとんど同文で，「定めて」の使い方も同じであり，共に下の仮定条件の言い方がこれに応じている．この点から察すれば，「さだめて」の第二義の例と認めてよかろう．

　以上によって，原義のほかに一般通用の意味を記述しているのが事実に基づいたものと知られるが，上掲のような諸条はこのような事実のあることを注意したものである．そして原義もさることながら，当時の一般通用の慣用的意味を知ることの必要性を認め，この観点から上のような説明のしかたをしたものである．

　また，語によってはその用いられる場合について社会慣習上の特殊の制約，あるいは，条件のあるものがあり，それを注したものが40例ばかり見出だされる．この用法の制約に関する説明は，一面から言えば語の意味の縮小，あるいは，特殊化を説いたものであって，意味の説明と見ることができる．この種の説明を加えたものは，

　　　Yŏjŏ.(養生・養性)病人に対する心くばり，あるいは，病気にかかって
　　　いるのでなくても，健康に対して払う注意．この語は，病気に使用
　　　される薬の意には解されないで，ただ治療するなどの心くばりの意
　　　に用いられるだけである．

　　　† Vomogauari.(面変リ)変わった姿や外面．ただ人間だけに言う．

のように，或る限られた用法にだけ用いられることを注したものがあるが，これらはその限定された意味そのものを当時の一般通用の意味と認めることができ，その点では後述する「権者」などと変わるところがない．なお1例をあげれば，もともと事態の変更を意味した Fengai (変改)が，当時は約束や協

定に違背する場合に使われる傾向が強かったところから，本書に「約束を破ること」と説明したのも同じである．

しかし，このように限定的用法のみをもつものの例は，用法の限定注記を加えたものにあっては，少ないのであって，大部分は次のような例である．

 †Fiqimogui, u, oida.(引キ椀ギ，グ，イダ)力ずくで他人の手から物を取る．¶また，果実を引きちぎる．特に十分に熟していない時にそうすることを言う．

 Foyeqi.(補益)Voguinoi, masu.(補イ，益ス)何か物が欠けたり減少したりしているのを，償ったり元どおりにしたりすること．特に，丈夫にするとか，力をつけ元気を与えるとかする薬について用いられる語．……

 Mai agari, u.(舞イ上ガリ，ル)ある鳥が，舞を舞うように旋回して飛びかけりながら上る．特に鷹や鳶などについて言う．

 Vasamono.(早物)早熟のもの，すなわち，早くできるもの．主として米，麦その他野菜について言う．

このように，「特に」とか「主として」とかと限定したのが多いのであるが，また，

 Xito.(尿)小便．¶Xito suru.(尿スル)小便をする．一般に子供について言う．

 Yariyoxe, suru, eta.(遣リ寄セ，スル，セタ)近づける．車や馬車などについて用いられるのが最も普通である．

のように注したのもある．いずれにしても，まず語の意味を示し，その語がどのような事物，あるいは，どのような場合に限定して用いられるかをことわったものである．しかも，この説明のしかたは，それぞれの語がすでに限定的用法に定着してしまっているのではなくて，一方にはなお限定されない意味・用法も存している事実，すなわち，おのずから軽重はあっても両方が併存している事実をそのまま記述したものである．その意味において，それは当時の慣用的意味を重視し，その記述に努めた態度を示すものと言えるで

あろう．

　かかる限定的用法をわざわざ説明したのは僅か40条ほどに過ぎないので，これだけについて見るならば，たまたま編者の注意をひいたものを注記した程度のものと軽く見られるかも知れない．しかしながら，こうした説明を加える態度は，詩歌語・文書語その他特殊語注記や，規範的立場からする説明，あるいは，後述する特別な連接関係の説明などとも通ずるものであって，語の用法について記述し説明する態度は基本的に一貫していると言うことができる．

　次に，原義はすでにすたれて一般には用いられなくなっていた語に対しては，原義は示さないで当時の一般通用の転義の方だけを示すことが多かった．例えば，Gonja(権者)に対しては，

　　　学問や徳行にすぐれていて，他の人々の救霊に熱心な人．
と説明しているだけで，神仏の権化・化身という原義はあげてない．

　「回禄」という語は，元来火神の名であって，下学集を始め，饅頭屋本・黒本本・伊京集などの節用集には，「火神ノ名也」としてその原義を注した上で，「炎上」の義であると注を加えており，天正十八年本のごときは，単に「焰上義」と注するだけである．これは当時すでに火事の意に慣用されていたことを示すが，本書には次のように説明してある．

　　　Quairocu.(回禄)火事で焼かれて財産を失うこと．¶Quairocuno nanni vŏ.(回禄ノ難ニ遇ウ)財産を焼かれるという難儀と損失に思いがけなく出くわす．

　さらに1例を加えるならば，次の1条をあげることができる．

　　　Gŏco.(江湖)Ye mizzu vmi.(江湖)この語は本来の意味よりも比喩的な意味で用いられる．例，Gŏcono sanjin.(江湖の散人)賤しむべき人，または，物の数にも入れられない人．¶Gŏcono yoriai, l, tçuqiai.(江湖ノ寄合，または，付合)種々の人々の会合．¶また，往々にして一般民衆の集まりとか，町(*Machi*)の集会とかをさげすんで言う．

この条では，本来の意味(*Oproprio*)は葡語の説明にはどこにも注してなく

て，訓釈があるのみである．すなわち，これも原義よりも比喩的意味に多く用いられるために，その方を主として説明したのであり，用例もまたその意味のものに限られている．Guedŏ(外道)，Suigiŏ(水定)Quairin(廻鱗・回鱗)，Togŏ(兎亳)，Mizzuguqi(水茎)のごときも同類である．

　かような点からして，編者が当時の慣用意味を重視したことは察せられるのであるが，また一面，原義に全く無関心であったというわけでもない．上掲のと同じ類のもので，最初に原義の説明を加えているものもあるからである．

　　　Cucai.(苦海)Curuximino Vmi.(苦シミノ海)苦難の海．すなわち，現世．
　　　Iŭnijichŭ.(十二時中)すなわち，二十四時間中．すなわち，昼も夜も．
　　　Nanto.(南都)Minamino Miyaco.(南ノ都)南の方の都(*Miyaco*)．すなわち，奈良(*Nara*)のことで，大和(*Yamato*)の国にある一つの都市．
　　　Xenqin.(千金)1000 *pesos* の黄金．値段の非常に高いもの，価値の高いものの意に解せられる．例，Xenqinno vairo.(千金ノ賄賂)多額の黄金などの賄賂．

しかし，かかる例はむしろ少なくて，しかもそれらにあっても重点は「すなわち」以下の後半にあると見なければならない．この種のi.(すなわち)の使い方は前にも述べたように，文字どおりでない意味をあげるにあたって，その初めに置く例であって，i.以下に慣用意味を示しているのである．上の場合，目的は慣用意味を示すにあったが，それを理解するのに役立つような場合には，簡単に原義の説明を加えたというわけのものなのである．そのような意味あいから語源的な説明を加えたものもある．

　　　Becqua.(別火)Bechino fi.(別ノ火)他の火．¶また，婦人に起こる月経のこと．日本では，月経あるいは出産の間，別の〔かまどの〕火をあてがってその婦人を遠ざける習慣なのでこう言う．
　　　Fimodori.(日戻リ)その日のうちに帰ること．この語は普通，海路を通る旅行に用いられる．それは，*Cayeru*(カエル)という語は，また船

(*fune*)の顚覆することをも意味するので,ゼンチョ(*gentios* 異教徒)はこの語を口にするのを恐れるからである.

これなどはいずれも忌詞の類であるが,それだけに当時は一般に知られていたものであろう.Tachizucumi(立竦ミ)が伊勢の国などで仏の意に用いられるが,それは仏がゆるぎも動きもしないからだと説明してあるのなども同類である.この語は斎宮の忌詞に由来する古いものであるが,この当時も,Tachizucumini natte xinuru.(立チ竦ミニナッテ死ヌル)などと用いられ,一般の語としても存していたので,それに支えられて語源も知られていたのである.また,Sugaqi, u.(巣ガキ,ク)の条に,

　　蜘蛛が巣を張るように,簀垣の形に張り広げる.

と説明したのは,Sugaqi(簀垣)に関係づけて解釈したものであるが,やはり当時存した一種の語源解を示すものである.かかる類はたまたま当時一般に知られていて説明可能なものについて,理解を助けるために記し添えたまでであって,全般的に原義や語源を示そうとしたものではない.

　説の当否は別として,物事の起源に関する説,言葉についてはその語源や原義が「本説」として重んじられた時代であり,歌語などについても種々の説があったことは歌学書の類にいくらも見られるところである.従って,語源を説く意図があれば,もっと多くの語にそれを注したであろうと思われるのに,かなり多くを収録した詩歌語についても,そのような説明はつけられていない.上述の諸点を併せ考えれば,結局編者は,当時一般に通用している意味を示すに力を注いだのだと考えられる.そしてそれは,本書編纂の目的からして自然のことであり,実用的立場から導かれる当然の結果でもあったとすべきものである.

2　語義説明の方法と順序

　見出し語の条々に対する説明は,見出し語自体のもつ意味用法の違いによって,簡単なものから詳しく長大なものに至るまでさまざまである.

　まず簡単なものは,見出し語の直後にその葡語説明を続けたもので,和語

と漢語といずれにもその例がある．

  Acai.（赤イ）赤い（もの）

  Fucuro.（袋）袋，あるいは，巾着

  Suixu.（水手）水夫，あるいは，船人．

  Tôjŏ.（当城）この城．

次には，見出し語に付いている訓釈や同義語，あるいは，日本語注などをそのまま葡語訳したものがある．

  Fiyori.（日和）i, Tenqi（すなわち，天気）天気のめぐりあわせ．……

  Ironai fito.（色ナイ人）i, Suguenai fito.（すなわち，スゲナイ人）　そっけない人，または，つっけんどんな人）

  Caiguai.（海外）Vmino foca.（海ノ外）i. Xecaino fate.（すなわち，世界ノ果テ）海の外へ，すなわち，世界の果てに．

これなどは，見出し語に対する訓釈も，それに続く語注もそのまま葡語訳した珍らしい例であるが，日本語による説明と葡語をもってする説明との関係を示す一例である．普通には，訓釈のみがついている場合は，それを葡語に直すけれども，訓釈の上にさらに同義語や語注が添えてある場合には，後者だけを葡語訳するのが普通のやり方である．

  Canpŭ.（寒風）Samui caje.（寒イ風）寒い風．

  Guiocuxi.（玉指）Tamano yubi（玉ノ指）i, Teiuŏno yubi.（すなわち，帝王ノ指）国王の指．

  Rŏyei.（朗詠）i, Vtauo yomi, guinzuru coto.（すなわち，歌ヲ詠ミ，吟ズルコト）歌を作り，それを吟誦して味わうこと．¶また，ある詩歌の書物．

これらの説明は，上のように日本語による訓注その他の説明にのみ拠ったのではなく，実際の用例に基づいてそれに合致することを認めて付したものと思われる．然し，その一面では，それに反するような例もないではない．

  Qengacu.（兼学）Canete manabu.（兼ネテ学ブ）以前の勉強，または，以前に学習したこと．文書語．

第Ⅶ章　載録語の説明　429

　この条では訓釈と葡語説明とは一致しているが，それは「兼ネテ」をば「前もって」の意味に解したからである．しかし，それではこの語には合わない．これは「八宗兼学」(尺素往来),「顕密兼学禅侶」(雑筆往来)のように「あわせて，ともに」の意の「カネテ」である．「カネテ」には，また「あらかじめ，前もって」という意味があって，その意味の場合の「兼日・兼契・兼約」は落葉集本篇にも日葡辞書にも収められ，その「兼」に「かねて」の訓が付いている．上掲の Qengacu の条では Canete をこの意味に解したために誤った葡語訳を施したものである．なお，また，

　　　　Ienbŏ. (禅坊) 閑静な家.

の条も不可解であるが，落葉集本篇にこの語を収め，その左旁訓に「しづかーいへ」とある．恐らくはこの訓によって上記のような葡語の説明も付けられたものであろう．かような例がまれながらもまじっている事実によれば，採録した語に説明をつけるに際して，必ずしも実際の用例に即してその意味を確かめないままに，安易に日本語による注に頼って葡語訳を施すこともあったのである．

　しかし一般的には，載録語やそれを含む用例の蒐集に努め，その意味用法を検討して意味による分類項目を立てて，それぞれに説明を加えるとともに，その用例をも添えて示すというのが原則であった．一例を示すと，

　　　　Are, ruru, eta. (荒レ，ルル，レタ) たとえば，人が住まないために家がいたみ，耕作しないために畑が荒廃するなど，物が破損したり荒廃したりする．¶Iyega aruru. (家ガ荒ルル)……¶Denbacuga aruru. (田畠ガ荒ルル)……¶また，Are, uru. (荒レ，ルル) 凶暴になる，あるいは，あちこちで害を加え，乱暴をはたらく．¶Tenguga aruru. l, Camiga aruru. (天狗ガ荒ルル．または，神ガ荒ルル)……¶Ginxúga aruru. (陣衆ガ荒ルル)……¶Caixŏga aruru. (海上ガ荒ルル)……

この条の最初の説明は，事態が荒廃しさびれる意を記しているが，これはその直後の「家ガ荒ルル」「田畠ガ荒ルル」の用例に合致し，次に第2義として

あげた「凶暴になる，加害し，乱暴する」意は，そのあとの「天狗ガ荒ルル……」，および「陣衆ガ荒ルル」の用例に合っている．最後の「海上ガ荒ルル」のみは，それの属すべき意味項目が立ててない．これは用例を蒐集し分類して第１第２義を立てて上のように次第したが，「波風が激しくなる」とでもすべき第３義を立てなかったか，あるいは，最後の用例だけはあとから追加したために小項目に属さないままになったかのいずれかであろう．ともかく，意義分類の項目は，原則として実際の用例に基づいて立てられ，説明されたろうことが上の例でも知られる．

　見出し語の意義説明に，上のような手順が取られたであろうと認められる例は他にも少なからず見られる．

　　　　Suso.(裾)着物の裾や縁，山の麓，馬の足などのような，下の方の部分．
　　　　例，Yamano suso.(山ノ裾)山の下部，すなわち，麓．¶Qirumonono suso.(着ル物ノ裾)……¶Vmano suso.(馬ノ裾)馬の足．

　中には，見出し語の最初の意義説明と，そのあとに続く用例の説明とが同じであるために，見出し語の説明としては妥当でないものさえ見られる．

　　　　Matataqi.(瞬)目を開いたり閉じたりする時．¶Matataqino aida.(瞬ノ間)目があいたり閉じたりする間．すなわち，極めて短い時間．
　　　　Manajiri.(眦)眼を動かすこと．例，Manajiriuo megurasu.(眦ヲ廻ラス)ある方向へ眼を向ける，あるいは，見る．文書語．

　このように最初の説明がその直後の用例の説明と近似しているのは，用例を集め，帰納的に意義の分類を考え，順序だてて記述する際に，その語の主要な意義を示す用例と認めて第一番に据えたものの説明に惹かれたことを示すものであろう．

　これらはいずれも用例を重視し，それに基づく意義を記述するに努めたことを示すものであるが，ごくまれにはこれに反するかに見える扱い方をしているものがある．見出し語に対する説明をつけただけで，その用例をあげていないものは少なくない．しかし，一般に用いられることの多い日常の基準語とも言うべき語にそれがあるのは珍しい．次の条のうち，下線を施した

第Ⅶ章　載録語の説明　431

　　　Vomote.(面・表)表面，または，顔．例，Vomoteuo furu.(面ヲ振ル)……¶Vomotemo furazu mucŏ.(面モ振ラズ向ウ)……¶また，家の正面，すなわち，表側．¶また，着物の表面，裏の反対側，または，着物の表に用いる布地そのもの．¶Vomote vrano aru fito.(表裏ノアル人)すなわち，Feôrina mono.(表裏ナ者)……¶また，畳(*Tatami*)の真薦(ござ)．¶Vomoteuo suru. 1, vomotedatte suru.(表ヲスル．または，表立ッテスル)……¶Vomoteuo yauarague, cotouo tacumini su.(面ヲ和ラゲ，言ヲ巧ミニス)……．

　これをいかに解すべきかは問題であるが，このように小項目の多い条にあっては，所属すべき意味項目のない用例が不適当な位置に介在していることがあり，同じ意味項目の下にあるべき用例が互いに離れた位置にあるなど，あとから追加されたとおぼしいものがまれでない．上の場合はそれとは裏腹にたやすく立てられる意味項目をとりあえず立てて，用例はあとで追補するはずであったのが果たされぬままに残ったのではあるまいか．

　さて，一語に数義を注する場合には，その第1義としては，基本的な主要な意味をあげるにつとめたらしく，全篇にわたってその方針が認められる．

　　　Iŏgue.(上下)Vye xita.(上下)上と下と．¶また，上級のものと下級のものと．例，Iŏgue banmin.(上下万民)上下貴賎すべての人々．¶また，Nobori, cudaru.(上リ，下ル)上ると下ると．例，Camiye jŏgueuo xiguiô itasu.(上ヘ上下ヲ繁ウ致ス)都(*Miyaco*)へ頻繁に行き来する．

　　　Catame, uru, eta.(固メ，ムル，メタ)固くする，または，凝固させる．¶また，締めつける．例，Vmano farubiuo catamete.(馬ノ腹帯ヲ固メテ)馬の腹帯を締めつけて．¶また，堅固にする．¶例，Vraurauo catamete fuxegu.(浦々ヲ固メテ防グ)あちこちの場所〔の守り〕を堅固にしてそこを防御する．

　しかし，原義の方があとに配されていることもある．例えば，Maboru,

Mamoru(守ル)の両条では，いずれも「警備・守護・遵守する」意味を第1義に立て，「目守る」の語源を示す「見守る，目をとめて見つめる」などの意味を第2義に置いている．当時，語源に基づく第2義の方よりも転義の第1義の方が一般的であり，多く用いられたからであろう．

　同じ動詞の名詞形 Mabori(守リ)の条では，「首にかけて持つ守り袋，あるいは，聖なる物を入れた袋」を第1義として立て，第2義は別の小項目のもとに「また，時としては，守護，あるいは，保護の意」と説明してある．これは第2義に使われる頻度が低く，原義から転じて特殊化した第1義の方が一般的に通用している事実に基づいて，これを主要な意味と認めたものである．

　第2義以下の配列についても，できるだけ意味の系統的分類を考え，それに基づいて順序だてて小項目を並べて説明したことは，前掲の例でも知られるが，類例は他にも多い．

　　　Voi, uô, ôta.(追イ，ウ，ウタ)追い払う．または，家畜などを追いたてて歩かせる．¶Tori qedamonouo vô.(鳥獣ヲ追ウ)鳥や獣を追い払う．¶Vmauo vô.(馬ヲ追ウ)馬を追い立てて歩かせる．¶また，人を追いかけて行く．例，Niguru teqiuo vô.(逃グル敵ヲ追ウ)逃げて行く敵を追跡する．¶また，倣う．例，Ienninno atouo vô.(善人ノ跡ヲ追ウ)サントス(*santos* 聖人たち)の足跡を辿る，あるいは，その行跡に倣う．

　　　Voi, ô, ôta.(負イ，ウ，ウタ)物を背中にのせて持つ，すなわち，背負って運ぶ．例，Niuo vô.(荷ヲ負ウ)荷物を背負って運ぶ．¶また，借金する．例，Fiacumeuo vô.(百匁ヲ負ウ)銭百匁を借りている．¶また，蒙る，または，ある罪を負わされる．例，Togauo vô.(科ヲ負ウ)¶Teuo vô.(手ヲ負ウ)傷つけられる，あるいは，負傷する．

　紙幅を考えて，小項目数の少ない，短い条をあげるにとどめるが，類例は，例えば，Agari, ru(上ガリ，ル)，Aida(間)，Cacari, u.(掛・懸・係カリ，ル)，Faxiri, u.(走リ，ル)等々多数がある．

然しながら，細かな点に至るまで意味の系統的分類・配列が行き届いているとは限らない．Agaru(上ガル)と Aguru(上グル)の条には，自動詞と他動詞との違いは別として，大体同じような意味をあげていて，どちらも9類に分けられているが，その配列順には一致しない点がある．Curaini agaru(位ニ上ガル)と Curaini aguru(位ニ上グル)とは，「昇進」の意で対応するものであるのに，前者は Agaru の第2義に，後者は Aguru の第6義に配置されているし，「物事の終了・終止」の意味を示す Fuxinga agaru(普請ガ上ガル)，Tçuyu. l, Nagaxiga agaru(梅雨，または，ナガシガ上ガル)の例は Agaru の第6義の項にあげてあるのに，その他動的意味を示す Fuxinuo aguru(普請ヲ上グル)，Tefonuo aguru(手本ヲ上グル)は，Aguru の最後の第9義の項に示してあるという次第である．同じようなことは，Tatçu(立ツ)と Tatçuru(立ツル)との間にも見られるし，Me(目・眼)の条では，その意味の多くの項目を立てた中間に，「目ヲ盛ル」，「碁，将棋ナドノ盤ニ目ヲ盛ル」の項が挟まれている．しかも，その意味の Me(目)は，別に独立した1条としても立てられているという，整わない点も残している．

さらには，Qiqi, u.(聞キ，ク)の条には，第1義に「聞く」とういう本義を説明しただけで，そのあとには Axiga qiqu(足ガ利ク)，Cusuriga qiqu(薬ガ利ク)など「利ク」の用例のみをあげている例もある．この類にはあとから意味用法および用例を追加記入する際の誤りもあろうし，また意味分類上の誤りに因るものもあるであろう．なお甚だしいのは，見出し語の意味説明とその用例が合致するだけで，その下の小項目の意味や用例は整っていないものもある．例えば，Fiqi, u(引・曳キ，ク)の条で，第1義に「引っ張る」と注し，Funeuo fiqu(船ヲ曳ク)の例をあげたのはよいとして，次の Faxiuo fiqu(橋ヲ引ク)以下30例の小項目については，意味分類をし順序を整えようとした形跡すら全く認められない．この類として，なお Caqe, uru(懸・掛ケ，クル)，Tori, u(取リ，ル)，Vchi, tçu(打・討チ，ツ)，Voroxi, su(下ロシ，ス)，その他をあげることができる．そしてそれらに通じて見られるのは，各見出し語の最初にあげてある意味がその語の主要意味であり，それに続く用例が

その該当例であるという事実である．全般的には意味分類とその項目の順序は整ってはいないけれども，当時の主要な慣用意味を最初に据えて，それ以下にできるだけ多くの意味項目を立てることに努めたことは明らかに認められるのであって，それ相応の配慮がなされていることが知られる．

3　転義と比喩の説明

　語の意味転化の一因として，比喩的表現があることは改めて言うまでもない．もと特定の場面なり文脈なりにおいて臨時に用いられた比喩が慣用され定着すると，そこに原義から分れて転義が生ずる．前項にあげた例でも，小項目を立てて説明したものの中には，そのような意味転化のあとを察知させるものがいくつも含まれている．これが一般的であるが，他に tomar se por（……の意に用いられる）の言い方で説明したものがある．

> Caxira.(頭)あたま．¶往々にして頭髪の意味に用いられる(*se toma pollos cabellos da cabeça*)．例，Caxira midaruru.(頭乱ルル)頭髪が乱雑になっている．……
>
> Chùgù.(中宮)王妃の居る所．また，王妃自身の意味にも用いられる(*se toma polla mesma Rainha*)．

のごときがそれであって，少なくも同類が43例あることは確かで，説明法における一種のきまり文句の観がある．それらはいずれも比喩に因る転義を原義との関係において説明したものである．

　比喩の説明法にこれに似たものがある．

> Fiyocu.(比翼)Tçubasauo naraburu tori.(翼ヲ比ブル鳥)自分の持っている片方だけの翼と，つれの鳥の片方だけの翼とで互いに助け合いながら飛ぶ鳥．これは，互いに深く愛し合っていて，離れることのできない人たちのたとえ(*cõparação*)に用いられる．

これと同様に *comparação, comparar* を用いた例(Iccacu. Tetguio. Yumeno vqifaxi)があるけれども，これよりも *metaphora* 系の語を使ったものが多い．すなわち，*metaphora, metafora*(Aino tate. Qeixet)，*metaphoricamente*

(Care, uru), *sentido metaphorico* (Gocŏ. Taicŏ)などを説明文中に用いたものと, †Fanatare(洟垂レ), †Imo(イモ)の条に, それぞれ「馬鹿者」「あばた」の意を注して *Per metaphoram* (比喩として)としたのとがある. 他にその略語 *Per met., Permet., Perm.* が用いられ, これが最も多い. 本篇と補遺を通じて総数439例であるが, その内333は和語に, 残り106は漢語に付せられている.

比喩的意味を注することは羅葡日に先例があり, pertransl.あるいは, per transl.を用い(Duro. Pignus. Rotundo. Sitio), まれに Per metaph. も見えるけれども (Impendeo), 前者の方が多い. 羅葡日の transl.(translatis)と metaphora とは全く同義で, 日葡辞書は, ギリシア語, すなわち, 後者を選んだのである. この metaphora (metafora)は, 羅葡日の Metáphora, ae.の条に, 葡語対訳の Metafora と, 日本語の「象(カタド)リテ言ウ, 準(ナゾラ)エ」という対訳とを付けているように比喩を意味するが, 修辞学ではこれを「暗喩」の意に限定し,「提喩」(Synecdoche),「換喩」(Metonymy)と区別している. しかし, この注記は, 古典修辞学の範囲に限られていると見なければならぬということはあるまい. 本書に Permet.と注記した語を検するに, 例えば,

    Caxei.(加勢)Xeiuo cuuayuru.(勢ヲ加ユル)戦争の際の援兵, 援軍. ¶また, *Permet.*(比喩)何事であれ, 他人に対する援助の意. ……

    Gabi.(蛾眉)Caico, mayu.(カイコ, 眉)蚕. ¶また, *Permet.*(比喩)絹の糸を作る時の蚕のような眉をした, 美しくととのった婦人の顔.

の如きは, 限定された意味の語を同趣のより広い意味に用い, 部分を以て全体をあらわす意味に用いたのであって,「提喩」というべき類に属する. また,

    †Fanatare.(洟垂レ)鼻水を垂らしている人. ¶また, 馬鹿者. *Per metaphoram*(比喩として).

    Yari.(鑓・槍)……¶また, *per met.*(比喩)Yari(鑓)戦闘, あるいは, 交戦. 例, Yariuo suru. l, tçuqu, l, auasuru.(鑓ヲスル, または, 突ク, または, 合ワスル)交戦する. ……¶また, Yari.(鑓)すなわち, 良い兵士. 例, Are yoi yarigia, l, yaritçuqigia.(アレ良イ鑓ヂャ,

　　　　または，鑓ツキヂャ)……

のごときは，道具の名をもってそれを用いての行動，あるいは，それを使う主体をあらわすものであるから，喚喩に属するものと見なければならない．

　このように Per met. は狭義の「隠喩」に用いたわけでもなく，また，これに対立する提喩や喚諭を別に立てて互いに区別しているわけでもない．従って，日葡辞書の *Per met.* は「比喩」を示すものと解して差支えない．その「比喩」と注して説明したものも，実は比喩的用法によって生じた転義に他ならない．それを小項目を立てて説明した一般の転義と区別して，特に Per met. 注記のもとに説明を加えたのは，一つには多義語における原義との関係を示して，転成した意味をよく理解させるためであった．それは原義と転義との間に意味の隔たりが大きいほど取り上げる必要も意義もあるわけである．

　　　Caname.(要)扇の心棒，あるいは，締めねじ．¶また，比喩．問題の
　　　事柄の基づく基盤となる事．例，Corega canamede gozaru.(コレガ
　　　要デゴザル)これが肝要な事であり，物事の基本である．
　　　Chafan.(茶飯)Cha, iy.(茶，飯)茶(Cha)と飯と．¶また，比喩．しな
　　　いわけにはいかない必要な事．例，Iŏgiùno chafande gozaru.(常住
　　　ノ茶飯デゴザル)それは，いつでもしないわけにはいかない事です．

なお，上のような説明があって然るべきところにそれがない例もある．例えば，Atama(頭)，Marume, uru(丸メ，ムル)の両条に，いずれも Atamauo marumuru(頭ヲ丸ムル)の例をあげて，どちらにも「剃髪する，僧侶になる」という意味をつけているけれども，Per met. とはしていないし，Fana(花)の条に，

　　　¶Fanauo chirasu.(花ヲ散ラス)花を散乱させる．¶同上，勇敢に花々
　　　しく戦う，または，他の仕事を上手に器用にする．

とあるけれども，Per met. 注記はないしするので，この略号注記の有無がどのような基準によるのかは明らかでなく，結局編者の判断によるものと解するほかはないであろう．

　ただ，Per met. 注記のあるものが，一般に日常普通の話し言葉と認められ

るものに圧倒的に多いことは事実である．その略号を付した見出し語(439)の中に漢語が含まれているが，それは 106 で和語(333)の3分の1に過ぎないし，それも Caxei(加勢)，Chŏjŏ(頂上)，Feicô(閉口)，Firŏ(疲労)，Fuxiguina (不思議ナ)，Gaqi(餓鬼)，Tefon(手本)，Vagŏ(和合)等，通俗化したものがかなり含まれているのが注目される．それは，漢語の中でも一般に慣用される通用語になっていたのによるものであろう．

4 説明上の困難と対策

　言語的性質の甚だしく異なる日本語を葡語で説明するのに，多くの困難があることは言うまでもない．日葡辞書の編者たちは，その困難を克服して，外国人の日本語習得に有用な辞書を編むべくいろいろ工夫し苦心したのであって，その跡は随所に認められる．その一方，その葡語の説明をば，編者の意図に反することのないように心しながら正しく解読して，現代日本語に翻訳することもまた容易なわざではない．その困難なわざを誤りなく進めるためには，彼我言語の相違に基づく困難を解決するために，編者の講じたいろいろな対策を知る必要がある．以下その注意すべき事項のおもなものについて略説する．

　(1) 接続詞 ou による類義語の並示

　まず，葡語説明文中に目立つのは，接続詞 ou(または，あるいは)をもって語句を連ねた例が非常に多いことである．この ou はラテン語の aut に出たもので，羅葡日のその条を見ると，葡語対訳に Ou,日本語対訳に Mataua, aruiua, ca.(マタハ，アルイハ，カ)があててある．なお，1.の略号で多く用いられる vel もラテン語であって，羅葡日のその条には，葡語対訳に Ou,日本語対訳に Aruiua(アルイハ)をあててあり，両者は同じ意味の接続詞として併用されたのである．しかし，両者の使いかたは書により，あるいは，人によって相違があったようである．小辞書の体裁をもつサントスの御作業の巻末の和らげを見ると，日本語の間と葡語の語句の間とを問わず，1.が断然多くて ou はまれである．一応の調査結果によれば，1.は 128 例を数えるのに，ou は

僅か1例を見るに過ぎない．

　また，バレトの手に成ったFeiqeの書入れ難語句解を見るに，その葡語説明は簡単で短いために1.もouも少ないのではあるが，それでも1.は17例で，ouは僅か4例に過ぎないし，バレト写本の欄外や行間に書き込まれている葡語注でも1.が26例ばかりあるだけである．

　日葡辞書では1.もouも非常に多いけれども，この書では見出し語及び用例や引用文などの日本語同士の接続には1.を用い，葡語文中にはouを用いるたてまえをとっていることが著しい．ouは，上述の羅葡日の日本語対訳に見るごとく，二者択一的(三者択一的)な意味を示すのが一般的用法で，用例も最も多いのであるが，それをも含めてなおさまざまな用い方がなされている．

　まず第一には，別義の語を接続するのに用いられたouであって，&(et)と同様の意味を示す場合である．

　　　　Anpu.(安否)Yasuxiya inaya.(安シヤ否ヤ)……¶また，物事の真実と虚偽(*Verdade, ou falsidade de cousa.*)

　　　　Iippu.(実否)Macotoya inaya.(実ヤ否ヤ)真実と虚偽と．(*Verdade, ou falsidade.*)

　　　　Vmu.(有無)Ari naxi.(有リ無シ)有るか無いか(*Auer, ou não auer*)．諾か否か(*si, ou não.*)

　　　　Funbet.(分別)善と悪(*bem ou mal*)などを理解するとか識別するとかすること．

　　　　Vnpu.(運否)良い運と悪い運．(*Boa, ou má fortuna.*)

　上の諸条のうち，AnpuとIippuについては，その訓釈に～ya, inaya(ヤ否ヤ)とあるのに惹かれてouを用いたとも解されないことはないが，他にはそのような理由は考えられない．やはり，これらのouは疑問，あるいは，二者択一の意を示すのではなくて，並列・累加の意で用いたものと思われる．並列の場合には&(et)を用いるのが普通であって，例えば，Ienacu(善悪)に「善と(&)悪と」，Naigue(内外)に「内部と(&)外部と」のような例が多い．それだけに，上掲の語がすべて別義の語，特に反対の語義をもつ語を連ねている

場合であるから，さきにあげた「安否」「有無」「運否」など，ou を用いている少数の語例は，やはり一般の ou と同じく「……か……か」の意で用いたのかとも考えられる．しかしながら，その一方で，まれな特例であるけれども，前述のように＆(et)と同じように「……と」の意に用いたかと考えられる節がある．

さきに，羅葡日の Vel の条に葡語の ou と日本語の Aruiua(アルイハ)とが対訳として示されていることは述べたが，その条の第2項に，時としては用いられるものとして，葡語対訳 Assi, &c. と日本語対訳 To, mo.(ト，モ)という助詞をあげ，それに続けて下のようなラテン語の文例とその葡語訳とが示されている．

  maximè me tibi amicum facir, vel virtus vel doctrina tua. Lus. Assi vossa virtude como saber me vosso amigo.

そしてこれに次の日本語対訳がついている．

  ソナタノ善ト，学問ハソナタニ我ヲ親シマスル．

これによれば，ラテン文中の vel……vel が Assi……como(……と同じく，……も……も)と葡語訳され，それが日本語対訳で「善ト，学問(ト)ハ」と訳されていることは明白である．

これによれば，Vel と類義の Aut にも，これと同様の意味用法があって，羅葡日 Aut の条に，葡語の ou，日本語の「マタハ，或イハ，カ」の対訳を示しているのによれば，それは葡語の ou にも受けつがれていたのであろうと考えられる．そう考えることが許されるとすれば，前掲の「安否」「運否」「有無」等の葡語訳中の ou は，この助詞「ト」と解して無理なく解釈できるのであって，一般的に多く用いられる ou の意味によって，「有無」を「有るか無いか，諾か否か」などとするのは穏当とは言い難いということになろう．この点，邦訳日葡辞書で Funbet(分別)の条の *bem ou mal* を「善悪」と訳し，Vnpu(運否)の条の *boa, ou mà fortuna* を「運不運」と訳してあるのは当を得たものとすべきである．

第二には，上のような反対の意味の語ほどに違ってはいないけれども，語

義の異なる語句や表現やを接続する ou があって，これは非常に例が多い．

 Tçuqi.(月) *Mes, ou lũa.*(〔暦の上の〕月，あるいは，〔天体の〕月．

 Iengo.(前後) Maye, Vxiro.(前，後)すなわち，Ato saqi(アトサキ) *Diãte, & detras, ou antes, & depois.*(正面と背後と，または，時間的に前と後と)

 Funa asobi.(船遊ビ)*por mar, ou por rio*(海での，あるいは，河での遊び)

 Funabin.(船便)*Portador por mar, ou occasião de Fune.*(海上運送をする人，または，折よく恵まれた船(*Fune*)の便．

このように語義の異なる語・句や表現を接続したものが多いが，中には ou 以下がその前の語に意味的制限を加えているものもある．

 Fonxen.(本銭)*Caxas, ou moedas de cobre que se dão ou emprestão ao ganho. i, Cabedal de caxas tirando os ganhos.*

この原文中の *dão*(*dar*)は「与える」と訳してはそぐわないから「手渡す」とでもすべく，それに続く *ou emprestão*(*emprestar*)は「すなわち，貸しつける」とすべきところであって，前の *dão*(*dar*)はただで与えるのではなくて貸してやるのだとしてそれを限定したものである．その関係をおさえた上では「貸与する」とか「貸してやる」とかと訳することができる．

 利息を取って貸与する銭，すなわち，銅貨．すなわち，利子をのけた元金の銭．

第三には，類義の語や表現の接続に用いられた ou がある．Rôxa(籠者)，および，†Rônin(籠人)の条には，ともに *Preso, ou encarcerado.*(囚人，すなわち，投獄されている者)との説明が付いている．これは同義の語を並示して説明を明確にしているものである．これなどは同じ語義を重ねて注して明示した趣のものであるが，互いに小異のあるものを並べたものもある．Quangun(官軍)に，*Soldados, ou gente de guerra del Rey.*(国王の兵士，あるいは，軍勢)のごときは，ou を介して *gente de guerra* を続けることによって，複数の兵士たちであるばかりではなくて，集団をなし，編成した隊をなして

第Ⅶ章　載録語の説明　441

いる軍勢である意を補っているのである．Monjin(問訊)の条に，*Perguntar, ou por duuida.* (質問すること，あるいは，疑問を提出すること)とあるが，始めの *Perguntar* は Tazzune, uru.(尋ネ，ヌル)の条にも，Toi, ô.(問イ，ウ)の条にも用いられている語であり，その他，「問イ掛クル」「問イ交ワス」「問イ答ユル」などの条にもあって，それだけでは「問訊」の意味を表わすものとしては不十分である．そこでこれを補うために *Por duuida*(疑問を提出する)を添えたと解されるのである．

　また，†Betbetni(別々ニ)の条には，*Separadamente, ou cada hum sobre si.*(別れ別れに，あるいは，それぞれ各個に)とある．その *Separadamente* は，物なり人なりがその空間的位置を隔ててあるような場合にはよく当たるし，それで通用する場合も多いのではあるけれども，例えば

　　　　　不同トハ習ヒ立ル所ノ業ハ別々ニシテ不同也(応永本論語抄，子路)

のように，各人各様に異なる動作をする場合などには適応しない．その故に，ou 以下においてこれをも含む意味説明が加えられている次第である．Vchi, vtcu.(打チ，ツ)，Tataqi, u.(叩キ，ク)の２条には同じように *Bater, ou dar pancada.*(叩く，または，平手でなぐる)という説明がついているが，これもまた補う用に付せられたものである．

　ou の沢山の用例の中には，上のように前後の関係が明らかなものばかりではなくて，慎重な考慮を要するものもある．その１例，

　　　　　Fandan.(判断)Cotouari, u.(判リ断ル) *Arrezoar como sobre algũa demãda, &c. ou determinar, & rezoluer como juiz.*

の条で，見出し語の「判断」は，落葉集本篇に見える熟字であり，その旁訓も上の訓釈に一致するから，翻字上に問題はない．けれども葡語説明の中間にある ou の接続する部分が明確でない．一見したところ，ou の所で前後に分れるように見えるけれども，前半に *demanda*(訴訟)があり，後半の末に *juiz*(裁判官)があって意味上の関連がある以上，二部分に分断するのは穏当でない．結局，ou は最初の *Arrezoar* と後半部の *determinar* とを並列的に接続しているものと見なければ意味が通らない．つまり，その関係と解して，

　　　　　たとえば，裁判官がするように，ある訴訟について理非を正して述べ
　　　　　ること，あるいは，決定し解決すること．
とすればよいであろう．次もまたそれに似た例である．
　　　　　Funhoi.(不如意)Cocorono gotocu narazu.(心ノ如クナラズ)すなわ
　　　　　ち，Fubẽna coto.(不弁ナコト)Pobreza, <u>ou</u> falta do necessario, <u>ou</u>
　　　　　de poder, & habilidade pera fazer algua cousa.
　問題はこの葡語説明文中の ou の接続関係と，それによる意味の続き具合
とにある．このうち最初の ou は Pobreza, ou falta と見て間違いないが，次
の ou は文頭の Pobreza に関係づけるのは意味上穏当でない．そこで，falta
……, ou falta de poder と解すべきであろう．その結果，
　　　　　貧乏，あるいは，生活必需品が欠乏しているとか，何か事をするのに
　　　　　力や能力が欠けているとかすること．
とすれば，原文に忠実なものと言えるであろう．
　以上に述べたように，ou を使って類義語などを連ねる表現は，元来葡語の
特質に数えられているものであるが，日葡辞書にそれが著しく多いというの
は，日本語に対する説明をできるだけ細かく正しく訳出して，利用者の日本
語に対する理解を深めようとつとめた苦心の現われである．つまり，葡語に
おける表現法の特質を利用して，利用者の学習効果を高めようと意図してな
された編者の慎重な配慮と苦心を示すものと見るべきであろう．
　　(2)　**類義語の流用**
　日本語にはあって葡語にそれに正しく対応する語がないことは珍らしくな
い．それが日本には存してポルトガルには存しない物の名である場合も少な
くない．そのような場合には，例えば，Faxi(箸)に対して「日本人が物を食
べるのに使う，二本の小さな棒」であるとか，Canzaxi(簪・釵)については「婦
人が頭髪に付ける一種の飾り物」であるとかのように説明を加えているもの
が多い．一方，我にあって彼にない物の場合に，彼に似た物があればそれを
示す語をあげて説明に流用していることがある．上の「箸」や「簪」のよう
に説明をしてもよくはわからないに違いないが，彼の国にある似た物の名を

第Ⅶ章　載録語の説明　443

示せば，まだしも理解されやすいというわけである．例えば，Sugui(杉)には「糸杉(*acipreste*)のような或る樹木」と説明し，Finoqi(檜)，Fibara(檜原)，Fiba(檜葉)，Fiuada(檜皮)，Biacuxin(柏槙)などにも同じ語を用いた説明が加えてある．羅葡日では acipreste に「檜ニ似タル木」のような対訳を示している(Curessetum. Cupressus)．

　また，Vme(梅)には，「*ameixias* のような或る果実，または，*ameixieira*」と説明してあるが，ameixia は羅葡日の Prunum, Turba の条に Ameixa の形で，ameixieira の形は同書の Prunêtum, Prunus の条に見えていて，いずれも「梅，李_{スモモ}」の日本語対訳がついているが，日葡辞書の Baibocu(梅木)，Baiguet(梅月)，Baijit(梅実)，Baiqua(梅花)その他の条にも同じ葡語説明が付けられている．このように語義の一致する葡語がない場合に，それに代えて宛てる語は大方対応語としてきまっていたようである．

　また，Catana(刀)に「日本の剣(*Espada de Iapão*)」を宛てているように，「日本の」という限定をつけて，類似しているとともに異なる点もあること，すなわち便宜上近似的な説明を加えたことを示すものもある．例えば，「筆」を「日本のペン(*penas de Iapão*)」(Bocufit. Fude などの条)，「硯」を「日本のインク壺(*tinteiro de Iapão*)」(Bocuchi. Suzuri. Fiddai 等の条)，「琵琶」を「日本のヴィオラ(*viola de Iapão*)」(Bachi の条)などの例がある．かような語が用いられるのは日本関係の事を書いた文章であって，文脈によって自然に察せられるのと，既に慣用されているのとのために，必ずしも「日本の」と限定しなくても了解されるので，限定なしで用いることも珍らしくなかった．「墨」に *tinta*(インク)，「筆」に *pena*(ペン)，「酒」に *vinho*(葡萄酒)，「琵琶」に *viola*(ヴィオラ)，「琴」に *cravo*(クラヴサン)，「餅」に *bolo*(ボーロ菓子)などは，むしろこの方を用いることの方が普通である．この類で一般的に用いられ，むしろ固定化していたものに「袴」にあてた *calção*(カルサン)がある．calção は膝までしかない半ズボンで，両股_{もも}や股_{また}の部分が身体に密着してゆとりのないもので，袴とは大分違うものであるけれども，他に適当な語がないままに，早くから「袴」にあてる慣用ができていて，羅葡日

でも葡語のCalçãoにFacamaを対せしめており(Feminalia. Subligaculum. Perizoma)，Feiqe巻末の書入れ難語句解にも例がある．

わが国の「机」にはbanco(長腰掛)をあてるのが普通であるが，それもわが国の机(座机)の形がそれに似ているからである．

「柿」も日本にあって南欧にはなかったので，「林檎に似ている *figos de Iapão*(日本の無花果)」と訳している．同じ訳は上のCaqi(柿)の条以外にも，

　　　†Auaxegaqi(淡柿)　†Caqivchi(柿ウチ)　Coneri(木練)　Iucuxi(熟柿)　Nerigaqi(練柿)

などの条にあり，単にfigosをあてたのも，

　　　Bixarito(ビシャリト)　Cuxigaqi(串柿)　Fanecaqe, uru.(跳ネ掛ケ，クル)　Minogaqi(美濃柿)　Tçubure, ru.(潰レ，ルル)

などの条にあって，figosを用いることに変わりはない．ロドリゲスは「日本教会史」の中に，日本の干し柿が欧州の無花果と外見が似ているので，最初のポルトガル人たちが柿をfigoと呼んだのであろうと書いている[5]．なるほど，ルイス・フロイスなど，宣教師の書簡や報告書などには，早くから見えているので，彼らの間では柿をfigoと言い習わしていたものと見える．

そのようにfigoと言えば，在日外国人間では「柿」の意味で通用していたので，本来の無花果を言い表わすのには，Itabu(イタブ)の条にあるようにかえってFigos de Portugal(ポルトガルの無花果)と言って混乱を避けなければならなかったという次第である．

「狸」にadibe(やまいぬ)をあてたのも同じ類の代用であって，Tanuqi(狸)を始め，Cocacu(狐狢)，Fun(糞)，Mujina(貉)，Tatague(狸毛)，Yocǒ(夜川)，Mami(猯)などの諸条に例がある．

「龍」は，元来東洋の想像上の動物であるから，これを表わす葡語などあろうはずはない．そこで蜥蜴を意味するlagartoをあてるのが例になっていて，Reô. l, Rio.(龍)やTatçu(龍)，Acureô(悪龍)，Docuriù(毒龍)，あるいは，Riǔjin(龍神)，Riǔǒ(龍王)などの複合語になおいくつもの例がある．羅葡日のCrocodîlusおよびCrocodilinusの条にはcrocodillo(鰐)，あるいは，

第Ⅶ章　載録語の説明　445

lagarto が Riô(龍)や Tatçu(龍)にあたるとしているし，バレト自筆写本でも「悪龍」に *lagarto pesonhētos*(毒龍)という注を加えた例がある(f.347/5)のなどを見れば，これも日葡辞書以前から慣用されていたものと知られる．おそらくは日本の掛軸とか屛風とかに描かれた龍の絵を見て，形の似寄りから上の語をあてる慣用ができたものであろう．このような次第で，類義語の流用は日葡辞書編者の創案によるもののみではないが，やはりそれ相応の顧慮を払った措置と見なければなるまい．

(3) 暦法上の月・時の説明

「正月」「二月」とか，「睦月」「如月」とかなど，日本の暦法上の月を示す語は，日常生活に密接な関係があって大切なところから，日葡辞書ではその大部分を本篇に収めて説明している．ただ，「一月」「二月」以下の漢語の数詞に「月」をつけた形は，「五月」までで，「六月」以下は全く収めていないし，「五月」以前の月々の名も「二月(ジゲツ)」と「四月」以外は本篇には収めず，補遺に収められている．これは数詞「一，二，三」などに「月(guat, guachi)」を付ければよく，規則的に構成し得るので省くことにしたものらしい．然し，数詞は本篇では載せない方針であったが，日常生活上の重要性を認めて補遺には収める方針をとり，事実多くの語が収められている．それで本篇にないものを補遺で補ったものと考えられる．さて，その日本の暦法上の月を示すのに葡語の Janeiro(正月)，Fevereiro(二月)，Março(三月)などをあて用いることはしないのを原則としている．この原則によらないものは，Caminazzuqi(神無月)に *Outubro*(十月)，Chùnichi(中日)に *Março, & septembro*(三月と九月)，Sacuradai(桜鯛)に *April, ou Mayo*(四月あるいは五月)を用いたのがあるだけで，これは珍らしい例外である．

その他は，月の名の漢語形，Xŏguat(正月)，Sanguachi(三月)，Xiguat(四月)，Goguat(五月)，Iiguet(二月)も，その異名の Taizocu(大簇)，Mŏxun(孟春)，Chùxun, l, Chùjun(中春，または，仲春)以下 Botô(暮冬)に至る各月の月名をあげたのも，和語形の異名も†Mutçuqi(睦月)から Xiuasu(師走)までのうち十月を除く11か月の分も，すべて葡語による説明はしていない．また，

年中行事関係の，Butmiŏ(仏名)，Tango(端午)，Chôyŏ(重陽)，† Nagoxino farai(名越ノ祓)，Guivonnoye(祇園ノ会)，Quachôno xet(花朝ノ節)，Tanabata(七夕)，Vrabon(盂蘭盆)なども，すべて葡語の月名は用いないで，正月ならば，*Primeira lũa, ou mes do anno*(年の第一番目の月)，二月ならば *Segunda lũa, ou mes de Iapão.*(日本の第二番目の月)というように，必ず一年の中の何番目の月と説明している．その顕著な1例を示すと，

  Xeccu.(節供)日本人が人を訪問し祝宴を開く日．すなわち，*Xŏguachi*
  (正月)の第一日，*Sãguachi*(三月)の三日，*Goguachi*(五月)の五日，
  Xichiguat(七月)の七日，および *Cuguachi*(九月)の九日．

のように書かれている．

このような説明法を取ったのは，言うまでもなく当時の日本では太陰暦を用いていたので，太陽暦による Janeiro や Fevereiro を使ったのでは時間的なずれがあって正しく表わせないからである．例えば，Chùnichi(中日)の条に，これは彼岸のまん中の日であって，一年に二回 Março(三月)と Septembro(九月)にあると説明してあるが，実は陰暦の二月と八月とにあり，黒本本節用集および伊京集の「彼岸」の注に「二八月，時正」とあるのと一致する．しかし，その間に何日かのずれが生ずることは免れない．羅葡日の Martius の条には，Mes do Março(三月の月)と Europano sanguachi(エウロパノ三月)，Ianuarius の条には，Mes da Ianeiro(正月ノ月)と Europano xŏguat (エウロパノ正月)として，葡語と日本語の対訳を示している．このように彼我の暦法の違いは以前から知られていたのである．

前掲の Xeccu(節供)の条の説明のように，葡語説明文中に Xŏguachi, Sãguachi(正月，三月)などの日本語を交えるのも一法ではある．しかし，これらの月名を示す日本語は，葡語の借用語として入りこんでいる Bŏzu, Bonzo(坊主)や Cami(神)などのようには外国人にたやすく理解されるものではなかった．それ故，Xoguachi, Niguachi などの語を用いて説明したのでは，利用者はまたその語を別条を見て知らねばならない．編者は，これらの事情を考慮して上述の説明法を統一的に取ったのであるが，つまりはそれが

彼我暦法上の相違に基づく説明の困難を回避する対策であり得たからである．

　暦法上の時刻制度が彼此相違していて，日本のそれが特異であることは知られていて，Toqi(時)の条の末に次のように説明されている．

> 日本人には昼間に六つ，夜間に六つの時があって，それらを十二の動物の名前を用いて数える．すなわち，Ne, Vxi, Tora, V, Tatcu, Mi, Vma, Fitçuji, Saru, Tori, Inu, Y.(子，丑，寅，卯，辰，巳，午，未，申，酉，戌，亥)　それらによって，天の十二宮を解しているようである．

この説明中の「時」は葡語で hora と書いてあるものであるが，これは 60 分から成る 1 時間を指すのではなくて，わが国の「ひと時」にあてて用いたものである．そのことは，†Fantoqi(半時)の条に，「日本の hora の半分で，われわれの hūa hora(一時間)に当たる」と説明しているのによって明らかである．

　しかしながら，葡語の hora を二様に用いるのであるから，説明が混乱するのも当然である．例えば，Vxi(丑)の条の Vxino cocu, l, toqi.(丑ノ刻，または，時)に，(真夜中の後，2時までの a hūa hora(ひと時)」とした hora は日本の「ひと時」にあてたものであり，Tora(寅)の条の Torano cocu(寅ノ刻)に「真夜中過ぎの 4. ou 5. horas(四時，または，五時)」の hora は正刻を示したものである．

　このようなわけで，十二支名によって時を説明した条々を見ると，総体に一貫性が認められない．各条の説明中，その指す時刻のみを簡略に示せば，次のとおりである．(　)内は正刻を示す．

　　子　真夜中前後　　　　　　　　　　(零時)
　　丑　真夜中の後 2 時までのひと時　　(2時)
　　寅　真夜中過ぎの 4 時または 5 時　　(4時)
　　卯　朝の 5 時から 6 時まで　　　　　(6時)
　　辰　朝の 8 時から 9 時にかけての時　(8時)

巳	朝の8時から10時まで	（10時）
午	11時から正午過ぎまで	（12時）
未	正午前後から2時まで	（午後2時）
申	午後の4時前後	（午後4時）
酉	午後の6時または7時	（午後6時）
戌	夜の8時から10時まで	（午後8時）
亥	10時から12時まで	（午後10時）

これによれば，日本の「時」が時点を示すのではなくて，分画された時間を示すことは知られていたのである．しかし，定時法によるそれぞれの分画時間とは一致しない．平安時代以降行なわれた定時法によれば，12の各刻に初刻と正刻との区別があり，辰の刻であれば，初刻は午前7時，正刻は8時で，それより1時間後の9時が巳の初刻となるので，辰の刻は午前7時から9時までの2時間である．このことはロドリゲスの日本教会史（大航海時代叢書本，下．p.201）によって知られるが，季節によって変動する不定時法に基づいて記したとも思われず，仮にそれに拠ったものとしても上述の時間関係は合致しないのである．結局はっきりした根拠はわからないけれども，正刻中心に説明したことは動くまい．

(4) 性愛関係語の説明

恋愛に関する語については，よこしまな，みだらなものとする説明が注意される．例えば

  Coi（恋）　愛情，または，よこしまな慕情（*Amor, ou saudades ruins*）．
   ¶Coiuo suru.（恋ヲスル）愛情，または，みだらな慕情（*Saudades lasciuas*）を抱く．

とあり，次条に並んでいる動詞にも同様の説明がある．

  Coi, côru, coita.（恋イ，恋ウル，恋イタ）情欲的に愛する（*Amar sensualmente*）．¶Fitouo coiteua, varui.（人ヲ恋イテハ，悪イ）人を情欲的に愛する（*Amar a alguẽ sensualmente*）のは悪いことである．¶また，ある友人とか血族の者とかなどを愛する，または，恋しく

思う.

「恋ウ」が情欲的な意味に用いられるよりも，愛欲・肉欲に関係なく慕わしく思う意に用いられる方が一般的であったことは言うまでもない．それ故，これを無視することはできないで，上の条では第2義として説明してあるが，これは編者が意図して配したものに違いなく，一般的な愛情の意を無視することはできなかったことを示すものである．Coixij(恋シイ)の条に，上と同様に「情欲的な愛情を抱く，または，思慕の情を抱く」と説明したのに続けて，「これは，正しい愛情についても，ふしだらな愛情についても用いられる」と付言し，Coixisa「恋シサ」の条にも，「慕わしさ，または，愛情．これは情欲的な愛情でない場合でも用いられる」と付言している．いずれも情欲的に限らない，一般的な愛情の意味が本義として存することを知りつつ，従ってこれを第一義に立てるべきを心得つつも，あえてこれを第二義として，情欲的な意味の説明のあとに付言する形であげている．従って他の条でも，例えば，Coi caje(恋風)，Coicogare, ruru.(恋イ焦ガレ，ルル)，†Coigocoro(恋心)，†Coigi(恋路)，Renbo(恋慕)などの条でも情欲的愛を取り立てて注しているのである．同様のことは羅葡日にもあって，例えば，Mimógraphus の条には，「淫蕩な詩を書く詩人」という葡語対訳に次いで「好色ノ歌，または，恋ノ歌ヲ詠ム歌人」という日本語対訳が付けてあり，Mimus の条にも，「好色，または，恋ノ歌」という日本語対訳が見える．これらのことからして，神の純粋な清らかな愛に対して，人間の男女間の愛をみだらなものと見るキリスト教の宗教的立場から上述のように限定した意味の説明を加えたものである．別条に収めてある Taixet(大切)は「愛」一般を表わし，羅葡日も同様であって(Amor. Charitas. Pietas)，神の愛にも「御大切」の形でこれを使っている．「愛」は日葡辞書にも羅葡日にも見えず，「愛スル」はそのどちらにも見えるけれども，かわいがる意味に用い，まだ恋愛の面には用いなかったようである．

また，男色関係の語にも特異な説明が加えてあって，Nhacudŏ(若道)には，「男色(*Sodomia*)，すなわち，悪い行為」とあって，はっきりと sodomia の語

を用いている．けれども，Nanxocu(男色)には，「悪い，口にすべからざる罪悪(*Peccado mao, ou nefando*)」，Nenja(念者)には，「口にすべからざる罪悪(*peccado nefando*)に於ける仕向け手」とし，さらにVacaxu(若衆)には「ある人が悪い事に使う若者の意」とあって，いずれもわざと真義からそらしてぼかした遠回しの説明になっている．これも口にすることすら忌むべき罪悪として厳しく戒められていたことなので，故意に朧化した説明にしたのである．

なお，男女の恥部を示す語の説明にも上と似たところがある．まず，B.注記を付けた卑語の中に，

  Tçubi.(開)女子の恥部(*Pudenda mulieris*)．B.

  Mara. l, nancon.(閉．または，男根)陰茎(*Virga genitalis*)．B.

の2語が含まれている．これは卑猥な語でみだりに口にすべきでないとして卑語としたものと思われるが，説明がラテン語で加えてあるのは異例である．しかし，同類は他にもあって，Bobo(ボボ)，Fefe(ヘヘ)，Soso(ソソ)にはいずれも*Pudenda mulieris*(女の恥部)と注してある．序に，羅葡日についてPudendaの条を検するに，「男と女の恥部」と葡語で説明し，それに「玉門，玉茎」という日本語対訳がつけてある．

また，Ra(羅)とGuiocuqei(玉茎)には，ともに*Virga genitalis*(陰茎)と注してあるが，後者にはS.(文書語)の注記がついている．それと同義の和語には，

  Tamaguqi.(玉茎)　陰茎(*Virga genitalis*)．これは上品な言葉(*Palaura limpa*)である．

と注し，ラテン語注のあとに葡語で注意をひく付け足しが加えてあるが，性交を意味する語にも同類がある．

  Bŏji.(房事)男女の交合．これは上品な言葉(*Palaura limpa*)である．¶ Bŏjiga suguite varui.(房事ガ過ギテ悪イ)……¶ Bŏjiuo sugosu.(房事ヲ過ゴス)……

その一方には，文書語と注記したものがある．

第Ⅶ章　載録語の説明　451

　　Qeôquai.(交会)　Majiuari, vŏ.(交ワリ, 会ウ)夫と妻との交わり
　　(*Ajuntamento*). 例, Fŭfuno qeôquai.(夫婦ノ交会)文書語.
この用例を見出し語に立てた Fŭfu qeôquai(夫婦交会)の条には, 単に夫婦の交わり(*Ajuntamento*)としただけで, それ以上の注記はない. Cacon(嫁婚)もまた同じである. 名詞 Majiuari(交ワリ), 動詞 Majiuari, u(交ワリ, ル), および, †Majiuariai, ŏ.(交ワリ合イ, ウ), さらには Cataraî, ŏ.(語ライ, ウ)の各条にも, その一義として「肉体関係を結ぶ」(*Ter copula carnal*)の一項を設けて説明しているし, Caxi, suru(嫁シ, スル)にも同じ葡語説明をつけている. さらにあげれば, Mitono macubai(ミトノマクバイ)に対する説明も上と似たものである.

　類義の語ではあっても, 漢語の文書語, あるいは, 雅語的な「タマグキ」(玉茎)とか, 古語の「ミトノマクバイ」ともなれば, 表現として直ちに性的関係につながるのでなく, その語が本来言及するゆえんの意味の日常語に対するその代替形であるだけに, 卑語とは見なかったのであろうし, さらには相対的に却って「上品な言葉」とさえ認められていたろう. 「交ワリ」や「交ワル」「交ワリ合ウ」のごときも, ごく一般的に性的関係以外の意味で頻用されるものだけに, ある限られた連語なり文脈の中なりでなければ, 性交を意味しなかったのであり, その故に卑語の類とは認められず, 従って特別の注記も説明も加えなかったものであろう. ラテン語を用いた説明自体が, 語自体とその示す意味内容との関係を多少とも隔てる目的によるものであるが, それは同類の語に漏れなく用いたわけではなかった. Fenoco(陰核), Guiocumon(玉門), Innŏ(陰嚢), Qin(陰嚢核)などにはラテン語ならぬ葡語の説明がつけられているからである.

　なおまた, †Goqei(五刑)は, 刑罰を加える五つの方法であるとして, Bocu(墨), Gui(劓), Fi(剕), Qiŭ(宮), Taixeqi(大辟)の五つをあげ, その中Qiŭ
(マ丶)
(宮)は, 「両手を切る」刑であると説明してある. しかし, これは「宮刑」の略であって, 実は古代中国で男子を去勢する重い刑罰のことであるのに, 恥部にかかわる説明を避けてわざと曲げて記したものである. すなわち, 編者

の誤りではなくて，意図的になされた，上述の性愛関係の語の扱いと通ずるものである．

5 説明上の欠陥・誤謬

　日葡辞書の編纂にあたっては，参考として拠るべき日本語の辞書はなかった．節用集や下学集などに簡単な説明つきのものがあり，連歌の詞寄せの類があったけれども有力な助けとなるものではなかった．それだけにこの大辞書を編み出した編者たちの苦心がいかに大きかったかは想像を絶する底のものである．それだけにその成果は高く評価すべきものであるが，人のなせる業の常として誤りもあれば欠陥もある．この書を利用するにはその点も心得ておかねばならない．それも印刷上の誤り等にまで及べばかなり多数に上るので，ここには語義の説明にかかわるもの二三を指摘するにとどめざるを得ない．
1語に異なる数義がある場合に，その1義だけをあげて他をあげていないことがある．例えば，

　　　　Ficcô.(筆功)Fudeno cô.(筆ノ功)書き手・書記に支払う賃金や給金．
と説明されたこの語は，正にこの意味で用いられた語であって，サントスの御作業の本文中に，

　　　　手書キニFiccôヲ出ダシテ誂エ，縁起ト御奇特ヲ銀子二十目ニテ書
　　　　カセヨ．(I.107)
の例がある．また，同じ意味の用例が羅葡日にいくつも見られるのによれば(Bibliographus. Cararium. Chartiaticum. Obsigno. Scriptum.)，それが当時通行の意味であったであろう．しかしまた，

　　　　筆功畢者，唐様可ㇾ有=稽古=也(異制庭訓往来，仲商三日状)
の例で知られるように，書道修練の年功の意味にも用いられたのであるが，この方は日葡辞書にはあげてない．また，

　　　　Fabuqi, u, ita.(省キ，ク，イタ)分配する．Zaiuo fabuqu.(財ヲ省ク)
　　　　財宝を分配する．

第Ⅶ章　載録語の説明　453

の語にしても，確かにこの意味の用例が少なくない．邦訳日葡辞書のこの語の条の訳者注にあげた太平記やサントスの御作業の用例以外にも同趣の例がまれではない．

　　また四講の飾り造り物あらば，……三ともあらば，二座より六位まで，配(はぶ)きて分くべし．（申楽談儀．岩波古典文学大系本 p.539）

　　ぬす人……さうもつ（贓物）わけはふくの時，そのは（場）へいてすといふとも，ぬすむところの物をとるに付てハとうさい（同罪）たるべきなり（塵芥集　63条）

　　あはれあはれこの御利益を我々にもはぶき給へかし（七人比丘尼．近代日本文学大系本．p.172）

しかし，その一方には

　　省費ハ○湖云ツイヘヲハブク也（笑雲和尚古文真宝之抄　四ノ下 16）

　　斎ノ景公ノ刑罰ノ法ヲ多ウ行レタヲ省(ハブイテ)簡略シテスクナウニセラレタソ（玉塵廿九　50ウ）

　　殷の高宗……おごりをはぶき．倹約をまもり．仁政(じんせい)を四海(しかい)にほどこし給ふとかや．（万治板智恵鑑，巻一，一）

のような「部分的に捨て去る，削りへらす」意の例もあるので，これをあげなかったのは穏当でない．

　また，容易に誤りと知られるものもある．例えば，†Catçuuogui（鰹木）をば「神（*Cami*）の社の棟の両端に取り付けるＸ字形の二本の木」としたのは，†Chigui（千木）に「神（*Cami*）の社の棟木に横に交差している木」としたのと混同したもので，相互に交換して然るべきものである．また，

　　†Gŏxet.（強窃）公然と武器を持って略奪する盗賊．

の条の説明は，強盗の意味だけに終り，「山海両賊強窃二盗」（庭訓往来，六月往状）などと用いられる事実に合わない．

　　Fitjet.（筆舌）Fude, xita.（筆，舌）すなわち，Bunxŏ.（文章）書きつけた物，または，書き物によって述べること．¶Fitjetni tçucuxigataxi. （筆舌ニ尽シ難シ）　ペン〔筆〕で，すなわち，書いて説明することが

できない．文書語．
の説明も不十分である．おな，Gorocu(五六)を「大石」の意としているのも問題である．易林本節用集には「五六　木之一一」とし，静嘉堂文庫本運歩色葉集には「五六材木名」とあるが，そのほか，

　　　大物ノ五六ニテ打付タル桟敷傾立テ，アレヤアレヤト云フ程コソアレ，上下二百四十九間，共ニ将棋倒ヲスルガ如ク，一度ニ同トゾ倒ケル．(太平記，二十七，田楽事．)

　　　其屋具付屋体并堂塔……檜榑．五六．方六．(新選類聚往来，上)

　　　五六のやうなる棒撮棒にてさん微塵に打ち付けられて(狂言六義，双六)

のような例があって，いずれも五寸角六寸角の木材を意味すると見られる(日本古典文学大系太平記三の巻末に詳注があるのも同様に見てある)．これらによれば，日葡辞書の説明は疑わしく，恐らくは誤解によるものであろう．

　しかし，説明そのものは事実に合わないものでも，日葡辞書の誤りとは言えないものもある．Moxe(モセ)，Niuamoxe(庭モセ)，Nomoxe(野モセ)などを見出し語に立てて，野原や庭の空間とか表面とかの意味を注しているのは，いずれも正しいとは言えない．けれども，これは当時の歌学書などに見える語形と解釈とをそのまま採ったものであって，編者が直接犯した誤りとは言えない．

　日葡辞書の編者は，また一方ではこの辞書やその他に誤りがあるのに気付けばそれを指摘しているのであって，いくつかその例がある．

　まず，Banaraxi(場馴ラシ)の条に，何かの公演に先立って観衆を静粛にするために，その場所で何事かを演じ始めることと説明したあとに，

　　　¶Banaraxini vodoru.(場馴ラシニ踊ル)観衆を静粛にするために，踊りを踊り始める．上掲のBanaraxi(場馴ラシ)は，このように解すべきである．

とあって，訂正すべきことを記し添えている．これはB部の最初のBA(場)の条中に，

　　　¶Ba naraxi.(場馴ラシ)何かをすることになっている場所で，その事

第Ⅶ章　載録語の説明　455

　　　　　を試してみること，例，Banaraxini vodoru.(場馴ラシニ踊ル)人前
　　　　　に出る前に踊ってみる．
という一項があるのに対する訂正である．
　　　　　Gozŏ.(五臓)内臓にある五つの部分，すなわち，Can. l, cannozŏ.(肝．
　　　　　または，肝ノ臓)……Fi. l, finozŏ.(脾．または，脾ノ臓)肝臓．なお，
　　　　　F部に誤って胃としてあるが，胃のことではない．
とあるのは，F部の Fi. l, finozŏ.(脾．または，脾ノ臓)の条と Finozŏ(脾ノ臓)の条にともに *Estamago*(胃)と説明し，Fijin(脾腎)の条にも *Estamago, & rins.*(胃と腎臓と)と説明してあるのに対する訂正である．ところで，上の Gozŏ の条下の Fi. l, finozŏ(脾．または，脾ノ臓)の説明に *Figado*(肝臓)とあるのは，Can. l, cannozŏ.(肝．または，肝ノ臓)に *Baço*(脾臓)をあてたのとともに誤りで，双方が入れ替わって逆になっているが，これには気付かなかったらしい．それのみならず，Cannozŏ(肝ノ臓)および Canpai(肝肺)の条でも「肝」に *Baço*(脾臓)をあてるという誤りを犯している．羅葡日を見るに，葡語対訳に figado としている条(Hepatarius. Hepatici. Hepatitis. Lobus)でも，また baço としている条(Lien. Lienosus. Splen. Splenticus)でも，日本語対訳はすべて cannozŏ(肝ノ臓)があてられている．これで見れば，当時「肝臓」と「脾臓」とが混同して誤られることがあったとおぼしい．

　他書からの引用文に関するものもある．
　　　　　Nomicuzzuxi, su, uita.(飲ミ崩シ，ス，イタ)ある対話の書(*dialogo*)
　　　　　の中には，胃や腸をこわすような具合にむちゃに飲むという意で出
　　　　　ているけれども，それは本来の正しい言い方ではない．正しくは，他
　　　　　人にそれ以上飲めないまでに飲ませて，座敷(*Zaxiqui*)から退席させ
　　　　　るようにすることについて言われる．
　この説明中の *dialogo* というのは，ロドリゲスの日本小文典に「口語の何々物語の書名で印刷されている口語の menos dialogos(短編対活書)」(f.4)のことらしく，それならば天草版アルヴァレス拉丁文典以下，ロドリゲス日本大文典に「加津佐物語」「客物語」等々の名で数多く引用されている日本語の

教科書で，日葡辞書にも書名の注記こそないけれども50個所以上に引用されている，そのいずれかの本文中の語について注意したものである．

　これに似て，Esopoからの引用文中の語の用法について訂正したものもある．それは，Nomisonji, zuru.(飲ミ損じジ，ズル)の条に，Nomisoconŏ(飲ミ損ウ)と同じ意味で，「何らかの事情によって，飲むことができない，あるいは，飲み残す」意であるとの説明に続けて，次のように記してある．

　　例，Moximata nomisonzuruni voiteua, icqeno zaifôuo cotogotocu mainaini xinjŏzu.(若シマタ飲ミ損ズルニ於イテハ，一家ノ財宝ヲ悉ク賂ニ進ゼウズ)(マヽ) Fab.(寓話集)また，もし万一海水を全部飲むことができなかったら，賄賂として私の全財産をあなたに差し上げよう．この語は，寓話集のたとえ話の中に用いてあるけれども，一般にはこの意味では用いられない．

ここには誤りの指摘にとどまって，正しい言い方は示していないけれども，別条 Sonji, zuru.(損ジ，ズル)の条に，「そこなわれ，いたむ」意と説明したあとに，

　　この動詞が他の多くの動詞の語根〔連用形〕に連接すると，その語根の意味していることを「しそこなう，しくじる」という意を示す．例，Caqi sonzuru.(書キ損ズル)書き誤る．¶ Yomisonzuru.(読ミ損ズル)読み誤る．……

と記し添えている．そこで，さきの「飲ミ損ズル」を「飲むことができない(*não poder beber*)と解したのは誤りであると指摘したものである．

　このように明らかに誤りを指摘するのではなくて，適正な説明を示すことによって補正の実を示したものがある．

　　†Co(孤)　Fitori(ヒトリ)に同じ．例，Tocu co narazu, canarazu tonari ari.(徳孤ナラズ，必ズ隣有リ)すぐれた才幹や能力をもつ者は，人に知られないでいることはあり得ない．

　この条に引用されている金句は，論語里仁篇に出たものであるが，天草版金句集に採られていて，その「心」には，

第Ⅶ章　載録語の説明　457

「徳ハヒトリハ居ヌ，必ズ他ニ施ス」(p.541)

と和らげて注してある．この解釈は少し変わっているが，例えば，応永本論語抄に，

　　子曰徳不孤――徳アル者ニハ志同キ者カ来テ相従フ事，家ニ隣ノテクルカ如シ．（里仁第四．p.214）

とあるように解するのが一般的で穏当なものであろう．そうであるとすれば，日葡辞書は金句集の解釈を補正しているわけである．

　　† IYacu.(帷幄) 戦陣の幕舎．例，Facaricotouo iyacuno vchini megu-rasu.(籌ヲ帷幄ノ中ニ運ラス) 戦陣の幕舎内で計略を立てる．

とある中の引用文も，同じく天草版金句集から採ったものと思われるが，同書のその「心」には，

　　ハカリコトヲ胸ノウチニ運ライテ……(p.519)

と釈してある．「帷幄」を「胸ノウチ」とするのは明らかに誤りであり，日葡辞書ではこれを採らず，「戦陣の幕舎(*tenda de guerra*)」と改めているのが正しい．

　これらの「物語」や Esopo，金句集はいずれも日本語の教科書として用いられたもので，日葡辞書に引用されることも多かったわけであるが，それだけに，誤りがあれば学習者の利用する日葡辞書に於いてその誤りを訂しておく必要もあったわけで，編者の措置はそこから出ているに違いない．

6　葡語説明文中の日本語

　葡語による説明文中に日本語がまじえ用いられていることがあり，本篇の始めではイタリック体の葡語文中でも日本語だけはローマン体で印刷し，G部以下では葡語と同じくイタリック体による印刷に統一している．このことは，既に印刷活字体の使い分けのところで述べたとおりである．これは葡語と混用する日本語は，ローマン体のものでも biŏbus((屛風．Aqiŭdo の条)，Fotoqes, & Camis(仏と神．Butjin の条)のように複数形を作って使い，つまり日本語の葡語化形，あるいは，借用語と意識することに基づくものである．

そしてそれらの借用語は文中にあっても語頭を大文字で書くのが原則になっているのは，他の外国語からの借用語ほどには葡語化していないので，日本語からのものを特に注意させるためであろう．このことを裏返しに証するように，日本語から入った語でも葡語なみに小文字で書くものもあるのである．

日本語からの借用語では名詞が大部分を占める．日本語は名詞に転尾がないから葡語に準じて複数形を作り，語末の母音の違いによって性の区別をして使ったのである．

  a Catana(刀．Sayabaxiri, u.の条) *das Catanas*.(Dômei) *nos Zaxiquis*……*dos Tatamis*(座敷……畳．Gijiqij) *das Cugues*(公家．Cugue)

この類の語は，当時の在日外国人の間ではかなり一般的に用いられていたので，外国人流の発音に従って形の変化したものもあった．

  Dobuco(胴服．Nacavobi) *nono*(布．Nunoya. Qinuta) *Beobos*(屏風．Qinbiŏ) *xiro*(汁．Tadamijiru)

のように母音交替や短音化による形が見られ，

  Iŭdoxŭs(浄土宗．Iixŭ) *Chanoyŭ*(茶の湯．Nadare, uru) *Misō*(味噌．Misocoxi. Nucamiso)

のように長音化したものもある．また，有声子音の直前の母音の鼻音化を強めすぎて撥音を挿入するのは，ロドリゲス日本大文典に指摘するとおり(f. 172)，外国人の陥り易い欠陥であったが，それが，

  Bōzo(坊主．Fôxi) *Yĕguesos*(会下僧．Fensan) *Cŭgues*(公家．Foca. Foi) *Cōgatana*(小刀．Fuxe) *Sacãzzuqui*(盃．Mexijdaxi, su) *Cosonde*(小袖．Fitocasane)

などに現われ，同じくロドリゲスの指摘している長音の短音化形も見られる．

  Ienxus(禅宗．Fossu. Fûsu) *Tofus*(豆腐．Misoyaqijiru) *Conomono*(香ノ物．Narazzuqe)

なお，「着物」はQirumono(着ル物)が一般的で，また，Qimono(着物)の形もあって，ともに見出し語に立てられているが，後者が葡語化して *qimão*,

Quimão (Catamayedare.　Vchichigaye) となり，複数形は *Quimoens* (Furisode. Vaqiaqenosode) か *Quimões* (Vgu isuno sode) かになっている．このことから察すれば，日本語でも一般の話し言葉では「キモノ」「キモン」になっていたかと考えられる．

　一層葡語化したものとして，葡語に準じて指小辞をつけた *Bonzinho* (小坊主．Cobŏxi) や *beŏbosinho* (小屏風．Tçuitachi xŏji) などをあげることができる．また，Chayen (茶園) にあてた *chayal* は Cha (茶) に多数の集合とか畑とかの意を添える接尾辞の al を添えて造った語である．すなわち，bambu (竹) から bambual (竹林)，trigo (小麦) から trigal (麦畑)，laranja (オレンジ) から laranjal (オレンジ園) が作られるのに倣って cha から造られたものである．

　動詞の例は珍しいが，「媚ブル」から Cobita, Cobito という形容詞が造られ，*palaura Cobitas* (媚びた言葉．序．Ari, ru) とか *Ser Cobito* (媚びている．Cobi, uru) とか用いられているが，羅葡日にも Cobitaru cotoba (媚ビタル言葉．Figura. Glossema) とか cobite yŭ (媚ビテ言ウ．Benedico. Rotundus) とかなどがあるのによれば，早くから使われていたのである．

　Vruxi (漆) は，その条に *Verniz de Iapão* (日本のニス) と説明したものの，ニスとは多分に違うところから，Vruxi をそのまま名詞として用いたが (Nuxi. Tamenuri. Xippacu. Xittçŭ)，さらにこれを葡語動詞化して *Vruxar* (漆塗りする) とし (Faqe. Nuri, u. Biacudan migaqi)，さらに過去分詞形の *vruxado* を形容詞として用い (Fanzŏ. Faritçuqe.　Nurigasa)，その女性形 *vruxada* を使った例もまれではない (Asaguigoqi. Cŏyacuzaya. Nuribuchi)．

　このような日本語からの借用語は，早くはピントー (Fernão Mendes Pinto) の「巡航記」(Perigrinacão) を始め，宣教師の日本通信などに多く見え，ルイス・フロイス自筆の「日欧文化比較」(1585．加津佐) には 70 語ほどの日本語が使われている中に葡語化形もあって，かなり早くから行なわれたことが知られる．

IV 文法的説明

　日葡辞書は辞書であるから，これに組織だった文法的説明を求めることはできない．それはこの書の性格からすれば，当然のことであるが，また Tote (トテ)の条に「それは文典においてみられるであろう(*se verà na Arte*)」と未来形を用いて書いているのによれば，別に日本語文典刊行が予定されていたか，あるいは，すでにその業が或る程度進められていたかしたので，詳細はそれに譲る考えがあったものと考えられる．それは別としても，ラテン文典,特にイエズス会の学校で広く用いられたマヌエル・アルヴァレス(Manuel Alvarez)のラテン文典は早くからわが国でも宣教師たちに利用されたらしく，それを推察させる跡が写本の書入れなどに認められる．それがやがて，1594年天草コレジオで印刷刊行されるや，ラテン語教育のみならず，日本語の研究にも利用されたのである．後にロドリゲスがこの天草版ラテン文典をもとにして，その組織や体裁等をかなり忠実に踏襲しつつ，日本語に対する細密な考察を加えて，すぐれた日本大文典を著わしたことは，土井忠生博士の精細な研究によって明らかにさている[6]．

　日葡辞書は，この日本大文典より前の刊行であるけれども，その中に見える文法的説明は，日本大文典を通じてそれが基づくところの天草版ラテン文典に溯って理解されるところが少なくない．以下，全篇に散見する文法的説明を通して見て，中で注意すべき点について述べる．

1　文法的範疇

　アルヴァレスのラテン文典には，ラテン語の品詞として，

　　名詞　代名詞　動詞　分詞　前置詞　副詞　感動詞　接続詞

の八つを挙げ(f.70)，さらにラテン語の格に相当する日本の助辞(Particulis Iaponics)があると述べているが(f.3 v)，これらはすべて日葡辞書にあって，語の説明に用いられている．しかし，かなり性質を異にするラテン語の品詞

第Ⅶ章 載録語の説明

名を用いて日本語を説明しようとしても，相似た点を捉えてラテン語流に解する範囲にとどまらざるを得ないのは当然である．それであってもラテン語の枠にあてはめて可能な限り日本語の事実を説明することは，外国人宣教師が既知のラテン文法の知識に比較しつつ理解するのに大きな助けとなるはずである．この点から，体系的ならずとも，必要と認めた時と事項に応じて文法的説明を加えたものである．

(1) 動　　詞

1) 語尾変化

　動詞の基本的な形を語根(Raiz)，現在形(Presente)，過去形(Pretérito)の3形と認め，見出し語には特別なもの以外は一般的にこの3形を並べて標出した．動詞の見出し語には口語動詞を標出してそれに語義の説明を加え，なお必要と認めた場合には文法的な説明をも加える．例えば，Fajime, uru(始メ，ムル)には，開始する意味があって，多くの動詞の語根〔連用形〕につくとして，Yomifajimuru(読ミ始ムル)などの例を示し，Caxicomari, u(畏リ，ル)の条では，Caxicomatta(畏ッタ)という過去形は，ある人の言うことに同意し，お言葉どおりにしようという意味を謙遜して示すと説明している．また，Zonji, zuru(存ジ，ズル)は，思うとか知っているとかの意であるが，過去形であれば，知っていたの意，肯定の現在形の時は，思うという意を示す，謙遜および丁寧の動詞であると付け加えている．

　このような調子であるから，文法上の時についてもまとまった説明はないけれども，上述の現在・過去の2形のほかに，Tote(トテ)が未来形(*voz do futuro*)に接続すること，Maji. l, majij(マジ．または，マジイ)が話し言葉における否定未来(*futuro negatiuo*)をつくる助辞(*particula*)であることを説くなどしている．また，DE(デ)の条には，

　　　ある実名詞に接続して，接続法の現在または不完了過去(*presente ou imperfeito do conjunctiuo*)を意味する．例，Cŏnaru muxade, xinareta.(剛ナル武者デ死ナレタ)

とした1項がある．これは天草版アルヴァレスラテン文典の動詞活用に関す

る注記(f.15)と文例まで一致するが，このような一致は，天草版ラテン文典以外に或る日本文典があって，天草版ラテン文典も日葡辞書もそれに拠って書いたものであろうと推察されている[7]．

　動詞の法についても，明らかではないけれども，Ga (ガ) や Soconai, ŏ. (損・害イ，ウ) の条には，不定法 (Infinitiuo, Infinito) の術語が見え，上述の接続法もある．ほかに，Caxi (カシ) に希求法 (Optatiuo)，Tabu (賜ブ) に命令法 (Imperatiuo) を用いた説明がある．

　ジェルンディオ (Gerundio) と分詞 (Participio) とは，どちらも語根〔連用形〕に助詞「て」のついたものを指しているのであって，Voitçure, uru. (追イ連レ，ルル) の条に，一般にジェルンディオの形で用いられるとして，Voitçurete yuqu (追イ連レテ行ク) の例を示し，Caxe (悴)，Furi, ita, furite. (古リ，リタ，リテ)，Furifayete (フリハエテ)，Yorimo (ヨリモ) の各条でも〜te の形で使われるとしている．一方，分詞を使っての説明も Cui, cuyuru (悔イ，ユル)，Mo (モ)，Tçuqete (付ケテ)，Va (ワ)，Yemi, mu (笑ミ，ム)，Tote (トテ) の諸条に，いずれも〜te の形で使われると説く．その Tote (トテ) の条に，

> 未来形に接続する際に，ジェルンディオ (*gerundio*) をつくる助辞．すなわち，'…のために' の意．これは文典において見られるとおりである．

と注しているが，また補遺の †Tote の条に，

> Tomo (トモ) に同じ．単独で，また，助辞 Reba (レバ) と共に用いられる．文典に見られるとおりである．

と付け加えている．ここに「文典」とあるのは，ロドリゲスの大文典より以前のものであるはずだが，その説く所は大文典にも通ずるところがあるので (ff.17, 23)，日葡辞書以前に先行の写本「日本文典」があって，日葡辞書も大文典もその先行書によったからであろうと推定される[8]．

　動詞の活用について特に説明した条はないが，次の1条が注意をひく．

> Tamai, ŏ. (給イ，ウ) 第三種活用 (*terceira conjugação*) に従って活用する助辞．これの連接する動詞に，最上の敬意を添える．……

ここに「第三種活用」というのは，見出し語からしてハ行四段活用を指すのであるが，これはロドリゲス大文典の所説に一致する．日本語の規則動詞を三分類したのは，早く先行の日本文典においてなされ，それが天草版アルヴァレスラテン文典に引用されたと考えられるが，それは第一種がハ行四段，第二種はハ行以外の四段活用，第三種が下二段活用であった[9]．その第一種と第三種とを入れかえて，ロドリゲス大文典のと同じ順序に改めたのは，上のラテン文典以後ということになる．日葡辞書はすでに改められた順序によって説いた文典を受けていると知られる．

2) 欠如動詞

欠如動詞(Verbo defectiuo)は，ラテン文法で種々の時・法に応ずる変化形のうち，ある形を欠くものを言うのであるが，これを日本語動詞の説明に適用したのである．日葡辞書以前に，サントスの御作業の和らげのCui, cuyuru. (悔イ，悔ユル)の条にすでにこの術語の注記が見える．

日葡辞書では，見出し語中にこの注記を加えたものが33条あるが，その注記はないのに実は欠如動詞と注すべきことが説明によって知られるものがある．例えば，Cagami, iru.(鑑ミ，ミル)の条に，Cagamita(鑑ミタ)の形はないがCagamite(鑑ミテ)とは言うとか，Megaqete(目ガケテ)の条に，Megaqe, uru.(目ガケ，クル)とは言わないとしているがごときがそれである．また，†Xij, xijta, xijte(癈イ，イタ，イテ)の条は，これ以外の時制の形はないとあるから，当然欠如動詞の注記があって然るべきであるのに，実はそれがないというものもある．

ロドリゲス大文典にも欠如動詞を説いているが(f.45〜47)，それと本書とで共通する語は僅か11語に過ぎない．欠如動詞についての見解が違うというよりも，変化形の存否の確認が困難なことによるものであろう．以下にそれらを列挙するが，＊印を付けたのは，大文典でも欠如動詞としているもの，すなわち，日葡辞書と共通するものである．

ⓐ Verbo defectivoの注記あるもの．

＊ Abare, uru, eta.(荒・暴レ，ルル，レタ)　　　Cachi, ita.(搗チ，チ

タ）Chiguchite. l, chiguchita.(乳朽チテ．または，乳朽チタ）　＊Cui, cuyuru.(悔イ，悔ユル）　Fiqiiru.(率イル）　＊Furi, ita, furite.(古リ，ル，フリテ）　Fusuboricayette. l, fusuboricayetta.(燻ボリカエッテ．または，燻ボリカエッタ）　Iru, itta.(鯏ル，ッタ）　＊Mexij, jta, ijte.(目シイ，イタ，イテ）　＊Mimixij, ijte, l, ijta.(耳シイ，イテ，または，イタ）　Mori, u.(守リ，ル）　Nai.(無イ）　Sagui, saguita.(サギ，サギタ）　＊Saxeru, saxeranu, saxitaru.(サセル，サセラヌ，サシタル）　Tabatta.(賜バッタ）　Taguye, tagǔ, taguyete.(比エ，ウ，エテ）　＊Tari, ru, atta.(足リ，ル，ッタ）　＊Taxi, su, aita.(足シ，ス，イタ）　＊Tomi, u.(富ミ，ム）　Vobite, vobitaru.(帯ビテ，帯ビタル）　＊Voi, voita.(老イ，老イタ）　Vome, eta, ete.(臆メ，メタ，メテ）　Vomoneri, ru, ette.(阿リ，ル，ッテ）　Vomoyaxe, suru, eta.(面痩セ，スル，セタ）　＊Vrei, vreôru, vreeta.(愁イ，ウル，エタ）　†Imaxe, imasu, imaxi.(イマセ，イマス，イマシ）　†Iuayuru.(謂ワユル）　†Iyyori, ru.(言イ寄リ，ル）　†Mori, u.＊(守リ，ル）　†Mucǔru.(報ウル）　†Nucazzuqi, u.(額ヅキ，ク）　†Qitanamu.(穢ム）　†Souofuru.(ソヲ降ル）

ⓑ　Verbo defectivo の注記なきも，それと認めるべき説明あるもの
Cagami, iru.(鑑・鑒ミ，ミル）　Catauazzuqi, u, uita.(片輪ヅキ，ク，イタ）　Caxe.(悴）　Cuchitataqi.(口叩キ）　Megaqete.(目掛ケテ）　Misabi, uru, ita.(見サビ，ブル，ビタ）　Motovori, ru.(モトヲリ，ル）　Sugiri, u, itta.(斜リ，ル，ッタ）　Tçuqivochi. l, tçuqivochite.(月落チ，または，月落チテ）　Voitçure, ruru, eta.(追イ連レ，ルル，レタ）　Xiuoguchi, xiuoguchita, xiuoguchite.(塩朽チ，塩朽チタ，塩朽チテ）　Yemi, mu.(笑ミ，ム）　†Xij, xijta, xijte.(癈イ，イタ，イテ）

以上を見渡すと，語幹・現在形・過去形の基本的3形中の或る形を欠くも

のが多い．これら3形を動詞活用の基本形として重視したことが関係しているであろう．ロドリゲス大文典に挙げた欠陥動詞と日葡辞書のとの間にかなり多くの違いがあるというのも，結局は見解の相違ということになるであろうが，つまりはこれこれの形は無いという非存在の判断は容易でないという事情が理由になっているであろう．日葡辞書にそれと認めている一々の語について，当否を確かめることの困難もまたその点にかかっているのであるが，それと説かれている語についてはそうした傾向の存したことは認められなければなるまい．

3) 能動動詞と受動動詞

ラテン文典に倣って能動動詞(Actiuo)と受動動詞(Passivo)とを相対するものとして注記している．Actiuo注記5例，Passiuo注記6例，都合11例であるが，いずれも両者を対照する形で示している．すなわち，

  Yurisuye, yuru.(揺リ据エ，ユル)　　Yurisuuaru(揺リ坐ル)の能動動詞(*actiuo*)……

  Xe.(背)背中．¶Xega cugumu.(背ガ屈ム)身体が彎曲する，または，傴僂(せむし)になる．Xeuo cugumuru.(背ヲ屈ムル)上の語の能動動詞(*Actiuo*)で，意味は同じ……．

のように，同じ条下に対照的に注記したものがあり，

  Mojiqe, uru.(捩ケ，クル)……

  Mojiqi, u, ijta.(捩キ，ク，イタ)……能動動詞(*Actiuo*)．……

のように，前条に対応する次条にActiuo注記をつけたものがあり，Mucure, uru.(剝レ，ルル)に対するMucuri, u.(剝リ，ル)，Nauori, u, otta.(直リ，ル，ッタ)に対する†Nauoxi, su, oita.(直シ，ス，イタ)もその同類である．

一方，Passivo注記を付したものは，

  Tore, uru, eta.(取レ，ルル，レタ)　　Tori, u(取リ，ル)の受動動詞(*Passivo*)．取れる……

  Vre, uru, eta.(売レ，ルル，レタ)　　Vri, u(売リ，ル)の受動動詞(*Passiuo*)．売れる．

のように，Passiuoの見出し語の条下にActiuo形を示したものばかりで，Vuari, ru, atta(植ワリ，ル，ッタ)にVye, uru(植エ，ユル)，Xicare, ruru, eta(敷カレ，ルル，レタ)にXiqi(敷キ，ク)，Xiqe, uru(領ケ，クル)にXiqi, u(領キ，ク)，Yudari, ru.(茹ダリ，ル)にYude, yuzzuru(茹デ，ヅル)を添えて，それぞれの語のPassiuoと注したのもみな同じである．このうち問題になるのは，Xiqe, uru(領ケ，クル)であって，Xiqi, u(領キ，ク)の受動動詞というのはうなずけない．その一方にXicare, ruru(敷カレ，ルル)を Xiqi, u(敷キ，ク)の受動動詞としたのは容易に理解される．思うに，Xiqe, uruは当時「読マレ，ルル」が「読メ，ムル」に変化したのと同類ではあるまいか．

　この一語を別とすれば，他はすべて自動詞と他動詞との対応と見られるものばかりである．能動動詞というのは他動詞の類と見られるけれども，受動動詞の方は自動詞と見るべきである．上掲のToruru(取ルル)にせよ，Vruru(売ルル)にせよ，取る人，売る人を示す語を奪格，あるいは，連用修飾語として取ることはなく，他からの働きかけを受ける受動とは見られないからである．そこで受動動詞は自動詞に当り，能動動詞は他動詞に当たると解される．ただ，さきのXicare, ruru(敷カレ，ルル)だけは受動動詞と言えるであろう．

　Feiqeの書入れ難語句解の中に，

　　　Tcutauari, u.(伝ワリ，ル)　*verbo neutro*(中性動詞)．継承し，伝来する．「伝エ，ユル」は能動動詞(*actiuo*)．「参ル」

という1条があって，中性動詞と能動動詞とを対せしめているが[10]，その中性動詞「伝ワル」は，さきの日葡辞書の例にあてれば，受動動詞に属する語である．ロドリゲスはその大文典に中性動詞を詳細に説き，上述の例で言えばToruru(取ルル)，Vruru(売ルル)の類をば絶対中性動詞(Verba neutra absolutiua)，あるいは，規定中性動詞(Verba neutra dispositiua)に属するものとして，さきのXicaruru(敷カルル)やその同類Agueraruru(上ゲラルル)，Yomaruru(読マルル)の類を受動動詞とするのと峻別した上，前者を受動動詞と呼ぶのは正しくないと批判している(f.69)．ロドリゲス以前に中性

第Ⅶ章　載録語の説明　467

動詞を説く文典があって，それによった説明がFeiqeの書入れ難語句解に見えるわけであるが，日葡辞書にはそれが全く見えない．すなわち，日葡辞書はロドリゲスの批判の対象となったような文典に拠ったものであろう．

(2)　形容詞・形容動詞

　ラテン語の八品詞中には，これら二つの品詞名は見えないで，名詞（Nome）の中に含まれている．すなわち，その中のNome adjectivo（形容名詞）の中に含まれるものである．日葡辞書でAdjectivo（形容詞），あるいは，Nome adjectivo（形容名詞）と注記してある日本語は，用言，すなわち，わが形容詞・形容動詞に当たるものと，それ以外の非活用語との二類に分かれる．先ず後者は，Cacaru(斯カル)，Tadano(只ノ)，Tano(他ノ)，Voivoino(追々ノ)のごときものであるが，Fodo(程)の条に，

　　　この語に助辞No(ノ)がつくと，形容詞（*adiectiuo*）となる．

と書き添えているのによれば，ある語の末に「の」を伴なって連体修飾語に立つ，同様の構成のものも形容詞の一類と見たのである．

　これに対して第2類は，わが用言，すなわち，形容詞・形容動詞に当たるものであって，Canyôna(肝用ナ)，Socotna(粗忽ナ)，Sanzanna(散々ナ)，Tçucanucuna(付カヌ句ナ)Vqiyacana(浮キヤカナ)，Xinobiyacana(忍ビヤカナ)などのような形容動詞の終止・連体形や，その語幹に助詞「の」の付いたSamazamano(様々ノ)などがある．Sayŏna. l, sayŏno(サヤウナ．または，サヤウノ)の条などは1条に2形を並べ掲げて，*Adiect.*(形容詞)と注記している．

　ク活用・シク活用の見出し語は多くあるにも拘わらず，それにこの品詞名を注記した例は見当たらないけれども，

　　　Aratana. l, ataraxij.(新タナ．または，新シイ)

　　　Axibayana. l, axibayai.(足早ナ．または，足早イ)

のような2形併示標出があるので，ク活・シク活の形容詞の同類と見ていることは確かである．また，Nicui(憎イ)の条下に，

　　　この*adiectiuo*(形容詞)は多くの動詞の語根〔連用形〕に接続して，こ

れこれの動作が困難である，という意を示す．例，Xinicui.（シニクイ）
するのがむずかしい（こと）など．

との説明があるから，やはり～na 形のと同じ類と見ているのである．

上述の2類を通じて，その葡語説明を見るに，

  Xiqirina.（頻リナ）形容詞．*Cousa importuna.*（しつこいこと）

  Xinobiyacana.（忍ビヤカナ）形容詞．*Cousa escondida.*（隠れたこと）

のように cousa という名詞を添えて訳するのが普通である．このことは，上と同類の語であれば，品詞名注記のない場合にも通じて言えることであって，時にはその cousa が「物」を意味することがあり，また，cousa の代わりに homem, pessoa などの語が用いられた例もある．

  Bacaguena.（馬鹿ゲナ）無作法で，躾が悪くて，物事をよく知らない，愚かな *Homem*（者）

  Carui.（軽イ）*Cousa leue*（軽いもの）¶ また，*Pessoa de pouco sizo.*（思慮分別の乏しい人）

このような説明法は，羅葡日の方式に倣ったものである．羅葡日では，同じ語の派生形を数条続けて配列し，その中に上と同じように cousa を用いた葡語訳を付した形があり，また adu. の注記を付した副詞形まで添えた例がある．例えば，Abundans, antis. の条に葡語の Cousa abundante, & copiosa. と日本語の Bentŏnaru coto, fucqi naru mono（便当ナルコト，富貴ナルモノ）の対訳をつけ，次条に Abundantia, ae. に葡語の Copia, fartura. と日本語の Iuntacu, fucqi, bentŏ（潤沢，富貴，便当）の対訳をつけてある．さらに条を改めて，Abundatio, onis. の条を立て，それに葡語の Enchente dagoa. と日本語の Vômizzu, côzui（大水，洪水）の対訳があり，さらに次の別条に Abundẽ adu.（副詞）をあげ，これに葡語の Copiosa, & abundãtemente. 日本語の Bentŏni, tacusanni（便当ニ，沢山ニ）の対訳が続く．さらにもう1条，Abundo, as. に葡語で Abundar, ter grande copia, & abastança, 日本語で Monouo tacusan ni motçu（物ヲ沢山ニ持ツ）という対訳のついた動詞があがっている．すなわち，ラテン文典流に言えば，形容名詞，実名詞，副詞，動詞の4

条がそれぞれ独立の条として並列標出してあるのである．このような標出法が普通であるけれども，まれには品詞や用法の異なるもの2形以上を1条にまとめて掲げた例もある．次も極めて珍しい例であるが，葡語対訳は原文のままに，その日本語訳は省略してあげれば，次のとおりである．

> Exiguẽ, adu. Lus. Leue, e escasamente. Iap. Caroqu, sucunaqu, xôbunni.(軽ク，少ナク，小分ニ)
>
> Exiguitas, atis. Lus. Pouquidade. Iap. Sucunasa, xôbun.(少ナサ，小分)
>
> Exiguus, a, um. Lus. Cousa pequena, pouca. Iap. Xôbun naru coto, vazzuca naru coto.(小分ナルコト，僅カナルコト)¶Exiguus animo. Lus. Homem de pouco coração. Iap. Xôqi, l, xechiben na fito.(小気．または，世智弁ナ人．¶Exigusũ, substantiu.(実名詞) Lus. Hũ pouco. Iap. Sucoxi, xôbun.(少シ，小分)¶Exiguùm, adu.(副詞) Lus. Escasamente, pouco. Iap. Sucunaqu, xôbunni.(少ナク，小分ニ)

以上述べたところによれば，日葡辞書では，日本語の形容詞と形容動詞とを異なる品詞として区別することなく，ほぼ同一の語性をもつ一類と認めているのである．すなわち，ラテン文典，ないしはそれを受けた葡語文法説によって，両者をともに名詞の一種として扱ったのである．ただ一つ注意をひくのは，Tai(タイ)の条に願望の意味を示したあとに，

> この語は動詞の語根〔連用形〕を要求し，そして形容名詞〔形容詞〕の活用(*conjugação dos nomes adjectiuos*)に従って活用する(*cõjugase*)．例，Yomitai.(読ミタイ)すなわち，Yomitŏgozaru.(読ミタウゴザル)私は読みたいと思う，など．

と書かれていることである．conjugar, conjungação という術語は Tamai, ô.(給イ，ウ)の条にもあって，まさしく「活用」を意味していると見なければならない．果たして形容名詞にク活用の活用を認めていたものか否か，他に何も確かめる術はない．偶然に過ぎないかも知れないけれども，上に引合に

出した Tai と Tamai, ǒ. の両条に conjugação が使われているのを重く見れば，あるいは本篇T部の編纂分担者は，わが形容詞にク活用の変化を認めていたのではないかと想像されるわけである．しかし，ここ以外には何ら記述がないので，確かめるすべはない．

　それはさておき，ここでまとまりをつけておくべきは，上述の標出法との関係である．さきに見出し語の標出法，特に形容詞・形容動詞の標出について述べたとき〔第II章の3〕，形容詞・形容動詞は，終止連体形，連用形（形容詞では音便形），名詞形の3形を並べて標出するのを基本形式として，双方ともそれで統一する方針をとったことを細かく検証したのであった．それは，形容詞と形容動詞との間に語形その他の違いはあっても，ラテン文典，あるいは，葡語文典においては一類であるところから，その標出形式も異例をまじえつつも統一するに努めたと見られるものであった．すなわち，日葡辞書における取扱いは一類とする見解に基づくものである．

　ロドリゲスは，日本大文典において，日本語の形容詞および形容動詞に陳述の力があることを認め，これを形容動詞（Verbo adjectivo）と呼んで動詞の中に含め，Tano（他ノ），Tadano（タダノ）の類を形容名詞（Nome adjectiuo）として二者を明確に区別した（ff.61～64）．しかし，日葡辞書は未だそこまでに至らず，上の見解をとるロドリゲスの批判の対象になる状態にあったのである．

　(3)　前置詞・後置詞・プロポジサン

　日葡辞書の中に，日本語の格助詞並びにそれと同じ機能をもつ語に対して前置詞（Preposição），後置詞（Posposição），プロポジサン（Proposição）という品詞名を注記した語がある．

　まず，プロポジサンの注記例は，本篇中にある次の7例であって，補遺には1例もない．

　　①　Ni.（ニ）奪格（*Ablatiuo*）のプロポジサン．
　　②　Nite.（ニテ）奪格のプロポジサン．¶また，他の語を伴って，「……であって」の意を示す助辞．例，Yoqi fitonite.（良キ人ニテ）良い人であ

って．
③ Tame.(為)……のために(*Pera*)．これは属格(*genitiuo*)のプロポジサン．これはまた実名詞としても通用している．例, coreua votamedegozaru(コレハ御為デゴザル)これはあなたの御為である．
④ Vo.(ヲ) 対格(*Accusatiuo*)のプロポジサン．
⑤ Voite.(於イテ) 文書中で使われる奪格(*Ablatiuo*)のプロポジサン．
⑥ Vomotte.(ヲ以テ)「……をもって」または,「……において,……によって」(*Com, ou em*)．これは奪格のプロポジサンである．例, Deusno minauo motte.(デウスノ御名ヲ以テ)デウス(*Deos* 神)の御名において．
⑦ Yori.(ヨリ) 奪格のプロポジサン．「……から,……以後」など(*de, desde, &c.*)．

この他に前置詞の2例と後置詞とした1例とがある

⑧ †Voite.*(於イテ) 前置詞(*Preposição*)．Ni(ニ)のあとに続いて,「……の中で,……に」(*Em*)の意を示す．例, Soconi voite.(ソコニ於イテ)
⑨ Motte.(以テ) 前置詞(*Preposição*)．「……で,……をもって,または,……によって」(*Com, ou per*)．例, Iesusno minauo motte.(ゼズスノ御名ヲ以テ)ゼズス(*Iesus* イエズス)の聖なる御名をもって．
⑩ Cara.(カラ) 奪格の後置詞(*Posposição de ablatiuo*)．例, Corecara aremade.(コレカラアレマデ)ここからあちらまで．

ここに1例だけ後置詞と注したのがあるけれども，これは，後にロドリゲスが日本語の実態に即してそれ相応の理由づけのもとに「後置詞」と名付けたのとは無関係である．ラテン語に名詞のあとに立つ特異な前置詞(tenus)があって，その名詞は奪格のことが多いというから，おそらくはそれに倣った呼称で，日葡辞書以前からあったのを受けたものらしい．

以上3種の品詞名は，それがあてられている日本語の側から見て，先ずは

同類であって，前置詞のもとに含まれるように見える．けれども，果してそう見てよいか否かについては，なお検討してみなくてはならない．

まず，③の「為」を見るに，「属格のプロポジサン」と注記してある．「為」は改めて用例をあげるまでもなく属格の助辞「ノ」，あるいは，「ガ」を取って，「……ノ為」「……ガ為」の形で使われるのであるから，「属格のプロポジサン」という注記は，むしろ「属格を支配するプロポジサン」の意に解すべきものである．これも⑥の Vomotte と同じように，No を前に添えて No tame (ノ為) の形を見出し語に立てれば，誤りがなくてよさそうであるが，その条に実名詞としての用例をあげての説明があることと，ローマ字綴では「ヲ以テ」は vomotte と一綴りに書くのが普通であるのに，「ノ為」は no tame と離して書き，no は前の語の末尾につけて一綴りにする例であることとのために，見出し語は単語標出を原則とするのに従って Tame と標出したのに違いない．それにしても「……ノ為」の形で使われることが多いので，「ノ」にひかれて「属格のプロポジサン」としたのであろうが，これでは「属格を支配するプロポジサン」とも解され，正しくはそう解すべきものであろう．しかし，「Pera に当たる」とするからには，それによってむしろ「与格のプロポジサン」とすべきところである．

①の Ni (ニ) には「奪格のプロポジサン」と注記してあるのは，前記のとおりであるが，実はその直ぐ前に，

　　　NI. (ニ)　与格の助辞 (*Particula de Datiuo*)．

の条があって，Ni が2条前後して並んでいる．これによれば，同じ Ni (ニ) をば助辞とも見，プロポジサンとも見たように受け取られるが，これをいかに解すべきか．助辞「ニ」を調べてみると，一般的な与格を示すものがあり，ロドリゲス大文典に「人ニ物ヲ申ス，人ニ損ヲサスル，人ニ用ガアル，ソレニ同ジ」などの例を示している (f.152)．大文典はそれと区別して，奪格に使う Ni として，

　　　場所を示す葡語 *Em, no* などに相当するもの　「ココニ，都ニ」
　　　理由を示す *por causa por*(……故に，，……によって) に相当するもの

第Ⅶ章　載録語の説明　473

　　　「参リタサニ．ソノ威勢ニ驚イタ．」
　　受動動詞に伴なって *de*（……によって）に相当するもの　「人ニ笑ワレ
　　　タ．」
　　道具を示す *com*（……をもって）に相当するもの　「目ニ見エズ．ロニモ
　　　言ワレズ」
　　por（……として）に相当するもの　「大切ノシルシニ，または，文ノシル
　　　シニコレヲ進ズル」
など詳細に説いている(f.152)．この種のものは Feiqe や Esopo などにも見ら
れるもので，このような Ni を奪格のプロポジサンとしているわけである．
　次の問題は，④ Vo（ヲ）を対格のプロポジサンとしていることである．「ヲ」
の最も普通な用法は，「字ヲ書ク」「水ヲ飲ム」など，体言が対格に立つこと
を示すものであるが，それは助辞であり，ロドリゲスが特に「格辞」(Artigo)
と呼ぶものに属する(f.78)．これをプロポジサンとするのは問題である．上の
例のように，他動詞の目的語を示す場合，葡語では前置詞を取らず，動詞に
直接名詞を続けるからである．しかし，日本語には自動詞が「ヲ」を伴なう
目的語を取る用法があって，これに相当する葡語の言い方では前置詞を取る
のである．ロドリゲス大文典に「Vo のつく対格を支配する中性動詞（自動詞）」
を説く条に，
　　　人ヲ憚カル　*Ter pejo dalguem*　　後世ヲ弔ウ　*Rogar pollos defunc-
　　　tos*　　人ヲ怨ム　*Aqueixarse doutro*　　都ヲ立ツ，国ヲ立ツ　*Par-
　　　tirse dalgum lugar.*　　御前ヲ通ル　*Passar por algua parte.*(f.102)
と示しているように，前置詞 de, por などを要するのであって，日本語の「ヲ」
はこの前置詞に相当するのである．かかる場合の「ヲ」を前述の「対格の助
辞」と区別して特に「奪格のプロポジサン」と称しているのである．Ni に 2
条を並べて標出したように，Vo についても「対格の助辞」と「対格のプロポ
ジサン」との双方を示すべきであるのに，最も一般的な対格の助辞について
触れていないのは片手落ちと言うべきであるが，特異な方の用法に特に注意
を払ったせいでもあろうか．

次に⑥ Vomotte(ヲ以テ)は奪格のプロポジサンであるとして葡語の Com, ou em(…をもって，または，…において，…によって)に当たると説明してあるが，同じ本篇の M 部には⑨ Motte(以テ)を収めていて，この方には前置詞としてあり，彼と此とは品詞を異にするものとして扱われている．しかし，後者 Motte も葡語の Com, ou per に当たるとしてあり，これはさきの Vomotte の条にあげた Com, ou em とともに奪格の前置詞であるから，両者はともに同じ意味を示すものと説明されているわけである．ただ，Vomotte(ヲ以テ)はこのままの形で奪格を示すけれども，Motte(以テ)の方は「刀ヲ以テ斬ル」「デウスノ御名ヲ以テ」というように，前に助辞「ヲ」を伴なって始めて奪格を示すものであるから，そこに両者間の違いがある．両者が品詞名を異にするのはこの違いに因るものと認められる．

　本篇の⑤ Voite(於イテ)には，文書語に使われる奪格のプロポジサンであるとの説明がある．この語は同じ形が補遺に⑧†Voite*として収められ，そこには「ニ」のあとに続けて用いられる前置詞とあって，説明も品詞名も違っている．見出し語の肩に＊印がつけてあるのは，本篇中の同じ語の条を見て書いた証であり，それ以下の説明は本篇の説明に対する補訂を示すものである．従って，その編纂分担者は本篇の説明に代えて補遺のそれによるべきことを利用者に教えたものと見なければならない．しかし，上の⑤ Voite(於イテ)と同様の説明をしたのは他にいくつもの条があり，それに奪格のプロポジサンと注記してもいるのであるから，この⑤の条を不適正と断ずることはできないけれども，「ニ」格を支配する Voite の方を前置詞とし，格支配をしないで，助辞「ニ」に連接して奪格の表示形を構成する方をプロポジサンとしている点は注意すべきでことである．

　残るは② Nite(ニテ)と⑦ Yori(ヨリ)とであるが，「ニテ」の条でこれを奪格のプロポジサンというのは，場所・道具・材料・手段などを示す場合の，「ココニテ」，「刀ニテ斬ル」，「文ニテ申シ入ルル」などと用いられる「ニテ」のことであり，「ヨリ」も，「舟ヨリ上ガル」「都ヨリ下ル」など，動作の起点を示す場合の「ヨリ」のことであって，特に問題とすべきことはない．

第Ⅶ章　載録語の説明　475

　以上で，プロポジサン注記の7例，前置詞注記の2例，後置詞注記の1例，都合10例について一応検討したので，それらを通じてまとめてみよう．

　日本語に関して言う限り，前置詞というも後置詞というも，実質的には著しい違いはないようである．また，同義語の関係にある「カラ」に後置詞，「ヨリ」にプロポジサンと注記してある事実によれば，プロポジサンというのも後置詞，あるいは，前置詞と一類のものであろうとの推定が成り立つであろう．しかしながら，プロポジサン注記をもつもののうち，「ニ」「ニテ」「ヲ」「ヨリ」は，すべて格を支配するものではなくて，それ自体が体言について格標示の機能を果たすもの，ロドリゲスが助辞のうち特に格辞（Artigo）と称するものであることに注意しなくてはならない．この点からすれば，「ヲ以テ」も同様である．すでに述べたとおり，「ヲ以テ」は体言について奪格を示すのであるから，格を支配するとは言えない．③ Tame(為)も「属格のプロポジサン」とあるものだが，それ自体格を示すものではなくて，助辞「ノ」あるいは「ガ」を伴なった体言につくのであるから属格支配のプロポジサンとすべきものである．その点⑩ Cara(カラ)は，後置詞と注してあるが，元来助辞であり，上述の「ニ」「ヲ」などと同じくそれ自体が格を標示するものであるから，その格辞の一類に属する．また，⑤ Voite(於イテ)は，奪格のプロポジサンの注記をもつものの，補遺の⑧†Voite(於イテ)に「ニ」格支配の前置詞と改めて記されているのであるから，後者を採って前者は除外するのが穏当である．このように異例のものを認めて整理すれば，上掲の9例は，下表のようにまとまる．

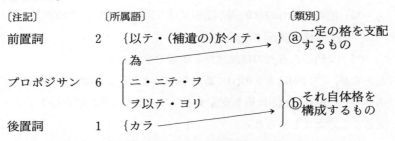

〔注記〕　　　　〔所属語〕　　　　　　　　　　〔類別〕

前置詞　　　2　　{以テ・(補遺の)於イテ・}　ⓐ一定の格を支配するもの

プロポジサン　6　　為
　　　　　　　　　ニ・ニテ・ヲ
　　　　　　　　　ヲ以テ・ヨリ　　　　　　　ⓑそれ自体格を構成するもの

後置詞　　　1　　{カラ

　　（付記，プロポジサン注記の「於イテ」は，補遺の訂正を採って，これを除く．

すなわち，上の表の9例は，上に詳述したところで明らかなように，ⓐ一定の格を支配するものと，ⓑそれ自体が格を構成し標示するものとに二分され，前置詞注記をもつものがⓐ類に，プロポジサン注記をもつものがⓑ類にまとまるという次第である．

さて，ロドリゲスは日本大文典の品詞論の中で後置詞（前置詞に当たるロドリゲスのターム）をば，次の4類に分けている(f.73以下)．

(1) 「ノ」を支配するもの 上・下｝上ガミ・下シモ｝上アト・下サキ｝後・前｝……内ウチ・外ソト・側ソバ・辺アタリ……為・為ニ｝……前ゼン・後ゴ｝……

(2) 「ニ」を支配するもの 対シ・対シテ・対シ奉リテ｝依リ・依ッテ・依ル｝……従ウテ・従ッテ｝就キ・就イテ｝於イテ・於イテハ・取ッテハ｝関しては

(3) 対格に相当して格辞を支配しないもの ヘ・ニ・サ｝運動を示す語と共に．マデ｝宛アテ｝程｝向ケテ，または，向ウテ｝ ヘ，または，ニをとる．

(4) 奪格を支配して格辞を支配しないもの ヨリ・カラ・ニ｝ ニ・ニテ・デ・ニ於イテ｝場所．ニテ・デ・ヲ以テ｝道具．共ニ・ト共ニ｝ 無ウ・無ウテ……無ク・無クテ……

上の類別表の直前に，後置詞を構成の面から見て，次のように書いてある．（符号は新たに補った）．すなわち，

(a) あるものは本来実名詞であって，他の実名詞と同じくあらゆる格辞をとる．

(b) 他のあるものは動詞の語根又は分詞であって，その本源の動詞の支配する格を支配する．

(c) 又他のあるものは純然たる助辞である．

とあるが，この(a)はさきの(1)にあたり，(b)は主として(2)に，(c)は大体(3)(4)にあたる．しかも，(1)(2)は格を支配するもの，(3)(4)はそれ自身格を示すものと，大きく二類にまとめられる．

かかる類別は，上掲諸語に相当する葡語の前置詞に基づくのである．葡語

の前置詞には，a, em, com, de, por などの単純なものと，acima de, de baixo de, alem de, antes de, junto a のように複合したものとがあって，後者は副詞に a, de のついたものが多い．ところで葡語の名詞には格変化がないから，前置詞の格支配関係を示すことはできないわけであるが，ラテン語に準じて言えば，後者は a や de を支配するとも言うことができよう．しかし，前者はそう言うことはできず，～格に相当するとか，～格を標示するものとか言うほかはない．前掲の大文典の後置詞類別表は，かかる葡語前置詞の類別に基づき，その一々の前置詞に相当する日本語の語(句)を配列したものである．同じ語であるのに，「於イテ」は(2)に，「ニ於イテ」は(4)に配してある．前者は de を支配する acerca に「ニ」を支配する「於イテ」が相当し，後者は単純な em に「ニ於イテ」が相当するからである．また，「向ケテ」「向ウテ」は「ヘ」，または，「ニ」をとると格支配関係を明示しているにもかかわらず，(3)に配してあるのも，それが葡語の por にあたるからである．日本語の後置詞をこのようにして認めたことは，後置詞の構成を説いた章で，個々の後置詞に加えた説明によっても確かめられる(f.140 以下)．

　さて，大文典の後置詞は，上述のように大きく2類にまとめられ，それが前述の日葡辞書の2類の別に合致するわけである(前述の例外を認めるとして)．これは，両者が日本語の前置詞(後置詞)を認定する手順と分類原理とを同じくする故だと見なければならない．現に日葡辞書のプロポジサン注記の諸語は，すべて大文典の第2類たる(3)と(4)の中に見られるという次第である．もっとも日本小文典では，(3)の諸語を後置詞とするにふさわずと考えてか，これを除いて3類にしているが，それでも分類原理は同じであって，上のようにまとめることは可能である．このような点からして，日葡辞書のプロポジサンは，プレポジサン(前置詞)とは区別して，それ自体が格を示すものを指すものに限ったものと考えられる．

　日葡辞書と大文典とが，同じ原理と方法によって同様の類別をしている事実は，両書より以前に同じような類別をしたものがあって，これを両書がそれぞれに受けついでいるのかとも想像される．しかし，それにしてもプロポ

ジサンなる名称は，先人の用いたのを受けついだものなのか，日葡辞書編者の創意にかかるものなのかは不明としておくほかはない．

　葡語の proposição は，修辞学における主題・提言とか，論理学における命題とかの意味に用い，文法上の文をも意味するのであるが，日葡辞書のは語や句の文法的機能を示すのであって，それと関係があるとは到底考えられない．結局，上述のように文構成上の機能において，格を明らかにする機能をもつことではよく似ているが，一方が格支配関係を示すのに対して，他方はそれ自体格を標示するものであって，格を示す助辞(ロドリゲスの格辞)と同様の機能をもつという相違がある．かかる点から，前者を Preposição と言うのに対して，それとは少しく形の違う Proposição という独特のタームを案出して用いたものではあるまいか[11]．

(4) 助　辞

　助辞は，ラテン文典および葡語文典で用いられる Particula の訳語として用いられている．Particula は形の短小な語であって，転尾も活用もない無変化の語を言うのであるが，葡語文典もそのまま受けついでいる．アルヴァレスの天草版ラテン文典の最初に名詞の転尾を説くところの見出しに「ラテン語の格に対応する日本語の助辞(Particulis Iaponicas)を伴なった主格」とあり，その条下に「Arujiua, ga」(主ハ，ガ)以下の例が添えてあるから，ここでは日本語の格助辞にあてて用いたものである．

　日葡辞書の中には，particula の注記は約 50 条に見られるが，種々の語を含んでいて，次の 2 種 6 類に及ぶ．

① 他の語に付属して用いられるもの

ⓐ 接頭辞　　Ai(相)　Bu. l, mu.(無)　Cai(搔イ)　Go. l, guio.(御)　Ma(真)　Mi(御)　Vo(御)　†Co(小)　Icu(幾)

ⓑ 接尾辞　　Sa(サ)　Tô(等)　†Daraqe(ダラケ)　Domo(ドモ)　XV(衆)　†XV(衆)

ⓒ 助詞，および，それに準ずるもの
　　Ca(カ)　DE(デ)　Ga(ガ)　Ni(ニ)　Nite(ニテ)　Niyotte(ニヨ

第Ⅶ章 載録語の説明 479

　　　ッテ)　No(ノ)　Tocoroni(所ニ)　Tote(トテ)　Va(ハ)
　　　Xicaba(シカバ)　Ya(ヤ)　Ye(ヘ)　Yorimo(ヨリモ)　Zo(ゾ)
　　　†Baxi(バシ)　†Caxi(カシ)　†Chô(チョウ〔てふ〕)　Reba(レ
　　　バ．†Toteの条)　†Yorimo(ヨリモ)　†Yori(ヨリ)　†Zoya(ゾ
　　　ヤ)
　　ⓓ　助動詞，および，それに準ずるもの
　　　Maji. l, majij.(マジ．または，マジイ)　Sŏna(サウナ)　Soro(ソロ)
　　　Tamai, ŏ.(給イ，ウ)　Vouannu(畢ンヌ)
　②　自立語
　　ⓐ　副詞　†Ani(豈)
　　ⓑ　感動詞　Aa(アァ)　Icani(如何ニ)　Ina(否)　Nŏ(ナウ)

　以上の 2 種のうち，①類が大部分を占めていて，常に他の語に付属して用いられるものである．これをロドリゲス日本大文典の Particula(f.77～78, 137～140, 149～164 v.)と対照してみると，大文典では Co(小)を形容名詞，Icu(幾)を疑問名詞とするなど，多少の違いはあるけれども，大部分は日葡辞書と共通する．Icani(如何ニ)，No(ナウ)，Ina(否)を助辞とするのは大文典と一致しているし，Ani(豈)は大文典に助辞と明示したところはないけれども，Icadeca(如何デカ)に準じて助辞と見ることができよう．また，応答の感動詞 Aa(アァ)を助辞とするのも，大文典に Yǎ(ヤァ)を助辞とするのと通ずるのであって，両方ともわが国の「てにをは」(「てには」とも)の性格をもつものが Particula と認められている．

　ロドリゲスがわが国の「てにをは」説を参考にしていることは種々な点に認められ，すでに明らかにされているが[12]，ラテン文法の範疇で律しきれないものを tenifa(てには)と呼んだ例は早くからあって，Feiqe の書入れ難語句解にも，バレト写本にも見え，いずれも particula と同じ類の語に注したものである．日葡辞書の中にも次の例がある．

　　　Yŏ.(ヤウ)　ある語の末尾に用いられる *Tenifa*(テニハ)．例，Deqita
　　　　yŏ.(出来タヤウ)なんと立派に出来たことだろう．

これは説明から推して「出来タヤウハ（ナント見事ナ）」の感動的短縮表現とも見られるので，その「ヤウ」を「テニハ」，あるいは，particula と認めたものであろう．

ただ異様に思われるのは，日葡辞書に限って，活用のある語を Particula とした例が見えることである．それはさきに動詞の項であげた Tamai, ŏ.(給イ，ウ) に「第 3 種活用に従って活用する *Particula*」と注してあるものである．おそらくは，「給ウ」が尊敬の意味を添えるだけの補助動詞として，動詞の語根(連用形)につくのが多い事実に強く注意をひかれて particula としてしまったのであろう．他に Soro. i, sŏrŏ.(ソロ．すなわち，サウラウ) にも，「時としては，意味をもたないで書き言葉の動詞に連接する *particula*(助辞)」と注したのがあり，Maji. l, majij. i, Mai.(マジ．または，マジイ．すなわち，マイ) に「これは話し言葉における *particula de futuro negatiuo*(未来の否定助辞)で，Majiqi(マジキ)は書き言葉に用いられる」というのもある．あとの二者のごときは，これらの標出形以外に用いられることはまれであって，活用語であることの認識が弱かったのに因るであろう．ともかく，ラテン文典で説かれる品詞の枠にはいり得ず，語尾変化をもたない短小な付属語的なものを彼の Particula にあてる見解が以前からあって，日葡辞書もそれを受けているのである．

2　語の用法の説明

語の用法上のきまりは，広狭さまざまであって，一般的なものから特殊なものに至るまで多種多様であるが，日葡辞書はその性質上一部の限られた語類，あるいは，特定の語にかかわるきまりを，必要と認めた条に注している．日葡辞書本篇の GA(ガ) の条には，主格・属格・対格などの助辞としての用法を説いたあとに，「この語にはさして主要でない言い方がほかにもあるが，それらについては文典(*arte*)において見ることができる」とあって，別に文典の存するような書き方がしてあるけれども，本篇の Tote(トテ) および補遺の †Tote(トテ)，†Xite(シテ) の条にも「文典に見られるであろうように(*Co-*

mo se verá na Arte)」といずれも未来形を使って書き添えてあり，巻頭の例言にも文典が程なく印刷される見通しであることを記してある．従って，日葡辞書における用法説明のあり方は，遠からず文典が参照できるようになる見通しのもとに書いたものと思われる．

　さて，語の用法に関することは，これまでにも見出し語の標出とか載録語の取り扱いその他の条とかで述べたこともあるので，ここでは葡語説明文中に特に用法に言及しているものに限って取り上げる．そのような説明を含むものは，本篇と補遺を通じて約220条であるが，それらは特に限られた部分に偏在するということはない．それ故，かかる説明を加えることは編者の意図によると思われるけれども，一定の形式を整えたものではなさそうである．それらは，語の構成に関するもの，語の連接に関するもの，語の呼応に関するものに概括される．

(1) **語構成関係**

　見出し語の中には，その意味とともに語構成についての説明を加えているものがある．それは合成語に関するものであって，1) 単語（単純語）と単語との結合による複合語の構成と，2) 非独立要素の接頭辞，ないしは，それに準じて用いられる語との結合による派生語の構成とに及んでいる．

　その例はかなり多くて，さまざまなものが含まれている．次にその例を類別してあげることにするが，各類とも主なもの数例にとどめる．中に合成語の形のみをあげて説明等を省略するものがあるが，それは下線を施した部分がそれを含む見出し語であることを示す．

1) 複合語（単語＋単語）

a　名詞＋名詞

　　Ama.(天)　Ten.(天)空，あるいは，天．ただし，複合語を作る場合にのみ用いられる．¶例，Amano fara.(天ノ原)天．¶Amanogaua.(天ノ河)銀河．

　　<u>Cazaguruma</u>.(風車)　<u>Namagome</u>(生米)　<u>Vuaba</u>(上歯)　<u>Ichiban</u>(一番)　Goxŏ <u>zanmai</u>(後生三昧)

この他,なお類例に,†AMA(雨),†Cana(金),†Dai(大),†Funa(船),Ii(時),Ii(児),Vbu(産),Vo(雄),Vua(上),その他がある.

b 動詞＋動詞

　　Faxe, suru, eta.(馳セ,スル,セタ)Faxiri, u(走リ,ル)に同じ.走る.以下の諸条に見られるように,この語の語根〔連用形〕は,多くの動詞に連接し,敏速さの意味を示してその動詞に或る力を添える.¶また,走らせる.例,Vmauo fasuru(馬ヲ馳スル)馬を走らせる.

上と同じく,語根が他の動詞について複合動詞をつくると注したものには,なお,Cane, uru(兼ネ,ヌル),Fajime, uru(始メ,ムル),Fataxi, su(果シ,ス),Vouari, ru(終リ,ル)などの諸条があって,それぞれに用例が添えてある.

これらに類するもので,いわゆる補助動詞の接続について述べたものがある.たとえば,補遺の†Ari, u.(有リ,ル)の条では,その第2項に,「媚ビタ語(*palauras Cobitas*)」に接すると,Nasare, uru(ナサレ,ルル)の代わりをするとして,Guioxin aru(御寝アル)の例をつけている.また,Soro(候)の条には,sŏrŏ(候)に同じとしてあるけれども,別にSŏrŏの条はなくて,補遺に至って次の条が立ててある.

　　†Zŏrŏ.(候)　Soro. l, Sŏrŏ(ソロ.または,サウラウ)に同じ.Soro(候)の条を見よ.

そこで,本篇に返ってSoro(候)の条を見ると,「有・在る,または,居る,など」の意を示す存在動詞であるとしたのに続いて,第2項に,

　　¶また,時としては,意味をもたないで,書き言葉の動詞に連接する助辞である.

と説明してある.

一般に動詞の連用形から転成した接頭辞と認められているFiqi(引キ),Vchi(打チ),Voxi(押シ)などは,日葡辞書ではなお動詞の語根とされている(Vchi, vtçu. Voxi, su.の条).そしてそれぞれにその構成した複合動詞をあげ,独立の見出し語として数多く立ててある.概数をあげ

第Ⅶ章 載録語の説明　483

れば，Vchi〜形のが約100条，Fiqi〜形のが約110条，Voxi〜形のが68条ばかりもある．ついでに挙げれば，Voi〜(追イ〜)形のが34条，Vomoi〜(思イ〜)形のが85条も標出されている．編者が複合語をいかに重視して，できるだけ克明に標出しようとしたかがよく知られる次第である．

c　動詞＋形容詞

Nicui.(憎イ)憎らしいこと，あるいは，嫌らしい(こと)．この形容詞は多くの動詞の語根〔連用形〕に接続して，これこれの動作が困難である，という意を示す．例，Xinicui.(シニクイ)するのがむずかしい(こと)，など．

ここには独立の形容詞の意味のあとに，補助形容詞としての意味用法を付説している．これ以外に，

Fŭjen(風前)ノ灯ハ消エ yasuxi(易シ)

虎斑ハ見 yasucu(易ク)，jinpan(人斑)ハ見エ gataxi(難シ)．

のようなのが少なくないけれども，Yasui(易イ)，Catai(難イ)，Nai(無イ)等の条には何ら言及するところがない．ロドリゲス大文典では，この類の言い方，Caqui yasui(書キ易イ)，yomi yoi(読ミヨイ)，iynicui(言イニクイ)，mŏxigatai(申シ難イ)のごときを「Vに終る目的分詞に当る」ものとしているが(ff. 23 v. 85)，日葡辞書には，そのような説明は見えないので，編者がいかに解していたかは不明である．

d　名詞＋動詞

Fai.(拝)Vogamu(拝ム)……ただし，xi, suru(シ，スル)を伴なってでなけれは用いられない．例，Faisuru.(拝スル)……

Bucusuru(服スル)　Fisuru(比スル)　Fisuru(秘スル)　Vasuru(和スル)　Vocu suru(臆スル)

2)　派生語(接辞＋単語)

a　名詞＋接尾辞

Me.(メ)　これの付属する名詞を，卑しめた意味にする助辞．例，Ano

yatçume.(アノ奴メ)あの怠け者め，など．

Qirime(切目) †Nuime(縫目) Tonosama(殿様) Goyôtô(御用等) Buxixu(武士衆)

Meqi, u, eita.(メキ，ク，イタ)名詞の或るものと複合して用いられ，何らかの物のように見えるとか，何か物の見かけを示すとかいう意味を表わす語．例，Fitomequ.(人メク)……¶Iromequ.(色メク)……¶Vasamequ.(ワサメク)……

Gamaxij(ガマシイ) Funbetgamaxij(分別ガマシイ) Faregamaxij(晴レガマシイ)

b 接頭辞＋名詞

BV. l. mu.(無) naxi(無シ) 否定の助辞であって，'……でない"存しない'の意を示し，声(*Coyes*)の名詞と複合する．たとえば，Buin(無音)，munen(無念)など．

†Icu.(幾)'いくら'，'何程'と数量を尋ねるのに使う助辞．ただし，他の語を伴なわないで単独で用いられることはない．例，Icutabi?(幾度)何回か？ Icuca?(幾日)何日か？

†Co(小) Go. l, guio.(御) Ma(真) Mi(御)

c 接頭辞＋動詞

Ai.(相)この語は，また，一種の助辞でもあって，時にそれ自身は何の意味をも示さないで，動詞と合してそれに一種の力を添え，あるいは，優雅さを加える場合がある．たとえば，Ai camaite(相構イテ)，Ai cocoroyete(相心得テ)など．ある場合には，語句の頭にあって，…とともに，…と一緒に，の意味を持つこともある．例，Ai tomoni(相共ニ)……Ai atçumaru.(相集マル)……

上部構成要素が見出し語に掲げられている場合には，その条中に例を示すのみならず，下に続く条々に例をあげるのが普通である．上にあげた Ai(相) の場合は特に著しく，Ai～形の複合動詞が 105 条にも及ぶ．しかもそのうちの 93 条は，

第Ⅶ章　載録語の説明　485

　　　Ainori, u, otta.(相乗リ，ル，ッタ)　Nori, u(乗リ，ル)の条を見よ．

のように参照注記をつけただけで，その見出し語自体の意味は何の説明もつけていない．それは Ai を冠した動詞 Ai〜形の一つ一つに対しては改めて説明を加えるまでもないとして省略し，Ai を冠しない動詞，上の例で言えば Nori, u.の条を見るべき導きをするだけのものとしているという次第である．この Ai 以下にあっては，これと同じ扱いをした例はないけれども，それは Ai.および Ai〜形動詞多数の取扱いかたに鑑み，スペースのことも顧慮して，方針を改めたのであろうとの推定がさして無理なく成り立つであろう．ほかの例では，

　　　Tçui.(ツイ)動詞に連接して，〔その動作の〕速いこと，あるいは，幾分勢いと力のあることを示す語であるが，また，時としては，ただ雅致を添えるにとどまる．例，Tçui caqu.(ツイ書ク)さっと書く，または，さっさと書く，または，すらすらと書く．¶Tcuimodoru.(ツイ戻ル)急いで帰る．¶Tçuifatasu.(ツイ果ス)物事をさっさとし終える．

があるが，例は上の条下に示したものだけで，Tçui〜形の動詞で独立の見出し語に立てたのは全くない．Cai(掻イ)もこれに近く，その条下に Caicorobu(カイ転ブ)，Caicumu(カイ汲ム)，Caidacu(カイ抱ク)，Caifiraqu(カイ開ク)の4語を例示してあるが，別に見出し語に立ててあるのは，上の4語と外に数語とだけである．

　前述の Vchi〜，Fiqi〜，Voxi〜形の見出し語の多さ，その他一般に複合語をつとめて多く収録している事実に思い合わせれば，その複合語の使用頻度その他を勘案して標出語の多きがあり，少なきがあって，一面また編纂分担者の考え方にかかわることもなしとしないであろう．

　一方，上述のような複合語は多く並び続いているのに，それらに共通する上部要素が見出し語に見えない場合がある．たとえば，本篇に Amabare(雨晴レ)，Amadare. l, amatare(雨垂)以下 Ama〜形の見出し語が並んでいるのに，その始めに共通要素の Ama(雨)はなくて，補遺に至って†AMA(雨)

の条が追加標出されている．これのみならず，Canabŏ(金棒)，Canacugui(金釘)などに対する Cana(金)，Funa agari(船上ガリ)，Funa asobi(船遊ビ)に対する Funa(船)も，多数の Fito～(一～)形に対する Fito(一)なども，独立の見出し語として立てられたのは補遺においてである．これら同趣の事実から察するに，編者は，共通の構成要素をもつ一類の合成語については，つとめて共通の形態・構造のあり方を通じて類型的に把握せしめ，理解し習得させることを意図したもののようである．もちろん，それには羅葡日など先行の辞書を範として，それに倣うところが多かったに違いない．

(2) 語の連接関係

見出し語の意味の説明に加えて，他の語との連接のしかたを説明していることも少なくない．それは，他の語との連接が自由でなくて，何らかの制約がある場合，すなわち，ある限られた連接用法上のきまりについて述べたものである．たとえば，

> Bu.(武)Taqeqi.(武キ)勇猛なこと，または，武術．ただし，このような単音節語の形で用いられることは極めてまれである．¶Buuo arasô.(武ヲ争ウ)……¶Buuo taxinamu.(武ヲ嗜ム)……

のように，下に Bucô(武功)，Bufen(武辺)等々の多くの Bu～形の見出し語をアルファベット順に並べ掲げるに先立って，それら多くの複合語に共通する上部要素を抽出して掲げ，下部要素との連接関係を示したものである．

この類でも，Butdan(仏壇)，Buccacu(仏閣)，Buxxin(仏心)など，Buc～，But～等々多くの複合語が本篇に標出されているのに，それらの上部要素が補遺に至って†But(仏)の形で収めてあるのは，前述の†AMA(雨)などと同じである．

> Firui.(比類) 比較．複合語として以外に単独で用いられることはない．例，Firuinai tegaragia.(比類ナイ手柄ヂャ)……

これには「比類モナイ御恩」(Esopo.431/8)などの例もあって，間に助詞を介して連なることもあるけれども，それを別扱いにするものではない．それは，

Tôcan.(等閑)すなわち，Nauozari.(ナヲザリ)大まかな，大体のこと，あるいは，普通のこと．この語は一般に否定語を伴なって，ある人との仲が親密で並一通りでないことを示すのに用いられることが多い．例，Tôcanmo nai fitode gozaru.(等閑モナイ人デゴザル)……¶Tôcannŏ mŏxi auasuru.(等閑ナウ申シ合ワスル)……

と同様に否定語(形容詞 nai)を伴なって否定表現に用いられることを示したものである．

　なおほかには，Catatçu, Catazzu(固唾)は，ともに「固唾ヲ呑ム」の言い方に限るとか，動詞 Yodachi, tçu(ヨダチ，ツ)はいつも Mino qe(身ノ毛)のあとに用いられるなど，連接上に同じような制約のあることを述べたものがある．

　ごく普通の意味でよく使われる語が，特定の語に連接して，別の意味を示すということもある．それについて，

　　Yoxe, suru, eta.(寄セ，スル，セタ)ある所へ近づける．¶Xironi ninjuuo yosuru.(城ニ人数ヲ寄スル)城へ軍勢を近づける．¶また，この語に Coto(事)という語をつけると，何かを理由とする，何かの口実を設ける意となる．例，Carini cotoyoxete deta.(狩ニ事寄セテ出タ)狩に行くという口実で出かけた．¶Cotouo sŏni yoxete.(事ヲ左右ニ寄セテ)Cotoyoxete(言寄セテ)に同じ．

と述べた例がある．これはサントスの御作業の本文(Ⅰ 280/1)，並びに和らげに見え，確かに当時の事実であるが，類例は，Sugui, uru(過ギ，グル)の条に，与格を伴って，「超過する」意を示すとして，Bunni suguita qirumonogia(分ニ過ギタ着ル物ヂャ)の例を示したものがあり，Xeqi(関)の条には，それが Naxi, su(済シ，ス)に連なって，Xeqiuo nasu(関ヲ済ス)と言えば，関所の通行税を支払う意，すなわち，正しくは「関銭ヲ済ス」と言うのと同じで，上の言い方では「関」が「関銭」を意味したことを示す．

　また，Furŏ(不老)は Furŏ fuxi(不老不死)，Casa(枷鎖)は Chŭcai casa(杻械枷鎖)の形でしか用いられないというような慣用の連語をも示している．こ

の類には,

  Bǒxi qirazu.(茅茨不剪) Xetsa tacuma(切磋琢磨) Tenchi caifiacu(天地開闢)

  Guren daigurenno couorini togirarete, &c.(紅蓮大紅蓮ノ氷ニ閉ヂラレテ, 云々.

  Ichijuno cagueni yoru.(一樹ノ蔭ニ寄ル)

  Ichigano nagareuo cumu.(一河ノ流レヲ汲ム)

のごとき, 当時よく用いられた慣用句も含まれている. 上掲の「切磋琢磨」に対して, 実は「切磋スル」の例があるし(毛詩抄九13ウ, 十三1オ等), †Zaiqe (在家)の条に,

  僧侶をさして Xucqe(出家)と言う時, 俗人をさして言う. ただし, 単独では用いられない. 例, Zaiqe xucqe.(在家出家)俗人と僧侶と.

とある. けれども, 単独の「在家」の例は, 前後の時代を通じて必ずしも稀ではない. たとえば,

  枸――〈杞〉ハ淫心ヲ長スルホトニ, 在家ノ者サヘ, ヨソヘ行時ハ食ヌソ. 況ヤ出家ハ食ウズ事テハ無ソ(両足院蔵写本山谷抄, 一77ウ／6)

の例があり, 蓮如上人御文(同朋社刊影印本による)にも,「在家出家」(廿八)のほか,「在家ノ身」(十一, 十二, 十三)などと書かれたのを見る. かような事実があることからすれば,「不老不死」や「切磋琢磨」など, 固定的に慣用される語句の中にも, それ以外の用法がないとは言えず, 日葡辞書の説明は, 多くは慣用的に用いられる傾向の著しいことを言ったものと解すべきであろう.

 次に, 他の語に下接する日本語の助詞・助動詞等にも多くの条に説明がある. プロポジサン, 前置詞, あるいは, 後置詞と注記した諸語については, すでにそれぞれの条を引いて述べたとおりである. それについては省くとして, 助辞(Particula)の項に例示した諸語については, おもなものを取り上げる.

  Zo.(ゾ)句の末尾に用いられる助辞. 例, Yoizo.(良イゾ)良い. ¶また, 時には疑問の助辞である. 例, Nandoqizo?(何時ゾ)何時か. ¶

第Ⅶ章　載録語の説明　489

　　　Nanigotozo?(何事ゾ)それはどんな事か，あるいは，それはどういう
　　　意味か，など．
　　　Sŏna.(サウナ)動詞の語根〔連用形〕，または，名詞に連接して，'……
　　　であるようだ'，'…であるに違いない'という意味を示す助辞．例，
　　　Ano vmaua fayasŏna.(アノ馬ハ早サウナ)……¶Fune desŏni
　　　gozaru.(船出サウニゴザル)……

　このように，連接関係の説明に用例を添えている．ただ，中にはいま少し
工夫の望まれるものもないではない．たとえば，上のSŏna(サウナ)が名詞に
つくとしたのは，わが形容詞を名詞の一種と見る編者の立場からすれば，そ
の語幹，すなわち，名詞につく意であって，fayasŏna(早サウサ)がその例な
のである．この場合，ロドリゲス大文典(f.92 v)にあるように，実名詞につい
たGacuxŏ sŏna(学匠サウサ)，Caquite sŏna(書キ手サウサ)のような例をも
あげる方が一層適切であるけれども，そこまでは及んでいない．また，

　　　Gatera.(ガテラ)例，Qenbutgaterani.(見物ガテラニ)見に行く機会に．
　　　この語は他の語を伴なわないで単独に使われることはない．

のように例を一つだけあげたのもある．しかし，この助詞は，上の例のよう
に名詞につくのみならず，別条の見出し語にManabigatera(学ビガテラ)，
Qiqigatera(聞キガテラ)，Tçuide gatera(序ガテラ)も掲げてあるのでも明ら
かなように，名詞のほか動詞の語根〔連用形〕にもつくのであるから，その
説明もあって然るべきである．

　　　Gana.(ガナ)どうか私に与えてほしい，または，得たいものだ，願わく
　　　は，などの意．常に名詞，または，動詞に接する．

　この条は説明も簡単で，用例も添えてないけれども，「籠がな籠がな」(閑吟
集・宗安小歌集)の例で知られるように直接名詞にも接し，「来イガナ，上ゲイ
ガナ」(ロドリゲス大文典 f.13.14 v)のように動詞では命令形に接するのであ
るが，この点上の条では説明不十分である．

　Ni(ニ)には単に「与格の助辞」とあり，No(ノ)にも「属格の助辞，または，
主格の助辞」とあり，さらにVo(ヲ)には「対格のプロポジサン」とあるだけ

で，いずれも用例はあげてない．いずれも頻用されるものだけに，用例をあげるまでもないと考えてのことであるかもしれない．ただ，Vo(ヲ)は，上述の条とは別に1条を立てて，「けれども」の意で動詞のあとに続けて，Sonataye mairŏzuruuo.(ソナタヘ参ラウズルヲ)というと，その用例をつけている．これは，対格のVoと違って逆接の意味を示すものであるから，特に加えたのでもあろう．

それらと同じく頻繁に用いられるものでも，一つの助辞にいくつもの異なる用法がある場合には，連接のしかたと関連させて細かに説いている．

  GA.(ガ)これは謙遜して言う時の主格の助辞である．例，Fitoga maitta.(人ガ参ツタ)……¶Soregaxiga mairŏzuru.(某ガ参ラウズル)……¶また，属格の助辞．例，Soregaxiga monode gozaru.(某ガ物デゴザル)……¶また，時には，この助辞を動詞の後に置くと，しかしながら，けれども，などの意味を示す．例，Vomeni cacarŏtote maittaga, saxiuŏ cotoga gozatte, &c.(御目ニカカラウトテ参ッタガ，差シ合ウ事ガゴザッテ，云々)……¶また，この助辞は不定法の力をもつ．例，Cŭtaga yoi.(食ウタガヨイ)……¶また，対格の力をもつ．例，Feiqeno yuraiga qiqitai.(平家ノ由来ガ聞キタイ)……この語には，さして主要でない言い方がほかにもあるが，それらについては文典において見ることができる．

Mo(モ)やVA(ハ)にもこれに似た詳しい説明がある．要するに，この種の説明の加え方は，全篇に通じる方針が通っているとは言い難い．しかし，特に連接関係に言及してない条にあっても，その条にあげた例文によって連接関係の察せられるものが少なくないのであって，いずれの場合でも語の具体的用法を示すという点に注意を怠らなかったことは，さもあるべきことと認めるべきである．

 (3) **語の呼応関係**

語の中には，それが用いられる時，下にそれに応ずる特定の語，あるいは，言い方を要求し，互いに呼応して用いられるものがある．これは，表現上の

第Ⅶ章　載録語の説明　491

一種の制約であり，それと限定されるきまりである．

　日葡辞書では，それに関係のある語の条々でそのきまりに触れているが，あまり多くはなくて，約30条ばかりに見られる．たとえば，Auare(アワレ)は，「なにとぞ，願わくは」という願望を示し，いつも後にCaxi(カシ)という語が続くとて，Auare coreuo xeyocaxi.(アワレコレヲセヨカシ)の例を添えているが，重ねて補遺に収めて，下のように補っている．

　　　† Auare.*(アワレ) ¶ また，この語は *Caxi*(カシ)とか *Gana*(ガナ)とかを伴なって，感嘆や驚きを示す感動詞として用いられる．例，Auare coreua figorono aramaxigotoga qicoyeta.(アワレコレハ日比ノアラマシ事ガ聞エタ)ああ，われわれがしようと企てていた事が発覚してしまったよ．

　上の引用例は，下に「カシ」も「ガナ」もないので，適切でないけれども，前の本篇の例には「カシ」があり，ロドリゲス大文典(ff. 15, 126 v)に見えるようにgana(ガナ)，mogana(モガナ)が応ずることもあるから，上掲のAuareの条の説明も誤りではない．

　この他，Tadacotodeua nai.(只事デハナイ)のように用いられるTadacoto(只事)や，Fitocatanaranu(一方ナラヌ)のFitocata(一方)など，名詞をあげたのがあり，Saxeru, saxeranu, saxitaru(サセル，サセラヌ，サシタル)，および別条のSaxitaru(サシタル)にも，ともに否定語を伴なうことを記している．かかる連体詞の例もあるけれども，やはり多いのは副詞である．

　　　Tatoi.(仮令)接続詞．'たとえ…でも'の意で，常に先行して用いられ，後にTomo(トモ)という語が続く，例，Tatoi toqi utçuri, coto sarutomo.(仮令時移リ，事去ルトモ)たとえ時もすべての物も過ぎ去ったにしても，云々．

　　　Catçute.(カツテ)副詞．どのようにも…しない．決して…しない．この語はいつも否定語を伴なう．

　　　Yomo(ヨモ)否定動詞〔否定形〕を伴なって，'決して…しない'という意となる．例，Yomo araji.(ヨモアラジ)……

この類には，なお，Caimucu(皆目)，Imada(未ダ)，Issai(一切)，Ye, yuru(得，ユル)の条などがある．

この種の語で，一面に呼応関係の制約なしに用いられる場合もあって，彼とこれと両用される用法のあることを注したものもある．

> Ichiyen.(一円)副詞．否定形を伴なう時は，'決して……しない'の意．¶ また，どうしても必ず．例，Ichiyenni cono cotouo tçucamatçurŏzu. (一円ニコノ事ヲ仕ラウズ)私はきっとこの事だけをしよう．
>
> Ixxet.(一切) Issai(一切)に同じ．副詞．否定形と連接した場合に，'決して……しない'の意．例，Conofoniuoite ixxet bechiguiua gozanai. (マヽ)(此方ニ於イテ一切別儀ハ御座ナイ)私の方においては，その他の事はない，または，変更はない．¶ また，全面的に，または，必ず．

いずれも特別の呼応の有無によって意味を異にすることを述べている．上掲の条中には例を添えていないものがあるけれども，

> ychiyen(一円) 同心セナンダ．(Esopo. 481/5)
> 亦 毀ヲ得レトモ怒ルコトナク一切以テ地蔵修行ヨリ外他ナシ(地蔵菩薩霊験記．九2ウ)

のような例があるから，上の記述はまさしく事実を示したものである．

Mada(マダ)，Sarasara(更々)，Sarani(更ニ)，Tocacu(トカク)などの諸条にも同様の注記がある．また，Mo(モ)の条下の1項に，

> ¶ また，否定動詞〔否定形〕とともに用いられると，否定する力をもつ．例，Yumenimo zonjenu.(夢ニモ存ゼヌ)私は夢にもそれを知らない．

とあるが，語末に mo をもつ Isasacamo(些モ)，Mademo(マデモ)，Nanigotomo(何事モ)，Nanimo(何モ)，Taremo(誰モ)等々の条にも，上と同様の説明がある．

いわゆる係結びの法則は，やはり呼応の一種と見られるが，室町末期にはほとんど消滅し，ただ「コソ」に対して已然形で結ぶきまりだけがなお弱いながら存続していた．それを示す例は Esopo その他に見られる．日葡辞書で

は，その Coso(コソ)を収めて，

　　　Catajiqenŏ coso gozare.(辱ウコソゴザレ)

の例をあげているけれども，単に優雅さを添えるために用いられることがあると述べただけで，係結びの呼応関係には全く触れるところがない．

3　敬語法

(1)　敬語の種別

　日葡辞書には，かなり多くの敬語が収められていて，それぞれ敬意を示す意味の説明が付してある．それらを通覧するに，尊敬語と謙譲語とは明らかに区別されているけれども，丁寧語に対する説明は，それを敬語の中の一類として他と区別していたと明らかに認められるだけの根拠は見出だし難い．

　敬語の説明に用いてある葡語は一定しているわけではないけれども，尊敬語には尊敬を意味する honra, reverencia その他が用いられ，謙譲語には謙遜を意味する humil, humildade などが用いられるのが一般である．上掲のもの以外で敬語の説明に見られる葡語は cortes, およびその同系の語である．cortes(cortêz)は「礼儀正しい」とか「丁寧な」とかの意味をもつ形容詞であるから，わが敬語の丁寧語を示すかのようである．その用例を見ると，Zonji, zuru(存ジ，ズル)の条に，「思う，知っている」の意味を示すと述べたのに続いて，

　　　¶一般に過去形で使われる時には，'知っていた'という意味で，肯定の
　　　現在形の時は，'思う'という意である．そしてそれは，謙遜，および，
　　　丁寧(*humilde, & cortes*)の動詞である．……

とあり，また，Xinji, zuru(進ジ，ズル)の条にも，'「与える」とか進呈するとかの意で，丁寧に(*cortesmente*)言う語'であると説明してある．これらは，いずれも謙譲語の説明に用いてある例である．しかるに，なお Fŏbocu(芳墨)の条には，書状のことを'丁寧に(*com cortesia*)言う語'とあり，同じ F 部の同義の語 Fŏsat(芳札)には Fŏcan. l, fobocu(芳翰，または，芳墨)に同じであるとしながら，その葡語説明には，'書いた人を敬って(*honrando*)，上品に書か

れた手紙をほめたたえるために使う語'とある．これはまさに尊敬語として説明するのに用いたものであり，かれこれあわせ考えるならば，cortez は敬語の一類としての丁寧語を的確に指すものとして用いたものではないとしなければならない．

この辞書中には，確かに丁寧語と認めて然るべき語が収載されているのではあるが，それらは謙譲語として扱われている．それ故，本書の編者は，敬語の種別を尊敬語と謙譲語の2類と認めていたのであるが，日本語の敬語法を詳細に説いたロドリゲス日本大文典もこれと同様であった(f.165v)[13]．日葡辞書編纂のころ日本文典の編述も行なわれていたらしいことは，本書中の記事で察せられるのであるから，上述の敬語の類別のごときも，辞書・文典ともにその先行文典写本の説を承けているのかも知れない．

(2) 尊 敬 語

本辞書の尊敬語には，葡語説明の加え方から見て二様の方法が取られている．

第1は，身分・地位の高い人，あるいは，相対的に高い人に関する事物や事態，動作などを説明したもの．

　　†Quŏgŏ.(光降)　Miyuqi.(ミユキ)国王やその他極めて高貴な方が或る所へ行くこと．

　　Raigui.(来儀)すなわち，Von ide.(御出デ)貴人，または，身分の高い人の来訪．

　　Xeiqio.(逝去)Yuqi saru.(逝キ去ル)死ぬこと．これは良い言葉である．公方(*Cubŏ*)や屋形(*Yacata*)などに対して用いるべきであろう．

　　例, Goxeiqio nasareta.(御逝去ナサレタ)

　　Yẽcŏ.(遠行)Touoqu yuqu.(遠ク行ク)尊敬すべき人の死去．

すなわち，これらの例に見るように，日本語自体にも葡語説明にも格別尊敬の意を示す語はなくても，全体として貴人の行動にかかわるが故に尊敬を示す説明を加えたものである．

第2は，日本語自体に尊敬の意を含む要素があり，それに応じて葡語説明

に，honra, respeito, reverencia,あるいは，その変化形を用いた敬意の表現をしているもの．

  Qisat.(貴札)書状．それを書く人を尊敬して(*com respeito*)言う語．

  Sonxi.(尊師)Tattoqi xixǒ.(尊キ師匠)先生．敬意をこめて(*com reuerencia*)言う言い方．

  Guioca.(御暇)Von itoma.(御暇)すなわち，Von fima.(御隙)時間的余裕，あるいは，用事のない時の意で，尊敬すべき人(*pessoa honrada*)について言う．文書語．

  Xiroximesare, ruru, eta.(知ロシ召サレ，ルル，レタ)貴人(*pessoa nobre*)がお知りになる．

この類に属するものは，例えば，接辞の，

  Go. l, guio(御)　　Mi(御)　　Vo(御)　　†Dono(殿)　　Gojen(御前)　　Sama(様)　　XV(衆)

などを見出し語に掲げたものもあるけれども，これらを付けた合成語の形で標出したものが多い．Sonxi(尊師)，Qibǒ(貴坊)，Fǒcan(芳翰)，Chocusat(勅札)，Yeican(叡感)，Guiocuxǒ(玉章)，Vyesama(上様)，Coxǒxu(小姓衆)のごときである．助動詞で見出し語に標出されているのは，Tamai, ǒ(給イ，ウ)だけであって，それに活用のある助辞で，それが連接する動詞に最上級の敬意を添えるとの説明が加えてあることは，前にも述べたとおりである．

　動詞の見出し語はかなり多い．Gozari, u(御座リ，ル)，Tabi, u(賜ビ，ブ)，貴人の飲食する意の Mairi, u(参リ，ル)などのような単純語を掲げ，また，Cudasare, uru(下サレ，ルル)や Nasare, uru(為サレ，ルル)など，動詞に助動詞がついて一語の敬語動詞化したものを掲げている．さらには，Voboxi, su(思シ，ス)と Voboximexi, su(思シ召シ，ス)，Asobaxi, su(遊バシ，ス)と Asobasare, uru(遊バサレ，ルル)，Mexi, su(召シ，ス)と Mesare, uru(召サレ，ルル)とをそれぞれ別条として収めて，説明は Voboximesu, Asobasaruru のような敬意の高い語の方に付けて，他方はこれに同じとしている．いずれも使われることの多い語であるだけに重ねて標出したものらしい．

なお，中には本篇と補遺と双方に収めて，

  Ari, ru, atta.(有リ，ル，ッタ)有る，居る，所有する．¶また，高貴の方がおっしゃる．例，Tonosama sonatano cataye gozarŏto atta.(殿様ソナタノ方ヘ御座ラウトアッタ)殿(tono)様があなたの家へ行こうとおっしゃった．

  †Ari, u, atta.*(有リ，ル，ッタ)¶また，この語の前に他の語が置かれない場合には，'存在する'という意味を示す．例，Aru monoua vare nari.(有ルモノハ我ナリ)私は在るものである．¶また，媚びた(*Cobitas*)言葉に添えられて，動詞 Nasare, uru(ナサレ，ルル)の代わりをする．たとえば，Guioxin aru(御寝アル)など．

のように，動詞としてのほかに尊敬の補助動詞としての用法があることを説明しているものがある．Vouaxi, su(ヲワシ，ス)，Vouaximaxi, su(ヲワシマシ，ス)，†Voaxi, su(ヲアシ，ス)などがそれである．

 珍らしい語として，次の動詞が収録されている．

  Monari, u, atta.(モナリ，ル，ッタ)'来る'，'……である'，'……する'，'食べる'，など種々の意味をもっている動詞．¶Tadaima chitto giqini guioyuo yetai coto atte sanjite coso monare.(只今チット直ニ御意ヲ得タイ事アッテ参ジテコソモナレ)

これは，ロドリゲス大文典に尊敬の動詞としてあげてあるだけで，説明はないが(f.165)，その意味・用法は日葡辞書に上のように説明してある．これでもわかるように尊敬の動詞として用いられるとともに丁寧の補助動詞としても用いられたのである．短命の語であったらしく，用例もまれにしか見られない．これについては別に考察したものがあるので，詳細はそれに譲り，ここに重ねて述べることはしない[14]．

 (3) **謙 譲 語**

 謙譲語は，話し手が自らを低め謙抑し，相手を高め尊敬する意を表わすものであって，次のように説明されている．

  Gu-i(愚意)Vorocana cocoro.(愚カナ意)すなわち，Vaga zonbun.(我

ガ存分)私の考えの意で，自分のことを謙遜して言う語．

これと同じ構成の語として，

  Gujǒ(愚状) Gufit(愚筆) Gusocu(愚息) Guxet(愚説)

などの名詞とともに，Gurǒ(愚老)，Guxet(愚拙)，Gusô(愚僧)などの漢語の代名詞がある．これに似て Xet(拙)の複合語で，Xeppu(拙夫)，Xessô(拙僧)，Xessu(拙子)，Xetrǒ(拙老)，Xexxa(拙者)などの代名詞もある．このほかに Sanjǒ(参上)，Sancô(参候)や Xinjǒ(進上)，Xinqen(進献)，Xinran(進覧)などにも，動作の対象たる上位者を尊敬して言う語との説明がつけてある．

動詞にあっても，次のように説明してある．

  Ague, ru, eta.(上ゲ，グル，ゲタ)上へ持ち上ぐる．……¶Ienuo aguru.(膳ヲ上グル)食卓〔膳〕を取り下ぐる，または，貴人の前に食卓〔膳〕を据える，あるいは，食物をさしあげる．……¶また，Ague, uru.(上ゲ，グル)身分の高い人にさし上げる，奉る．……

  Mairaxe, suru, eta.(参ラセ，スル，セタ)さし上げる．受け取る人を尊敬して言う．

Vqetamauari, ru(承リ，ル)，Vqetamǒri, ru(承リ，ル)，Zonji, zuru(存ジ，ズル)等も類例である．なお，

  Mǒxi, su, ita.(申シ，ス，シタ)'話す'という意味で，相手の人を尊敬して用いる語．例，Sonatasamaye mǒsu.(ソナタ様ヘ申ス)私はあなた様に話します．¶また，'する'という意味を示し，話し手が謙遜して用いる．例，Busata mǒxita.(無沙汰申シタ)私は欠礼を致しました．……

  Tatematçuri, ru, utta.(奉リ，ル，ッタ)他の動詞に連接して，話し手を下げ，相手の人を上げて言う語．¶また，身分の高い人に献ずる，差し上げる．例，Deusni inochiuo tatematçuru.(デウスニ命ヲ奉ル)デウス(*Deus* 神)に命を捧げる．

のごときは，謙譲の動詞として，また，補助動詞として用いられることを示している．また，

> Cudasare, uru, eta.(下サレ，ルル，レタ)身分の高い人が低い者に与える．¶また，話し相手に敬意を払って，話し手自身のことを言うのに，食う，飲むという意味を示す．

とあるのは注意すべく，第1義に示す尊敬語の動詞としての用法とともに，第2義に謙譲語の動詞としても使われたことを述べている．これは，珍しい用法であるけれども，まれながら，

> おぢおぢなめて見れば，かんろのことし，これならは，いかほとも，<u>くたさる</u>へしと侍は，うちわらひて(愛宕地蔵物語．室町時代物語大成　第一 p.471 上)〔寺ノ長老，檀那ノモテナシニ鮑ヲ酒ニ添エテ出スニ，檀那ノ言葉〕
>
> 御心つけは，まんそくにて候へとも，……けふはおやの日にて，<u>下されぬ</u>といへは(きのふはけふの物語．上．古活字十行本 50 段)

の例もあるから，当時すでにかかる用法の存した事実を示すものである．

(4) 丁寧語

敬語の一類として丁寧語を区別していないことは，さきに述べた．けれども，事実としてはいわゆる丁寧語として立てて然るべき語を収録しているのみならず，編者の説明によってもそれと認められる点がある．まず，

> DE.（デ）この助辞には，種々の用法がある．第一に葡語の *De* の意味〔……で，……を材料として〕を持つ．……¶また，*Em*，または，*no*〔……の中で，……において〕の意……¶また，次のような動詞，たとえば，Aru(アル)，vogiaru(ヲヂャル)，gozaru(ゴザル)，voriaru(ヲリャル)，nai(ナイ)，soro(ソロ)などに連接する．例，Sŏde gozaru.(サウデゴザル)そうです．Sŏdeua nai.(サウデハナイ)そうではない，など．……

上にあがっている動詞は，すべて補助動詞の用法に立った場合のそれである．Aru(有ル)についてはすでに述べたように，漢語につくと Nasaruru(ナサルル)の代わりをすると説いているのに当る．次の Vogiaru については，

> † Vogiari, ru, atta.(ヲヂャリ，ル，ッタ)¶また，助辞 De(デ)が先行

して，'……である'の意を示す．

とあるのと符合する．Gozaru(ゴザル)，Voriaru(ヲリヤル)，Soro(ソロ)についても，それを見出し語に立てた条の説明に上と通ずる説明がある．すなわち，葡語の説明に estar(……の状態にある)を含み，Soro には，時には意味をもたないで書き言葉の動詞に連接する助辞であるとしている．このほかに Saburai, ǒ(候イ，ウ)と Fanberi, u(侍リ，ル)は文書語ながら上と同様の説明がつけてある．

さらには，Mǒxi, su(申シ，ス)もあげるべきもので，「話す」意で相手を尊敬して用いる語とある謙譲語の一面に，「する」という意味を示し，話し手が謙遜して用いるものであるとして，Busata mǒsu(無沙汰申ス)の用例が添えてあるから，この方は丁寧語としての用法に相違ない．

Vo(御)が尊敬語の接辞として多用されることは言うまでもないが，婦人語では丁寧を示す接辞として用いられるようになっている．

　　　Mana(真魚)魚．これは婦人語であって，普通にはVomana(御真魚)と
　　　言う．

蒲鉾をVocama(御蒲)と言い，饅頭をVoman(御饅)と言うが，後者について，'これは婦人語であって，本来の正しい語はMan(饅)である'と注し添えてあるのは，語頭のVo(御)がこの語本来の要素ではなくて，丁寧の意を添えるために二次的に加えた接辞であることを言ったものであろう．かくて，このVo(御)も，さきの「御座ル」や「ヲヂャル」「ヲリャル」などと同じように，尊敬語から出て丁寧語にも用いられるようになっていたことが知られる．

丁寧語に関することで不審なのは，「マラスル」が見出し語に収められていないことである．抄物や狂言などに多くの例があり，キリシタン資料でもFeiqeにもEsopoにもごく普通に用いられ，日葡辞書自体の中にも，

　　　出来次第 catçugatçu(且々)進ジ maraxôzu．〔下線は見出し語〕
　　　道 de(デ)ペドロニ会イ maraxi タ．
　　　ソノ foca(外)ノ儀ヲ後語リ maraxô ズ．

そのほかいくつも例があるのに，これが見出し語として標出されていないの

は何故か，理解に苦しむ．恐らくは，規範意識の立場からすると，「マラスル」は所詮「マイラスル」の異形(variant)として，いわば「マイラスル」に同定されがちであるのが現実であったものとおぼしく，ために不用意に脱したものでもあろう．

注

1) 山田俊雄「漢字の定訓についての試論——キリシタン版落葉集小玉篇を資料にして——」(「成城国文学論集」第4輯 昭和46)
2) 同上
3) 小島幸枝「耶蘇会版落葉集索引」(笠間書院，昭和53) 解説
4) 大塚光信「キリシタン版エソポのハブラス私注」(臨川書店 昭和52) p.132
5) 佐野泰彦・浜口乃二雄，他訳注「ジョアン・ロドリーゲス日本教会史 上」(岩波書店 大航海時代叢書Ⅸ 昭和42) p.270
6) 土井忠生「吉利支丹論攷」(三省堂 昭和57) p.90以下．
7) 同上「吉利支丹語学の研究 新版」(三省堂．昭和46) p.95
8) 同上書．p.96
9) 同上 注6)と同書．p.161以下
10) 拙著「天草版平家物語難語句解の研究」(清文堂 昭和51) p.372
11) 土井忠生「吉利支丹語学の研究」(靖文社 昭和17) p.97以下
　　拙稿「日葡辞書の『プロポジサン』注記について」(「国文学攷」第49号 昭和44)
　　土井忠生「吉利支丹語学の研究 新版」(三省堂 昭和46) p.102以下
12) 同上「吉利支丹語学の研究 新版」p.273以下．
13) 同上書 p.313
14) 拙稿『敬語「もなる」考』(「国語国文」40巻7号．後「室町時代語論攷」三省堂 1985．に収む)

第Ⅷ章　規範的説明と実用的説明

　外国人宣教師は，宗務遂行の必要上，理解し得る日本語はなるべく広く方言卑語などにまで及び，自ら使用するのは正しく雅馴な日本語でなければならなかった．この要請に応じて，編者は，日本語の多様性とそれに伴なう価値的，位相的相違などについてもできるだけ記述して，利用者の語学力の充実昂揚に努めたことは，すでに述べた所々でも知られるとおりである．ここでは未だ取りあげなかった日本語に対する規範的説明を中心に考察し，その規範のあり方を尋ねることとしたい．また，この辞書の利用者に対する教育的配慮に基づいて加えられた実用的な説明の事実に注意して，この辞書の特質の一斑をうかがう便りとしたい．

Ⅰ　規範的説明

1　説明の方法

　規範的説明の方法は，単純ではないけれども，類義語間の語形上の相違，あるいは，語の意味や用法上の相違について述べるのに加えて，その価値的優劣をも説明していて，それに次の4種の方法が採られている．

①　Meliùs　注記を加えたもの
②　Potiùs　注記を加えたもの
③　Proprio　等の注記を加えたもの
④　種々の注記により間接的に規範を示したもの

①　　Meliùs 注記を加えたもの

　見出し語に並べ掲げた同義語にラテン語の Meliùs（better の意）を冠したもので，まれにはある条下の例文中の語にこれを付したものもある．

Matza. *Meliùs,* Batza.(末座(マツ). 末座(バツ)という方がまさる)
　　　Ato.(後・跡)……¶Atouo suru.(後ヲスル). *Meliùs,* Xipparai suru.
　　　(殿(シツパライ)スル)という方がまさる.

　まれに, l, Meliùs として l,を添えたのがあるが，見出し語の直後に i.や l.を用いるのには，かなり明らかな使用上のきまりがあるので，それを添えたのは例外であって，*Meliùs* 注記総数 211 例中 7 例に過ぎない．ともかく Meliùs のあとに示したのが価値的にまさることを示すものである．

　② Potiùs 注記を加えたもの

　Potiùs は，「………よりもむしろ」の意を示すラテン語であるが，次のように l.と連ねて用いるのがたてまえである．

　　　Conda, *l, Potiùs* Conida.(コンダ), または「小荷駄」とも言い，むし
　　　ろその方がまさる．
　　　Tanne, uru. *l, potiùs,* Tazzune, uru.(タンネ, ヌル)または,「尋ネ，
　　　ヌル」とも言い，むしろその方がまさる．

　これは A. l, B. の形で並列して標出した見出し語 2 語の間に価値的相違のある場合に，間に *Potiùs* を挿入した記し方であって，l.を添えないもの(5 例)は例外である．

　ここでまず問題になるのは，*Meliùs, Potiùs* 両注記の間に，価値的な相違ありとして区別して注したものか否かということである．A. l, B. は単に同義の語を並べ示すものであって，価値的相違を示すものではない．そこで，これに *Potiùs* をさし加えたのは，*Meliùs* で示すほどの差はないけれども，いずれかと言えば A よりも B の方が「むしろまさる」というくらいの程度の差を示すのではないかと察せられる．しかし，そうとのみも言えないようである．まず，A. *Meliùs* B. とある場合も，A. l, *Potiùs* B. とある場合も，ともにその B を見出し語として別条に掲げてはいるけれども，その条に A を併せ掲げることはしていないのである．つまり，この事実からすれば，いずれの場合も B が A よりもまさることを示すのは間違いないとしても，両注記が価値的相違があるとして意図的に使い分けられたものとはきめられない．

第Ⅷ章　規範的説明と実用的説明　503

　上の語(京都語)と下その他の方言との間には，明らかに価値的な差を認めていたのであるが，その優劣を示すのに上記の注記法がどちらも用いられている．例えば，Nuguicaqe, uru(脱ギ掛ケ，クル)の条に，これは刀などを少しばかり抜く意の「下」(九州)の語であって，Nuqicaquru(抜キカクル)という方が *Meliùs* であると書いてある．しかるに，Nugui, u(脱ギ，グ)の条では，Catanauo nugu.(刀ヲヌグ)の例をあげて，そこには Nuqu(抜ク)とも言って，むしろその方がまさる(*Potiùs*)との説明がつけてある．

　かような二者通用の例は，方言のみには限らない．

　　Tçubaqi.(唾) *Meliùs quam* Tçufaqi.(「ツハキ」よりもまさる)
　　Tçufaqi.(唾)l, *potiùs* Tçubaqi.(また「ツバキ」とも言い，むしろその方がまさる)

のように，全く同じ語を交互に並列標出しただけであるのに，一方には *Meliùs*，他方には *Potiùs* と注した例があり，Côjet(口舌)と Côjet xin(口舌唇)のごときもこれと同類である．これらの例に見られるように，相関連する2条が同じ部内のさして遠くない位置に収められている事実から見るときは，少なくも両者の間に価値的差異の程度の違いがあると認めて，それを示す目的で二者を意識的に使い分けたものとは考え難い．

　日葡辞書の編者が種々の点で範とした羅葡日には，vel potiùs，あるいは，l, potiùs の注記は見られるけれども(Faux. Nuncio. Ociosus. Orminum. Ostus 等の条)，Meliùs の注記はないようで，簡単には見出だせない．従って，Potiùs 注記は羅葡日に倣って用いたものであり，Meliùs 注記は長崎版日葡辞書編述の際に用いることになったものであろう．そして後者で統一する方針であったのであろうが，以前の写本，あるいは，原稿写本に当初用いられていた Potiùs が統一されないまま印刷されて残り，Meliùs と並存する結果になったものであろう．二者の用例の数を見るに，Meliùs は総数211(内補遺28)，l, Potiùs はその三分の一にも満たない63(内補遺5)に過ぎない．この著しい差も上の事情によるものであろう．かくて上記二様の注記は，特に区別する意図をもって使い分けたものではなくて，どちらも価値的にまさること

を示すまでのものと考えられる．

③　Proprio 等の注記を加えたもの

これには葡語の proprio, propriamente, ラテン語の propriè, impropriè, minus propriè などと注記したもの約 70 例があるが，中でも proprio と propriamente とが最も多い．おそらくは羅葡日に倣ったもので，日葡辞書では葡語形を用いる方針であったのに，従来写本段階で用いられたラテン語形も残って併存する結果になったものであろう．

この proprio その他の一類は，いろいろの意味で用いられている．まず，

> Coide.(漕イ手)櫓・櫂を漕ぐ者．*A propria palaura*(本来の正しい語)は Coguite(漕ギ手)である．
>
> San.(算)籤引き用の小札を投じ〔て占いをし〕たり，計算をしたりするのに使うある木片．*propriamente*(本来は)*sãgui*(算木)と言う．……¶Sanuo voqu.(算ヲ置く)

のごときは，「本来の，正しい」，あるいは，「本来は，正しくは」の意で，省略・転化による語の変化形に対して，本来の正しい形と認められていた原形を示す場合に用いたものである．

Yaguan(ヤグヮン)の条に，これは「立腹」の意であるが，'本来の正しい語ではない(*palaura não propria*)'とし，同じ条下の一項，Yaguanjin(ヤグヮンジン)には，'これはよい言葉(*boa palaura*)ではない'との説明があって，propria と boa とを並用しているし，Xaxacu(茶杓)の条には，'本来のもっとまさった言葉(*propria, & milhor palaura*)は Saxacu(茶杓)である'と記されている．さらに 1 例を加えれば，Issumbôxi(一寸法師)の条には，'Fiqiŭto(低人)と言う方がまさる(*Meliŭs*)'とあり，逆に Fiqiŭto(低人)の条には，'Issumbôxi(一寸法師)とも言うが，正しさの一段低いものである(*sed minŭs propriè*)'とある．

ここで注意すべきは，上述の propriamente なる副詞が，

> Baitocu.(買得)　Caiyeru.(買イ得ル)買うこと．*Propriamente* 土地，家屋，地所を買うのに言う．

第Ⅷ章　規範的説明と実用的説明　505

のように用いられている例がいくつもある事実である．これは「買得」の原義によって用いたのではないから，'本来，正しく'の意でないことは明らかである．これは，'特に，取り分け'の意に用いたのであって，Propriamente にその意味もあることは，羅葡日の Propriè の葡語対訳に'Propriamente, particularment.'，日本語対訳に'Bexxite, toriuaqi.（別シテ，取リ分キ）'とあるのによって明らかである．この語が当時上引の第一義（原義）に用いられたことはもちろんで，その例証はいくつもあるが，第二義の例も，サントスの御作業に「殿閣・宮殿・内裏」を買得する例（I. 117/8, 13, 17）がある他，言継卿記（永禄2，2，25），言経卿記（天正16，12，22）に「家」を，山科家礼記（文明12，10，17）に「下地」を，玉塵（四三40オ）に「山荘」を買い取るについて用いた例がある．その上，節用集に「買徳ハイトク」を収めて，その注に「田地」とあるもの（伊京集・天正十八年本），「田地等」とあるもの（黒本本・和漢通用集），「地田地等」とあるもの（永禄五年本）などがあるのは，この限定された意味で用いられることが多かったことを示すものであろう．日葡辞書の第二義はそれを記しているのである．このことからすれば，原義よりも特に普通に用いられた転義を注していることを示す点で，次項に述べる commumente と通ずるところがある．

④　種々の注記により間接的に規範を示したもの

まずその第一は，語形なり意味なりが広く一般的に用いられることを注したものである．例えば，†Qigatana（木刀）の条に'普通に用いる語（*A palaura commũa*）は Bocutŏ（木刀）である'とし，Micquai（密会ミツ）の条に'姦通．ただし，一般には（*ordinariamente*）Bicquai（密会ビツ）と言う'と注したごときである．また，

　　　Xecchin.（雪隠）北の方にある便所．ただし，一般には（*comummente*）
　　　どちらの方角にある便所にも言う．

とあるのも，Yengocu（遠国）の条に'普通の（*Vsitatiǔs*）語は Vongocu（遠国ヲンゴク）である'というのも同類である．また，Vocqi（臆気）に'普通には用いない語（*inusitatum*）'とし，Auai（淡イ）と Cocusai（国宰）とに上のラテン語の略

Inusit.と注しているのは，一般的ではなくて使用度の低い面から規範的には劣ることを示したものであろう．Furuquru(古クル)に'稀に用いられる'と注し，Quajabara(冠者原)に'もはやあまり用いられない語'と注したのも同じである．

　その一方には，副詞 Yacate(ヤカテ)は Yagate(ヤガテ)とも言い，'すぐに'の意であるが，より多く用いられるのは Yagate(ヤガテ)の方であるとして，使用頻度の高いことを注したのがあり，Fatçucoye(初声)に Fatçune(初音)，Tachinoburu(立チ伸ブル)に Nobiagaru(伸ビ上ガル)，Ri(利)に Xôri(勝利)を対照して示し，それぞれ後者の方が多く用いられると注しているのも同類である．これらは，結局さきの *commummente*(一般的に)と注したのと通ずるものである．さらに言えば，Daibacu(大麦)は，'普通には用いない(*inusit*)語であって，Vômugui(大麦)という方がまさる(*Meliùs*)'と説明し，そこに inusit と Meliùs とが背中合わせに並用されているのなどは，使用頻度，あるいは，通用度と規範性とが深く関係し合っていることを示しているものと解すべきであろう．

　要するに，これらの注記は事実を事実として記述し，特に価値的判断を示すことはしていないけれども，その記述自体が拠るべきところを自得させる用をなす点で，いわば消極的な規範提示と見ることができるものである．

　これと同様な間接的な方法に，見出し語における同義語のあげ方がある．

　　　Camaite. l, camayete.(構イテ．または，構エテ)
　　　Camayete, l, Camaite.(構エテ．または，構イテ)
　　　Tesocudai. l, texocudai.(手燭台．または，手燭台)
　　　Texocudai. l, tesocudai.(手燭台．または，手燭台)

のように，別々の条に同じ語形を交互に並べ掲げたのは，互いに優劣なく，どちらを用いてもよいことを示している．かかる例はさまで多くはなくて，全体的に多いのは，

　　　Machijin, l. Machŭdo.(町人．または，町人)
　　　Matçudai, l, Matdai.(末代．または，マッ代)

に対して，別に Machŭdo, Matdai の見出し語は立ててあるのに，そこには Machijin, Matçudai を併せあげることはしてないものである．かように A には B を併せあげて，B には A を並べあげないのは，前述の Meliùs, Potiùs 注記を加えた条のほとんどすべてに見られるのであって，見出し語に標準語を掲げた時は，それに劣る同義語は並べあげないのが一般的方針であったことを示しているのである．この点から見て，前述の標出形式における Machŭdo, Matdai は標準的なものであることを示すと認められる．もっとも，上と同じ形式を取らない例外もある．

　　　　Casufai. l, Casufaqi.(滓吐イ．または，滓吐キ)痰．例, Casufaqiuo faqu.
　　　　(滓吐キヲ吐ク)痰を吐く．

の条を見るに，用例は Casufaqi であるから，この方がまさった形かと思われる．当時の用例を探るに，時代別国語大辞典室町時代編「かすはき」の条に4例見え，その他にも玉塵(十五 34, 十六, 53), 類証弁異全九集(三4)等により数例を加え得るが，「カスハイ」は未だ見出だされない．これによって考えれば，「カスハキ」の方が標準形として通用していたらしい．それなのに，上の条に並べあげた Casufaqi を別条として標出していないのである．これは，仮にそれを標出したとすれば，その位置は上の Casufai. l, Casufaqi.のすぐ次になるはずである．かかる場合には前条に続けて別に1条を立てることはしないたてまえである．Mayeua. *Meliùs*, Mayetçuua(前輪．または，前ツ輪とも言い，その方がまさる)や Nareno fate. *Meliùs*, Nareru fate.(成レノ果テ．または，成レル果テとも言い，その方がまさる)の条でも同様で，別条に掲げるべき Mayetçuua, Nareru fate を立てるとすれば，いずれも上のそれぞれの条の直後に並ぶことになるので，別条に掲げてはいないのである．このような配列上の関係に因る例外措置もあって，A. l, B の B がまさる形であるにも拘らず別条に掲げてないこともある．それ故に，いずれにせよ，見出し語が並列して掲げてある標出形式について標準形を認めようとするならば，慎重に彼此関係のある条々を見合わせることが必要なのである．

2 語形の規範的説明と基準

　語形について著しいのは，原形と省略形との両方がある場合には，原形を標準的形と認めていることである．Daqi, u.(ダキ，ク)よりも Idaqi, u.(抱キ，ク)の方がまさり，Vso(ウソ)よりも Cauavso(獺)，Cadode(門出)よりも Cadoide(門出デ)，Cabu(カブ)よりも Cabura(蕪)の方がまさるとあるように，上略・中略・下略，いずれの場合でも，省略形よりも原形の方をまされりとしている．

　Xŏriacu(上略)の条に，Camisori(剃刀)の代わりに Sori(ソリ)と言う例をあげているが，別条に Sori を標出してはいないし，Yucatabira(湯帷子)の条に Yucata(ユカタ)を並べて標出しているけれども，別に Yucata の条はない．これも原形の方がまさると認めたことを示すものである．なおまた，

　　　　Xirague. l, xiraguegome.(精ゲ．または，精ゲ米)………

の条があって，この見出し語の並示形を標出した Xiraguegome の条は別に見えないから，これは Xirague の方を標準と認めたことを示す記し方である．それは，伊京集を始め，弘治二年本・尭空本・黒本本・天正十八年本・饅頭屋本・易林本節用集に一様に「精」のみを収めているのと符合する．これによって当時この語は上にあげた下略形の方が標準とされていた事実が知られ，日葡辞書の記述を裏づけるものである．

　しかし，かような例ばかりではない．

　　　　Fifitoigi. l, fitoigi.(日一日路．または，一日路)………
　　　　Fitoigi. l, fifitoigi.(一日路．または，日一日路)………

と，交互に2形を併示しているのによれば，省略した形も省略しない形も同等に用いられたと見られる．便宜上，複合語と連語とを合わせて，2形を対照して標出し，Meliùs, Potiùs, Proprio 注記によって優劣を示しているものを拾ってみると，上略形13，中略形17，下略形10，およそ40条ばかりにおいて，原形の方をまさると注してある．一方に省略形の方をまさると注したものは，Tacano buchi(鷹ノ鞭)に'または，Tacabuchi(鷹鞭)とも言い，むし

ろその方がまさる'、とあるのや、Axiricogui(アシリ漕ギ)に'Axicogui(足漕ギ)と言う方がまさる'とあるもの、さらには、†Voridonoya(織殿屋)にVodoya(Vodonoya の誤り)と言う方がまさるとした類、数例を見るにすぎない。

次に語の連濁形に注意してみる。当時、複合語などにおいて、長音や撥音の下に連なる清音は濁音化する傾向が強く、それを「うむの下濁る」ということわざで言い表わしていた。それはロドリゲス大文典(f.177)その他諸書に見えるが(玉塵廿二 53 ウ、片言四 5)、

　　　今雨必スフラウド云ゾ(周易抄一 49 ウ)
　　　前ニ晋ガラ秦エテキヲナイタ(玉塵廿四 50)
　　　ひさしうであひまらした(虎明本狂言、腰祈り)

のように助詞にまで及んでいるのは、かなり著しい現象と思われる。そこでこれを規範的説明を加えた条々について見ると、

　　　Fonxin. *Melius*, Fonjin.(本心。本ジン心と言う方がまさる)
　　　Chŏtŏ, *l, potius* chŏdŏ.(長道(タウ)、または、長道(ダウ)とも言い、むしろその方がまさる。
　　　Canchù.(寒中)　Samui naca.(寒イ中)寒さのさ中。*A propria palaura que corre*(一般に行なわれている正しい言葉)は Cangiù(寒中(ヂュウ))である。

のように注している語がある。なお他に、

　　　Canxa(奸者)　　Fenxô(遍照)　　Rŏfu(老父)　　Vonxu(飲酒)
　　　Vonsui(飲水)　Xentacu(洗濯)　†Nôxo(能書)　†Xôxin(昇進)

の諸条に、それぞれその濁音形がまさるとした注記が加えられている。また、A. l, B. の標出形式をとったものでも、

　　　Chùxù, l, chùjù.(仲秋)　　Chùxun. l, Chùjun.(仲春)　　†Quanxu. l, Quanju.(貫主)　　Sanco. l, sango.(三鈷)　　Yenxo. l, yenjo.(炎暑)　　Yŏcô. l, yŏgô.(永劫)　　†Xinpucu. l, Ximbucu.〔信服〕

などの諸条で1.のあとに並べ挙げてある濁音形を独立の条として別に標出しているのも，その濁音形がまさることを間接的に示しているものである．それにしても例は少なくて，Angǒ(鮟鱇)，Qeôdo(凶徒)，Xenden(旋転)，†Fǒju(宝珠)〔マヽ〕等の条には，その清音形をまさる形としてある．また，Angi. 1, anchi(安置)の条に並べあげてある anchi は別に1条として立ててあるけれども，そこには angi は並示してないから，これは清音形 Anchi をまさると認めたものと見なければならない．Tôjacu. 1, tôxacu(闘雀)，Vondacu. 1, vontacu(恩沢)，Xenji. 1, xenxi(先師)，Xenzacu. 1, xensacu(穿鑿)，Yǒji. 1, yǒxi(養子)なども上と同類であり，この他，Tonjei. 1, tonxei(遁世)，Tonxei. 1, tonjei(遁世)，Tanja. 1, Tanxa(丹砂)，Tanxa. 1,. tanja(丹砂)のように清濁両形を同等に認めたものもある．

　以上と違って「うむの下」以外となれば，Asaguiyome(朝清メ)より Asaqiyome(朝キヨメ)がまさるとするように，清音形を標準と認めた例が25例以上もあって，全体的には清音形を規範的な形としたものがはるかに多い．

　音韻交替等による転化形とその原形に対して規範的注記を加えたものが約60例見られる．例えば，Caraxiuo(カラ潮)より Carexiuo(涸潮)がまさるとか，Maburu(マブル)より Maboru(守ル)がまさる，あるいは，Guenzǒ(ゲンザウ)よりも Guenzan(見参)がまさるという類である．中には，検討を要するものもあるけれども，原形の方にまさると注し，それを標準と認めたものがほとんどである．

　以上種々の場合を通じて見るに，全体的には当時一般の言語認識，あるいは，言語知識と価値意識の水準において，変化を受けない以前のもとの形，換言すれば，語の古い原形が規範とされたように認められる．片言(1650)の中に「手綱」を「たんな」，「尋ねよ」を「たんねよ」と言うのを戒めた(巻三1ウ，巻四9オ)のは，日葡辞書と全く一致するし，日葡辞書で，Iare(戯レ)，Iare, uru(戯レ，ルル)，Iarecoto(戯レ言)，Iaregui(戯レ食イ)，Iaregurui(戯レ狂イ)，Iaremono(戯レ者)のすべてに Zare, zare〜形がまさると注記してあるのも，片言に「左礼を○じやれはわろしと言り」(巻三6ウ)とあるのと一致す

る．「ジャレ」「ジャレ〜」の形の語は，羅葡日にも抄物のあれこれにも多く用いられており，節用集も黒本本・伊京集・天正十八年本・饅頭屋本等に「左礼」を収めていて，当時の話し言葉ではこれが一般的に通用したものと見られる．それなのにそのジャレ形よりもザレ形をまさるとする規範的注記が日葡辞書・片言に共通して見られるというのは，当時原形を正しいとする規範意識があったからである．従って，日葡辞書の編者も語形認定についての一般的な方針としては，日本人の規範とするところを規範と認めて，原形をまさるものとして示したものと察せられる．

3 意味用法の規範的説明と基準

　語の意味用法には，前項のように Meliùs, Potiùs の注記を用いたものは少なくて，propria, commummente などを用いて本義と転義とを対比して，間接的に優劣の差を示しているものがほとんどである．その記し方はさまざまであるが，大まかに分けると，本義に転義を添えて意味を説明し，本義をよしとするものと，転義，あるいは，現に通用している意味をよしとするものとの二類に分けられる．例えば，

　　　　Aburaya.(油屋)油を売る家，または，油を製する家．¶また，本来の正しい使い方ではない(*Impropriè*)けれども，油を売る人，または，油を製する人．

はその1例である．Xendachi(先達)は，山伏のかしらで先導をする人の意であるが，これを比喩的に単なる道案内者の意に用いるのは'あまり正しい(*proprio*)言い方でもなく，また，あまり用いられもしない'と説明してある．この第二義の道案内者の用例もないことはない(Feiqe 311/7. 古典文庫室町時代物語(四)しゅてん童子 p.25 など)．けれども，多く用いられたのは原義(学問芸能などの指導者)に近い第一義の方である．そこで原義に近いことと一般に通用している事実とに基づいて，それを正しいとしたのであろう．また，Ricô(利口)は弁舌が達者で賢いことであるが，'活気があって熱心なこと'の意に用いるのは本来の正しい言い方ではない(*Minùs propriè*)としたのも原義をま

さると認めたものである．かかる例もあるが，この類は僅か数例である．

これに対して，転義の方をまさるとした例ははるかに多い．すでに前々項(説明の方法)で引用した Baitocu(買得)の例は，propriamente として'特に土地，家屋，地所を買うのに言う'と記されているが，それは原義から転じて限定された新しい意味に用いられることを示しているのであって，一面転義をまさるとしているとも見られるものである．前述の Xecchin(雲隠)にしても，北の方にある便所の意から，一般には方角にかかわらず便所を意味すると説明したのは，その転義が一般通用のものだけに原義にまさることを間接的に示しているのであって，Chibi, iru(禿ビ，ビル)に特に筆について言うとしたのも同前である．

> Vatariai, yŏ, yŏta.(渡リ合イ，ヤウ，ヤウタ)通行する者が出合う．ただし，それよりも正しくは(*mais propriamente*)，敵に出合って互いに斬りつけ合うことに言う．

これなども，原義の例がまれであって，

> 四人左右ヨリ渡合テ鋒ヲ指合テ切テ回ル(太平記，二，師賢登山事)
> ソレ〔敵将〕ニワタリアヒテフセクヘキヤウナイソ(三略抄，三44)
> 弁慶……長刀ひむぬいて舟より下へとむており光重とわたりあひ(大頭本舞の本，四国落11ウ)

のような転義の方が普通なので，この方を正しいと認めたものであろう．また，

> Machi.(町)家々が続いて列をなしている市街・街路．これがこの語の本来の意味(*proprio sentido*)であるけれども，一般の人々の間では(*no vulgo*)，大小の町や市の意味にも取られる．

とあるが，†Machifazzure(町外レ)，Machijin. l, Machŭdo(町人)，†Machiyacu(町役)等々の語があるのによっても，町村や市の意味が一般的な通用意味であることが知られる．これも社会的通用度の高い故に一般に正しいとされているものと見れば，前述の proprio, commum 注記例と通ずるもので，それらを合わせれば40例近くになるのである．すなわち，意味用法に関

する規範的注記では最も多く，その点において語形の規範的注記において原形を規範と認めたのと著しい対照をなしている．すなわち，価値認定の基準に違いのあることが知られるのである．ここに思い合わされるのは，ロドリゲス大文典に，話し言葉における真実の日本語は，京都で公家や貴族の用いるものであると規定した後，次のように書いてあることである．

> 立派で上品な言葉は古語である．現代語にはさういふ点が殆ど全く欠けてゐるからである．それにも拘らず，適切にして真実の意味は現代人が使ってゐるものである．その事について一つの諺が出来てゐる．曰く，'詞は古きを用ゐ，情は新しきを本とす'．(f.168)

このことわざは定家の語に出て，歌学書や連歌書に引きつがれ，当時一般に連歌作法の基本的心得として説かれたものである．それが一般の語について語形と語義の規範を包括的に示すことわざとして用いられたのであろう[1]．上述の日葡辞書に見える規範的説明の基準はこれに合致するのであって，当時の日本人の規範意識を基準としたものに違いない．語形において，原形を重んずる態度は，約50年おくれて成った貞室の片言にも明らかに認められるのである．日葡辞書において，語形では原形を規範としながらも，当時すでに一般的になっていたものは転化形でもこれを認め，原形と転化形と両方が併用されているものは，その両方を認めて，基準を画一的におしあてた跡を見せていないのは，意味用法の面では，社会的通用度，使用頻度に注意を払っている事実とともに，日本人の規範として重んずるところを受けて基準とし，尊重したことを示している．

II 関連的説明

見出し語に対しては，意味・用法の説明を加えただけのものが最も多いが，語によっては見出し語の関連語，およびそれに対する説明をも添えたものがあって，その数も決して少なくはない．それらは種類も説明のしかたも多様であるが，概括すれば，意味上の関連をもつものと，主として語の形の上の

関連をもつものとに分けられる．

1　意味的関連のあるもの

　この類で最も多いのは，見出し語に同義語を併せ示したもので，それも見出し語の直後にi.(すなわち)を冠して連ねあげたものが多くを占める．それは，方針として見出し語にやさしい日本語で説明を加えるために添えたものであるが，兼ねて同義の別語を示す意図もあったと考えられる．それも一語だけとは限らない．

　　　　Aqegata. i. Yoaqe, l, aqebono.(明方．すなわち，夜明ケ，または，曙)
　　　　Biŏnin. i. Vazzurŏ fito, l, Yamŏdo.(病人．すなわち，煩ウ人，または，ヤマウド)
　　　　Chùjiqi. i. Firuiy, l, firumexi.(昼食．すなわち，昼イイ．または，昼飯)

このように類義の2語を並べあげたものもある．また，ある条下の文例中の語に類義語を並べてあげていることもある．

　　　　Fo.(帆)……¶Fouo aguru, l, caquru, L, fiqu.(帆ヲ上グル，または，掛クル，または，引ク)……¶Fouo vorosu, l, saguru.(帆ヲ下ロス，または，下グル)

これらの類義語は，見出し語との間に，また，類義語同士の間に類似の程度に差もあるわけであるが，小異を問わず大同につき，機会あるごとに付けたのである．Fatçucoye (初声)の条に，Fatçune(初音)の方が一層多く用いられる旨の但書をつけたり，

　　　　Vataito.(綿糸)真綿の糸．¶また，時には，柔らかな絹糸，あるいは，煮た〔練った〕絹糸の意．ただし，もっと一般に通用する語は，Tçuqeito(ツケ糸)，または，Neriguri(練繰)である．

のように，類義語間に違いのあることを注意することも忘れてはいない．

　類義でも概念の内包に差のあるものも取り上げて，

　　　　Fun.(糞)人間や獣の糞．¶特に区別しては，兎の糞をVotoxi(落シ)と

第Ⅷ章　規範的説明と実用的説明　515

　　　言う．¶鷹の糞をVchi(ウチ)と言う．¶犬の糞をQegaxi(穢シ)と言
　　　う．¶狸の糞をTame(溜メ)と言う．¶鳥の糞をCayexi(返シ)と言
　　　う．¶馬の糞をCoye(肥)という．

のように区別した名のあることを注意している．

　Vdo(独活)の条にも，新芽が出てもまだ土中に埋もれている間はVdo(独活)と言い，幾分か地表に伸び出るとDojen(ドゼン)，さらに大きく伸びるとXica(シカ)と言うとて，成長段階によって異なる語が使われることを注している．別条Xica(シカ)には，別名をVdo(独活)，dojen(ドゼン)と言い，'鹿がこの草を食べると，その角が落ちると言う'とも記している．「独活」は節用集にも見えるが，他の2形は見えないようである．しかし，「シカ」は早く閑吟集にあり，また，物類称呼には「しか・独活・うど」を録している．今日でも熊本県南部地方で「どうぜん」と言っているのは，上のDojenに当たると思われる．

　このほか，Caide(楓)の条にMomigi(紅葉)との違いを示し，Mocurocu(目録)にChŭmon(注文)，Fiyaxi, su(冷ヤシ，ス)にCazafame, uru(風ハメ，ムル)，Voicosu(追イ越ス)にFiqicosu(引キ越ス)，Vare(割レ)にCaqe(欠ケ)を対照してあげ，それぞれ違いを説明したものなど，なおいくつもの例がある．当時「国」は大和・丹波など個々の国にも日本全体の意にも用いたが，Qicocu(帰国)は前者について用い，Qichô(帰朝)は後者について用いるのが正しいとし，Vacasu(沸カス)には，Yuuo　vacasu(湯ヲ沸カス)と言って，Mizzuuo vacasu(水ヲ沸カス)とは言わないと注意している．いろんな所に語の正しい使いざまを教える意図が働いているのが見られる．

　類義語ではないが，Sarugacu(猿楽)には，その頭梁をTayŭ(大夫)と言うと付け加えたり，

　　　Caqeuo. (懸緒)紐を通す孔〔鳩目〕にさし込んで結びとめるための紐,
　　　あるいは，締め紐．その鳩目，すなわち，孔をVqeuo(受緒)と言う．
　　　Figi. l, figigane. (肘．または，肘金)門扉などの雄の肘金．〔それがはま
　　　る〕雌の肘金をTçubo(壺)と言う．例，Figi tçubo. (肘壺)

のように，仕手と受手の関係にあるものを対照して掲げたものもある．

　対義語(反対語)を対照してあげたものは，約130条ほど見られる．それを示すのに，

　　　　Catte.(勝手)弓の弦を引っ張る方の手，すなわち，右手．もう一方の弓を握る方の手を Voxite(押手)と言う．

　　　　Machimono.(町物)街路あるいは店で売られる物．¶また，安物の品，または，下層民の品物．Atçurayemono(誂ヱ物)の反対．

　　　　Mete.(馬手)すなわち，Migui.(右)右手．¶Yũde meteni ainarabu.(弓手馬手ニ相並ブ)……

　　　　Majiri.(目尻)目の上下二つのまつ毛の間の，外側の方のすみ．¶　　　　Magaxira.(目頭)目のもう一方のすみ．

のように，葡語説明文中に含めたり，別項を立てたりしている．この類が多いけれども，文例中に相対する2語を連ねて示したものも少なくない．

　　　　Vsude.(薄手)軽微な傷．¶Itade, l, fucade.(痛手．または，深手)重い傷，または，生命にかかわる傷．¶Vsude, l. itadeuo vô.(薄手，または，痛手ヲ負ウ)軽い傷を蒙る，または，生命にかかわる重傷を蒙る．

後者のごときは，類義語と対義語とをあげ，しかもその対義語の類義語まであげているのであって，編者の細かな心配りが察せられる．

2　語形上関連のあるもの

　見出し語に続けて，l.を冠して同義語などを並べ掲げていること，その間に価値的な差がある場合には，Meliùs, Potiùs を添えて規範を示していること等は，すでにそれぞれの条で述べたとおりである．そのうち最も多いのは，見出し語と同義の別形を並べ示したものである．

　　　　Conida. l, Conda.(小荷駄．または，コンダ)
　　　　Fuju. l, fujumon.(諷誦．または，諷誦文)
　　　　Adana, l, Adano.(徒ナ．または，徒ノ)

第Ⅷ章　規範的説明と実用的説明　517

のように転化形，省略形，語尾の異なるものなど，種々のものがある．中には，ある条下に，その条の見出し語と他の語との複合語を示したものもまれではない．例えば，Vsu(臼)の条下に小項目を立てて Caravsu(碓)，Chausu(茶臼)，Tçuqi vsu(搗臼)をあげたごときである．動詞の Maxi, su.(増シ，ス)の条では，その連用形の名詞化した Maxi(増シ)を示した上に，それの複合語 Toximaxi(年増シ)とその同義語 Toximasari(年増サリ)までも併せあげてある．この Toximaxi や Toximasari を利用者が求める場合に，これを Maxi, su の条下に見出だすことは困難である．そこでかような複合語は別に見出し語として立てて検索の便を図り，それぞれに説明を加えるという処置がしてある．見出し語の下に他の語のついた複合語，例えば，Fatçu. 1, Fatçumono(初．または，初物)の条下の Fatçugan(初雁)，Fatçu araxi(初嵐)，Fatçufana(初花)，Fatçu faru(初春)などは，このままでも検索できないことはないけれども，それぞれを別条に立てて容易に検索できるようにされている．I(猪・亥)の条下にあげてある Inoco(猪ノ子)，Inoqi(猪ノ牙)，Inococu(亥ノ刻)をそれぞれ別条に立てて，一々に説明がつけてあるのも同類である．このように複合語や関連語をある条の子項目としてあげた場合でも，それだけですますことはしないのが全般的方針である．

　このように関連語を併せ示す方法には先蹤があった．A. 1, B の見出し語標出形式は羅葡日の一般的方針であり，サントスの御作業の和らげなどにも見え，また，Feiqe の書入れ難語句解にも日葡辞書と同じような関連語並示の例が少なくない．そして，Azzusayumi(梓弓)に「弓ノ名デゴザル」とか，yaye(八重)に「遠イトイウ心デゴザル」というような講義口調を思わせるものがある点からすれば，外国人に対する日本語教授の実際を反映したものであり，その場で随時関連的説明が加えられたろうことを想察させるものである．日葡辞書の編者は，かかる先人の跡を踏まえながら，それを一段と整った形にし，豊富に取り入れて利用者の学習効率を高めるに努めたわけである．

III 実用的説明

　実用的説明というのは適切ではないかも知れないが，この辞書を利用する外国人宣教師の日本語学習のあり方を考え，その実際的利用に役立つように配慮された説明の意である．日葡辞書は，他の語学書と同じく実用上の必要に応じて編まれたものである．従って，実用に役立つべきことは初めから強く要請されたところであり，それに応ずる編纂上の配慮は，この書全篇にわたっていろいろな点に見て取られる．ここでは説明上に認められるそのおもな点を概観する．

1　具体的説明

　キリシタン語学全般に通ずる特質の一つとして，すでに早く具体性があげられ，日葡辞書もそれをあらわに示すものとされている[2]．さきに述べた規範的説明にしても，単に抽象的な規範を示すにとどまらず，必要と認めた語に対しては，実際に理解し使用するについて必要な語の形態・意味用法上の具体的な規範を示しているのである．また，語そのものの説明も，利用者の立場に焦点を合わせて，それに応じた説明を加えることに意を用いたのであって，その点でも具体的かつ実際的であると言える．

　説明を具体的にする方法として編者が力を注いだのは，用例をなるべく豊富に示すということにあった．日常頻繁に用いられるものほど意味も多様に分化し，用法も細かくなっていて，それだけ具体的な説明が要請されるわけである．このことを十分に心得ていた編者は，それに応えるべく実際の用例を多くあげることに努めた．その一例を Tçuqe, uru.(付・着ケ，クル)の条に取れば，'物を他の物に付ける，あるいは，固着させる．'という最初の説明に続けて，次のような用例をあげてそれぞれに説明が加えてある．

　　　　家ニ火ヲ付クル　　名ヲ付クル　　傷ヲ付クル　　色ヲ付クル
　　　　気,または,心ヲ付クル　　目ヲ付クル　　鉄漿(カネ)ヲ付クル　　頭(カウベ)ヲ地ニ

第Ⅷ章 規範的説明と実用的説明 519

  付クル 船ヲ着クル 傷ニ薬ヲ付クル 人ニ人ヲ付クル 跡
ヲ付クル 後ヲツクル．または，後ヲツケテ行ク 敵ガ付クル
  召符，または，折紙ヲ付クル 連歌ヲ付クル 付句

この条の最初の総括的意味説明だけでは，これら多くの用例の意味・用法の十分な理解も得られず，ましてや実際に使いこなすだけの知識を得ることはできなかったであろう．実際には，その用例の一々に洩れなく葡語の説明がつけてあるので，それによって具体的に理解もされ，使用することもできるわけである．名詞の例として Atama（頭）の条を取れば，その条下に，

  頭ガ打ツ 頭ヲ丸ムル 頭ヲ張ル，または，扱ク． 頭ヲ振ッテ嫌ガル

の用例があげてあるが，この場合，どの用い方であれ，「頭」の意味に変わりはない．それにもかかわらずいくつもの用例をあげて説明を加えたのは，この語が具体的にどのように用いられるかを示し，その意味の理解とともにそれを用いての表現にも役立つようにとの配慮によるものである．従って，必要とあれば，他にも応用の利く用法についての説明も加えるのであった．上引の Tçuqe, uru（付・着ケ，クル）の次に別条を立てて，

  Tçuqe, quru, eta.（付ケ，クル，ケタ）この動詞は，他の動詞の語根〔連用形〕について，ある物事をし慣れている，あるいは，ある物事をするのに慣れて習熟しているという意を示す．

と説明して，「業ヲシツクル」「船ニ乗リ付ケタ人」の例を添えて用法を教えている．用例を添えるまでもないと認めた場合には，葡語の説明だけですましていることもあるが，そのような場合でも，

  Itmot.（逸物）……すなわち，比類のないすぐれた物．たとえば，鷹，馬，犬などについて言う．

のように，どんな物について言うか限定のあることを示している．また，Fenben（返弁）の条には，'負債を支払うこと，米とか金銭などで支払うこと'として「返弁スル」という用例を添え，さらにそのあとに'Fenxin（返進）の条を見よ'と付け加えてある．この参照指示に従えば，

　　　　Fenxin．(返進)……借りていた物を，特に主君に対して返すこと，または，他の身分ある人とか同等の人とかに対して返すこと．米や金銭などで返すことについては言わないで，一頭の馬とか，一双の屏風(biobus)とかなどのように，同じ物で同じ数を返す物について，この語を用いる．

という細かな説明に導かれるのであり，これによって返済する物と相手とによって，用いる語に違いのあることが具体的に示されているという次第である．

　数詞の説明もまた具体的で詳しい．

　　　†Ichimai．(一枚)次のような物の枚数を数える言い方．紙，板，木の戸，紙の戸〔障子〕，将棋の駒，銀や金の延べ板，皮革，蘭草(いぐさ)や藁で作った筵，絨緞や毛氈，船の上覆いに用いる苫(Tomas)，庖丁，盃(Sacazzuqui)や果物をのせる Fegui(ヘギ)，または，Canacaqe(鉋掛)と呼ばれる縁付きの小さな板，瓦，金箔銀箔，種々の金属の薄板や板，その他これに類する種々の物．上(Cami)では，魚の鯛(Tai)をも〔一枚二枚と〕数える．

このようにどんな物を数えるのに用いるかを説くこと甚だ詳密である．†Ichinin(一人)では，男あるいは女を数えて四人になると Yottari(四人)というのが普通で，Xinin(シニン)とは言わないとか，Issun(一寸)，Ixxacu(一尺)などには'十まで数える'，Ichida(一朶)には'二朶'まででそれ以上は数えないとか，上限を示したものもある．数詞は日常生活に密接な関係があって，必ず心得ておかねばならないものであり，特に日本語では物によって助数詞が違うので，ことさらこまごまと注したのである．このほか，節用集であれば数量門に収められる Sangocu(三国)，Sanquŏ(三皇)，Xixo(四書)，Goacuxu(五悪趣)，Goguiacu(五逆)，Roccon(六根)，Rocuchicu(六畜)，Facqei(八景)，Faxxù(八宗)等の類には，その内訳を列挙しているが，かかるやり方は Tçŭriqi(通力)に六通の各々をあげ，Xeccu(節句)に五節句の説明をしているのとともに，具体的で親切な説明と言わなくてはならない．

第VIII章　規範的説明と実用的説明　521

　これに劣らず詳しいのは，副詞の説明である．特に擬声語の副詞は，動作や事態の有りようを生き生きと形容するので，表現効果の大きいものであるが，それだけに使い方を誤れば逆効果を招く．そこで，

　　　　Bixarito.(ビシャリト)副詞．物がつぶれる時の音の形容．たとえば，熟柿がつぶれるとか，腫物がつぶれて口があくとか，卵がこわれてつぶれるとかする時の音について言う．……

　　　　Foroforoto.(ホロホロト)副詞．巻いた糸が解けたり，ほぐれたりするとか，髪がほつれるとか，あるいは，木蔦(きづ)が木からほどけて離れるとかするさま．¶また，土壁などのような物が崩れたり，砕けたりするさま．¶Namidaga forforoto vochita.(涙ガホロホロ落チタ)……¶Cazzura foroforoto toqi firogareba.(葛ホロホロト解キ広ガレバ)……

のように，何がどのような状態になるのを形容するかを細かに注している．同様のことは，この種の副詞から転成した動詞，Bitamequ(ビタメク)，Bitamecasu(ビタメカス)，Foromequ(ホロメク)や Guiximequ(ギシメク)の類にも見られるのであって，具体的に，実用的にとの心配りがこめられているのがわかる．

2　外国人向の説明

　日葡辞書は外国人宣教師のために編みたてられたものであり，それもイエズス会において企画から刊行まで一貫して行なわれたものである．イエズス会に属する聖職者はポルトガル人が最も多かったので，イエズス会の内部においては，カトリック教会全体の公用語たるラテン語に次いでポルトガル語が準公用語と認められて通用していたので，日葡辞書の説明用語としてもごく少数のラテン語以外はポルトガル語が用いられた．それを用いた説明の実際を見れば，この書が対象と考えた外国人のために，その日本語学習に役立てるべき配慮が細かになされたことが看取される．それはすでに述べたところでも見られたことであるが，ここではそれらとの重複を避けて，なお注意

すべき二三の点をあげ添えることとしよう．

　固有名詞，特に日本の人名は種々のものがあって，外国人には苦手であったし，必要度の関係もあって，これは載録しない方針をとった（序言）．しかし，文例を示すに当たって固有名詞を必要とする場合には，

　　　　Pedro（ペドロ）カ *Ioão*（ジョアン）カ参レト申セ．（Caの条）

のように，ポルトガル人に最も普通なものを用いた．

　語の用例として諺や格言をよく用いたのは，別に天草版金句集を刊行した目的と通ずるもので，そのこと自体が伝道の手段として役立つ実際的効果を考えてのことであった．その説明に当っては，しばしばポルトガルの諺を対置している．例えば，Cunicu（狗肉）の条下に，

　　　「羊頭ヲ懸テケ狗肉ヲ売ル．」

を引用して，'羊の頭を陳列しておいて，犬の肉を売る'と文字どおりの説明を加えたのに続けて，

　　　uender (vender) gato por lebre.（兎の代わりに猫を売る）

というポルトガルの諺を添えて説明としている．上の格言は天草版金句集に収められていて，それに「タバカリ事ガ多イ」という口語に和らげた解がついているけれども，西欧人にはポルトガルの諺の方がわかりやすかったに違いない．また，Mumon（無文）の条に，

　　　「一文ハ無文ノ師ナリ．」文字をただ一字，あるいは，少しでも知っている人は，全く文字を知らない人の先生である．

とあるのに続けて，

　　　Na terra dos cegos o torto he o Rey.（盲人の国では，斜視の人は王様である）

をあげ，Sŏcŏ（糟糠）の条にも，

　　　「饑エテ糟糠ヲ択バズ」

を引き，それに次の諺と説明とをつけている．

　　　Fome he boa salsa.（飢えは上等のソースである）すなわち，飢えは，糠や籾がらまでもおいしい味がするようにする．

Guiobô(行法)に, *Quaresma*(四旬節)や *Somana sancta*(聖週)の行・修行のようなものだとし, Gue(偈)をばそれぞれの使徒が *Credo*(使徒信経)を編む際に言った文句のような箴言, あるいは, 詩句であると説明し, Cofaru(小春)をば, '11月11日の聖マルティーニョ祭の頃の好天気(*Veranico de S. Martinho*)である' としているのも, 西欧人, 特に宣教師たちの熟知していることになぞらえて説明したものである.

なお, Toqi. l, Toqino coye(鬨. または, 鬨ノ声)の条には, 「鬨ヲ上グル」とか「鬨ヲ作ル」とかいうのは, 攻めかかる前に *Sanctiago*(サンチャゴ)と叫ぶように喊声を上げる意だと説明してある. Santiago は, キリストの十二使徒の一人, 聖ヤコブ(大ヤコブ)のことで, スペインの保護聖人. スペインの戦士は開戦にあたってその名を呼び, 喊声をあげるのが例であって, サントスの御作業にも,

　　ソノ国〔イスパニア〕ノ兵(ツワモノ) 陣頭ニ出デテ, 合戦セント思ウ砌ハ一同音
　　ニ Sanctiago(サンチャゴ)ト叫ビ奉ルトナリ (I. 96/20)

とある. なお, わが国でも島原の乱の時, 城中のキリシタン信徒の兵士がこの聖人の名を呼んで鬨の声をあげたという(パジェス, 日本切支丹宗門史).

また, Gunjin(軍神), および, Icusagami(軍神)の条に 'マルテ(*Marte*)の神, すなわち, 戦争の *Cami*(神)' との説明がある. Marte はラテン語の Mars に同じく軍神. 羅葡日の Mars, tis.の条に, 葡語でいくさの神として, 日本語対訳に「ユミヤガミ」とある. これら両語とも外国人, 特にキリシタンにはよく知られていたので, 上記の見出し語の説明にこれを用いて読者の理解をたやすくしたものである.

当時仏教は広くわが国民の間に浸透し, 仏教語で通俗語化して一般民衆の間に用いられるものが多くなっていた. 従って, それらを流用するのが便利であり, 効果的でさえあるところから, 一般通用の仏教語を用いることも少なくなかった. しかし, それはキリスト教の教義を説く上に誤解や混乱を招かない範囲においてのことで, 無差別に流用することは許されなかった. ここに Bup.の注記を加えて仏教語であることを明示した理由がある. この略語

注記は仏教語に洩れなく付してあるわけではなく、葡語説明文中に *Fotoque*（仏）、*Ienxŭ*（禅宗）などの語をまじえただけのものもあるが、ともかく宗教的観念を示す語の説明には特に注意を払ったのである。このような措置は、つまり心して使用すべきことを教えるものであり、日葡辞書利用者の立場を考えた実際的な処置と言えよう。

中には、仏教語でも彼らの布教用語として用い得ることを書き添えたものもある。例えば、Ato（後・跡）の条に、「跡ヲ垂ルル」、あるいは、「垂迹(スイシャク)」というのは仏法の語であるが、キリストの *encarnação*（託身）などに通用することができる、Dôgin（同塵）の条に、Vaquŏ dôgin（和光同塵）はキリストの *encarnação*（託身）に適用し得るとしているなど。さらには、Tacutai（托胎・託胎）も、キリストが聖母マリアの胎内にやどられたことに適用することができるとした例もある。同様の注記は、なお Cannŏ（感納）、Qiŏmon（経文）、Raicŏ（来迎）、Ten（天）、Tentŏ（天道）、Vqeauasuru（受ケ合ワスル）、Xŏmiŏ（声明）、Xômiŏ（称名）、Xôran（照覧）等の諸条にも見られるのであって、これなども聖職者たる利用者のことを考えてのことに相違ない。

上のような利用者に親切な編者の説明態度に背馳するかに見えるのは、動植物などに対する説明が一般に簡単なことである。たとえば、

  Aqebi.（通草）ある薬草。
  Cuina.（水鶏）この名で呼ばれる或る鳥。
  Funa.（鮒）ある淡水魚。
  Fôzzuqi.（山茨菰）この名で呼ばれる或る草。

のように、ほとんど同じようなことばで説明されている。この種の説明のついている語を目につくままに拾ってみると、全篇にわたっている。繁を避けて見出し語だけを掲げる。

  †Ame（鯢）　Guibasŏ（ギバ草）　Manjuxaqe（曼珠沙華）　Mejiro（目白）　Namazzu（鯰）　Nanten（南天）　Qinguisŏ（金徽草）　Ginchŏqe（沈丁花）　Renjacu（連雀）　Suixenqua（水仙花）　Temariqua（手毬花）　Vobaco（車前草・苤苢）

Xacunague(石楠花)　　　Yamatçugumi(山鶫)　　　†Yanagui iuo(柳魚)　　　Yenoqi(榎)

　これらで察せられるように，この説明法は，上のような語に対して適切な説明ができかねると判断した場合には，始めからそれと意図して採ったもので，編者の一つの方針として守ったものであったに相違ない．

　上に例示したような動物や植物について，その名を聞いても知らない人に的確に説明することは至難のわざである．上述の簡便法をとった理由はそこにあると思われる．しかしながら，編者は日常一般的に使われるものには，似寄りの物の名を流用し，Caqi(柿)にfigo(無花果)をあて，Tanuqi(狸)にadibe(やまいぬ)をあてる便法を講じているくらいであるから，全く説明のつけようがなかったとも思われない．ところで，日葡辞書は日本在住の西欧人宣教師を対象にしたものであって，必要とあれば日本人に直接尋ねるという手っ取り早いてだてがあり，その方が物自体について的確に知ることができるわけである．そこで困難な説明は省いて日本人の教えに俟つことにしたのであろう．いわば現地主義とでも言うべきやり方である．ロドリゲスは，彼の日本小文典において，日本語を学習し，ほぼ完全に習得する第一の方法は，不断に日本人自身と交際して日本語を使い，さまざまな事物に関するいろいろな語句や言い表わし方に注意し，日本語を自然に習得することであると述べている(f.2 v)．

　以上を要するに，文法的説明にしても，規範的説明，関連的説明，具体的説明等々も，日本在住の西欧人宣教師を対象として，その日本語学習を有効適切ならしめるという基本的立場から生み出されたものであって，すべては実用性の重視という一点に集約されるものと言えよう．

　　注
　　1)　土井忠生「吉利支丹語学の研究　新版」(三省堂　昭和46) p.37
　　2)　同上　p.45

第IX章　資　　料

　長崎版日葡辞書が，先行の写本をもとにして増補改訂を加えて成ったことは，序言に明記されているけれども，その写本の内容を知るべきものは何も残っていない．従って，どのような資料をどのように使って編んだものか全くわからない．現存の日葡辞書には多くの引用文があり，いろんな文献を資料としたと認められる点はあるけれども，それらが幾分かでも先行写本を受けつぎ利用したものか否かは不明である．従って，今それらの資料関係を尋ねるについては，現存の日葡辞書のみを対象とすることしかできないので，以下その範囲において編纂に参照され利用された資料を取り上げることにする．その場合，当然関係資料を引用する要があり，たとえば，引用文の原拠を調べ，その出典と出所とを添えて全部を列挙するとなると，相当多くの紙幅を要する．そこで引用は必要な限度に抑えざるを得ない．この点あらかじめ御諒解をいただきたい．ただ，全用例を知る必要がある場合には，それに応ずる便法がないわけではない．それは，筆者がさきに編した「邦訳日葡辞書索引」(岩波書店1989)の末尾に「出典別索引」および「付録」が付けてあって，そこに現在までに知り得た引用文のすべてを文献別に分類し，原典に現われる順にその見出し語を並べてある．そしてまた，その順序は，「邦訳日葡辞書」(岩波書店1980)所載のページ数・左右欄の順にも合わせてあるから，それによって求める引用文を含む見出し語の条に達することができる．また，その条には訳者注を付け，引用文の出処について原典の記述を補うようにしてあるので，必要な場合にはそれらを参照されたい．

　〔付記〕　上記の「索引」には，「文書語」(p.277)以下に脱漏がある．著者の失錯恥じ入るばかりであるが，同書の第3刷(1993年9月刊)では補訂してある．

第Ⅸ章　資　　料　527

Ⅰ　引用文献

1　引用文献と引用方法

　長崎版日葡辞書には，語の意味用法を説明するために，具体的な用例を豊富にあげている．これは，日本語や葡語による説明を補い，利用者の日本語習得を効果的にしようとする編者の意図によるものであって，この辞書の一特色である．その多くの用例中，出典を注して引用したものは，次に掲げる本篇 C 部の例が最初である．

　　　心ガ cainŏ(甲斐ナウ)テ．Feiq.(平家)〔Feiqe p.308〕
　しかし，出典注記のないものは A 部の始めからあって，

　　　過ギ行ク月，日ヲモ acaxi cane(明カシ兼ネ)，暮シ煩ウ(Feiqe. p.61)
を始め，Feiqe からだけでも 4 例あり，その他天草版金句集や幸若舞，サントスの御作業等からも数例引かれている．この事実から想像すれば，最初は身近なキリシタン版の日本語教科書などを利用したらしい．特定の文献ではないが，諺は Proverbio. Prou. などの注記をつけて A 部だけでも 13 条に引かれているが，これが縁となって書名は当然注記すべしということになり，C 部の中途から出典を注記する方針に変わったものと推察される．

　このように中途から出典を注記する方針に改まったが，補遺では未載録語の補充に重きをおき，引例も少なく，A 部の 1 例に注しただけである．長崎版の基礎となった日葡辞書写本に引例がどの程度含まれていたかは不明であるが，少なくも出典を注記してあるものは，長崎版編成の際に加えられたものであろう．長崎版に出典を注記してある文献，ならびにそれらからの引用例数は，次表に示すとおりである．

　次の表に見えるように，部によって量的な違いがあり，特に C, F, M, N 部に多いのが目立つが，これはそれぞれの部の編纂分担者の態度によるものであろう．引用例数の多いのは口語の文献であって，それもイエズス会の学

部別書名	A	B	C	D	F	G	I	M	N	P	Q	R	S	T	V	X	Y	Z	計
平　　家		12		15	1	6	13	12		7		2	5	5	1	1			80
伊 曽 保		1		4			1	2		1		2							11
金 句 集	補1	4	1	2	1	9	5			4	2		2					1	32
舞 の 本		8		6	1	1	26	18	1	3		1	3	2					70
物　　語		9	1	4	1	4	22	4		1		5	3	1					55
太 平 記		9	1	21	2	4	18	22		8	2	4	8	4	1	1			105
発 心 集		1	1	1			2	1	1				2		1				11
サントス				4			3	2											9
方 丈 記							1												1
Chr. N.							1	1				1							3
計	1	0	44	4	57	6	26	91	62	1	25	4	15	21	14	2	3	1	377

〔備考〕1）「舞の本」は，「信太」「富樫」など曲名を注したものを総括したもの。
　　　 2）「平家」と注したもので，実は太平記の2例（Fague, uru. Tadori, u.）は「太平記」の項に含め，「太平記」と注したもので，実は「平家」の1例（Masari, u）は「平家」の項に含めた。

校で日本語の教科書として編まれ，また，使用されたものばかりであるが，これは日葡辞書の利用者に対する心配りがあってのことであろう．漢文に基づく格言を集めた天草版金句集を特殊なものとして別にすれば，文語文献は太平記以下の5種で，それから129の文語文例が引かれている．その中太平記が105例を占め，すべての引用書を通じて最も多い．当時，わが国において書き言葉の規範とされた太平記は，キリシタンの間でも重視された．Feiqeや舞の本のような古典の口訳本とは違って，原文を抄出したキリシタン版「太平記抜書」が刊行され，ロドリゲスが日本小文典において，太平記を「最もすぐれた文体の書」として，日本語学習書の最高段階に位置づけた(f.4)のは，そのことを示すものである．日葡辞書の編者も，太平記を語彙採録の重要な資料とし，文語文引例の大半をこの書に求めたのであって，この書を重視するイエズス会の基本的態度を踏まえたものと言うべきである．

　さて，日葡辞書に或る文献の引例をあげる場合，必ずしも原典の本文をそのまま抜き出して忠実に引用するとは限らず，所要の文例を短くまとまったものとし，利用者の理解に便するために，前後を省略するのみならず，中途

を略したり適宜改めたりすることもあった．原拠本の明らかなものに例をとれば，

   成親卿ハ朝恩ニ focori（誇リ）*Feiq.*（平家），巻一．

という引例は，Feiqe の次の部分から中途を略して引用したものである．

   <u>成親卿ハ</u>大キナ国ヲアマタ持タレ，マタ子息所従トモニ<u>朝恩ニ誇リ</u>，
    （p.18）

 原文の一部を抽出したのでは意味の通じにくいような場合には，前文中にある語句を取って補うこともある．例えば，

   或ル人刀ヲ抜イテ，狼ヲ斬ラウトシタガ，qirifazzui（斬リ外イ）テ尾ヲ
   打チ切ッタ．Fab.（寓話集）

という Esopo の引用文中，「狼ヲ」は原文（p.467）ではこの位置にはないのであるが，その直前に「狼ヲ散々ニ打擲スルニ」とあるので，それを取って補い，文意の通る例として整えたのである．太平記の引例でも同じであって，

   御方ト敵ノ声四方三百余里ニ fibiqi vatatte（響キ渡ッテ），天モ忽チ落
   チ，坤軸モ折レテ傾クカト怪シキ程ニゾ聞エタリ．太平記巻 16.

の「声」の次には，諸本に共通して存する「南ハ淡路嶋絵島ガ崎」以下多くの地名が省かれているのである．

   Ricugi（陸路）ハ雪降リ積ッテ馬ノ足モ立タザレバ，云々．太平記巻 28.

の文首の「陸路」は原文にないのだけれども，原本文の，

   海上ハ波風荒テ船モ不レ通，山陰道ハ雪降積テ馬ノ蹄モ立ザレバ（日本
   古典文学大系本巻 28，三 91）

の「山陰道」をば上文の「海上ハ」との対応関係から「陸路」と改めたもので，しかもそれが見出し語に立てられているのである．「足」も「蹄」を改めたのであろう．

   頭(カシラ)ヲ migin（微塵）ニ打チ砕イテ，水ノ底ニゾ沈メケル．太平記巻 24.

の引例にしても，文首の「頭ヲ」は原本文にはなくて，古本系諸本に一致して，

   微塵ニ打砕ィテ則水ノ底ニゾ沈メケル（玄玖本巻 24．三 475，大系本巻

23，二397）

とあるが，前文に「此牛ノ頭」とあるのから取って補ったのである．「則」も省いたものか．

　　宮〈モ〉御枕ヲ傾ケサセ給エバ，人皆静マリテ，夜既ニ fuqe（更ケ）ニケリ．太平記巻18．

　　Sangô（三業）〈ヲ〉静メテ此ノ経ヲ読誦スベシトテ．太平記巻20．

　　君ノ〈御〉為ニハ不忠ノ身トナリ，父ノ為ニハ fucŏ（不孝）ノ子トナルベキニテ候ゾロ間，云々．太平記巻26．

　　礒，山ノ嵐〈沖ツ浪〉響ヲ majiye（交エ）テ，云々．太平記巻26．

　　鼓ヲ鳴ラシ，〈音取ノ〉fuye（笛）ヲ吹キ立テタレバ，云々．太平記巻28．

上の諸例で〈　〉で囲んだ部分は，諸本にあるのに引例にはない．同類はほかにもあるが，これらによって見れば，見出し語の説明には必ずしも必要ではないと認められるような語句は，これを省くこともあったのである．

　　Feifeito（平々ト）シタル野中ニ陣ヲ張リ，云々．太平記巻30．

とあるのは，上述の引用態度から察して，諸本に，

　　サラバ陣ヲ張テ戦ヘトテ，小溝ノ流レタルヲ前ニアテ，平々トシタル

　　野中ニ，（大系本巻30．三159）

とある本文の前後を取り合わせて，まとまりのある文例に仕立てたものに違いあるまい．

　　黒白コクビャク二ツノ月ノ鼠ガ cauarugauaru（代ル代ル）ソノ草ノ根ヲ囓カブル．太平記巻34．

の例でも，大系本（巻33．三270）その他の諸本にはない「代ル代ル」が加わっている．月の鼠の話はよく知られていたらしく，太平記巻27（大系本巻27．三78）やキリシタン版サントスの御作業（I.259）にも見え，連珠合璧集や連集良材などにもあることからすれば，当時，黒白二疋の鼠が代る代る木の根をかぶる，と言い習わしていたのであろう．上述の Ricugi（陸路）のように，原文にない語をさし換えて，しかもそれを見出し語に立てているのなどもある事実からすれば，これも同工の改変ではないかと思われる．

第Ⅸ章 資　料　531

　ともかく、このように引例の中には、編者が部分的改変を加えた点もあるとなれば、引例にきれいに合致する原拠本文が必ずあるものと期待することはできないのであって、このことも弁えてかかる必要があるわけである。

2　引用文および葡語訳の欠陥

　日葡辞書の引例の中には、誤りと見るべきものを含むことがある。まず第一は、拠った原本文の読み誤りによると思われるものである。引例をつづめて必要な部分だけをあげると、

　　　　推シハタラキ(voxi fataraqi)難キ大磐石ノ有リケルヲ(Fanevocoxi, su の条)

の「推シハタラキ」は、大系本(巻22.　二369)や神田本(667)、その他のように「推シハタラカシ」でなければ通じないところであって、おそらくはその誤りであり、拠った本に「押動難キ」とあったのが因をなしていよう。

　　　　虎ヲ養ウテ自ラ gai(害)ヲ招キ、云々。

の「害」も、大系本(巻36.　三344)その他諸本に「患」とある、その読み違いか、さもなければ意味の取りやすいものへの改変かであろう。

　　　　tacuuaye tçumi(蓄エ積ミ)タル……〔巻1, 一38. 蓄積ル〕
　　　　国中ヲ vchinabicaxi(打チ靡カシ)……〔巻3, 一104. 打靡〕
　　　　ソノ方ノ空(Nagameyari, u.の条)……〔巻4, 一151. 其方〕
　　　　犬ドモヲ一二百疋ヅツ fanachi(放チ)合ワセタレバ……〔巻5, 一163. 放シ合セ〕
　　　　猛火東西ヨリ fuqicacatte(吹キ懸カッテ)……〔巻15, 二97. 吹懸テ〕
　　　　ヒト tamari(タマリ)モ恠エジ……〔巻16, 二141. 恠ジ〕
　　　　上ガ上ニ casanari fusu(重ナリ伏ス)……〔巻26, 三27. 上ガ上ニ〕
　　　　山ノ如クニ tçumi ague(積ミ上ゲ)テ……〔巻28, 三105. 如山〕
　　　　meitet(明哲)ノ好ム所也……〔巻28, 三109. 所好〕

のごときも〔　〕内に示した大系本文のような表記で仮名の添えてないものに拠ったとすれば、引例のように読むこともあり得るというものである。従

って，引用の原拠を求めるときは，上のような事情によって，引例が原拠の本とは異なった独自の異文を作り出している可能性もあるという点に注意しなければならない．

なおこのほかに，ローマ字の誤植による誤りや，出典の巻数注記の誤りなどもあるが，これらは太平記の引例に著しいので，後に引用文献各説の条で述べることにする．

引用文例には必ず葡語訳が添えてある．引例中に誤りがあれば，葡語訳もそれに合致していて，全体的に誤りを犯していることもあるが，またその一方には，引用本文には誤りがないのに，原典の本文にそぐわない葡語訳が添えられて，結果において誤っていることがある．例えば，

  忽ニ socubacu（若干）ノ抽賞ニコソ預リケレ．太平記巻 32．即刻私は自分の忠義（meus seruiços）に対する多くの褒賞を受けた（recebi）．

は，原本文（太平記巻 32．三 205．玄玖本四 451）によれば，抽賞に与かったのは「実算法印」であるから，一人称で訳したのは適当でない．

  富裕ノ輩ガ利倍ノ為ニ tacuuaye　tçumi（蓄エ積ミ）タル米穀（原文 bucocu. beicocu の誤植）ヲ点検シテ．太平記巻 10（巻 1 の誤り）．高利を生ずるようにと集積しておいた米について，富者たちが〔調べて〕控書をし，計算をし，区分をして．

とあるのも，原本文は「富裕ノ輩ガ利倍ノ為ニ蓄エ積ミタル米穀」を「検非違使ノ別当」が点検した意に解すべきであるから，上の葡語訳はそれからずれている．このような例は，太平記だけには限らない．

  弁慶ガ膝ノアタリニ小風ヲ吹カセテサラリサラリト nai（薙イ）ダ．土佐正尊．弁慶（Benquei）は薙刀（Naguinata）で膝の辺に風を起こしながら，響きを立ててその人の足を斬った（lhe cortaua as pernas）．

これは口訳本「舞の本」からの引用であるが，文禄本「舞の本」の「正尊」，および，内閣文庫本の「堀川」に相当本文が見える．それによれば，「あねはの平次光景」なる者が弁慶の膝の辺を薙いだのであるが，上の葡語訳は，弁慶が他人の膝の辺を薙いだことになっている．原本文では属格を示す「弁慶

ガ」の「ガ」を，上の葡語訳では主格を示すものと解して訳したために生じた誤りに違いない．

　　平家ノ侍コレヲmexitotte（召シ捕ッテ）死罪ニ行ワウト云ウテ，云々．
　　平家巻3．平家（*Feique*）の兵士，すなわち，武士は，この人を逮捕してしまうと，これを必ず死刑に処してやろうと云って，云々．

これはFeiqeに「平家ノ侍頼貞，守澄ナンドハコレヲ召シ捕ッテ死罪ニ行ワウト言ウテ」(p.203)とあるのを簡約にして引用したものであって，「コレヲ召シ捕ッテ死罪ニ行ワウ」と言った意であるのに，葡語訳はすでに召し捕っていて，それを「死罪ニ行ワウ」と言った意になっている．

このように諸書にわたって同趣の例がいくつもあるのは，引例を原典から抽出した後，あるいは，抽出して原稿の相当位置に配した後に，原典本文の文脈とは関係なくその引用部分だけを対象として葡語訳をつけたからに相違ない．もっとも，中には上の推論を拒むかに見えるものもないではない．

　　宮御枕ヲ傾ケサセ給エバ，人皆静マリテ，夜既ニfuqe（更ケ）ニケリ．太平記巻18．

の「宮」は，実は「一宮」をさすのに，葡語訳ではことさら「王妃」（*Rainha*）と訳されている．これは上の文を含む「春宮還御事付一宮御息所事」の原本文と無関係に加えたのでは生じ得ない誤りであるが，また，原本文に即して前後を見合わせたのであれば「王妃」と解するはずはないのであって，確かに原本文に基づいた証ともなし難い．

上の一文を含む章から都合4例引用されているが，後述するように用例抄録の類でもあって，そこに同じ章からなお多くの文例が抽出され列記されていたとすれば，それらとの関係から「王妃」と解したとも考えられる．また，この話は太平記のほかに，それに基づく舞の本の「新曲」（文禄本・大頭左兵衛本）もあってよく知られていたとすれば，「宮」をその中心人物である「一宮御息所」と速断することもあり得ないことではない．あるいは，日本人協力者がそのように解して説明したのに基づくとも想像される．また，

　　プチハル（Putifar.人名）コレヲmicome（見籠メ）給イテ，万ノ奉行ヲ宛

　　　　テ行ウ．御作業，第II部．

の「コレヲ」が，葡語訳では「ジョゼフ(*Ioseph*)を」と人名に置き換えられている．この引例は「サントスの御作業」第II部巻頭の「パチリアルカ・ジョゼフの御作業の事」の中から採られた3例中の1例(II. 15)であるが，他の1例は上引のすぐ前の部分(II 14)からのもので，

　　　　少シモ magaua（紛ワ）ヌジョゼフ(Ioseph)が装束ナリト．御作業，第II
　　　　部．

とあって，「ジョゼフ」の名が出ている．これらが後述する用例抄録に並んで書かれていたものとすれば，上述の置き換えも容易であったはずである．あるいはまた，ジョゼフ伝をよく知っている宣教師には，プチハルという人名からジョゼフを想起することはたやすかったであろうということも考えられる．それ故，上のような例も，必ずしも原典本文に即して葡語訳をつけたとしなければならないというものではない．

　　　　前車ノ覆ルヲ見テ，後車ノ誡トス．四書．

の例が，Côxa（後車），Ienxa（前車），Xenxa（先車）の条に重出し，

　　　　明珠ヲ識ラザレバ，却ッテ瓦礫トナス．四書．

が，Guariacu（瓦礫）と Meixu（明珠）の条とに重出しているのに，葡語訳にはそれぞれ小異があるのを見れば，葡語訳はそれぞれの部の編纂分担者が日本人の協力も得て加えたものと考えられる．その分担者が必要な用例を原典に求め，引用と同時に原本文に合致する葡語訳を添えることもあったではあろうが，一般には抽出引用された例文だけを対象として葡語訳することが多かった．その結果，引例中の誤りに密着した訳をつけたり，原典本文にそぐわない訳をつけたりすることにもなったわけである．このような葡語訳のあり方も，後述する用例抄録の如きものの存在を想定する上の一つの支えになるものである．

II 引用文献各説

1 太平記

　太平記引用文の原拠本はまだ明らかにし得ていない．その解明には，古本・流布本両系統にわたる多数の伝本について比較することが必要であるが，一面また日葡辞書の引例自体の性格を検討することも，比較への重要な手順の一つでなければならない．この点についてなお太平記の特異点を考察し，可能な範囲で諸本との比較を試みようと思う．

　さて，太平記に古本系統と流布本系統があるが，1603年以前の流布本系統の本の存在はまだ知られていない．しかし，実は現在の慶長古活字本がその祖本かと思われる節がある．いずれ先で触れるが，それは日葡辞書引用の太平記用例をその原典の本文に比較すると，流布系本本文に合致する点があるからである．そこで，流布本系統の代表として慶長八年板古活字本の本文（日本古典文学大系「太平記」による．以下「大系本」と略称する）のほか，複製・翻刻の存する神田本，玄玖本，梵舜本，西源院本，および「参考太平記」，高橋貞一氏の「新校太平記」などを比較してみた．多くの諸本中限られた範囲についての管見にすぎないけれども，それでも太平記引例とその原拠本との関係には必ずしも単純でないものがあることだけは確かなようである．

　さて，日葡辞書の引用文例の中には，原典の本文と異なるものがあることや，その葡語訳が適切でないものを含むことについてはすでに述べたが，その際太平記に存するそれらの事実にも言及した．そこでここでは，太平記に見られる特異な事実を取り上げる．

　(1) ローマ字の誤植

　まず第一に，ローマ字の誤植によると見られるものがまれでない事実をあげなければならない．

　　　月ハ鞍馬ノイエ(iyeni) fonomeqi (仄メキ) テ，云々．太平記巻. 20.

の iyeni は，葡語訳 *sobre as cellas*(鞍の上に)とあるから vyeni の誤植であろうし，

   モリカタ(Moricata)コノ若君ヲ gusocu(具足)シテ．太平記．巻 10．

の Moricata も，諸本に照らして Moritaca(盛高)の誤植であろう．

   流レ yodomi(淀ミ)タル波ニ筏ノマヨイ(mayoi)ヲ押シ切ラレテ，云々．太平記．巻 14．

の mayoi も，葡語で *ataduras*(結び綱)と説明してあるのにより，また原本文と照合して moyai(舫)の誤植であることは明らかである．

   ナハ(Naua)憂キ世ノ中ニナガレエテモ(nagareyetemo)，naninicaua(何ニカハ)セント．太平記．巻 30．

の Naua は Imaua(今ハ)の，nagareyetemo は nagarayetemo(存ラエテモ)の誤植であることも，葡語訳に，*Ainda que agora viua*(たとえ今生きながらえても)とあるのと，諸本本文との対応とから間違いないであろう．

   習ワヌ道ノマネ(mane)ヲ fumi(踏ミ)，重ナル山ノ雪ヲ分ケテ．

の例は，太平記の古本系本文〔西源院本 740 など〕に拠るものであるが，mane は iuane の誤植である．葡語訳も「岩根」に相当するものになっている．当時のローマ字筆写体の相似に基づくこの種の誤植はまれでないから，これもその一つである．

 同じ誤植でも，上とは少し趣を異にするものもある．

   公家武官(buquā)，人々ヨリ foca(外)ハ京中ニ人アリトモ見エザリケリ．太平記．巻 30．

は，大系本(巻 30．三 151)その他に「公家被官」とあるのによれば，buquā は筆写体の近似している fiquā の誤りと思われるが，これに対する葡語訳は *caualeiros*(武家たち)とあって，引例の buquā に相応している．

   乱レ髪ヲカミニ(camini) furicaqe(振リ懸ケ)テ，云々．太平記．巻 4．

は，大系本(巻 14．二 62)その他諸本の巻 14 にあって，皆「顔ニ」とあるから cauoni の誤りと見える．しかし，葡語訳に *sobre a cabeça*(頭の上に)とあるのは引例の camini に合い，それを「上ニ(カミ)」と解したものに違いない．

第IX章 資 料

　　大風(Taifŭ)俄ニ吹キ荒レテ逆浪天ヲ maqifirugayesu(巻キ翻ス). 太
　　平記. 巻20.

も，大系本(巻20，二329)その他諸本に「海風」とあるから「大風」は誤りと
見られるが，葡語訳の *o vento rijo*(激しい風)は，その「大風」に対するも
のである．次も同趣のものである．

　　Midaregami(乱レ髪)ヲ振リ懸ケテ(furicaqete)〔*Sacudindo os
　　cabelos desamarrados*＝結びの解けたざんばら髪を振り動かしなが
　　ら〕，大勢ノ中ヲ破(ブ)ッテ通ル．太平記．巻3．〔大系本巻3．三190，
　　玄玖本四417．何れも「振上テ」に作る．〕

　　道ヲ fumi mayoi(踏ミ迷イ)テ敵陣ヘゾ迷イ入リ(mayoi iri)タリケ
　　ル．(*foi desgarrar no arrayal dos inimigos*. 敵の陣の中へ迷い込
　　んで行った．)……太平記．巻17．〔大系本巻17．二215．その他「迷
　　出タリケル」に作り，文脈上これが正しい．〕

すなわち，いずれも引例の文自体に誤りがあるのに，葡語訳はそれに対応
してつけられている．

当時の筆写体では，入念な書写でない限り，*a, o, c, e, i, m, n, u* な
どは形が似ており，特に *uo, in, en, qe, ni, ne* など連ねて書いたものは
紛らわしい[1]．また，大文字のCも，個人差もあるが，湾曲度が少なくて，か
なり直線的に書かれることがあり，一方Tは平仮名の「て」に近い恰好に書
かれていることが少なくない．それらの点から上述の buquã, camini, Tai-
fŭ, furicaqete, mayoi iri は，それぞれ fiquã, cauoni, Caifŭ, furiaguete,
mayoi ide の誤りと考えられる．なおまた，次の例もその疑がある．

　　Naye, uru, eta.(萎エ，ユル，エタ)身体が中風になる．または，四肢
　　のどれかが利かなくなり，しびれて感覚がなくなる．……¶また，比
　　喩．死んだようになる，または，動かないでいる．例，「泥ニ萎エタ
　　ル(nayetaru)魚ノ如クニテ生捕ラルル者三百余人．」太平記．巻18.
　　生きながら捕らえられた三百人余りは，泥，あるいは，ぬかるみの
　　中で半ば死にかかっている魚と同じようにしていた．

上の太平記引例中「ナエタル」の部分は，西源院本の「粉タル」(マフレ)以外は「粘タル」とあるけれども付訓は異なり，大系本(巻18，二236)は「ネラレタル」，玄玖本は「イキツキタル・ネラレタル」，相承院本と今川家本は「キヘタル」，神田本(567)は「ネヘタル」，梵舜本(五117)は「ネヘタル」など，まちまちである．このうち日葡辞書の引例に近いのは「ネヘタル」であって，それをneyetaruと写したのがあって，それがnayetaruと誤られたのではないかと思われる．「粘エ(ネ)，ユル」は，「粘ヤス」の自動詞形で，

　　　核ヲハナレヌト云エハトリツイテ粘(ネ)タ心ニチカウカソ，粘タト云ニチカウタカ，サレトモ枝ニネウルト云タソ，枝ニネバクツテトリツイテヲチヌソ(中略)枝ニネユルト云ハ官ニトリツイテヲチスシテ木マフリナトヽ云ヤウナコトソ(玉塵．三三24)

のように用いられ，なお玉塵(一五79)，荘子抄(一15ウ)，四河入海(一一の三34ウ)などにも例がある．すべて，ねばりつく意であって，太平記本文の「粘(ネ)タル」もこれでこそ無理なく解けるのである．「萎エ，ユル」に，日葡辞書の第2項に注するような「死んだようになる，または，動かないでいる」意があったか否かは問題であるが，それは太平記引例に対する編者の解釈によるものではないか．すなわち，「粘(ネ)エタル」をnayetaruと誤った引例によって「萎エタル」と解すれば，「萎ユル」の普通の意味とは隔たりがあって，「足，手ガ萎ユル」と同列には扱えない．そこで比喩として別項を立てて別義を注し，そこに太平記の引例を収めざるを得なかったのではなかろうか．もしそうだとすれば，これもまた前述の諸例に準ずるものと見られよう[2]．

以上は，いずれも引例中の誤った語句と，それに対する葡語訳とは合致しているのであるから，引例中の誤りが印刷の際に生じた誤植でないことは明らかで，印刷工に渡された原稿には，すでに今見る日葡辞書原文のとおりに書かれていたと見なければならない．そしてそれらの誤りは，太平記の原典から直接原稿に引き移す際に生じたものとは考えにくい．なぜならば，そのような誤記の原因となるような国字字形の相似は，どの場合にも認めがたいからである．この点からすれば，右のような本文上の誤りを生じた原因は，前

述のローマ字筆写体の相似が因をなしているのであって，ローマ字で書かれたものをローマ字で書き写す場合に生じたと見るほかはないであろう．このような推定に立てば，

　　　御men(免)ノ綸旨ヲ下サレシカバ．太平記巻．36．

の例も，大系本巻36(三366)や，梵舜本の，

　　　恩免ノ綸旨ヲ下サレシカバ(神田本・玄玖本・西源院本には「綸言」とあるが，文頭の「恩免」は同じ)

に関係づけることができる．上の引例はMen(免)の条に引用されているから，Gomenを「御免」と解したことは明らかであるが，漢字の「恩」を「御」と誤ったとは考えがたい．しかし，ローマ字でVonmenと書いてあったものに拠ったとすれば，これを「御免」と解し，それならば字音語としては「御免」が普通であるからGomenと改めたとの推論がたやすく成り立つという次第である．

(2) 巻数注記の誤り

　印刷原稿以前にローマ字書きのものがあったとして，それがどんな体裁のものであったかは知るよしもないが，後述の巻数注記の誤りなどをも併せ考えると，太平記中の注意すべき語を含む短文を，ローマ字で抽出摘記した用例抄録のようなものではなかったかと想像される．

　そこで，次には巻数注記を検する必要がある．太平記引例には，Xeiqi(旌旗)の条を除いて，すべて巻数が注してあるが，中に誤りとみられるものが18ある．次にその引例を含む条々の見出し語と引例末尾に注してある巻数をあげ，《　》内に正しい巻数を添えて示す．

　　　① Midaregami.(乱レ髪)　　　　　　3《31》
　　　② Moyeagari, aru.(燃エ上ガリ，ル)　70《10》
　　　③ Vchinabicaxi, su.(打チ靡カシ，ス)　36《3》
　　　④ Fiqitachi, u.(引キ立チ，ツ)　　　 7《6》
　　　⑤ Iqiǒ.(異香)　　　　　　　　　　10《25》
　　　⑥ Tacate.(高手)　　　　　　　　　28《25》

⑦　Suua.(スワ)　　　　　　　　　28《25》
⑧　Tacuuaye tçumi, u.(蓄エ積ミ，ム)　10《1》
⑨　Furicaqe, uru.(振リ懸ケ，クル)　　4《14》
⑩　Nevobiye, uru.(寝怯エ，ユル)　　 8《18》
⑪　Narifate, tçuru.(成リ果テ，ツル)　 8《18》
⑫　Voricazaxi, su.(折リ翳シ，ス)　　13《23》
⑬　Nami.(波)　　　　　　　　　　　16《26》
⑭　Fuye.(笛)　　　　　　　　　　　28《27》
⑮　Fimemusu.(ヒメムス)　　　　　　28《27》
⑯　Niguemayoi, ô.(逃ゲ迷イ，ウ)　　28《27》
⑰　Mondŏ.(問答)　　　　　　　　　28《27》
⑱　Chicuten.(逐電)　　　　　　　　28《27》

　引例の巻数注記を誤った例は Feiqe からのものにもあり，ロドリゲス日本大文典にも見えるが，同一書からの引例にこれほど多いのは他に例がなくて，何か特別な事情が伏在するであろうことを思わせる。

　中には単なる印刷上の誤植もあるようである。①の31を3に誤ったのは，3が行末に印刷されているのから察して，次の1を脱したもの，②の10を70に誤ったのは，原稿に1が反り気味に7に近い形に書かれていたため，それを見誤っての誤植であろう。⑥，⑦の25を28に誤ったのも，当時の写本では，5をS字のように一筆で書き，8と紛らわしいものが一再ならず見られることからすれば，原稿の25を28と見誤ったための誤植と認めてまずは間違いあるまい。

　次に注意をひくのは，⑭～⑱の5例がそろって27を28に誤っていることである。この一群は，

　　⑭　鼓ヲ鳴ラシ fuye(笛)ヲ吹キ立テタレバ云々．太平記．巻28．
　　⑮　ソノ次ノ日 fimemusu(ヒメムス)夜モスガラ大雨(タイウ)降リ，云々．太平記．28．
　　⑯　僧俗男女東西ニ nigue mayô(逃ゲ迷ウ)．太平記．巻28．

⑰　再往ノ mondŏ(問答)ニ及ブベカラズ．太平記．巻 28．

⑱　早ク先立ッテ chicuten(逐電)シケレバ，云々．太平記．巻 28．

の 5 例であるが，⑭，⑮は巻 27「田楽事付長講見物事」に見え(大系本．巻 27．三 56,58)，⑯，⑰，⑱は同じ巻 27「御所囲事」にある(大系本．巻 27．三 71,72,73)．そしてこれら 5 条を含む 2 章は，大系本のほか，神田本・玄玖本・西源院本などでも巻 27 にあって，今知る限りでは巻 28 に入っている本を知らない．しかも諸本の本文に対照してみると，⑭は大系本・梵舜本に一致するが，神田本・玄玖本・西源院本・相承院本・今川家本には該当本文が見出だせない．⑮は大系本(巻 27．三 58)に合致し，梵舜本・玄玖本はこれを欠き，神田本・西源院本・相承院本・今川家本等は「及ニ夜大雨軸ヲ下シ」とあって異なる．⑯，⑰は大系本と一致するとともに他の諸本とも異なるところがない．⑱は大系本・梵舜本に一致し，神田本(835)や玄玖本・西源院本などとは異なる．結局，これら 5 例は，すべて流布本系の或る本に基づくものとしなければならない．それでいて巻数注記がそろって 28 に誤っているのは，利用した太平記の一本が巻数を誤認しやすい形のものであったとも考えられるが，また，太平記から適宜短文例を抽出抄録した用例集の類があって，それに同じ巻から同時に抽出記入した際に，何かの事情で巻数が誤り記されていたためとも考えられる．別々の部に同じ巻から引用された引例の巻数注記が 5 例もそろって誤っているという事実は，単なる偶然とは考えられず，抄録に存した誤りによると見る方が解しやすい．

なお，巻 27 と注記したものは，ほかに次の 2 例がある．

(a)少々ノ咎ヲバ耳ニモ qiqiire(聞キ入レ)給ワズ．太平記．巻 27．

(b)礒，山ノ嵐互ニ響ヲ majiye(交エ)テ，云々．太平記．巻 27．

これらは諸本とも「礒山嵐奥津浪……」とあるのと少し異なるけれども，それを一部改変して引いたものとすれば，古本系統のある本に拠ったのであろう．流布本では巻 26(大系本巻 26．三 37,47)に属し，古本系では巻 27 に含まれていて，巻数の点で後者が一致するからである．従って，さきの⑭〜⑱の 5 例とは別に抽出されたと見るべきで，用例採録のしかたや所拠本が単純でな

かったことが察せられる．

　また，巻 18 を巻 8 と誤って注記している⑩と⑪の 2 例，

　　　Nevobiye(寝怯エ)タル敵ドモ鬨ノ声ニ驚キテ，周章テフタメク．太平記．巻 8．

　　　憑ム方ナク narifate(成リ果テ)テ心細クゾ覚エケル．太平記．巻 8．〔ボードレイ文庫本・パリ本は Lib. 18. のように見えるが，不分明で，印刷のかすれらしい．エヴォラ文庫本は明らかに Lib. 8. であり，アジュダ文庫蔵写本も同じ〕

も，ともに古本系統の本文に近いので，やはり上の 2 例が同時に抽出されたものとおぼしい．

　なお，ただ 1 例だけであるが，書名をあげないで，

　　　雪ニ胸ノ辺リマデ落入ッテ足ヲ nuca(抜カ)ントスレドモ叶ワズ．Id.(同上)

と，出典の代わりに単に Id.(Idem) とした異例がある．これは，実は大系本巻 18(二 236)に見える．太平記からの引例であるが，4 条前の Nuqenuqeni(抜ケ抜ケニ)の条に太平記巻 29 からの引例があるので，それに対して「同上」としたと受け取られる．すなわち，当初の原稿ではこの 2 条が隣り合っていたために「同上」と注記したが，あとで 3 条を追加挿入したために，今見る不具合を生じたものと考えれば，それとうなずかれる．

　同じ書からの引例が隣り合う場合，後の引例末に Idem. とするのは，アルヴァレスのラテン文典(1594 年)やロドリゲスの日本大文典などにいくつも例があるが，すべて引例そのものが直接して並ぶ場合である．日葡辞書では，「物語」の引例が隣り合う見出し語の条下に引用された所が三か所(Macarinaru. と Macarinoboru., Macaricosu. と Macaricudaru. ，Macarisuguru. と Macaritatçu.)あるけれども，いずれも Idem. と注記したものはない．日葡辞書の引例には必ず葡語訳がついていて，引例同士がじかに連なることはないからである．そこで，さきの異例の Id. は，もと用例抄録の類に書かれていたものが，印刷原稿にそのまま写され，印刷されるに至ったものと考えれば無

理なく解される．

　また，もう一つ憶測をあえて加えるならば，次のようなことも単なる偶然ではないように思われる．すなわち，

　　　⑨は巻14とすべきを巻4，
　　　⑩⑪は巻18とすべきを巻8，
　　　⑫は巻23とすべきを巻13，
　　　⑬は巻26とすべきを巻16，

としていて，みな10巻少ない方へ誤っている．これは太平記40巻から抽出採録された要語抄録が10巻単位で整理され，4冊仕立てになっていたのを利用者が引用した際に小冊子を取り違えたのではないかと想像される．

　要するに，巻数注記の誤りについては，なお問題が残るけれども，上来述べたことどもを併せ考えると，印刷原稿以前にローマ字書き用例抄録の類が存したと想定する方が，解しやすく穏当なように思われる．

　太平記は第一に大部である．その上，他のFeiqe, Esopo, 金句集や口語の舞の本，物語などのようなローマ字本とは違って，読解も容易でない．しかし，重視すべきものであって，閑却することはできない．そこで日本人信徒の協力のもとに，採録に便するためローマ字書き用例抄録の類が用意されたのではなかったろうか．

　　　Suua(スハ)コレコソ落人ナレトテ．太平記．巻28．
　　　落人ヲ打倒シtacate(高手)小手ニ縛^{イマシ}メテ．太平記．巻28．

この2例は，巻数注記の誤りも共通していて，ともに古本系統の次の一文に拠ったものである．

　　　スハ是コソ落人ナレトテ抱キ三人走ヨリ中ニ挙テ打倒シ高手小手ニ誡
　　　テ(玄玖本巻25,「地蔵替命之事」三561．なお，流布本系では巻24に属す
　　　る)

　上引の第二の引例では，文首の「落人ヲ」を前文から取って補っている．これなどは，抄録に上の原文が一続きに書かれていた可能性を思わせるものである．それを一部はS部に，一部はT部に採っているのであるから，抄録は

一つで，それを各部の編纂分担者が共用したものらしい．そしてその抄録の条々は，前述の巻数注記の誤りの状態などから察すれば，太平記原本の巻数順になっていたようであり，また，古本系本文に拠るものと，流布本系本文に拠るものとを含んでいたであろう．

(3) 引例の原拠

次には，上述の諸点を考慮しながら太平記引例の原拠本を考えるのが順序である．それには引例の全部と諸本との校異を示すべきであるが，それは先年発表された永田信也氏の論文に示されている[3]．私の対校した諸本も氏の用いられたもの以上には出ず，かつは紙幅の都合もあるのでここには割愛して，若干補う余地のある点にだけ触れることにする．

まず，永田氏は「該当部分を見出し得なかったもの」として下の8条をあげられたが，私見によれば，次のように見られるかと思う．

① 憑ム方ナク narifate (成リ果テ) テ心細クゾ覚エケル．太平記．巻8．

この巻数注記は，前述の如く「巻18」の誤りで，神田本巻18「金崎城落事」(572) や玄玖本 (三154) に一致し，大系本 (巻18．二242) その他もこれに近い．

② 人皆 vononoqi tauore (戦キ倒レ) テ肝魂モ身ニ添ワズ．太平記．巻25．

これは神田本巻25「祇園精舎建立之事」(728) に一致し，玄玖本 (三530) も同じと見てよいが，大系本 (巻24．二423) や梵舜本は巻数 (巻24)・本文ともに異なる．

③ 夜昼 nemuri (眠リ) ヲ覚マシテ用心厳シキトゾ聞エケル．太平記．巻26．

これは神田本・玄玖本・西源院本・大系本等に該当本文がない．大系本の頭注 (巻25．二465，注19) によれば，釜田本に「夜辺眠ヲ驚テ用心稠クゾ聞ヘケル」とあるという．また，高橋貞一氏の「新校太平記」巻26 (下121)，並びに書信により，相承院本・今川家本に，「夜ノ眠リヲ驚シテ用心きひしくそ聞えける」とある旨のご教示を受けた．

④ 士卒悉ク qifucu (帰服) シ奉レバ，云々．太平記．巻28．

第IX章 資 料

　これは大系本巻28「慧源禅巷南方合体事付漢楚合戦事」(三109)，および玄玖本巻28「項羽高祖之事」(四240)に「……シ奉ラバ」とあるだけの違いで対応し，西源院本・神田本は小異がある．

　　⑤　何レモ masari (勝リ) 劣リハナイ．太平記．巻29．

　これは大系本巻29「何レヲマサリ何レヲ劣タリトハ難_{ガタク}申候ヘドモ」(三120)に当たるかと思われ，梵舜本・西源院本はこれに同じく，玄玖本もほぼ同じであって，いずれも引例には一致しない．文末が口語形である点など，むしろ Feiqe に，

　　　何レモマシ劣リハナカッタレドモ(122)

とあるのに近い．出典注記に誤りがあるかと思われる．

　　⑥　兵ドモ怯ム qexiqi (気色) ニ見エタリケル．太平記．巻32．

　これは大系本巻32「神南合戦事」に，

　　　兵共進ミカネテ少シ白ウテゾ見ヘタリケル(三231)

とあるのに当たるか．神田本・玄玖本その他もほぼ同文で，上と一致するものを見ない．

　　⑦　其ノ勢七百余騎国中ヲ vchinabicaxi (打靡カシ)，云々．太平記．巻36．

　この条の巻数注記は「巻3」の誤りで，大系本巻3(一104)その他に「打靡ケ」とある点が違うだけで他は一致する．

　　⑧　先陣ニ進ミタル敵ヲ vchinabicaxi (打靡カシ)，云々．太平記．巻36．

　これだけはまだ該当本文を見出だし得ない．

　なお，永田氏は，

　　　橋ヲバ fanefazzuxi (跳ネ外シ) 云々．太平記．巻20．

について，巻数注記は巻27の誤りと認め，大系本巻27の「橋ヲハネハヅシテ」(三79)に基づくとされたが，大系本巻20に「橋ヲハヅシ」とあり，これに相当する本文が神田本(642)，西源院本(591)，梵舜本(五241)に「橋ヲハネハツシ」とある．玄玖本もそれに近い(三292)．巻数注記の誤りとするよりはこれに拠ったと見るべきであろう．また，

　　　　軒ニハ coqe(苔)深クムシテ月サエ疎ク成リニケリ．太平記．巻33．
の巻数注記は「巻3とあるが巻33の誤植と思われる」とされた．なるほどボ
ードレイ文庫本とパリ本は不鮮明であるが，エヴォラ本は上の2者よりは33
と認めやすく，アジュダ文庫蔵写本には明らかに33と写されている．なお，
　　　　御men(免)ノ綸旨ヲ下サレシカバ．太平記．巻36．
については，大系本の「勅免ノ綸旨ヲゾ被レ成ナケル」(巻36．三343)を擬せら
れたけれども，むしろ，
　　　　恩免ノ綸旨ヲ下サレシカバ(巻36．三366)
に拠ったと見るべき理由があることは前述の通りである．また，
　　　　枕ヲ fattato トゾ蹴タリケル．(Qe, ru.の条．大系本巻2．一76)
　　　　荒キ風ニモ当テジト motte atçucai, (Moteatçucai, ŏ. の条．大系本巻29．
　　　　三143)
に，ta, te の期待されるところに tta, tte が用いられているのは，写本類によ
く見られる子音二重字の表記であることは，前に写音法の条で述べたとおり
である．

　さて，日葡辞書の引例の原拠を求めるのに，引例が原本に一致する場合は
まず問題がないけれども，両者間に小異がある場合には，上述のような引例
自体のもつ特異性を考慮に入れなければならない．そのことはまた，ある引
例をある本文に拠るものとするか否かを判断する場合に，主観的に流れない
戒心が必要だということでもある．

　この点に留意しながら，前述の太平記諸本と対照した限りでは，日葡辞書
編者の利用したのは，少なくともその中の一本ではあり得ず，古本・流布本
両系統にわたる複数の本であったろうと推定される．

　太平記の古本・流布本両系統の諸本間に本文および巻数注記上の相違がな
くて，それに日葡辞書の引例が一致，または，近似するものは全体の約半数
を占めるが，これらはそのどちらに拠ったかきめられない．その一方，両系
統間に本文および巻数上の相違がある場合には，引例がその一方に一致(近
似)し，他方とは異なるものがある．まず，

第IX章 資 料

　　　朱ヲ注キタル如クナル大ノ眼ヲ mifirai (見開イ)テ, 云々. 太平記. 巻
　　　26.

　　　鼓ヲ鳴ラシ, fuye ヲ吹キ立テタレバ, 云々. 太平記. 巻28.

の2例は，それぞれ大系本の巻26, 27 (三27, 56) にあるけれども，神田本・玄玖本・西源院本等には相当個所に該当本文を欠くし，

　　　矢ノ一ツヲモ射懸ケズ vome vometo (ヲメヲメト) コソ通シケレ,
　　　云々. 太平記. 巻37.

の例は，本文も巻数も大系本 (巻37. 三373)，梵舜本 (九60) に一致するけれども，神田本・玄玖本・西源院本などでは巻36に属し，本文は合っても巻数が合わない．従って，これらはいずれも流布本系の本に拠ったものと見なければならない．

　これに対して，古本系に関係づけて見なければならないものがある．例えば，

　　　皆酔エル者ノ如クニナッテ頭ヲ低レテ nemuri i (眠リ居) タリ. 太平
　　　記. 巻24.

の例は，神田本巻24 (701) に一致し，玄玖本や西源院本もほとんど同文であるが，大系本巻23 (二397) や梵舜本とは本文・巻数ともに異なる．

　　　軈テ此ノ首ヲ火ニ nague cube (投ゲ燒ベ) タルニ火ノ中ヨリ跳リ出デ
　　　ケル. 太平記. 巻24.

の例も上と同様で，神田本巻24 (702) や玄玖本・西源院本などに「首ヲ取テ」とある点を別にすれば，本文も巻数も合致する．しかし，大系本では巻23で巻数が違う上に本文も異なるのである．さらにさきにあげた②の例，「人皆 vononoqi tauore (戦キ倒レ) テ」も上と同類であることは，そのくだりで述べたとおりである．このほか，

　　　鬨ヲドット作ッテ轡ヲ並ベ nuqitcure (抜キ連レ) テ, 喚イテコソ懸カ
　　　リケレ. 太平記. 巻14.

のように，大系本の「時ヲ咄ト挙ゲ, 喚テコソ懸リタリケレ」(二61) とも違い，神田本 (364)，玄玖本 (二395)，西源院本 (370) とも違って，相承院本・今

川家本(新校太平記上386注)に近似した本文の見られるものもある．これと似て，

> 夜昼 nemuri (眠リ)ヲ覚マシテ用心厳シキトゾ聞エケル．太平記．巻26．

も諸本に該当本文が見えず，相承院本・今川家本に近似していることは，さきに③の例のところで述べたとおりである．

　このように複雑な対応関係を示す日葡辞書の引例の原拠として，特定の一本が存在していたのかどうか，今のところ甚だ疑わしいと言わざるを得ない．勢い古本・流布本両系統に属する複数本の併用を想定することになる．両系統の本に拠ったとすれば，それらはどのように用いられたのであろうか．前述のように，原拠を認定する上に困難な事情があるので，確かなことは言えないけれども，古本・流布本両系統とも，引例の原拠に擬せられる所は，とびとびにではあるが大体全巻にわたっているし，また，両系統それぞれの本文に拠ったと認められるものが同じ巻に共存する例(巻10, 18, 26, 27, 29など)もあるから，巻の順序の中途で利用する本が変更されたり，巻によって使い分けられたりしたのではなさそうである．

　ただ量的に見た場合，両系統に共通する一致(近似)するものは別として，流布本系本文に拠ったと認められるのは，約15例であるのに対して，古本系に関係づけられるものは約40例余りで，2倍をこえている．また，古本系統の諸本に欠けている巻22に拠ったと思われるものは皆無である．すなわち，引例の中に巻22と注記したものは1例もないし，巻23と注記してある例で流布本系の巻22に関係づけられるものもない．これらの事実からすれば，古本系統の本が主として，あるいは，一次的に用いられたのかもしれない．さきに「(2)巻数注記の誤り」の項で述べたように，古本系統で巻27に属する部分から7例が引用されていて，うち5例(前項の⑭～⑱の例)はそろって巻数を'巻28'と誤っているが，この一群は大系本巻27の本文に対応していて，流布本系に拠ったと認められる．これに対して'巻27'と注記した残り2例(さきの項の(a)(b))は，大系本巻26ではなくて古本系の巻27に拠ったものと見られ

る．このことをも考え合わせると，両系統の本は，同時に彼と此とを併せ用いたのではなくて，それぞれ時を異にして用い，もしかすると，まず一次的に古本系，次いで二次的に流布本系を用いたのであるかもしれない．これは想像の範囲を出ないけれども，ともかく現在知り得る限りにおいては，複数の本を擬する方が，一本を想定するよりも穏当であるように思われる．

ロドリゲス日本大文典にも，古本系統の太平記に拠ったと見られる引例(ff.39, 40, 157)が含まれているし，後の刊行にかかる「太平記抜書」の本文は，主として流布本系統を用いながらも古本系統の本をも用いた跡が認められるという[4]．それらのことからすれば，溯って日葡辞書編纂のころからイエズス会に二系統の本があって，併せ用いられたと考えることもできそうである．

以上，推論を重ねたが，夥しい数に上る太平記写本のうちごく一部を参照したにすぎず，あくまでその限りでの推論にとどまることを改めてことわっておく．

日葡辞書の見出し語その他の資料として，太平記がかなり用いられたであろうことは，引用文例の多さからしても容易に想像される．しかし，引用文例の条以外にどれだけの語が採録されたかは明らかにし難い．それでも当時重んじられた古典であったからには，その中から相当多くの語，特に漢語が採られていることは疑いないであろう．

2　Feiqe（天草版平家物語）

日葡辞書の中に Feiq. Fei. Feq. などの略号で出典注記をつけた Feiqe からの引用文例が 81 ある．その中 2 例(Fague, uru. Tadori, u. の条の引例)は，実は太平記の文例が混じったものであり，また，1 例(Masari, u)の条の引例)は，逆に Feiqe の文例であるのに *Taif. Lib.* 29.（太平記巻 29）と注記されているものである．前者を Feiqe に入れ，後者を太平記に入れて誤りを訂すと，Feiqe からの引用文例は都合 80 例になる．

青葉ニ majiru（交ル）遅桜，初花ヨリモ珍シウ．平家．巻 4．

潮風ニ yaxe curomi(瘦セ黒ミ)ソノ人ト見エサセラレヌ．平家．巻4．

　かように巻数を付したものの中には，巻数を誤っているもの(Caqinoboru. Fi agaru. Sŏxiの条の引例)もあるが，すべて Feiqe に拠ったものである．

　一方には，Feiq.とのみで巻数注記のないものが7例あるが，これらは文語本平家物語に拠ったとおぼしいものが大半である．

　沙頭ニ印ヲ qizamu(刻ム)鷗．平家．

は，Feiqe では文頭が「isago(沙)」とあるのには合わないで，覚一別本巻3「有王」の章の本文に一致する．これと同文が別条 In(印)にも引かれているので，出典を同じくするのであろう．あるいは，Feiq.と注してあるけれども，実は引用文に一致する本文が倭漢朗詠集巻下(水対漁父)にあるので，これを引用しながらそれよりは一般によく知られていた平家物語の方を出典としてしまったのかも知れない．

　再ビ minaru(実ナル)木ハソノ根必ズ傷ム．平家．

　これは覚一別本巻2「烽火之沙汰」の中に見える文で，「必ズ」を欠く Feiqe の本文とは合わない．

　以上のほかに出典を注記しない引例で平家物語から採られたものがあり，確かにそれと認められるものが50余りある．その多くは Feiqe に基づくものであるけれども，文語本本文から引用されたものも少なくはない．

　盛者 fissui(必衰)ノ理．〔覚一別本巻1「祇園精舎」，巻2「小教訓」〕
　Guixxa(牛車)輦車ノ宣旨ヲ蒙ッテ．〔同上巻2「鱸」〕
　Nouaqi(野分)ハシタナウ吹イテ，紅葉皆吹キ散ラス．〔同上巻6「紅葉」〕

　これらはいずれも文語本に拠ったもので，Feiqe の中には見えないものである．これらの事実によって，編者は口訳本の Feiqe のみならず，文語本も用いたことが知られる．ロドリゲスの日本大文典にも，多くの Feiqe からの引例に混じって文語本に拠った例も少なくない(ff.39,40,109,215,その他)のを見れば，イエズス会，特に長崎のコレジオには Feiqe と文語本との両方があって並用されたのである．

第IX章 資　料

多くの引用例の中には，誤って引用されたものがある．文語本平家物語巻2「小教訓」とFeiqe(32/1)とに全く同じ金句が引かれているが，Feiqeの本文で示せば，

　　　刑ノ疑ワシキヲバ軽ンゼヨ，功ノ疑ワシキヲバ重ンゼヨ．

というものである．これは尚書大禹謨に出たものという．それが伊達家本金句集「雑説部」に出ているので，印刷の都合上読み下しにした形であげると，

　　　辜ノ疑ハシヲバ惟レ軽ンズ，功ノ疑ヲバ惟レ重ンズ

とあり，上の平家・Feiqeのはこれに基づくもので正しいことが明らかである．然るに，おそらくはFeiqeから引用されたと思われる日葡辞書には，

　　　Qei(刑)ノ疑ワシキヲバ重ンゼヨ，功ノ疑ワシキヲバ軽ンゼヨ．

とあって，「重ンゼヨ」と「軽ンゼヨ」とが全く逆になっている．しかも，これに対する葡語の説明も，人の処罰・処刑について疑問がある場合には「十分に調べ，考慮せよ」，家臣の忠功か否かに疑点がある場合には，「たとえすぐあとでそれが忠功だと判断されるにしても，あまり意に介するな，取りあげるな．」とあって本文と合うものである．すなわち，本文引用の際に誤り，その誤った本文に従って説明を加えたものに相違ない．

　Feiq.とのみ出典注記をした例の中にも，原本文と一部相違しているものがある．

　　　瀬枕夥シク taqinatte(滝鳴ッテ)，逆巻ク水モ早カリケリ．平家．

これはFeiqe(p.234)と覚一別本巻9「宇治川先陣」とに同文があるけれども，それらには「夥シク」ではなくて「大キニ」とあって，少し異なる．

　　　宣旨ヲ naxi cudasareta(為シ下サレタ)．平家．

もまた，Feiqe(pp.382, 400)，覚一別本灌頂巻「女院出家」ともに「下サレタ」であって，「為シ」はない．編者が適宜手を加えたのかも知れないし，また，一面からすれば，教科書としてなじみの深いFeiqeのことであるから，記憶によって書き，その為にFeiqeと書いただけで巻数を欠いているのかもしれない．それにしても，

　　　頼朝聞シ召シテ難題ヲ iycaqe(言イ掛ケ)ラルルヤ？Feiq.(平家)．頼

　　　　朝(*Yoritomo*)はそれを聞くと，あなたは私に無理で厄介な事を持ちか
　　　　けるのか，と言われた．
のごときは，Feiq.の注記はあっても，文語本にも Feiqe にも該当本文は見出
だせない．ただ上の引例と説明とから察するに，畠山重忠が曽我兄弟の助命
を頼朝に歎願することにかかわるらしいことから，文禄本「舞の本」の「切
兼曽我」の中の，
　　　　頼朝仰けるはあらふしやうの重忠の訴詔や候(26ゥ)
の部分が上述の条に応ずるかと思われる．ただし，これは推しあてに過ぎず，
仮に当たっているものとすれば Feiq.と注記したのが穏当でない．
　上のように多くの引用例の典拠たる Feiqe は，語彙採録の重要な資料とし
て利用されたことは疑えない．Cocusot(黒帥)や Sacaro(逆櫓)に Feiqe に用
いられている旨の説明があるのも Feiqe から採ったことを示しているが，そ
うした注記はなくても，馬の名の Tayŭguro(大夫黒)や Coyeda(小枝)，
Xemiuore(蟬折)などの笛の名も Feiqe から出ているに違いあるまい．言う
までもなく，Feiqe が口語で書かれた日本語教科書であって，イエズス会の学
校で用いられたことから推せば，一々それと指摘はできなくても，日葡辞書
には相当多くの語が採録されているに違いない．

3　Esopo.(Esopono Fabulas.天草版伊曽保物語)

　この書からの引用例には単に Fab.と注してあるが，これは Fabulas　(寓
話集)の略であって，1593 年天草学林刊伊曽保物語を指す．この注記を付した
引用例は，僅か 11 例にすぎない．しかし，それらは，
　　　　命ヲ生ケウト皆 caqeuochi(駆落)ヲシタ．寓話集．〔Esopo. p.497〕
　　　　アレコソソノ熟柿ヲバ食ベタレト fanecaqeô(跳ネカケウ)ズレ．寓話
　　　　集．〔Esopo. p.410〕
　　　　人ノ上ヲ訴ユル者ハ血ヲ含ンデ人ニ faqicaquru(吐キカクル)ト同ジ
　　　　事ヂャ．寓話集〔Esop. p.468〕
のように，ごく僅かな変改を加えて形を整えた以外は，原本文を忠実に写し

たものである．

　出典の注記なしで，実は Esopo から引いたと思われるものが 7 例ある．
　　ワレラガ力 de（デ）ハ引キ上ゲ難イ．〔Esopo. p. 466〕
　　我勢汝ラニ fixŏzuru（比セウ）ズルモノデナイ．〔Esopo. p. 446 fixŏ-zuru は fixôzuru の誤り．原本文は正しい．なお，原本文には「勢モ」とある．〕
　　蛇 vague tamatte（縊ゲタマッテ）イタガ，俄ニ直ニナッタ．〔Esopo. p. 495〕

これらの例で知られるように，すべて口語体の文例であって，引用の便宜上多少改めた所はあっても，Esopo に拠ったことは明らかである．ロドリゲス日本大文典では，主として 62 丁以前に伊曽保の文語文の例が引用されていて，文語本の存在が推定されるけれども，日葡辞書には確かにそれと見られるものはない．無注記のもので，Iccôriôjet（一口両舌）や Finracu（貧楽）のごときは，Esopo に見える(pp. 499, 449)(マヽ)ので，それを引いたのかと思われる．Esopo は日本語教科書でもあったから，一々それと指摘し得ないだけで，実際にはもっと多くの語が取られたことであろう．また，注意すべきは，Nomi-sonji, zuru.（飲ミ損ジ，ズル）の条に，
　　若シマタ nomisonzuru（飲ミ損ズル）ニ於イテハ，一家ノ財宝ヲ悉ク
　　賂（マイナイ）ニ進ゼウズ．Fab.（寓話集）
を引き，この中の「飲ミ損ズル」を「飲むことができない」意に用いたのは適当でないと指摘している．これは Sonji, zuru.（損ジ，ズル）の条に説明するように，動詞の語根〔連用形〕について，その動詞の意味する動作をするのに失敗する意を示すのが一般的な用法であるからだというのである．これなども Esopo が日本語の口語の教科書であるからのことで，学習者に対する適切な措置と見るべきである．

4 金句集
(1) 金句・金言

今日一般的に用いられる「格言」という語は、早く「続日本紀」や「本朝文粋」に見え、鎌倉期の「猪隈関白記」や「洞院部類記」にも見える．室町期にも「前摂政家歌合」に

> 過たるは猶不及がごとしといへる聖人の格言も侍れば（続群書類従十五上）

の例があるけれども，節用集等の辞書にも日葡辞書にも見られない．その代わりに「金句・金言」は諸書に見え，まず日葡辞書には，Qincu（金句）も Qinguen（金言）も見出し語があって，ともに葡語の sentença（格言）をあてて同義語として説明し，羅葡日でも Apophthegma に「名匠ノ金言金句」という日本語対訳をあてている．かように共に黄金の価値ある尊い言葉の意で，格別違いはないのに，その用例は「金句」よりも「金言」の方がはるかに多い．キリシタン資料で索引のあるものについて調べてみると，

	金句	金言
バレト写本	0	5
サントスの御作業	1	7
ヒイデスの導師（信心録）	0	11
ぎやどぺかどる	0	6
羅葡日	1	2

Feiqe と Esopo にはどちらも 0 で，金句集には書名の qincuxŭ 1 例があるだけである．

> 玉泉玉花，両家の宗義を立といへども，<u>金章金句</u>おなじく一代教文より出たり（平家物語，四．南都牒状）

> 口ニハキリツウラ（scriptura. 聖書）ノ<u>金句</u>ヲ唱エ給ウ．（サントスの御作業．II 241）

> マサシク彼等ガ弟子ガ注スナラバ，孔子ノ<u>金言</u>神妙ナルベカラズ（応永

本論語抄．学而7）
聖徳太子ノ御金言正路尽キテ禅ニ移リ，数木枯レテ松ニナラント云々
（五音曲条々）
貴きじよぶの金言（ぎやどぺかどる．上75ォ）

上掲の例のように，いずれも中国の古聖賢，仏教やキリスト教の聖人・高僧等々，万人の崇敬する高徳の人の言葉を意味し，その点「金言」と「金句」との間に格別の違いがあるとは見えない．それなのに「金句」が余り用いられなかったのは，当時連歌などで「禁句」なる語が用いられたので，それと同音の「金句」を避ける結果になったものかと言う[5]．

わが国では漢籍中の格言的短文を抄出彙集して，早く「世俗諺文」や「管蠡抄」「明文抄」等が作られ，室町末期には「金句集」が編まれた．この書をもとに禅宗の「句双紙」や「太平記」等の諸書からも格言を採って編纂し，キリシタン版として刊行したのが「天草版金句集」である．

Feiqe, Esopo, 金句集3部合綴本の総序には，この書のことをモラーレス・センテンサス（Morales Sentenças.道徳的格言集）と呼び，ロドリゲス日本大文典には，この書から引用した文例の出典をQincuxǔ（金句集）とする一方，Sentençaとのみも注記している．Sentençaは，羅葡日のSententiaの条に見え，後者の日本語対訳に「談義ノ飾リトナル古語，本語ナド」とあり，「本語」は日葡辞書に

　　Fongo（本語）原文，または，ある原文の典拠．例，Fongouo fiqu.（本語ヲ引ク）原文などを引用する

とある．すなわち，Sentençaは，談義・説教の時に説教者が述べる教義・教理を権威づけるために引証する，典拠のある古語・古文の意である．従って，上述の金言・金句をSentençaと呼んだのも尤もである．

これに似たものに諺がある．これはSentençaとは区別してProverbioと呼んでいるが，それは両者間に質的な，また価値的な違いを認めていたからである．その諺については後に述べる．

(2) 天草版金句集

　この書は Feiqe, Esopo と共に三部合綴本として 1593 年に刊行された．その合綴本の総序に「モラーレス・センテンサス」と書かれていることは前述のとおりであるが，その原書名は，

　　　　Xixo(四書)七書ナドノ内ヨリ抜キ出ダシ，qincuxǔ(金句集)トナスモノナリ．

とある．これによって出典注記には Xixo. あるいは，Xix.(四書)の略号が用いられている．日葡辞書にはこの注記をつけた引用例が 32 あるが，それは論語・孟子などのいわゆる「四書」からのものには限らない．なお，上記の注記がついているのに，天草版には収められていないのが 5 例ある．

① Ia(邪)ヲ翻シ正ニ帰ス．Xix.(四書)
② 日月万物ヲ照ラスト雖モ，juin(樹陰)ハ光ヲ受ケズ．Xix.(四書)
③ 政ノ正シキハ meicun(明君)ノ徳ナリ．Xix.(四書)
④ Mi(身)ヲ全ウシテ君ニ仕エヨ．Xix.(四書)
⑤ 一陣破レヌレバ zantǒ(残党)全カラズ．Xix.(四書)

　このことからすれば，Xixo, Xix. の注記も天草版金句集を指すとのみも言えない．上掲の 5 句は，天草版にも，また，その編纂資料であったと推定される国字本金句集にも見えないのであるが，それらの中には他書中に基づく本文の見出されるものが 3 例ある．

　　①太平記．巻 18．比叡山開闢事
　　④Feiqe. p.4．平家物語巻 1．殿上闇討
　　⑤平家物語巻 9．河原合戦事．Feiqe. p.239．太平記巻 31．八幡合戦事付官軍夜討事．太平記巻 9．六波羅攻事

　かかる事実から見て，イエズス会では国字本の金句集その他の書から漢籍中の金言名句を集録した格言集を作り，日葡辞書やロドリゲス大文典の編纂にも利用したが，一方ではそれに取捨選択を加え，口語文の注解を添えたものとし，ローマ字書きに改めた上アルファベット順に配列して天草版金句集が成立したと推定されている[6]．前述の天草版に見えない句は，その原本格言

集に存したものと見られるが，ロドリゲス大文典に，

　　　富マントスレバ仁ナラズ，仁ナラントスレバ富マズ．Xixo.(四書)
の句が2回(ff.22 v.45)引用されているのに，四書にも天草版金句集にもない
句である事実によれば，原本格言集も「四書」と略称し得るような書名をも
つものであったらしい．これと同類はなおほかにもある．

　　　Ienxa(前車)ノ覆ルヲ見テ，後車ノ誡トナス．

　　　前車ノ覆ルヲ見テ，後車ノ誡トス．(Xenxa. l, jenxa.の条)

　いずれも日葡辞書にあり，一致して「覆ル」とある．ロドリゲスの日本大
文典にも，「前車ノ覆ルヲ見テ，後車ノ誡ヲ知ル」(f.151 v)とあって，「覆ル」
とある点は日葡辞書と同じである．この句は，天草版金句集には，

　　　前車ノ覆スヲ見テ，後車ノ誡ヲ知ル．
とあって，「覆ス」とある方が古く，広本(文明本)節用集に漢書からこの句を
引き，それに「クツガヘス覆」とあるほか，「花鏡」にも同じ形が見えている．それ故，
日葡辞書所引の3例とも「覆ル」であるのは，「覆ス」から変わったものであ
って[7]，出典を「四書」としてあっても，直ちに天草版金句集に拠ったものと
はなし得ない．

　また，天草版の第212則に「conjiqi(金色)ノ交リ」とあるのが，日葡辞書
では「qinxocu(金色)ノ交リ」(Qinxocuの条)とあり，第119則の，「窮鼠却
ッテ猫ヲ嚙ミ，鬪雀人ヲ恐レズ」という句が，日葡辞書のTôjacu. l, tôxacu.
(鬪雀．または，鬪シャク)とTôxacu(鬪雀)との両条に引かれたのでは，句末
が「人ニ懼ヂズ」とあって少しく異なる．これらによれば，日葡辞書引用の
金句中には，ローマ字に直す前の原本金句集に拠ったものも含まれているに
違いない．

　そうは言うものの，日葡辞書の編纂について天草版金句集が相当に利用さ
れたことは疑えない．日葡辞書に引用された金句を出典別に，また出典注記
の有無によって分けてみると次表の通りである．

　この表で明らかなように，天草版金句集から引用した金句が最も多い．そ
れは.Feiqe, Esopoと合綴されていて参照に便であったことと，いずれも日本

書　名	出典注記 アリ	出典注記 ナシ	計	書　名	出典注記 アリ	出典注記 ナシ	計
Feiqe	1	3	4	論語	1	4	5
平家物語	3	8	11	句双紙	0	18	18
Esopo	0	3	3	実語教	0	2	2
天草版金句集	32	57	89	禅林句集	0	3	3
謡	0	7	7	庭訓往来	0	2	2
舞	3	8	11	詩	0	2	2
物語（Mon.）	2	0	2	ドチリナ・キリシタン	0	1	1
サントスの御作業	0	5	5	ぎやどぺかどる	0	1	1
太平記	4	12	16	（格言成句）	0	49	49

総計　注記アリ　46 ｝ 231
　　　注記ナシ　185

語の学習に資するという同じ目的をもって編纂されたものであったことに深い関係があるに違いない．日葡辞書が天草版を利用した跡はまだいろいろな点に認められる．

　日葡辞書のQenyo（顕誉）の条には，まずこの見出し語に続けてFome cacaguru（誉メカカグル）という訓釈を示した後，例として，

　　　　君ノ一善ヲ見ル時ンバ，力ヲ竭シテ以テ顕誉ス．Xix.（四書）

という金句を引用している．この「顕誉」に「ホメカカグル」としたのは，漢語熟語の意訳的説明としてはよろしいけれども，訓釈としては適当でない．落葉集の本篇にもこの熟語を収めていないし，小玉篇を見てもかかる訓は示していない．ところが，上引の金句は天草版の第141則に収められていて，しかもそれには，

　　　　心，主人ノ一善ヲナス時ハ，ソレヲホメカカゲ，万国ニ聞ユルコトヲ
　　　　歎ク．

という和らげた注解がついている．日葡辞書が上の金句を天草版から引用し，その「心」の一部を採って見出し語の訓釈として添えたとすれば，上述の不審はたやすく解消する．また，日葡辞書の別条に，

　　　　Iucuxo.（熟所）i, Suminaretaru tocoro.（すなわち，住ミ慣レタル所）
　　　　……例，Iucuxo bōjigataxi.（熟所忘ジ難シ）

とあって，出典注記はないけれども，天草版の第91則が引用されている．しかもその「心」には，

　　　　住ミ慣レタ所ハ忘レ難イ．

とあるから，日葡辞書の見出し語の説明はこれを取り用いたものに相違ない．これらの金句に付した「心」は原本金句集にはなくて，天草版の印刷原稿が整えられる際に加えられたものと推定されるから，上述の事実は日葡辞書が天草版に拠ったことの一証となし得よう．なおまた，天草版の第100則に，

　　　　水積ッテ渕トナリ，学積ッテ聖トナル．

　　　　心，塵ガ積ッテ山トナル．

とあるが，日葡辞書の Tçumori, u（積リ，ル）の条には，上の金句を Xix.（四書）と出典を付して引用し，そのあと4例の引用文を隔てて，最後に「塵積ッテ山トナル」の句をあげている．この後者は，当時世間一般に流布していた諺と思われるから，これだけを引用したのであれば，何に拠ったかはわからない．けれども，一条に金句とその「心」とを二つながら引用しているのは，天草版に拠った故であろうとの推定を可能にする．さらには，日葡辞書 Iŭjŏ（充上）の条に引かれている，

　　　　充上スレバ必ズ崩ル．Xix.（四書）

の句は，天草版金句集の第66則に，

　　　　日中バナル時ンバ昃（カタム）キ，月盈（ミ）テル時ンバ食ス．

　　　　心，モノモ充上スレバ崩ルル．

とある条の「心」を採ったものである．この「日中バナル時ンバ云々」は，東北帝国大学附属図書館所蔵「金句抄」，村岡典嗣氏所蔵「金句集」および伊達家本「金句集」に易経から抽出して収載されているから，天草版金句集はこのような国字本から採ったものに違いない．しかし，「心」の「充上スレバ崩ルル」の典拠は未だ不明である．従って，日葡辞書がこの「心」を引きながら Xix. と注したのは，天草版の金句に付せられたものをそのまま「心」にも流用したものであり，日葡辞書の編者が天草版金句集に拠った一証となすことができる．

要するに，Xix. 注記を付したものには上述の如きものがあり，また，原本金句集などから引用したものがあるし，最も多くは天草版に拠ったものがあるので，一々の引用句についてその何れに拠ったかを明示することは，特別な場合のほかは困難である．出典を注記してない引用句数は 185 に上るが，そのうち 57 句は天草版所収の金句に一致するか，または僅かな違いしかないものかであるから，天草版に拠ったものと見てよかろう．しかし，天草版に類句の見えるものでも，例えば，日葡辞書の，

　　　　Qenxin(賢臣)ニ君ニ仕エズ．

は，さらに Iicun(二君)の条に全く同じ形で引用されているが，天草版金句集に，

　　　　忠臣二君ニ仕エズ，貞女両夫ニ更エズ(第 43 則)

とあるのには合わないから，それに拠ったものではない．しかるに，この句は，文禄本舞の本の「伏見常盤」と「岡山」とに「賢臣二君に仕へず」の形で用いられている．よって，日葡辞書は舞の本文に拠ったものと認めるのが穏当であろう．

　同じく出典注記のないものでは，句双紙からも多く引かれていて，

　　　　Bŏquan(傍観)，分チ易シ．〔傍観有分〕
　　　　Mit ri(蜜裡)ニ砒礪ヲ裹ム．〔蜜裏有砒礪〕
　　　　賊 quago(過後)ノ張弓．〔賊過後張弓〕

のように〔　〕内に示した原文に基づくものであり，また，

　　　　Dontŏ(鈍刀)骨ヲ截ラズ．〔鈍刀不截骨〕
　　　　Docuxŏ(独掌)ミダリニ鳴ラズ．〔独掌不浪鳴〕

のように「禅林句集」に出たものもある．当時，禅宗が弘布していて，かの宗門で使われる教訓的な句が一般の人々の間にも知られ使われたらしく，上掲の句双紙に基づく句の中に原文と小異のあるものなどが見えるのはその間の変化を示すものかと思われる．

　さきに日葡辞書に引用された金句の出典一覧表をあげておいたが，あれに見られるように，それは広い範囲にわたっている．すなわち，金句を集めた

書に限らず，適当な句であれば，

  Racqua (落花) 枝ニ還ラズ．〔謡．屋島〕
  Gunin (愚人) 夏ノ虫飛ンデ火ニ入ル．〔舞．富樫〕
  Qiǔchô (窮鳥) 懐ニ入ル時ンバ，狩人モコレヲ助ク．〔太平記，巻18．比叡山開闢事．原文は「窮鳥入懐時ハ狩人モ哀之」〕

のように，どの書からでも採り入れたのである．

  Qiǔguiǔ (九牛) ガ一毛．

は，太平記(巻十五，建武二年正月十六日合戦事)に見えるほか，ヒイデスの導師(信心録)にも見え(II. 104)，

  事ヲ amanai (甘ナイ) 面ヲ詔ウ．
         ヘツラ

もサントスの御作業(I. 218)に見えるから，キリシタン版から採ることもあったのであろう．

 ともかく，金句・金言を引用するに努めたことは，前述のように広範囲の書に及び，引用句数も230句を超えている．中には同じ句で2回引かれたのが13句，3回引かれたのが1句ある．このように同じ句が別条に重複引用されたのは珍らしく，金句なればこそと思われ，それだけ重視されたことを示すものである．Esopo の序文に「善キ道ヲ教エ語ルタヨリトモナルベキモノ」と刊行の趣旨が述べてある．これは Esopo の「作り物語」の一つ一つに「下心」をつけて寓意を教えていることのみならず，Esopo に続く金句集において金句の一つ一つに口語の「心」をつけて趣旨を説明していることにも通ずるものである．つまりは，日本語教育とともに道徳的教育をも併せて狙いとしたものであったのである．それには，日本の仏教の布教手段として金句・禅句などを用いる巧みな説教の効果的な方法に倣う意図も中心的狙いとしてあったであろう．ともかく，日本語の効果的学習を目的として編纂した日葡辞書において，上のような趣旨に従い，それを活かすべく金句を重視して取りあげたのも当然のことである．

 なお，引用された金句に対する説明もおおむね丁寧であって，字句の表面的な説明だけにとどまらず，その含む教訓や比喩などの内面的意味にまで及

んでいるものが多い．従って，天草版金句集の中から引用した場合でも，その「心」を参考にはしても，そのままを葡語の説明に移すことで事畢れりとするような扱いは余りしなかったようである．

例えば，天草版金句集(第145則)に，

　　瓜田ニ履ヲ納ラズ，梨下ニ冠ヲ整サズ．
　　心，瓜ノ畑ニ落イタ履ヲバトラズ，梨ノ木ノ下ニ冠ヲナヲサヌモノゾ．
　　(p.532)

とあるのを，日葡辞書は Rica(梨下)の条にその後半の「梨下……」以下を引用しているが，それに，

　　たまたま帽子が頭から落ちそうになっても，手で梨を取っていると他人から思われないように，梨の木の下でそれをかぶりなおすことをしない．人から悪く思われないように，警戒し用心することが必要であるという意に用いられる．

という親切な説明が加わっている．

　あるいはまた，天草版の「心」の説明を補正している例もある．天草版の第205則(p.541)に，

　　徳孤ナラズ，必ズ隣アリ，
　　心，徳ハヒトリハ居ヌ，必ズ他ニ施ス．

とある．これを引用した Co(孤)の条の説明には，

　　すぐれた才幹や能力をもつ者は，人に知られないでいることはあり得ない．

としているし，天草版第73則の

　　籌ヲ帷幄ノ中ニ運ラシ，勝ツコトヲ千里ノ外ニ決ス．

の「心」に，「籌ヲ胸ノ中ニメグライテ」としているのを，日葡辞書 Iyacu(帷幄)の条では「戦陣の幕舎内で計略を立てる」と正しく改めている．日葡辞書の中には，先行書の中の，あるいは，同一書中の説明などに欠陥を見出だせば，その関係の条に於いてその旨を記して補正している例がいくつもある．上の修正も編者のその態度の現われである．

第Ⅸ章 資 料

5　　舞

日葡辞書に舞の曲名を付けて引用されたのは70例である．下にその曲名と引用例数とを示す．

　　　　Cum.(雲隠) 1　　　Cura.(鞍馬出) 1　　　Qir.(切兼曽我) 8
　　　　Tac. Taca. Tacax.(高館) 11　　　Tog.(富樫) 9　　　Tos. Zon.(土佐
　　　　正尊) 7　　　Voi. Vois.(笈搜) 4　　　Xid.(信太) 12　　　Yas. Yax.
　　　　(屋嶋軍) 16　　　Yam.(山中常盤) 1

まず，Cum.という曲名は特異で，他に例がないけれども，その本文を手がかりに調べてみると，普通「含状」という曲の中に関連する部分が見出だされる．

　　　　兼房コノ言葉ニ isamerare(諫メラレ)，弱イ心ヲ引キ立テテ．Cum.(雲
　　　　隠)

の文例は，幸若舞曲集(笹野堅編)所収，大頭一本の，

　　　　兼房よはやとくとくとのたまへばよはき心をひきたてゝ(含状，p.441/
　　　　5)

にあたり，出典注記のない次の例も，やはり「含状」の中にある．

　　　　　　　　　　　　　　カタキ
　　　　敵ノ為ニ命ヲ失ワンコトヲ itouazu(厭ワズ)．(同上書　p.442/11)

また，ロドリゲス大文典の中に曲名を Cumogacure(雲隠レ)と注した引用文があり(f.20v)，それが「含状」と同文であるから，「雲隠」なる曲名は「含状」の別名である．また，

　　　　Musacusana(ムサクサナ)馬乗リニ行キ逢ウタ．Cura.(鞍馬出)

と Cura.と注記したのはこの１例だけであって，これに一致する本文は見出だされないけれども，牛若丸が関原の与市に出合うくだり，

　　　　牛若殿は御覧して．駒の足たちしとろ也．あしくもゆきあひけるやと
　　　　て．そなたも見ず迯給ふ．(幸若舞曲集，内閣本，くらま出．p.275/6)

のあたりに関連があると認められる．出典を注記してないもので，同じ曲に拠ったと見られるものが Caqeyoxe, suru.(駆ケ寄セ，スル)と Vomoitçuqi, u.(思イ付キ, ク)との2条にあるし, ロドリゲス大文典にも同じ曲から12例引用されているから「鞍馬出」に基づくと認められる.

　このほかに曲名を注記せずに引用したものがあり, 今までにそれと認め得たものが59例ある. それらは前記の出典注記のついた例を含む曲と同じ曲からのが多いけれども, それら以外の曲から採られたものもある. その曲名は,「邦訳日葡辞書索引」巻末(p.300)に列挙してあるので, その一部だけを示す.

　　　　コノ者共ノ tenare(手慣レ)持ッタ遊ビ道具. 〔毛利家本, 一満箱王. 幸若舞曲集. p.448〕
　　　　Guren(紅蓮)大紅蓮ノ氷ニ閉ヂラレテ, 云々. 〔大頭本, 和泉が城, 8オ. 同上書 p.403〕
　　　　Giŏya(長夜)ノ眠リ早覚メテ, 云々〔大頭本, 小袖乞, 10ウ. 同上書 p.484〕

中に日葡辞書と大文典とに共通して引かれたのがある.

　　　　人ハ一代, 名ハ matdai(末代)ゾ. Yax.(屋鳥)
　　　　名ニ付イタ qizu(疵)ハ末代マデハヨモ失セジ. Yax.(屋鳥)

この2例を一連に引用した例が大文典(f.117 v)に見えていて, 対応する部分はきれいに一致している. また, 日葡辞書の,

　　　　打ッタリ, 舞ウタリ, 高声ニ上モ無ゲニ domeite(ドメイテ)酒ヲ飲ム.

と一致する引例が大文典(f.11)にあり,「山中の舞」と曲名の注記があるが, 大頭本の本文,

　　　　うつたりまふたりかうじやうに. うへなき者のあそひとてあふどめいて酒をぞのふたりける(山中常盤, 5オ. 幸若舞曲集. p.302)

とは少しく異なる点がある. それにしても日葡と大文典とが同じ原典から引用したものと認められる.

　さて, 上述のような引用文は, 出典注記の有無に関係なく, ほとんどすべて口語体のものであることに注意すべきである. ロドリゲスの日本小文典によれば, ローマ字で印刷された口語の舞の本があったという(f.4 v.). そして, 1591年のバレト自筆写本の欄外に「舞の～丁を見よ」と書き込まれた所が何

か所もあるが，これが印刷された舞の版本を示すものとすれば，すでに Feiqe 以前に印刷されていたわけである．従って，日葡辞書もその口語訳ローマ字版本に拠ったものと考えられる．

上述のように多くの文例が引用されているのであるから，その見出し語に関連して利用されたわけであるが，舞の諸曲を採録源とする語はなお多かったに違いない．その一端は，次の条があるのでも察せられる．

> Xi.(鷲)舞(*Mais*)の中で語られる或る鳥．ただし，虎を捕るというこの鳥がどんな鳥であるかはわからない．

これは文禄本舞の本「景清下」(20 ウ/5)に，

> 大唐にしといふ鳥を三年かふてこしん一ツの虎をとる

とあるのに拠ったものと思われるからである．

6 物　語

引用文の出典として Mon. Mõ. Monog. と注記してあるのは，Monogatari (物語)の略である．この注記をもつものは 55 条あり，それらと同類ながら注記のないもの 1 条がある．

> クヮイナ慰ミニハ金銀ナリトモ，馬，物具ナリトモ caqemono(賭)ニスルコトヂャ．Mon.(物語)
> 船ノ淦ヲ汲ミ上ゲ caye sutçuru.(換エ捨ツル)．Monog.(物語)
> 家来ノ者ドモ蔭ヨリ miqiqu.(見聞ク)．Mõ.(物語)
> ドチモ　nixesoconŏte(似セ損ウテ)ムッサトシタ者デゴザル．Mon. (物語)

以上は一部分の例をあげたのであるが，これでもわかるように，すべて口語の対話体で書かれている．この「物語」は，ロドリゲスの日本小文典に「口語の何々物語(Monogatari)の書名で印刷されている口語体の短編対話書 (menos dialogos)」と書かれているものであって，ロドリゲス日本大文典に「伊留満養方パウロ(Yŏfo Paulo)の物語」とあるものに当たる．そしてそれは作者名による総称で[8]あって，十余篇の短編から成っていたらしく，「黒船物

語」「教化物語」「縁辺物語」等々の名があがっているが，日葡辞書は「物語」のみである．その中には大文典のと本文の一致するものがある．

- ⓐ 忙々シイ事ノミ casanari yuqu(重ナリ行ク)．Mon(物語)
- ⓑ 普請ハ大略 deqi yori(出来ヨリ)マラシタカ．Mon.(物語)
- ⓒ 都ヨリ macari cudatta(罷リ下ッタ)時，路次デ殊ノ外辛労シマラシタ．Mon.(物語)
- ⓓ 心ナラズ macari suguite(罷リ過ギテ)ゴザル，後ノ緩怠ヲバ一向(ヒタスラ)御免アラウズ．Mon.(物語)

上のⓐは大文典の「客物語」(f.93)，ⓑは「左近物語」(f.115 v)，ⓒは「客人」(f.16)，ⓓは「モルテ物語」(f.13 v)の引用文と一致する．このことから，日葡辞書の「物語」は大文典の拠ったものと同じ書と認められる．

Nomicuzzuxi, su(飲ミ崩シ，ス)の条には，「ある対話の書(*hum dialogo*)」の中には，この語をば，胃や腸をこわすような具合にむちゃに飲むという意味で用いられているけれども，それは正しい言い方ではないと指摘し，正しい意味を教えている．この「ある対話の書」というのは，上述の「物語」中の「〜物語」という一篇を指したものに違いない．従って，日本語教科書として用いられるものであるだけに訂正の要を強く感じたのであったろうが，資料の意味用法にまで細かな注意を払ったことが知られる．これはたまたま訂正の要があったために，「ある対話の書」と書いてあって，「物語」に拠ったものと知られるけれども，それと知られないような形で，ことわりなしに実は「物語」から採られている語も少なくないであろう．

7　サントスの御作業

「サントスの御作業」は，1591年加津佐コレジオ刊の「サントス(SANCTOS)ノ御作業ノ内抜書」(2巻)の略称で，一般にはこの略称が通用している．日葡辞書にこの書から引用された文例には，Gos.，または，Gosag.の略号が出典注記として用いられているが，この注記のついた引用文は9例見えている．

敵ノ眼ニハ ficari　cacayaqu(光リ輝ク)鮮ヤカナル鎧ヲ着，云々．*1. Parte* Gosag.(御作業第Ⅰ部)

彼方此方ヘ ficojiri(ヒコジリ)，骨節離レ離レニナル．*Secunda parte gosag.*(御作業第Ⅱ部)

Putifar コレヲ micome(見籠メ)給イテ，万ノ奉行ヲ宛テ行ウ．*2. part.* Gosag.(御作業Ⅱ部)

これら以外に，出典注記のつけてないもので，この書から引かれたと認められるものが11例ある．

　　事ヲ　amanai(甘ナイ)，面ヲ諂ウ．〔Ⅰ．p.218〕

　　女房衆コレ猶綾羅錦繡ヲ qicazatte(着飾ッテ)〔Ⅱ．p.86〕

　　死スルコトハ貴賎，上下，貧福ヲ vacatazu(分タズ)．〔Ⅰ．p.251〕

この書からの引用例は少ないけれども，日葡辞書の語彙採録の上にはかなり深い関係があるように思われる節があるが，その点については後に改めて述べることとする．

8　発心集

日葡辞書の引用例の出典注記に Fox. とあるのは，発心集を指すもので，次の11例である．便宜上，出典注記のあとに，慶安板本文の相当部分を含む巻数と章題名とを〔　〕で囲んで付記する．

　①　花モ僅カニ，木立モ caxiqe(悴ケ)立ツ．Fox.(発心集)巻1．〔巻二，禅林寺永観律師事〕

　②　深キ道心者ナレバ，事ニ dôzuru(動ズル)コトナシ．Fox.(発心集)巻4．〔巻七．賀茂女持常住仏性四字往生事〕

　③　琵琶ノ形ヲ作リ，馬ノ毛ヲ懸ケ fiqi naraxi(弾キ鳴ラシ)，云々．Fox.(発心集)巻4．〔巻七．太子御墓覚能上人好管絃事〕

　④　雨　iccobosu(沃ッ零ス)如クニ降リテ夥シカリケリ．Fox.(発心集)巻2．〔巻四．武州入間川沈水事〕

　⑤　コマゴマト一刻許リ iytçuzzuqure(言イ続クレ)ドモ，云々．Fox.(発

⑥　其ノ後居所ヲ求ムルトテ，国，里遍ク miariqi（見歩キ）ケル，云々．Fox.（発心集）巻1．〔巻二．津国妙法寺楽西聖人事〕

⑦　水ニ流レ行ク蛇ドモアシニワヅカニ nagare cacarite（流レカカリテ），云々．Fox.（発心集）巻2．〔巻四．武州入間川沈水事〕

⑧　三輪川ノ清キ流レニススギテシ，衣ノ袖ヲマタハ qegasaji（穢サジ）．Fox.（発心集）巻1．〔巻一．玄敏僧都遁世逐電事〕

⑨　空ニ雲一叢出デ来テ，船ニ vochi vouoite（落チ覆イテ），云々．Fox.（発心集）巻2．〔巻三．或女房参天王寺入海事〕

⑩　コノ僧 vomoivabite（思イ侘ビテ）思ウヤウ．Fox.（発心集）巻4．〔巻七．三井寺僧夢見貧報事〕

⑪　耳モトマデ yemimaguete（笑ミマゲテ），云々．Fox.（発心集）巻2．〔巻三．証空律師希望深事〕

なお，出典注記のないものに次の1例がある．

⑫　蛇ドモ物ノ触ルヲ喜ビテ maqitçuqu（巻キツク）ナリ．〔武州入間川沈水事〕

以上の諸例を見るに，引用の際に多少手を加えた跡はあっても，いずれも流布本の本文に合うと言ってよい．相違のあるものでも，例えば⑥の miariqi は原文の「見行き」と違うようであるけれども，「行」は「ありく」とも読まれ（易林本節用集・落葉集小玉篇），また慶安板本の「見行き」は寛文十年板では「見ありき」となっているから，同じと見てよい．

また，上の⑫には出典注記がついていないけれども，⑦とともに次の一続きの原文から採られたものである．

　　　水に流れ行くくちなはどもの此の蘆にわづかに流れかゝりて，次第にくさりつゝ，いくらともなくわだかまりゐたりけるが，物のさはるを悦びて，まきつくなりけり．

すなわち，⑦はこの初めの部分を採り，⑫は終りの部分を採ったのであるが，その場合に主語「蛇ドモ」を補っている．これは前文にあるのを採って

文首におき，主述関係を調えたものに違いない．ところで双方とも febidomo（蛇ドモ）とあって，原文の「くちなは」とは違っているが，原本文にはおそらくは漢字で「蛇」，あるいは，「虺」とあったのであろう．語としては Febi, Cuchinaua ともに存したことは日葡辞書によっても知られるが，諸節用集や落葉集に「虺」「蛇」に「ヘビ」「クチナハ」両方の訓がつけてあるのによっても明らかである．二者の間ではむしろ「ヘビ」の方が一般的であったので，原文の「くちなは」，あるいは，「蛇」「虺」を「ヘビ」として引いたとも見られる．いずれにせよ流布本の本文に拠ったと認められるが，⑦の葡語訳に原本文の「葦」を「足」としたのは，例の原文の引用部分のみに基づいて訳したための誤りである．ともかく，上のように考えると，上掲の引用文はほとんどすべて流布本の本文に合致するのである．

　殊に，②，③，⑩の例を含む諸段は，流布本に存して古本系の神宮文庫本にはないのであるから，この事実からしても流布本に拠ったことはおのずから明らかである．ただ，流布本は8巻であるのに，上の引用例の巻数はそれには合わないで，4巻本に拠ったことを思わせる．すなわち，Lib. 1. 注記の①，⑥，⑧は巻一・二に，Lib. 2. 注記の④，⑤，⑦，⑨，⑪は巻三・四に，Lib. 4. 注記の②，③，⑩は巻七に含まれた本文から採られていることになる．この事実から流布本の8巻が，実は2巻ずつまとまった4巻仕立てになっていた本に拠ったものと推定される．

　ロドリゲス大文典には，なお多くの引用例があり，そのうち巻数を注記した4例(ff. 3 v. 39. 90 v.)についても上と同じことが考えられる．これら大文典の引用例については，すでに先学の研究があって[9)]，その所拠本は現存の流布本8巻本と大差ないものであり，しかも巻冊の分け方は現存8巻本よりも古い形の4巻4冊本であったろうという．これらの事実に立って考えれば，日葡辞書の編纂に用いられた発心集はロドリゲスの使ったそれと同じ4巻4冊本であったと考えるのが至当である．

9　方丈記・式目・Chr. N.

方丈記で出典を注記した引例は，次の1例だけである．

　　　コレ民ヲ megumi(恵ミ)給ウニ依ッテナリ．*Cam.*(鴨長明)

ロドリゲス大文典には方丈記からの引用例が多くて，それにすべて Camono chŏmei(鴨ノ長明)，あるいは，Chŏmei(長明)と注記してある．上の *Cam.* もその略である．出典の注記はなくても，方丈記から引かれたと認められるものは，なおほかにもある．

　　　都ノ東南ヨリ火 ideqitatte.(出デ来タッテ)，云々．

　　　焔ニ magurete(マグレテ)忽チ死ニヌ．

式目の引例も，ロドリゲス大文典には10例以上も見えるけれども，日葡辞書には次の1例を見るだけである．

　　　問注ノ時悪口ヲ吐カバ，所領ヲ没収セラルベシ：若シ xotai(所帯)無クンバ，流罪ニ処セラルベシ．……以上は式目(*Xiquimocu*)の語である．

これは貞永式目の一二「悪口咎事」の中，

　　　問注之時吐悪口，則可被付論所於敵人，又論所事無其理者，可被没収他所領，若無所帯者，可処流罪也(池内義資編「中世法制史料集　別巻」所収「清原宣賢式目抄」による)

の条の中程を省いて引用したものである．

次には，Chr. N. という出典を注記したものがある．

　　　遙カニ遠キ山海ノ末ハ霞ミタレドモ，御目ノ前ニ悉ク miye vataru(見エ渡ル)ナリ．Chr. N. *Lib. 8.*(巻八)

　　　取ル物モ取リ敢エズ，皆徒裸足(カチハダシ)ニテ山ヘ nigue(逃ゲ)上ガル．Chr. N. *Lib. 4.*(巻四)

　　　諸人ノ妻子ドモヲ捜シ出ダシテ引キ sobiqu(ソビク)．C. N. *Lib. 5.*(巻五)

最後の出典注記もおそらくは，他の2例と同じ書を示すと思われるが，い

かなる書を指すのか不明である．おそらくは「キリシト(Christ)」の語を含む名の書で，少なくも8巻から成る文語体のものであったろうことが推定される．

10 その他

以上のほか，注記がなくて出典のわからないものが少なくない．そのうち，僅かにそれと知り得たのは次の諸書である．

(1) 謡

Aiyen(哀猿)雲ニ叫ンデ腸ヲ断ツ．〔鞍馬天狗〕
Ganri(眼裏)ニ塵アッテ三界窄ｽﾎﾞシ．〔清経〕
Ichiyei(一栄)一落目ノアタリ．〔二人閑〕
垣ニ qinqua(金花)ヲ懸ケ，戸ニハ水精ヲ連ネタリ．〔関寺小町〕
Racqua(落花)枝ニ還ラズ．〔八島〕
Tatoi(仮令)時移リ，事去ルトモ．〔関寺小町〕

かような例があるほか，Figaqi(檜垣)を見出し語に立てて，能の或る曲の名と説明したのもある．

(2) 庭訓往来

Giôqiŏ(濃香)芬々トシテ匂已ニ盛ナリ．〔二月往状〕
Reimin(黎民)ノ竈ニ朝夕ノ煙厚シ．〔四月往状〕
Satŏ(左道)ノ様タリト雖モ，異体ノ形ヲ以テ，云々．〔二月往状〕
Vŏjit(往日)ノ芳恩ヲ忘ルル．文書語．〔八月往状〕

このほか，確かに庭訓往来によるとはきめかねるけれども，下のような句が同往来中に見られる．

Xicaxinagara(併ラ)胡越ヲ隔ツルニ似タリ．〔二月往状〕
Yodô(与同)党類．〔八月往状〕
Vnsô(運送)売買ノ津．〔四月返状〕
Iŭrin(蹂躙)，勾引．〔八月返状〕
Vocqiŏ(越境)相論．〔八月往状〕

Tŏdŏ(当道)ノ名医．〔十一月返状〕

なお，「書状に用いられる語」と注した語はまれでないので，その中にも庭訓往来から出たものがあるであろうと思われる．さらには，雑筆往来が1600年版「倭漢朗詠集巻之上」と共に刊行されているので，それも利用されたかも知れないけれども，確実にそれに拠ったと認められるものを指摘することはできない．

序に言えば，倭漢朗詠集と謡，あるいは，平家物語に共にかかわりのあるもの(In. Iiguet. Qizami, u. Tôgan の条などの引例)もあるが，もとは倭漢朗詠集から諸書を経て日葡辞書に至ったと見るのが自然か．

(3) 実 語 教

習イ読ムト雖モ，fucuxe(復セ)ザレバ，隣ノ賊ヲ計ウルガ如シ．
Mivôru(身終ウル)マデ忘ルルコト勿レ．

(4) 論　　語

出典注記のあるもので，†Tocuxi, su の条に引用例をあげないで単に Rongo としてあるのは，衛霊公篇の「必先利其器」に拠ったものか．このほか，注記のないものに，次の2例がある．

誤ッテ改メザルコレヲ qua(過)ト言ウ．〔衛霊公篇〕
北辰ソノ処ニ居テ衆星ノ tandacu suru(拱スル)ガ如シ．〔為政篇〕

(5) 下 学 集

文字ハ quandŏ(貫道)ノウツワモノナリ．〔序〕

この句は，元来李漢の韓昌黎文集序にあるものであるが，それには「文者……」とあって，上の引用文とは合わない．従って，原典に拠ったのではなくて，下学集の序文から採ったものであろう．

下学シテ xŏ(上)達ス．

これはもと論語憲問篇にある句であるが，下学集の序文にもあり，Feiqe の序にも用いられていて，そのいずれに拠るのか明らかでない．その点，数多くの引用例を採った Feiqe からの引用とするのが穏当であるかもしれない．

(6)ヒイデスの導師(信心録)

孔雀ヲ始メテ見ケル人ハ, ソノ美シサニ mede(愛デ)テ肝ヲ消シ, 悩レ果ツルバカリナリ.

これは信心録には,「孔雀ヲ始メテ見ケルソノ国ノ人ハ……悩レテ立ツバカリナリ」(I. 56)とあって小異があるけれども, これに拠ったことは動くまい.

(7) ぎやどぺかどる

風ノ前ニ篠蟹ノ糸ヲ sugaqu(巣ガク)ガ如シ.

この1例(下巻13ゥ)を見るのみ.

(8) 詩・和歌

詩では, 出典注記なしに次の2例が引かれている.

飛蛾燭ニ赴イテ死禍ヲ amanŏ(甘ナウ).〔黄山谷, 演雅〕

Iinxei(人生)七十, 古来稀ナリ,〔杜甫. 曲江詩〕

和歌の例も稀で, 下の3首を見るのみである.

Saritomo(サリトモ)ト思ウランコソ悲シケレ,

アルニモアラヌ身ヲ知ラズシテ.〔伊勢物語, 第65段. 新勅撰集, 巻14〕

木賊刈ル薗原山ノ木ノ間ヨリ

migacare(磨カレ)出ヅル秋ノ夜ノ月.（夫木和歌抄, 巻20)

Itodo(イトド)シク過ギニシ方ノ恋シキニ,

羨シクモ返ル波カナ.〔伊勢物語, 第7段. 後撰集, 19. 謡, 杜若〕

上の3首とも特に上の句と下の句とを別行にして印刷し, 形式的にも和歌であることを示してある. いずれも上に〔 〕内に付記した原典に見えるものであるけれども, それらから直接引用したとは思われず, むしろ何か当時の書物に引き載せられていたのによって孫引きしたのではないかと思われる. 現に「木賊刈る」の歌は, 謡の「木賊」に用いられているから, 直接にはそれに拠ったと考える方が事実に近いのではあるまいか.

これらのほか, なお出典を見出だし得ないものは多いが, 中には,

Vmigoxi(海越シ)ノ見エヌ山知ル日ノ入リテ.

という句もある.

また，口語の引例にもなお出所の見出だせないものが多い．もちろん，特定の出典を持たないものもあるに相違ないが，それでも前述の「物語」などから引かれたのではないかと疑われるものもある．

　　　御目ニカカラウトテ参ッタ ga，差シ合ウ事ガゴザッテ，云々．
　　　セイハ namaxijni(慙ニ)大キナレドモ，一向無調法ナ者デヲリャル．
　　　昨日(キノゥ)ヨリ煩ウシウゴザッテ feigua(平臥)ノ体デゴザル．
　　　Qichiji(吉事)ハ急ゲヂャ程ニ，片時モ急ギタウヲリャル．
　　　コレ我ガ独子ナレバ，身ガ tanomiqiri(頼ミキリ)デゴザル．
　　　Vomoiyora(思イ寄ラ)セラレテコレヲ下サルル辱イ．

　最初にことわったとおり，引用例の原拠をすべてつきとめることは，筆者の力に余ることであって，上述の程度にしかできなかったけれども，出典として挙げるべき文献で漏らしたものはあまり多くはないつもりである．

III　諺

　日葡辞書の中に取り入れられている多くの引用例の中に，特定の古人の語に出たとか，古典に基づくとかする権威ある言葉ではなくて，一般社会の日常の生活言語，あるいは，俗語の世界に生まれ，広く流通しているいわゆる「世話」の連語や短句がある．すなわち，諺がそれである．諺は長短さまざまの，それなりのきまった形をもって通用しているけれども，それときまった典拠をもつものではない．その点に違いはあるが，文献資料に出た金句などに準じてここで取扱うことにする．

1　諺と Proverbio

　「諺」という語にはいろいろな意味があるが，今中世後期の資料によっていかに解せられていたかを見るに，

　第1に，同じ言語社会の一般民衆が，改まったよそゆきの意識をもってではなく，ごく普通に用いる日常の話し言葉，俗語の意がある．

世話風俗〆之郷談也 諺 同世話〆義ナリ（下学集）
　　　鸛雀ヲバ日本ノ諺ニハアマサギト云ゾ．（四河入海．廿四ノ二）
　　　日本ニモシラビヤウシノ夫トテ，鼓ヲ打テ我妻ノトモヲシアルクゾ，諺
　　ニ打鼓ト云ハ此カラ起夕事ゾ．（史記抄，十六）

　それがまた，以前からの言い習わし，あるいは，きまり文句として流布し通用しているものを意味することもある．

　　　又昔カラシテ云タコトハヤラ，ソレヤウナコトヲ諺ト云ゾ．（玉塵，十九）
　　　吾ヵ党ノ中ノ人ヲ種々ノ諺ナドヲ作テ，互ニホメアゲタ義ト漢書ニハアルソ．（蒙求抄，三）
　　「痩法師の酢ごのみ」とは，八瀬の寺〔ノ僧ガ酒買イニ行クニ，人ガ問エバ「酢ニテ候」ト答エ，イツモ〕同じ返事なるまま諺にいひならはし，「やせの法師はすごのみや」（醒睡笑，一17条）

　第2には，俗語による即興の短句や短い歌の類を言う．

　　　コトワザト云ハ，ココラニ云京ワラウ，ウタニ作テウタウウタヤ，又落書ノツレナリ．（玉塵，十九）

　第3は，民衆の間に誰言うとなく言い習わされて弘まった，気のきいたおもしろい表現が一般の共感をよび，広く流布し通用するに至った短句である．社会生活上の規範に照らして，あるいは勧奨し，あるいは，抑制・禁圧する意を含んだ教育的な語句である．諷刺や比喩を巧みに織りこみ，人情の機微を突くようなものが少なくない．

　　　日本ノ諺ニ云，ミヌ京モノカタリト云ヤウナ．（四河入海，二ノ三）
　　　千石モ万石モ，飯一盃ト云ヘル諺ノアルナレバ．（中華若木詩抄，下）

　この類の句を単に「世話」と言ったことは，毛吹草にこの種の句を多く集めて「世話付古語」（巻二）と呼び，おくれて同種の書に「世話尽」というのがあるのでも知られる．

　上述の諺は，教訓を含む短句である点で，金句・金言と通ずる点がある．た

だ，後者は古典などに典拠がある点に違いがある．しかし，金句・金言も久しく広く用いられるうちにその典拠が忘れられ，形も変わって，一般の諺並みに見られることもある．天草版金句集にある，

　　　　口ハコレ禍ノ門．(p.509)　舌ハコレ禍ノ根．(p.547)

の2句は典拠があって，前者は句双紙，後者は童子教にあるが，Esopoには上の二者を混じて，

　　　　舌ハコレ禍ノ門ナリト申ス諺ガゴザレバ(p.416)

としている．これなどは一般に行なわれるにつれて通俗化し，諺と見られるに至ったものらしい．かかる変貌の事実は他にもあるけれども，当時の人々はなお典拠の有無なり，用語・文体の違いなりによって二者を区別していたのである．

　日葡辞書の中にも上と同類の句があって，それに Prouerb. Prou.と付記してある．これはラテン語の Proverbium に由来する語で，羅葡日のその語の条を見ると，葡語対訳に'Prouerbio, ou rifam.'，日本語対訳に「Cotouaza（諺）」とある．その Proverbio は英語の Proverb に当たり，説明の要もあるまいからしばらく措いて，その同義語 rifam を Morais について見ると，生活上のいろいろな情況を的確に現わすような，気の利いた秀句的俗語であって，一般に韻をふむことが多く，語呂のよいものであるが，sentença は含まないのだという説明がある．sentença は天草版金句集で金句・格言を示すものとされているから，それ以外となれば，まさに「諺」「俗諺」を意味することになる．従って，これと同義の Proverbio と sentença とは少し違い，前者は「諺」を意味するものと解される．日葡辞書 Cotouaza（諺）の説明に'Prouerbio, ou dito comum.'（諺，または，一般に行なわれるきまり文句）とあるのと共に前述の日本語の諺，特に第3のそれに相当する．それ故，日葡辞書に出典注記のように Prouerb. Prou.と付記してあるのは，わが「諺」を指すものと解して差支えがない．

　日葡辞書中の諺は平凡社の「大辞典」を始め，鈴木棠三・広田栄太郎氏の「故事ことわざ辞典」，鈴木氏の「続故事ことわざ辞典」に収められ，日本国

語大辞典や時代別国語大辞典室町時代篇等に多く入れられている．ただ，辞書に収めるのに，説明の簡約化は致し方ないとしても，原文の誤解による誤った説明が付けてあるのは惜しまれる．なお，今泉忠義氏の「日葡辞書の研究」にも彙集してあるが，説明は付けてない．

2　日葡辞書収載の諺

次に日葡辞書中の諺をあげることにするが，葡語による説明は紙幅の都合で省き，「邦訳日葡辞書」に譲る．句末に当該諺の例で代表的なもの，あるいは，それの見える書名，その他所要の注意事項を〔　〕内に付記する．

1　Ame(雨)ニ濡レテ露恐ロシカラズ．諺．
2　鍵ノ ana(孔)カラ天ヲ覗ク．諺．
3　Ancŏ(鮟鱇)ノ唾ニ噎セタ様ナ人．諺．
4　屏風ト，Aqiŭdo(商人)トハ直ナレバ身ガ立タヌ．諺．〔「とかく人と屏風はすぐには立てえぬ」(虎明本狂言．きん滕左衛門)〕
5　Aragai(アラガイ)木登リ，河渡リトイウテセヌ事ヂャ．諺．〔「あらがひ木のぼり川わたり，是は人のせぬ物じや」(虎明本狂言．やるこ)(狂言六義：なるこやるこ)〕
6　涼シイ木ノ下モ ari(蟻)ガ螫セバ居ラレヌ．諺．
7　Ari(蟻)ノ熊野参リホド続イタヨ．諺．〔「夜番廻番蟻の熊野参する如く」(太閤記，十一)〕
8　Asu(痘子)ノ夢ヲ見テ語ラザルガ如シ．諺．
9　大風ノ吹イタ ato(後)ノヤウナ．諺．
10　立ツ鳥モ ato(後)ヲ濁サヌ．諺．〔毛吹草．二〕
11　Attori(獦子鳥)ノ火ニ落チタヤウニフタメク．諺．〔「君をおもひこがれぬる身をむべしこそ火にくばれると伝へけれ」(寛永18年板．あだ物語．獦子鳥の条)〕
12　Axi(足)腰ガ立タヌ．諺．〔「足コシモタヽズ用ニタヽヌ身」(玉塵．十)〕
13　Axi(足)手ヲ反様ニナス．諺．

14 Bigio(美女)ハ悪女ノ敵(カタキ). 諺.〔「美女者悪女之仇」(世俗諺文)「美女は悪女のかたき」(月庵酔醒記, 中)(毛吹草. 二)〕

15 Bŏtô(棒頭)ニ眼有リ. 諺.〔「棒頭(バウトウ)ニ有ル眼　棒ヲ手ニモテドモ心ニ句中ガアルヲ眼アリト云タ也」(村口四郎氏旧蔵句雙紙抄)〕

16 一夜facufat(白髪). 諺.〔「あまりの御おもひにや一夜はくはつとなり給ひしも」(天神縁起絵巻)〕

17 Faxiru(走ル)馬ニ鞭. 諺.〔「かけむまにむち」(毛吹草. 二)〕

18 Iŭbun(十分)ナレバ打チ零ス. 諺.〔「十分ナレバ, 打コボス道理ゾ」(中華若木詩抄. 中)「十分なればこぼるる」(毛吹草. 二)〕

19 Qiŭso(窮鼠)却ッテ猫ヲ嚙ム. 諺.〔太平記. 四. 備後三郎高徳事付呉越軍事. (天草版金句集. p.527)〕

20 盗人ト言エバ手saxi idasu(差シ出ダス). 諺.〔毛吹草. 二〕

21 Xacu(尺)デ鯛ヲ釣ル. 諺.

22 Xetjŏ(雪上)ニ霜ヲ加ウ. 諺.〔雪上加霜　モノヽイヤガウエヽカサヌル事ヲ云タゾ」(村口四郎氏旧蔵句雙紙抄)「雪上の霜」(月庵酔醒記. 中)〕

23 百yŏ(様)ヲ知ッテモ一様ヲ知ラズンバ, 争ウコト勿レ. 諺.〔「百様をしつたりとも一様をしらずはあらそふ事なかれ」(幸若. 烏帽子折)「百様ヲ知ッテモ一様ヲ知ラザレバ, 以テ争ウコト勿レ」(天草版金句集. p.519.)「百やうをしる共一やうをあらそふことなかれ」(毛吹草. 二)〕

以上23句中には金句が四句(14,15,19,22)含まれている.

このほかに, Prouerb.注記がなくて諺と認められるものがある.

1 大水ノ出タ(ヲウミヅ)ato(後)ノヤウナ.

2 天ニcaqefaxi.(梯)〔「上ニ天無レ梯(ナク)入ニ地ニ無シ門(カケハシ)」(村口四郎氏旧蔵句雙紙抄)〕

3 貧僧ノcasane jŏyô.(重ネ請用)

4 †Cauadachi(川立)ハ川デ果ツル, 木登リハ木デ果ツル.〔「川だちは川にてはつる」(毛吹草. 二)「木のぼり川立馬鹿がする」(月庵酔醒記. 中)〕

5 ワガ身ヲcomen(顧眄)シテ進退ヲ直セ.

第Ⅸ章　資　料　579

6　Coqiŏ(故郷)忘ジ難シ．〔毛吹草．二〕

7　Cusazzuto(草苞)ニ国傾ク．〔「草ヅトニ国傾クト世俗ニ云如クゾ」(毛詩抄．三)「くさづとにくにかたぶく」(毛吹草．二)「草づとに国もかたぶく粽哉」(同上．五)〕

8　Figacuxa(非学者)論議ニ負ケズ．〔「所詮ひがくしやろんぎにまけずと云事が有程に」(虎明本狂言．宗論)〕

9　Gunin(愚人)夏ノ虫飛ンデ火ニ入ル．〔「愚人夏のむし火をけさんと飛入て」(光悦本謡．経政)「愚人夏のむしとむで火にいる」(大頭本，舞の本．とがし)〕

10　杓子ヲ giŏgui(定規)ニスル．〔「しやくし定木」(毛吹草．二)〕

11　†Igueta……縄 igueta(井桁)ヲ切ラズ，功井桁ヲ切ル．〔Naua の条と重出〕

12　Iŭjŏ(十成)スレバ必ズ崩ル．四書．〔出典を Xix.(四書)とするは，天草版金句集を指すが，金句ではない．同書所収の「日半バナル時ンバ戻キ，月盈テル時ンバ食ス」に付けた「心」である．〕

13　徳モ無イ者ナレドモ持テハヤセバ，徳ノ有ルヤウニ見ユル．Mon.(物語)〔出典を Mon.とするも，天草版金句集の「用ユル時ンバ鼠モ虎トナリ，用イザル時ンバ虎モ鼠トナル」(p.524)の金句に付した「心」の中にあるもの．〕

14　Moyecui(燼)ニ火ガツキヨイ．

15　一文ハ mumon(無文)ノ師ナリ．〔「一文は無文の師なり」(醒睡笑．四)〕

16　Naua(縄)井桁ヲ切ラズ，功井桁ヲ切ル．〔補遺の†Igueta の条に重出〕

17　Nenriqi(念力)岩ヲ通ス．〔毛吹草．二〕

18　Qichiji(吉事)ハ急ゲヂャ程ニ，……．

19　Saxide(差出)半学ト言イ伝エタ．

20　人ニハ sŏ(添ウ)テミヨ，馬ニハ乗ッテミヨト言ウ．〔「むまにはのりてみよ，人にはそふて見よ」(毛吹草．二)〕

21　風ノ前ニ篠蟹ノ sugaqu(巣ガク)ガ如シ．〔ぎやどぺかぎる．下二ノ五〕

22 夜行ノ tacagoye(高声)ハ無益ナリ.
23 Taxxa(達者)趣ヲ嫌ワズ.〔毛吹草.二〕
24 我ガ身ヲ tçumette(抓ッテ)人ノ痛サヲ知レ.〔「わがみをつんで人のいたさをしれ」(北条氏直時代諺留・毛吹草.二)〕
25 塵 tçumotte(積ッテ)山トナル.〔「ちりつもりて山となる」(北条氏直時代諺留・毛吹草.二)また,天草版金句集の「水積ッテ渕トナリ,学積ッテ聖トナル」に添えられた「心」〕
26 V(鵜)ノ真似スル烏ハ水滄ウ.〔「鵜のまねする烏は水を喰」(月庵酔醒記.中)「鵜のまねする烏は大水をのむ」(醒睡笑.一)〕
27 Vchimata(内股)膏薬.〔「内股膏薬なる臣」(為人抄.十)〕
28 問ウニハ vochi(落チ)イデ,語ルニ落ツル.〔「とふにおちぬはかたるにおつる」(毛吹草.二)〕
29 Xu(朱)ニ交ワレバ,赤ウナル.〔北条氏直時代諺留・毛吹草.二〕
30 Yu(湯)ヲ沸カイテ水ニ入ルル.〔「ゆをわかしてみづになす」(毛吹草.二)〕

以上,諺の注記あるもの23,注記はないがそれと認められるもの30,計53句を抽出した.その「諺」注記のあるものの中に,実は金句が四句含まれていることは前述した.この事から察すれば,無注記の句の中にも,金句格言が俗人の話し言葉の中にとけ込んで平俗化し,諺と見られるようになったものもあるであろうが,ここではそれらをも一括して扱うことにする.

3 諺の収載方針

前述のように,日葡辞書に収載された金句は,Xixo. Xix.(四書)の出典を注記して天草版金句集から引用したもの32,その出典注記なくして同書に拠ったであろうと思われるもの57がある.このほかに他の諸書に見える金句が92,いまだ典拠は知れないが,民衆の間ではある程度行なわれたであろうと思われるものが49ある.これらの総計は236句に上る.これを前項にあげた諺の53に比べれば実に4.3倍に当たる.このように金句が多いのに,諺は著

しく少ない．これを以て当時諺が少なかったからだとは言えない．他の諸書にあって日葡辞書に採っていない諺は決してまれではないし，少し時代は下るが，毛吹草や世話尽などに集録された諺は相当に多いからである．そこで，絶対数の少なさによるのでなければ，当然日葡辞書編者の採録方針にかかわるものと見なければならない．

日葡辞書において，Feiqe, Esopo, 太平記，舞その他の諸書から引用した文例の出典注記は，C部の中途に始まり，C，F，M，Nの各部には特に引用文が多いのに対して，諺の引用は著しく趣を異にする．さきに実例をあげた諺をば所収部別に示せば，次のとおりである．

部別	A	B	C	F	G	I	M	N	Q	S	T	V	X	Y	C*	I*	計
注記アリ	13	2		2		1			1	1				2	1		23
注記ナシ	1		5	1	2	1	3	2	1	3	3	3	2	1	1	1	30

備考　＊印は補遺を示す．

この表でわかるように，A，B部では所収の諺に，1例を除く他は注記がついているのに，その他の部では無注記のものが多い．特に，C，G，M，N，T，Vの部などでは，注記を加えたものが全くない．さらには，出典注記をつけて諸文献から引用した例の多いC，M，N部で，諺には一つも注記を加えていない事実は，諺の取扱いが違っていた，さらに言えば，A，B部における扱いと異なることと，他書からの引用文例の扱いと異なることと，この二重の意味において違っていたことを示すものとして注意される．

量的に見ても，A部に著しく多いのは，先行の写本日葡辞書の痕跡を留めたものか，長崎版編纂にかかった当初の採録方針を示すものか，あるいはまた，A部の編纂分担者の見識によるのか，そのいずれかであろうが，その他の部ではいずれも2～3例にすぎない状態である．このように，諺の注記方針も全篇に通っているとは言えず，A部は別として，収録量も総体的に少ないとなれば，全般的方針としては，諺を諺として採録する意図は弱くて，金句の方に重点がかけられていたと言わねばならない．つまり，長崎版日葡辞書に見られる事実は，収録形式に統一を欠く点があるけれども，ともかく編

者の方針を反映したものと解して然るべきものと思われる．

　それでは，かかる方針は何に基づくのか，この辞書の編纂責任者の独自の考えによるのか否か．これについては他のキリシタン資料を検して比較してみる必要がある．それは，宗門書とそれ以外の教外書とに大別される．まず，宗門書を見るに，一般に金句も諺も少ないけれども，両者の間では諺の方が著しく少ないのが目につく．諸書を一通り検したところでは，金句は，

　　　　　サントスの御作業　　　　　　　11
　　　　　ヒイデスの導師（信心録）　　　　4
　　　　　コンテムツス・ムンヂ（ローマ字本）　1
　　　　　ぎやどぺかどる　　　　　　　　16

を見出だしたけれども，諺の方は「ぎやどぺかどる」に次の8例ほどを見るだけで，他書には見えないようである．

　1　後悔は先に立たず（上37ォ）
　2　走る馬の策（上29ォ）
　3　あげくを本とせよ　（上102ゥ）
　4　燃ゆる火に薪をそう　（下62ゥ）
　5　焔に油を加ふ　（下62ゥ）
　6　仇を恩にて報ぜよ　（下73ォ）
　7　風の前に篠蟹の糸を巣がくが如し　（下13ゥ）
　8　口に油を塗り綿に針を包む　（下57ゥ）

このように，宗門書において諺が金句よりもはるかに少ないことは明白な事実である．

　宗門書に金句も諺も少ないわけは，個々の書それぞれに異なる事情のあるであろうこともさることながら，一般的な理由としては，外国書の翻訳が多くて，かなり自由な態度で臨んでも，日本の金句や諺の類は用い難かったであろうこと，宗門書には当然聖書やその他の書に基づく西欧の聖句や金句を含んでいることが多く，しかもそれらが重視されたであろうことなどがあげられよう．それに加えて，宗門書はすべて文語で書かれることにきまってい

たから，本来日本の俗語の世界に用いられることの多かった諺は，その中には自然用いられにくかったということもあるに違いない．しかし，文語体とはいうものの，俗人の口語をまじえた俗文体のものもあって，諺のはいる余地が全くなかったわけではない．少数ながらもそれを含んでいる事実があることは，上に述べたとおりである．

また，イエズス会の公的出版物ではないけれども，Feiqe の口訳者で，文語の本文を「世話ニ和ラゲタル」不干ハビアンの著わした「妙貞問答」なる3巻の書を見るに，諺がいくつも含まれているのが目をひく．特にその上巻には，中・下巻よりもはるかに多く用いられている．その主なものを拾っても下のようなのがある．(「ビブリア」NO.57 による)．

　　榎ノ子ハナラバナレ，木ハムクノ木(p.30 上)
　　病目ニ茶ヲヌリタル(同上 p.50 上)
　　本ノモクアミ(同上 p.51 下)
　　鬼ヲバ，クラガリニツナゲ(同上，p.58 上)
　　七日語ハ尼カ法師カ(同上，p.66 下)

その他があり，中・下巻に含まれているのをもあげれば(日本思想大系 25．キリシタン書・排耶書による)，

　　　　何ニ様モ信ジ〈信心か〉カラ(p.131/5)
　　　　秘事ハマツゲノ如シ(p.131/-6)
　　　　神ハキネガナラハシ(p.142/7)
　　　　初メギラメキ奈良刀(p.159/5)
　　　　七日語レバ尼カ法師カ(p.173/-1)
　　　　焼亡ニモ取所(p.176/12)

などがある．上中下3巻を通じては，重出を含めて 20 例ほども見られる．この書は，跋文によれば，よしある婦人のために書いたものという．さればこそ尼二人の対話体にしくみ，俗文体ながら軽妙な筆致でものしたのでもあろうが，同じハビアンの転宗後の著，「破提宇子」にも，

　　　盲蛇ニ怖ヂズ　　唐人ノ寝言　　切テ継^{ツギ}番匠

など，諺3句が見える．結局はハビアンその人の人柄に帰すべきものであろう．

ひるがえって，キリシタン版宗門書をこの点から考えるならば，やはりそれらの諸書に共通な性格，あるいは，それらの基盤に存する一連の編述態度というようなものに導かれたものとも見られるのではあるまいか．

このことは教科書についても考えられることである．まず，Feiqe にはいくつも諺を含むが，後述の一句以外はすべて平家の文語原文に存するものを口語の形に直しただけのものである．そのうち，

　　　六日ノ菖蒲会ニハアワヌ，花ノ後ノ葵．(p.341)

のごときは，その末尾に疑問がある．覚一別本に，

　　　会に逢ぬ華六日の菖蒲いさかひ果てのちぎりき哉

とあって，その時期を失したことを言ったものであるからには，後半の部分は，

　　　会ニ逢ワヌ花，祭ノ後ノ葵

とでもあるべきところで，おそらくはその誤りであろうと思われる．しかるに，百二十句本平家の本文はさきの Feiqe の本文と同じであって，後者は前者を承けたものらしく，口訳の際の忠実なやり方によるものと認められる．

かくて既に文語本の原文にある以上，一つの典拠をもつ句として扱ったのであって，「妙貞問答」ではかなり自由に諺を駆使するハビアンも，Feiqe の口訳の際にはおのが好みのままに筆をやることはしなかったらしい．ただ，文語原文には存しないところの，

　　　トモカウモ御意ニ従エ子規(p.299)

の一句を喜一検校の言葉に挟んだあたりに，僅かに彼らしい筆致の片鱗が見えるとも言えようか．

金句についても同じで，

　　　君子ハ器ナラズ(p.224)

をさし加えたほかは，文語本原文のを移したにとどまる．かかる態度で「本書ノ言葉ヲタガエズ書写シ」(序)たのは，教会の長老の命を受けて編んだ教会

の公的出版物であったからであろう．

　Esopo は，巻頭に記すとおり，マシモ・プラヌーデがギリシア語からラテン語に翻訳したのをさらに日本語に訳したものという．それだけに日本の金句や諺は使いにくいはずであるのに，実際は用いてある．これは翻訳の態度にもかかわるが，また一方，この書の編纂目的から導かれた自然の結果でもあった．それというのは，日本語教授に兼ねて，説教に用いて効果的な金句などをも教えようとする意図もこめられていたからである．金句だけを集め，口語の簡単な注解を付した金句集を Feiqe，Esopo と合綴して一部の教科書として刊行した事実から見て，元来教訓的寓話を内容とする Esopo に金句の類を織り込むことが考えられたろうことは容易にその意味を理解することができる．しかし，ここでも金句9句に対して諺は僅かに4句が用いられているに過ぎない．

　天草版金句集も口語の注解「心」の中に諺3句が用いられているけれども，量的には，金句に比すれば問題にならない．元来金句を集める目的で編まれた書であるから，それも当然とすべきであろう．

　ロドリゲス日本大文典にも Prouerbio と注した延べ14句が含まれているが，金句よりははるかに少ない．そしてその中の10句までが，例えば，方向を示す助詞の方言的相違を示すのに「京ヘ筑紫ニ坂東サ」を引くように，ある事柄の説明に援用したものである．

　要するに，宗門書と教外書とを通じて，細かくはそれぞれの書について理由は考えられるけれども，全般的に見た場合，金句を重視し，諺はさまで重んじなかった傾向があることは否定し得ない．日葡辞書における金句と諺との取扱い上の著しい違いは，ここに基づくものであろう．

4　諺に対する価値意識

　イエズス会では古典的教養を重んじた．それはわが国の古典についても同じで，倭漢朗詠集巻之上や太平記抜書を刊行したのでも知られる．それはまた，当然古典を典拠とする金句格言や慣用的成句が日本で重んじられている

実情に倣って，それらを尊重することに連なり，天草版金句集も刊行したわけである．これは，聖書を始め諸聖人やギリシア，ローマの古典作家の著作の詞華集たる「聖教精華」が刊行されたのに応ずるように，わが国にあっても，古来中国文化を強く崇拝する風潮によって，金句格言尊重の傾向が著しかったので，いずれの点からしてもキリシタン資料に金句が比較的多く用いられ，日葡辞書に多く収録されるに至ったのも自然のことであった．

これに反して，諺は俗間の「世話」であり，話し言葉の世界に使われることは多くても，改まった言葉，あるいは書き言葉に普通に用いられるものではなかった．前述の「妙貞問答」に，

　　　下ラウノ申フシニ，何ニ様モ信ジカラトテ，タフトクアリガタキヤウ
　　　ニ思イ玉フベシ．（中巻．日本思想史大系本．p.131）

と言い，「可笑記」（寛永9年刊）に

　　　げらうの詞に，わが身の臭さ知る事なし．（巻4）
　　　下らうのことばに，かうばりつよくして家押したふす（巻5）

とあるように諺を卑しめた例が珍らしくない．

貞室の片言には，「いはずしてもことかき侍るまじき言葉」の条下に諺35句を挙げて，「仮にもいふことなかれ」と戒めている．「かやうのいやしき言葉」と言う35句を見るに，特に卑俗な句を選んであげたとも見えないので，ともかく諺は口にすべきでないとして退けているものと解される．しかし，別の所に「急がば回れ」とか，発音上の習わしを教えた「うむの下濁る」とか，「二四はちづめ」とかは別に咎めもせずに使っていることからすれば，たてまえと実際とには違いもあって，必ずしも全面的に排除するというのではなかったらしい．

抄物にも桃源瑞仙の「史記抄」には少ないようであるけれども，宣賢の毛詩抄や東山如月の中華若木詩抄などには諺がいくつもある．当時の知識人，特に漢学者も時と場合によっては諺をまじえ用いた事実から推せば，そのような有識者の間でも，いつも厳しく全面的に否定する規範意識をもって臨んだものとも思えない．卑俗であり，俗人のものとする意識はあっても，諺のも

つ表現性とその機能・効果の故に全くは排除しきれなかったというのが実情ではなかったろうか．「下臈の言葉」とか，「下種のたとへ」とか，ことわりつつもなおそれを使っている事実は，その辺の事情を物語ってくれるのである．そうなれば，おのずからそこに或る限界をおくことになる．換言すれば，使用をおさえ，さし控えようとする規範意識と，有効な表現性を認めて許容しようとする意識とのかね合いで，余り卑俗なものは退けられるという程度におちつくことが考えられ，上来見て来た事実もまたこの推論を支えるもののようである．

諺に対するかかる日本人の態度が，キリシタンの側に反映しないはずはない．それは，わが国人の規範が自然に持ち込まれて行ったというよりは，むしろ日本人の諺に対する考え方を受けて，意識的にキリシタンの規範が形成されるようになったと見るべきであろう．すなわち，当時彼らの母国語におけるProverbioがどのような価値づけをされていたにもせよ，日本語の諺に関する限りは，日本人の規範を規範としたであろうと考えられる．

前述したように，日葡辞書中の諺は金句に比べて著しく少ない．これは，基本的には上述の規範に基づく扱いによるものであろう．そして，編纂上の全般的方針としては，諺の採録には金句ほどには力を入れなかったと考えなければなるまい．これを要するに，前掲の表に見られるように，F，G部のあたりで諺の収録のしかたもその量も著しく違っている．この事実は，編者の諺収載の態度に変化があったこと，すなわち，諺を収載することの意義や必要性，あるいは，効用等についての反省・検討に基づいて，その方針に修正が加えられたことを示すものと考えられる．

Ⅳ　語彙採録の資料

日葡辞書には多くの引用文が含まれており，それに出典を明記したものがあり，また出典注記はなくてもその出典を推知し得るものもあることは上に述べた．その両方を合わせるとかなり多くの典籍が用いられたことが知られ

るが，それらは引用された部分に限らず，その他の多くの語を採録する源にもなっているに違いない．しかし，それら以外にさらに多くの典籍が語彙採録の資料として用いられているはずである．ただ，その採録源となった資料を一々明らかにし，見出し語や用例に採られた事実を確かにおさえることはまず不可能のことに属する．それでも，少しなりとも手がかりを得て，そこから採られた出典を推定することまで封じられているわけではない．いきおい，推定の域を出ないであろうけれども，ここでは，それらしい徴証を求めてできるだけ採録資料を尋ねてみようと思う．

1 下学集・節用集

　日葡辞書の見出し語に対する説明の中には，節用集によるものかと思われるものがいくらもある．しかし，一方下学集に思い寄せられるものもあり，下学集と節用集とが密接な関係をもつことからして，そのいずれに拠ったともきめられないものが少なくない．例えば，日葡辞書に，

> Taisanbucun.(太山府君)天にある一つの星で，ゼンチヨ(*gentios* 異教徒)は，それが昔は地蔵菩薩(*Gizŏbosat*)であったある神(*Cami*)だとして，この地上から礼拝するのである．¶Taisanbucunno matçuri.(太山府君ノ祭リ)その神(*Cami*)に対して行なう一種の祭，あるいは，供物奉献の式であって，この時に多くの財宝を神に捧げて焼くことになっている．

とある説明の前半は，黒本本・永禄二年本・永禄五年本などの節用集に，

　　太山府君（タイサンブクン）　本地地蔵菩薩也　在レ天云ニ輔星上在レ地云ニーーーー上

とあるのと同じく，それはまた，下学集の注とも一致する．

　また，日葡辞書の見出し語に対する同義語，あるいは，日本語による説明で節用集・下学集に一致するものがある．

> Faixo.(廃処・配所)Sutçuru tocoro.(廃ツル処)．すなわち，Runinno tocoro.(流人ノ処)配流する場所．
>
> 廃処（ハイショ）　流人之ル処又作ニ配所上（黒本本節用集）

　　　　廃処(ハイショ)　流人之ノ処也(下学集)

かかる例は決して珍らしくはないのであって，日葡辞書の見出し語で示せば，Fita(引板)に Narucono tagvi(鳴子ノ類)，Qenyo(権輿)に Fajimeno gui(始メノ義)としたのを始め，Xendo(先途)，Reijin(伶人)，Sǒsǒ(草創)，Xǒdai(請待)等々の諸条がある．これらは下学集か節用集か，いずれかに拠るものと認められる．

前に，日葡辞書の中に下学集からの引用文があることに触れたが，それは序文の始めにある，

　　　　夫文字者貫道之器也

の部分である．前述のように，原文の文首に「文者」とあるのを「文字者」と改めたのは下学集編者のなせるわざであり，日葡辞書は下学集から引用したもので，編者が何れか下学集の一本に拠ったことだけは明らかである．

日葡辞書本篇に Goin(五音)を収め，日本の音楽における五つの音調と，日本の五つの母音であると説明してあるが，補遺に再録してやや詳しい説明を付している．すなわち，まず日本音楽における五つ調子，あるいは，五つの声調であるとして，Qiǔ(宮)，Xǒ(商)，Cacu(角)，Chǔ(徴)，V(羽)をあげ，また，それらの声が形作られると認められる身体の五つの部位，Xin(唇)，Iet(舌)，Gue(牙)，Xi(歯)，Cô(喉)〔Xi を Xin とし，身体の意を注したのは誤り〕を示している．節用集には，この始めの五音を正しく「宮(キウ)，商(シャウ)，角(カク)，徴(チウ)，羽(ウ)」としてあるものばかりで，弘治二年本，永禄二年本・天正十七年本・易林本など，音を付したものでは異例を見ない．しかるに，元和三年板下学集には，

　　　　五音(ゴイン)　宮(キウ)土　商(シャウ)金角(カク)木徽(チウ)火羽(ウ)水也　（下 37 ウ）

として「徴」が「徽(チウ)」となっているのがある．山田忠雄氏によれば，亀田本・文明永正本もこれに同じあるという[10]．そこで元和三年板以前にこれらと同じく「徽(チウ)」と誤っている本があったとすれば，日葡辞書はこれを承けたのであろうとの推定が成り立つ次第である．

　　　Tamengoromo.(打眠衣)すなわち，Qeno coromo.(褻ノ衣)人が平素着
　　　る着物，すなわち，ふだん着．

Gaibun.(涯分)副詞．Zuibun(随分)に同じ．注意深く，熱心に．
という2条の日本語の説明も，元和三年板下学集の注に一致する．

<ruby>打眠衣<rt>タメンゴロモ</rt></ruby>　褻衣也　（下．14ォ）

<ruby>涯分<rt>ガイブン</rt></ruby>　随分ノ義也　（下．11ゥ）

これらの語自体は節用集にも収められているけれども，上と同じ注のついているものはないようである．この点からすれば，これなども下学集に拠ったものかと推察される．

次に節用集は，Xetyôxa と末尾に誤植があるが，Xetyôxu(節用集)の書名を収めて，'語彙集(*vocabulario*)のような或る書物の名'と説明してある．少なくも編者がその存在を知っていたことは疑えず，それを利用した可能性もある．まず，日葡辞書を見るに，

　　Gozŏ.(五臓)内臓にある五つの部分．すなわち，Can. l, cannozŏ.(肝．または，肝ノ臓)脾臓．Xin. l, xinnozŏ.(心または，心の臓)心臓．Fi. l, finozŏ.(脾．または，脾ノ臓)肝臓．なお，F部には誤って胃としてあるが，胃のことではない．Fai. l, fainozŏ(肺．または，肺ノ臓)肺臓，Iin. l, jinnozŏ.(腎，または，腎ノ臓)腎臓．

の条がある．説明に誤りがあり，他条の訂正があるが，今それには触れないことにする．ここには五臓を「肝・心・脾・肺・腎」の順にあげてある．下学集や伊京集・永禄二年本・同五年本・堯空本・枳園本等の節用集にはいずれも「五臓六腑」を収め，注を付けて器官名を列挙してあるが，いずれも「心・肝・腎・肺・脾」の順であって，日葡辞書の順序とは異なる．しかるに，易林本節用集の「五臓」に注したその順序は，日葡辞書のときれいに一致している．「六腑」の方は，日葡辞書では補遺に収め，これをば Daichŏ, Xôchŏ, Bŏquŏ, Sanxô, Y, Tan(大腸，小腸，膀胱，三焦・胃・胆)の順にあげているが，これも前掲の下学集その他の諸節用集のには合わないで，易林本の注にはきれいに一致している．

次に「五悪趣」は，下学集以下前掲の諸節用集などには見えず，易林本には，

五悪趣　地獄　餓鬼　畜生　修羅　人天
（アクシュ　ヂゴク　ガキ　チクシヤウ　シュラ　ニンテン）

とある．しかし，「五悪趣」は「五趣」「五道」とも言うが，それを上の五つとするのは誤りで，正しくは「地獄・餓鬼・畜生・人間・天上」の五つであって，これに「修羅」を加えて「六道」と言う．易林本には「六道」は収めていないが，上の注は「六道」と混同したもののように思われる．例えば，伊京集・弘治二年本・永禄五年本等の「六道」の注には，「地獄・餓鬼・畜生・修羅・人・天」とあるが，この「人・天」を続けて「人天」の一つと認めたのによって五つに数え，「五悪趣」とした誤りである．日葡辞書は，補遺に重ねて収めた†Goacuxu（五悪趣）の条には，Giacu（Gigocu の誤り．地獄），Gaqi（餓鬼），Chicuxŏ（畜生），Xura（修羅），Ninden（人天）の五つを正しくあげていて，それは易林本の注と全く一致している．

易林本節用集は，日葡辞書よりも 6 年早く，慶長 2 年(1597)に板行されていて，今日伝存するものも比較的多く，少しおくれては捷解新語の編者にも利用されたらしい[11]ことなどから察すると，日葡辞書編者も容易に入手することができて利用したものであろう．

それにしても，利用された節用集は易林本のみに限ったのではない．例えば，「花朝」は易林本には収めてなくて，伊京集・黒本本・弘治二年本・永禄二年本・同五年本などには，「二月十五日也」と注を加えて収めている．天正十八年本には，

花朝節　曰二月一日也又説曰四月十五日也非
（クワテウノセツ）

とあって，他書では非也としている「二月一日」説を注している．日葡辞書には，

　　　Quachôno xet.（花朝ノ節）すなわち，Niguat, tçuitachi.（二月，朔）〔陰
　　　暦〕二月一日

とあって，天正十八年本に全く一致している．「花朝」は，二月十五日を指して言うのが普通で，また，二月十二日説もあるけれども，二月一日とするのは特異で，伊京集・弘治二年本等には二月一日とするのは非也としているものである．

また,「左道」は,下学集や節用集に収めても注のないものが多い中に,黒本本・伊京集・弘治二年本に,

　　　左道(サタウ)　乏少之義(黒本本)

とあるのは,日葡辞書に,

　　　Satŏ.(左道)Fidari michi.(左道)すなわち,Bocuxôno gui.(乏少ノ義)貧弱,または,僅少.……

とあるのに一致する.また,Côca(後架)の条にXôbenjo(小便所)をあげて説明したのは,黒本本・伊京集・天正十八年本・弘治二年本・永禄二年本・同五年本等と同じであるが,下学集の「放レ尿処也」とは違っている.

このような例は,なお他にもあげられるが,それらによって,ともかく下学集のほかに節用集も利用されたであろうことは推測してもよいであろう.しかもそれは,上掲の例からも察せられるように,節用集のいずれか一本ではなくて,幾種類かが利用されたようである.要するに,日葡辞書編纂の資料の中には,下学集も節用集もともに含まれていたが,個々の語について,いずれが下学集に,いずれが節用集に拠ったかは明らかでないし,また,それらは時を異にして利用されたのであったかも知れず,その辺のこまかなことになると,今にしては窺い知るべくもない.

2 落葉集

キリシタン版落葉集(1598)は,字音引の落葉集本篇と字訓引の色葉字集と字形引の小玉篇とから成る漢語漢字の字書であって,収めた漢語漢字の各字に字音と国訓とが添えてある.すなわち,漢字の字音・字訓と字形を知るためのものであって,語形をローマ字で写し,それに意味用法の説明を加えた日葡辞書とは対照的であり,互いに相補う関係に立つものである.本篇の一部に漢語熟語を,それをローマ字で表記した場合のアルファベット順に配列しようとした跡が認められるのも,両者を見合わせる便宜のために意図したものと思われる.それは全般にわたって統一するには至らないで終ったけれども,その音訓注記は日葡辞書の漢語の見出し語に訓釈を付けるのに大いに

役立っている．

　さて，本篇の含む漢字の熟語総数は 11823 であって，その中日葡辞書の所収語と共通するものは約 7100 ほどである．上述のように見出し語に訓釈を付する際の参考にされることはあったろうが，収載語の採録資料として利用されることはさまで多くはなかったかもしれない．それでもまれには両者の関係を推察させる点がないでもない．日葡辞書に，

　　　　Qicodôjŏ.(起居動静)　Voquru, iru, fataraqu xizzucani xite iru.(起クル，居ル，ハタラク，静カニシテ居ル)起き上がる，居る，働く，動かないでじっと静かにしていること．¶また，あらゆる時に，または，常に．例，Qicodôjŏno aida vasurezu.(起居動静ノ間忘レズ)四六時中いつもおぼえている．文書語．

とある．この語自体は諸書に見られ，時代別国語大辞典室町時代編に数例の用例が示されているが，さまで珍しいものではない．必要とあれば，なお史記抄，毛詩抄，古文真宝抄，荘子抄，甲陽軍艦等々から追加することができる．ところで，日葡辞書は，本篇に Qicodôjŏ が採録してあるのに，補遺にさらに次の条を収めている．

　　　　†Qico dôyŏ.(起居動ヤウ)Tachi, iru, vgoqi, ariqu.(起チ，居ル，動キ，アリク)すなわち，立っている，坐っている，働く，休息すること．仏法語(*Bup.*)

　これは，おそらくは本篇のと同じ語で，誤りを含むものであろう．dôyŏ は dôjŏ の誤りであり，その yŏ に対する訓釈の ariqu(アリク)も疑問である．しかるに，落葉集本篇には，まさに上の見出し語に当たるものが見出だされる．

　　　　　起　－居動静　　(41 ウ/4)
　　　　　をこるたつ　ゐるうごくしづまる

のように「静」の音注に「やう」とあって，その前に 1 字分の空白がある．これは明らかに組版の折にルビ活字「じ」が脱落しているのに気づかぬままに印刷したミスである．すなわち，この誤りのままローマ字に直したので，Qico dôyŏ の誤った形が生じたのである．それにしても最後の yŏ に ariqu という訓釈が付けてあるのは不審である．落葉集によれば「ありく」の訓は一定し

て「行」につけてあるから,「動行」とでも考えない限り通らない。その一方に,サントスの御作業の和らげの中に,

　　　　voqi　y　vgoqi　xizzumaru
　　Qi －co－ dô － jŏ.　（起居動静－ヲキ,イ,ウゴキ,シヅマル）

　　　　すなわち,常に.

とある。日葡辞書本篇所収のQicodôjoがこれと関係があるか否かは不明であるけれども,それよりも注意すべきは,この語は和らげに採られて上のように標出されているにも拘わらず,サントスの御作業本文中には存在しないという事実である。存在するのは,

　　　言ウコトハ叶ウトイウトモ,歩行スルコト叶ウベカラズト言エバqico
　　〔原qicŏを正誤表で訂正〕guiŏbu（起居行歩）トモニ叶ワズ（I.144/6）

の1例だけである。それ故,補遺のQico dôyŏ の yŏ に,付した訓釈 ariqu（アリク）は,何らかの事情でこの guiŏbu の訓が紛れて入っているという可能性が高い。

　サントスの御作業の和らげには,その本文中には見えない語で見出し語に立てられているという特殊性があり,上述のもその1例である。思うに,和らげには初め本文中の qico guiŏbu が抽出して記入されていたはずであるが,「起居動静」の方が一般的な語形というので Qi-co-dô-jŏ と改めたものと考えられる。その改訂は,もとの Qico guiŏbu の直上に平行して書き入れて,もとのを見せ消ち式に一線で消してあったとすれば,もとの形も見えるわけであるから,上下混同することはあり得ることである。そしてその和らげは上述のようにすでに本文にない語その他も書き込まれていて,小辞書の体裁をもつ写本の語彙集であったと想像される。そうであれば,日葡辞書編纂の際にその写本語彙集も用いられたかも知れない。この推定が成り立つとすれば,補遺の Qico dôyŏ の yŏ に対する訓釈を誤って付けた原因も一応了解されるというものである。

　以上,推定に推定を重ねたけれども,日葡辞書が落葉集の誤りを引き継いでいる事実によって,日葡辞書編者がどのようにしてか落葉集を利用したであろうということは認めなければなるまい。

日葡辞書には，なお訓釈に問題のあるものがある．

   Sŏfa.(蒼波) Vmi, nami.(海，波) 海．例，Sŏfa banriuo xinogu.(蒼波万里ヲ凌グ)辛苦して大海を渡る．

「蒼」には Auoi(蒼イ)という訓が一般であって，Sŏcai(蒼悔)，Sŏrŏ(蒼浪)，Sŏxen(蒼蘚)，Sŏtai(蒼苔)，Sŏten(蒼天)などの諸条もみな同じである．それなのに上の「Sŏfa(蒼波)」に対して「ウミ，ナミ」の訓注を付しているのは何としても不審である．ところで，落葉集を見ると，

   蒼＊－海－波－顔……(40 ォ)
   あをし　うみ　なみ　かほ
（さう　かい　は　がん）

と並んでいて，「蒼－海」に対する左旁訓は正しく付けられている．さて，日葡辞書の編者はいずれの資料からか，あるいは Feiqe(p.1/3) からかも知れぬが，sŏfa を採り，訓釈を付ける段になって落葉集の上の条を見た時，一字ずれて見誤り，「海－波」の訓を記してしまったのではあるまいか．

   Dagocu.(堕獄)Vochi votçuru.(堕チヲツル)……

の訓釈にも同じような疑いがかけられる．すなわち，落葉集に，

   堕＊落－獄……
   おつる おつる ひとや
（だ　らく　ごく）

とあるので，見誤って「堕－落」の訓を記してしまったのではないか．

以上は，いずれも確実な証とはなし難いにしても，日葡辞書の編纂に落葉集が参照され，利用されたことを推定する徴証とはなり得るであろう．

3 Feiqe の和らげ

この和らげは，1592 年版 Feiqe と 1593 年版の Esopo 並びに金句集の 3 部を合綴した一冊本の末尾に付けられたものであるけれども，

   コノ平家物語トイソポノファブラスノ内ノ分別シニクキ言葉ノ和ラゲ．

と題するもので，実は Feiqe, Esopo 二書の難語句解である．この 3 部合綴本の本体が日葡辞書編纂の資料として利用されたことは，すでに述べたように多くの文例が引用されていることによって明らかであるが，この和らげもそれと並んで利用されたようである．

この和らげは，Feiqe, Esopo の本文中から難語句を抜き出してアルファベット順に配列し，それに平易な日本語で説明を加えたもので，まれに葡語による説明を加えたものがまじっている．それ故，小辞書の体裁を具えているけれども，葡語による説明を主とする日葡辞書と対照して，その間の関係如何を知るのは困難である．しかし，細かに見ると，中に共通する所がある．

　　　Choccan.(勅勘)Teivǒno guioy ni chigǒ coto.(帝王ノ御意ニ違ウコト)〔和らげ〕

　　　Choccan.(勅勘)すなわち，Teiuǒno guioyni chigǒ coto.(帝王ノ御意ニ違ウコト)国王の勘気を蒙ること．例，Choccāuo cǒmuru.(勅勘ヲ蒙ル)同上．

同じ語がサントスの御作業の和らげにもある．それには Choc-can (勅勘)に micotonori-cangayuru(ミコトノリーカンガユル)という訓釈と'帝王の怒り'という簡単な葡語説明が加えてある．このように簡単に説明することもできるのに，上掲のような日本語の説明を添えたのが，Feiqe の和らげに全く一致しているという事実があるからには，一方が他を承けた可能性の高さが考えられる．和らげに，

　　　Aizzuuo suru.(相図ヲスル)何事ヲナリトモセウズルトテ，前ニ互イニ定ムルシルシ．

とあり，実は見出し語とは違って，「相図」だけに対する説明になっているが，

　　　Aizzu.(相図)何か事をなすにあたって，ある人々の間であらかじめ定めておく記号．¶Aizzuuo suru.(相図ヲスル)定めておいたしるしをする．

とある日葡辞書の葡語説明は，上の日本語の説明を忠実に葡語訳し，それに動詞の続く和らげの見出し語を用例としてつけて，整ったものにしてある．簡単なものはほかにもいくつもある．

　　　Yocobari, ru.(横張リ，ル)Yoconi fatacaru.(横ニ扈ル)すなわち，Estenderse pera a ilharga.(横脇の方へ張り出る)〔和らげ〕

　　　Yocobari, u, atta.(横張リ，ル，ッタ)*Estenderse pera a ilharga.*〔日

Xufit.(執筆)Fudetori(筆執リ)すなわち，Escriuão.(書記)〔和らげ〕
　　　Xufit.(執筆)Fude tori,(筆執リ)*Escriuão*.〔日葡〕
かような簡単なものは確かな証とはなし難いけれども，かなり近い関係にあることを思わせるものには違いない．
　また，和らげの中に次の１条がある．
　　　Xenqua banquano tama mono.(千顆万顆ノタマモノ)Vomoi tacara.
　　　(重イ宝)
これは，Feiqe本文中唯一の'xenqua banqua no tama'（千顆万顆ノ玉）〔p. 47/10〕に対するものに違いないのに，原文のtamaがtama monoになっている．原文の形は，文語本の巻二「烽火之沙汰」の章に見え，溯れば倭漢朗詠集の「千顆万顆之玉」（菅三品）に至り，Feiqe本文もそれをうけてまさしくtamaとある．和らげはそれを抽出しながらtamamonoとして掲げたわけであるが，かように本文と違う形を掲げたのは，当時「千顆万顆之玉物」という言う方もあったからである．現にサントスの御作業にその例（II.p.298）があって，それを抽出した和らげでは'貴重な贈物・進物'(Dadiua. 1. dom precioso)と説明している．「玉」を「賜」と解した言い方があり，贈物・進物の意味に用いられたらしい．一方，日葡辞書には，
　　　Xenqua banqua.(千顆万顆)多数の豪華な宝石．¶Xenqua banquano
　　　tamamono.(千顆万顆ノ玉物)同上．
と，同じ形であげてはあるが，意味はやはり宝石と説明してある．これらを見比べるのに，すでにtamamonoとある以上，日葡辞書は倭漢朗詠集や文語本平家やFeiqeの本文から採録したのではないと考えるべきであり，また「賜」とは解していない点から見てサントスの御作業の和らげに拠ったものとも考えにくい．さすれば，tamomonoの形にしながら「重イ宝」と説明しているFeiqeの和らげに拠ったと考えるのが最も自然であろう．
　次に，日葡辞書にある，
　　　Saiai.(最愛)夫婦の交合．(*Ajuntamento de marido, & molher*)例，

　　　　Saiai suru.(最愛スル)

の条の葡語説明は，Feiqe の和らげに，

　　　　Saiai.(最愛) Fǔfuno musubi.(夫婦ノ結ビ)

とある日本語の説明を忠実に葡語訳したものと言ってよいものである．日葡辞書の Fǔfu qeôquai(夫婦交会)，Qeôquai(交会)の条には，さきの Saiai の条と全く同じ葡語の説明がついているから，その Saiai は夫婦の肉体関係を意味することに違いはない．一方，Feiqe の本文中には「最愛」の例が5例あるけれども，上の意味に用いた例は一つも見えない．「最愛ノ后」(pp.51, 303)，「最愛ノ惣領・女」(pp.174, 238)の例も該当例ではないし，

　　　　横笛トイウ女ヲ思ウテ saiai(最愛)シタヲ (p.306)

にしても，明らかに該当したものとは言えない．そうすると，和らげの Saiai の説明は，本文中の用例に適合したものではないから，語は Feiqe 本文中から抽出したものであるが，説明は後に適当に注したものと見なければならない．しかも，この夫婦の交会・交合の意味が「最愛」の主要な一般的なものとは言えず，わざわざ用例をここにあげるまでもなく，「最愛」の原義，あるいは，それに近い意味の用例がいくらもあるのである．従って，Feiqe の和らげの説明も特定の書の本文に密着した適切なものとは言えず，ましてや一般辞書としての日葡辞書が，むしろ特殊化した転義のみをあげているのは不十分だと言わねばならない．これは Feiqe の和らげに拠ったために招いた欠陥ではないかと考えられる．

　要するに，Feiqe 等3部合綴本の本文が多く引用されている事実と，上述のような似寄りとから推して，その和らげも資料の一つとして利用されたものと思われる．しかしながら，上のように和らげをそのまま採ったものばかりではなかったであろう．和らげの説明に，

　　　　Guanzan.(元三)　　Xǒguachino micca.(正月ノ三日)
　　　　Goxǒ sanjuno curuximi.(五障三従ノ苦シミ)　Goxǒ niteno curu-
　　　　　ximi.(後生ニテノ苦シミ)
　　　　Xinxi.(神璽)　　Tacaramono.(宝物)

などのような誤った説明をそのまま取り入れることはなくて，訂正や増補を加えるのが普通であった．

4 サントスの御作業の和らげ

サントス御作業というのは略称であって，原書名は「サントスの御作業の内抜書」と言い，1591年加津佐学林刊のローマ字本であって，2巻1冊から成る．その巻末に，

　　　　コノ2巻ノ御作業ノ内分別シニクキ言葉ノ和ラゲ

と題する72ページの難語句解が添えられている．この和らげの内容は，実は標題の示すところとは異なり，「コノ2巻ノ御作業」の本文中に見えない語をかなり含んでおり，さらには見出し語に誤謬訂正の注意をつけるなど，組織・内容に特異な点があって，一書の難語句解を少しふくらませて小辞書の体裁に近い形にした点がある．これは辞書刊行前のものであるだけに注意すべきことであるが，詳細は割愛して別の機会に譲り，日葡辞書との関係において必要があれば，その点に限って述べることにする．

この和らげには，72ページに2149条の語句を見出し語に立て，それをアルファベット順に配列してあるが，G部はGa, Gua, Gue, Gi, Gui, Go, Gu, の順，Q部はQua, Qe, Qi, Quǒ の順，T部はTa, Te, To, Tçuの順の配列方式をとっている．どちらも特異な方式であるが，いずれも綴字の中央のu，あるいは，çを無いものと見なした場合のアルファベット順になっているわけである．これは日葡辞書のG部に見られる特異な配列方式と似た点があるけれども，全く同じではない．

サントスの和らげの見出し語は，漢語の熟語が圧倒的に多いのであるが，それは漢語の構成要素に分けて間にハイフンを入れ，漢字の一字一字を示し，その各字に訓をつける方式である．すなわち，

　　Cocu−biacu.（黒ヲ−白ヲ）黒色と白色．
　　Xi　−yui.（思シ−惟ヱ）i. Xian.（すなわち，思案）　考えること．

　　　　　sucoxi　vaquru スコシ　ワクル
　　　Xŏ　−bun.（少ヲ一分ヅ）i. qeibi no coto.（すなわち，軽微ノコト）

このように，構成要素の一字一字に訓をつけ，次に同義語があればそれを示し，あるいは，やさしい日本語による説明を加え，そのあとに葡語による説明を加えるやり方である．日葡辞書もこれと同じであって，和らげの，

　　　　　mattacu　suburu マッタク　スブル
　　　Ien　−bu.（全ジ一部ヲ）Hũ corpo de liuros inteiro.（一揃いの書
　　　　　　物全体）

の条は，訓注の位置とハイフンの有無を別にすれば，日葡辞書の，

　　　Ienbu. Mattacu suburu. *Hum corpo de liuros inteiro.*

の条と全く一致する．かかる例はなお少なくないが，その一部を次に示す．但し，翻字・説明は後に並べあげる日葡辞書に付けるにとどめる．

　　　　　yamai no minacami
　　　Bio−guen.　Causa de doẽça.（和らげ）

　　　Biŏguen. Yamaj no minacami.（病源．病ノミナカミ）．病気の原因．

　　　　　Cogane　tama
　　　Qin　−guiocu. Ouro & pedras preciosas.（和らげ）

　　　Qinguiocu. Cogane, tama *Ouro, & pedras preciosas.*（金玉．コガネ，タマ）金と宝石と．

　　　　　fi no naca
　　　Qua−chũ. No meo do fogo.（和らげ）

　　　Quachũ. Fino naca.（火中．火ノナカ）火のまん中．

　日葡辞書の訓注は，なるべく漢語の熟語としての意味を示すように工夫してあって，和らげのそれのように必ずしも漢字の一々に正しく対応するとは限らない．Quanguio（還御）に対して，和らげは「カエリ―ヲン」，日葡辞書は「ヲンカエリ」とし，Cotjiqi（乞食）にも前者の「コウ―ショクヲ」に対し，後者は「ショクヲコウ」としているという具合である．和らげは，特定の本文に対する注解であるから，そこの文脈に即して必要な説明をすれば足りるわけであって，たといその語が多義をもつものであっても，必ずしもそれまで併せ説く必要はない．事実，そこまで及んだ説明は，和らげにはごくまれにしか見えないのもそのせいである．

　その点，日葡辞書は事情が異なり，語の形態・意味・用法等にまで詳しい

説明が必要である．それだけ編纂には多くの資料が必要であるが，その場合先行の辞書があればもちろんのこと，簡単な小辞書の体裁をもつものでもそれなりの役には立つはずである．このような意味で，日葡辞書成立のある段階で，和らげがどのようにか利用されたであろうと想定することもできるであろう．

事実，日葡辞書の中には，和らげを取り込み，その説明をもとにして拡充増補したと推定される形になっているものが少なくない．

 Xŏ−dai. Chamar alguẽ a sua casa.(和らげ)
^{vqe matçu}

 Xŏ−dai. i. Fitouo yobite furumŏ coto. *O chamar alguem a sua casa pera cõuidar, &c.*(「請待．すなわち，人ヲ呼ビテ振舞ウコト」．招宴などをするために，自分の家に人を呼ぶこと．（日葡）

これと同様の例は，Xeqimen（赤面）や Yŭin（誘引）その他の条などいくつも見られる．また，和らげに標出してある短い句が，日葡辞書の或る見出し語の条下に挙げた文例に一致するものもある．すなわち，和らげの，

 Teqi-an ni iru. Cair nas siladas dos imigos.(「敵案ニ入ル」．敵の計略にひっかかる．)

 Miŏqiŏ uo terasu. Dar bŏ exemplo.(「明鏡ヲ照ラス」．立派な模範を示す)

 ^{cotoba cataru tayuru}
 Gon−go uo jessuru. Faltar palauras pera encarecer.(「言語ヲ絶スル」．強調して言うべき言葉がない．)

の各々が，日葡辞書の Teqian, Miŏqiŏ, Gongo の条下の文例に同じ句の形で見えていて，しかもその葡語訳まで全く一致するか，それに近似するかしているのが注意をひくのである．

さて，「和らげ」と日葡辞書との所収語を比べてみると次のとおりである．

 ①「和らげ」の見出し語 2149 条のうち，日葡辞書の見出し語にはないもの 133

 ②「和らげ」の見出し語と同じ語が日葡辞書にあるもの 2016

 ③「和らげ」と日葡辞書とで，一致，または極めて近似しているもの

430

　③の 430 条は，全く一致するものと，ごく僅かの違いしかないものとをかなり厳しく絞って計上した数値であるが，それは②の両者に共通するもの 2016 条の約 21 ％に当たる．これらは，両者の間に関係ありと見られる可能性を含むものと言えよう．

　元来，和らげの説明は，特定の本文中の語に対するものであるから，もともと簡単なものばかりである．それだけに偶然の一致に過ぎないものもあるに違いなかろう．然し，簡単なものでも必ず同じになるとは限らないのであって，実際には異なる例も少なくはないのである．例えば，

　　Xen—peô.(先^{サキ}ニ—表^{ヲモテ}ス)　Figura. l. prenosticos, l. Profecia.（姿形．または，前兆，または，予言）（サントス和らげ）

　　Xenpeô.(先表)．Figura(姿形)．(信心録和らげ)

　　Xenpeô.(先表)Saqini arauasu.(先ニ表ワス)．i. Figura, prenostico, &c.(すなわち，姿形，前兆，など)〔コンテムツス・ムンヂ和らげ〕

　　Xenpeô. l, xenpiô.(先表，または，先^{ビョウ}表)．Saqini arauaruru.(先ニ表ワルル．)*Figura, & presētação de cousas q̃ ão de vir ao diãte.*(後に生じて来るはずの事物の姿形や表示)．(日葡辞書)

　　Xŭ—giacu.(執^{トリ}ニ—着^{ツク}ス)．i. fucaqu cocorouo tçuquru.(すなわち，深ク心ヲツクル)．Deleitação(快楽に耽ること)．〔サントス和らげ〕

　　Xŭgiacu(執着)Tori tçuqu(執リ着ク)Afeiçao desordenada.(過度の愛着)〔1592 天草版ドチリナ・キリシタン和らげ〕

　　Xŭgiacu.(執着)．Toritçuqu.(執リ着ク)．i. cocorouo tomuru coto.(すなわち，心ヲ留ムルコト)．Grande Affeição.(強い愛着．)〔信心禄和らげ〕

　　Xŭgiacu.(執着)．*Affeição dalgũa cousa.*(ある物事を愛好し，熱中すること)¶Mononi xŭgiacu suru.(物ニ執着スル)*Affeiçoarse a algũa cousa.*(ある事物を愛好し，熱中する)．(日葡辞書)

　類例はまだ挙げ得るけれども割愛するとして，この事を考え合わせると，こ

第IX章 資　料

れら以上に近似し，ましてや一致しているものは，単なる偶合とは言えないのであって，両者間に親近関係のあることを思わせるのである．

それらの事が想定されるとすれば，さらに注意すべきは，和らげの中にある次の一条である．

  San-pit cai-qen ni voyobigataxi. l. tçucusarenu.(山ｼｰ筆ﾋﾞ海ｲｰ硯ｸﾞﾆ及ビ難シ．または，尽クサレヌ)，i. Cousa q̃ não se pode declarar.(すなわち，説明し得られないこと)．
  （Yama fude vmi suzuri）

これに対応する本文は，版本中の次の部分である．

  サレバコノサント(Sancto)ゴ存命ノ間ニシ給ウ御奇特ト，直シ給ウ病者以下ヲ書カバ，sanpit, caiqen ni mo tçucuxi gataqi(山筆海硯ニモ尽クシ難キ)ニ依ッテ，今茲ニ載セズ．(I, 196/13)

これはサン・フランシスコ伝中にあるが，バレト写本には収められていないものなので，加津佐版本の上の条を出所と認めるべきである．和らげの標出語句には，文末の少し異なる形をも加えて掲げてあるが，当時双方の言い方が並び行なわれていたためであろう．

さて，日葡辞書にも同じ語が収められている．

  Sanpit caiqen.(山筆海硯)．ペン〔筆〕の山とインク壷〔硯〕の海と．
  ¶ <u>Sanpit caiqennimo voyobigataxi.</u>(山筆海硯ニモ及ビ難シ．) <u>Cousa que não se pode declarar, nem escreuer, & esgotar por pena.</u>(ペン〔筆〕によって説明することも書き尽くすこともできないこと．)

このうち，下線を施した部分が，さきの和らげの説明部分と殆んど一致していることに注意する必要がある．このサントスの御作業の版本中の「山筆海硯」の語について，村岡典嗣氏は，この語の基づく所は「ぎやどぺかどる」の中の句(巻上4ｳにあるを指す)に出たもので，聖アウグスチヌスの語の訳であり，「之にいでたりとおぼしき文句，妙貞問答，破提宇子等にもある．思ふに吉利支丹文学特殊の熟語か」と述べられた[12]．

上に「ぎやどぺかどる」中の句というのは，

或学者の云く此徳儀の広大に在ます事をのべんとせば，四海を墨筆にし森羅萬像を紙にし，大海ハひかたとなり，筆者は虚く功〔ママ劫の誤りか〕をふるといふとも御一善をも書尽すべからず．(巻上 I, 1.4 ゥ)

を指すのであるが，なお，

　御糺しの緊しかるべき事ハ縦ひ天地を墨筆にして書とも盡きじ．(巻上 I, 7. 35 ゥ)

の例もある．また，他の書にも次の如きがある．

　天地ヲ紙トナシ，万(ヨロヅ)ノ草木ヲ筆トシ，西〔四の誤りか〕ノ海ヲ硯トシテ書(カク)トモイカデ書(ガキ)尽スベキナレバ（「妙貞問答」下．日本思想大系25所収，p. 145)

　大地ハ昏(ガミ)(唔の誤りか)トシテ書ト云共，尽ス事アタハズ（「妙貞問答」中一．ビブアリ51号，p.74)

　逐一ニ是ヲ論ゼバ，天地ヲ紙トナシ，草木(サウモク)ヲ筆トシテ書(カク)トモ尽(ツク)スベカラズ（「破提字子」五段．日本思想大系25所収，p.437)

　これらの用例があるのに基づいて，村岡氏が上述のように言われたのも至極尤ものことである．

　ところが，上と同じ発想による表現が他にもある．まず，日蓮聖人の遺文の中に，

　我等に与へ給ふ恩をば四大海の水を硯の水とし，一切の草木を焼て墨となして，一切のけだものの毛を筆とし，十方世界の大地を紙と定て注し置とも，争か仏の恩を報じ奉べき．(四恩鈔．日蓮聖人遺文金集三，p. 1825)

というのがあり，なおまた，

　五百塵点劫トハ三千大千世界ノ草木ヲ灰ニ焼テ墨ニシテ五百千万億那由他阿僧祇ノ国ヲ過テ一点打テ透リ又五百千万億那由他阿僧祇ノ国ヲ過テ一点打テ透リ々テ其ノ墨ヲ打チ尽スヲ云ナリ(新編江湖風月集略註巻上鈔，寛永十年刊，一48 ゥ)

　諸国之動乱ノ趣ヲ記ナラバ，筆ノ海ヲ尽テモ不可尽事也(応仁別記，古

典文庫本 p. 168)

の如きも類例に数えられよう．これらを通じて見るのに，山なす筆，海なす硯の水という，筆硯の夥しく多いのを山・海に譬えて強調する表現は，もともと仏教の方にもあって，それがかなり一般的にもなり，それだけに縮約された言い方にもなっていたらしい．「妙貞問答」や「破提宇子」に上のような例が見えるのも，その著者不干斎ハビアンが仏教に通じていたことと無関係ではあるまい．このように考えることもできるとすれば，案外上の言い方の原拠は仏教方面にあるのかも知れない．聖アウグスチヌスの語の原拠をまだ確かめ得ないので，決定的なことは言えないけれども，書き尽くし難い意味を示した文章をば，すでに存していた仏教関係の言い方を以て翻訳したのではないかと考えることも可能である．そしてそれがもともと存する「筆硯」なる語と結び付いて「山筆海硯」の語を造り出し，サントスの御作業の本文に用いられるに至ったのではあるまいか．それにしても，「山筆海硯」の形は，ほかにはまだ用例を見ないのであるから，日葡辞書のは，この和らげを利用したものと考えてよかろう．もっとも，日葡辞書は，補遺に至って，

　　†Caiqen. (海硯) 例，Caiqen sampitni voyobigataxi. (海硯山筆ニ及ビ難シ) 余さず書き尽くすことはできない．

の一条を立てて補っているが，これは単語標出を方針とする原則に従って，本篇の Sanpit caiqen の後半を採って独立の条とし，それに応じて例文も改めた二次的処理であると見られる．

　以上のように考えることができるとすれば，他に訓注から同義語等の日本語説明，葡語訳まで一致するものが 21% にも上るという事実とも併せ考える時は，サントスの御作業の和らげは，どの程度にか日葡辞書編纂の資料として利用されたであろうとの推定も成り立つと思われる．その上さらに，加津佐版に拠った引用文が 20 例もあって，編者が加津佐版サントスの御作業を利用した明らかな証跡があることも，この推定を助けるであろう．

　ただし，厳密には，長崎版以前に写本の日葡辞書が存したことは，記録によって知られているし，長崎版自体の中にも先行辞書の跡と見られる事実も

あることであるから，和らげと長崎版日葡辞書とが，それぞれ別途に先行の写本日葡辞書を利用したとも考えられないことはない．しかし，現存の両書を子細に対照して検討した結果からすると，やはり現存の日葡辞書が編纂される時に加津佐版サントスの御作業の和らげが利用されたものと考えるのが穏当であろう．

もとよりこれは，キリシタン版として最も早い段階において印行された加津佐版のサントスの御作業の方が，先行の写本辞書に利用され，織り込まれた可能性まで排除し得ることは意味しない．ことはひとえに確率の相対的な多少に帰する．しかしながら，上述の所述にもまた単にその可能性のみならず，可能性をふまえての確率のその十分の高きをまたいなみ難いと考えられる次第である．

5　詩歌語の資料

日葡辞書には，P.その他の注記を加えて詩歌語と認めたものが539語句あって，そのうち78語が漢語，461語が和語である．その全部を挙げるにはかなりの紙幅を要するので，それは差し控えざるを得ないが，別著「邦訳日葡辞書索引」の特殊語索引（Ⅰ）の部(p.271)にはその見出し語を全部あげてあるので，必要な場合はそれを見て頂きたい．

(1)　漢語の詩歌語

詩歌語と注記してある漢語が，特定の書を資料として採録されたものか否かは明らかでない．ただ，78語のうち21語は，倭漢朗詠集に見出だされる語である．

　　　　Chicucan(竹竿)†Chicuyô(竹葉)　Fichô(飛鳥)†GVecca(月下)†Iixenri(二千里)†Qiocusui(曲水)†Rosui(蘆錐)†Santŏ(山桃)†Sanvŏ(山鶯)†Suibin(衰鬢)†Vŏjet(鶯舌)†Xinriŭ(新柳)†Yenca(煙霞)〈以上上巻〉

　　　　Cajit(夏日)　Chifen(池辺)†Reixô(嶺松)†Rinmu(林霧)†Rinyŏ(マヽ)(林葉)†Satô(沙頭)†Xeisŏ(青草)†Yagi(野寺)(マヽ)〈以上下巻〉

日葡辞書は，これらの語をあげても簡単に意味を注しただけで用例はほとんど添えていないので，朗詠集に拠ったという明証はない．倭漢朗詠集は早くから愛誦された詩・和歌の詞華集であったから，種々の書に引用されている．上掲の語でも，例えば「沙頭刻印鷗」は平家物語(巻三，有王)に，「二千里外故人心」は謡(三井寺・姨捨・雨月)に，「甕頭竹葉経春熟」は謡「養老」に，「気霽風梳新柳髪」は同じく謡の「実盛」に引かれているというぐあいである．それ故，それらの諸語が直接には果していずれの書から採られたかはきめられない．当時の知識人に尊重された古典の一として，イエズス会でもこれを重視し，1600年に「倭漢朗詠集巻之上」を国字で印刷刊行しているほどであるから，朗詠集が利用された可能性もあるというまでである．

上にあげたもの以外にも，謡ではChichǔ(池中)が「融」「東北」に，Fibocu(比目)が「砧」に，「蘿月」が「定家」に見出だされるので，謡との関係もありそうである．和語の詩歌語には，謡の詞章を縁に採録されたと見られるものがまれでないからである．

このほか，Coji(古寺)，Cǒtô(江頭)，Reivn(嶺雲)，Rinpû(林風)，Roben(露晃)，Saimon(柴門)，Sonro(村路)等，三体詩の中に見られる．もちろん確かに三体詩に拠ったとはきめられないけれども，そうした詩書から得たものもあったであろう．Anqiǒ(暗香)，Vnpô(雲峯)のごときは，「無言抄」の和漢篇に見えるのによれば，当時行なわれた詩聯句の関係から採られることもあったかも知れない．

(2) 和語の詩歌語

和語の詩歌語を見ると，歌学書や連歌関係の詞寄せの類に見える語が少なくない．ロドリゲスは，日本大文典に，和歌関係のものとしてChicuyenxô(竹園抄)，Xirinxô(詞林抄)，Carincǒzaixô(歌林好材抄)を，連歌関係のものとして，Fidenxô(秘伝抄)，Xifŭxô(至宝抄)の名をあげている(f.184)．キリシタン語学者が歌学関係書を利用したことがこれで知られ，日葡辞書の編者たちもまた利用したのであろうとの想像を可能にする．

さて，日葡辞書の詩歌語と対照してみるために，利用する上で便利な歌学

書の類を14書[13]取り上げてみた．

　これら諸書の体裁はさまざまで，適当に和歌をあげて注解を付したもの，勅撰集別に和歌をあげて注解を付したもの，適宜に歌語をあげて例歌・注解を付したもの，分類体の辞書の体裁をとったもの，イロハ引辞書の体裁をとったものなどがある．時代が下るにつれて辞書的体裁をとるものが多くなっている．

　これら14書の所収語中に見出だされる日葡辞書の和語の詩歌語をひとわたり見通した結果は，各書それぞれに共通の語が見えるが，その数の多いのは「藻塩草」の約300を第一とし，次いで「八雲御抄」の約200,「匠材集」の約200,「和歌初学抄」・「和歌色葉」の100などが多い方である．しかしながら，これだけで詩歌語の出所を知ることは殆んど不可能である．

　そこで次には，詩歌語に対する意味の説明を調べる必要がある．例えば，

　　　してうつ　両様なりしつかに打事共云り又しけくうつ事共云り（藻塩草，十八）
　　　してうつ　しけくうつ也しつかに云にもかよへり（同上，二十）〔和歌初学抄・
　　八雲御抄・匠材集・師説自見集にも同様の注あり〕
　　†Xide vtçu.（シデ打ツ）すなわち，Xiguequ vtçu.（繁ク打ツ）何回も頻
　　繁に打つ．詩歌語．
　　やまかつら　暁天雲也但神楽のとり物にも　あかとき（藻塩草，二）〔綺語抄・
　　袖中抄・匠材集も同様の注〕
　　Yamacazzura.（山鬘）詩歌語．すなわち，Acatçuqino cumo.（暁ノ雲）
　　夜明け方の雲．

このように，いくつもの歌学書に同じような説明を加えた語が多い．日葡辞書の説明もそれに似ていることが多く，かような語の場合は，いずれに拠ったかは判別すべくもない．このように説明の合致するものは，さきに共通語数の多いものとしてあげた藻塩草・八雲御抄・匠材集などの中に多く見られるが，当然と言えば当然である．

　歌学書のうち，特定の一書だけに見える詩歌語がある．それはやはり藻塩草・匠材集・八雲御抄・詞林三知抄などに含まれているものであるが，説明

のついているものは日葡辞書と合致，あるいは，近似したものが多い．

　　　ふりみふらすみ　さためなき時雨なり但新 六(マヽ) には春雨のふりみふらすみとよ
　　める時雨にかきらぬ賦(藻塩草，一)

　　†Furimi, furazumi.(降リミ，降ラズミ)少し降ってすぐ止み，そして
　　またもう一度降ること．詩歌語．

匠材集だけに見えるものも，やはり一致する．

　　　なくさみ草　たゝなくさみの事なり(匠材集，二)

　　†Nagusami gusa.(慰ミグサ)すなわち，Nagusami.(慰ミ)気晴らし，
　　遊び，詩歌語．

意味の説明に関連して注意すべきは，日葡辞書で，見出し語の次に添えた日本語による注である．例えば，Tamaqiuaru(魂極ル)に Inochi qiuamaru(命極マル)という説明がついているが，これは漢語に付した訓釈とは違い，中には歌学書の説明に由来するものがあるらしい．上の例で言えば，「命極マル」という注は，八雲御抄・和歌童蒙抄・俊頼無名抄・和歌色葉などに見える注とは異なり，藻塩草の「命極也」，匠材集の「命きはまるといふ事也」，綺語抄の「いのちきはまるを云」などの注に似ていて，それら一類の書中のどれかに関係があるものと思われる．

日葡辞書の詩歌語で上のような日本語の説明をもつものは約150ばかりであって，その約半数は上にあげたような歌学書の説明と合致するものであるが，これもまた，藻塩草・匠材集・八雲御抄などの各50語ばかりが多い方である．歌学書のかような説明も，後の書が前書をそのまま受けついでいるものが多い関係上，数書に共通する場合がむしろ多いけれども，その中にあって一書だけが他とは異なる説明を加えたのがあり，それが日葡辞書の日本語注と通ずるものがある．

　　　あさ緑　浅緑也朝緑と云説をは不用(藻塩草，九)〔八雲御抄・和歌初学抄・
　　和歌色葉では注なし〕

　　Asamidori.(浅緑)詩歌語．すなわち，Asaimidori.(浅イ緑)みずみずし
　　くて新しい緑色．¶また，小枝や若葉の緑色で黄色を帯びた色．

　　　　沉枝　しつえ　さかりたる枝の事也(詞林三知抄，上)〔八雲御抄には注な
　　　　く，藻塩草の注は異なる〕
　　　　Xizzuye.(下枝)　詩歌語．すなわち，Sagaritaru yeda.(下ガリタル枝)
　　　　樹木の他の枝よりも下の方の枝．
　　　　†Xizzuye.(下枝)Ichino xitano yeda.(一ノ下ノ枝)最も下の枝．

このように一書の注とだけ合うものを拾い出してみると，次のように限られる．

　　①匠村集とだけ合うもの(8語)　新玉の年　あさはか　都鳥　慰みぐさ
　　　床の海　大内山　しのゝめ　夕ばへ
　　②藻塩草とだけ合うもの(8語)　浅緑　垣ほ　かへさ　水蒭(みかさ)　み雪　流
　　　れの身　直う　浦わ
　　③至宝抄とだけ合うもの(3語)　もろびと　友どち　あだし心
　　④八雲御抄とだけ合うもの(2語)　笛竹　睦言
　　⑤詞林三知抄とだけ合うもの(1語)　しづ枝

以上のように，意味の説明を比較した結果，日葡辞書との関係を想定し得るものは，上記5書であって，これは前述の所収語の比較による結果と通ずるものである．このような結果は，2書以上と合致する場合にも認められる．すなわち，ある詩歌語に対する説明が二つ以上の歌学書A・B・C……に共通し，しかもそれが日葡辞書に合致しているような場合に，そのA・B・C……中に上掲5書のいずれかが含まれていないことはほとんどないと言ってもよいくらいで，これら5書中のもののみで占められていることも少なくない．例えば，「たまゆら」はどの書にも入っているが，

　　　　たまゆら　しばし也．公任説わくらは同事云々．不レ可レ然歟．(八雲御抄)
　　　　たまゆら　しはし也　公任説わくらは同事云々　不レ可レ然歟．(藻塩草)
　　　　たまゆら　しばしといふ事なり(綺語抄)

のように，「しばし」の意を注したのが多く，和歌初学抄・和歌色葉・師説自見集なども同説である．その一方，

　　　　たまゆらとはわくらはと云ッ同事也わくらはとはたまさかと云ッなり

又まれなりとも云(和歌童蒙抄)
　　　たまゆら　玉のこゑ也．日本紀に玲瓏とかく．八雲抄には玉ゆらはしはしといふ
　　　　こころ也(歌林良材集)
　　　玉ゆら　少し也　(至宝抄)
のように説明の異なるものもある．これらに対して，さらに特異な注を加え
たものがある．
　　　たまゆら　玉の声也又露のおほくをきたる体を云也(匠材集)
　　　玉響　たまゆら　露のおほく有体也(詞林三知抄)
日葡辞書には，
　　　Tamayura.(玉ユラ)詩歌語．すなわち，Tçuyuno vouoqu aru tei.(露
　　　ノ多クアル体)露がたくさん集まってあるさま．¶また，短時間の間，
　　　または，短い命．
とあって，日本語による説明まで直ぐ上の2書と合致するけれども，他の諸
書とは合わない．かかる場合がほとんどであって，これに対する例外，すな
わち，上掲5書以外の数書と日葡辞書とが共通する場合は，僅かに3語(百千
鳥・百敷・野もせ)だけで，ほかには見出だせないようである．
　以上，いろいろの点から見たところでは，日葡辞書と関係のありそうに思
われるのは，八雲御抄・藻塩草・至宝抄・匠材集・詞林三知抄くらいであろ
うかと考えられる．
　八雲御抄は，それ以前の歌学書の集大成であり，それ以後の書に大きな影
響を与え，現存写本も多い点からして，相当広く行なわれたことが知られる．
藻塩草は月村斎宗碩の撰と言われるが，八雲御抄を中心に増補を加えたもの
で，組織・部類立が似ているのみならず，八雲御抄からの引用が夥しく多い．
宗碩の撰とすれば，その歿年たる天文2年(1533)以前に成ったはずであり，慶
長日件録の慶長8年(1603)2月7日の条に藻塩草借用の記事があるから，そ
の当時存したことがわかる．至宝抄は，紹巴が天正13年(1544)秀吉に献じた
もので，古活字版があるけれども刊年はわかっていない．匠材集は，著者を
明らかにしないけれども，慶長2年(1597)3月上旬に書いた紹巴の跋文がつ

いているから，それ以前の成立と知られる．詞林三知抄は，源泰季の撰と言われているけれども，著者の伝記も成立年時も不明である．一条兼良の撰とする説もあり，京都大学国文研究室蔵写本には，「後成恩寺殿御作宗祇伝」という識語がある．ロドリゲス大文典にXirinxô（詞林抄）とあるのがこの書のことであれば，当時この書が存した証になる．ともかく，これら5書は，年時的には日葡辞書の編者が利用し得るものであったろう．

　2種以上の歌学書が並用され，一書に限らなかったことは，また次のような事実によっても明らかである．「野もせ」は，日葡辞書には本篇と補遺とに重複して収められている．

　　　　Nomoxe.（野モセ）Nonovomote.（野ノ面）野原の表面．（*Superficie do capo*）詩歌語．

　　　　†Nomoxe.（野モセ）Nono tairacana coto.（野ノ平ラカナコト）野原の表面．（*Superficie do campo*）詩歌語．

本篇の説明「野ノ面」は，綺語抄や歌林良材集の注と通ずるけれども，補遺の「野ノ平ラカナコト」のような注を加えた書はまだ見出だしていない．

　「もせ」の形も日葡辞書の補遺に収められている．

　　　　†Moxe.（モセ）　例，Niuamoxe.（庭モセ）ある庭園内の野あるいは敷地と空間．¶また，庭の狭さ，あるいは，庭が広くないこと．詩歌語．

「もせ」の形をあげたのは珍らしく，匠材集だけである．

　　　もせ　せはき也道もせ野もせ也(匠材集，四)

　　　にはもせ　せはき心也(匠材集，一)

見出し語の特異な形からすれば，匠材集に拠ったもののようである．しかし，「も狭」という解釈をとるものには，なお藻塩草・八雲御抄・師説自見集などに「野も狭」がある．従って日葡辞書の説明は，「野もせ」の類の解釈について少なくも二種類の資料に負うものと見なければならない．

　また，「雲のはだて（はたて）」も日葡辞書に3回収められ，その説明は互いに異なる．

Cumono fadate.（雲ノハダテ）雲の果て，または，雲の作るさまざまな
　　　形．
　　†Fadate.（ハダテ）例，Cumono fadate.（雲ノハダテ）旗に似た雲の一
　　　種の形．
　　†Fatate.（ハタテ）例，Cumono fatate.（雲ノハタテ）夜の雲．詩歌語．
　上の第1例は易林本節用集に「涯雲（ハダテ）」とあるのに当たるし，第2例は
　　　雲のはたて　雲はたの手のことく也（匠材集，三）〔和歌色葉も同注〕
とあるのと通ずる．第3例のは，藻塩草や八雲御抄に「あかき夕の雲也」と
あるのと合っている．清濁の違いがあり，第3例だけに詩歌語の注記がある
けれども，意味から察すると同じ語らしく，前2者が詩歌語でなかったとは
考えられず，また，その説明に典拠がなかったとも言えまい．そうであれば，
これまた少なくとも2種の資料を参照したことを示すものとしなくてはなら
ない．

　このほかにも，同じ語が詩歌語の注記をもちながら，本篇と補遺とに重複
していて，しかも意味の説明を異にするものに，「ワガセコ」「川グマ」「シノ
ニ」などがある．これらは本篇の説明を補遺で補訂したとのみも言えないよ
うであるが，たとい補訂の意図をもってことさら重複して収めたものとして
も，複数の歌学書を並用したことには変わりがない．編纂分担者が違い，記
述の時期を異にすることもあって，複数の参考資料を用いたということもあ
り得たであろう．

　要するに，当時和歌や連歌の盛行に伴なって，その方面の作法指導書や秘
伝書その他は相当多く存したと思われるから，それらの中に日葡辞書の資料
を見定めることはまず不可能であろう．しかも，それが特定の一書であった
可能性は低く，前掲の14書について調べた限りでも，前記の八雲御抄など数
書くらいが日葡辞書の詩歌語資料の主なものに擬せられるのではあるまい
か．中でも匠材集などは，他書と共通する説明をもつものでも案外よく利用
されたのではないか，日葡辞書と引き当てている間にそんな感じがするがい
かがであろうか．結局のところ，日葡辞書を研究対象とする立場から，もっ

ぱら詩歌語の編纂資料を尋ねるのを主としたものの，結局成果は得られず，漠たる推測の範囲にとどまざるを得なかった．

然るに，和歌史，和歌研究史に造詣の深い片桐氏が日葡辞書の詩歌語に関心を寄せられ，その詩歌語と注記された語が，古今集以下の三代集の歌語に多いこと，伊勢物語や源氏物語の地の文の語もまた詩歌語として多く採られていることを指摘され，それらの語が匠材集に採られている事実を明らかに示された[14]．これは日葡辞書の詩歌語と匠材集との関係に，他の歌学書より以上の親近性を想わせるものとして注意すべきことである．

(3) **歌学書以外の資料**

日葡辞書に P.注記を付した詩歌語の資料は，前述の歌学書以外にもあった．

> Coqimajete.(コキマゼテ) 木の枝と枝とが互いに入りまじり交差し合って．これは昔の或る歌(Vta)以外には用いられない言い方である．

この条には P.注記はないけれども，歌の語であることは説明中に示されている．この説明には'或る歌'(hũa Vta)と単数形を用い，一般的に「歌」を示すのに Vtas と複数形を用いる(例えば，ISa. Xiranami の条など)のとは違うが，これは特定の歌を示したものだからである．すなわち，この場合は古今集の「見わたせば」の一首(春上，素性)を指している．この歌は倭漢朗詠集(下，雑部，眺望)にも入っているから，そのどちらから抽出したかはわからない．藻塩草にはこの句も収められていて「無風情」とあるけれども，上のような特異な説明のしかたから見ても，それに拠ったものとも思えない．日葡辞書には，Coqin(古今)，Goxen(後撰)などの歌集名も掲げているのみならず，和歌を引用した例もあるから，歌学書によらずに採録した語もあったのである．

また，必ずしも和歌や連歌関係の書に限ったわけでもなかった．前掲の歌学書類のいずれにも見えない語があることは前にも述べたが，その中には謡の詞章の中に見出だされるものがある．〔 〕内は曲名を示す．

あだし身〔景清〕 木隠れ〔卒都婆小町〕 木の下蔭〔忠度〕 草衣

〔天鼓・姨捨〕　草筵〔鵜飼・兼平〕　葉色〔高砂〕　葉分け（～の風）〔忠度〕　はつかに〔班女〕　ふること（古事）〔江口・班女〕　水屑（底の～となる）〔船橋〕　胸の煙〔小袖曽我・富士太鼓〕　浦舟〔高砂〕　落ちかかる（月～）〔富士太鼓〕　下臥（花の～）〔難波・西行桜〕　絞る（袂・袖を～）〔大原御幸〕

　言うまでもなく，当時は能楽が盛んであったが，その詞章は流麗な和文脈を基調とし，時に古典の和文や漢文訓読調をまじえ，用語にも漢語や仏語，さては歌語をも含んでいた．ロドリゲスは，日本の外典の文体の中にこれを含めて，次のように述べている．

　　'謡'（Vtais）と'草子'（Sŏxis）の文体は極めて優美な一種の文体であって，一般に'よみ'の語が使われ，ある音節の韻脚から成る一種の韻律を持っている．他のものと混合した詩的文体である．（f.185）

日本小文典でも，謡・草子を一括して，非常に優美な文体であり，'よみ'の語から成ることを述べた後，

　　七と五の音節の種々の韻脚をもち，種々な内容をもつ多くの書物中の散文をまじえた詩的文体（estillo poëtico）である．（f.75）

と書いている．すなわち，詩歌語を含むものであった．キリシタンが謡の詞章にも注意したことは，上の文典の記事のみならず，実際に用例として引用していることによっても明らかである．大文典には出典を「謡」としたものと曲名を記したものと合わせて19例ほど引用しているし，日葡辞書にも出典注記こそないけれども，謡からの引用と見るべきものはいくつも指摘することができる．それ故，謡の語を採ってこれに詩歌語と注記を施すことはあり得ることであって，前掲の諸語などはその例と見なされるものである．もちろん，歌学書類に出ていて，謡の中に見出だされるものもあるから，実際にはもっと多く謡から採ったかも知れない．

　日葡辞書の詩歌語に物語用語も含まれていることは，前にも簡単に触れたが，そのうち特にFeiqeからのものと見られるものもある．「薫る」は歌学書類には入っていないようであるが，日葡辞書は詩歌語として扱っている．

Cauori, u, otta.(薫リ，ル，ッタ)詩歌語．Niuô(匂ウ)に同じ．芳香を放つ，すなわち，かおる．¶例，Noqi chicŏ fanatachibanano attaga, cajeua natçucaxŭ cauotta, &c.(軒近ウ花橘ノアッタガ，風ハ懐シウ薫ッタ，云々)Feiqe.(平家)巻4．……

　これなどは，ここに引用している Feiqe の本文(p.353)中の語を採ったものに違いない．

　Xiboru(絞ル)の条に詩歌語としてあげた，

Tamoto, l, sodeuo xiboru.(袂，または，袖ヲ絞ル)詩歌語．ひどく泣く．

の句も，歌学書類には見えず，Feiqe には何回も使われ(pp.48,79 その他)，同書巻末の和らげにも，

Sodeuo xiboru.(袖ヲ絞ル)すなわち，Naqu.(泣ク)

とある．これも Feiqe からの採録らしい．

　このように歌学書類に見えないで，Feiqe にある語には，

深山隠れ〈p.395〉　白妙〈396〉　八重の潮風〈66〉　木隠れ〈140〉　袖を濡らす〈58,80〉

などの諸語があり，歌学書類に出ているものをも数えるとなれば，なお次の諸語が加わる．

水を掬ぶ〈pp.64.308.398〉　水の面〈396〉　草葉〈64〉　藻塩草〈289〉　綻ぶ〈311〉　水屑(みくづ)〈344〉　寝ぐたれ髪〈308〉　玉鉾〈372〉　玉垣〈165〉　玉章(たまづさ)〈69〉　田面(たづら)〈68〉　とぼそ〈396〉　わく方もない〈47,319〉　忘れ草〈396〉　小舟(をぶね)〈305〉　尾の上〈311〉　よすが〈88〉　大内山〈140,400〉

　Feiqe はキリシタンに親しまれた書物で，一般語彙の採録資料としても用いられたと思われるので，これに基づいて採録された詩歌語のあったろうことも容易に推察される．

　太平記は，出典を注して引用した文例は最も多いけれども，その中に含まれた詩歌語は「仄めく」だけであって，詩歌語に関する限り Feiqe よりもはるかに少ない．

節用集なども日葡辞書に言う詩歌語を含んではいるけれども，歌学書とは比較にならないほど少ない．日葡辞書において詩歌語を多く含んでいるA，C，M，T部について，下学集・易林本節用集・運歩色葉集に含まれる詩歌語数と，藻塩草・匠材集のそれとを比べてみると，下表のとおりである．

部　別	A	C	M	T
日葡辞書詩歌語数	47	57	67	54
（書　名）				
藻　塩　草	31	37	50	39
匠　材　集	17	18	30	25
運歩色葉集	10	10	9	14
易林本節用集	10	6	13	10
下　学　集	1	1	2	2

このように少ないながらも日葡辞書にあるのと同じ詩歌語を含んでいるから，これらの中から採られたものがあるかも知れない．ただ，歌学書類には意味を注したのが多く，それが注ともども日葡辞書に移されたと見られるものがまれでない事実からすれば，詩歌語採録の主な資料は歌学書類にあると認めるべく，他は二次的なものと見るのが穏当なところであろう．要するに，Feiqe その他は，詩歌語に直接の資料関係があるというよりも，むしろ日葡辞書全体の語彙採録の源と認めるべきものであろう．従って，一方から言えば，そのような種々の資料から一般語彙と同列に採録されたものの中に，編者によって詩歌語と認定され，P.注記が付けられたものがあったに違いない．「参り来る」「え去り難い」「見る目嗅ぐ鼻」など，いわゆる歌語とも見えず，いずれの歌学書にも取り上げられていない語句に P.注記がつけられ，逆に「あまのまてがた」「あまのたくも」「はだれに」のごとき，詩歌語と認めて然るべき語に P.注記が付けられなかった理由もその辺にあるのであろう．そうした欠陥はあるにしても，約400年前新たに編まれた日葡辞書に，多くの資料から詩歌語を採り，それと注記して収録したことは，やはり相応に評価すべきものであろう．

注
1) 類例に，「士卒悉ク qifucu（帰服）シ奉レバ，云々．太平記巻28」もあげられる．「奉レバ」は大系本（三109）その他に「奉ラバ」とある．これを写した tatematçureba が筆写本の a と e との相似によって引例のように誤り，それに対して葡語訳を付したと考えられる．
2) 「Nevobiye（寝怯エ）タル敵ドモ関ノ声ニ驚キテ，周章テフタメク．太平記巻

8．」の例も同趣のものであろう．これは実は巻18に属し，諸本に「寝ヲビレタル」とあるから，始めnevobiretaruと書いてあったのをnevobiyetaruと誤ってひき写したかと疑われる．なお，上の1条は，ほかにも例があるように，太平記の引例に基づいて見出し語を立てたとおぼしいが，上述の誤りがあるとすれば，「寝怯ユル」という語自体が確かに存したか否かも問題になる．
 3）　永田信也「『日葡辞書』に引用された『太平記』」(北海道説話文学研究会「中世説話の世界」笠間書院，昭和54)
 4）　大塚光信「きりしたん版集成　二」解説(天理図書館善本叢書，八木書店．昭和53)
 5）　吉田澄夫「伊達家本金句集解説」(貴重図書影本刊行会，昭和14)
 6）　土井忠生「天草版金句集考」(「京都帝国大学国文学会二十五周年記念論文集」昭和9．)後に「吉利支丹文献考」(三省堂　昭和38)に収む．p.148
 7）　亀井　孝「狂言のことば」(「能楽全書　第五巻」創元社　昭和19．後に「亀井孝論文集5．言語文化くさぐさ」吉川弘文館．昭和61に収む)
 8）　土井忠生「養方パウロの著作」(「国語国文」第2巻第11，12号．昭和7．後に「吉利支丹文献考」三省堂．昭和44．に収む)
 9）　永積安明「長明発心集考」(「国語と国文学」第10巻　第6号)
　　　簗瀬一雄「発心集研究」昭和50
10)　山田忠雄「元和三年板下学集」(新生社，昭和43)解説 p.144
11)　拙稿「捷解新語の国尽し」(国語国文」第42巻　第7号，昭和48．後に「室町時代語論攷」(三省堂，昭和60)に収む．
12)　村岡典嗣「吉利支丹文学抄」(改造社．大正15)付録 p.15
13)　ⓐ俊頼無名抄(俊秘抄・俊頼髄脳)　源　俊頼(日本歌学大系巻一)
　　　ⓑ綺語抄　藤原仲実　(続群書類従　十七上)
　　　ⓒ奥儀抄　藤原清輔　(日本歌学大系　巻一)
　　　ⓓ和歌童蒙抄　藤原範兼　(国文注釈全書)
　　　ⓔ和歌初学抄　藤原清輔　(日本歌学大系　巻二)
　　　ⓕ袖中抄　顕昭　(瀬尾源兵衛慶安四年板)
　　　ⓖ和歌色葉　上覚　(日本歌学大系　巻二)
　　　ⓗ八雲御抄　順徳院　(久曽神昇「校本八雲御抄とその研究」昭和14)
　　　ⓘ師説自見集　今川了俊　(続群書類従　十七上)
　　　ⓙ歌林良材集　一条兼良　(同　　上)
　　　ⓚ藻塩草　宗碩　(寛九年板本・古活字本)
　　　ⓛ至宝抄　紹巴　(岩波文庫「連歌論集　下」)
　　　ⓜ匠材集　著者不明．紹巴跋　(日本古典全集・岡山大学国文学資料叢書　六一二)
　　　ⓝ詞林三知抄　源泰季　(寛永十二年板本)
14)　片桐洋一「『日葡辞書』の歌語──その性格と時代性──」(「国語語彙史の研究　四」和泉書院　昭和58)

あとがき

　本書は，長崎版日葡辞書に関する拙稿をとり集めて，一巻の書への統合をめざしたものである．

　日葡辞書については，学生時代から多少知ってはいたが，直接その考究にかかわるようになったのは，昭和23年3月末，恩師土井忠生先生から，かねて申請中の「日葡辞書の研究とその邦訳」に対する研究費が認可されたから，その研究補助者として手伝いをするようにと仰せつかった時に始まる．ポルトガル語については全く無知の自分などにつとまるお手伝いではないことは明らかなので，お許しを請う気持が強かったのであったが，結局それもならず，お受けしてしまった次第であった．

　まだ複製本などは出ていなかった頃のこととて，先生御架蔵のロートグラフによる焼付けの複写を拝借して1語ずつカードに手写することから始めたが，全く知らない外国語を書き写すことすら容易ではない．それだけに挫折することを恐れ，少しずつでも必ず毎日書くことを心にきめて事を進めた．その当時，ポルトガル語の手ほどきとしてわが国で出版されていた書物は，わずかにそれぞれ唯一書，今日よりすれば貧弱な文法書と辞書がブラジルへの移住者のための実用語学書としてあるだけであったが，とにかく書写の傍らそれらを頼りに勉強に努め，原文の読解も試みた．そのうちに珍しい室町時代特有の慣用や九州方言の条に出合って，いたく興味をそそられるようになった．そういうことも支えとなって，時にやむなく休む日はあっても中絶することはなく，約2年半後の昭和25年晩秋のころ，ついに32799枚のカードを書きあげた．

　そのころ，漸次，東洋学の淵叢である東洋文庫からまず羅葡日対訳辞書の複製が刊行され(昭和26)，また続いてレオン・パジェス訳の日仏辞書(昭和28)，さらにかの長崎版の日葡辞書の複製(昭和35)が市販されて，いまやこれ

らは大いに学界を益するに至った．ただ，これらはいずれも縮刷版であったために，鮮明を欠く部分を含む憾みを免れなかったが，さらにその後原寸大の複製本が作られるようになり，まず日葡辞書(昭和48)と補遺を欠く形態のパリ本日葡辞書(昭和51)が刊行され，ついで羅葡日対訳辞書また新たな複印が世にまみえた．ほかにイエズス会以外の刊行としては，日葡辞書のスペイン語訳なる1630年マニラ版の日西辞書(昭和47)なども出版された．なお，コリャードの羅西日辞典(昭和41)，羅西日辞書(昭和54)，およびコリャード自筆西日辞書(昭和60)の複製刊行をも見るまでになった．

　他方，第二次大戦後における厳しい外貨制限も次第に弛くなって，ポルトガル語の文典，辞書，参考書などさまざまの洋書を手に入れたが，これら上掲の諸書から受けた恩恵は，多年に亘ってまことに大，かつ深い．

　ほぼ同じころ，土井先生を編集委員長に仰ぐ「時代別国語大辞典　室町時代編」編纂の業が進められていたが，それには日葡辞書の収載語をなるべく多く収めることをその大きな方針の一つとしていたところから，いまやその邦訳を急げとのことで，改めて昭和30年7月初めから専らそのことに力を注ぎ，かくてまる5年，昭和35年8月10日に一応の終了を見た．しかし，それでも依然としてなお疑問や問題を残していたし，そして残るものほどおしなべて手ごわい難問でもあるので，引続きその解決に腐心し，それを中心に少なくも2回は全体を通して見直し，能う限り手入れを試みたことであった．それから後も日葡辞書の翻訳を少しでもましなものにしようとの思いを胸に，それに役立つべき資料，日本語並びにポルトガル語の用例などを求めて改善に努めつつ今日に及んでいる次第である．ことのついでにひとこと付け加えるならば，「邦訳日葡辞書」の若干の条において，そこの紙面のスペースが必要なだけの文字の差し替えを許す場合，すなわち，いわゆる象嵌的技法で事済む場合に限って，平成2年増刷のときに所要の改定を加えた．今年9月刊行の「邦訳日葡辞書索引」の第3刷にも同様の補訂を加えている．

　昭和47年秋，岩波書店から土井先生に日葡辞書の翻訳出版の話があり，それを受けてここに次の手筈が決定された．すなわち，それには上述の訳稿を

もう一度私自身が改めて検討した後、長南実氏へ回してロマンス語に専門の立場から検討の手を加えて頂き、最終的には土井先生の厳密な検閲と補正とを経た後、これを私が印刷原稿として整えた上で印刷に回すということであった。校正の段階でも同じ手順を踏んだので、予想以上の日子を要し、昭和55年5月になってようやく「邦訳日葡辞書」の刊行を見た次第であった。

私は、生来の遅鈍を知るが故に、ひたすらこの一書にうち込んで来た。批判をもこめて、原文の忠実な理解を念とし、日葡辞書に額づいて謙虚に教えを乞う態度で終始している。ために必要以上に原文にこだわり、土井先生、長南氏、並びに岩波書店の担当者諸氏にずい分御迷惑をかけたことであった。

このようにして今日に至る間には、また機を得てかれこれと小稿を発表した。すでに冒頭に述べたところの繰返しとなるけれども、これらの旧稿をふまえて、このたび新しく体裁を整えて成ったのがすなわち本書である。既発表のものには、前後の論文間に重複する点が少なくないが、それらは能う限り調整に努め、加除補正を施したけれども、行論への配慮から旧態を残さざるを得なかったところも少なくない。また、全体の構成を整えようとして未発表の旧稿をさし加えたところも混じっている。これらのものを関係の章別にあげれば、下のとおりである。

第Ⅰ章
 1 日葡辞書の成り立ち(「キリシタン文化研究会会報」第19巻第2号. 昭和53年12月)
 2 日葡辞書の解読と利用(「文学」第30巻第2号. 昭和37年2月)

第Ⅱ章 未発表旧稿

第Ⅲ・Ⅳ章
 1 吉利支丹資料のローマ字綴 ── 日葡辞書・ロドリゲス大文典を中心として ──(「国語学」第13・14輯 昭和30年3月)
 2 日葡辞書に見える Voasu, Voaximasu について(「国文学攷」第21号. 昭和34年7月)
 3 外国資料の誤謬(「広大言語」第15号. 昭和51年3月)

4　キリシタン資料におけるハ行音のローマ字表記(「国語国文学論集」第
　　　13号．昭和59年6月)
第Ⅴ章
　　　日葡辞書の成立に関する一考察(「本邦辞書史論叢」昭和44年2月)
第Ⅵ章
　　1　日葡辞書の方言語彙拾遺(「方言研究年報」第13巻．昭和45年1月)
　　2　日葡辞書の方言(「藤原与一先生古稀記念論文集『方言学論叢Ⅱ　方言研
　　　究の射程』昭和56年6月)
第Ⅶ章
　　1　日葡辞書の『プロポジサン』注記について(「国文学攷」第49号．昭和
　　　44年3月)
第Ⅷ章
　　1　日葡辞書の規範的説明 —— 一般語彙に対する説明の方法 ——(「国文
　　　学攷」第23号．昭和35年5月)
第Ⅸ章
　　1　日葡辞書の太平記引用文について(「土井先生頌寿記念論文集『国語史
　　　への道　上』昭和56年6月)
　　2　日葡辞書のことわざ(「国文学攷」第28号．昭和37年5月)

　なお，前記の「邦訳日葡辞書」の巻末に付せられた「補説」の部分は，本書に記するところと同じようなところが少なくない．これは，もと私が下原稿を書き，これをお二人の編訳者に校閲補正を乞うたものであるが，大方のところは原案が認められて印刷に回されたという事情によるものである．このことは，「補説」が私一人の署名で結ばれていること(末尾，p.862参照)によってすでに察せられるであろうが，筆者の私としては，ここに以上の次第をやはりことわっておくべきであると信ずる．
　さて，さきにもあげた「時代別国語大辞典　室町時代編」は，土井先生を編集委員長とし，14名の編集委員によって編纂の業が進められていて，昭和60年3月に第一巻，平成元年7月に第二巻が刊行された．昭和17年にこの業が

始まって以来，私もその委員の末席に列なり，資料の蒐集に始まるその整理と項目の執筆，特に日葡辞書からの採録を分担して，戦前戦後を通じ私は私なりの非力を献げて来た．

然るに，第二巻の刊行後，その中の日葡辞書を引用した条に，「邦訳日葡辞書」の訳と異なるのみならず，葡語原文に照合するに明らかな誤訳にさし替えて改悪されたものがあり，それも一二に留まらないことを知った．さらには，その後見た第三巻の校正刷の中にも同類を見出だした．日葡辞書を他の辞書に引いて利用する場合に，原文の説明を取意縮約して収めることはあり得るにしても，ことさら誤訳へ変改してあげるに至っては論外である．私はその大胆な改悪に驚くとともに，キリシタン語学の第一人者として内外に知られる土井先生の責任のもとに成る辞書に，ほかならぬ日葡辞書の誤訳があるのを黙視するに忍びず，幾度か考えあぐねた末，この事を数回にわたって編集委員会並びに委員長に口頭で，また，文書をもって訴えた．これは，長年に亘って厳しく先生から教導を受けた攻学の精神に悖るものにあらずと信じて敢えてしたことであった．今，その経緯を具さに述べることは慎しむけれども，帰するところ，ついに私は編集陣を退くことになった．因みに，ほとんど時を同じうして委員を辞任するに至った方々があるけれども，それが，いささかも私に殉ぜられた結果などでなく，各自の判断に基づく独立の行動であったことだけは，世に誤解のないよう，付記しておく．顧みるに私は，恰も60年に垂んとする今日まで，先生の教えを畏み，誠心誠意仕えて来て渝らぬつもりである．これは知る人ぞ知るところと信ずる．今はひたすら師の鴻恩を忘れず，わが一筋の小径を辿るのみ．

さてしかしながら，本書がここに陽の目を見ることができるのも，上述のような屈折はあったにせよ，もとより学生時代以来長年に亘る土井先生の御高論の賜物以外の何物でもないことは，重ねて申し述べるまでもないところ，ここに改めて謹しんで献ずる感謝をなにとぞひとえに御受納頂きたいと祈る．

また，そのほかにも，非才の私をいつも変わらず温かく見守り，力強く助

け励まして下さった方々は，一々にそのお名前のことごとくを尽くしがたいけれども，中でも，大塚光信氏，鈴木博氏，亀井孝氏にはいろいろとお世話になったことであった．殊に亀井氏は，粗稿を細かに見て下さった上に思いがけなくも私などのためにはあろう筈もない有り難い序文を賜わり，それのみならず終始適切にして貴重な助言・示唆を辱うし，大塚・鈴木氏ともどもに惜しみなく資料を提供して頂くなど，格別の厚情を寄せられた．衷心ひとえに感謝の誠を捧げるばかりである．特に，たとえ忘れんとしても忘れ得ない思い出は，亀井氏が，あらかじめお目通し下さった粗稿をもとに，東京のさるホテルの一室で，正午過ぎから始めていわば逐条こまごまと御教示を賜わるうち，いつしか東の空が白々と明けはなれてしまった晩春の一夜のこと．すなわちこのことを私は終生忘れ得ないであろう．

　丸山徹氏からは，各種稀覯の16・17世紀の交のポルトガル語学書の参照に一方ならぬ便宜を与えて頂き，また，豊島正之氏からは諸書のKWICの利用を許されるなど多大のお力添えを賜わった．お二方の御厚情にも深くお礼を申しあげたい．

　終りになって恐縮ながら，経済界の不況が強く言われる時期に，かかる書の刊行について深い理解を寄せられ，出版を快諾して下さった清文堂出版社長前田成雄氏，並びに組版のとりわけ厄介な本書のために細心の注意を払い，見事に仕上げて下さった前田保雄氏ほか係社員の方々に深甚の敬意と謝意を表するものである．

　　　1993年5月15日　　　　　　　　　　　　　　　　森田　武

［著者略歴］

森　田　　武（もりた　たけし）

大正２年２月　　熊本県に生まれる。
昭和11年３月　　広島文理科大学文学科卒業。
平成６年９月　　死去
　　　　　　　　広島大学・安田女子大学名誉教授。
　　　　　　　　文学博士
著　　書　　天草版平家物語難語句解の研究（清文堂出版 1976）
　　　　　　邦訳日葡辞書（共著）（岩波書店 1980）
　　　　　　室町時代語論攷（三省堂 1985）
　　　　　　邦訳日葡辞書索引（岩波書店 1989）

日葡辞書提要

平成５（1993）年11月20日　　初版発行
平成24（2012）年10月15日　　第２版
　　　　　　著　者　　森　田　　武Ⓒ
　　　　　　発行者　　前　田　博　雄

〒542-0082　大阪市中央区島之内２丁目８番５号
　　　　発行所　清文堂出版株式会社
　　　電話　06-6211-6265（代）　FAX　06-6211-6492
　　　http://seibundo-pb.co.jp　振替　00950-6-6238

組版 製版 印刷：西濃印刷　製本：渋谷文泉閣
ISBN978-4-7924-1423-8　C3080

『日葡辞書提要』索引　凡例

　本索引は、森田武『日葡辞書提要』（清文堂出版、1993年初版）の本文中に引用されている『日葡辞書』のローマ字書き日本語について、本文で話題の対象となっている語及びその語を含む見出し語を採ったものである。

1. 本文で引用されている語について、出典を以下のように示す。
　　無印＝『日葡辞書』
　　＊＝『日葡辞書』以外のキリシタン文献
　　＊＊＝マニラ版『日西辞書』（『日葡辞書』のスペイン語訳）
　　＊＊＊＝パジェス『日仏辞書』（『日葡辞書』のフランス語訳）
2. 語の配列は、便宜上、現行のアルファベット順で行った。そのため『日葡辞書』の配列とは異なる場合があるので留意されたい。
　　各種アクセント記号や補助記号が付された文字は、付されていない文字の後に配列した。
　　（例）Aa … Aara … Aà … Aàra …
　　オ段長音については、ŏ（開長音）→ ô（合長音）の順に配列した。
　　（例）Co ……… Coyeda … Cŏ … Cŏbut ……… Cô …
3. 一部の活用形（終止形など）の形で引用されている例で、他の活用形も再掲されている場合は、『日葡辞書』の見出し語の形に含めて掲出した。
　　（例）「Aguru（上グル）」は「Ague, ru, eta（上ゲ, グル, ゲタ）」に含む。
4. 丸括弧内には、本文中で宛てられている表記を引用した。本文中に翻字が宛てられていない場合は、土井忠生・森田武・長南実編訳『邦訳日葡辞書』（岩波書店、1980年）を参考に、索引編者が補った。なお、丸括弧内の表記はそれぞれ引用元の表記を原則としたが、誤字等、索引編者が改めた箇所もある。
5. 本文に引用された語のローマ字表記が『日葡辞書』の表記と異なる場合は、『日葡辞書』での表記で掲出し、本文での表記を丸括弧内に補った。他の資料からの引用もこれに準ずる。
　　例：Ronjintçŭ（Rongintçŭ）→『日葡辞書』では Ronjintçŭ、本文では Rongintçŭ とある。
6. 『日葡辞書』本篇と補遺の区別は示していないので、本文で確認されたい。

　本索引は、『日葡辞書提要』でどのような語が取り上げられているかを概観することを主目的として作成したものであり、索引としては粗く行き届かない点もあるが、一応その目的を達し得たと思う。この索引作成をお勧めいただいた大塚光信先生に感謝申し上げる。

[A]

A（ア）	239
Aa（アア）	163, 164, 165, 479
Aa*（アア）	163
Aara（アアラ）	163
Aara*	163
Aà*	163
Aàra*	163
Abare, uru, eta（荒・暴レ，ルル，レタ）	463
Abi, uru, l, abiru, ita（浴ビ，ブル，または，浴ビル，ビタ）	97
Abigigocu（阿鼻地獄）	335
Abumi（鐙）	252
Abura ague**（油揚）	24
Aburagami**（油紙）	24
Aburaya（油屋）	511
Aburicobu（炙昆布）	314, 325
Aburidôfu（炙豆腐）	192
Aburu（浴ブル）	397
Aca（赤）	32, 358, 415
Aca, l, Acano mizzu（閼伽，または，閼伽ノ水）	251
Acadayen（阿迦陀円）	32
Acaganezaicu（銅細工）	32
Acagaxira（赤頭）	46, 48, 49
Acago（赤子）	182
Acai（明イ）	99, 100
Acai（赤イ）	90, 101, 428
Acajimi, u（垢染ミ，ム）	188
Acane sasu（茜サス）	94
Acarami, u, òda（赤ラミ，ム，ウダ）	172
Acauo mana（赤御真魚）	358, 377
Acaxaguma（赤赤熊）	48, 49
acaxi cane（明カシ兼ネ）	527
Accô***（悪口）	35
Achivara***（葦原）	36
Acqet（悪血）	81, 207
Acqi（悪鬼）	207
Acqua（悪果）	335
Acu（悪）	402
Acubicu（悪比丘）	413
Acufô（悪法）	191
Acugô（悪業）	46
Acuguiacu butǒ*（悪逆無道）	387
Acuguiǒ（悪行）	46
Acujit（悪実）	32
Acureô, l, acoriǔ（悪龍）	26, 444
acuriǔ**（悪龍）	26
Acurui（悪類）	120
Acuteqi（悪敵）	32
Acu-vǒ*（悪王）	386
Acuxei**（悪星）	24
Acuxen**（悪銭）	24
Acuxu（悪趣）	416
Adana. l, Adano（徒ナ．または，徒ノ）	516
Adanmuxiro（Andamuxiroの誤植）（アンダ筵）	32
Afǒraxet*（阿防羅刹）	14
Agari（上がり）	10
Agari, ru（上ガリ，ル）	432, 433
Age（アゼ）	136, 137
age*（アゼ）	137
Agizzuqi,u(,uita（味付き）	12
Ago（距）	136
Ague, ru, eta（上ゲ，グル，ゲタ）	433, 497
Ague, uru*（上ゲ，グル）	182
aguemai*（上ゲマイ）	182
agueô*（上ゲウ）	182
agueôzu*（上ゲウズ）	182
Agueraruru*（上ゲラルル）	466
agueta*（上ゲタ）	182
Aguetçurǒ（上ゲツラウ）	318
aguete*（上ゲテ）	182
Agueuoqi, u**（上ゲ置キ，ク）	23
aguezu*（上ゲズ）	182
Agururǒ*（上グラウ）	318
Ah（嗚呼）	163, 164, 165 166, 167
Ai（相）	91, 92, 246, 478, 484
Ai***（アイ）	36
Ai, ǒ, ǒta（合・会イ，ウ，ウタ）	187
Ai atari, u, atta（相当リ，ル，ッタ）	82, 92
Ai auareôda（相憐レウダ）	182
Aibiqi（相引）	300
Aicacomi, u, ôda（相囲ミ，ム，ウダ）	82, 246
Ai camaite（相構イテ）	92

Aida（間）	240, 432	Amanei（遍イ）	183
Aigiacu（愛着）	409, 414	Amaneô（遍ウ）	182, 183
Ainori, u, otta（相乗リ, ル, ッタ）	485	Amanequ（遍ク）	101
Aino tate（間ノ楯）	434	Amanogaua（天ノ川）	416
Airen（哀憐〈愛憐〉）	33, 258	Amano madeguxi（海士ノ真手櫛）	39
Airen**（哀憐）	33	Amano matecouchi***	
Airen***（哀憐）	33	（海士ノマテクシ）	39
Airon（哀憐〈愛憐〉）	33, 258	amanǒ（甘ナウ）	573
Airon**（哀憐）	33	Amayegui（甘エ食イ）	122
Aitçu. l, aitçume. Aitcumega		Amazzura（天面・案摩面）	9
（アイツ，または，		Ame（鯰）	524
アイツメ，アイツメガ）	324	Ame（雨）	577
aite（相手）	117	Ametçuchi（アメツチ）	416
Aiuomoi, ôta（相思イ, ウタ）	34	Ami（海糠）	253
Aiwomoi, mô, môta***		Ami, u, onda（編ミ, ム, ヲンダ）	
（相思イ, ウ, ウタ）	34		186, 187, 252
Ai-xei*（哀情）	386	Amiûdo（網人）	168, 251
Aixi, suru*（愛シ, スル）	95	Amo（アモ）	353, 359, 366
Aixǔ（愛執）	414	An（餡）	159
Aiyen（哀猿）	571	ana（孔）	577
Aiyoqu（愛欲）	131	Anagachi. l, anagachini	
Aizzu（相図）	596	（強チ．または，強チニ）	418
Aizzuchi（相槌）	252	Anagi（穴痔）	32
Aizzuuo suru*（相図ヲスル）	596	An an（暗々）	121
Aje（綜）	137	Anca（案下）	326
Aje, l, une（畷，または，畝）	136, 137	Anchǔ. l, angiǔ	
Aji（阿字）	334	（庵中．または，庵ヂュウ）	73, 83
Ajiro（網代）	253	Anchi（安置）	510
Ama（天）	481	Ancǒ（鮟鱇）	577
AMA（雨）	482, 485, 486	Andanmouchiro***	
Amabaraxi（雨晴ラシ）	111	（アンダンムシロ）	33
Amabare（雨晴）	111, 485	Andanmuxiro**（アンダンムシロ）	33
Amabico（天彦）	111, 416	Angi. l, anchi（安置）	510
Amabito**（海士人）	25	Angǒ（鮟鱇）	510
Amabiyori（雨日和）	111	An i（安怡）	121
Amabiyori**（雨日和）	25	Ani（豈）	479
Amaboxi（甘干）	111	Annei（安寧）	326
Amabune（海士船）	111	Annon. l, anuon（安穏）	210, 211, 406
Amadare. l, amatare（雨垂）	485	Anpu（安否）	438
Amagasa（雨傘）	261	Anpu*（安否）	387
Amaguiru（天霧ル）	94	Anqiǒ（暗香）	329, 607
amanai（甘ナイ）	567	Aqe, uru, eta（明ケ, クル, ケタ）	93, 244
amanai*（甘ナイ）	561	Aqebi（通草）	524

Aqegata（明方）	514	Asamidori（浅緑）	609
Aqetatçu（明ケ立ツ）	94	Asaqe（朝食）	321
Aqitçuxima（秋津島）	25	Asaqiyome（朝清メ）	333, 510
Aqiŭdo（商人）	170, 457, 577	Asatçuqi（浅葱）	267, 367
Aqiye（空家）	32	Asaxe（浅瀬）	252
Aqu（開・空ク）	252	Asobasare, uru（遊バサレ，ルル）	495
Aragai（アラガイ）	577	Asobaxi, su（遊バシ，ス）	495
Arai（荒イ）	100	Asu（痘子）	577
Araso（粗苧・粗麻）	261, 267	Atama（頭）	436, 519
arasoare* （争ワレ）	149	Atamauo marumuru（頭ヲ丸ムル）	436
Aratamano toxi（新玉ノ年）	409	Atari, ru, atta（当・中リ，ル，ッタ）	10, 82, 92
Aratana. l, ataraxij		Atatacana（暖カナ）	100
（新タナ．または，新シイ）	99, 467	ataye（与エ）	124
Aratani（新タニ）	99	Atçumeni（集メ煮）	304
Aratasa（新タサ）	99, 101	Atçù（暑ウ）	168
Arauchi（荒打）	123	Atçù（厚ウ）	168
Arauo** （粗苧）	23	atçŭ（厚ウ）	168
Araxi（嵐）	259, 260	Ato（後・跡）	502, 524, 577, 578
Arayuru** （アラユル）	23	Atqet（悪血）	81, 207
Arayuru. l, arŏru**		Atqi（悪鬼）	199, 207
（アラユル．または，アラゥル）	23	Attori（獼子鳥）	577
Are, ruru, eta（荒レ，ルル，レタ）	429	Auabi. l, Vŏbi（鮑．または，ワッビ）	173
Ari（蟻）	577	Auai（間）	148
Ari, ru, atta（有リ，ル，ッタ）	496	Auai（淡イ）	505
Ari, u, atta（有リ，ル，ッタ）	459, 482, 496	Auare（アワレ）	491
Arica. l, sumica（在リカ．または，栖）	74	Auarena（哀レナ）	100
Arie* （有家）	123	Auasuru（合ワスル）	208
arigauoni（有リ顔ニ）	244	Auaxe（袷・合はせ）	27
Arima（有馬）	9, 250	Auaxe** （袷・合はせ）	28
Arino mi（有リノ実）	409	Auaxe, suru（合はせ，する）	120
ariqu（アリク）	593, 594	Auaxegaqi（淡柿）	444
Arŏ（洗ウ）	397	Auobana（青花）	288, 296
Aru（有ル）	498	Auogu（仰グ）	148
Aruiua* （アルイハ）	437, 439	Auogui, u（煽ギ，グ）	25
Arujiua, ga* （主ハ，ガ）	478	Auoi（青イ）	127
Aruqi（歩キ）	25	Auomi, u, ŏda（青ミ，ム，ウダ）	185
Asa（朝）	90	Auo vueno xechiye（白馬ノ節会）	201
Asadgigawara*** （浅茅ガワラ）	39	Auoyagui（青柳）	414
Asagiga fara（浅茅ガ原）	39	Awai*** （アワヒ）	36
Asagouori（朝氷）	175	Axi（足）	420, 577
Asaguigoqi（浅葱御器）	11, 459	Axibayana. l, axibayai	
Asaguiyome（朝清メ）	333, 510	（足早ナ．または，足早イ）	467
Asamexi（朝飯）	321	Axicai（葦牙）	379

4

Axiga qiqu（足ガ利ク）	433	Bat. i. Bachi（罰. すなわち, バチ）	
Axino cô（足ノ甲）	193, 194		74, 199, 201
Axino tçucubuxi（足ノックブシ）	235	Batriŭ（末流）	421
Axiricogui（アシリ漕ギ）	509	Batyô（末葉）	215
Axiuara, l, yoxiuara		Batza（末座）	252
（葦原. または, 葭原）	36	Baxen（馬銭）	297
Axiyri（脚入リ）	118	Baxen（馬甎）	418
Ayauy（危イ）	118	Baxi（バシ）	479
Ayaxij（怪シイ）	100	Baxŏ（馬上）	252
Ayaxû（怪シウ）	100, 168	Bazzui（抜隋）	204
Azzuma cudari, u*（東下リ、ル）	95	Bebenoco（ベベノ子）	314, 325
Azzuqui（小豆）	136	Beccŏ（鼈甲）	193
Azzusayumi*（梓弓）	517	Beccô（鼈甲）	193
[B]		Bechi. l, bechina, l, no	
		（別・または, 別な, または, の）	201
BA（場）	454	Bechidan（別段）	202
Baba（馬場）	143	Bechigui（別儀）	201
Bacaguena（馬鹿ゲナ）	468	Bechiji（別事）	201
Bachi（罰）	199, 201	Bechiji（別時）	201
Bachi（枹・撥）	252, 443	Bechijin（別人）	201
Bacutai*（莫太）	388	Becqua（別火）	426
Bacu-tai*（莫太）	388	Bembet（弁別）	143
Badai（馬代）	252, 279, 283, 297	Benidaicon（紅大根）	361
Baibai*（売買）	387	Bentŏnaru coto, fucqi naru mono*	
Baibocu（梅木）	443	（便当ナルコト, 富貴ナルモノ）	468
Baicai（媒介）	416	Bentŏni, tacusanni*（便当ニ, 沢山ニ）	468
Baiguet（梅月）	443	Benzaxi（弁済使）	283
Baijit（梅実）	443	Beobos（屏風）	458
Baiqua（梅花）	443	beŏbosinho（小屏風）	459
Baitocu（買得）	67, 399, 504, 512	Beŏqi（病気）	81, 178, 225
Banaraxi（場馴ラシ）	454	Beppô（別法）	191
Bangue（万礙）	91	Bet（別）	201
Banguei（万芸）	414	Betbetni（別々ニ）	441
Banpŏ（万方）	189	Betdan（別段）	202
Banqichi. l, banqit（万吉）	201	Betgui（別儀）	201
Banqit. l, banqichi（万吉）	201	Betji（別事）	201
Bansui. i. Yŭmexi		Betji（別時）	201
（晩炊. すなわち, 夕飯）	72, 73, 413	Betjin（別人）	201
Banxô（晩鐘）	118, 249	Betrui（別類）	120
Banyacu（バンヤク）	252	Bexxite, daiichini*（別シテ, 第一ニ）	67
Bappai（バッパイ）	252	Bexxite, toriuaqi*（別シテ, 取リ分キ）	
Barabara（バラバラ）	90		66, 505
Bari（尿）	316	Biacudan migaqi（白檀磨き）	11, 459

5

Biacuxi（白芷）	69	Bonqua*（犯科）	387
Biacuxin（柏槇）	13, 443	Bonuocu（茅屋）	186, 187, 188
Bibut（美物）	143	Bonzinho（小法師）	11, 459
Bican（美嬋）	396	Bonzo（坊主）	276, 446
Bican（微寒）	401	Bonzo*（坊主）	187
Bichimeqi, u（びちめき，く）	253, 325	Bonzos（坊主たち）	12, 136, 276
Bicŏ（鼻高）	297	Botô（暮冬）	445
Bicu（比丘）	334	Boxacu（暮雀）	329
Bigio（美女）	578	Boxû（傍首）	252
Bimei（未明）	391	Bŏji（房事）	450
Bin（便）	172	Bŏquan（傍観）	244, 560
Bio-guen*（病源）	600	Bŏquŏ（膀胱）	590
Biombo*（屏風）	187	Bŏtô（棒頭）	578
biònin*（病人）	172	Bŏxi qirazu（茅茨不剪）	488
Biŏbu（屏風）	187	Bŏzu（坊主）	187, 446
Biŏbus（屏風）	11, 457	Bŏzuno iye（坊主ノ家）	195
Biŏdô（平等）	401	Bōzo（坊主）	11, 458
Biŏguen（病源）	600	Bōzos（坊主）	11
Biŏnin（病人）	514	Bu（武）	486
Biŏqi（病気）	81, 178	Buccacu（仏閣）	486
Biŏxit（病疾）	407	Buccu（仏供）	208
Biŏxŏ（病床）	178	Bucotna（無骨ナ）	414
Biqen（美妍）	396	Bucô（無功）	237
Biqin（鼻巾）	283	Bucô（武功）	486
biquni*（比丘尼）	130	Bucu（仏供）	208
Birei（美麗）	401	Bucusuru（服スル）	483
Bitamecasu（ビタメカス）	521	Budŏ（葡萄）	128
Bitamequ（ビタメク）	521	Bufen（武辺）	486
Biuano cô（琵琶ノ甲）	193, 194	Bugen*（豊前）	137
Bixago（睢鳩）	218	Bui（武威）	119
Bixarito（ビシャリト）	444, 521	Bumaru（夫丸）	71
Bobo（ボボ）	361, 366, 450	Bunda（ブンダ）	361
Bocu（墨）	451	Bungo（豊後）	9
Bocuchi（墨池）	443	Bun-i（文位）	224
Bocudô（牧童）	48	Bunni suguita qirumonogia	
Bocufit（木筆・墨筆）	443	（分ニ過ギタ着ル物ヂャ）	487
Bocuguiŭ（牧牛）	48	Bunxŏ（文章）	224
Bocuji（牧士）	48	Bunzai（分際）	224
Bodai（菩提）	335	Buppô*（仏法）	189
Boguiŭ（牡牛）	47	buquā（武官）	536, 537
Bonnin（凡人）	252	Burui（部類）	120
Bonnon（梵音）	210, 211	Busata mŏsu（無沙汰申ス）	499
Bonnŏ（煩悩）	335	Busŏ（無双）	237

Busŏna（無双ナ）	237
But（仏）	486
Butbat（仏罰）	196
Butçuji（仏事）	203
Butçuji sajen（仏事作善）	203
Butdan（仏壇）	486
Butji. i, Butçuji, tomuray（仏事，弔イ）	
	182, 203
Butjin（仏神）	457
Butmiŏ（仏名）	9, 446
Buto（伏兎）	158
Buxixu（武士衆）	484
Buxŏna（無性ナ）	99, 100
Buxucan（仏手柑）	209
Buxucanno qi（仏手柑ノ木）	209
Buxxin（仏心）	486
Buxxucan*（仏手柑）	209
BV. l, mu（無．またはム）91, 391, 478, 484	

[C]

Ca（カ）	478, 522
Cabe（壁）	192, 193, 358, 415
Cabu（蕪）	361, 508
Cabun（下聞）	234
Cabura（蕪）	508
Cabuto（冑）	137, 252
Caca（かか〈鰹節〉）	360
Caca（カカ〈母〉）	366
Cacarai, ŏ, ŏta（カカライ，ウ，ウタ）	314
Cacari, u, atta	
（掛・懸・係カリ，ル，ッタ）	10, 432
Cacaru（斯カル）	467
cacayaqu（輝ク）	567
Caccacu（各々）	205
Cacchŭ（甲冑）	194, 205
Cachi（勝チ）	252
Cachi, ita（搗チ，チタ）	463
Cachiay（搗チ合イ）	118
Cachin（かちん）	358
Cacoi（囲イ）	130
Cacomi, u, ŏda（囲ミ，ム，ウダ）	185
Cacon（嫁婚）	451
Cacqua（葛花）	141

Cacu（角）	190
Cacu（角）	589
Cacubaxira（角柱）	90
Cacufit（擱筆・閣筆）	410
Cacuita（角板）	11
Cacunogotocu（斯クノ如ク）	131
Cacuxi, su（隠シ，ス）	34
Cacuxut（各出）	391
Cadamaxij（カダマシイ）	252
Cado（角）	284, 288
Cado（門）	303
Cadode（門出）	77, 508
Cadoide（門出デ）	508
Cagaguinu（加賀絹）	130
Cagami**（鏡）	23
Cagami, iru（鑑・鑒ミ，ミル）	463, 464
Cagaritcuqi, u（かがり付き，く）	325
Cagi（加持）	334
Cagimon（加持門）	334
Cagueqi（暇隙）	326
cai（貝）	118
Cai（海）	244
Cai（掻イ）	91, 303, 478, 485
Ca-i（下位）	214
Cai. l, caiyŭ（粥．またはカユウ）	
	147, 214
Cai, ŏ（飼ひ，ふ）	48, 186
Caiauabi. l, Caivŏbi	
（貝鮑．または，貝ワウビ）	173
Caicatarai, ŏ, ŏta	
（掻イ語ライ，ウ，ウタ）	82
Caicomi, u, ŏda（掻イ込ミ，ム，ウダ）	185
Caicorobi, u, ŏda	
（掻い転び，ぶ，うだ）	185, 485
Caicumu（カイ汲ム）	485
Caicuri, u（掻イ繰リ，ル・	
掻イ刳リ，ル）	91
Caidacu（カイ抱ク）	485
Caide（楓）	515
Caifen*（海辺）	387
Caifiraqu（カイ開ク）	485
Caifu（開敷）	407
Caigo（蚕）	283

7

Caigo*（卵）	302	Can. l, cannozǒ（肝．または，肝ノ臓）	455
Caigǒ（開合）	184	Cana（金）	482, 486
Caiguai（海外）	428	Canabǒ（金棒）	486
Caiguei（海鯨）	141, 393	Canacaqe（鉋掛）	303, 417
Caimamiye, uru（垣間見エ，ユル）	270, 330	Canacugui（金釘）	486
Caimucu（皆目）	492	Canacuso（鉄屎）	267
cainǒ（甲斐ナウ）	244, 527	Caname（要）	436
Caiqen（海硯）	605	Canarazu（必ズ）	416
Cairacu（開落）	399	canaximi*（悲シミ）	217
Cairit（戒律）	407	Canaximi, u, ùda（悲シミ，ム，ウダ）	188, 219
Cairǒ（海老）	410	Canaxiqi（鉄敷）	314
Cairu（カイル）	270	canaxunda*（悲シュンダ）	188
Caisacu（改作・開作）	91, 269	Canbachi（旱魃）	201
Caisan*（開山）	388	Canban（看板）	11
Cai-san*（開山）	387	Canbat（旱魃）	201
Caisui（海水）	389	Canca（閑暇）	400
Caitçu（カイツ）	324	Canchù（寒中）	509
Caixei（皆済）	38	Canchùren（坎中連）	380
Caixet（開説）	76	Cancocu（寒国）	402
Cajit（夏日）	60, 606	Candan（寒暖）	402
Camaite. l, camayete（構イテ．または，構エテ）	506	Cane（鉄漿）	38
Camayete. l, Camaite（構エテ．または，構イテ）	73, 506	Cane, uru（兼ネ，ヌル）	482
Cameguio*（上京）	181	Canegane*（予々）	137
Cameno cô（亀ノ甲）	193	Canet（夏熱）	60
Cami（上ノ地方）	9, 10	Canetçuqui（鐘撞キ）	136
Cami（神）	334, 446	Canete（兼ねて）	429
Cami（加味）	379	Canguet（寒月）	329
Cami（髪）	397	Canjin（肝心）	8
Camiai, ǒ, ǒta（噛ミ合イ，ワウ，ワウタ）	118, 213	Canjo（寒暑）	402
Camicusa（上クサ）	301, 305	Canjucu（乾熟）	410
Caminari（カミナリ）	416	cannhô*（肝要）	212
Caminazzuqi（神無月）	445	Cannozǒ（肝ノ臓）	455
camini（カミニ）	536, 537	cannozǒ*（肝ノ臓）	455
Camis（神）	457	Cannǒ（感納）	246, 524
Camisori（剃刀）	508	Cannô. l, cānôna（堪能．または，堪能ナ）	74
camiyǒta（噛ミヤウタ）	213	Canpai（肝肺）	455
Camoji（カ文字）	357	Canpǔ（寒風）	428
Camoji*（髢）	357	Canqiocu（姸曲）	402
Can（寒）	402	Canrei（寒冷）	399
		Canuô（感応）	79, 246
		Can-vn（寒温・寒雲）	121

Canxa（奸者）	509	Cara（カラ）	471, 475
Canxi（諌紙）	410	Cara. i, Teco（カラ. すなわち, 梃子）	311
Canxit（乾湿）	196	Caraco（殻粉）	361
Canxu（寒酒）	284	Caramon（辛物）	358
Canyô（肝要）	212	Caravsu（碓）	517
Canyôna（肝用ナ）	99, 467	Caraxiuo（涸潮）	240, 315, 510
Canzaxi（簪・釵）	442	Care（カレ）	290
Canzŏ（甘草）	401	Care, uru（涸・枯れ, るる, れた）	435
Cappei（甲兵）	195	Carei（王余魚）	290
Cappeqi（合壁）	205	Carexiuo（涸潮）	510
caqari*（掛カリ）	134	Cari（狩）	111
Caqe（欠ケ）	515	Cariaqu（下略）	131, 234
caqe, quru, qeta*（掛ケ, クル, ケタ）	131	Carigui（刈葱）	367
Caqe, uru（掛ケ, クル）	93	Carincŏzaixô*（歌林好材抄）	607
Caqe, uru（懸・掛ケ, クル）	433	Carini（仮ニ）	111, 241
Caqe, uru, eta（掛ケ, クル, ケタ）	93	Carisomeno. l, Carisomena	
Caqeai, yŏ, yŏta（掛ケ合イ, ウ, ウタ）	213	（カリソメノ. または, カリソメナ）	74
Caqeaxi（駆足）	244	Caroqu, sucunaqu, xôbunni*	
caqefaxi（梯）	578	（軽ク, 少ナク, 小分ニ）	469
caqemono（賭）	565	Carugayuyeni（カルガ故ニ）	326
caqenoqeô（駈ケ退ケウ）	182	Carugueni（軽ゲニ）	101, 267
Caqeuo（懸緒）	515	Carui（軽イ）	468
caqeuochi（駆落）	552	casa（笠）	13
Caqeyoxe, suru（駆ケ寄セ, スル）	563	Casa（枷鎖）	83, 487
Caqezan（掛算）	86, 248	casanari fusu（重ナリ伏ス）	531
Caqezauo（掛竿）	310, 311, 313	casanari yuqu（重ナリ行ク）	566
Caqi（柿）	444, 525	casane jŏyô（重ネ請用）	578
caqi, caqu, caqe*（書キ, ク, ケ）	131	Casayadori（笠宿リ）	414
Caqi, u, aita（書キ, ク, イタ）	93, 244	Casufai. l, Casufaqi	
Caqibai（蛎灰）	280	（淬吐イ, または, 淬吐キ）	507
Caqi idaxi, su, aita		casumi（霞）	117
（書出だし, す, いた）	52, 53	Catabuqe, ru（傾ケ, クル）	
Caqimaguirete（掻キ紛レテ）	94		215, 216, 218, 219
Caqinoboru（カキノボル）	550	Cata ccu buri*（蝸牛）	264
Caqiqexi, su（掻キ消シ, ス）	135	Catacoma（肩駒）	298
Caqiuoqi（書置）	123	Catacuma（肩クマ）	298
Caqiutçusu（書キ写ス）	249	Catafaxi（片箸）	91
Caqivchi（柿ウチ）	444	Catai（固イ）	100
Caqivoqi（書置）	123	Catai（難イ）	483
Caquite sŏna*（書キ手サウナ）	489	Catamayedare（片前垂）	459
Caqui yasui*（書キ易イ）	483	Catame, uru ,eta（固メ, ムル, メタ）	431
caquru（掛クル）	122	Catamichi（片道）	9, 250
Cara（干）	325	catamuqe（傾ケ）	216

catamuqi*（戻キ）	217
catamuqu（傾ク）	216, 219
catamuqu*（傾ク）	217
Catamuquru（傾クル）	215, 219
catamuquru*（傾クル）	217
Catana（刀）	443, 458
Catanadamari（刀溜り）	54, 55
Catanas（刀）	458
Catanauo nugu（刀ヲヌグ）	282
Catanogotocu（形ノ如ク）	131
Cataqin（片金）	144, 172
Cataqinno vògui（片金ノ扇）	172
Catarai, ŏ, ŏta（語ライ, ウ, ウタ）	82, 451
Catariai, yŏ, yŏta（語リ合イ, ウ, ウタ）	213
Catatçu, Catazzu（固唾）	487
Catauara（傍）	36
Catauazzuqi, u, uita（片輪ヅキ, ク, ケテ）	464
Catavara***（傍）	36
Cataxigataxi（片し片し）	325
Catazurina（片釣リナ）	140
catchŭ*（甲冑）	207
catçugatçu（且々）	499
Catçugui（被衣）	281
Catçute（カツテ）	491
Catçuuogui（鰹木）	453
Catte（勝手）	516
Caua（河）	148
Cauadachi（川立）	578
Cauaij（カワイイ）	147
Cauaisa（カワイサ）	147
Cauaiyù（Canaiyù）（カワユウ）	147
Cauara yomogui（河原蓬）	289
cauarugauaru（代ル代ル）	530
Cauavso（獺）	508
Cauāgos（皮籠）	128
Cauo（顔）	118, 127, 148
Cauori, u, otta（薫リ, ル, ッタ）	330, 616
Caxe（悴）	462, 464
Caxei（加勢）	435, 437
Caxi（カシ）	462, 479, 491
Caxi, suru（嫁シ, スル）	451
Caxicomari, ru（畏リ, ル）	461
Caxicomatta（畏ッタ）	461
caxiqe（悴ケ）	567
Caxira（頭）	434
Caxu（下首）	234, 246
Cayauara（茅原）	36
Cayavara***（茅原）	36
Cayen（嫁縁）	404
Cayericoto（返事）	361
Cayeriuo sasu（反リヲサス）	94
Cayeru（蛙）	270
caye sutçuru（換エ捨ツル）	565
Cayexiauaxe, uru, eta（返し合はせ, する, せた）	56
Cayoaxi（カヨアシ）	148, 151
Cayoinicqi. l, Cayoi（通日記. または, 通イ）	148
Cayouaxi（通ワシ）	148
Cayu（粥）	214
Cazafame, urn（風ハメ, ムル）	515
Cazaguruma（風車）	481
Cazefame, uru, eta（風ハメ, ムル, メタ）	39
Cazoiro（カゾイロ）	329
ccuqi*（好キ）	138
ccuita*（好イタ）	138
ccumagui, u*（ツマギ, グ）	95
Cha（茶）	381, 459
Chacufu（着府）	9
Chabon（茶盆）	266
Chafan（茶飯）	436
chanoyu（茶の湯）	9
Chanoyŭ（茶の湯）	458
Chaqin（茶巾）	280
Chausu（茶臼）	517
chayal（茶園）	459
Chayen（茶園）	459
Chibi, iru, l, uru, ita（禿ビ, ビル, または, ブル, ビタ）	67, 97, 512
Chibochibo（チボチボ）	361
Chichigo（父御）	361, 362
Chichù（池中）	607
Chicucan（竹竿）	606
Chicuit（逐一）	118, 406
Chicuten（逐電）	540, 541

Chicuxŏ（畜生）	591	Chù** （誅）	25
Chicuyenxô（竹園抄）	607	Chùbu（中部）	234
Chicuyô（竹葉）	606	Chùcai（杻械）	83
Chifen（池辺）	606	Chùfan**（昼飯）	25
Chigimi（縮）	136	Chùguan（中巻）	234
Chigio**（Chigo の誤植）（チゴ）	26	Chùgue**（注解）	25
Chiguchite. l, chiguchita		Chùguens（中間）	169
（乳朽チテ．または，乳朽チタ）	464	Chùgù（中宮）	434
Chigui（千木）	453	Chùin（中陰）	334
Chiguiŏ（知行）	413	Chùjin（中人）	40
Chijsai（小サイ）	101	Chùjiqi（昼食）	514
Chijsŏ（小サウ）	101	Chùmon（注文・註文）	9
Chimoto（千本）	367	Chùnichi（中日）	445, 446
Chinmiacu（沈脈）	380	Chùnin（中人）	416
Chinpai（珍盃）	81	Chùqua（中華）	146
Chinsan（珍盞）	81	Chùu（中有）	398
Chinsŏ（沈草）	69	Chùxun, l, Chùjun	
Chirifichi. l, Chirifigi		（中春，または，仲春）	445, 509
（チリヒチ，または，塵泥）	336	Chùxù, l, chùjù（仲秋）	509
Chitô（池塘）	184	Chùya（昼夜）	163, 170
Chiuayafuru（千早振）	379	Chùzon（中尊）	25
Chiyn（遅引）	118	Chŭ（徴）	589
Chocca（直下）	411	Chŭbai**（仲媒）	26
Choccan（勅勘）	596	Chŭcai casa（杻械枷鎖）	487
Choccan*（勅勘）	596	Chŭjŏ（中上）	266
Chocumō（勅問）	409	Chŭmon（注文）	515
Chocusat（勅札）	495	Chŭqet（中結）	69
Chŏchacu（打擲）	404	Chûco（中古）	25, 234
Chŏjet（長説）	266	Chûdan（中段）	25, 234
Chŏjit（長日）	402	Chûdei（鎔泥）	25
Chŏjŏ（頂上）	178, 437	Chûfai（中輩）	25
Chŏtan（長短）	402	Chûfan（中半）	25
Chŏtŏ（長道）	509	Chûfu（忠否）	25
Chô（チョウ〈てふ〉）	183, 332, 479	Chûjacu**（チュウ雀）	26
Chôacu（懲悪）	403	Chûuŏ（中央）	25
Chôfô（重宝）	178	Chûxu（中酒）	25
Chôqua（超過）	399	Chūguen（中間）	25, 188
Chôrui（鳥類）	120	co（子）	117
Chôsan（朝参）	334	Co（孤）	456, 562
Chôuot（超越）	399	Co（小）	478, 484
Chôxo（招請）	403	Co*（小）	479
Chôyŏ（重陽）	404, 446	Coaxi（幹）	150, 151
Chù（中・宙）	25	coaxi*（幹）	149, 150

Cobi. l, Cômi（厚味）	196	Coi caje（恋風）	449
Cobi, uru（媚び, ぶる）	459	Coicogare, ruru（恋イ焦ガレ, ルル）	449
Cobita（媚ビタ）	459	Coide（漕イ手）	504
Cobitaru cotoba*（媚ビタル言葉）	459	Coigi（恋路）	449
cobite yŭ*（媚ビテ言ウ）	459	Coigocoro（恋心）	449
Cobito（小人）	459	Coitçu（コイツ）	324
cobosu*（コボス）	137	Coitçume（Coitcume）（こいつめ）	325
Cobotçu（毀ツ）	138	Coixij（恋シイ）	118, 449
cobotçu*（毀ツ）	137	Coixinobi, u, ŏda（恋イ偲ビ, ブ, ウダ）	185
Cobŏxi（小法師）	184, 191, 459	Coixisa（恋シサ）	449
Cocacu（狐狢）	444	Coji（古寺）	607
Cocague（木陰）	3	Comacana（細カナ）	101
Cocai（巨海）	130, 177	Comacani（細カニ）	101
Cocca***（国家）	35	Comagoto（細言）	325
Coconoye（九重）	415, 419	comen（顧眄）	578
cocoromeô（試みょう）	178	Comi, u, ôda（篭・込ミ, ム, ウダ）	186
Cocoromotonai（心許ナイ）	100	Como（菰）	252
Cocoromotonasa（心許ナサ）	100	Comoji（小文字）	361, 362, 364
Cocoromotonŏ（心許ナウ）	100	Conacaqe（橡）	361
Cocorououoi（心多イ）	174	Conan（今案）	122
cocoroye（心得）	124	conasu*（コナス）	62
cocorozaite***（志いて）	33	Conaxi（コナシ）	62
Cocorozaxi, su（志シ, ス）	33	Conaxi, su, aita（コナシ, ス, イタ）	62
cocozaite（cocorozaite の誤植）（志いて）	33	Conbŏ suru*（懇望スル）	149
Cocu-biacu*（黒白）	599	Conda（コンダ）	502
Cocubo（国母）	215	Coneri（木練）	444
Cocudan（コクダン）	288	congay*（笄）	187
Cocufêzzu（黒扁豆）	192	Congŏdŏ（金銀銅）	186
Cocugun（国郡）	175	Con-i（懇意）	121
Cocumo（国母）	215	Conida. l, Conda（小荷駄. または, コンダ）	516
Cocusai（国宰）	505	Con in（婚姻）	121
Cocusot（黒帥）	552	Conjichô（金翅鳥）	334
Cocuzan（コクザン）	288	conjiqi*（金色）	557
Cocùfŏcai（虚空法界）	191	Connenna（今年ハ）	210
Codacodani（コダコダニ）	41	Connichi（今日）	201
Codacodani suru（コダコダニスル）	41	Connit（今日）	201
Codoco（小床）	307	Conomono（香ノ物）	458
Cofaru（小春）	523	Concon（Conon）（献々）	13
Cofiŏ（虎豹）	184	Conone nuru（コノ寝ヌル）	94
Cofŏfin（孔方兄）	190	Contei（昆弟）	176
Coi（恋）	448	Conton（混沌）	379
Coi, côru, coita（恋イ, 恋ウル, 恋イタ）	448	Conya（今夜）	212

coqe（苔）	546	Cŏmen（向面）	403
Coqimajete（コキマゼテ）	94, 614	Cŏmot（好物）	214
Coqin（古今）	614	Cŏqei（厚恵）	196
Coqiŏ（故郷）	579	Cŏqiŏ（剛強）	401
Coqiù（故旧）	402	cŏquan* （高冠）	352
Corobi, u, ôda（転ビ，ブ，ウダ）	186	Cŏreô（Coreô）（蛟龍）	158
Corouoi（頃ヲイ）	175	cŏriô* （蛟龍）	226
Coso（コソ）	493	cŏtacu* （皇沢）	156
Cosocu（古則）	334	Cŏtocu（厚徳）	196
Cosonde（小袖）	458	Cŏtô（江頭）	607
Cosondes（小袖）	128	Cŏuon（厚恩）	196
Cota（巨多）	177	Cŏuot（甲乙）	194
Cotama（木霊）	416	Cŏuot* （甲乙）	194
Cotçudŏ（骨動）	68	Cŏuotnin（甲乙人）	194
cote（小手）	117	Cŏxei（厚情）	196
Cotjiqi（乞食）	600	Cŏxeqi（行跡）	46
Cotogotoqu（悉ク）	126	Cŏyacuzaya（膏薬鞘）	459
Cotonobara（小殿原）	358	cô（来う）	172
Cotouaza（諺）	576	Cô（甲）	193
Cotouaza* （諺）	576	cô* （甲）	193
Couori（氷）	175, 176	Cô（喉）	589
Couori（郡）	175, 176	Côbocu（厚朴）	196
Couori, u（凍リ，ル）	175	Côca（後架）	360, 592
Couorimizzu（氷水）	175	Côgiŏ（口錠）	140
Couorizatŏ（氷砂糖）	175	Côguio（江魚）	184
Covji（子牛）	122	Côjacu（強弱）	184
Coxiabumi（腰鐙）	261	Côjet（口舌）	503
Coxiaqe（腰明け）	252	Côjet xin（口舌唇）	503
Coximesu* （コシメス）	321	Côjŏ（口上）	140
Coxŏxu（小姓衆）	495	Cômi（厚味）	196
Coya（木屋・小屋）	85	cônari* （甲状）	193
Coyairi（小屋入リ）	85	côqua（劫火）	172
Coye（声）	118, 123	côri（氷）	175, 176
Coyeda（小枝）	552	côri（郡）	175, 176
Cŏ（香）	159, 361	Côtenno boxet（江天ノ暮雪）	237, 249
Cŏbut（好物）	214	Côxa（後車）	534
Cŏcŏ（咬々）	399	Côxi（厚紙）	196
cŏdŏ（高堂）	172	Côzzu（コゥヅ）	304
Cŏdŏ（合道）	420	Cõgatana（小刀）	128, 458
Cŏfacu（厚薄）	196	Cubiri, ru, itta（縊リ，ル，ッタ）	296
Cŏfixigui（甲拉ギ）	194	Cucai（苦海）	426
Cŏjei（厚情）	196	cuccuxi* （医師）	138
cŏji* （好事）	352	Cuchiboso（口細）	358

Cuchifami（蝮・蚖）	144	Cunxi（君子）	410
Cuchinaua（クチナハ）	569	Cunyacu（君薬）	380
Cuchitataqi（口叩キ）	464	Curabeô*（比ベウ）	182
Cuchizusami, u, ôda（ロズサミ，ム，ウダ）		Curaini agaru（位ニ上ガル）	433
	186	Curaini aguru（位ニ上グル）	433
Cucon（九献）	358	Curami, u, ôda（暗ミ，ム，ウダ）	186
Cudarisaca（下リ坂）	252	Curomono（黒物）	358
Cudasare, uru, eta（下サレ，ルル，レタ）		Curonda*（黒田）	187
	495, 498	Curŏda*（黒田）	187
Cudo（埃）	13	curu（繰ル）	10
cudocu*（功徳）	351	Curubuqi, u, uita（クルブキ，ク，イタ）	281
Cudoi（クドイ）	99	Curubuxi（踝）	307
Cudosa（クドサ）	99	Curubuxi, l, axino curubuxi（クルブシ，	
Cudô（クドウ）	99	または，足ノクルブシ）	235
Cugue（公家）	458	cururu（暮ルル）	122
Cugues（公家）	458	Curuxij**（苦シイ）	23
Cugu-i（鵠〈天鵝〉）	120, 121, 416	Curuximi, u（苦シミ，ム）	188
Cugvi（鵠）	120, 122, 416	Cusa（クサ）	305
Cui, cuyuru（悔イ，クユル）	94, 462, 464	cusaba（草葉）	330
Cui, cuyuru*（悔イ，悔ユル）	463	Cusacaqi（草搔）	284
Cui, ù, ùta（食イ，ウ，ウタ）	253, 268	Cusanaguino qen（草薙ノ剣）	380
Cuiai, yŏ（食ひ合ひ，ふ）	253	Cusari**（鎖）	23
Cuina（水鶏）	524	Cusazzuto（草苞）	579
Cujacu（孔雀）	241, 268	Cusocurai（糞喰ライ）	324
Cujacu（空寂）	268	Cusuri（薬）	190
Cujigoxinbŏ（九字護身法）	191	Cusuriga qiqu（薬ガ利ク）	433
Cujira（鯨）	141, 393	Cusurigvi（薬食イ）	120
Cujira*（鯨・鯢）	141	Cusurino fŏ（薬ノ方）	190
Cuma no mon de*（熊野詣デ）	187	Cusurino fŏ（薬ノ方）	190
Cumno iye**（Cumono vye の誤植）		Cutabire, uru（草臥レ，ルル）	321
（雲ノ上）	26	Cuxen（苦戦）	252
Cumogacure*（雲隠レ）	563	Cuxico（串海鼠）	303
Cumoji（く文字）	360	Cuxigaqi（串柿）	444
Cumonji（ク文字）	364	Cuyaxi, su（崩ヤシ，ス）	38
Cumono fadate（雲ノハダテ）	613	Cuzzu（葛）	141
Cumot（供物）	252	Cùgi（空地）	163
Cungues（公家たち）	12, 128	Cùgiù（空中）	168, 251
Cuniùdo（国人）	170	Cùri（空理）	68
Cuniŭdo（国人）	170	Cùzan（空山）	401
Cunicu（狗肉）	522	cŭ（空）	170
Cunicuzuxi（国崩シ）	140	cŭ（食ふ）	170
Cunijichi（国質）	85, 248	Cŭden（宮殿）	168
Cunixu（国衆）	279	Cūgues（公家）	458

Çunocuni* （摂津国）	137

[D]

Dabaqeta （ダバケタ）	94
Dagocu （堕獄）	595
Dai （大）	177, 482
Daibacu （大麦）	71, 506
Daican （大寒）	402
Daichŏ （大腸）	590
Daicŏ （大強・大剛）	402
Daifannha （大般若）	211
Daifanya （大般若）	211
daimeojin* （大明神）	181
Daisocu （大束）	279
Daizzu （大豆）	192
Damari, ru, atta （騙り, る, った）	54
Damarimono （騙り者）	54
Dancocu （暖国）	400
Daqi, u （抱キ, ク）	391, 508
Daraqe （ダラケ）	478
Dararito （ダラリト）	252
Dari, u, atta （ダリ, ル, ッタ）	321
Datçuma （達磨）	203
Daxi, su （出シ, ス）	391
DE （デ）	183, 461, 478, 498, 499, 553
De, zzuru （出, ヅル）	391
dea （であ）	40
dea* （デア）	153, 154
Decŏ （デカウ）	319
Decŏ (Decô の誤植) （デコウ）	113
Decoi （デコイ）	113, 319, 325
Demono （出者）	204
Den （田）	159, 360
Denbŏ （伝法）	191
Dengacu （田楽）	159, 192
Denye （伝衣）	403
deô* （出ウ）	183
deôzuru* （出ウズル）	183
deqi yori （出来ヨリ）	566
Detachi, u （出立チ, ツ）	391
Detatçu （出立ツ）	270
Dobuco （胴服）	458
dobuqu* （胴服）	130
docuchiu* （毒虫）	170
Docuriù （毒龍）	444
Docuxŏ （独掌）	560
Dojen （ドゼン）	515
domeite （ドメイテ）	564
Domo （ドモ）	478
dongu* （道具）	187
Dono （殿）	495
Dontŏ （鈍刀）	389, 560
Dŏgame （ダゥ亀）	304
Dŏri （道理）	44, 45
Dŏsa （陶砂）	417
Dŏsocu （動足）	184
Dôfoye （幢補絵）	184
Dôgin （同塵）	524
Dôgiŏ （道場）	334
Dômei （同銘）	458
Dôza （同座）	251
dôzuru （動ズル）	567

[F]

Fabacaru （憚ル）	252
Fabami, u, ôda （ハバミ, ム, ウダ）	186
Fabiro （葉広）	358
Fabuqi, u, ita （省キ, ク, イタ）	452
Faca （ハカ）	289
Facabacaxij （はかばかしい）	170
Facabacaxiŭ （ハカバカシウ）	170
Facama* （袴）	444
Facauara （墓原）	36
Facavara*** （墓原）	36
Facca*** （薄荷）	35
Faccot （白骨）	207
Faccu （八苦）	76, 186, 187, 335
Fachi* （八）	205
Fachibocu （八木）	413
Fachigicu （八軸）	201
Fachino mi （鉢ノ実）	359, 366
Fachirao* （八良尾）	127
Faco （箱）	252
Facqei （八景）	236, 248, 249, 265, 520
Facqua （白花）	207
Facquacu （白鶴）	207

Facuba（白馬）	201	Fana（鼻）	48
Facubai（白梅）	401	Fana（花）	112, 436
Facuban（白礬）	417	Fanabaxira（鼻柱）	112
Facubano xechiye（白馬ノ節会）	201	Fanabira（花びら, 葩）	359
Facuchô（白鳥）	120, 416	Fanachi, tçu（放チ, ツ）	138, 531
facufat（白髪）	578	Fanada（縹）	288, 296
Facufenzzu（白扁豆）	192	Fanagasa（花笠）	252
Facufiô（薄氷）	175	Fanamezzuraxij（花珍ラシイ）	112
Facugan（白眼）	408	Fanano aca（鼻ノ垢）	139
Facuja（白蛇）	139	Fanano ana（鼻ノ孔）	283
Facuqei（白鶏）	207	Fanatare（洟垂レ）	435
Facutocu（博徳）	409	Fanauo（鼻緒）	253
Fada. i, Fadaye（肌. すなわち, 膚）	75	Fanauo chirasu（花ヲ散ラス）	436
Fadate（ハダテ）	613	Fanaxi, su（放シ, ス）	138
Fafago（母御）	90	Fanazzusuqi（花薄）	141
Fafu（破風）	143	Fanben（半弁）	159, 192
Fagai（ハ貝）	281	Fanberi, u（侍リ, ル）	499
Fago（羽子）	246	Fandan（半段）	262
Fagoita（羽子板）	246	Fandan（判断）	441
Fague, uru（ハケ, クル）	549	Fanecaqe, uru（跳ネ掛ケ, クル）	444
Fagui, tçune（ハギ, ツネ）	138	fanecaqeô（跳ネカケウ）	552
Faguino fana（萩ノ花）	361, 363	fanefazzuxi（跳ネ外シ）	545
Faguiuara（萩原）	36, 123	faneôzuru*（刎ネウズル）	183
Faguivara（萩原）	36, 123	Fanevocoxi, su（撥ね起し, す）	531
Faguivara***（萩原）	36	Fangiŏ（半丁・半帳）	262
Faguqi（歯茎・羽茎）	139	Fangiô（半畳・半帖）	262
Fai（ハイ）	379	Fanguin（半斤）	262
Fai（拝）	483	Fanguiri（半切）	300
Faigan（拝顔）	403	Fanji（半時）	262
Fai iuo（Fai iwo）（ハイ魚）	32	Fanjit（半日）	262
Faitei（拝呈）	326	Fanmonxen（半文銭）	253
Faiuô（拝応）	326	Fannen（半年）	262
Faixi, suru, ita（配シ, スル, シタ）	93	Fannhei*（ハンニェイ）	124
Faixo（廃処・配所）	588	Fanriŭ（半粒）	262
Fajime, uru（始メ, ムル）	461, 482	Fantoqi（半時）	447
Fajimeno gui（始メノ義）	589	Fanxen（半銭）	262
fajime voari*（初メ終リ）	149	Fanxi（判紙）	279, 283
Fama（破魔）	78	Fanyafaramit*（般若波羅蜜）	211
Famabutçu（浜ブツ）	289	Fanyei*（繁栄）	124
Famayumi（破魔弓）	78	Fanzocu（半束）	262
Fami（食ミ）	285	Fanzŏ（楾）	459
Famimono（食ミ物）	285	Fanzô（半鰾）	262
Famuru（ハムル）	253	Fappiacu（八百）	262, 263, 264

Fappŏ (八方)	205	Faxiuo fiqu (橋ヲ引ク)	433
Faqe (刷子)	459	Faxxù (八宗)	75, 520
faqicaquru (吐キカクル)	552	Fayafaya (早々)	90
Farafarato (ハラハラト)	90	fayasŏna (早サウナ)	489
Faramitaru vxi* (孕みたる牛)	47	Fayaxi, su (生ヤシ, ス)	361, 363
Faregamaxij (晴レガマシイ)	484	Faye (破壊)	137
Faritçuqe (張付)	459	fayŏ (早う)	172
farŏ (払ふ)	172	Fayuru (ハユル)	252
Farucana. l, farucano (遥カナ. または, 遥カノ)	74	Fazama (狭間)	158
Fassan (八算)	86, 248	Fazzucabura (筈カブラ)	141
Fatate (ハタテ)	613	Fe, uru, l, feru, eta (経・綜, フル, または, ヘル, ヘタ)	97
Fataxi, su (果シ, ス)	482	Febi (蛇)	569
Fatçu. l, Fatçumono (初, または, 初物)	78, 517	febidomo (蛇ドモ)	569
Fatçu araxi (初嵐)	78, 517	Feco (ヘコ)	314, 317
Fatçucoye (初声)	506, 514	Fedo (反吐)	314
Fatçufana (初花)	78, 517	Fefe (ヘヘ)	450
Fatçufaru (初春)	78, 517	Fegui (ヘギ)	303, 304, 305, 417
Fatçugan (初雁)	78, 517	Feicô (閉口)	437
Fatçumono (初物)	78	Fei-cô* (閉口)	386
Fatçune (初音)	514	Feifeito (平タト)	530
Fatgicu (八軸)	201	Feifŏ (兵法)	192
Fatmei (発明)	414	Feifŏjin (兵法人)	192
Fatqen (法眷)	196	Feifŏxa (兵法者)	192
fattato (はたと)	158, 546	Feigi (平地)	400
Fauaqigui (箬木)	173	feigua (平臥)	574
Faxe, suru, eta (馳セ, スル, セタ)	482	Feisa (平沙)	248
Faxecayeri, u, etta (馳セ帰リ, ル, ッタ)	112	Feisano racugan (平沙ノ落雁)	249
Faxechigai, ŏ, ŏta (馳セ違イ, ウ, ウタ)	112	Fenben (返弁)	52, 519
Faxenobi, u, onda, l, bita (馳セ延ビ, ブ, ンダ, または, ビタ)	96	Fendo (辺土)	409
Faxetauosu (馳セ倒ス)	252	Fengai (変改)	423
Faxetçudoi, ô, ôta (馳セ集イ, ウ, ウタ)	112	Fenguen (片言)	409
Faxi (箸)	442	Fenjô (遍照)	336
Faxibami (ハシバミ)	253	Fenoco (陰核)	451
Faxirayoxe (柱寄セ)	290	Fenpô (返報)	349
Faxiri, u (走リ, ル)	432, 578	Fenpô* (返報)	352
faxiri deô* (走リ出ウ)	183	Fensan (遍参)	128, 458
Faxirinobi, u, ŏda (走リ延ビ, ブ, ウダ)	96	Fen-tŏ* (返答)	386
Faxiritobi, u, ŏda (走リ跳ビ, ブ, ウダ)	185	Fenxin (返進)	519, 520
		Fenxô (遍照)	335, 509
		Feŏban, l, fiŏban (評判)	225, 230, 269
		Feŏfô (兵法)	84, 192, 230
		feŏgiŏ* (評定)	226

Feŏgiŏ, l, fiŏgiŏ（兵杖）	180, 245	Fibo（悲母）	407
Feŏgiŏ. l, fiŏgiŏ（評定）	242	Fibocu（比目）	607
Feŏgu, l, fiŏgu（兵具）	245	Ficazu（日カズ）	416
Feŏxi, l, fiŏxi（拍子）	243	Ficcacaru（引ッ掛カル）	206
Feô*（経ウ）	182	Ficchigayuru（引ッ違ユル）	206
Feô, l, fiô（俵）	164	Ficcomu*（引ッ込ム）	205
Feô. l, fiô（豹）	179, 180, 231, 256	Ficcô（筆功）	452
Feôfacu, l, fiôfacu		Ficcumu（引ッ組ム）	206
（漂泊．または，ヒョウハク）	243, 269	Fichô（飛鳥）	606
Feôfu, l, fiôfu（氷膚）	231	ficojiri（ヒコジリ）	567
Feôgu, l, fiôgu（表具）	231	Fiddai. l, Fitdai（筆台）	199, 204, 443
Feôri（表裏）	178, 231	Fidenxô*（秘伝抄）	607
Feôrin（氷輪）	175	Fideri. l, canbat	
Feôso. l, fiôso（瘭疽）	304	（日照リ．または，旱魃）	74
Feôtei（氷底）	175, 252	Fifacari（日ハカリ）	297
Feôxet（氷雪）	178	Fifitoi（日一日）	143
Feôxi, l, fiôxi（表紙）	179, 231	Fifitoigi. l, fitoigi	
Feôxô（氷消）	155	（日一日路．または，一日路）	508
Feqi（ヘキ〈癖〉）	307, 308	Figacuxa（非学者）	579
Feqi*（ヘキ）	308	Figaqi（檜垣）	571
Feso（臍）	143	Figem*（肥前）	137
Feta（端・帯）	91	Figi. l, figigane（肘．または，肘金）	515
Fi（日）	97	Figuan（悲願）	334, 407
Fi（荊）	451	Fijin（脾腎）	254, 455
Fi***（樋）	33	Fimairi（日参リ）	416
Fi. l, fino zŏ（脾．または，脾ノ臓）		fimauo vcagò（隙ヲ窺ウ）	172
	254, 256, 455	Fimemusu（ヒメムス）	540
Fiaccu（百苦）	205	Fimit（秘密）	203
Fiac-cu xē-nā*（百苦千難）	386	Fimo（紐）	215
Fiacqua（百花）	205	Fimodori（日戻リ）	426
Fiacu*（百）	205	Fimoji（ヒ文字）	361, 362, 364
Fiacureŏ（百寮）	195, 196	Finbocu（貧乏）	401
Fi agaru（ヒアガル）	550	Finnugui, u, uida（ヒン脱ギ，グ，イダ）	282
Fiai（冷ヤイ）	146	Finnuqi, u, uita（ヒン抜キ，ク，イタ）	282
Fiba（檜葉）	443	Finoqi（檜）	443
Fibacari（日計）	297	Finozŏ（脾ノ臓）	254, 455
Fibara（檜原）	443	Finô（悲悩）	184
fibi（日々）	118	Fiŏban（評判）	230, 269
Fibicaxe, suru, xeta		Fiŏfô. l, feŏfô（兵法）	84, 192, 230
（響カセ，スル，セタ）	97	Fiŏgacu（兵革）	181
fibiqi（響キ）	39	Fiŏgiŏ. l, feŏgiŏ	
Fibiqiuatari, u（響キ渡リ，ル）	216	（ヒャウジャウ．または，評定）	242
Fibo（紐）	215	Fiŏ-ron, l, feŏron（評論）	231

Fiŏrŏ（兵糧）	178, 181, 225	Fitobito（人々）	90
Fiŏsot, l, feŏsot（兵卒）	231	Fitocasane（一重ね）	128, 458
Fiŏxa, l, feŏxa（兵車）	231	Fitocata（一方）	491
Fiŏxi, l, feŏxi（拍子）	243	fitoccuji*（一筋）	138
Fiô（豹）	181, 231	Fitocusa（一種）	361
fiô*（豹）	226	Fitofari（一針）	262, 263, 264
Fiôfacu（漂泊）	225, 242, 269	Fitoigi. l, fifitoigi（一日路．または， 日一日路）	508
Fiôri（表裏）	179, 225, 390		
Fiôxi, l, feôxi（表紙）	231	Fitomoji（一文字）	359, 364, 367
Fipparu（引ッ張ル）	206	Fitomoji*（一文字）	369, 370
Fipparu*（引ッ張ル）	205	Fitomomi（一揉み）	185
Fippegui（引倍）	303, 304, 305, 417	Fitoyori（一寄リ）	380
Fiqi（引キ）	482	Fittatçuru（引ッ立ツル）	206
Fiqi, u（引・曳キ，ク）	433	Fiuada（檜皮）	443
Fiqicosu（引キ越ス）	515	Fiuba（曽祖母）	122
Fiqicoxi, su（引キ越シ，ス）	380	Fiuchino ixi（燧ノ石）	288
Fiqigairu（蟇・蟾蜍）	303, 417	Fixet（非説）	418
Fiqiiro（引色）	118	fixŏzuru（比セウズル）	553
Fiqiiru（率イル）	464	Fixximuru（引ッ締ムル）	206
Fiqimogui, u, oida（引キ捥ギ，グ，イダ）	424	Fiyaxi（冷シ）	353, 358, 365
fiqi naraxi（弾キ鳴ラシ）	567	Fiyaxi, su（冷シ，ス）	39, 515
Fiqitachi, u（引キ立チ，ツ）	539	Fiyeiy（冷飯）	118
Fiqiuqe, uru（引キ受ケ，クル）	123	Fiyenoiyama*（比叡ノ山）	147
Fiqiùto（低人）	504	Fiyocu（比翼）	409, 434
Fiqivqe, uru（引キ受ケ，クル）	123	Fiyori（日和）	409, 428
Fiqizan（引算）	86, 248	Fizabuxi（膝節）	236
Fiqui*（引キ）	205	Fizaguchi（膝口）	236
Firacugue（平公家）	128	Fizano sara（膝ノ皿）	236
Firagumo（平蜘蛛）	261	Fo（帆）	514
Firŏ（疲労）	437	fo**（fi の誤植）（火）	26
Firu（蒜）	281	Fobo（略・粗）	143
Firui（比類）	486	Foca（外）	458, 499, 536
fisaxǔ（久しう）	170	Focai（行器）	253
Fissaqu（引ッ裂ク）	206	focori（誇リ）	529
fissui（必衰）	550	Focorobi（綻ビ）	214
Fisuru（比スル）	483	Focquexùs（法華宗）	169
Fisuru（秘スル）	483	Focubô（北邙）	184
Fita（引板）	589	Fodo（程）	467
Fitamono（ひたもの）	12	Fogasa（帆嵩）	252
Fitdai（筆台）	199	Foi（布衣）	119, 128, 458
Fitjen（必然）	416	Fonbon（本々）	69
Fitjet（筆舌）	196, 453	Fonbonno（本々の）	69
Fito（一）	486	Fongo（反古）	80, 187, 405

Fongo (本語)	555	Fŏdate (方立)	190
Fonguan (本願)	84	Fŏgacu (方角)	189
Fonguannin (本願人)	84	Fŏjŏye (放生会)	334
fonguio* (崩御)	187	Fŏju (宝珠)	510
Fonjei (本誓)	334	Fŏqigui (ハウキギ)	173
Fonjet (本説)	85	Fŏqigusa (箒草)	40, 173
Fonjin (本心)	214, 334	Fŏqua (烽火)	184
fonobono (ホノボノ)	330	Fŏquauo aguru* (烽火ヲ揚グル)	412
Fonogurai (仄暗イ)	90	Fŏrei (法例)	191
fonomeqi (仄メキ)	330, 535	Fŏsat (芳札)	493
Fonouo (焔)	175	Fŏsun (方寸)	190
Fonpô (本方)	190	Fŏuo tatçuru (法ヲ立ツル)	191
Fon-pucu* (本復)	386	Fŏuŏ (法皇)	191
Fonxen (本銭)	440	fŏxiqui* (法式)	189
Fonxet (本説)	85	Fŏ xisunno faxira (方四寸ノ柱)	190
Fonxin (本心)	214, 509	Fŏyen (方円)	190
Fonxŏ (本性)	334	Fŏzzu (方図)	190
Fonyacu (翻訳)	249	Fô (頬)	174
Foppôuô (法報応)	334	Fô (方)	190
Foricomi, u, ŏda (掘リ込ミ, ム, ウダ)	185	Fôbare (頬脹レ)	41
forobeŏ (滅べう)	178	Fôbareuo yamu (頬脹レヲ病ム)	41
Foroforoto (ホロホロト)	521	Fôbon (方盆)	190
Foromequ (ホロメク)	521	Fôcai (法界)	191
Foromiso (法論味噌)	159	fôcô (奉公)	172
Fosomono (細物)	353	Fôfei (奉幣)	182
Fossu (払子)	458	Fôgiŏ (方丈)	190
Fotjo (払除)	140	Fôgu (反古)	80, 187
Fotoqes (仏)	11, 251, 457	fôja* (報謝)	351
Fotoqes* (仏)	133	Fôji (法事)	191
Fotoque (仏)	251, 524	Fômiŏ (法名)	191
Fotsui (法水)	196	Fômon (法門)	33
Foxifoxi (ほしほし)	360	Fôracu suru (法楽スル)	94
Foye, uru (吼エ, ユル)	316, 323	Fôran (芳蘭)	184
Foyejini (吼エ死ニ)	316	Fôriŏ (方量)	190
Foyeqi (補益)	424	Fôuo tatçuru (法ヲ立ツル)	191
Foyezzura. l, Naqizzura (吠面. または, 泣面)	316, 323	Fôxi (法師)	458
		Fôyacu (方薬)	191
Fŏ (方)	189, 190	Fôye (法会)	182, 191
Fŏ* (法)	189	Fôzŏ (宝蔵)	295, 302
Fŏbocu (芳墨)	493	Fôzzuqi (山茨菰)	524
Fŏbŏ (方々)	172, 189	Fubo (父母)	143
Fŏcan (芳翰)	493, 495	fucŏ (不孝)	530
Fŏco (抱鼓)	391	Fucqi (伏羲)	211

fucuramuru（脹らむる）	14	furicaqete（振リ懸ケテ）	537
Fucuro（袋）	355, 361, 365, 428	Furifayete（フリハエテ）	94, 462
Fucurobi（綻ビ）	214	Furimi, furazumi（降リミ，降ラズミ）	609
Fucurogumo（袋蜘蛛）	261	Furio（不慮）	113
Fucusamiso（袱紗味噌）	159	Furiona（不慮ナ）	113
fucuxe（復セ）	572	Furioni（不慮ニ）	113
Fudancŏ（不断香）	139	Furisaqe（振リ放ケ）	94
Fude（筆）	328, 443	Furisode（振袖）	459
fuge（更ケ）	530	Furŏ（不老）	487
Fugŏ（腐毫）	326	Furŏ fuxi（不老不死）	487
Fujŏ（不浄）	397	Furu-i（古井）	121, 241
Fujŏ*（不浄）	397	Furuquru（古クル）	506
Fuju. l, fujumon（諷誦．または，諷誦文） 516		Fusacu（不作）	210
Fumi, u（踏ミ，ム）	248, 536	Fusuboricayette. l, fusuboricayetta （燻ボリカエッテ．	
Fumiagari, u, atta （踏ミ上ガリ，ル，ッタ）	378	または，燻ボリカエッタ）	464
Fumicudari, ru, atta （踏ミ下リ，ル，ッタ）	378	Futatocoro（二所）	361
fumi mayoi（踏ミ迷イ）	537	Futaye naru mono. l, ichibaino coto* （二重ナル物，または，一倍ノコト）	50
Fun（糞）	444, 514	Futçu（フツ）	79, 281, 289, 308
Funa（船）	111, 482, 486	Futçumochi（フツ餅）	79
Funa（鮒）	524	Futon（蒲団）	418
Funa agari（船上ガリ）	486	Fuxe（伏せ）	128, 458
Funa asobi（船遊ビ）	440, 486	Fuxe（フセ）	289
Funa axi（船脚）	111	Fuxe, uru, eta（フセ，スル，セタ）	289
Funabin（船便）	440	Fuxegui, u（防ギ，グ）	10, 276
Funadaicu（船大工）	111	Fuxicusa（伏草）	288
Funauosa（船長）	416	Fuxicusa*（伏草）	302
Funbet（分別）	438, 439	Fuxiguina（不思議ナ）	437
Funbetgamaxij（分別ガマシイ）	484	Fuximarobi, u, ŏda（伏シ転ビ，ブ，ウダ） 185	
funes（船）	13	Fuxinga agaru（普請ガ上ガル）	433
Funeuo fiqu（船ヲ曳ク）	433	Fuxinuo aguru（普請ヲ上グル）	433
Funhoi（不如意）	442	Fuxinvo chocusat*（不審ノ勅札）	211
Funpun（芬々）	402	Fuxiuogami, u, ŏda（伏シ拝ミ，ム，ウダ） 186	
Fun vno cocoro*（忿怒ノ心）	211		
Funzori, u, otta（踏ンゾリ，ル，ッタ）	261	Fuxizzuqe（節付ケ）	253
Fuqe, uru（更ケ，クル）	216, 533	Fuxô（不肖）	406
Fuqi, u（フキ，ク）	293	Fuye（笛）	530, 540, 547
fuqicacatte（吹キ懸カッテ）	531	fŭfa（風波）	170
Fuqicomi, u, ŏda（吹キ込ミ，ム，ウダ）	185	Fŭfu qeôquai（夫婦交会）	451, 598
Furi, ita, furite（古リ，リタ，リテ）	462, 464	Fŭjen（風前）	483
Furicaqe, uru（振リ懸ケ，クル）	536, 540	Fŭqei（風景）	136

Fŭriocu（風力）		113
Fûsu（副寺）		458

[G]

Ga（ガ）		462, 478, 480, 490
Gabi（蛾眉）		435
Gaccŏ（学校）		205
Gacqi（楽器）		207
Gacqi*（楽器）		208
Gacuguei（学芸）		130
Gacuqi（楽器）		207, 208
Gacuqi*（楽器）		208
Gacuxŏ sŏna*（学匠サウナ）		489
Gagan（鵞眼）		253
Gagataru（峨々タル）		101
Gaguefeôxô（ガゲ氷消）		155
Gai（我意・雅意）		119
gai（害）		531
Gaibun（涯分）		590
Gairi（ガイリ）		79, 247
Gamaxij（ガマシイ）		484
Gamocu（鵞目）		253
Gana（ガナ）		489
gana*（ガナ）		491
Ganca（眼下）		253
Ganri（眼裏）		571
Ganzŏ（含雑）		253
Gaqi（餓鬼）		324, 334, 437, 591
Gatera（ガテラ）		489
Gattai*（合体）		387
Gatten（合点）		205
Gaxi（餓死）		399
gāyeri（ガンエリ）		248
Giŏ（定）		105, 140
Giŏ**（定）		24
Giŏcŏ（常香）		140
Giŏcŏ**（定香）		24
Giŏfô（定法）		191
giŏgui（定規）		579
Giŏmocu（条目）		184
Giôsŏ（定相）		178
Giôsŏ**（定相）		24
Giŏya（長夜）		334, 564
Giŏzzuqeni**（定ヅケニ）		24
Giôgiô（条々）		139
Giôqiŏ（濃香）		571
Giŭyocu（重欲）		32
Giŭyacu（十薬）		140
Giûdana（重棚）		32
Gia（ヂャ）		153
Gia*（ヂャ）		153
Giacu（Gigocu の誤植）（地獄）		591
Giaraxi（地嵐）		122, 259
Gicqin（昵近）		140, 232
Gidada（地ダンダ）		232
Gigimeqi, u, eita（ぢぢめき，く，いた）		66
Gijiqij（地敷居）		301, 458
Gin-ai（塵埃）		121, 210
Ginchŏqe（沈丁花）		524
Ginnai（塵埃）		210
Gintŏ（陣頭）		184
Ginzô**（陣僧）		24
Giocuacu（濁悪）		140, 232
Giocuqet（濁血）		140, 232
Giocuran**（濁乱）		24
Gioxocu**（女色）		24
giquisat arubexi*（直札タルベシ）		211
Gisan（地算）		248
Giu（地楡）		147
Giuari（地割）		123
Givari（地割）		123
Gizan（地算）		86, 248
Gizŏ（地蔵）		105
Gizŏ**（地蔵）		24
Go**（Gi の誤植）（地）		26
Go. l, guio（御）		13, 92, 478, 484, 495
Goacuxu（五悪趣）		520, 591
Gocai（五戒）		76, 77
Goccan（極寒）		402
Gochôxi（五調子）		77
Gocou（五穀）		75
Gocŏ（ゴカウ）		156
Gocŏ（江湖）		435
Gofei（御幣）		334
gofempô*（御返報）		350, 351
gofēpô*（御返報）		351

Gofŏ（御方）	190
Gogin（五塵）	335
Goguat（五月）	445
Goguiacu（五逆）	335, 520
Goguiŏ（五行）	207
Goin（五音）	589
Gojen（御前）	495
Gojŏvŏcu（Gojovŏcu）（五盛陰苦）	186, 187
Goma（胡麻）	137
Gongo（言語）	601
Gon-go uo jessuru*（言語ヲ絶スル）	601
Gonja（権者）	425
goPassion（御パション）	13
goqaqúgo*（御覚悟）	134
Goqei（五刑）	451
Goqi（五鬼）	187
goqi*（御器）	133
Goqiŏ（五経）	77
go quanjŏ*（御勧賞）	347, 351
goquanjŏ*（御勧賞）	350
Goromecasu（ゴロメカス）	253
Gosan（五山）	77
Gossocca（御足下）	158
gotocu*（如ク）	131
Gotocu. l, gotocuni（如ク．または，如クニ）	131, 132
gotoqu（如ク）	132
gotoqu*（如ク）	131, 132
Gotô（梧桐）	253
Goxen（後撰）	614
Goxin（五辛）	77, 367
Goxŏ sanjuno curuximi*（五障三従ノ苦シミ）	598
Goxŏ zanmai（後生三昧）	481
Goyôtô（御用等）	484
Gozari, u（御座リ，ル）	163, 495, 499
gozàru*（ゴザール）	163
Gozŏ（五臓）	77, 254, 256, 455, 590
Gozŏ roppu（五臓六腑）	410
Gŏco（江湖）	425
Gŏmon（拷問）	409
Gŏxet（強窃）	453
gôin（業因）	172
Guachiguiŏji（月行事）	104, 201
Guachirin（月輪）	201
Guacquŏ（月光）	155
Guaifŏ（外方）	190
Guaixeqi（外戚）	214
Guanzan（元三）	75
Guanzan*（元三）	598
Guariacu（瓦礫）	534
Guato（画図）	249
Gudogudoto suru（グドグドトスル）	94
Gue（下）	103, 104, 253
Gue（偈）	523
Gue（牙）	589
Gueba（下馬）	390
Guebon（下品）	253
Guecon（下根）	233
Guedan（下段）	233
Gueden（外典）	233
Guedŏ（外道）	426
Guefit（下筆）	233
Guegue（ゲゲ）	361, 363
Gue-i（下位）	214
Guejigueji（ゲジゲジ）	141
Guejiqi, u（ゲジキ，ク）	314, 325
Guejun（下旬）	175, 404
Guengiû（厳重）	168
Guengiû*（厳重）	30
Guennhe*（ゲンニェ）	124
Guentô*（厳冬）	30
Guenxŏ（減少）	185
Guenye*（玄恵）	124
Guenzan（見参）	510
Guenzŏ（ゲンザウ）	510
Gueô（業）	179, 180
Gueô（御宇）	231
Gueôqi（澆季）	85, 231
Gueôqi（Guêoqi）（澆季）	179
Gueôtai（凝滞）	178
Gueqirin*（逆鱗）	388
Gueqi-rin*（逆鱗）	388
Guexacu（外戚）	214
Guexô（下焦）	175, 233
Gueyô（下用）	297

Guēgiù（Guēngiù）（厳重）	168	Guiôqi（澆季）	179
Guētǒ（現当）	187	Guiôtai（凝滞）	178, 231
Gufit（愚筆）	497	Guiôxo（巧匠）	231
Gugo（供御）	130, 358	Guiǔba（牛馬）	47
Gui（劓）	451	Guivonnoye（祇園ノ会）	446
Gu-i（愚意）	120, 121, 496	Guiximequ（ギシメク）	521
Guiacuguiǒ（逆行）	233	Guixocu（義色）	119
Guibasǒ（ギバ草）	524	Guixxa（牛車）	550
Guibôxi（擬宝珠）	157	Gujǒ（愚状）	497
Guigui（巍々）	30	Gun（郡）	175
Guigui*（巍々）	30	Gunchǔ（郡中）	175
Guinan（銀杏・銀鞍）	122	Gundai（郡代）	175
Guinga（銀河）	409, 416	Gungǒ（郡郷）	175
Guinxi（銀糸）	361	Gunin（愚人）	561, 579
Guinyei（吟詠）	407	Gunjin（軍神）	523
Guiobô（行法）	523	Gunrui（群類）	120
Guioca（御暇）	495	guoxo*（後生）	156
Guioccai（玉階）	207	Guren（紅蓮）	564
Guiocco（玉壺）	207	Guren daigurenno couorini togirarete	
Guiocquǒ（玉光）	207	（紅蓮大紅蓮ノ氷ニ閉ヂラレテ）	488
Guiocuco（玉壺）	207	Gurǒ（愚老）	497
Guiocumon（玉門）	451	Gusocu（愚息）	497
Guiocuqei（玉茎）	207, 450	gusocu（具足）	536
Guiocuqi（玉輝）	207, 208	Gusô（愚僧）	497
Guiocuqua（玉花）	207, 208	Guxet（愚説）	497
Guiocuquan（玉環）	207	Guxet（愚拙）	497
Guiocuxa（玉車）	408	Guzzǔ（弘通）	104
Guiocuxi（玉趾）	410	GVecca（月下）	606
Guiocuxi（玉指）	428		
Guiocuxǒ（玉章）	495	[H]	
Guioi（御意・御衣）	119	Hara*	167
Guioson（漁村）	249	Hat*	143, 167
Guiosonno xeqixô（漁村ノタ照）	249	Hà*	143, 167
Guioxin aru（御寝アル）	482		
Guioxut（御出）	391	[I]	
Guiǒ（行）	180	I（猪・亥）	517
Guiǒdǒ（行道）	231	Ia（邪）	233, 556
Guiǒgui（行儀）	46	Iacu（弱）	109, 402
Guiǒji（行事）	233	Iacujǒ（寂静）	399
Guiǒsǒ（形相）	231	Iacunen*（若年）	109
Guiǒzui（行水）	97	Iafǒ（邪法）	248
Guiô（業）	179, 225, 231	Iaguiǒ（邪行）	46
Guiô*（御宇）	179, 226	Iama（邪魔）	109

Iamambuxi* (山伏)	110	Ichixirui (著イ)	113
Iaman (邪慢)	399	Ichixirŭ (著ウ)	113
Iaraxi, su (居荒シ, ス)	109	Ichiyei (一栄)	571
Iare (戯レ)	510	Ichiyen (一円)	492
Iare, uru (戯レ, ルル)	510	Icqitŏjen (一騎当千)	90
Iarecoto (戯レ言)	510	Icu (幾)	478, 484
Iaregui (戯レ食イ)	510	Icu* (幾)	479
Iaregurui (戯レ狂イ)	510	Icusagami (軍神)	523
Iaremono (戯レ者)	510	Idaqi, u (抱キ, ク)	391, 508
Iasui* (邪推)	110	idasu (出ダス)	391
Iaxin (邪臣)	233	Ide (イデ)	37
Ibitçu. l, iybitçu (イビツ. または, 飯櫃)	73	Ide, izzuru (出デ, 出ヅル)	391
Iboi, ô, ôta, l, vmi, u		Ide, zzuru (出デ, ヅル)	391
(イボイ, ウ, ウタ. または, 膿ミ, ム)	34	ideôzuru* (出デウズル)	183
Iboumi, mou*** (イブミ, ム)	34	ideqitatte (出デ来タッテ)	570
Icadeca (如何デカ)	479	Idetachi (出デ立チ)	391
Icani (如何ニ)	479	Idetatçu (出デ立ツ)	270
Icazzuchi (雷)	262, 263, 416	Ido (居処)	361
Icca (一家)	262	Ien (善)	402
Iccacu (一角)	233, 434	Ien acu (善悪)	121, 438
Icchŏ (一丁)	277	Ienbaramit (禅波羅蜜)	315
Icchô (一丁)	192	Ienbŏ (禅坊)	429
Icchô (一朝)	205	Ienbô (善法)	315
iccobosu (沃ッ零ス)	567	Ienbu (全部)	600
Iccou (一刻)	205	Ien-bu* (全部)	600
Iccŏxu (一向宗)	334	Ienbut (前仏)	251
Iccôxu (一向宗)	223	Iengo (前後)	440
Ichibai (一倍)	50	Ienguiŏ (善行)	46
Ichiban (一番)	481	Ienguiô (善業)	46
Ichicocu (一石)	29	Ien-in (善因)	121
Ichida (一朶)	520	Ien-in (禅院)	407
Ichigano nagareuo cumu		Ienqe (禅家)	112, 232
(一河ノ流レヲ汲ム)	488	Ienqi (前騎)	112, 232, 233
Ichigiŏ (一定)	139	Ienqiô (善教)	112, 232
Ichigiô (一帖)	178	Iensa (善作)	46
Ichi-i (一位)	121	Ienxa (前車)	233, 534, 557
Ichijuno cagueni yoru		Ienxus (禅宗)	458
(一樹ノ蔭ニ寄ル)	488	Ienxù (禅宗)	524
Ichimai (一枚)	277, 520	Ienxŭ (禅宗)	169
ichimon* (一門)	110	Ienzô (禅僧)	169
Ichimot (逸物)	201	Iet (舌)	589
Ichimô (一毛)	263, 264	Ifeqi (萎蘗⟨痿蘗⟩)	67
Ichinin (一人)	520	Ifi (蝟皮)	119, 224, 242, 268

Ifô（異邦）	119, 224, 242, 268
Igue（イゲ〈棘〉）	289, 298
Igue（イゲ〈籾〉）	361
Igueta（井桁）	579
Igueuara（イゲ原）	36
Igui（イギ・棘）	289, 298
Ii（時）	482
Ii（児）	482
Iichiguet（日月）	201
Iicqin（昵近）	140, 232
Iicun（二君）	560
Iidanda（地ダンダ）	79, 232, 248
Iiga. l, jigabachi（似我．または，似我蜂）	
	84
Iigabachi（似我蜂）	84
Iigio**（児女）	26, 33
Iiguet（二月）	445, 572
Iigui（辞儀）	414
Iincô（深厚）	196
Iingiû（甚重）	402
Iinmit（深密）	203
Iinpuxô（仁不肖）	406
Iinqiǔ（腎灸）	68
Iinxei（人生）	573
Iippŏ（十方）	189
Iippu（実否）	438
Iiqen（自見）	112, 232
Iiqi（食）	112, 232
Iiqiô（慈教）	112, 232
Iisacu（自作）	79
Iitguet（日月）	196
Iitmiŏ（実名）	79
Iixenri（二千里）	606
Iixxi（実子）	205
Iixxi ixxŏ（十死一生）	205
Iixǔ（時宗）	458
Ijǔ（異獣）	139
Imada（未ダ）	326, 391, 492
Imaxe, imasu, imaxi	
（イマセ，イマス，イマシ）	464
Imeŏ（異名）	178
Imo（イモ）	435
In（陰）	240
In（院）	407
In（ジン）	572
Ina（否）	479
Inabaqi（稲掃）	298
Inamaqi（稲マキ）	298
Inamuxiro（稲筵）	329
Inchǔ（院中）	407
Ini, uru, inda（去ニ，ヌル，インダ）	93
Inju（陰樹）	234
Innen（因縁）	80, 124, 210, 213
Innen*（因縁）	124, 213
Innŏ（陰囊）	451
Inochi qiuamaru（命極マル）	609
Inoco（猪ノ子）	517
Inococu（亥ノ刻）	517
Inoqi（猪ノ牙）	517
Intocu（陰徳）	414
Inu-i（乾）	189
Inu-i no fŏ（乾ノ方）	189
Inyen（因縁）	80, 124, 210
Inyen*（因縁）	110, 124
Inyŏ（陰陽）	240
Inyu（因由）	210
Iocu acu（濁悪）	140, 232
Iocuqet（濁血）	140, 232
Ioijomocu（叙位除目）	140
Iŏ（情）	240
Iŏbita（上びた）	68
Iŏcai（浄戒）	397
Iŏdo（浄土）	397
Iŏfai（上輩）	234
Iŏgue（上下）	431
Iŏguiŏ（浄行）	178, 397
Iŏjun（上旬）	175
Iŏmiŏ（浄明）	397
Iŏqet（浄潔）	397
Iŏqiŏ（上京）	146
Iŏriacu（上略）	72
Iŏruri（浄瑠璃）	397
Iŏxet*（浄利）	397
Iŏxocu（上職）	234
Iŏye（浄衣）	397
Iŏza（定者）	140

Iô（尉）	380	Ittaru teqi（居タル敵）	158
Iôbut（乗物）	178	Ittŏrai（一到来）	289
ippai（一杯）	10	Iuai（祝）	109
Ippŏ（一方）	190	Iuaibi（祝イ日）	343
Ippŏ（一法）	191	Iuaxi（鰯）	109
iqen（異見）	119	Iuayuru（謂ワユル）	464
Iqiacu（違隔）	30	Iucufu**（Iufucuの誤植）（儒服）	26, 33
Iqiacu*（違隔）	30	Iucufu**（Iufucuの誤植）（寿福）	26
Iqidauaxij. l, iqidŏxij		Iucuxi（熟柿）	444
（息ダワシイ．または，息ダウシイ）	173	Iucuxo（熟所）	558
Iqidouori（憤リ）	175	Iunguiŏ（順行）	234
Iqidŏxij（息ダウシイ）	174	Iunji, uru（循ジ，ズル）	381
Iqiŏ（異香）	539	Iunquai（順会）	61
Ira. l, iragusa（苛．または，苛草）	283, 298	Iunquan（循環）	381
Iraye（答）	360	Iunriŭ（循流）	379, 381
Irico（煎海鼠）	303	Iuntacu, fucqi, bentŏ*（潤沢，富貴，便当）	
Ironai fito（色ナイ人）	409, 428		468
Iru, itta（斷ル，ッタ）	464	Iuo（魚）	214, 366, 376
Irui（異類）	120, 172	iuo*（イヲ〈魚〉）	376
Irui iguiô（異類異形）	172	Iuqiô（入興）	179
Isa（イサ）	240, 614	Iuyana**（Iuxanoの誤植）（儒者ノ）	26
isago（沙）	550	Iŭ*（十）	205
isamerare（諫メラレ）	563	Iŭbun（十分）	578
Isasacamo（些モ）	492	Iŭdoxùs（浄土宗）	458
Issai（一切）	492	Iŭgoracu（十五絡）	379
Issat（一札）	205	Iŭjŏ（充上）	559
Issat（一撮）	210, 212	Iŭjŏ（十成）	579
Issuca（鶸）	158	Iŭnen（十念）	168
Issumbôxi（一寸法師）	504	Iŭnijichŭ（十二時中）	426
Issun（一寸）	520	Iŭniqei（十二経）	379
ita（板）	118	Iŭnixŏ（十二姓）	341
Itabu（イタブ）	444	Iŭrin（蹂躙）	571
Itamegaua（撓皮）	128	Iŭrui（従類）	120
Itano mono（板ノ物）	353, 359, 362	Iûnen（十念）	168
Itçucuximi ari*（慈シミ有リ）	109	ixei（威勢）	119
Itçumadegusa（壁生草）	414	ixibai*（石灰）	302
Itçuqi, caxizzuqi*（イツキカシヅキ）	109	Ixicunangui（イシクナンギ）	128
Itmot（逸物）	201, 519	Ixij（いしい）	360
Itoconi（従子煮）	304	Ixiusu（石臼）	122
Itodo（イトド）	573	Ixxacu（一尺）	520
Itonami, u（営ミ，ム）	203, 204	Ixxeqi（一石）	29
Ito taqe*（糸竹）	109	Ixxet（一切）	492
itouazu（厭ワズ）	563	Ixxi（一子，一紙，一枝，	

一糸, 一指, 一死)	90
Ixxucu（一縮）	157
Iy（言イ, 飯）	119, 120
IYacu（帷幄）	457
iyado*（宿）	147
Iy ague（言イ上ゲ）	121
Iy ai, ǒ（言イ合イ, ウ）	121
iyamaxini*（弥増シニ）	146
Iy arauasu（言イ表ワス）	121
Iyatacai（弥高イ）	270
Iy ate, tçuru（言イ当テ, ツル）	121
iycaqe（言イ掛ケ）	551
Iye（家）	123
iyeni（イエニ）	535, 536
Iygai（飯匙）	300, 304
iynicui*（言イニクイ）	483
iyori*（ヨリ）	147
iytçuzzuqure（言イ続クレ）	567
Iyyori, ru（言イ寄リ, ル）	464
Izanai, ǒ（誘イ, ウ）	360
Izzutçu（井筒）	108

[J]

Jechudono*（越中殿）	110
Jendo*（江戸）	110
jinpan（人斑）	483
jjuxo*（住所）	159
jongue*（上下）	187
jǒxu（上首）	246
juin（樹陰）	556

[M]

Ma（真）	206, 478, 484
maboran*（守らん）	215
Mabori（守リ）	215, 218, 432
Maboru（守ル）	215, 431, 510
Mabure, uru（塗レ, ルル）	289
Maburi, u, utta（マブリ, ル, ッタ）	77, 510
Mabuxi（瞼）	215, 218
Mabuxi, su（塗シ, ス）	289
Macaricosu（マカリコス）	542
Macaricudaru（マカリクダル）	542
macari cudatta（罷リ下ッタ）	566
Macarinaru（マカリナル）	542
Macarinoboru（マカリノボル）	542
Macarisuguru（マカリスグル）	542
Macaritatçu（マカリタツ）	542
Maccurona（真黒ナ）	206
Machi（町）	512
Machibuxe（待伏セ）	288
machibuxe*（待伏セ）	302
Machifazzure（町外レ）	512
Machijin. l, Machǔdo（町人, または, 町人）	506, 512
Machimono（町物）	516
Machitçucuxi, su（待チ尽シ, ス）	28
Machiyacu（町役）	512
Machǔdo（町人）	507
Macubo（目窪）	314
Macuri idaxi, su（捲り出だし, す）	158
Macuzucuxi（幕串）	140
Mada（マダ）	391, 492
Mademo（マデモ）	492
magaua（紛ワ）	534
magurete（マグレテ）	570
Mai agari, u（舞イ上ガリ, ル）	424
Mairaxe, suru, eta（参ラセ, スル, セタ）	497
Mairi, u（参リ, ル）	495
Maje（混ゼ）	285
Maji. l, majij. i, Mai（マジ. または, マジイ・すなわち, マイ）	461, 479, 480
Majiri（目尻）	516
majiru（交ル）	549
Majiuari（交ワリ）	451
Majiuari, u（交ワリ, ル）	136, 451
Majiuariai, ǒ（交ワリ合イ, ウ）	451
majiye（交エ）	530, 541
Mamegara（其）	28
Mameri, meru（マメリ, ル）	289
Mamexi, su（マメシ, ス）	289
Mameyacani（マメヤカニ）	361, 363
Mami（猫）	444
mamoran*（守らん）	215
Mamori（守リ）	215

Mamori botoqe（守リ仏）	218
Mamoru（守ル）	215, 432
Mamuxi（蝮）	215, 218
Man（饅）	353, 358, 365
Mana（真魚）	
	353, 358, 365, 376, 377, 378, 499
Manabigatera（学ビガテラ）	489
Manajiri（眦）	430
mane（マネ）	536
Manebi, u, ôda（マネビ, ブ, ウダ）	183
Mangiù（饅頭）	14
manijus（饅頭）	159
Manjuxaqe（曼珠沙華）	524
Mappadaca（真裸）	206
Mappajime（真初メ）	206
Mappira（真平）	206
Mappiru（真昼）	206
Mapponajiyǒni（真同ジ様ニ）	206
Mappô（末法）	205
Mappucura（真膨ラ）	206
maqifirugayesu（巻キ翻ス）	537
maqitçuqu（巻キツク）	568
maqura*（枕）	130
Mara. l, nancon（閧. または, 男根）	450
maraxi（まらし）	499
maraxô（まらせう）	499
maraxôzu（まらせうず）	499
Marume, uru（丸メ, ムル）	436
Masa. l, masame（柾. または, 柾目）	73
Masame（柾目）	84
Masari, u（勝リ, ル）	545, 549
Massaqi（真先）	206
Matataqi（瞬）	430
Mataua, aruiua, ca*（マタハ, アルイハ, カ）	437
Matçudai. l, Matdai（末代, または, マッ代）	73, 203, 506
Matçuri（祭）	182
Matdai（末代）	203, 507, 564
matsuguni*（真直ニ）	207
Mattai（全い）	141
Mattô（全ウ）	184
Mattô（マットウ）	314
Matyô（末葉）	215
Matza（末座）	502
Mauari（廻リ）	148, 353, 359, 365
Maxi, su（増シ, ス）	517
Maxxe（末世）	205
Maxxiroi（真白イ）	206
Maxxǒgiqi（真正面）	206
Mayebiqi（前挽キ）	28
Mayeua（前輪）	507
mayoi（マヨイ）	536
mayoi iri（迷イ入リ）	537
mayu（眉）	328
māyeqi*（満溢）	406
Me（目・眼）	393, 433
Me（メ）	483
Meaco*（都）	145, 182
Meacu（メャク）	152
Mecqi mecqito（メッキメッキト）	303
Mecujira（鯢）	141, 393, 395
Mecurumecu（目クルメク）	94, 327, 393, 394, 395
mede（愛デ）	573
Mega mǒ（目ガマウ）	394
Megaqete（目掛ケテ）	463, 464
megumi（恵ミ）	570
Megumi, ǔ, uda（芽グミ, ム, ウダ）	26
Megumi, u, ǔda**（芽グミ, ム, ウダ）	26
megurasu（廻ラス）	328
mei（命）	328
meicun（明君）	556
Meifô（名方）	190
meitet（明哲）	531
Meixu（明珠）	534
Meiyasu*（目安）	147
Meiyui（目結）	147, 360
Meizucuxi（銘尽し）	141
Mejiro（目白）	524
Memaiqe（目マイ気）	327
Meme（メメ）	361
Memixe（目見セ）	282
Memixemono（目見セ者）	282
Men（免）	539, 546
Menban（綿蛮）	120

meómon* (名聞)	181
Meǒchô (明朝)	178, 225, 269
Meǒji (名字)	181, 225
Meǒnichi* (明日)	181, 226
meô (見ウ)	178
Meôchi (妙智)	399
Meôfôrengueqiǒ (妙法蓮華経)	169
Meô fô renguequiǒ* (妙法蓮華経)	189
Meôjin (明神)	184
Meôto (婦夫)	182
Meqi, u, eita (メキ, ク, イタ)	91, 484
Merǒ (女郎)	323, 324
Mesare, uru (召サレ, ルル)	495
Mesu (召ス)	77
Mete (馬手)	123, 516
Meuji (牝牛)	47
Mexi, su (召シ, ス)	495
Mexij, jta, ijte (召シイ, イタ, イテ)	464
Mexijdaxi, su (召し出だし, す)	458
Meximono (召物)	361, 363
mexitotte (召シ捕ッテ)	533
Mi (御)	478, 484, 495
Mi (身)	556
Mi, ru, ita (見, ル, ミタ)	93
Miaco (都)	146
Miaco* (都)	123, 145, 149
Miacodori (都鳥)	146
Miacu (脈)	152
miariqi (見歩キ)	568
Mibun (未分)	391
Micado (三稜)	360
Michi (道)	289
micome (見籠メ)	533, 567
Micquai (密会)	205, 505
Mida (弥陀)	415
Midan (未断)	391
Midaregami (乱レ髪)	537, 539
mie* (見エ)	123
mifirai (見開イ)	547
migacare (磨カレ)	573
Migacu (未学)	391
migin (微塵)	529
Miguino chinou ⟨chinuo⟩ vequô mono* (右ノ賃ヲ請ケ負ウ者)	51
Miguite (右手)	317
Mimago (御孫)	380
Mimairaxe, suru (見参ラセ, スル)	361, 362
Mimeguri, u, utta (見メグリ, ル, ッタ)	112
Mimi (耳)	112
Miminaba (耳茸)	313
Mimiô (微妙)	112
mimiô* (微妙)	226
Mimitçucu (木莵)	290
Mimitoi (聡イ)	395
Mimitoxi (聡シ)	395
Mimixij (耳シイ)	395
Mimixij, ijte, l, ijta (耳シイ, イテ, または, イタ)	395, 464
Mimizzucu (ミミズク)	290
Mimochi (身持)	44, 45, 361, 363
minaru (実ナル)	550
Minogaqi (美濃柿)	444
Minogoi (身拭イ)	360, 362
Miǒban (明礬)	417
Miǒchô (明朝)	178, 269
Miǒgan (明眼)	400
Miǒqiǒ (明鏡)	178, 601
Miǒqiǒ uo terasu* (明鏡ヲ照ラス)	601
miô* (見ウ)	179
miqiqu (見聞ク)	565
Misabi, uru, ita (見サビ, ブル, ビタ)	464
Misago (ミサゴ)	218
Miso (味噌)	159
Misocoxi (味噌漉)	159, 458
Misogui (禊)	334
Misonji, zuru** (見損ジ, ズル)	27
Misoqi** (Misogi の誤植) (三十)	26, 27, 33
Misoya (味噌屋)	159
Misoyaqijiru (味噌炙汁)	159, 458
Misò (味噌)	159, 160, 458
Misôzzu (味噌水)	159
Misso (味噌)	159, 160
Mitçu (蜜)	203

mitçu* (蜜)	203
Mitçuchireô (蛟竜)	158
Mitçuno curuma (三ツノ車)	336
Mitçutçucuri* (蜜造リ)	203
Mitçŭ (密通)	158
Mitdan (密談)	203
Mitgŏ (密号)	203
Mitgui (密儀)	203
Mitguiŏ (密行)	203
Mitji (密事)	203
Mitmit (密々)	203
Mitono macubai (ミトノマクバイ)	451
Mit ri (蜜裡)	203, 560
Mitrino fisŏ (蜜裡ノ砒礵)	203
Mittçuchireô (蛟竜)	158
Miuorosu (見下ロス)	411
miuqi* (御幸)	147
miuru* (見ユル)	147
Mivôru (身終ウル)	572
Miyacaxi (御明シ)	213
Miyaco (都)	146
Miyacu (ミヤク)	153
Miyama (深山)	85
Miyamajitoto (深山鶏)	84
miye vataru (見エ渡ル)	570
Mizucoxi (水漉シ)	141
Mizzuguqi (水茎)	360, 426
Mo (モ)	462, 490, 492
Mochi facobi, u ,ŏda (持チ運ビ, ブ, ウダ)	185
mochis (餅)	159
Mochizzuqi (望月)	136
Mocurocu (目録)	9, 515
Mocuromi, u, ŏda (目論ミ, ム, ウダ)	185
Mocuyocu (沐浴)	396
mogana* (モガナ)	491
Mojiqe, uru (捩ケ, クル)	465
Mojiqi, u, ijta (捩キ, ク, イタ)	465
Momigi (紅葉)	515
Momo (桃)	368
Monari, u, atta (モナリ, ル, ッタ)	496
Monbô (聞法)	191
Mondŏ (問答)	540, 541
mongay* (門外)	156
Monji* (文字)	364
Monjin (問訊)	441
Monono fon (物ノ本)	126
Monotçucuri (物作リ)	279, 281
Monouo tacusan ni motçu* (物ヲ沢山ニ持ツ)	468
Monoyoxi (モノヨシ)	355, 361
Monsu (門守)	285
Montarŏ (門太郎)	281, 285
Monuqe (蛻)	240
Monyacu (門役)	285
Moraiguy (貰イ食イ)	120
Mori u (守リ, ル)	245, 464
Moricata (モリカタ)	536
Morino cado (Norino cado の誤植) (法の門)	33
Moromuqi (諸向)	309
Moronuqi (Moromuqi の誤植) (モロヌキ, 諸向)	27, 308, 309
Mot, qua, do, gon, sui (木, 火, 土, 金, 水)	207
Moteatçucai, ŏ (持テ扱イ, ウ)	158, 546
Motobu (モトブ)	304
Motovori, ru (モトヲリ, ル)	464
Motte (以テ)	471, 474
motte atçucai (モテアツカイ)	158, 546
Moxe (モセ)	454, 612
Moxiuo (藻塩)	331
Moyeagari, aru (燃エ上ガリ, ル)	539
Moyecui (燼)	579
Moyouoxi (催シ)	175
Mozuno cusaguqi (百舌ノ草茎)	330
mósu* (申ス)	172
Mŏca (孟夏)	413
mŏde (揉ウデ)	185
Mŏja (亡者)	389
mŏsu (申す)	172
mŏta (舞うた)	172
Mŏxi, su, ita (申シ, ス, シタ)	497, 499
mŏxigatai* (申シ難イ)	483
mŏxi nobeô (申シ述ベウ)	182
Mŏxun (孟春)	445

mŏzŏ（妄想）	172
Mucuchi（無口）	238
Mucure, uru（剥レ, ルル）	465
Mucuri, u（剥リ, ル）	465
Mucŭru（報ウル）	94, 464
Mudŏxin（無道心）	238
Mufŏ（無法）	191
Mugana（無我ナ）	238
Mugŭ（無窮）	237
Mujina（狢）	444
Mumoji（ム文字）	361, 362
Mumon（無文）	522, 579
Munasudare（胸簾）	315
Munô（無能）	390
Muqi, u（ムキ, ク）	280, 315
Muqiqe（ムキ気）	280, 315
Murasaqi（紫）	358
Murej, iru（群レ居, ル）	118
Musacusana（ムサクサナ）	563
Musai（無才）	237
Musubouoruru（結ボヲルル）	175
Musubôruru（結ボウルル）	175
musubu（結ブ）	328
mutçubôretaru*（ムツボウレタル）	138
Mutçucari, u*（ムツカリ, ル）	264
Mutçucaru（ムツカル）	355, 360
Mutçuqi（睦月）	445
Muxi（ムシ）	353, 359, 365, 415
Muzuto（ムズト）	77
MV（無）	391, 402

[N]

naba*（ナバ）	313
Naba. l, qinoco（ナバ. または, 茸）	311, 312, 313
Nabicaxi, su, aita（靡カシ, ス, イタ）	97
Nacadacana（中高ナ）	361
Nacadachi（中立）	416
Naca-i（中居）	121
Nacauobi(Nacavobi)（中帯）	458
Nacŏdo（仲人）	416
Nadare, uru, eta. l, nadare vochi, ru（頽レ, ルル, レタ, または, 頽レ落チ, ツル）	380, 408, 458
Nadetçuqe, uru（撫デ付ケ, クル）	27
Nadexico（撫子）	27
Nagameyari, u（ナガメヤリ, ル）	531
nagare cacarite（流レカカリテ）	568
Nagarenomi（流レノ身）	417
nagareyetemo（ナガレエテモ）	536
Nagaxi（ナガシ）	289
Nagoxino farai（名越ノ祓）	446
nague cube（投ゲ燒べ）	547
Naguetçuqe（投げ付け）	27
Nagusami gusa（慰ミグサ）	609
Nai（無イ）	464, 483
nai（薙イ）	532
Naifŏ（内方）	190
Naigue（内外）	438
Naigueico（内稽古）	80
Nai qeico（内稽古）	80
Nairi（泥梨）	416
Naitocu（内徳）	64
Naitocu（Naitoçu）（内得）	63
Naixi（乃至）	279
Namagome（生米）	481
Namajiini（憖ニ）	118
Namana（生ナ）	101
namaxijni（憖ニ）	574
Namazzu（鯰）	524
Namexi. l, Namexigaua（鞣. または, 鞣皮）	73
Nami（波）	540
Namino fana（波の花）	359
naname（斜）	328
Nanbŏ（南方）	189
Nangasaqui*（長崎）	128
nanguan*（難艱）	156
Nanigotomo（何事モ）	492
Nanimo（何モ）	492
naninicaua（何ニカハ）	536
Nanmen（南面）	210
Nanten（南天）	524
Nanto（南都）	426
Nanxocu（男色）	450
naqazu*（鳴カズ）	134

Naqizzura (泣面)	316	nezzumi (鼠)	141
Narabi, u, ôda (並ビ, ブ, ウダ)	186	Nhacudŏ (若道)	449
Naraxi. l, caqezauo		nhiúdo* (入堂)	170
(ナラシ. または, 掛竿)	309, 310, 311, 313	nhô (寝ウ)	183
Narazzuqe (奈良漬)	458	nhùua* (柔和)	169
Nareno fate (成レノ果テ)	507	Nhŭmiyacu (入脈)	69, 153
Nari (ナリ)	240	Ni (二)	470, 472, 473, 478, 489
Narifate, tçuru (成リ果テ, ツル)		Nicaua (膠)	48
	540, 542, 544	Nichiguat (日月)	201
Narucono tagvi (鳴子ノ類)	589	Nichijin (日神)	201
Nasare, uru (為サレ, ルル)	482, 495, 498	Nichiya (日夜)	28
Natçu (夏)	60	Nicui (憎い)	99, 467, 483
Nattô (納豆)	192	Nicumi (ニクミ)	298
Naua (縄)	536, 579	Nigoraxi, su, aita (濁ラシ, ス, イタ)	97
nauoccu* (直ス)	138	Niguachi (二月)	446
Nauori, u, otta (直リ, ル, ッタ)	465	nigue (逃ゲ)	570
Nauoxi, su, oita (直シ, ス, イタ)	465	Niguemayoi, ô (逃ゲ迷イ, ウ)	540
Nauozari. l, nauozarini		Niguen. l, nigon (二言. または, ニゴン)	73
(等閑. または, 等閑ニ)	74	Niguenobi, bu, l, uru, ita	
naxi (ナシ)	391	(逃ゲ延ビ. または, ブル, ビタ)	96
Naxi, su (済シ, ス)	52, 487	Nijmacura (新枕)	118
naxi cudasareta (為シ下サレタ)	551	Nimoji (二文字)	359, 364, 372
Naye, uru, eta (萎エ, ユル, エタ)	537	Ninden (人天)	591
nayetaru (萎エタル)	537, 538	ninnicu (蒜)	367
Nazorayuru (準ユル)	236	Niqibi (面皰)	298
Nebagatai (粘固イ)	90	Nira (韮)	367, 372
Neburu (舐ル)	218	Nireô (耳聾)	395
Neda (根太〈根床〉)	305, 307	Nissan (日参)	416
Negi, zzuru, ita (捻ヂ, ヅル, ヂタ)	97, 98	Nite (ニテ)	470, 474, 478
Negui (葱)	367	Niuamoxe (庭モセ)	454
Nemonji (ネ文字)	359, 364	niuas (庭)	13
nemuri (眠リ)	544, 548	niuma (荷馬)	117
nemuri i (眠リ居)	547	niuua* (柔和)	170
Nemuru (ネムル)	218	Nixeqi (二石)	29
Nenguet (年月)	97	nixesoconŏte (似セ損ウテ)	565
nengui (ネンギ)	128	Nixiqigui (錦木)	329
Nenja (念者)	450	Nixxu (日数)	416
Nenjo (年序)	97	Niyotte (ニヨッテ)	478
Nenriqi (念力)	579	No (ノ)	479, 489
Nerigaqi (練柿)	444	Nobi, uru, ita (伸・延ビ, ブル, ビタ)	96
Nevobiye, uru (寝怯エ, ユル)	540, 542	Noboxe, suru, eta, l, oita	
Nevozomi, u (寝ヲゾミ, ム)	41	(上セ, スル, セタ, または, イタ)	96
Neyaxi, su (ネヤシ, ス)	252	Noboxi, su* (上シ, ス)	96

Nomicuzzuxi, su, uita			**[O]**	
（飲ミ崩シ, ス, イタ）	455, 566	Oari* （尾張）	127
Nomisoconǒ（飲ミ損ウ）	456	Omura*（大村）	127
Nomisonji, zuru（飲ミ損ジ, ズル）	456, 553	Ozaca*（大坂）	127
Nomoxe（野モセ）	454, 612	**[P]**	
nono（布）	458		
Nonriǒ（暖寮）	195	Pamonji*（パ文字）	364
Norino cado***（法の門）	33	**[Q]**	
Norivma（乗馬）	122		
Nouaqi（野分）	151, 550	Qe（毛）	279, 293
Noxi（熨斗）	85, 298	Qe, ru, eta（蹴, ル, ケタ）	93, 158, 546
Noxiauabi（熨斗鮑）	85, 298	Qechiguan（結願）	201, 202
Nozomi（望ミ）	126	Qechimiacu（血脈）	81, 201, 202
Nǒ（ナウ）	479	Qechiyen（結縁）	201
nǒda（飲ウダ）	185	qegasaji（穢サジ）	568
Nǒju（納受）	412	qegasu（穢ス）	328
nôda（飲うだ）	172	Qei（刑）	551
nôsô（能僧）	172	Qeifǒ（刑法）	191
Nôxo（能書）	509	Qeiguei（鯨鯢）	393, 394
nuca（抜カ）	542	Qeiqi（景気）	135
Nucamiso（糠味噌）	159, 458	Qeiriacu. l, qeisacu	
Nucaxi, su, aita（ヌカシ, ス, イタ）	322, 323	（計略. または, 計策）	81
Nucazzuqi, u（額ヅキ, ク）	464	Qeisacu（計策）	81
Nugui, u, uida（脱ギ, グ, イダ）	282, 503	Qeiso（鼷鼠）	406
Nuguicaqe, uru, eta		Qeixei（傾城）	417
（脱ギ掛ケ, クル, ケタ）	282, 503	Qeixet（螢雪）	434
Nuime（縫目）	484	Qeixu（稽首）	414
Nunoya（布屋）	458	Qejǒ. l, Qenjǒ（勧賞, または, 勧賞）	
Nuqenuqeni（抜ケ抜ケニ）	542		346, 352
Nuqicaquru（抜キ掛クル）	282	Qemiǒ（仮名）	79
Nuqidasu（抜キ出ダス）	270	qemuri（煙）	328
nuqinzuru（抽ンズル）	141	Qen（賢）	401
nuqitçure（nuqitcure）（抜キ連レ）	547	Qen. l, qenpei（権. または, 権柄）	243
Nuqu（脱ク）	282	Qenbeqi（痃癖）	307, 308
Nuri, u（塗リ, る）	459	Qenbeqi*（痃癖）	308
Nuribuchi（塗縁）	459	Qencô（剣甲）	195
Nurigasa（塗傘）	459	Qengacu（兼学）	428, 429
Nusumi idaxi, su, aita		Qengo（堅固）	402
（盗ミ出ダシ, ス, イタ）	279, 297	Qen-i（権威）	243
Nutanamasu（饅膽）	84	Qen-i uo furǔ（権威を振ウ）	243
Nuxi（主）	324	Qenjǒ（勧賞）	345, 346, 347, 352
Nuxi（塗師）	459	Qenpeô（堅氷）	175

Qentai（懸待）	378	qicazatte（着飾ッテ）	567
Qenun（眩暈）	395	Qiccô（亀甲）	193
Qen vn（眩暈）	327	Qichô（帰朝）	515
Qenxin（賢臣）	560	Qichiji（吉事）	199, 201, 574, 579
Qenyo（顕誉）	558	Qichinichi（吉日）	201
Qenyo（権輿）	589	Qicocu（帰国）	515
Qeo（虚）	154, 269	Qicodôjŏ（Qicodôjo）（起居動静）	593, 594
Qeogon（虚言）	154, 155	Qi-co-dô-jŏ*（起居動静）	594
Qeoyŏ（挙用）	154	Qico dôyŏ（起居ヤウ）	593, 594
Qeŏcot（軽忽）	178	qico guiŏbu*（起居行歩）	594
Qeô. l, qiô（興．または，キョウ）	73, 178, 181	Qicqeô（吉凶）	402
Qeô. l, qiô（今日）	164, 178, 179, 182	Qidouoxi（着通シ）	314
Qeôbô（教法）	179	Qifucu（帰服）	80, 544
Qeôchŭ（胸中）	269	Qigatana（木刀）	505
Qeôcun（教訓）	178	Qiguisu（雉）	314
Qeôdo（凶徒）	510	Qi-i（貴意・奇異）	118
Qeôquai（交会）	451, 598	Qi in（帰院）	118
Qeôten. l, sŏten（暁天．または，早天）	74	Qijŏ（帰城）	390
Qeppan. l, qetban（血パン，または，血判）	81	qimão（着物）	11, 458
Qeron（戯論）	408	qimi（君）	118
Qetban（血判）	81	qimiô*（奇妙）	226
Qetguan（結願）	201, 202	Qimono（着物）	458
Qetmiacu（血脈）	81, 201, 202	qimõis（着物）	11
Qetvn（血暈）	381	Qin（陰嚢核）	451
Qetyen. l, qechiyen（結縁．または，ケチ縁）	73, 201	Qinbiŏ（金屛）	458
Qetyeqi（血液）	196	Qinchacu（巾着）	295
Qeuo toru（毛を取ル）	293	Qincu（金句）	554
qexiqi（気色）	545	Qincuxŭ*（金句集）	554, 555, 556
Qexŏ（化生）	258, 259	Qinguen（金言）	554
Qi. l, Qino vazurai（気．または，気ノ煩イ）	141	Qinguiocu（金玉）	600
Qi, ru, ita（着．ル，キタ）	93	Qin-guiocu*（金玉）	600
Qiacqei（脚脛）	138	Qinguisŏ（金徽草）	524
Qiai（気合・気相）	298	Qinguiŭxi（金牛子）	341
Qiamojina（花文字ナ）	361, 362	Qinoco（茸）	311, 313
Qiatat. l, Qiatatçu（脚榻）	197, 203	Qinqin（近々）	402
Qiatatçu（脚榻）	203	qinqua（金花）	571
Qibŏ（貴坊）	495	Qinuta（砧）	458
Qibucu（帰服）	80	Qin v（金烏）	121, 413
Qicanno qi（木カンノキ）	155	Qinxocu（金色）	557
		Qio（虚）	154, 269
		Qiocusui（曲水）	606
		Qiogon（虚言）	155
		Qiorô（虚労）	184

Qiŏcot（軽忽）	178
Qiŏmon（経文）	340, 524
qiŏquai*（交会）	226
Qiôchū（胸中）	179, 225, 269
qiôcū*（教訓）	226
Qiôqiô（恐々）	178, 326
Qiôquŏ（恐惶）	326
Qiôxu（教主）	179, 225
qiôyŏ*（孝養）	226
qiqaruru*（聞カルル）	134
qiqaxerare*（聞カセラレ）	134
Qiqei（亀鏡）	31, 135
Qiqei*（亀鏡）	31
Qiqi, u（聞キ, ク）	433
Qiqigatera（聞キガテラ）	489
qiqiire（聞キ入レ）	541
Qi-qiŏ*（帰京）	386
Qiqivotoxi, su, oita（聞き落し, す, いた）	57
qireŏ*（器量）	226
Qiri（キリ）	361
qirifazzui（斬リ外イ）	529
Qiri fôriŏga nai（キリ方量ガナイ）	190
Qirime（切目）	484
Qirizoro（切りぞろ）	359
Qirumono（着ル物）	458
Qisat（貴札）	495
Qitanamu（穢ム）	464
Qitji（吉事）	199, 201
Qitnichi（吉日）	201
Qitocu(Quitoçu)（既得）	67
qiuru*（消ユル）	147
Qiŭ（灸）	299
Qiŭ（宮）	451, 589
Qiŭchô（窮鳥）	561
Qiŭcon（旧恨）	401
Qiŭgi（灸治）	299, 303
Qiŭgio（宮女）	139
Qiŭguiŭ（九牛）	561
Qiŭna（急ナ）	113
Qiŭnan（急難）	113
Qiŭni（急ニ）	113
Qiŭso（窮鼠）	141, 578
Qiŭxo（旧書）	136
qiŭyŭ（旧友）	170
Qiyaxi, su（消やし, す）	325
Qiyaxi, su, aita（消ヤシ, ス, イタ）	317
Qiyoyacana（清ヤカナ）	100
Qiyoyacani（清ヤカニ）	100
Qiyoyacasa（清ヤカサ）	100
Qiyuru（消ゆる）	240
Qizami, u. Tôgan（キザミ, ム. トウガン）	572
qizamu（刻ム）	550
qizu（疵）	564
Qizzu（疵）	141
qua（過）	572
Quachôno xet（花朝ノ節）	446, 591
Quachŭ（火中）	600
Qua-chŭ*（火中）	600
Quaco（過去）	155
Quacqei*（活計）	389
Quacuvŏ（鶴翁）	185
quago（過後）	560
Quaifŏ（懐抱）	391
Quairin（廻鱗・回鱗）	426
Quairocu（回禄）	425
Quaja（冠者）	324
Quajabara（冠者原）	506
Quajit（花実・果実）	91
quandŏ（貫道）	572
Quanguio（還御）	600
Quangun（官軍）	440
Quanjŏ（勧賞）	346, 348, 352
quanjŏ*（勧賞）	347, 348
quannhŭ*（寛宥）	212
Quanno qi（貫ノ木）	155
Quantai（緩怠）	420, 421
Quanxŏ（勧賞）	346, 352
Quanxu. l, Quanju（貫主）	509
Quatmiacu（滑脈）	380
Quaxi（菓子）	67
Quaxŏ（火生）	407
Quei Teô*（京兆）	183
Quena*（気ナ）	102
Quentô*（ケントウ）	30

Quezzume (蹴爪)	136
quicoximesu* (聞召ス)	321
Quimão (着物)	136, 276, 459
Quimoens (着物)	459
quimoēs (着物)	11
Quimono (着物)	11
Quimões (着物)	276, 459
Quŏcon (黄昏)	413, 414
Quŏgŏ (光降)	494
Quŏjet (広舌)	409
Quŏtaixi (皇太子)	188
Quŏtei (黄帝)	211
Quŏxen (黄泉)	334

[R]

RA (ラ)	239
Ra (羅)	450
Racqua (落花)	561, 571
Rai (雷)	416
Raica (来夏)	60
Raicŏ (来迎)	339, 399, 524
Raigui (来儀)	494
Raiguiocu. l, ranqiocu (ライ曲. または, 乱曲)	83, 247
Rai-in (来音)	414
Ranguy (乱杙)	120
Ranqiocu (乱曲)	83, 247
Ranxi** (Raixi の誤植) (礼紙)	26
Ranxŏ (卵生)	258, 259
Reba (レバ)	479
Reifŏ (礼法)	191
reifŏ* (礼法)	189
Reijin (伶人)	589
Reimin (黎民)	571
Reisacu (霊作)	400
Reivn (嶺雲)	607
Reixô (嶺松)	606
Renbo (恋慕)	449
Renjacu (連雀)	524
Reocacu (旅客)	154
Reochi (慮知)	154
Reocŏ (旅行)	269
Reojin (旅人)	155
Reoto (旅途)	154
Reŏ (寮)	195
reŏbun* (領分)	226
Reŏco (両虎)	225
reŏgan* (両眼)	226
reŏjŏ* (領掌)	226
Reŏnai (領内)	178, 269
Reŏnai (寮内)	195
reô (寮)	195
Reô. l, Rio (龍)	444
Reô a (聾啞)	395
reôgi* (療治)	226
Reô-ja (龍蛇)	121
Reôquai (聾聵)	395
Reôra (綾羅)	178
Reôri (料理)	269
Reôxi (料紙)	360
Reqijit (歴日)	97, 399
Retza (列座)	196
Ri (利)	506
Rica (梨下)	562
Richigui (律儀)	201
Ricô (利口)	511
ricugi (陸地)	39
Ricugi (陸路)	529, 530
Riguiŭ (犂牛)	48
Rinmu (林霧)	606
Rinnhe* (リンニェ)	124
Rinpû (林風)	607
Rin v (霖雨)	121
Rinye (輪廻)	421
Rinye* (輪廻)	124
Rinyocu (鱗翼)	141
Rinyŏ (林葉)	606
Riocŏ (旅行)	269
Riojin (旅人)	155
Riŏ. l, reŏ (寮)	195
riŏ* (寮)	195
Riŏbŏ (両方)	190
Riŏchi, l, riŏnai yori mainē vosamuru tocu, l. nēgu* (領地, または, 領内ヨリ毎年 収ムル徳, または年貢)	64
Riŏfŏ (両方)	190

Riŏnai（領内）	178, 269
Riŏten（涼天）	408
Riŏxa（寮舎）	195
Riŏxŏ（良将）	178
Riô*（龍）	445
Riôca（龍駕）	179
Riôgi*（療治）	226
Riôri（料理）	85, 226, 269
Ritgui（律儀）	201
Riŭgun（龍宮）	188
Riŭjin（龍神）	444
Riŭuŏ（龍王）	444
Roben（露冕）	607
Roccon（六根）	520
Rocu*（六）	205
Rocuchicu（六畜）	520
Rocudŏ（六道）	236, 334
Rocudŏ*（六道）	14
Rocufara（六波羅）	236
Rocufaramit（六波羅蜜）	72
Rocufondatçu（六本立）	207
Rocugin（六塵）	335
Rocusuinŏ（漉水嚢）	141
Rocutçu（六通）	336
Rogintçu（漏尽通）	140, 336
Rogvi（櫓枻）	120, 122
Ronjintçu（Rongintçu）（漏尽通）	336
Roppu（六腑）	205
Rosui（蘆錐）	606
Rŏca（樓下）	185
Rŏfu（老父）	509
Rŏiro（蠟色）	65
Rŏjeqimono（狼藉者）	407
Rŏtaqe（臈タケ）	94
Rŏyei（朗詠）	428
Rôjŏ*（籠城）	387
Rônin（籠人）	440
Rôxa（籠者）	440
Rui（類）	120

[S]

Sa（サ）	478
Saburai, ŏ（候イ, ウ）	499
Sacamacu（逆巻ク）	94
Sacanas（肴）	9
Sacanna（盛んな・壮んな）	119
Sacaro（逆櫓）	552
sacazzuqi（杯・盃）	13, 328
Sacãzzuqui（盃）	458
Sacuchŏ（昨朝）	184
Sacuno mono（作ノ物）	342
Sacuradai（桜鯛）	445
Sacuxa（作者）	342
Sadamete（定メテ）	422
Safô（作法）	191
Sagueô（作業）	46
Sagui, saguita（サギ, サギタ）	94, 464
saguiô*（作業）	226
Saiai（最愛）	597, 598
Saiai*（最愛）	598
Saicocu（西国）	280
Saidazzuma（サイダヅマ）	59, 329
Saifŏ（西方）	189
saifŏ*（西方）	189
Saifŏ gocuracu（西方極楽）	189
Saifŏjŏdo（西方浄土）	189
Saiguet（歳月）	97
Saimon（柴門）	607
Saitan（再誕）	77
Saixacu（再釈）	406
Saixô（妻妾）	178
Sajen（作善）	203
Sama（様）	91, 495
Samazamano（様々ノ）	467
San（算）	246, 504
Sanco. l, sango（三鈷）	509
Sancô（参候）	497
Sanga. l, Xenga （山河. または, センガ）	73
Sangocu（三国）	520
Sangô（三業）	530
Sanguachi. l, Sanguat（三月）	201, 445
Sanguachi*（三月）	446
Sanguet（三月）	201
Sangui（算木）	246
Sanjo（産所）	139

Sanjŏ（山上）	139
Sanjŏ（参上）	497
Sanmi*（三位）	212
Sanmichi（三一）	212
Sannhô（算用）	210, 212
Sanpit caiqen（山筆海硯）	603, 605
San-pit cai-qen ni voyobigataxi. l, tçucusarenu*	
（山－筆　海－硯ニ及ビ難シ，	
または，尽クサレヌ）	603
Sanqio*（山居）	387
Sanquŏ（三皇）	211, 520
Santŏ（山桃）	606
Sanvoqi（算置キ）	240, 315
Sanvŏ（山鶯）	120, 606
Sanxi（山市）	249
Sanxino xeiran（山市ノ晴嵐）	249
Sanxô（三焦）	76, 590
Sanzanna（散々ナ）	99, 467
Saqeôda（叫うだ）	178
Saqueôda*（叫ウダ）	182
Sarani（更ニ）	492
Sarasara（更々）	492
Saritomo（サリトモ）	573
Sarugacu（猿楽）	515
Saruguenaxi（サルゲナシ）	281
Sasa（ササ）	359, 363
Sasagin（ささぢん）	359
Sasanomi（ササノ実）	361, 363
Sasauara（篠原）	36
Sassat（颯々）	196
Satŏ（左道）	571, 592
Satô（沙頭）	606
Saxeru, saxeranu, saxitaru	
（サセル，サセラヌ，サシタル）	464, 491
Saxide（差出）	579
Saxiguine（さし杵）	325
Saxigusuri（差薬）	297
saxi idasu（差シ出ダス）	578
Saxitaru（サシタル）	491
Saxivoqi, u（擱キ，ク）	328
Sayabaxiri, u（鞘走リ，る）	458
Sayaqei（サヤケイ）	270
Sayeda（小枝）	414
Sayŏna. l, sayŏno	
（サヤウナ．または，サヤウノ）	467
Sayuru（冴ユル）	240
Sāguachi（三月）	446
sobiqu（ソビク）	570
Socca（足下）	158
Soconai, ŏ（損・害イ，ウ）	462
Socotna（粗忽ナ）	467
Socutô（粟豆）	192
sodachôzuru*（育チョウズル）	183
Sodeuo xiboru*（袖ヲ絞ル）	616
Soi, ô（添イ，ウ）	247
Soinoqino（添ひ退きの）	247
Soitçume（ソイツメ）	324
Soiyorino（添ひ寄りの）	247
Some, uru（染メ，ムル）	328
somuqazu*（背カズ）	135
Sonemi, u, neôda（嫉ミ，ム，ウダ）	183
Soneôda（嫉ウダ）	178, 182
Sonji, zuru（損ジ，ズル）	456, 553
Sonmŏ（損亡）	215
Sonogotocu（ソノ如ク）	131
Sonotoqi（ソノ時）	126
Sonro（村路）	607
Sonxi（尊師）	495
Sonxu（尊主）	341
Soraboye（空吠エ）	289
Soradamari（空騙り）	55
Soreacu. l, soriacu	
（疎略．または，ソリャク）	73, 152
Soro. i, sŏrŏ（ソロ．すなわち，サウラウ）	
	72, 240, 479, 480, 482, 499
Soroqe, uru, eta（ソロケ，クル，ケタ）	
	240, 280, 315
Soroqemono（ソロケ者）	280, 316
Soso（ソソ）	450
Sosocŏxij（ソソカウシイ）	173
Sosomeqi, qu（ソソメキ，ク）	408
Souofuru（ソヲ降ル）	464
Soyefude（添筆）	361, 363
Sŏcai（蒼悔）	595
Sŏcŏ（槽糠）	522
Sŏfa（蒼波）	595

Sǒfǒ（双方）	190	Sumaxi, su（澄・済・洗まし, す）	360
Sǒgi（掃地）	251	Sumemiso（澄メ味噌）	159
Sǒna（サウナ）	479, 489	Sumichiguiri, u（澄ミチギリ, ル）	321, 325
sǒrǒ（候）	482	Sumomo（李）	368
Sǒrǒ（蒼浪）	595	Sumǒtorigusa（天門冬）	366
Sǒsǒ（草創）	589	Sunêo（拗ネウ）	182, 183
Sǒtai（蒼苔）	595	sunezne*（スネズネ）	137
Sǒten（蒼天）	595	Suqe（助）	301, 304
sǒtǒ（相当）	172	Suricogui（摺糊木）	365
Sǒxei（早世）	398	Suso（裾）	430
Sǒxen（蒼蘚）	595	Susumichicazzuqu（進ミ近付ク）	94
Sǒxi（双紙）	360	Suua（スワ）	540, 543
Sǒxi（三四）	550	Suuama（洲浜）	151
Sǒxis（草子）	615	Suuamagata（洲浜形）	151
sô（添ウ）	579	Suyeba**（末葉）	27
Sôdǒ（騒動）	185	Suyeda（スエダ）	27, 308
Sômei（聡明）	395, 399	Suyefirogari**（末広ガリ）	27
Sôxocu（草色）	184	Suzuri（硯）	443
Sōbǒ（損亡）	215	Suzuxij（涼シイ）	136
Suamagata（洲浜形）	151	SV（巣）	122
Subiqi, u, ijta（素引キ, ク, イタ）	297	[T]	
subururu*（スブルル）	137		
suchô*（捨チョウ）	183	Tabai（賜バイ）	361
Sucoxi, xôboun*（少シ, 小分）	469	Tabasami（手挟ミ）	412
Sucunaqu, xôbunni*		Tabatta（賜バッタ）	464
（少ナク, 小分ニ）	469	Tabi, u（賜ビ, ブ）	361, 495
Sucunasa, xôbun*（少ナサ, 小分）	469	Tabis（単皮）	11
Sucuyacana（健ヤカナ）	100	Tabu（賜ブ）	462
Suda（スダ）	27, 298, 308, 309	Tacaaxi（高脚）	305
Sufajicami（酢薑）	139	Tacaçuqui*（高槻）	137
Sugaqi（簀垣）	427	Tacafibo（高紐）	215, 216
Sugaqi, u（巣ガキ, ク）	427, 573, 579	Tacafimo（高紐）	215, 216
Sugiri, u, itta（斜リ, ル, ッタ）	464	tacagoye（高声）	580
Sugiri mogiru（斜リ捩ル）	94	Tacano buchi（鷹ノ鞭）	508
Sugui（杉）	443	Tacate（高手）	539, 543
Sugui, uru（過ギ, グル）	487	Tachiai, uǒ, ǒta	
Suibin（衰鬢）	606	（立チ合イ, ワウ, ワウタ）	213
Suichǒ（翠帳）	407	tachifedatçuru（立チ隔ツル）	330
Suigiǒ（水定）	426	Tachi-guiǒ（立行）	121
Suimet（衰滅）	399	Tachinobi, uru, ita	
Suixenqua（水仙花）	524	（立チ伸ビ, ブル, ビタ）	96, 506
Suixu（水手）	428	Tachivouô（立覆ウ）	174
Sumaxi（澄まし）	159	Tachiyori, ru（立寄リ, ル）	3

tachiyŏte（立チヤウテ）	213
Tachizucumi（立竦ミ）	279, 427
tachô*（立チョウ）	183
Tacutai（托胎・託胎）	524
tacuuaye tçumi, u（蓄エ積ミ, ム）	531, 532, 540
Tadacoto（只事）	491
Tadamijiru（蓼水汁）	458
Tadano（只ノ）	467
Tadano*（タダノ）	470
Tadori, u（タドリ, ル）	549
tagiroca（だぢろか）	13
Tagu-i（類）	120
Taguy（類）	120, 121
Taguye, tagŭ, taguyete（比エ, ウ, エテ）	464
Tagvi（類）	120
tagvy（類）	120
Tai（タイ）	99, 469, 470
Taibiŏ（大病）	177
Taibŏ（大望）	215
Taicŏ（大綱）	435
Taifei（大平）	177
Taifŏ, l, vôcatadono（大方, または, 大方殿）	67, 190
Taifŭ（大風）	537
Taimŏ（大望）	215
Tairan xicqe（胎卵湿化）	258, 259
Tairei（大嶺）	389
Taisanbucun（太山府君）	588
Taitai（対々）	279
Taitŏgome（大唐米）	285, 287, 290, 313
Tai-v（大雨）	121
Taixeqi（大辟）	451
Taixet（大切）	449
Taixŏ（胎生）	258, 259
Taixut（退出）	391
Taizocu（大蔟）	445
Tamabauaqi（玉箒）	412
Tamago（卵・玉子）	298
Tamago*（卵）	302
Tamaguqi（玉茎）	450
Tamai, ŏ（給イ, ウ）	462, 469, 470, 479, 480, 495
Tamaqiuaru（魂極ル）	609
Tamari（溜り）	159
tamari（タマリ）	531
Tamauaru（賜ワル）	173
Tamayura（玉ユラ）	415, 611
Tame（為）	471, 472, 475
Tamengoromo（打眠衣）	589
Tamenuri（溜塗）	459
Tamoto, l, sodeuo xiboru（袂, または, 袖ヲ絞ル）	616
tamó*（給ウ）	172
Tamŏri, u, ŏtta（賜ウリ, ル, ッタ）	173, 174
Tan（胆）	590
Tanabata（七夕）	446
Tandacu suru（拱スル）	94, 572
Tango（端午）	446
Tangua. l, Tanguaya（旦過, または, 旦過屋）	78
Tanguaya（旦過屋）	78
tanguiŏ*（膽仰）	406
Tanja. l, Tanxa（丹砂）	510
Tanne, uru（タンネ, ヌル）	502
Tano（他ノ）	467
Tano*（他ノ）	470
tanomiqiri（頼ミキリ）	574
Tanoximi, u, unda（楽シミ, ム, シュンダ）	188
Tanuqi（狸）	444, 525
Tanxa. l, tanja（丹砂）	510
Tanxo（短書）	403
Taqeuara（竹原）	36
taqinatte（滝鳴ッテ）	551
Taremiso（垂味噌）	159
Taremo（誰モ）	492
Tari, ru, atta（足リ, ル, ッタ）	464
Tarus（樽）	9
Tasacu（他作）	79
Tatague（狸毛）	444
Tatagui（立木）	26
Tatamis（畳）	458
Tataqi, u（叩キ, ク）	441

Tatchǔ（塔頭）	197
Tatçu（立ツ）	433
Tatçu（龍）	444
Tatçu*（龍）	445
Tatçuboye（立ツ吠エ）	289
Tatçuru（立ツル）	433
Tate, tçuru（立テ，ツル）	159, 191
Tategui**（立木）	26
Tatematçuri, ru, utta（奉リ，ル，ッタ）	497
Tatoi（仮令）	491, 571
Tatoye, uru(,eta)（譬え，ゆる）	12
tattomi*（貴ミ）	217
tattomu（貴ム）	219
Tattǒ（達道）	205
Tauabure（戯レ）	215, 216
Tauabururu（戯ルル）	215, 216
Tauamure（戯レ）	215, 216
Tauamure, uru（戯レ，ルル）	215, 216
Tauareme（戯レ女）	417
Taxi, su, aita（足シ，ス，イタ）	464
Taxintçǔ（他心通）	336
Taxxa（達者）	580
Tayǔ（大夫）	515
Tayǔguro（大夫黒）	552
Tazzune, uru（尋ネ，ヌル）	441
tazzuneô*（尋ネウ）	183
Tcutauari, u*（伝ワリ，ル）	466
Tçubaqi（唾）	503
Tçubi（開）	450
Tçububuxi（ツブブシ）	235, 236
Tçubure, ru（潰レ，ルル）	444
Tçubuxi（ツブシ）	235, 236
Tçucamitori, u, otta（摑ミ取リ，ル，ッタ）	75
Tçucanucuna（付カヌ句ナ）	467
Tçucaye（支エ）	304
Tçucubuxi, l, tçububuxi（ツクブシ，または，ツブブシ）	235, 236, 307
Tçudoi, ô（集イ，ウ）	360
Tçudoi, ô*（集イ，ウ）	95
Tçufaqi（唾）	503
Tçugue, uru（告げ，ぐる）	120
Tçui（ツイ）	91, 485
Tçuide gatera（序ガテラ）	489
Tçuitachi xǒji（衝立障子）	459
Tçui-xô*（追従）	386
Tçumamare（撮マレ）	324
Tçumamigvi（撮ミ食イ）	120
Tçumette（抓ッテ）	580
tçumi ague（積ミ上ゲ）	531
Tçumori, u（積モリ，ル）	559
tçumotte（積ッテ）	580
Tçunori, u（募り，る）	119
Tçuqe, quru, eta（付ケ，クル，ケタ）	519
Tçuqe, uru（付・着ケ，クル）	518, 519
tçuqeô*（尽ケウ）	179
Tçuqete（付ケテ）	462
Tçuqi（月）	440
Tçuqinai（付キ無イ）	361
tçuqiôzuru（尽きょうずる）	178
Tçuqivochi. l, tçuqivochite（月落チ，または，月落チテ）	464
Tçuqivsu（搗臼）	517
Tçurubu（交ブ）	218
Tçurucaqe（弦掛）	75
Tçurumu（ツルム）	218
Tçutanai（拙イ）	360
Tçuua（唾）	361
Tçuyu. l, Nagaxiga agaru（梅雨，または，ナガシガ上ガル）	289, 433
Tçǔrei*（通例）	388
Tçǔriqi（通力）	170, 520
Tçǔriqi*（通力）	389
Tçǔ-riqi*（通力）	14
Te（手）	117, 420
Tebana（手洟）	325
teccocu*（敵国）	207
Teco（梃子）	311
Tefon（手本）	437
Tefonuo aguru（手本ヲ上グル）	433
Temariqua（手毬花）	524
Temoto（手元）	361
Ten（天）	240, 340, 524
tenare（手慣レ）	564
Tenbachi（天罰）	202
Tenbat*（天罰）	341

Tencai（天戒）	340	tenxu*（天主）	342
Tencan（天鑑）	340, 341	Tenyacu（天約）	340
Tencan*（天鑑）	341	Tenyacu*（天約）	341
Tencan*（天感）	341	Tenye（天衣）	340
Tenchi（天地）	416	Teôxu*（濃州）	183
Tenchi caifiacu（天地開闢）	488	Teqian（敵案）	601
Tenchocu（天勅）	340	Teqi-an ni iru*（敵案ニ入ル）	601
Tenchǔ（天忠）	340	Teqicocu（敵国）	207
Tenchǔ*（天忠）	341	Teqifǒ（敵方）	190
Tendocu（転読）	211	Teradera（寺々）	90
Tenga（天河）	416	Teraxi（照ラシ）	379
Tengan（天眼）	340	Tesocudai. l, texocudai	
Tenghen***（天眼）	33	（手燭台．または，手燭台）	506
Tenguan（天冠）	340	Tetdai（手伝イ）	198, 199, 200
Tenguen（天眼）	33, 340, 341	Tetguio（轍魚）	434
Ten-i（天威）	340	Texocudai. l, tesocudai	
Tenifa（テニハ）	479	（手燭台．または，手燭台）	506
tenifa*（てには）	479	Teyuò*（帝王）	172
Tenmei（天命）	340	To, mo*（ト，モ）	439
Tenmei*（天命）	341	Tobari（帳）	407
Tenni*（天耳）	341	Toboxij（乏シイ）	215
Tennin（天人）	340	Toburai（弔イ）	215
Tennitçǔ（天耳通）	336	Toburǒ（訪ウ）	215, 218, 240
Tenno cô（手ノ甲）	193	Tocacu（トカク）	132, 492
Tenno manaco***（天の眼）	33	Tocague（蜥蜴）	282
Tennǒji mon de*（天王寺詣デ）	187	Tocaguiri（トカギリ）	279, 282
Teno manaco（Tenno manaco の誤植）		Tocorodocoro（所々）	90
（天の眼）	33	Tocoroni（所ニ）	479
Tenson（天尊）	340, 343	Tocoxinaye（鎮へ）	12, 276
tenson*（天尊）	342	Tocuguiǒ（徳行）	46
Tentacu（天託・天沢）	340	Tocurubuxi（外クルブシ）	236
Tentei（天帝）	340	Tocuxi, su（トクシ，ス）	572
Tentei*（天帝）	341, 342	Tocuyǒ（徳用）	185
Tenteqi（天敵）	340	Todocouori（滞リ）	175
Tentǒ（天道）	63, 340, 524	Todocôri（滞リ）	175
Tentǒ*（天道）	341, 342	Tofus（豆腐）	458
Tenvn（天運）	340	Togi, zzuru（閉・綴ぢ，づる）	175
Tenvon（天恩）	340	Togǒ（兎毫）	426
Tenvon*（天恩）	341	Toguiya（研屋）	25
Ten-von（天恩）	121	Toi, ô（問イ，ウ）	441
Tenxin（天心）	340	Tomi, u（富ミ，ム）	464
Tenxin*（天心）	341	tomo（友・艫）	13
Tenxu（天主）	340, 341	Tomoxi（照射）	380

43

Tomoxij（乏シイ）	215
Tomurai. l, toburai（トムライ.または, トブライ）	215, 216
Tomurŏ（訪ウ）	215
Ton-ai（貪愛）	121, 209
Tonaye, uru, eta（唱エ, ユル, エタ）	344
Tonga*（科）	128
Tonjei. l, tonxei（遁世）	510
Tono（殿）	361
Tonosama（殿様）	484
Tonxei. l, tonjei（遁世）	510
Tonzuru（貪ずる）	210
Toqi（時）	447
Toqi. l, Toqino coye（鬨. または, 鬨ノ声）	523
Toqiriŏ（斎料）	184
Tora（寅）	447
Torano cocu（寅ノ刻）	447
Tore, uru, eta（取レ, ルル, レタ）	379, 465
Tori（鳥）	67
Tori, u（取リ, ル）	433, 465
Toriai, ŏ, ŏta（取リ合イ, ウ, ウタ）	187
Toricobotçu（取リ毀ツ）	138
Torifanachi, tçu（取リ放チ, ツ）	138
Torifanaxi, su（取リ放シ, ス）	138
toriuo cō（鳥ヲ飼ウ）	186, 188
Toriya（鳥屋）	325
Toruru（取ルル）	466
Toruru*（取ルル）	466
Tote（トテ）	460, 461, 462, 479, 480
Toto（とと〈魚〉）	359, 366
Toto（トト〈父〉）	366
Touo（十）	175
Touodouoxij（遠々シイ）	175
Touoi（遠イ）	127, 148, 174
Touomi（遠見）	174
Touonoqi, u（遠退キ, ク）	175
Touoriauaxe, suru（通リ合ワセ, スル）	174
touoru（通ル）	174
Toximasari（年増サリ）	517
Toximaxi（年増シ）	517
Toxitocu（歳徳）	334
Toxut（吐出）	391
Toyoxe（戸寄セ）	290
Tŏbachi（当罰）	202
Tŏboxi（唐法師）	285, 287, 290
Tŏdŏ（当道）	572
Tŏfŏ（当方）	379
Tŏfu（豆腐）	192
Tŏfuya（豆腐屋）	192
Tŏgue（峠）	25
Tŏjen（当千）	90
Tŏrai（到来）	290
Tô（等）	478
Tôbŏ（東方）	189
Tôbŏ*（東方）	189
tôca（十日）	175
tôca*（十日）	175
Tôcan（等閑）	487
Tôgun（東宮）	188
Tôjacu. l, tôxacu（闘雀. または, 闘シャク）	510, 557
Tôjŏ（当城）	428
Tômiŏ（灯明）	213
Tôtei（洞庭）	237, 249
Tôxacu（闘雀）	557

[U]

uoabi coto suru*（御侘言スル）	149
uoasu*（おあす）	149
uoaxi masu*（おあします）	149

[V]

V（鵜）	122, 580
V（羽）	589
VA（ワ〈ハ〉）	462, 479, 490
Vaa（ワア）	163
VACA（若）	32
Vaca（和歌）	148
Vacaregi（別レ路）	32
vacaru*（分ル）	235
Vacasu（沸カス）	515
vacatazu（分タズ）	567
Vacatoxi（若年）	361, 363
Vacaxu（若衆）	450

Vacufiqi（ワク慕）	303, 417	Vbuxina（産シナ）	298
Vafon（和翻）	249, 343	Vcabe, uru（浮ベ，ぶる）	215, 246
Vagocufen（倭玉篇）	407	Vcabi, u, ŏda, l, vcami, u	
Vagoje（ワ御前）	324	（浮ビ，ブ，ウダ，または，浮ミ，ム）	216
Vagŏ（和合）	437	Vcabu（浮ブ）	215
vagŏ*（和合）	235	Vcame, uru, eta（浮カメ，ムル，メタ）	246
vague tamatte（綰ゲタマッテ）	553	Vcamu（浮ム）	215
Van（椀）	412	Vcamuru（浮ムル）	215
Vanare（ワナレ）	320	Vcareme（浮カレ女）	417
vaqamiya*（若宮）	134	Vchi, vtçu（Vchi, tçu）（打・討チ，ツ）	
Vaqegui（分葱）	367		433, 441, 482
Vaqiaqenosode（腋開けの袖）	459	Vchichigaye（打ち違へ）	459
Vaqij, iru, itta（沸キ居，イル，居タ）	158	Vchicurubuxi（内クルブシ）	236
Vaqu（分ク）	240	vchideô*（打チ出ウ）	183
Vaquô dôgin（和光同塵）	524	Vchimaqi（打撒き）	359
Varabe（童）	182	Vchimata（内股）	580
Varabinaua（蕨縄）	32	Vchimoraxi, su（討チ漏ラシ，ス）	39
Varabite（蕨手）	32	Vchinabicaxi, su（打チ靡カシ，ス）	
Varabŏqi（藁箒）	32		531, 539, 545
Varaidŏgu（笑イ道具）	32	Vchinobi, bu, ita（打チ伸ビ，ブ，ビタ）	96
Varaua（ワラワ）	361, 363	Vchitanomi, mu, ŏda（打チ頼ミ，ム，ウダ）	
Varazzuna（藁綱）	32		185
Vare（ワレ）	324	Vchivouoi, uô（打チ覆イ，ウ）	17
Vare（割レ）	515	Vdo（独活）	515
Varifune（割舟）	359	Vdomi, u, ŏda（ウドミ，ム，ウダ）	
Vasamono（早物）	424		185, 320, 325
Vasuregusa（忘草）	240	Vdondŏfu（饂飩豆腐）	192
Vasuru（和スル）	483	Vgu i, gu（ウグイ，ウ）	120
Vataito（綿糸）	514	Vgu isu（鶯）	120, 121
Vatariai, yŏ, yŏta		Vgu isuno sode（鶯ノ袖）	120, 459
（渡リ合イ，ヤウ，ヤウタ）	512	Vgume（ウグメ）	298
Vataritçuqi, qu（渡リ着キ，ク）	32	Vguysu（鶯）	120, 121
Vatazuqin（綿頭巾）	141	Vitenben（有為転変）	32
Vaye fujŏ*（汚穢不浄）	397	Vma（馬）	117, 122
Vayo（和与）	413	Vme（梅）	368, 443
Vazzurauaxij（煩ワシイ）	173	Vmeague, uru（埋メ上ゲ，グル）	18
Vazzurŏxij（煩ラウシイ）	173	Vmigoxi（海越シ）	573
Vbu（産）	482	Vmoimidare, ruru, eta	
Vbuguinu. l, vbuqinu		（思イ乱レ，ルル，レタ）	26
（産衣．または，ウブキヌ）	73, 214	Vmu（有無）	438
Vbume（産女）	298	Vname（うなめ）	47
Vbuqinu（産衣）	214	Vnnŏ（蘊奥）	210
Vbusuna（産土）	298	Vnocubi（鵜ノ首）	285, 319

Vnpô（雲峯）	240, 331, 607
Vnpu（運否）	438, 439
Vnsô（運送）	571
Vnuǒ（蘊奥）	209, 210
Vn vn（云々）	122
Vnxǒ**（雲上）	26, 33
Vo（御）	92, 365, 478, 495, 499
Vo（ヲ）	471, 473, 489, 490
Vo（雄）	482
Voannu*（畢ンヌ）	149
Voari*（尾張）	149
voari*（終リ）	149
Voary*（尾張）	149
Voaxi（お足）	359
Voaxi, su, aita（ヲアシ，ス，イタ）	
	148, 151, 496
voaximasu*（ヲワシマス）	149
Voaximaxi, su, ita	
（ヲアシマシ，ス，イタ）	148, 151
Vobaco（車前草・苯苣）	524
Vobi（帯）	127
Vobite, vobitaru（帯ビテ，帯ビタル）	464
Voboxi, su（思シ，ス）	495
Voboximexi, su（思シ召シ，ス）	495
voboye*（覚エ）	235
Vobô*（王法）	189
Vocama（御蒲）	360, 499
Vocatadono（御方殿）	67, 293
Vocazu（お数）	360
Voccaquru（追ッ掛クル）	206
Vocchirasu（追ッ散ラス）	206
Voccomu（追ッ込ム）	206
Vochi, tçuru, ita（落チ，ツル，チタ）	
	58, 93, 580
Vochicacaru（落ち掛かる）	240
Vochido（越度）	201
Vochinobi, bu, ita（落チ延ビ，ブ，ビタ）	96
Vochitçuqi（落着キ）	136
vochi vouoite（落チ覆イテ）	568
vochôzuru（落ちょうずる）	178
Vocqi（臆気）	505
Vocqiǒ（越境）	571
Vocu（奥）	111, 112
Vocu（臆）	112
Vocufucai（奥深イ）	111, 112
Vocugoma（奥駒）	169
Vocusoco（奥底）	112
Vocu suru（臆スル）	483
Vodaigai（御台匙）	300, 304
Vodori（踊）	127
Vofagata（お歯がた）	359
Vofaguro（お歯黒）	359
Vofin. l, vofiru（ヲヒン．または，ヲ昼）	
	360, 365
Vofira（お平）	359
Vofiyaxi（御冷シ）	358, 365
Vofoso（お細）	358
Vofucuro（御袋）	361, 362
Vofuru（御古）	361, 362, 365
Vogami, u, ǒda（拝ミ，ム，ウダ）	172, 186
Vogiari, ru, atta（ヲヂャリ，ル，ッタ）	498
Voguxi（おぐし）	360
Voi*（追イ）	205
Voi, ô, ôta（負イ，ウ，ウタ）	52, 432
Voi, uô, ôta（追イ，ウ，ウタ）	432
Voi, vôru, l, voyuru, voyeta（生イ，ヲウル，	
または，生ユル，生エタ）	98
Voi, voita（老イ，老イタ）	464
Voicosu（追イ越ス）	515
Voido（御居処）	361, 362
Voime（負目）	52
Voimono（負物）	52
Voira（ヲ苛）	298
Voita（おいた）	359
Voitçure, ruru, eta	
（追イ連レ，ルル，レタ）	462, 464
Voitçurete yuqu（追イ連レテ行ク）	462
Voite（於イテ）	240, 471, 474, 475
Voivoino（追々ノ）	467
Voman（御饅）	358, 365, 499
Vomana（御真魚）	358, 376, 377, 378
Vomanaca（ヲマナカ）	361, 362
Vomauari（御回リ）	359, 365
Vome, eta, ete（臆メ，メタ，メテ）	464
vome vometo（オメオメト）	547
Vominamexi（女郎花）	360

Vomogauari（面変リ）	423	Voppanasu（追ッ放ス）	206
vomoi（重イ）	118	Voppanasu*（追ッ放ス）	205
Vomoimidare**（思イ乱レ）	26	Vopparŏ（追ッ払ウ）	206
Vomoisusami, u, ôda		voqeô*（起ケウ）	179
（思イスサミ，ム，ウダ）	186	Voqeôto suredomo	
Vomoitçuqi, u（思イ付キ，ク）	170, 563	（起ケウトスレドモ）	179
vomoivabite（思イ侘ビテ）	568	Voqiai, yŏ, yŏta（起キ合イ，ウ，ウタ）	213
vomoiyo*（思ウ様）	147	Voqiaraxi（沖嵐）	259, 260
Vomoiyora（思イ寄ラ）	574	Voqifuxi（起キ臥シ）	410
Vomoneri, ru, ette（阿リ，ル，ッテ）	464	Voriaru（ヲリヤル）	499
Vomote（面・表）	431	Voricami. l, fineri（折紙．または，捻リ）	74
Vomotte（ヲ以テ）	471, 472, 474	Voricaqe, uru（折リ懸ケ，クル）	18
Vomoxi（おむし）	159, 353, 359	Voricazaxi, su（折リ翳シ，ス）	540
Vomoyaxe, suru, eta		Voridonoya（織殿屋）	509
（面痩セ，スル，セタ）	464	Voro（檻）	48
vomô（思ふ）	172	Voroxi, su（下ロシ，ス）	433
Vomôchô（思ウチョウ）	183	Vosoigaqi（襲イ書キ）	283
Vomuxi（おむし）	353, 359, 365	Vosonai**（Vosanaiの誤植）（幼イ）	26
Von（御）	92, 365	vosore（恐レ）	328
Vonaca（御中）	361, 362	Vossaguru（追ッ下グル）	206
Von-ai（恩愛）	80, 121, 210	Votçuqe（御付）	360
Vonajicu（同ジク）	131	Votdo, l, vochido（越度）	201
Vonajicuua（同ジクハ）	77	Voto（音）	13, 148
Vonama（おなま）	359	vototo（弟）	175
Vondacu. l, vontacu（恩沢）	510	vototo*（弟）	176
Vondaraxi（御弓・御多羅枝）	92	Votouoto（弟）	175, 176
Vondori（雄鳥）	321	votouoto*（弟）	176
Vonfutatocoro（御二所）	361	Votovoto（弟）	175
vongo（擁護）	187	Votôto（弟）	175
Vonmine（大峯）	187	Vottatçuru（追ッ立ツル）	206
Vonmit（隠密）	203	Vottori（雄鳥）	320, 325
Vonnai（恩愛）	80, 210	Vottori, ru（押ッ取リ，ル）	206
vonnhŏji*（陰陽師）	213	vottori yuqui*（押ッ取リ行キ）	133
Vonoga（ヲノガ）	324	Vouannu（畢ンヌ）	479
vononoqi tauore（戦キ倒レ）	544, 547	Vouannu*（畢ンヌ）	149
Vonore（ヲノレ）	324	Vouari, ru（終リ，ル）	77, 482
Vonpacaxe（御佩刀）	92	Vouaxi, su（ヲワシ，ス）	148, 496
Vonreŏ（怨霊）	225	Vouaximaxi, su, ita	
Vonsui（飲水）	509	（ヲワシマシ，ス，イタ）	148, 496
Vonxu（飲食）	509	vouoi（多イ）	174
Vonzo（御衣）	92	vouoi nari*（大イナリ）	177
vonzon*（王孫）	187	vouoina(ni)（大いな〈に〉）	177
Vonzŏxi（御曹司）	92	Vouori, ru（生ヲリ，ル）	175

vouô(覆ウ)	174	vôyaqe(公)	172
Voxaru(ヲシャル)	321	Vôzaca*(大坂)	127
Voxearu(仰セアル)	321	Vppogaxi, su(打ッポガシ, ス)	206
Voxi, su(押シ, す)	482	Vqeauasuru(受ケ合ワスル)	524
Voxicomi, u, ŏda(押シ込ミ, ム, ウダ)	185, 186	vqeauaxe*(受ケ合ワセ)	235
voxie*(教エ)	123	Vqedori(請取)	38
voxi fataraqi(推シハタラキ)	531	Vqetamauari, ru, atta(承リ, ル, ッタ)	173, 497
Voximi, u, ŭda(惜シミ, ム, ウダ)	188	Vqetamŏri, ru, ŏtta(承ウリ, ル, ウッタ)	173, 497
Voxinabete*(押し並べて)	215	Vqevoi, ô, ôta(請け負ひ, ふ, うた)	51
Voxinamete*(押し並めて)	215	Vqiyacana(浮キヤカナ)	467
Voxinaru(ヲシナル)	321	Vra(末)	296, 298
Voxiteru(押シ照ル)	94	Vrabon(盂蘭盆)	446
Voxivcaburu(押シ浮ブル)	215	Vraga. l, Vraraga(ウラガ, または, ウララガ)	316
Voxivcamuru(押シ浮ムル)	215	Vramaxij(ウラマシイ)	77
Voye, l, voi, yuru, eta(生エ, または, 生イ, 生ユル, エタ)	98	Vre(末)	296, 298
Voyobi, u, ŏda(及ビ, ブ, ウダ)	185, 186	Vre, uru, eta(売レ, ルル, レタ)	465
Vŏjet(鶯舌)	606	Vrei, vreôru, vreeta(愁イ, ウル, エタ)	464
Vŏjit(往日)	571	Vri, u(売リ, ル)	465
Vŏmŏgatoqi(往亡ガ時)	334	Vrocuzu(鱗)	141
Vŏqua(鶯花)	120	Vruru(売ルル)	466
Vŏxù(奥州)	169	Vruru*(売ルル)	466
Vôaraua*(大童)	149	vruxada(漆塗りの)	11
vôcaje(大風)	172	vruxado(漆塗りの)	11
vôcame(狼)	172	Vruxar(漆塗りする)	11, 12, 459
Vôdoco(大床)	305, 307	Vruxi(漆)	11, 459
Vôgami(大がみ〈大上〉)	67	Vso(ウソ)	508
Vôgi(祖父)	361, 366	Vsobuqi, qu, uita(嘯キ, ク, イタ)	215, 216
Vôgigo(祖父御)	361, 362	vsomuqeba*(嘯ケバ)	217
Vôgo(往古)	188	Vsomuqi, qu, uita(嘯キ, ク, イタ)	215, 216, 218, 219
Vôgu-i(大食イ)	120	Vsu(臼)	517
Vôgvi(大食イ)	120	Vsude(薄手)	516
Vômine(大峯)	188	Vsugia(薄茶)	139
Vômizzu, côzui*(大水, 洪水)	468	Vsugouori(薄氷)	175
Vômura*(大村)	127	vsŭ(薄う)	170
Vôqij(大キイ)	36, 176	Vta(歌)	122
Vôqina(大キナ)	176, 177	Vtais(謡)	615
vôqina*(大キナ)	177	Vtas(歌)	614
Vôsai(殃災)	184	Vtatei(ウタテイ)	183
Vôsuru(果スル)	174		
Vôxe(仰セ)	172, 174		
Vôxe, suru(負セ, スル)	174		

Vtateô(ウタテウ)	183
Vtçuçu(現)	26
Vtçusu(写ス)	249
Vtçutçu**(現)	26
Vtçuuo(ウツヲ)	359, 367, 375
Vtçuxitoru(写シ取ル)	249
Vtomi, u, ǒda(疎ミ, ム, ウダ)	185
Vttachi, tçu(打ッ立チ, ツ)	206
Vttaye, uru, eta(訴ヘ, ゆる, へた)	66
Vua(上)	482
Vuaba(上歯)	481
Vuamuxiro, l, vuaxiqi, l, goza(表筵. または, 表敷, または, 茣蓙)	418
Vuanari(ウワナリ)	320
Vuari, ru, atta(植ワリ, ル, ッタ)	466
Vuaxiqi(表敷)	418
Vuo(魚)	214, 376
vuo*(ウヲ)	376
Vxi(牛)	47
Vxi(丑)	447
Vxicai(牛飼)	48
Vxino cocu, l, toqi(丑ノ刻, または, 時)	447
Vye, uru(植エ, ユル)	124, 466
Vyesama(上様)	495

[W]

Wôkii***(ヲホキイ)	36

[X]

Xacu, l, xacumuxi(尺, または, 尺虫)	80, 578
Xacumot(借物)	52
Xacumuxi(尺虫)	80
Xacunague(石楠花)	525
Xacuxen(借銭)	52
Xafon(写本)	249
Xaguma(赤熊)	49
Xajô(車乗)	139
Xanin(社人)	128
Xatçu(シャツ)	324
Xatei(舎弟)	175
Xaxacu(茶杓)	504
Xe(背)	465
Xebiracasu(セビラカス)	289
Xecchin(雪隠)	210, 505, 512
Xeccu(節供)	446
Xeccu(節句)	520
Xechibun(節分)	201, 202
Xechiye. l, xetye(セチエ, または, 節会)	81, 201
Xegare(倅)	324
Xeifu(青蚨)	413
Xeiga. l, Xǒga(笙歌)	78
Xeijei(精誠)	141
Xeiqet(清血)	397
Xeiqi(旌旗)	539
Xeiqio(逝去)	494
Xeiquǒ xeiqiǒ(誠惶誠恐)	326
Xeiriǒ(清涼)	401
Xeisai(精彩)	331
Xeisǒ(青草)	606
Xeje(瀬々)	123, 136
Xemiuore(蝉折)	552
Xenca*(仙家)	211
Xendachi. l, xendat(先達)	201, 511
Xendat(先達)	201
Xenden(旋転)	510
Xendo(先途)	589
Xendô(船頭)	416
Xengio(洗除)	140, 141
Xenindǒ(山陰道)	122
Xenji(賤士)	146
Xenji. l, xenxi(先師)	510
Xenjo. l, xengio(洗ジョ. または, 洗除)	140, 141
Xenninuo voru iye(仙人ノ居ル家)	211
Xennôge(仙翁花)	210
Xenpeô. l, xenpiô(先表, または, 先表)	225, 602
Xenpeô*(先表)	602
Xenqen(嬋妍)	396
Xenqen. l, Xenguen(嬋妍, または, 嬋ゲン)	396
Xenqin(千金)	426
Xenqua banqua(千顆万顆)	597
Xenqua banquano tama mono*	

（千顆万顆ノタマモノ）	597
xenriô* （潜龍）	226
Xentacu （洗濯）	509
Xentô （仙洞）	404
Xenuôqe （仙翁花）	210
Xenvǒ （先王）	210
Xenvôqe （仙翁花）	210
Xenxa. l, jenxa （先車. または, 前車）	534, 557
Xenzacu. l, xensacu （穿鑿）	510
Xeppu （拙夫）	497
Xeqi （関）	487
Xeqi, u （塞キ, ク）	302
Xeqimen （赤面）	601
Xeqiuo nasu （関ヲ済ス）	487
Xequē （世間）	136
Xessô （拙僧）	497
Xessu （拙子）	497
Xet （拙）	497
Xetbun （節分）	201
Xetgi （摂時）	196
Xetjǒ （雪上）	578
Xetrǒ （拙老）	497
Xetsa tacuma （切磋琢磨）	488
Xetye （節会）	81, 201
Xetyôxu （節用集）	590
Xexxa （拙者）	497
Xexxi, suru* （接シ, スル）	62
Xexxi, suru, xita （節シ, する, した）	62
Xexxi, suru, xita （接・摂し, する, した）	63
Xexxǒ （殺生）	403
Xi （鷲）	565
Xi （歯）	589
Xia （シヤ）	146
Xibaracu （暫ク）	132
Xibin （溲瓶）	157
Xiboru （絞ル）	616
Xiboxiboto （シボシボト）	3
Xica （シカ）	515
Xicaba （シカバ）	479
Xicare, ruru, eta （敷カレ, ルル, レタ）	466
Xicaruru* （敷カルル）	466
Xicaxinagara （併ラ）	571
Xichi （質）	248
Xichi* （七）	205
Xida （羊歯）	27, 298
Xida （歯朶）	308, 309
Xidaigoguiǒ** （四大五行）	26, 33
Xidenoyama* （死出ノ山）	13
Xide vtçu （シデ打ツ）	94, 608
Xifǒ （四方）	189
Xifǒfai （四方拝）	189
Xifǒ fappǒ （四方八方）	189
xifǒ fappǒ* （四方八方）	189
Xifǔxô* （至宝抄）	607
Xigaqi （鹿垣）	380
Xiguat （四月）	445
Xiguecu. l, Xiguêô （繁ク. または, 繁ウ）	131
Xiguêô （繁ウ）	182
Xiguêô* （繁ウ）	182
Xij, xijta, xijte （廃イ, イタ, イテ）	463, 464
Xijca （詩歌）	118
Xiji （指似）	361, 367
Ximeacu （死脈）	152
Ximi, u （染ミ, ム）	188
Ximi, xunda* （染ミ, シュンダ）	188
Ximiacu （死脈）	152
Ximo （下ノ地方）	9, 10
Ximocu （杵）	156
Ximocusa. l, ximocaje （下瘡. または, 下風）	305
Ximot （笞）	198, 200
Xin （神）	415, 419
Xin （唇）	589
Xinajina （品々）	136
Xinbachi （神罰）	202
xinbiô* （神妙）	226
Xinbucu （信服）	315
Xinca （臣下）	421
Xingiǔ （心中）	139
Xingonjǔ （真言宗）	334
Xinin （シニン）	520
Xinji, zuru （進ジ, ズル）	493
Xinjju* （心中）	159
Xinjǒ （進上）	497

Xinju（真珠）	139
Xinjŭ（浄頭）	140
Xinmei（神明）	415
Xinmei. l, xinmiŏ	
（身メイ，または，身命）	81
Xinmiŏ. l, xinmei（ximei）	
（身命，または，身メイ）	81
Xinna（臣ハ）	210
Xinnŏ（親王）	210
Xinobiyacana（忍ビヤカナ）	467, 468
Xinoguiro qezzuru（鎬ヲ削ル）	94
Xinoni（シノニ）	331
Xinpŏ（シン方）	283, 293
Xinpŏ（新法）	401
Xinpucu. l, Ximbucu（信服）	315, 509
Xinqen（進献）	497
Xinran（進覧）	497
Xinreo. l, xinrio	
（神慮，または，神リョ）	81
Xinri（心理）	420
Xinrio（神慮）	81
Xinriŭ（新柳）	606
Xinsui（進酔）	420
Xinvŏ（親王）	210
Xinvô（神農）	211
Xinxi*（神璽）	598
Xinxŭ（真宗）	223
Xinyô（信用）	212
Xippacu（漆箔）	459
Xiqe, uru（領ケ，クル）	466
Xiqei（詩景）	409
Xiqi, u（領キ，ク）	466
Xiqi, u（敷キ，ク）	466
Xiqifŏ（式法）	191
Xiqimono（敷物）	418
Xiqirina（頻リナ）	468
Xiqirini（頻リニ）	418
Xiquai（詩会）	412
xiquen yofô*（四間四方）	189
Xiraburu（調ブル）	215
Xiracubo. l, Xiracumo	
（白癬．または，白クモ）	215
Xirafa（白刃）	378
Xirague. l, xiraguegome	
（精ゲ．または，精ゲ米）	508
Xirague, uru, gueta	
（精ゲ，グル，ゲタ）	328
Xiramuru（調ムル）	215
Xiranami（白浪）	240, 614
Xirinxô*（詞林抄）	607, 612
xiro（汁）	458
Xirobai*（白灰）	302
Xirogaxira（白頭）	49
Xiromono（白物）	359
Xiroximesare, ruru, eta	
（知ロシ召サレ，ルル，レタ）	495
Xisot（蟋蟀）	209
Xitafibo. l, xitafimo	
（下ヒボ．または，下ヒモ）	215, 216
Xitafimo（下紐）	215
Xitagi（下地）	361
Xitçucoi（しつこい）	159
Xitçunamono. l, xitçuna yatçu	
（シツナ者．または，シツナ奴）	157, 204
Xitçurai, ŏ（シツライ，ウ）	280
Xite（シテ）	480
Xito（尿）	424
Xittçŭ（漆桶）	459
Xitvn（湿雲）	196
Xitxŏ（湿生）	258
Xiuaburu（皺ブル）	215
Xiuamu（皺ム）	215
Xiuasu（師走）	445
Xiuaza（業）	46
Xiuocubi（塩首・潮頸）	285, 319
Xiuodoqi（潮時）	41
Xiuoguchi, xiuoguchita, xiuoguchite	
（塩朽チ，塩朽チタ，塩朽チテ）	464
Xixa（使者）	77
Xixi（シシ）	361, 367
Xixo（四書）	76, 520
Xixo*（四書）	556
Xixŏ（師匠）	76
Xixŏ（四姓）	76
Xixŏ（四生）	76, 258, 259
Xixxi, suru, xita（悉〈執〉し，する，した）	

		Xôbun naru coto, vazzuca naru coto*	
	68	（小分ナルコト，僅カナルコト）	469
Xixxite（悉〈執〉して）	68	Xôchǒ（小腸）	590
Xixxo（七書）	205	Xôco（証拠）	178
Xixxǒ（四生）	259	Xôgi（小路）	280
Xiya（シャ）	146	Xôjin（小人）	182
Xi-yui*（思惟）	599	Xômiǒ（称名）	524
Xizzucocoronai（静心ナイ）	245	Xôqi, l, xechiben na fito*	
Xizzucocoronǒ（静心ナウ）	245	（小気，または，世智弁ナ人）	469
Xizzuye（下枝）	610	Xôran（照覧）	524
Xo（暑）	402	Xôxin（昇進）	509
Xochi*（所知）	389	Xôxo（小所）	241
Xofǒ（諸方）	189	Xôxô（少々）	178
Xofô*（諸法）	189	Xu（朱）	580
Xogua（書画）	155	xubeǒ*（衆病）	226
Xoguan（諸願・所願）	91	Xucô（衆口）	78, 90
Xojacu（書籍）	241	Xucôdôuon（衆口同音）	78, 90
xotai（所帯）	570	Xucuchô（宿鳥）	313
Xoxa（書写）	249	Xucujen（宿善）	335
xǒ（上）	572	Xucumeǒtçǔ（宿命通）	336
Xǒ（商）	589	Xufit（執筆）	597
Xǒdai（請待）	589, 601	Xufit*（執筆）	597
Xǒ-dai*（請待）	601	Xuin（朱印）	421
Xǒdainai coto（正体ない事）	185	Xunbo（春暮）	313
Xǒga（笙歌）	78	Xunca（春夏）	60
Xǒga（唱歌）	78	Xunchô（春朝）	313
Xǒguachi（正月）	201, 446	Xunchô（春鳥）	313
Xǒguat（正月）	201, 445	Xundan（春暖）	399
Xǒguat*（正月）	446	Xunvǒ（春鶯）	120, 210, 405
Xǒgun（将軍）	415, 419	Xunxiu*（春秋）	170
Xǒja（精舎）	241	Xura（修羅）	591
Xǒjenbattacu（賞善罰悪）	210	Xureô（衆寮）	195
Xǒjo（生所）	241	Xurô（鐘楼）	80
Xǒjǒ（猩々）	178	Xurôdô（鐘楼堂）	80
Xǒjǒ（清浄）	241, 397	Xutba（出馬）	391
Xǒjǒ qeppacu*（清浄潔白）	397	Xutbot（出没）	196
Xǒmiǒ（声明）	524	Xutden（出纏）	334
Xǒriacu（上略）	508	Xutna（出ナ）	157, 204
Xǒriǒ（清涼）	397	Xutniû（出入）	170
Xǒriǒ（生霊・精霊・聖霊）	405	Xuxǒ（主将）	273
Xǒrui（生類）	120	Xuyen（姝艶）	396
Xǒy（正意）	118	Xǔgiacu（執着）	602
Xôbenjo（小便所）	592	Xǔgiacu*（執着）	602
Xô-bun*（少分）	600		

Xŭguen（祝言）	144	
Xŭjŭ（主従）	168	
Xûgiacu*（Xûĝiacu）（執着）	602	
XV（衆）	372, 478, 495	

[Y]

Y（胃）	590
Ya（ヤ）	163, 479
Yaburi cobosu（破リコボス）	137
Yacate（ヤカテ）	506
Yacufô（薬方）	190
Yacufô*（薬方）	189
Yacumo tatçu（八雲立ツ）	94
Yafacu（夜泊）	313
Yagi（野寺）	140
Yagi（野時）	606
Yaguan（ヤグヮン）	320, 504
Yaguanjin（ヤグヮンジン）	504
Yaiba（刃）	361, 363
Yaifi（焼火）	299, 303
Yaitô（ヤイトウ）	299
Yama（山）	420
Yamaaraxi（山嵐）	259, 260
Yamabico（山彦）	416
Yamabuqi（山吹）	353, 359, 361
Yamacazzura（山蔓）	608
Yamameguri（山廻リ）	34
Yamamegouri, rou, goutta***（ヤマメグリ，ル，グッタ）	34
Yamano y（山ノ井）	118
Yamatçugumi（山鶇）	525
yamaxi ni*（弥増シニ）	146
Yanagui iuo（柳魚）	525
Yara（ヤラ）	78, 163, 260
Yaran（ヤラン）	78, 260
Yarà*（やらぁ）	163
Yari（鑓・槍）	319, 435
Yarino vnocubi（鑓ノ鵜ノ首）	285, 319
Yarixita（槍下）	39, 153
Yariyoxe, suru, eta（遣リ寄セ，スル，セタ）	424
Yarŏ（野郎）	279
Yasui（易イ）	483

Yatçu（奴）	324
Yav（夜雨）	237, 249
yaxe curomi（痩セ黒ミ）	550
Yaxiqi votoco（賤シキ男）	146
yaxŭ*（賤シウ）	146
yaya*（嫌々）	146
yaye*（八重）	517
Yayoi（弥生）	145
Yà*（ヤァ）	479
Yàt（ヤアッ）	163
Yàyà（ヤアヤア）	163
Ychimon*（一門）	110
ychiyacu*（一悪）	213
ychiyen*（一円）	492
Ye（荏）	298, 305
Ye（へ）	479
Ye, yuru（得，ユル）	492
Yebucure suru（sure）（餌脹れする）	66
Yeco（エコ）	298, 305
Yeda（枝）	123
Yede（餌デ）	315, 325
Yedo（穢土・餌ド）	91
Yeguy（エグイ）	120
Yeican（叡感）	495
Yeme, uru（エメ，ムル）	279
Yemi, mu（笑ミ，ム）	462, 464
yemimaguete（笑ミマゲテ）	568
Yenca（煙霞）	606
Yendori（縁取リ）	266
Yendô（円豆）	192
Yengocu（遠国）	72, 505
yenguet（円月）	266
Yen in（延引）	209
Yenji（遠寺）	249
Yenjino banxô（遠寺ノ晩鐘）	249
Yenoqi（榎）	123, 525
Yenqin（遠近）	402
Yenxo. l, yenjo（炎暑）	509
Yerabidasu（選ビ出ス）	215
Yerabu（選ブ）	215
Yeracaxi, su（エラカシ，ス）	289
Yeramidasu（選ミ出ス）	215
Yeramu（選ム）	215

Yexǒ（依正）	79, 248	Yoriso（縒苧）	279, 306
Yezzuqu（嘔ク）	224	Yorocobi, bu, cǒda（čoda）	
Yēbicazzura（エンビカヅラ）	128	（喜ビ，ブ，ウダ）	185
Yēcǒ（遠行）	494	Yorocobi, u（喜ビ，ブ）	186, 361
Yēguesos（会下僧）	128, 458	Yoruno mono（夜の物）	360
Yfi（蝟皮）	108, 119, 224, 242, 268	Yosoi, ô（ヨソイ，ウ）	361
Yfǒ（異邦）	108, 118, 119, 224, 242, 268	Yosouoi（粧イ）	175
yi*（言イ，結イ）	120	Yotçubari（夜つばり）	320
ynu（犬）	118	Yottari（四人）	520
Ynyen*（因縁）	110	Youai（弱い）	99
Yo（余）	326	Youasa（弱さ）	101
Yobicomi, u, ǒda（呼ビ込ミ，ム，ウダ）	185	Youǒ（弱う）	101
Yocaua（夜川）	173	Yoxe, suru, eta（寄セ，スル，セタ）	487
Yochivara***（葭原）	36	Yoxisuzume（葭雀）	279, 293, 305
Yocobari, ru*（横張リ，ル）	596	Yǒ（ヤウ）	479
Yocobari, u, atta（横張リ，ル，ッタ）	596	yǒ（様）	578
Yocoi（ヨコイ）	281	Yǒcô. l, yǒgô（永劫）	509
Yocǒ（夜川）	173, 444	Yǒfǒbaxira（四方柱）	190
Yocuchi（浴地）	97	Yǒji. l, yǒxi（養子）	510
Yodachi, tçu（ヨダチ，ツ）	487	Yǒjǒ（養生・養性）	423
yodomi（淀ミ）	536	Yǒna（やうな）	71
Yodô（与同）	571	Yǒqua（楊花）	361
Yofǒ（四方）	190	yô（良う）	172
Yofǒbon（四方盆）	190	Yô（酔ふ）	178
Yofô*（四方）	189	Yô（ヨウ）	179
Yofôgon*（Yofôbon の誤植）（四方盆）	189	yôda（呼うだ）	172
Yofôguiri（四方錐）	190	Yôqiacu（用脚）	413
Yofôno bon（四方ノ盆）	190	yriai（入相）	118
Yoma（ヨマ）	306	ytsacujit*（一昨日）	207
Yomaruru*（読マルル）	466	Yu（湯）	397, 580
Yomi, mu, ǒda（読ミ，ム，ウダ）	185, 186	Yucatabira（湯帷子）	508
Yomifajimuru（読ミ始ムル）	461	Yucaxij（ゆかしい）	101
yomi yoi*（読ミヨイ）	483	Yucaxisa（ゆかしさ）	101
Yomo（ヨモ）	491	Yudari, ru（茹ダリ，ル）	18, 466
Yomogui（蓬）	289, 291, 308	Yude, zzuru（茹デ，ヅル）	18, 466
Yonen（余念）	13	Yudǒfu（湯豆腐）	192
Yoniyô（ヨニヨウ）	261	Yugami（歪み）	360
Yonobacama（四幅袴）	299, 300	Yuixo（遺書）	123
Yoqe, uru（避け，くる）	71	Yujut（湧出）	391
Yori（ヨリ）	471, 474, 479	yumechô（夢チョウ）	183
Yoriito（撚糸）	306	Yumegamaxij（夢ガマシイ）	361
Yorimo（ヨリモ）	462, 479	yumeno tauabureyo*（夢ノ戯レヨ）	215
Yorinaua（縒縄）	306, 307	yumeno tauamureyo*	

（夢ノタワムレヨ）	215	Zafit（雑筆）	208
Yumeno vqifaxi（夢の浮橋）	434	Zafit*（雑筆）	208
Yumeyumexij（夢々シイ）	361	Zafit. l, Zappit	
Yumeyumexiqu（夢々シク）	361	（ザヒツまたは，ザッピツ）	208
Yumiso（柚味噌）	159	Zaiqe（在家）	488
yuqan*（行カン）	134	Zaiy（財位，在位）	118, 225, 269
Yuqi（雪〈鱈〉）	359, 361, 363	Zamacu（ザマク）	79
Yuqitouori, ru（行キ通リ，ル）	174	zantŏ（残党）	556
Yurisuye, yuru（揺リ据エ，ユル）	465	Zaxiqi（座敷）	251
Yurui（緩い）	99	Zaxiqui（座敷）	251
Yurusa（緩さ）	101	Zaxiquis（座敷）	458
Yurŭ（緩う）	101	Zaxxi. l, Zaxi（ザッシ．または，ザシ）	209
Yuyo（猶預）	145	Zaxxo（雑書）	205
Yuyuxij（由々シイ）	99, 145	Zo（ゾ）	479, 488
Yuyuxisa（由々しさ）	101	Zoccan***（俗漢）	35
yŭ（言ふ）	170	Zocu-tai*（俗体）	386
Yŭbe（昨夜・夕）	170, 240	zongon*（雑言）	187
Yŭcun（遊君）	417	Zonji, zuru（存ジ，ズル）	461, 493, 497
Yŭ-fit*（右筆）	386	Zoro（ぞろ）	353, 359
Yŭgauo（夕顔）	80, 173, 174	Zoya（ゾヤ）	479
Yŭgio（遊女）	417	Zozo. l, zozzoto	
Yŭgŏ（夕顔）	80, 174	（ゾゾ．または，ゾッゾト）	204
Yŭin（誘引）	601	Zŏbocu（雑木）	81
yŭriocu（有力）	170	Zŏ-fu（臓腑）	385
yxei（威勢）	224	Zŏguiŏ（雑行）	334
yxŏ（衣裳）	224	Zŏmocu（雑木）	81
Yxxicu*（イッシク）	157	Zŏrŏ（候）	482
yyacu*（帷幄）	213	Zŏ-vŏ（象王）	385
		Zŏxet（雑説）	418
[Z]		Zŏxiqi（雑色）	169
Zaccocu*（雑穀）	209	Zuiy（随意）	225
Zaco（雑喉）	209	Zuguiri（頭切）	141
Zacocu（雑穀）	209	Zzundo（ヅンド）	142
Zacocu*（雑穀）	209	Zzuruzzuruna（ヅルヅルナ）	279

［編者略歴］

川口　敦子（かわぐち　あつこ）

1975年1月　大阪府に生まれる
1997年3月　奈良女子大学文学部卒業
2002年3月　京都大学大学院文学研究科博士後期課程修了
学　　位　博士（文学）京都大学
現　　在　三重大学人文学部准教授

『日葡辞書提要』索引

平成24（2012）年10月15日

編　者　　川　口　敦　子 ©
発行者　　前　田　博　雄

〒542-0082　大阪市中央区島之内2丁目8番5号
発行所　　清 文 堂 出 版 株 式 会 社
電話　06-6211-6265（代）　FAX　06-6211-6492
http://seibundo-pb.co.jp　振替　00950-6-6238

組版 製版 印刷 製本：西濃印刷
ISBN978-4-7924-1421-4　C3080